Martien Jilesen

Soziologie

für die sozialpädagogische Praxis

8. Auflage

Bestellnummer 0360A

Bildungsverlag EINS

Haben Sie Anregungen oder Kritikpunkte zu diesem Produkt?
Dann senden Sie eine E-Mail an 0360A_008@bv-1.de
Autor und Verlag freuen sich auf Ihre Rückmeldung.

www.bildungsverlag1.de

Bildungsverlag EINS GmbH
Hansestr. 115, 51149 Köln

ISBN 978-3-8237-**0360**-0

Vorwort

Dieses Lehrbuch ist entstanden während meiner Lehrtätigkeit an verschiedenen Ausbildungsstätten für Sozialpädagogik und Sozialarbeit, insbesondere an einer Fachschule für Sozialpädagogik. Dadurch wird auch die Auswahl der Themen und die Art ihrer Darstellung bestimmt. Von den zahlreichen Teilgebieten der Soziologie wurden diejenigen ausgewählt, die unmittelbar mit der erzieherischen Tätigkeit im Kindergarten oder mit der sozialpädagogischen und sozialarbeiterischen Praxis zu tun haben: Gruppe, Sozialisation, Familie, Jugend, soziale Ungleichheit und Randgruppen.

In der Darstellung der Thematik werden mehrmals Beispiele und kleinere Untersuchungen aus der Unterrichtspraxis einer Fachschule für Sozialpädagogik angeführt.

Zur Erleichterung der Anwendung soziologischer Kenntnisse in der Praxis werden häufig die Konsequenzen für den pädagogischen Bereich aufgezeigt. Die Integration der verschiedenen Schulfächer findet man in Hinweisen auf andere Fächer wieder.

Ein Schwerpunkt der Arbeit liegt darauf, dass die Wirkung der verschiedenen Bereiche der sozialen Umwelt auf den sich entwickelnden Menschen dargestellt wird. Daher ist dieses Lehrbuch sehr stark sozialpsychologisch ausgerichtet. Es wird weitgehend versucht, die Ergebnisse der empirischen Soziologie darzulegen. Die Interpretation der empirischen Befunde wird teilweise mitgeliefert, teilweise dem Leser überlassen.

Das Zahlenmaterial kann nicht immer auf dem neuesten Stand sein, da nach Erscheinen dieses Buches einige Statistiken bereits veraltet sein werden. So bleibt die Ergänzung durch neue Zahlen dem Leser selbst überlassen.

Die Aufgaben am Schluss eines jeden Kapitels oder Teilkapitels sind nicht nur als Wiederholungen gedacht, sondern es wird von den Lernenden verlangt, die neuen Informationen mit schon bekannten Informationen zu vergleichen und Schlüsse daraus zu ziehen. Daher sind viele Aufgaben auch für eine Gruppendiskussion geeignet.

Direkt oder indirekt haben mir beim Schreiben dieses Buches geholfen: die Schülerinnen und Schüler einer Fachschule für Sozialpädagogik in Köln, Günther Frorath und Gerda Zapke.

Zur 8. Auflage:
In dieser Neuauflage werden vor allem bei den Themen soziale Ungleichheit, Familie, außerfamiliale Sozialisationsfaktoren und Jugend neue Untersuchungsmaterialien berücksichtigt und teilweise – vor allem beim Thema Familie – neue Akzente gesetzt. Dabei werden manchmal Gemeinsamkeiten und (noch) Unterschiede zwischen den alten und den neuen Bundesländern berücksichtigt. Es werden Untersuchungsmaterialien aus der europäischen Union verwendet und Vergleiche zwischen den verschiedenen Ländern gezogen. Ich gehe davon aus, dass der innereuropäische und sogar der weltweite Vergleich für die sozialen Berufe befruchtend ist. Die dazu erforderlichen Daten stehen den Interessierten zum größten Teil in Datenbanken im World Wide Web zur Verfügung. Einige Untersuchungsergebnisse sind zwar schon einige Jahre alt. Sie werden in diesem Lehrbuch jedoch erwähnt, weil es keine neueren gleichartigen Untersuchungen gibt und zudem ein Vergleich der heutigen Erfahrungen mit den damaligen aufschlussreich sein kann. Mein Anliegen bei dem Zahlenmaterial ist dabei zweierlei: zuerst die Zahlen anzusehen, um vorschnelle Urteile, allgemeine Eindrücke und Slogans über die soziale Wirklichkeit zu vermeiden, danach das Zahlenmaterial zu interpretieren, um allgemeine Trends, Entwicklungstendenzen, und Hintergründe festzustellen und diese entsprechend den eigenen Wertvorstellungen kritisch zu hinterfragen.

Um den Lesefluss nicht zu behindern, sind in diesem Buch mit der Bezeichnung „Schüler", „Lehrer" etc. Personen beiderlei Geschlechts gemeint.
Nijmegen, im Mai 2011, Martien Jilesen

Inhaltsverzeichnis

Vorwort   3

1   Grundbegriffe der Soziologie   9

1.1   **Kommunikation und Interaktion**   10
1.2   Struktur und Funktion   13
1.3   Gesellschaft und Kultur   16

2   Soziologie der Gruppe   23

2.1   **Gruppe: Begriff und Klassifikation**   23
2.1.1   Begriffe: „soziales Gebilde", „soziale Kategorie", „soziales Aggregat",
     „Kollektiv", „Gruppe"   24
2.1.2   Klassifikation der Gruppen   27

2.2   **Gruppennormen**   34
2.2.1   Klärung des Begriffes „Norm"   35
2.2.2   Klassifikation der Normen   37
2.2.3   Entstehung und Veränderung von Normen   41
2.2.4   Bedeutung von Normen   42

2.3   **Sanktionen**   44
2.3.1   Klärung des Begriffes „Sanktionen"   44
2.3.2   Klassifikation der Sanktionen   46
2.3.3   Unterschied zwischen Sanktionierung und Verinnerlichung   49
2.3.4   Das Gemeinsame aller Sanktionen   50

2.4   **Die soziale Rolle**   52
2.4.1   Klärung des Begriffes „soziale Rolle"   53
2.4.2   Klassifikation der Rollen   55
2.4.3   Rollenkonflikte und deren Bewältigung   59
2.4.4   Rollen in der Kleingruppe   61
2.4.5   Die Rolle der Erzieherin   63

2.5   **Sozialer Status**   66
2.5.1   Klärung des Begriffes „sozialer Status"   67
2.5.2   Messung des sozialen Status   70
2.5.3   Untersuchungen des sozialen Status in der Kindergartengruppe   71
2.5.4   Status und Rolle   74

2.6   **Gruppenintegration, Gruppenatmosphäre, Gruppenleistung**   76
2.6.1   Gruppenintegration   76
2.6.1.1   Klärung des Begriffes „soziale Integration"   77
2.6.1.2   Feststellung der Gruppenintegration   78
2.6.1.3   Faktoren, die die Gruppenintegration beeinflussen   79
2.6.2   Gruppenatmosphäre   82
2.6.3   Gruppenleistung   84
2.6.3.1   Klärung des Begriffes „leistungsorientierte Gruppe"   84

2.6.3.2	Klärung des Begriffes „Gruppenleistung"	86
2.6.3.3	Faktoren, die die Gruppenleistung beeinflussen	90
2.6.4	Zusammenhang zwischen Gruppenintegration und Gruppenleistung	93
2.7	**Phasen der Gruppenbildung**	95
2.7.1	Beispiele, Beobachtungen und Untersuchungen	95
2.7.2	Das Modell der dynamischen Phasen nach Hartley	96
2.7.3	Phasen in der Bildung von Kinderspielgruppen	103
3	**Methoden der Gruppenforschung**	105
3.1	**Soziometrie**	105
3.1.1	Durchführung des soziometrischen Tests	106
3.1.2	Erstellung und Auswertung einer Soziomatrix	108
3.1.3	Erstellung und Auswertung eines Soziogramms	116
3.1.4	Interpretation der Testergebnisse	120
3.2	**Interaktionsanalyse nach Bales**	122
3.2.1	Methode	122
3.2.2	Untersuchungsergebnisse	124
3.3	Bewertungsskalen nach Newstetter	125
4	**Sozialisation**	127
4.1	**Klärung der Begriffe „Sozialisationsträger, -wirkungen, -prozess, -faktoren"**	128
4.1.1	Sozialisationsträger	128
4.1.2	Sozialisationswirkungen	130
4.1.3	Der Prozess der Sozialisation	131
4.1.4	Faktoren der Sozialisationsforschung	135
4.2	**Sozialisationstheorien**	137
4.2.1	Theorie des symbolischen Interaktionismus	137
4.2.2	Die strukturell-funktionale Theorie	140
4.2.3	Vergleich der beiden Theorien	141
5	**Soziale Ungleichheit**	143
5.1	**Begriffsklärung**	143
5.2	**Theorien zur sozialen Ungleichheit**	149
5.2.1	Marx' Theorie des Klassenkonflikts	150
5.2.2	Die funktionalistische Theorie der sozialen Schichtung nach Parsons	151
5.2.3	Neue Theorien	152
5.3	**Die soziale Ungleichheit in Deutschland**	152
5.3.1	Die soziale Ungleichheit in der vorindustriellen Gesellschaft	152

5.3.2	Untersuchungen zur sozialen Ungleichheit	153
5.3.2.1	Einkommens- und Vermögensverteilung	155
5.3.2.2	Ungleichheit der Bildung	171
5.3.2.3	Ungleichheit der Macht	174
5.3.2.4	Berufsprestige-Differenzierung	177
5.3.3	Merkmale der Sozialstruktur in Deutschland heute	188
5.4	**Ausgewählte Dimensionen der Lebensstil- und Werte-Forschung**	190
5.4.1	Wichtigkeit von Lebensbereichen	191
5.4.2	Lebensqualität	196
5.4.3	Werte und Wertewandel	205
5.4.4	Erziehungsziele	214
5.5	**Zusammenhänge zwischen Dimensionen der sozialen Ungleichheit und Dimensionen des Lebensstils**	217
5.5.1	Zusammenhänge zwischen Einkommen/Vermögen und Lebensstildimensionen	218
5.5.2	Zusammenhänge zwischen Bildung und Lebensstildimensionen	219
5.5.3	Zusammenhänge zwischen Berufsposition und Lebensstildimensionen	219
5.5.4	Zusammenhänge zwischen bürgerschaftlichem Engagement und verschiedenen anderen sozialen Merkmalen	220
5.6	**Soziale Mobilität**	225
5.6.1	Begriffserklärung	225
5.6.2	Vertikale Mobilität	226
5.6.3	Horizontale Mobilität	234
6	**Familie als Sozialisationsinstanz**	238
6.1	**Familie als Gruppe**	238
6.2	**Phasen in der Entwicklung der Familie**	242
6.2.1	Die Partnerwahl und deren gesellschaftliche Bedingungen	242
6.2.2	Die Phasen in der Existenz einer Familie	246
6.2.3	Ehescheidung	248
6.3	**Struktur der Familie**	254
6.3.1	Größe der Familie	254
6.3.1.1	Familiengröße und Verwandtschaftsbeziehungen in verschiedenen Kulturen	255
6.3.1.2	Größe der Familie und Verwandtschaftsbeziehungen in unserer Gesellschaft	258
6.3.1.3	Sonderformen des Zusammenlebens	274
6.3.2	Arbeitsteilung innerhalb der Familie	277
6.3.3	Verteilung der Entscheidungsgewalt	287
6.3.3.1	Kulturelle Unterschiede	289
6.3.3.2	Verteilung der Entscheidungsgewalt in unserer Gesellschaft	290
6.3.3.3	Schichtspezifische Unterschiede	295
6.3.3.4	Phasenbedingte Unterschiede	297

6.4	**Funktionen der Familie**	298
6.4.1	Begriffsbestimmung	298
6.4.2	Reproduktionsfunktion	299
6.4.3	Befriedigung der sexuellen Bedürfnisse	300
6.4.4	Wirtschafts- und Haushaltsfunktion	302
6.4.5	Freizeitfunktion	302
6.4.6	Funktion der Bestimmung des sozialen Status in der Gesellschaft	304
6.4.7	Funktion der Befriedigung emotionaler Bedürfnisse	306
6.4.8	Die These vom Funktionsverlust der modernen Familie	307
6.4.9	Sozialisationsfunktion	309
6.5	**Sozialisationseffekte der Familie**	310
6.5.1	Sozialisationseffekte der Familienform	312
6.5.1.1	Sozialisationseffekte des Aufwachsens in nicht familialen Gruppen	312
6.5.1.2	Sozialisationseffekte der familialen Lebensform	313
6.5.2	Sozialisationseffekte der Familienbildungs- und Familienlösungsereignisse	324
6.5.3	Sozialisationswirkung der familialen Autoritätsstruktur	331
6.5.3.1	Sozialisationseffekte der Verteilung der Entscheidungsgewalt auf die Ehepartner	331
6.5.3.2	Sozialisationseffekte der Spannungen und Konflikte zwischen den Ehepartnern	333
6.5.3.3	Sozialisationseffekte des elterlichen Erziehungsverhaltens	334
7	**Außerfamiliale Sozialisationsinstanzen**	340
7.1	**Übergang von der Primär- zur Sekundärgruppe**	340
7.2	**Der Kindergarten als Sozialisationsinstanz**	343
7.3	**Die Schule als Sozialisationsinstanz**	346
7.4	**Die Massenmedien als Sozialisationsinstanz**	356
8	**Randgruppen und Minderheiten**	367
8.1	**Begriffserklärung**	367
8.2	**Die Bedeutung von sozialen Vorurteilen**	370
8.3	**Obdachlose**	374
8.3.1	Begriffserklärung	375
8.3.2	Umfang der Obdachlosigkeit	376
8.3.3	Gründe für die Obdachlosigkeit	378
8.3.4	Wohnungs- und Siedlungsverhältnisse	379
8.3.5	Einstellung der Öffentlichkeit zur Obdachlosigkeit	381
8.3.6	Die Situation der Kinder	382
8.3.7	Lösungsmöglichkeiten des Obdachlosenproblems	386
8.3.8	Nicht-Sesshafte	388

8.4	**Ausländer**	389
8.4.1	Anzahl der Ausländer in Deutschland	390
8.4.2	Allgemeine Lebenssituation der ausländischen Familien	397
8.4.3	Einstellung der ausländischen Bevölkerung gegenüber	400
8.4.4	Situation der Kinder mit Migrationshintergrund	405
8.4.5	Möglichkeiten der Integration	407
8.5	**Arbeitslosigkeit**	412

9	**Soziologie der Jugend**	415
9.1	**Begriff „Jugend"**	415
9.2	**Jugend als soziale Kategorie**	420
9.3	**Jugend in primitiven Gesellschaften**	420
9.4	**Jugend im Sozialisationsprozess**	422
9.4.1	Die Familie als Sozialisationsinstanz	424
9.4.2	Die Gleichaltrigengruppe als Sozialisationsinstanz	429
9.4.3	Die Welt der Medien	437
9.5	**Verhaltensweisen der Jugend in der modernen Gesellschaft**	439
9.5.1	Wertvorstellungen der Jugendlichen	439
9.5.2	Rauschmittelkonsum	451
9.5.3	Abweichendes Verhalten	453
9.5.3.1	Begriffserklärung	455
9.5.3.2	Kinder- und Jugendkriminalität	458
9.5.4	Vorübergehende und dauerhafte Veränderungen	473
Literaturverzeichnis		476
Bildquellenverzeichnis		490
Sachwortverzeichnis		491
Personenverzeichnis		496

1 Grundbegriffe der Soziologie

Die folgenden Beispiele sollen zeigen, wie eng unser Verhalten mit dem Verhalten anderer Menschen verbunden ist.

Beispiel
Ein Lehrer beschreibt seinen Schulweg:
- Ich wache morgens mit dem Gedanken auf: Ich muss heute um neun Uhr in der Schule sein. (*Erwartung* anderer, dass ich mich auf eine bestimmte Weise verhalte)
- Ich steige in meinen Wagen und fahre 100 Meter bis zur ersten Ampel, die Rot zeigt. Ich muss warten. (*Norm*, vom Gesetzgeber auferlegt)
- Ich fahre weiter und überlege: Würde ich jetzt schneller als 50 km/h fahren, könnte ich einen Strafzettel bekommen. (*Sanktion*, damit die Verkehrsregeln eingehalten werden)
- Beim Fahren fällt mir auf, dass es viele Autofahrer gibt, die die gleiche Automarke fahren wie ich. (*Soziale Kategorie* der Marke X-Fahrer)
- Vor mir sehe ich einen Lastwagen mit dem Nationalitätenkennzeichen meines Heimatlandes. Ein Landsmann von mir, denke ich. (*Gruppierung*, Staat)
- Auf der Autobahn überhole ich einen Lastwagen und betätige vorher den Blinker. Dadurch erkennt der hinter mir Fahrende, dass ich die Fahrbahn wechseln will. (*Kommunikation*)
- Als ich vor dem Überholen den Blinker betätigte, sah ich hinter mir einen schnelleren Wagen mit aufblinkender Lichthupe. Ich bleibe also hinter dem Lastwagen und lasse den schnelleren Wagen erst vorbei. (*Kommunikation* und *Interaktion*)
- Dabei denke ich: In diesem schnellen Wagen sitzt bestimmt ein Manager. Einen solchen Wagen könnte ich mir nicht leisten. (Statussymbol, *sozialer Status*)
- Als der Wagen vorbeifährt, sehe ich zwei junge Burschen darin sitzen. Ich habe mich also geirrt. (*Vorurteil*)

Die Soziologie beschäftigt sich mit dem menschlichen Zusammenleben. An diesem menschlichen Zusammenleben nehmen die Menschen von Geburt an teil. Da es schon vorgeformt ist, können wir es nicht von Grund auf mitbauen und gestalten. Wir können nur gedanklich versuchen zu rekonstruieren, wie das menschliche Zusammenleben die Form, die wir jetzt vorfinden, angenommen hat.

Dazu müssen wir uns zunächst mit den Grundbegriffen der Soziologie vertraut machen.

Das oben angeführte Beispiel zeigt in einer bestimmten Situation einige wesentliche Begriffe der Soziologie.

1.1 Kommunikation und Interaktion

Beispiel
Wenn man den Unterschied zwischen einer Fußballmannschaft und einer Schulklasse untersuchen will, studiert man nicht die einzelnen Personen, die Mitglieder einer Fußballmannschaft oder einer Schulklasse sind – es könnten dieselben Personen Mitglieder beider Gruppen sein –, sondern analysiert das soziale Verhalten beider Gruppen, ihre aufeinander bezogenen Aktivitäten, ihre Gespräche, ihre Normen und Gewohnheiten.

Die kleinste Einheit im sozialen Geschehen ist demnach nicht die Person oder das Individuum, sondern deren soziales Verhalten. Um gleich einigen Missverständnissen vorzubeugen, sei darauf hingewiesen, dass das Wort „sozial" hier wertneutral verstanden wird. Mit „sozialem Verhalten" ist nicht „rücksichtsvolles Verhalten" gemeint. Auch ein als negativ zu bewertendes Verhalten ist soziales Verhalten. In diesem Sinne ist auch antisoziales und asoziales Verhalten soziales Verhalten.

Soziales Verhalten ist jedes Verhalten eines oder mehrerer Menschen, das in irgendeiner Weise auf das Verhalten anderer Menschen bezogen ist.

Der Bezug auf andere Menschen ist wesentlich für das soziale Verhalten. Fehlt dieser Bezug, so wird das Verhalten „individuelles Verhalten" genannt.

Beispiel
Stößt jemand, der ganz allein im Zimmer ist, beim Anblick einer Spinne einen Angstschrei aus, dann ist dies ein individuelles Verhalten, weil es nicht auf andere Menschen bezogen ist. Hat die betreffende Person dieses Verhalten zuerst bei anderen beobachtet und von ihnen übernommen, kann man von einem indirekten sozialen Verhalten sprechen.

In dem oben genannten Autofahrer-Beispiel lassen sich bei dem Fahrer viele Aktivitäten beobachten: Er tritt aufs Gaspedal, er schaltet in die jeweiligen Gänge, er nimmt Gas weg, er lenkt den Wagen, er betätigt den Blinker usw.

Darüber hinaus vermutet man bei ihm innere, nicht zu beobachtende psychische Aktivitäten: Er sieht ein überholendes Fahrzeug, er denkt an seinen Termin um neun Uhr, er freut sich auf den kommenden Sonntag, er ist wütend auf den langsamen Autofahrer vor ihm.

Beim Autofahrer kann man also unterscheiden:
- äußerlich zu beobachtende Handlungen,
- innere, nicht zu beobachtende, psychische Vorgänge.[1]

Bei den inneren psychischen Prozessen unterscheidet die Psychologie zwischen
- kognitiven,
- emotionalen und
- motivationalen Prozessen.[2]

---

[1] Die äußerlich beobachtbaren Aktivitäten werden in der Psychologie mit dem Begriff „Verhalten", die inneren, nicht beobachtbaren Vorgänge werden mit dem Begriff „Erleben" bezeichnet.
[2] Für die nähere Erklärung dieser Begriffe muss auf das Fach Psychologie verwiesen werden.

Die Beobachtung des Autofahrers bringt weitere Aufschlüsse über sein Verhalten: Fahrer X betätigt den Blinker und will damit dem hinter ihm Fahrenden deutlich machen, dass er beabsichtigt zu überholen. Dieses Zeichen wird von dem Fahrer Y hinter ihm auch so aufgefasst.

Hier wird ein inneres Streben, die Absicht zu überholen – in der Psychologie Motivation genannt –, durch ein äußeres Zeichen einem anderen mitgeteilt. Dieses äußere Zeichen wird vom anderen, dem Empfänger, interpretiert.

Auch kognitive oder emotionale Inhalte können auf diese Weise anderen mitgeteilt werden. In allen diesen Fällen spricht man von Kommunikation oder, wenn es sich um verschiedene Abläufe handelt, von einem Kommunikationsprozess.

Kommunikation ist der Austausch von Kognitionen, Emotionen und Motivationen.

Grafische Darstellung des Kommunikationsprozesses

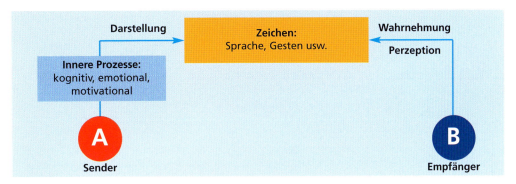

An zwei Stellen dieses Prozesses können Störungen auftreten:

- wenn Person A ihre inneren Prozesse nicht mit den richtigen Zeichen ausdrückt,
- wenn Person B die Zeichen falsch interpretiert, d. h., ihnen eine andere Bedeutung verleiht, als von A gemeint ist.

Durch diese beiden fehlerhaften Elemente im Kommunikationsprozess kommt es zwischen den Menschen oft zu Missverständnissen, also zu Kommunikationsschwierigkeiten. Die Kommunikation ist **Grundlage allen menschlichen Zusammenlebens.** Das bedeutsamste Mittel in der Kommunikation neben Gestik und Mimik ist die Sprache. Die häufigsten Kommunikationsmittel sind also Symbole, d. h. wahrnehmbare Zeichen, die von den Menschen untereinander durch Absprache mit einer bestimmten Bedeutung belegt wurden. Ob es sogenannte natürliche Kommunikationsmittel[1] gibt, ist eine Frage, die in der Psychologie geklärt werden muss.

---

[1] *Unter natürlichen Kommunikationsmitteln versteht man Zeichen, die von sich aus und nicht erst durch Absprache eine bestimmte Bedeutung haben.*

Bei der Erörterung des Kommunikationsprozesses eröffnet sich noch ein weiterer Aspekt. Die Darstellung des äußeren Zeichens durch den Sender ist eine **Aktivität des Senders:** Die Bewegung, Mimik des Gesichtes, das Sprechen und Schreiben sind jeweils beobachtbare Handlungen.

Wenn nun Person B als Empfänger der Botschaft auf diese Zeichen durch eine Geste, ein Lächeln, ein Widerwort, einen schriftlichen Satz reagiert, dann ist diese Reaktion von B wiederum eine wahrnehmbare Aktivität von B. Diesen Vorgang benennen wir Interaktion.

Interaktionen sind die aufeinander bezogenen Aktivitäten mehrerer Personen.

In der Praxis treten, wie aus unserem Beispiel deutlich wird, Kommunikation und Interaktion meist gemeinsam auf.

Schematische Darstellung der Zusammenhänge

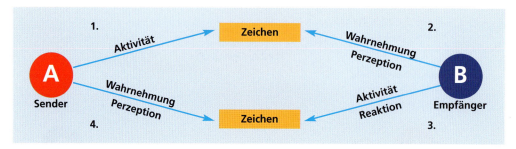

1. und 2. = Kommunikation
1. und 4. = Interaktion
3. und 4. = Kommunikation

Es gibt Soziologen, die diesen Sachverhalt nur mit dem Wort Kommunikation, andere, die denselben Sachverhalt nur mit dem Wort Interaktion belegen.

Beispiele
1. Die Mutter stillt das schreiende Baby.
   Das Hungergefühl beim Baby ist ein innerer, psychischer Prozess emotional-motivationaler Art. Das Schreien ist ein äußeres, wahrnehmbares Zeichen des inneren Prozesses. Das Schreien ist zugleich auch eine Aktivität des Babys. Die Mutter nimmt das Zeichen „Schreien" wahr. Sie gibt diesem Zeichen eine bestimmte Bedeutung, nämlich: Mein Kleines hat Hunger. Darauf reagiert sie, indem sie das Baby auf den Schoß nimmt und anfängt, es zu stillen.
   Beide Elemente, Kommunikation und Interaktion, sind hier also vorhanden.
2. Im Kindergarten macht die Erzieherin ein strenges Gesicht.
   Dieses strenge Gesicht ist ein Zeichen eines inneren, psychischen Prozesses, nämlich Ärger über den Lärm. Die Kinder beobachten das strenge Gesicht und interpretieren es so: Die Erzieherin will, dass wir ruhiger werden. Die Kinder verändern ihr Verhalten und sind weniger laut.
   Kommunikation und Interaktion sind hier wiederum vorhanden.

3. Ein Ehepaar hat Gäste. Es wird viel über das Wetter geredet. Die Frau stößt, unsichtbar für die Gäste, ihren Mann an. Daraufhin bietet der Mann seinen Gästen Getränke an. Das Anstoßen war von der Frau als Zeichen für ihren Mann gemeint, das Thema zu wechseln. Dieser aber hatte das Zeichen anders aufgefasst und daraufhin falsch reagiert. Kommunikation und Interaktion sind hier vorhanden. Durch einen Interpretationsfehler im Kommunikationsprozess kommt es zum Missverständnis.

1.2   Struktur und Funktion

Regelmäßigkeit des sozialen Verhaltens

Beim menschlichen Verhalten und Erleben unterscheidet man nicht nur zwischen individuellen und sozialen Verhaltensweisen, sondern auch zwischen **einmaligen,** vorübergehenden und **sich wiederholenden,** regelmäßig wiederkehrenden Verhaltens- und Erlebensweisen. Verhaltens- und Erlebensweisen, die regelmäßig wiederkehren, nennt man Gewohnheiten oder Verhaltensmuster.

Ein Verhaltensmuster ist die immer wiederkehrende Art des Reagierens in bestimmten Situationen.

Durch Verhaltensmuster wird das Leben sehr erleichtert:
Man braucht sich nicht jeden Morgen zu überlegen, wann man aufstehen muss, was zuerst zu tun ist, was man zum Frühstück isst und welchen Weg man zur Schule bzw. zur Arbeit nimmt. Was man hinsichtlich bestimmter Dinge, Situationen, Menschen denkt, fühlt und will, formt sich im Laufe der Zeit zu Einstellungen.

Einstellungen sind immer wiederkehrende Weisen des Denkens, des emotionalen und motivationalen Reagierens in bestimmten Situationen bei bestimmten Dingen und Personen.

Einstellungen erleichtern das Leben sehr. Man braucht sich nicht jedes Mal zu fragen, ob man eine Nachbarin mag oder nicht, ob man eine Gelegenheit, mit ihr zu sprechen, suchen oder vermeiden soll.

Handelt es sich um **Regelmäßigkeiten in den Interaktionen,** spricht man von **sozialen Beziehungen.** Handelt es sich um **Regelmäßigkeiten der Einstellungen mehrerer Personen zueinander,** so spricht man von einem **sozialen Verhältnis.**

Die soziale Beziehung ist eine sich wiederholende Art der Interaktion.

Ein soziales Verhältnis ist das Gesamte der in Wechselwirkung stehenden Einstellungen mehrerer Personen.

Wie bei der Interaktion und der Kommunikation sind auch diese beiden Aspekte des menschlichen Zusammenlebens stets miteinander verbunden:

■ die soziale Beziehung betont den Handlungsaspekt,

■ das soziale Verhältnis betont den Einstellungsaspekt der Verbindung von Menschen untereinander.

Aus der Einstellung erwächst die Art der Handlung.

Die Struktur

Die Soziologie interessiert sich nicht für das Zufällige, das Einmalige, das Vorübergehende, das Wechselhafte, sondern für das Dauerhafte, das sich Wiederholende, das Stabile, das Gewohnheitsmäßige im zwischenmenschlichen Geschehen.

Das menschliche Zusammenleben besteht aus einer Vielzahl solcher Regelmäßigkeiten des Verhaltens, die miteinander in Beziehung stehen. Dieser Aspekt wird mit dem Begriff „Struktur" bezeichnet.

> **Unter sozialer Struktur versteht man das mehr oder weniger Dauerhafte in den sozialen Tatbeständen und deren Beziehung zueinander in einem größeren Ganzen.**

Die Beziehungen der einzelnen Teile eines größeren Zusammenhanges zueinander werden häufig „System" genannt.

Beispiel
Die Beziehungen der Familienmitglieder zueinander werden als Familiensystem bezeichnet. Zur Struktur der Kindergartengruppe gehört z.B., dass die Erzieherin meistens die Initiative ergreift und die Kinder sie aufnehmen, dass weiterhin ein Kind bei der Ausführung die Leitung übernimmt, dass andere Kinder sich dann diesem Kind unterwerfen, dass die Erzieherin ihre Anweisungen wiederum von der Leiterin bekommt usw.

Obwohl die Struktur das Dauerhafte in den sozialen Beziehungen betont, ist damit nicht gesagt, dass die Struktur nicht verändert werden kann.[1]

Die verschiedenen Aspekte des menschlichen Verhaltens, die bisher besprochen wurden, lassen sich in einem Schema zusammenfassen:

Menschliches Verhalten

		Einmaliges Verhalten	Dauerhaftes Verhalten
Individuell	äußeres (beobachtbares)	Aktionen	Verhaltensmuster
	inneres (Erleben)	psychische Prozesse	Einstellungen
Sozial	äußeres (beobachtbares)	Interaktionen	soziale Beziehungen
	inneres (Erleben)	Kommunikation	soziale Verhältnisse

---

[1] *Die Veränderung der sozialen Struktur nennt man „sozialer Wandel". Dies geschieht durch viele Faktoren, auf die hier nicht näher eingegangen werden kann.*

Die Funktion

Das Wort „Funktion" hat in der Soziologie eine zentrale Bedeutung, wird aber sehr unterschiedlich aufgefasst und führt deshalb häufig zu Missverständnissen.

> Unter Funktion wird ganz allgemein die Wirkung verstanden, die ein Phänomen (= Erscheinung) ausübt.

Diese allgemeine Bedeutung hat das Wort „Funktion" auch in anderen Wissenschaften. Auf das soziale Geschehen angewandt bedeutet es, dass jeder Teil des sozialen Ganzen eine Wirkung auf andere Teile des sozialen Ganzen ausübt.

Beispiele

1. In einer Schulklasse wird intensiv Gruppenarbeit betrieben. Einige Schüler haben dadurch häufig Kontakt miteinander. Die Folge ist, dass die Personen der Arbeitsgruppe einander immer besser kennenlernen, sodass Gefühle der Zuneigung und vielleicht der Abneigung entstehen. Standen die Schüler der Arbeitsgruppe vor der intensiven Gruppenarbeit einander mehr oder weniger neutral gegenüber, so haben sich nach einiger Zeit deutliche Gefühlsbeziehungen entwickelt. Die Häufigkeit der Interaktionen hat also bewirkt, dass die Gefühlsbeziehungen intensiver geworden sind.
   So kann man sagen: Die Funktion, also die Wirkung der Häufigkeit der Interaktionen, ist die Intensivierung der emotionalen Beziehungen.

2. In einer neuen Schulklasse gibt es zu Anfang noch keine leistungsbezogene Differenzierung der Schüler. Es wird die erste Klassenarbeit geschrieben, die Zensuren werden der ganzen Klasse bekannt gegeben. Die Leistungsunterschiede werden den Schülern deutlich. Nach einiger Zeit unterscheiden die Schüler klar zwischen guten und weniger guten Schülern. Die Leistungsbenotung in der Schule bewirkt also, dass Einteilungen in bessere und schlechtere Schüler vorgenommen werden.
   Man kann also sagen, die Funktion, also die Wirkung der Leistungsbenotung ist eine Rangordnung des Sozialprestiges innerhalb der Schulklasse.

3. In demokratischen Gesellschaften gibt es mehr Kriminalität als in diktatorischen Gesellschaften. Die Wirkung bzw. Folge der Demokratie ist demnach eine Erhöhung der Kriminalität. Man kann also die Häufigkeit der Kriminalität als eine Funktion des Demokratisierungsgrades bezeichnen.

In den drei Beispielen wurde jeweils nur eine Folge des betreffenden Phänomens (Häufigkeit der Interaktionen, Leistungsbenotung, Demokratie) genannt. Diese Phänomene können aber mehrere Folgen haben. Mit anderen Worten: **Ein Phänomen kann mehrere Funktionen haben.**

Zu Anfang wurde definiert: Funktion ist die Wirkung eines Phänomens. Das Wort „Wirkung" darf man nicht im kausalen Zusammenhang verstehen, in dem Sinne, dass das eine Phänomen notwendig das andere zur Folge haben muss.

Wenn zwei Phänomene häufig zusammentreffen, gibt es theoretisch folgende Möglichkeiten:
1. Das erste Phänomen ist die Bedingung für das zweite.
2. Das zweite Phänomen ist die Bedingung für das erste.
3. Beide Phänomene sind durch ein drittes Phänomen bedingt.

Im Beispiel von der Gruppenarbeit wurde festgestellt, dass die Intensität der Gefühlsbeziehungen eine Funktion der Häufigkeiten der Interaktionen ist. Häufigkeit der Interaktionen und Intensität der Gefühlsbeziehungen treten immer zusammen auf.

■ Die häufigen Interaktionen können die Bedingungen für die Intensität der Gefühle sein.
■ Die Intensität der Gefühle kann aber auch die Bedingung für die Häufigkeit der Interaktionen sein.
■ Schließlich könnte ein dritter Faktor die Bedingung für beides sein: die Nähe. Menschen, die nahe beisammen sind, reden häufiger miteinander und haben intensivere Gefühlsbeziehungen als Menschen, die weit voneinander entfernt sind.

Welches Phänomen bedingend, welches bedingt ist, muss bei jedem funktionalen Zusammenhang eigens untersucht werden.

1.3 Gesellschaft und Kultur

Gesellschaft

Der Soziologe René König (1967, S. 105–106) unterscheidet sechs Bedeutungen für das Wort „Gesellschaft". Zwei dieser Bedeutungen sollen hier etwas näher besprochen werden, weil sie in der Soziologie am häufigsten verwendet werden, und zwar:

■ Gesellschaft als eine bestimmte Form des menschlichen Zusammenlebens,
■ Gesellschaft als Inbegriff des Sozialen.

René König (1906–1992)

Gesellschaft als eine bestimmte Form des menschlichen Zusammenlebens

Man spricht von der industriellen, der sozialistischen, der postmodernen, der pluralistischen usw. Gesellschaft.

Wenn das Wort in diesem Sinne verwendet wird, ist jeweils an eine größere Anzahl von Menschen gedacht, die auf eine bestimmte Art zusammenlebt und zusammenwirkt, um ihre Bedürfnisse zu befriedigen. Dazu gehören dann z.B. eine bestimmte Staats- und Rechtsform, ein bestimmtes Wirtschaftssystem, bestimmte Lebensgewohnheiten und Denkweisen.

Fichter (Fichter, 1969, S. 84) definiert die so verstandene Gesellschaft wie folgt:

> **„Die größte Anzahl von Menschen, die zur Befriedigung ihrer sozialen Bedürfnisse zusammenwirken und eine gemeinsame Kultur haben", bilden eine Gesellschaft.**

Nach dieser Definition gehören zu einer Gesellschaft zwei Elemente:
1. Das Zusammenwirken einer Anzahl von Menschen. Das bedeutet, dass diese Menschen auf eine bestimmte Weise in einem Staats- und Rechtssystem durch Übereinkünfte und Verträge organisiert sind. Das trifft für die modernen Staaten ebenso zu wie für primitive Völker und Stämme.
2. Die gemeinsame Kultur. Das bedeutet, dass diese Menschen bestimmte Denk- und Verhaltensmuster gemeinsam haben. Das trifft z. B. auf die moderne Gesellschaft, auf die mittelalterliche Gesellschaft, auf primitive Gesellschaften zu.

Trotz dieser Definition und der Bestimmung der beiden wesentlichen Merkmale bleibt das Wort „Gesellschaft" ziemlich vage. Es ist vor allem nicht leicht zu bestimmen, wann einerseits Formen des menschlichen Zusammenlebens gleich oder unterschiedlich sind und wann man andererseits von ein und derselben oder von mehreren Gesellschaften sprechen kann.

Einteilung der Gesellschaften
Die Gesellschaften werden nach verschiedenen Gesichtspunkten eingeteilt.

- Nach dem **Besitz der Schrift** unterscheidet man zwischen **schriftlosen** und **schriftbesitzenden Gesellschaften.** Schriftlose Gesellschaften werden häufig auch „primitive Gesellschaften" genannt. Da sie das geschriebene Wort nicht kennen, ist ihnen die Entwicklung eines Ausbildungssystems und die Sammlung wissenschaftlicher Erkenntnisse sehr erschwert. Heute gibt es solche schriftlosen Gesellschaften nicht mehr.

- Nach der **Staatsform** unterscheidet man z. B. zwischen **demokratischen** und **totalitären** Gesellschaften.

- Nach der **Wirtschaftsform** unterscheidet man z. B. zwischen **kapitalistischen** und **sozialistischen Gesellschaften** oder zwischen **Agrar-** und **Industriegesellschaften.**

- Nach dem Grad der **Verschiedenartigkeit der sozialen Beziehungen** unterscheidet man zwischen **einfachen** und **komplexen Gesellschaften.** In einfachen Gesellschaften gibt es keine großen Unterschiede zwischen den Tätigkeiten der Menschen; alle gehen auf die Jagd oder betreiben Landwirtschaft. Es gibt wenig Arbeitsteilung. Die familialen Beziehungen stehen im Mittelpunkt. Soziales Ansehen wird von der Familie bestimmt. Die Anzahl der Mitglieder ist relativ klein. Man kapselt sich von anderen Gesellschaften mehr oder weniger ab. Fremde können nur schwer in die Gesellschaft hineinkommen. Die komplexe Gesellschaft hat die entgegengesetzten Merkmale. Diese Unterscheidung zwischen einfachen und komplexen Gesellschaften ist eine relative. Eine Gesellschaft ist mehr oder weniger einfach oder komplex. Unsere westliche Industriegesellschaft gilt als Beispiel einer sehr komplexen Gesellschaft.
Die mittelalterliche Gesellschaft war einfacher strukturiert als unsere Gesellschaft, aber viel komplexer als sogenannte primitive, schriftlose Gesellschaften.

Gesellschaft als Inbegriff des Sozialen
Bisher haben wir von Gesellschaft als einer bestimmten Form des Zusammenlebens gesprochen.
Das Wort „Gesellschaft" wird in der soziologischen und alltäglichen Sprache oft noch in einer anderen Bedeutung verwendet. Gesellschaft bedeutet häufig: das Soziale schlechthin. In Redewendungen wie „Individuum und Gesellschaft" oder „gesellschaftliche Zwänge", „Lehre von der Gesellschaft" ist mit dem Wort „Gesellschaft" Folgendes gemeint:

Gesellschaft bedeutet eine vereinfachende Zusammenfassung aller sozialen Umwelten, die einem bekannt sind.

In diesem Sinne hat das Wort „Gesellschaft" für jeden Menschen einen anderen Inhalt, weil die soziale Umwelt für jeden Menschen anders ist.
Nicht nur für den wissenschaftlichen Sprachgebrauch, sondern auch zur besseren Verständigung in der Umgangssprache kann man statt des Wortes „Gesellschaft" in dieser Bedeutung besser andere Begriffe verwenden.

Beispiel
Denn wenn man z. B. von den „gesellschaftlichen Zwängen" spricht, meint man ganz bestimmte Zwänge, beispielsweise die Erwartung schulischer Leistungen aufseiten der Lehrer und der Eltern, die Ablehnung früher sexueller Beziehungen der Jugendlichen durch Eltern, Verwandte und Nachbarn, die Erwartung körperlicher Arbeit des Auszubildenden vonseiten des Meisters usw.

Scheinproblem: Individuum – Gesellschaft
Viele Menschen denken, reden und tun, als ob die menschliche Person (das Individuum) einerseits und die Gesellschaft (das Soziale) andererseits zwei verschiedene Größen seien, die ganz unterschiedlich bewertet werden müssten, die sogar Gegensätze oder Feinde seien. Es gibt populäre Literatur, in der von der „Vermassung des Menschen", von der „unpersönlichen Massengesellschaft", von dem „nivellierenden Einfluss der modernen Gesellschaft" die Rede ist. Die Gesellschaft wird in solchen Redewendungen negativ bewertet, während der Wert des Individuums, die Persönlichkeit, als etwas Einmaliges verstanden wird.

Im Grunde ist diese **krasse Gegenüberstellung von Individuum und Gesellschaft ein Scheinproblem.** Beide Teile, Individuum und Gesellschaft, gehören zusammen. Wollte jemand sich ganz von der Gesellschaft (im Sinne des Sozialen) lösen, so müsste er sich das Leben nehmen. Eine Gesellschaft ohne die Menschen, die zu ihr gehören, ist ein bloßes Gedankengebilde.

Die Aussage „Der Mensch ist ein soziales Wesen" bedeutet nicht, dass der Mensch zuerst Person oder Individuum ist und dass das Soziale oder die soziale Verbundenheit dann noch als ein Zweites dazukommt. Den Menschen als soziales Wesen verstehen, bedeutet, **der Mensch kann ohne die anderen, ohne die Gesellschaft oder das Soziale gar nicht Person oder Individuum werden.**

Diese beiden Elemente „Individuum und Gesellschaft" werden in den verschiedenen Weltanschauungen und politischen Richtungen unterschiedlich bewertet. In den „kollektivistischen" politischen Auffassungen ist das Individuum dem „Kollektiv" oder „der Gesellschaft" untergeordnet. In der individualistischen Auffassung wird das Individuum hoch bewertet; die Gesellschaft beschränkt nach dieser Auffassung die persönliche Entfaltung.

In der praktischen Politik werden immer Elemente beider Auffassungen eine Rolle spielen, und man wird nur mit Kompromissen zurechtkommen können.[1]

Personifizierung der Gesellschaft

Unter Personifizierung versteht man, dass man **nicht menschlichen Wesen** menschliche Eigenschaften und Verhaltensweisen zuschreibt. So können Tiere, Gegenstände, ja sogar abstrakte Begriffe personifiziert werden.

Beispiele
– Der Mond lacht.
– Die Blume weint.
– Der Hund ist eifersüchtig.
– Die Gesellschaft zwingt einen.
– Die Gesellschaft will oder will nicht, dass …
– Die schlechte Gesellschaft …

Mit solchen Formulierungen lassen sich bestimmte Gefühle, Stimmungen und Bewertungen genau zum Ausdruck bringen; es kann jedoch auch ein objektiver Sachverhalt verschleiert oder gar verfälscht werden.

Als Beispiel dient eine Betrachtung des viel verwendeten Slogans „Die moderne Gesellschaft ist kinderfeindlich". „Kinderfeindlich" und „kinderfreundlich" sind menschliche Eigenschaften. Sie kennzeichnen bestimmte Gefühle und Verhaltensweisen einer positiven oder negativen Einstellung zu Kindern. Es können also immer nur Menschen gemeint sein, die Kindern gegenüber positiv oder negativ eingestellt sind. Niemand wird behaupten, dass alle Menschen in Deutschland Kindern gegenüber negativ eingestellt sind. Es können höchstens bestimmte Menschen oder Gruppen von Menschen gemeint sein, die diese negative Einstellung haben. Vielleicht meint man damit, dass die Beamten der Stadtverwaltung, die Bauunternehmer oder die Mitglieder der Parteien und Regierungen eine kinderfeindliche Einstellung haben.
Vielleicht ist mit dem Slogan gemeint, es gebe zu wenig Kinderspielplätze, nicht genügend große und preiswerte Wohnungen für Familien mit vielen Kindern, Kinder hätten kein hohes soziales Ansehen usw.

Mit dem Slogan werden viele Auswirkungen unserer Gesellschaftsform zusammengefasst und sehr vereinfacht dargestellt. Eine erste Gefahr einer solchen Ausdrucksweise ist, dass Sachverhalte verschleiert oder unklar dargestellt werden. Die zweite Gefahr ist die Abschiebung der Verantwortung für eigene Unzulänglichkeiten und Misserfolge auf eine anonyme, abstrakte Gesellschaft. Die Gesellschaft, die es als selbstständige Größe gar nicht gibt, wird als Sündenbock abgestempelt und für die eigenen Frustrationen, Misserfolge, Schuldgefühle usw. verantwortlich gemacht. Es wird dann angenommen, dass die „abstrakte Gesellschaft" bestimmte Absichten hat, Ziele verfolgt, obwohl nur der einzelne Mensch Absichten haben und Ziele verfolgen kann.
Zur objektiven Kennzeichnung des gemeinten Sachverhaltes ist es besser, von den einzelnen Teilen oder Gruppen der Gesellschaft zu sprechen.

---

[1] *Für weitere Ausführungen wird auf das Fach Politik verwiesen.*

Kinderfeindlichkeit der Gesellschaft könnte dann so übersetzt werden: Es gibt zu wenig Kinderspielplätze, weil die Stadtverwaltung dafür zu wenig Geld ausgibt. Dies ist wiederum dadurch bedingt, dass man viel Geld für den Straßenbau benötigt, denn der Straßenbau beschleunigt die wirtschaftliche Entwicklung, und diese wiederum bewirkt, dass der einzelne Bürger mehr verdienen und mehr konsumieren kann.[1]

Kultur

In der Alltagssprache versteht man unter Kultur häufig die Produkte der Geistestätigkeit von besonders begabten Menschen auf dem Gebiet der bildenden Kunst, der Wissenschaft und der Literatur.

Beispiele
Derjenige, der ins Theater geht oder während seiner Urlaubsreise alte Kathedralen besucht, beschäftigt sich mit Kultur. Derjenige, der ins Kino geht oder am Strand einen Krimi liest, beschäftigt sich nicht mit Kultur, sondern lässt sich unterhalten.

Im wissenschaftlichen Sprachgebrauch hat man zunächst zwischen Kultur und Zivilisation unterschieden.
Zu Anfang des 20. Jahrhunderts wurden in Deutschland unter dem Begriff **Zivilisation** „die technischen, ökonomischen und organisatorischen Errungenschaften" der Menschen verstanden, während unter dem Begriff „Kultur" die „geistig-schöpferischen Errungenschaften" fielen.
In den englischsprachigen Ländern (Großbritannien und USA) verstand man unter Kultur (culture) „die ganze Lebensweise eines Volkes" und unter Zivilisation (civilization) „die jeweils höchste Form der menschlichen Kultur".

Begriffswandel

Durch den Vergleich verschiedener Kulturen miteinander ist man zu der Einsicht gekommen, dass unser Kulturbegriff sehr eingeengt und subjektiv bestimmt war. Man entdeckte z. B., dass gewisse Essmanieren, die wir als höchste Äußerungen der Esskultur ansahen, von den Chinesen als „barbarisch" empfunden wurden. Der Ausdruck „primitiv" im Sinne von „minderwertig" stellte sich als unbrauchbar heraus, weil man dann davon ausgehen würde, dass unsere Kultur oder Lebensweise als die absolut beste anzusehen sei.
Von daher versucht man, in den Sozialwissenschaften einen wertfreien Kulturbegriff zu formulieren. Dieser beginnt sich heute mehr und mehr durchzusetzen.

Kultur ist das Gesamte der menschlichen Errungenschaften, an dem mehrere teilhaben und das überlieferbar ist.

Zu der so verstandenen Kultur gehören nicht nur die geistigen Produkte des menschlichen Schaffens, sondern alle Errungenschaften. Der Begriff ist sehr weit gefasst. Er steht faktisch dem Begriff „Natur" gegenüber. Alles, was nicht „Natur" ist, sondern irgendwie von Menschen erfunden und geschaffen wurde, ist „Kultur".

---

[1] *Diese Zusammenhänge sind konstruiert. In Wirklichkeit können sie ganz anders gelagert sein.*

Beispiele

Zur Kultur gehören:
- die klassische Musik,
- das kommunistische Wirtschaftssystem,
- die Essgewohnheiten der Chinesen,
- die Technomusik,
- der Brauch des Namenstagfeierns,

- die Eisenbahn,
- das Flugzeug,
- die Statuen im Museum,
- der elektrische Stuhl in den USA,
- der frühere Kannibalismus in Neu-Guinea.

Zur Kultur gehören also sowohl Gegenstände als auch Methoden, Wissenschaften, Sitten, Normen und Bräuche.

In der Definition wird gesagt, dass diese Errungenschaften „von mehreren geteilt und überlieferbar" sein müssen. Kultur ist also gebunden an eine Gruppe von Menschen und kann überliefert werden. Die Erfindung eines Einzelnen, die geheim bleibt, gehört somit nicht zur Kultur. Von daher ist Kultur immer sozial, d. h., sie existiert immer in einer Gruppe von Menschen und ist an sie gebunden.

Deswegen kann man sagen, eine Familie, eine Nachbarschaft, eine Kirche, ein Jugendklub, ein Staat, ein Volk haben eine eigene Kultur.

Materielle und immaterielle Kultur

Alle menschlichen Errungenschaften kann man in materielle und immaterielle Kultur einteilen.

- Die materielle Kultur umfasst alle Gegenstände, wie Statuen, Eisenbahnen, Essgeräte, Fahnen usw.
- Die immaterielle Kultur umfasst alle Produkte, die im Geist des Menschen existieren, wie Sprache, Denkweisen, Wissenschaften, Normen, Werte usw.

Die **Soziologie** interessiert sich vor allem für bestimmte Elemente der immateriellen Kultur, wie Gewohnheiten und Bräuche, Verhaltens- und Erlebnismuster, weil diese Elemente großen Einfluss auf das menschliche Zusammenleben haben.

Aufgaben

1. Beschreiben Sie aus Ihrem heutigen Tagesablauf eine Viertelstunde, indem Sie die wichtigsten Aktivitäten, Gedanken, Gefühle und Bestrebungen während dieser Viertelstunde notieren. Untersuchen Sie anschließend, welche der genannten Aktivitäten usw.
   a) auf andere Menschen bezogen,
   b) rein individuell waren.

2. Gibt es Kommunikation ohne Interaktion?
   Versuchen Sie, Ihren Standpunkt mit Beispielen und Argumenten zu belegen.

3. Gibt es Interaktion ohne Kommunikation?
   Versuchen Sie, Ihren Standpunkt mit Beispielen und Argumenten zu belegen.

4. Vergleichen Sie eine durchschnittliche Schulklasse mit einer durchschnittlichen Kindergartengruppe in Hinsicht auf die Häufigkeit von Kommunikation und Interaktion.

5. Welche Gesichtspunkte müssen beachtet werden, wenn man die soziale Struktur einer Kindergartengruppe beschreiben will?

6. Welche Funktionen hat die altersgemischte Gruppe in der Elementarerziehung?

7. Welche Bedeutung hat das Wort „Gesellschaft" in der Aussage:
„Aufgabe des Kindergartens ist es, die Kinder auf die Gesellschaft hin zu erziehen"?

8. Gehört die Religion eines Menschen zur Kultur?

9. Überlegen Sie, ob folgende Verhaltensweisen
   a) individuell,
   b) sozial,
   c) einmalig,
   d) sich wiederholend in derselben Situation sind:
     – vor Langeweile gähnen,
     – sich vor dem Essen die Hände waschen,
     – sonntags nicht arbeiten,
     – die Haustüre abschließen,
     – sich bei Kälte wärmer anziehen,
     – sich die Haare kämmen,
     – Wäsche waschen,
     – jedes Jahr in Urlaub fahren,
     – bei einer Diskussion im Kreis sitzen,
     – an Ostern Eier bemalen,
     – nach dem Essen eine Zigarette rauchen,
     – nachts schlafen,
     – an Karneval lustig sein,
     – in der Straßenbahn schwarzfahren.

10. In der Soziologie ist die Rede von
   – Agrargesellschaft,
   – Industriegesellschaft,
   – Dienstleistungsgesellschaft,
   – moderne Gesellschaft,
   – postmoderne Gesellschaft,
   – Konsumgesellschaft,
   – Erlebnisgesellschaft,
   – Spaßgesellschaft,
   – Zwei-Drittel-Gesellschaft.

   Nennen Sie einige konkrete Merkmale und Verhaltensweisen der Menschen in diesen jeweiligen sogenannten Gesellschaften und schätzen Sie, wie viele Menschen diese Merkmale und Verhaltensweisen zeigen nach folgendem Muster:
   – … % der Menschen in der Agrargesellschaft sind …
   – … % der Menschen in der Agrargesellschaft tun …
   – … % der Menschen in der Industriegesellschaft sind …
   – … % der Menschen in der Industriegesellschaft tun …
   – … % der Menschen in der Erlebnisgesellschaft sind …
   – … % der Menschen in der Erlebnisgesellschaft tun …
   – usw.

2 Soziologie der Gruppe

2.1 Gruppe: Begriff und Klassifikation

Beispiele

1. In einem großen Warenhaus befinden sich an einem Dienstagvormittag ungefähr 500 Menschen: Verkäufer, Detektive, Kunden, Neugierige. Plötzlich muss das Gebäude wegen einer Bombendrohung geräumt werden. Nach dem Aufruf drängen sich alle zu den verschiedenen Ausgängen. Innerhalb von zehn Minuten haben alle das Warenhaus verlassen. Viele bleiben draußen stehen und warten, andere gehen nach Hause.
2. In einer Stadt ist ein Verkehrsunfall passiert. Die Passanten bleiben stehen und sehen zu. Sobald von Weitem die Sirene eines Krankenwagens ertönt, drehen sich alle Zuschauer um und blicken in die Richtung des heranfahrenden Krankenwagens.
3. Vor einem Fahrkartenschalter stehen zwanzig Menschen in einer Schlange. Jeder wartet geduldig. Als einer dazukommt und sich sofort an den Schalter stellt, wird es unruhig in der Reihe. Einige rufen ihm zu, er solle sich hinten anstellen, andere nehmen Kontakt mit ihrem Vordermann auf: „So was Unverschämtes!" Alle zwanzig Personen fühlen sich miteinander verbunden. Sie fühlen sich von dem Neuen bedroht. Erst als der Neuhinzugekommene sich hinten angestellt hat, tritt wieder Ruhe ein, und jeder wartet schweigend, bis er an der Reihe ist.
4. Zu der Schule X an der Straße Y gehören 500 Schüler und 40 Lehrkräfte. Jeden Tag befinden sich alle in dem großen Schulgebäude. Bestimmte Bekanntmachungen der Schulleitung werden per Lautsprecher allen Klassen mitgeteilt. Außerdem hat jeder die Schulordnung schriftlich bekommen und weiß, dass sie für alle verbindlich ist.
5. Jemand fährt auf der Autobahn mit einem Mittelklassewagen. Es überholt ihn ein Autofahrer, der ebenfalls einen Mittelklassewagen fährt. Dabei denkt der erste: „Wieder ein Mittelklassewagenfahrer." Dann denkt er an die Zahl der Mittelklassewagenfahrer, von der er gestern in der Zeitung gelesen hat.
6. Ein Forscher macht eine Untersuchung über Brillenträger. Er will herausfinden, in welchem Alter jemand durchschnittlich anfängt, eine Brille zu tragen. Er denkt dabei immer an die große Anzahl der Brillenträger.
7. In einer Schulklasse sind drei Schüler eng miteinander befreundet: Sie schwätzen miteinander während des Unterrichts. Sie sind in derselben Arbeitsgruppe, sie machen häufig gemeinsam die Aufgaben, sie treffen sich am Nachmittag zur Freizeitgestaltung, und jeden Morgen und Nachmittag haben sie denselben Schulweg.
8. Ein Deutscher verbringt seinen Urlaub im Ausland. Als er nach einigen Tagen zum ersten Mal seine Muttersprache hört, sieht er neugierig in die Richtung, aus der diese Sprache kommt, und fragt sich, ob der Betreffende wohl wirklich aus Deutschland kommt.

2.1.1 Begriffe: „soziales Gebilde", „soziale Kategorie", „soziales Aggregat", „Kollektiv", „Gruppe"

Gemeinsames und Unterschiedliches in den Beispielen:
Das Gemeinsame in allen acht Beispielen ist, dass jeweils **eine bestimmte Anzahl von Menschen zu einer Einheit zusammengefasst ist:**

- alle Personen in den Räumen des Warenhauses (Beispiel 1),
- alle Zuschauer bei dem Unfall (Beispiel 2),
- alle Wartenden vor dem Fahrkartenschalter (Beispiel 3),
- alle Angehörigen der Schule X (Beispiel 4),
- alle Mittelklassewagenfahrer (Beispiel 5),
- alle Brillenträger (Beispiel 6),
- die drei Freunde (Beispiel 7),
- die Deutschen (Beispiel 8).

Die Zusammenfassung einer Anzahl von Menschen beruht jeweils **auf einem oder mehreren Merkmalen,** die allen gemeinsam sind:

- sich im selben Gebäude befinden,
- dem Unfall zuschauen,
- vor dem Schalter warten,
- zur Schule X gehören,
- einen Mittelklassewagen fahren,
- eine Brille tragen,
- miteinander befreundet sein,
- die deutsche Staatsangehörigkeit besitzen.

Durch diese Merkmale sind die Menschen, die zu einer Einheit zusammengefasst werden, klar von anderen Menschen, die nicht dazu gehören, abzugrenzen.
Solche Einheiten oder Zusammenfassungen von Menschen nennt man in der Soziologie **„soziales Gebilde".**

> **Ein soziales Gebilde ist eine Anzahl von Menschen, die auf irgendeine Weise von der Umgebung oder von anderen Ansammlungen von Menschen abzugrenzen ist.**

In sehr vielen Punkten sind jedoch die acht oben genannten Beispiele unterschiedlich.
Die Zusammenfassung einer Anzahl von Menschen zu einer Einheit geschieht in einigen Beispielen **lediglich in Gedanken:**

- Alle Mittelklassewagenfahrer werden lediglich in den Gedanken jenes Autofahrers zu einer Einheit zusammengefasst.
- Alle Brillenträger werden nur in den Gedanken jenes Forschers zu einer Einheit zusammengefasst.

Solche sozialen Einheiten nennt man in der Soziologie **soziale Kategorien** oder soziale Klassen.

Im Grunde geht es hier um eine Begriffsbildung, d.h., eine Anzahl von Menschen oder Objekten wird aufgrund gemeinsamer Merkmale zu einer Einheit oder Klasse zusammengefasst.

> **Eine soziale Kategorie ist eine Anzahl von Menschen, die nur aufgrund eines oder mehrerer Merkmale zu einer Einheit zusammengefasst werden.**

Eine **soziale Kategorie** ist somit immer ein **Abstraktum,** sie besteht nur in Gedanken; in Wirklichkeit existiert die Kategorie nicht als eine Einheit. In der Alltagssprache wird das Wort „Gruppe" häufig auch auf diese sozialen Kategorien angewandt.

In einigen der oben genannten Beispiele besteht die Zusammenfassung der Menschen zu einer sozialen Einheit nicht nur in Gedanken. Auch in der Wirklichkeit ist noch eine gewisse Einheit und Abgrenzung vorhanden: Sie bilden deswegen eine Einheit, weil sie sich alle in **physischer Nähe** befinden, nämlich in demselben Raum, Gebäude, am gleichen Ort:

- die Besucher des Warenhauses,
- die Zuschauer beim Unfall,
- die Wartenden vor dem Schalter.

Solche sozialen Einheiten nennt man in der Soziologie **soziale Aggregate** oder auch Mengen.

> **Ein soziales Aggregat besteht aus einer Anzahl von Menschen, die deshalb zu einer Einheit zusammengefasst werden, weil sie sich in physischer Nähe befinden.**

Wie weit die örtliche Entfernung voneinander sein darf, damit man noch von einem sozialen Aggregat sprechen kann, wird dabei jedoch nicht festgelegt. Wichtig ist, dass die Zusammenfassung von Menschen zu einer Einheit nur aufgrund ihrer Anwesenheit im gleichen geografischen Raum geschieht.

Bei den übrigen oben genannten Beispielen geschieht die Zusammenfassung mehrerer Menschen zu einer Einheit aufgrund von Faktoren, die über das rein Begriffliche und die physische Nähe hinausgehen.

- Die Schüler und Lehrer sind nicht nur im gleichen Schulgebäude, sie sind auch auf irgendeine Weise miteinander verbunden; auch wenn sie alle zu Hause sind, sind sie noch Angehörige der Schule X. Sie sind alle durch dieselbe Schulordnung gebunden; sie haben alle denselben Schulleiter.
- Die Staatsbürger der Bundesrepublik Deutschland sind auch auf irgendeine Weise miteinander verbunden; sie unterliegen z.B. denselben strafrechtlichen Bestimmungen.

Jedoch haben weder alle Deutschen noch alle Schüler und Lehrer der Schule X direkten Kontakt miteinander. Die Interaktionen, die zwischen ihnen auftreten können, sind lediglich indirekte Interaktionen, d.h. mittels technischer Mittel oder mittels dritter Personen oder Instanzen.

Solche sozialen Einheiten werden in der Soziologie **Kollektive** genannt.

> **Ein Kollektiv besteht aus mehreren Menschen, die deswegen zu einer Einheit zusammengefasst werden, weil sie miteinander in indirekter Kommunikation und Interaktion stehen.**

Die drei Freunde aus dem Beispiel 7 stehen unmittelbar und direkt miteinander in Kontakt, sie sprechen miteinander, sie handeln gemeinsam: Sie sind durch direkte Kommunikation und Interaktion miteinander verbunden.
Solche sozialen Einheiten werden in der Soziologie **Gruppen** im eigentlichen Sinne genannt.

> **Eine Gruppe besteht aus mehreren Menschen, die deswegen zu einer Einheit zusammengefasst werden, weil sie durch direkte Kommunikation und Interaktion miteinander in Wechselbeziehung stehen.**

Zusammenfassend lässt sich sagen, dass in allen acht Beispielen jeweils eine Anzahl von Menschen zu einer Einheit zusammengefasst wird. Unterschiedlich ist die Art der Verbundenheit der Menschen untereinander.

Schematisch können diese Zusammenhänge so dargestellt werden:

Soziales Gebilde	Ohne physische Nähe, ohne Kommunikation und Interaktion	Soziale Kategorie
	Mit physischer Nähe, ohne Kommunikation und Interaktion	Soziales Aggregat
	Mit indirekter Kommunikation und Interaktion	Kollektiv
	Mit direkter Kommunikation und Interaktion	Gruppe im eigentlichen Sinne

Einmalige oder dauerhafte Kommunikation und Interaktion
Das Beispiel der Wartenden vor dem Fahrkartenschalter wirft noch eine Frage auf: Spricht man schon von einer Gruppe, wenn Kommunikation und Interaktion nur zeitweilig und vorübergehend sind?

Die Wartenden nehmen plötzlich untereinander Kontakt auf, sie reden miteinander, vielleicht stoßen sie den Eindringling mit vereinten Kräften nach hinten. In diesen wenigen Augenblicken haben sie alle miteinander direkte Kommunikation und Interaktion. Sind sie vorübergehend eine Gruppe?

Diese Frage wird unterschiedlich beantwortet:

- Viele Sozialpsychologen nennen eine solche Zusammenstellung von Menschen schon eine Gruppe, wenn auch eine von sehr kurzer Dauerhaftigkeit.
- Die Soziologen nennen solche Zusammenstellungen noch nicht Gruppe. Sie sprechen erst dann von einer Gruppe, wenn die Interaktionen mehr oder weniger dauerhaft sind.

Dieser Unterschied ist leicht zu erklären:

- Der Psychologe untersucht die Einwirkungen des Sozialen auf den Einzelmenschen; auch bei einer einmaligen oder kurzen Kommunikation findet eine gegenseitige Beeinflussung statt.
- **Der Soziologe untersucht das Gewohnheitsmäßige, das Strukturhafte oder Dauerhafte im menschlichen Zusammenleben.** Daher ergibt sich aus einem einmaligen oder kurzfristigen Kontakt zwischen Menschen für ihn noch keine Gruppe.

Bei diesen beiden Gruppenbegriffen geht es um zwei verschiedene Aspekte des menschlichen Zusammenlebens:

- Im sozialpsychologischen Gruppenbegriff stehen die jeweiligen Interaktionen, Kommunikationen und ihre Wirkung im Mittelpunkt.
  Die **Entstehung** einer Gruppe kann dabei beobachtet werden.
- Beim soziologischen Gruppenbegriff steht das Gewohnheitsmäßige oder Strukturhafte der menschlichen Beziehungen und seine Wirkung im Mittelpunkt des Interesses. Schon **bestehende** Gruppen sind Objekte der Beobachtung.

Für die erzieherische Arbeit ist die Kenntnis beider Aspekte wichtig, weil der Erzieher nicht nur mit einer unveränderlichen Gruppe zu tun hat, sondern auch mit dem Gruppenprozess. Manche Definitionen von „Gruppe" enthalten noch mehr Elemente, z.B. gemeinsames Ziel, Werte, Einstellungen, Rollen, Status, Wir-Gefühl, Normen. Alle diese Merkmale der Gruppe werden hier nicht in die Definition aufgenommen, weil sie eine logische Folge dauerhafter Kommunikation und Interaktion sind. Sie gehören ohnehin zu den Merkmalen der Gruppe im eigentlichen Sinne.

2.1.2 Klassifikation der Gruppen

Von den vielen Einteilungen der Gruppen werden hier nur die wichtigsten besprochen. Dabei müssen auch die jeweiligen Gesichtspunkte der Einteilung berücksichtigt werden. Folgende Tabelle gibt eine Übersicht über die wichtigsten Gesichtspunkte und ihre jeweilige Klassifikation.

Alle Gruppen kann man nach folgenden Gesichtspunkten unterscheiden:	Zu dem jeweiligen Gesichtspunkt gehört folgende Einteilung:
Größe	Klein-, Großgruppe
Interpersonelle Beziehungen	Primär-, Sekundärgruppe
Grad der Formalität und Organisation	formelle, informelle Gruppe
Art der Beziehungen des Individuums zur Gruppe	Mitglieds-, Bezugsgruppe, Eigen-, Fremdgruppe
Grad des Zwanges der Mitgliedschaft	freiwillige, unfreiwillige Gruppe

Klein- und Großgruppe

Nach der Zahl der Mitglieder kann man die Gruppen in Klein- und Großgruppen einteilen.

> **Eine Kleingruppe ist in der Soziologie und Sozialpsychologie häufig eine überschaubare Anzahl von Personen, die regelmäßigen und direkten Kontakt miteinander haben.**

So verstanden fällt der Begriff der Kleingruppe mit der Definition von Gruppe zusammen. Was als „Gruppe im eigentlichen Sinne" definiert wurde, ist eine Kleingruppe.

Großgruppen sind in der Soziologie meistens solche sozialen Gebilde wie

- Stamm,
- Volk,
- Nation,
- Religionsgemeinschaft,
- politische und wirtschaftliche Verbände.

> **Großgruppe entspricht damit der Definition von Kollektiv, d.h., eine Anzahl von Menschen, die durch indirekte Kommunikation und Interaktion miteinander verbunden ist.**

Bei der Gruppenarbeit in der Schule, bei der Jugendarbeit, bei der Zusammenstellung von Arbeits- und Gesprächsgruppen wird häufig gefragt, was die angemessene Gruppengröße sei. Kann eine Schulklasse von 40 Schülern oder eine Kindergartengruppe von 30 Kindern noch eine Gruppe sein? Gibt es eine „natürliche" Gruppengröße? Diese Frage kann man nicht ohne Weiteres beantworten.

Die angemessene Größe einer Gruppe hängt ab:

- von der Funktion der Gruppe,
- vom Alter der Mitglieder,
- von der persönlichen Eigenart der Mitglieder.

30 Kinder können nicht so leicht eine Gruppe bilden wie 30 Erwachsene, weil Kinder gleichzeitig nicht so viel Kontakt haben können wie Erwachsene. Eine Skatrunde erfordert weniger Mitglieder als ein Kegelklub.

Es liegen einige empirische Untersuchungen über die durchschnittliche Gruppengröße vor.

Beispiele

- Die patriarchalische Haushaltsfamilie in den verschiedensten Ländern und Zeiten zählte immer 20 bis 30 Köpfe.
- Die durchschnittliche Größe von jugendlichen Banden in Chicago lag zwischen sechs und 30 Mitgliedern. Von 895 Banden hatten 538 eine Mitgliederzahl von 10 bis 20 Personen.
- Bei der sogenannten Kleingruppenforschung der Sozialpsychologie werden am häufigsten Gruppen mit zwei bis fünf Mitgliedern untersucht; die oberste Grenze der Gruppengröße in der Kleingruppenforschung liegt bei 25 bis 30 Mitgliedern.

- Die durchschnittliche Größe von Fußgängergruppen, Einkaufsgruppen, Arbeitsgruppen usw. liegt bei zwei bis vier Personen.
- Die optimale Größe einer Diskussionsrunde liegt zwischen fünf und zehn Teilnehmern.

Aus diesen Zahlen der empirischen Untersuchungen wird deutlich, dass die untere Grenze der Gruppengröße bei zwei liegt, die obere bei etwa 30 Personen.

Auch rein theoretisch lässt sich die Gruppengröße in etwa festlegen:

■ Zwei Mitglieder sind die Mindestzahl, da sonst keine Interaktion möglich ist.

■ Versteht man Gruppe als eine Anzahl von Menschen, die mehr oder weniger regelmäßig Kontakt miteinander haben, so dürfte dieser regelmäßige Kontakt bei einer Zahl, die größer als 30 ist, kaum noch möglich sein. Dieser Kontakt soll nämlich direkt sein, d.h. von Angesicht zu Angesicht.

Primär- und Sekundärgruppen

Eine sehr häufige Unterscheidung der Gruppen ist die in Primär[1]- und Sekundärgruppen[2].

Primärgruppen sind die Gruppen, die zeitlich zuerst im Leben des Menschen auftauchen. Diese sind
- **die Familie,**
- **die Spielgruppe,**
- **die Nachbarschaft.**

Sekundärgruppen sind die Gruppen, die zeitlich erst später im Leben des Einzelmenschen auftauchen, wie
- **die Kindergartengruppe,**
- **die Schülergruppe,**
- **die Berufsgruppe usw.**

Das Wort „primär" hat jedoch auch die Bedeutung von **fundamental** oder wesentlich, das Wort „sekundär" von **zweitrangig**.

■ Die Primärgruppen haben eine fundamentale Bedeutung für die Entwicklung der menschlichen Persönlichkeit,

■ die Sekundärgruppen haben eine zweitrangige Bedeutung für die Persönlichkeitsentwicklung.

Damit sind aber die beiden Begriffe Primärgruppe und Sekundärgruppe noch nicht eindeutig festgelegt.
Man hat folgende **Merkmale der Primärgruppe** herausgearbeitet:

■ häufiger Kontakt (Interaktion und Kommunikation),

■ Kontakt auf verschiedene Arten (verbal, taktil, optisch),

---

[1] Das Wort „primär" bedeutet „zuerst".
[2] Das Wort „sekundär" bedeutet „an zweiter Stelle".

- vorwiegend direkter Kontakt (von Angesicht zu Angesicht),
- häufig emotionaler Kontakt,
- kleine, überschaubare Zahl der Gruppenmitglieder.

Die **Sekundärgruppe** hat die entgegengesetzten **Merkmale:**
- geringer Kontakt,
- häufig indirekter Kontakt,
- vorwiegend verbaler Kontakt,
- vorwiegend sachlicher Kontakt,
- größere Anzahl von Mitgliedern.

Wendet man diese Merkmale auf die oben genannten Gruppen an, so kann man die Familie, Spielgruppe, Nachbarschaft (oder den Bekanntenkreis) eher zu den Primärgruppen zählen, jedoch die Schulklasse, die Arbeitskollegen, den Sportklub eher zu den Sekundärgruppen.

Eine Sekundärgruppe kann aber auch Merkmale der Primärgruppe annehmen. Ein Teil der Schulklasse kann zu einem Freundeskreis mit häufigem, auch emotionalem Kontakt werden.
Ebenfalls kann eine Primärgruppe Merkmale der Sekundärgruppe annehmen. Die Familie kann zu einem Kreis von Personen werden, die nur noch den notwendigen sachlichen, verbalen Kontakt miteinander unterhalten.

Das wichtigste Unterscheidungsmerkmal bei dieser Einteilung ist die Art der interpersonalen Beziehungen der Mitglieder (Kommunikation und Interaktion).

Obwohl die Unterscheidung von Primär- und Sekundärgruppen nicht immer exakt vorgenommen werden kann, ist sie doch nützlich, weil dadurch die bedeutsame Wirkung dieser beiden Gruppentypen klargemacht wird: **Am tiefsten wird der Mensch durch die Primärgruppe beeinflusst.** Diese tiefe Wirkung auf die Persönlichkeit geschieht gerade durch den intensiven, intimen, häufigen und frühen Kontakt. Daher sind vor allem die Familie und auch die Gruppe der Gleichaltrigen in der Jugendzeit zu den Primärgruppen zu rechnen.

Die Primärgruppe wird auch häufig „Intimgruppe" oder auch „Face-to-face-Gruppe" (von Angesicht zu Angesicht) genannt.

Formelle und informelle Gruppe
Die Einteilung in formelle und informelle Gruppen bezeichnet meistens eine Unterscheidung im Grad der Formalität, mit der Ziele, Normen, Rollen usw. festgelegt sind.
Formell bedeutet hier ausdrücklich festgelegt und formuliert, entweder schriftlich oder mündlich.

In einer Satzung, in einer Verordnung, in einer Vereinbarung oder gar in einem Gesetz kann die Gruppenstruktur deutlich festgelegt sein.

Beispiele dafür sind
- ein Sportklub,
- eine Untersuchungskommission,
- eine Schulklasse,
- ein Jugendverein,
- das Leitungsteam eines Kindergartens.

Informelle Gruppen sind solche, deren Ziele, Normen und Rollen usw. nicht ausdrücklich formuliert sind. Sie haben keine Satzung; sie entstehen spontan; sie sind nicht an eine von außen auferlegte Ordnung oder Struktur gebunden.

Beispiele dafür sind
- eine Spielgruppe von Kindern,
- eine Freundesgruppe,
- eine Clique in einer Schulklasse,
- eine Stammtischrunde,
- eine Jugendgang.

Die Unterscheidung ist auch wiederum nicht exakt festzulegen. Eine Gruppe kann mehr oder weniger formell oder informell sein.
In einer Schulklasse – die eine formelle Gruppe darstellt, da Normen, Rollen, Ziele ausdrücklich festgelegt sind – können mehrere informelle Gruppen entstehen. Diese wiederum können einen großen Einfluss auf die formelle Gruppe, die Klasse insgesamt, haben. Neben der formellen Rangordnung von Lehrer – Schüler – Klassensprecher kann eine informelle Rangordnung entstehen: heimlicher Führer, Clique, Mitläufer. Neben den formellen Normen und Sanktionen können informelle Normen und Sanktionen entstehen.

Beispiel
Für den Gruppenleiter – z. B. Lehrer oder Erzieher – ist es wichtig, die informellen Gruppen und ihre Strukturen zu erkennen. Gelingt es dem Lehrer z. B., den informellen Klassenführer für seine Ziele zu gewinnen, so wird er leichter die ganze Klasse gewinnen können. Hat der Erzieher den informellen Führer einer Clique im Kindergarten für sein Lernangebot gewonnen, so wird er leichter die anderen Kinder zum Mitmachen bewegen können.

Mitgliedsgruppe und Bezugsgruppe
Eine für die Untersuchung und das Verständnis der sozialen Beeinflussung fruchtbare Unterscheidung ist die von Mitglieds- und Bezugsgruppen.

Mitgliedsgruppen sind solche Gruppen, in denen man Mitglied ist, sei es durch Anwesenheit und Teilnahme oder nur auf dem Papier, ohne Teilnahme am Gruppenleben.

Bezugsgruppen sind solche Gruppen, nach denen man sich richtet, mit deren Auffassungen, Verhaltensweisen, Einstellungen man sich identifiziert.

Beispiele

1. Ein Jugendlicher gehört zur Familie X. Die Eltern und die Geschwister sind für eine konservative Politik, sie sind traditionell religiös eingestellt, sie sind gegen vorehelichen Geschlechtsverkehr, sie sind für eine gepflegte Kleidung und für eine gepflegte Sprache. Der Jugendliche ist gegen diese Einstellungen und Verhaltensweisen seiner Eltern; sein Vorbild sind Einstellungen und Verhaltensweisen, wie sie nach seiner Vermutung in einer Jugendgang gelebt werden: eine radikale politische Einstellung, auffällige Kleidung, provokative Sprache, Mutproben und Härte.
2. Ein Kind im Kindergarten kommt aus einem sozialen Brennpunkt. Seine Eltern haben einen rauen Umgangston, bei Auseinandersetzungen unter Kindern in der Nachbarschaft wird häufig geprügelt. Schule und Kindergarten, Lehrer und Erzieher werden von den Eltern als notwendiges Übel empfunden. Das Kind fühlt sich im Kindergarten nicht wohl; es ist dem Erzieher gegenüber misstrauisch, es unterhält sich nicht gerne mit Kindern „mit feiner Sprache", es rauft lieber mit anderen Kindern, als dass es sich still in den Kreis setzt und zuhört.

Für den Jugendlichen in Beispiel 1 ist die Familie die Mitgliedsgruppe. Die Familie ist nicht seine Bezugsgruppe; diese ist vielmehr die Jugendbande.

Für das Kind in Beispiel 2 sind die Familie und der Kindergarten eine Mitgliedsgruppe; die Familie ist gleichzeitig für das Kind auch Bezugsgruppe im Gegensatz zum Kindergarten. Aus diesen beiden Beispielen wird Folgendes deutlich:

- Die Mitgliedsgruppe kann auch Bezugsgruppe sein.
- Die Mitgliedsgruppe kann Nicht-Bezugsgruppe sein.
- Die Bezugsgruppe kann die Mitgliedsgruppe sein.
- Die Bezugsgruppe kann eine Nicht-Mitgliedsgruppe sein.

Wenn die Bezugsgruppe nicht Mitgliedsgruppe ist, ist sie eine Gruppe, in der man gerne Mitglied sein möchte oder deren Mitgliedschaft man anstrebt. Wahrscheinlich möchte der Jugendliche in unserem ersten Beispiel gerne Mitglied einer Gang sein. Der Begriff „Bezugsgruppe" ist nicht absolut, sondern relativ aufzufassen. In der Praxis nämlich ist eine bestimmte Gruppe mehr oder weniger Bezugsgruppe; in bestimmten Punkten wird man sich an der Bezugsgruppe orientieren, in anderen Punkten nicht.

Eigen- und Fremdgruppe

Die englische Bezeichnung für diese Unterscheidung ist: **ingroup – outgroup.** Wörtlich übersetzt heißt das: **Innengruppe** und **Außengruppe.**

> Die Innengruppe ist die Gruppe, in der man gerade verkehrt. Alle anderen Gruppen, sowohl diejenigen, denen man angehört, als auch diejenigen, denen man nicht angehört, sind Außengruppen.

Beispiel

Für den Schüler ist die Schulklasse während des Unterrichts eine Innengruppe, seine Familie und sein Freundeskreis hingegen sind Außengruppen, ebenso wie der Fußballklub und die Expertenkommission der UNO, denen er nicht angehört.

Häufig ist mit den Begriffen „Innen-, Außengruppe" auch gemeint, dass die **Innengruppen** die eigenen Gruppen sind, **denen man angehört**, die **Außengruppen** diejenigen, **denen man nicht angehört** und die einem daher fremd sind.

Neben dem Aspekt des „Nicht-dazu-Gehörens" kommt auch noch der Aspekt des „Fremd-Seins" dazu und unterteilt so in Eigen- und Fremdgruppe. Mit dieser Unterscheidung ist dann auch eine Bewertung verbunden.

- **Die Eigengruppe ist diejenige, mit der man sich identifiziert, der man sich zugehörig fühlt, der man Sympathiegefühle entgegenbringt.**

  Die Eigengruppe wird oft positiv im Sinne eines Stereotyps oder Vorurteils bewertet: Sie wird als gut, gerecht und friedlebend beurteilt, ohne dass objektive Gründe für diese positivere Bewertung der eigenen Gruppe im Vergleich zu anderen Gruppen vorhanden sind.

- **Die Fremdgruppe wird nicht nur objektiv als die Gruppe der anderen gesehen, sondern auch in bewertendem Sinne.**

  Ihre Mitglieder sind anders, fremd, und teilweise ist ihr Verhalten unverständlich. Man setzt sich von ihr ab, man bringt ihr eher Gefühle der Antipathie entgegen. Man belegt sie leicht mit negativen Vorurteilen.

  Im Extremfall entstehen auf diese Weise **Diskriminierungen** und **Feindseligkeiten,** vor allem dann, wenn es um verschiedene nationale und rassische Gruppen geht oder um Mehrheiten bzw. Minderheiten.

Unterschied zwischen Eigen- und Fremdgruppe einerseits und Mitglieds- und Bezugsgruppe andererseits:

Die Unterscheidung Eigen- und Fremdgruppe betont die Tatsache, dass man geneigt ist, die Gruppe, zu der man gehört, zu überschätzen, und die Gruppe, zu der man nicht gehört, zu unterschätzen.

Daneben kann auch eine Tendenz bestehen, sich von seiner eigenen Gruppe mehr oder weniger zu lösen und sich nach anderen Gruppen zu richten. Um dieser Tatsache Rechnung zu tragen, ist die Unterscheidung von Mitglieds- und Bezugsgruppen notwendig.

Freiwillige und unfreiwillige Gruppen

Nach dem Grad des Zwanges der Mitgliedschaft kann man die Gruppen in freiwillige und unfreiwillige einteilen:

- zu der eigenen Familie gehört man unfreiwillig,
- in den Sportklub tritt man hingegen freiwillig ein.

Aufgaben

1. Sind folgende „soziale Gebilde" eine soziale Kategorie, ein soziales Aggregat, ein Kollektiv, eine Gruppe im eigentlichen Sinne?
   Begründen Sie jeweils Ihre Antwort.
   - Die Menschenschlange vor der Straßenbahnhaltestelle
   - Die Familie Müller (Vater, Mutter, zwei Kinder)
   - Die Schule, der Sie angehören
   - Ihre Schulklasse
   - Alle Hausbesitzer

- Die UNO
- Die Belegschaft der Automobilwerke in der Stadt X
- Die Jugend
- Eine Kindergartengruppe

2. Sind folgende Gruppen, denen Sie wahrscheinlich angehören,
   - Primär- oder Sekundargruppen,
   - formelle oder informelle Gruppen,
   - Mitglieds- oder Bezugsgruppen,
   - freiwillige oder unfreiwillige Gruppen?
   Begründen Sie jeweils Ihre Antwort.
   - Ihre Familie
   - Ihre Schulklasse
   - Ihr Sportverein
   - Ihr Freundeskreis
   - Der Kindergarten, in dem Sie Praktikant(in) sind

2.2   Gruppennormen

Beispiele
Diskussion über Normen im Kindergarten
In einer Fachschulklasse diskutierte eine Gruppe über die Frage: „Gibt es im Kindergarten genügend, zu viele oder zu wenig Normen?" Die Diskussion wurde auf Band aufgenommen. Sie wird im Folgenden auszugsweise wiedergegeben:
A: „Ja, sicher gibt es Normen im Kindergarten."
B: „Zu viele gibt es. Auch für die Praktikantin gibt es Normen. Sicher sagt deine Leiterin etwas, wenn du gegen etwas verstößt."
C: „Gegen was hast du denn verstoßen?"
B: „Ich noch nicht. Ja, wenn man zu impulsiv ist, kriegt man eins ausgewischt."
D: „Ich habe noch keine Normen festgestellt."
E: „Für die Kinder schon. Ich stelle mir darunter vor, dass sie zu einem bestimmten Zeitpunkt frühstücken sollen. Du musst doch zu einer begrenzten Zeit frühstücken, du darfst doch nicht den ganzen Morgen frühstücken."
B: „Man darf z. B. nicht sagen: ‚Verdammt noch mal'."
E: „Als Kind oder als Erwachsener?"
B: „Als Erwachsener."
E: „Ja, das ist klar, das darfst du nirgendwo sagen: ‚Verdammt' oder ‚Du bist blöd'. Von den Kindern verlangst du, dass sie das nicht sagen, dann darfst du es selbst auch nicht sagen."
B: „Das ist doch nicht schlimm, das sagt doch jeder mal, aber bei uns darf man es nicht sagen."
E: „Ja, du sollst als Vorbild dienen, das ist klar, dass du das nicht sagen darfst."
A: „Ja, es gibt Regeln. Bei uns machen sie Freispiel und dann geführte Tätigkeit."
B: „Es ist die Frage, ob die Regeln gut oder schlecht sind!"
A: „Die Regeln müssen sein."

C: „Ja, das hat doch keinen Sinn, wenn die Kinder nur spielen, das können sie auch zu
   Hause."
F: „Ja, aber, wenn sie zu mehreren sind, lernen sie soziales Verhalten."
C: „Ja, klar. Aber die müssen doch nicht nur soziales Verhalten lernen."

Analyse der Diskussion:
In dieser Diskussion wurden von den Schülerinnen Normen genannt, die sie in ihrem je-
weiligen Kindergarten vorgefunden haben, u. a.:
− „Man **darf** im Kindergarten als Praktikantin **nicht** zu impulsiv sein."
− „Man **darf nur** zu einer begrenzten Zeit frühstücken."
− „Man **darf nicht** sagen: ‚Verdammt noch mal.'"

Vom Beobachter der Diskussion lassen sich bei den betreffenden Schülern u. a. folgende
Normen feststellen:
− „Im Kindergarten **sollte** es weniger Normen geben."
− „Man **soll** als Praktikantin im Kindergarten als Vorbild dienen."
− „Die Kinder **sollen** im Kindergarten nicht nur soziales Verhalten lernen."
− „Regeln **müssen** sein."

Weitere Beispiele:
− Pfadfinder **müssen** sich bei der Begrüßung die linke Hand geben.
− In der Schulklasse **darf** man einen Mitschüler **nicht** verpetzen.
− Jemand, der vom Gericht als Zeuge geladen wird, **muss,** außer in besonderen Fällen,
  aussagen.
− Vor noch nicht langer Zeit war die Auffassung verbreitet, dass ein Mann, von dem ein
  Mädchen ein Kind erwartet, das Mädchen heiraten **soll.**
− Jeder Bundesbürger ist der Auffassung, dass man, auch wenn man es sehr eilig hat, vor
  einer roten Verkehrsampel halten **muss.**
− Mitglieder der katholischen Kirche **müssen** jeden Sonntag am Gottesdienst teilnehmen.

2.2.1 Klärung des Begriffes „Norm"

In all diesen Beispielen geht es darum, dass die **menschlichen Verhaltensweisen reguliert
werden.** Diese Regulierung geschieht weder durch physischen Zwang noch durch irgend-
welche Manipulationen, sondern durch Urteile, Aussagen und Auffassungen darüber, wie
man sich in bestimmten Situationen verhalten oder nicht verhalten soll. Solche Auffassungen nennt man **soziale Normen.**
Der amerikanische Soziologe Morris (vgl. van Doorn/Lammers, 1959, S. 92) gibt eine sehr
brauchbare Definition für soziale Normen.

**Soziale Normen sind Auffassungen darüber, wie man sich verhalten soll oder gerade nicht
verhalten soll.**

Wie schon aus den Beispielen deutlich wurde, gibt es eine Vielfalt von sozialen Normen.
Dazu gehören Gewohnheiten und Gebräuche, Vereinsvorschriften, staatliche Gesetze,
religiöse Vorschriften, moralische und ethische Auffassungen.
Obwohl diese Normen sehr unterschiedlich in der Art ihrer Entstehung und im Grad ihrer
Verbindlichkeit sind, haben sie doch alle **einige Merkmale gemeinsam.**

■ **Normen sind keine Sachverhalte,** die außerhalb des Menschen eine reale Existenz haben.

Der Schweizer Psychologe und Pädagoge Jean Piaget (1954) hat in seinen Untersuchungen über Spielregeln und Normen festgestellt, dass kleine Kinder sich Normen und Regeln als „Dinge" vorstellen, die in der Außenwelt existieren. Er nennt diese Stufe des Denkens die „realistische Moral". Es ist noch keine eigentliche Moral. Sobald Kinder einsehen, dass die Normen und Regeln „innerhalb der Psyche des Menschen" existieren, ist die Voraussetzung für die eigentliche Moral gegeben.

Jean Piaget (1896–1980)

■ **Normen sind immer Auffassungen, Urteile oder Gedanken.** Psychologisch betrachtet gehören sie zum kognitiven Bereich, sie sind keine Emotionen oder Motivationen, sondern kognitive Vorgänge.

■ **Normen sind nicht gleichzusetzen mit Verhaltensweisen.** Wenn in der Bundesrepublik Deutschland jemand zur Begrüßung die Hand gibt, dann besteht die Norm nicht in der Tatsache des Händedrucks, sondern in der Auffassung, dass man bei der Begrüßung die Hand geben soll.
Das Verhalten eines Menschen kann normkonform oder normabweichend sein. Auch wenn sich jemand nicht an die Norm hält, besteht trotzdem in seiner sozialen Umgebung die Auffassung, er sollte sich eigentlich normgerecht verhalten.

■ **Normen existieren immer in einer Gruppe,** d. h. bei mehreren Menschen, ob es sich nun um ein Paar, eine Gruppe im engeren Sinne oder um ein soziales System, eine ganze Gesellschaft oder um eine Institution wie z. B. die Kirche handelt. Es sind immer mehrere Menschen, die diese Auffassung über das richtige bzw. falsche Verhalten vertreten. Daraus folgt auch, dass Normen überlieferbar sind. Wenn auch alle einzelnen Mitglieder der Gruppe durch neue ersetzt worden sind, können doch die Normen der Gruppe weiter existieren.

Manchmal werden Normen mit Gewohnheiten oder Verhaltensmustern oder auch mit Verhaltenserwartungen gleichgesetzt. Zum besseren Verständnis scheint hier jedoch eine Abgrenzung nötig zu sein.

Wenn z. B. ein Schüler jeden Morgen mit der Straßenbahn zur Schule fährt, ist dies eine Gewohnheit oder ein Verhaltensmuster, jedoch noch keine Norm. Auch wenn die Mitschüler aufgrund der Beobachtung dieser Gewohnheit erwarten, dass der Schüler am Tage X mit der Bahn fährt, ist diese Erwartung noch keine Norm. Erst, wenn die soziale Umgebung, Eltern oder Mitschüler der Auffassung sind, der Schüler **soll** mit der Bahn fahren, ist dies eine Norm.

Der Unterschied zwischen Norm und Erwartung wird auch am folgenden Beispiel deutlich.

Beispiel
Christen sollen sich in ihrem Verhalten nach der Nächstenliebe richten. Dies ist die Norm. Viele Geschäftsleute rechnen damit, dass sich auch ihre christlichen Kollegen in ihrem Verhalten nur nach dem eigenen Vorteil richten. Das ist die Erwartung.

2.2.2 Klassifikation der Normen

Obwohl alle Normen gemeinsame Merkmale haben, gibt es zwischen den Normen auch Unterschiede. Die daraus sich ergebende Einteilung der Normen hängt vom jeweiligen Gesichtspunkt ab. Im Folgenden werden die wichtigsten Gesichtspunkte und die entsprechende Einteilung tabellarisch dargestellt und kurz erläutert.

Gesichtspunkt	Klassifikation
a) Richtung	positive und negative Normen
b) Festlegung	schriftlich fixiert – gewohnheitsmäßig festgelegt
c) Reichweite	universell – speziell
d) Genauigkeit	präzise – globale Normen
e) Befolgung	von allen – von keinem
f) Verbindlichkeit	Gewohnheiten – Sitten – Gesetze

zu a) Richtung
Zunächst kann man alle Normen in **positive** und **negative** Normen einteilen. Die positiven sagen, wie man sich verhalten soll (Gebote), die negativen, wie man sich nicht verhalten soll (Verbote). Häufig enthält die positive eine negative Norm und umgekehrt.

Die Norm, die Kinder sollen zwischen 9 und 10 Uhr frühstücken, enthält zugleich die negative Norm: Die Kinder dürfen außerhalb dieser Zeit nicht frühstücken.

zu b) Festlegung
Ein weiterer Gesichtspunkt zur Unterscheidung von Normen ist der Grad der Fixierung. Es gibt Normen, die **schriftlich fixiert sind,** z.B. die staatlichen Gesetze, die Schulordnung. Andererseits gibt es Normen, die nicht schriftlich festgelegt sind, z.B. dass man sich bei der Begrüßung die Hand gibt. Die nicht schriftlich fixierten Normen nennt man auch häufig **Gewohnheitsnormen.**

zu c) Reichweite
Nach der Reichweite, d.h. der Anzahl der Menschen, für die die Norm gilt, unterscheidet man zwischen **universellen** und **speziellen** Normen.
Viele Autoren meinen mit universellen Normen solche, die für alle Mitglieder einer Gesellschaft gelten; mit speziellen Normen sind solche gemeint, die nur für bestimmte Gruppen gelten.

Andere Autoren verstehen unter speziellen Normen nur diejenigen, die für bestimmte Teile der Menschheit gelten, unter universellen Normen jene, die für alle Menschen gelten.

Versteht man universell in diesem letzten Sinne, so taucht die Frage auf, ob es überhaupt universelle Normen gibt. Zum Beispiel gelten die Normen unserer Gesellschaft nicht unbedingt für andere oder galten nicht für frühere Gesellschaften. Damit sind sie nicht unbedingt universell.

Auch die Tatsache, dass jemand der Auffassung ist, die Menschenrechte der UNO sollten für alle Menschen gelten, besagt noch nicht, dass diese Menschenrechte auch tatsächlich von allen Menschen als Norm anerkannt werden, geschweige denn, dass alle danach handeln.

Versteht man „universelle Normen" in dem Sinne, dass alle Menschen zu jeder Zeit diese Normen als Norm anerkennen, so gibt es für die Soziologie nur wenige universelle Normen.

Folgende Normen wurden bei allen bisher bekannten Völkern und Kulturen vorgefunden:

1. Das **Tötungs- und Verspeisungsverbot** von Stammes- oder Gruppengenossen. Auch für Kannibalen gilt diese Norm.
2. Die **Existenz der Kernfamilie,** d.h., Eltern und leibliche Kinder sollten in irgendeiner Form zusammenleben.
3. Das **Inzesttabu,** d.h. das Verbot von Geschlechtsverkehr und Heirat unter engsten Verwandten.[1]

Alle anderen Normen sind nach diesem Verständnis spezielle Normen, sie existieren und gelten also nur für die jeweilige Gruppe, Gesellschaft oder Kultur.

zu d) Genauigkeit
Im Hinblick auf die Genauigkeit, mit der das Verhalten geregelt wird, lassen sich die Normen in präzise und globale Normen einteilen. Präzise Normen schreiben das Verhalten bis ins Detail vor; globale Normen regeln das Verhalten nur allgemein. Zwischen diesen beiden Polen gibt es viele Übergänge.

Eine sehr präzise Norm ist das Zeremoniell bei Staatsempfängen, eine sehr globale Norm ist die Aussage: „Man soll sich anständig benehmen".

zu e) Befolgung
Ein anderes Unterscheidungsmerkmal bei Normen ist die Annahme durch die Gruppenmitglieder. Theoretisch können die Normen **von allen** Gruppenmitgliedern, von der überwiegenden Mehrheit, von der Hälfte, von der **Minderheit,** ja sogar von keinem befolgt werden. In der Praxis wird es häufig so sein, dass die Normen von einer Mehrheit der Gruppe befolgt werden.

---

[1] *Für die Pharaonen im alten Ägypten galt das Inzesttabu nicht.*

Untersuchung von Allport: J-Kurve der Konformität

Der amerikanische Sozialpsychologe Allport hat eine Untersuchung über das Übertreten einiger Normen durchgeführt, z.B.:

- ■ Überschreiten der Parkdauer,
- ■ Zuspätkommen in der Kirche,
- ■ Zuspätkommen im Betrieb.

Dabei hat er festgestellt, dass nur eine kleine Minderheit von der Gruppennorm abweicht und die Anzahl der Abweichungen immer geringer wird, je größer die Normabweichungen sind. Oder anders formuliert: **Je näher ein bestimmtes Verhalten an der Gruppennorm liegt, desto häufiger wird es vorkommen und umgekehrt: Je weiter es abweicht, desto seltener wird es vorkommen.**

Gordon Willard Allport (1897–1967)

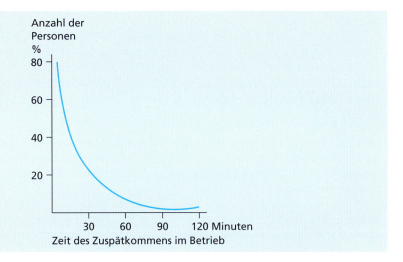

Die grafische Darstellung dieser Ergebnisse zeigt eine Kurve, die das Spiegelbild eines J ist. Man spricht deshalb von der „J-Kurve der Konformität" (Hofstätter, 1966, S. 97). Mit Konformität ist hier gemeint: Anpassung an die Gruppennormen. Man kann diese Gesetzmäßigkeit an den verschiedenen Normübertretungen demonstrieren, z.B. an der Kriminalstatistik. Die schweren Delikte wie Mord und Totschlag kommen relativ selten vor, die leichteren Delikte wie einfache Diebstähle kommen häufiger vor. Das gleiche gilt für die Pünktlichkeit bei Unterrichts- oder Arbeitsbeginn. Verspätungen von ein paar Minuten kommen relativ häufig vor. Die Anzahl der Zuspätkommenden wird jedoch immer kleiner, je größer die Verspätung ist.

Die normative Kraft des Faktischen

Was geschieht nun, wenn die Norm nur noch von einer Minderheit der betreffenden Gruppe oder im Extremfall von niemandem mehr eingehalten wird? Es wurde schon gesagt, dass Norm nicht gleichzusetzen ist mit Verhalten. Daher kann man nicht unbedingt sagen, die Norm existiere dann nicht mehr, sobald sie von niemandem mehr eingehalten wird.

Beispiele
– Die Geschwindigkeitsbegrenzungen an Baustellen auf den Autobahnen werden nach Aussagen vieler Autofahrer nur von einer Minderheit eingehalten.
– Es gibt Schulklassen, in denen nur einige Schüler regelmäßig pünktlich zum Unterrichtsbeginn erscheinen.

In all diesen Fällen sind die Normen nicht abgeschafft. Die Auffassungen über das richtige Verhalten haben sich nicht geändert. Wohl aber führt das **Nicht-mehr-Einhalten der Norm zum Überdenken** der Begründung für die Norm. Man macht sich Gedanken und fragt, ob die Norm nicht geändert oder abgeschafft werden solle. Sehr häufig werden Normen erst dann geändert oder abgeschafft, wenn eine große Anzahl der Gruppenmitglieder begonnen hat, die Norm zu übertreten. Die Fakten, d.h., die Übertretungen sind in solchen Fällen der Anlass, die Norm zu verändern. Mit dem Ausdruck **„die normative Kraft des Faktischen"** ist jedoch meistens noch etwas anderes gemeint, nämlich, dass das **tatsächliche Verhalten zur Norm erhoben wird.**

Beispiel
In einer Schulklasse, in der die meisten Schüler zu spät kommen, herrscht nach einiger Zeit die Auffassung, es sei normal, zu spät zu kommen, ja, man sollte zu spät kommen und die wenigen Pünktlichen seien „Streber", die sich nicht gruppenkonform verhalten. Diese entschuldigen sich sogar bei ihren Klassenkameraden für ihre Pünktlichkeit damit, dass ihr Zug schon so früh fahre.

Im Kinsey-Report über das sexuelle Verhalten in den USA wird festgestellt, dass die Mehrzahl der Menschen in ihrem sexuellen Verhalten von der offiziellen Sexualmoral abweicht. Daraus wird von vielen der Schluss gezogen, die praktizierte Sexualmoral sei eine andere als die offizielle.

Eine ähnliche Tendenz liegt dann vor, wenn Wähler sich durch Veröffentlichungen von Meinungsumfragen beeinflussen lassen. Erfährt man, die Mehrheit der Bevölkerung ist für eine bestimmte politische Partei, dann kann das bei anderen die Auffassung bewirken, dass man für die Partei sein **soll.**

Die Fakten – in diesem Fall: Die Mehrheit der Bevölkerung ist für die Partei X – beeinflussen die Auffassung und das Verhalten: Man soll für die Partei X sein und wählt deshalb auch Partei X.

Bei diesem Phänomen – „normative Kraft des Faktischen" – müsste man aber unterscheiden, ob das normabweichende Verhalten von denjenigen, die es praktizieren, als richtig oder als falsch empfunden wird. Im letzteren Falle wird es wohl nicht zur Veränderung der Norm kommen.

zu f) Verbindlichkeit
Eine weitere Einteilung der vielfältigen sozialen Normen wird nach dem Grad der Verbindlichkeit unternommen. Es gibt Normen, deren Einhaltung streng gefordert wird und solche, deren Einhaltung nur schwach gefordert wird. Die Verbindlichkeit der Normen

wird meistens an den Sanktionen ablesbar sein (siehe Kapitel „Sanktionen"), ist aber nicht mit diesen gleichzusetzen. In der soziologischen Literatur gibt es eine weitverbreitete **Einteilung aller Normen in:**

1. Gesetze,
2. Sitten und moralische Normen,
3. Bräuche und Volkstum,
4. Gewohnheiten.

Obwohl diese Einteilung nicht nur nach dem Gesichtspunkt der Verbindlichkeit gemacht wurde, wird man doch einen fließenden Übergang von starker Verbindlichkeit der Gesetze bis zur lockeren Verbindlichkeit von Mode-Gewohnheiten feststellen können.

Wird der Grad der Verbindlichkeit der Normen **nach der Schwere der Sanktionen** bemessen, ist die Norm um so verbindlicher, je schwerer die „Strafe" bei Nicht-Einhaltung der Norm ist.

Diese Auffassung – je schwerer die Strafe, umso verbindlicher die Norm – mag vom Standpunkt der Gruppe, der Gesellschaft oder der sozialen Umgebung aus gesehen richtig sein, für das einzelne Mitglied der Gruppe braucht diese Auffassung nicht zuzutreffen.

Wenn z.B. ein Staat „Geiselnahme" mit der „Todesstrafe" sanktioniert, dann wird dadurch ausgedrückt, dass dieser Staat – oder diese Gruppe – sein Verbot der Geiselnahme für wichtig und verbindlich hält. Ein einzelnes Mitglied dieses Staates kann aus verschiedenen Gründen das Verbot für sich selbst als weniger verbindlich halten und deshalb auch durch die schwere Sanktion nicht von einer Übertretung abgehalten werden. Für den Einzelnen ist die Verbindlichkeit der Norm auch noch davon abhängig, inwieweit er die Norm verinnerlicht hat.

Mit **Verinnerlichung** oder **Internalisierung** der Norm ist gemeint, dass man sich die Verhaltensregeln zu eigen gemacht hat, sie als für sich gültig anerkennt, ohne auf den Druck oder die Sanktionen durch die Gruppe zu achten (siehe S. 49).

2.2.3 Entstehung und Veränderung von Normen

Es gibt viele Normen. Wie sie entstanden sind, können teilweise die Historiker erklären. Bei manchen Normen weiß man überhaupt nicht mehr, wie sie entstanden sind. Es entstehen auch täglich neue Normen, z.B. Vereinssatzungen, neue Gesetze oder Gewohnheiten.

Die Entstehung neuer Normen kann **geplant** und somit bewusst geschehen, wie bei Satzungen und Gesetzen; sie kann auch **„spontan"** und unreflektiert geschehen, wie bei neuen Gewohnheiten.

Die Veränderung der Norm beginnt meistens damit, dass ein Teil der Gruppe die Norm nicht mehr einhält. Das Nicht-Einhalten der Norm kann **geplant** und absichtlich geschehen, es kann auch **durch äußere Gegebenheiten** bewirkt werden. Die Veränderung kann allmählich oder plötzlich geschehen.

Beispiele
- Bei einer Revolution wird das bestehende Normensystem eines Staates bewusst durchbrochen, damit es geändert wird.
— Begrüßungsgewohnheiten und Modenormen können dadurch geändert werden, dass viele sich nicht mehr daran halten, ohne die Absicht zu haben, diese Norm zu ändern.

Ein allgemeines Gesetz ist, dass Normen mit leichteren Sanktionen eher geändert oder abgeschafft werden als Normen mit schweren Sanktionen.
Viele Normensysteme haben aber auch Regeln eingebaut, wonach Normen auf legale Weise verändert oder abgeschafft werden können.

2.2.4 Bedeutung von Normen

Mögen Normen manchmal als Zwang und als unangenehm empfunden werden, so sind sie im menschlichen Zusammenleben eine selbstverständliche Notwendigkeit, ohne die das Zusammenleben kaum noch gemeistert werden könnte.

Beispiel
Wie sähe z. B. der Alltag einer Erzieherin ohne Normen aus? Sie müsste selbst entscheiden, zu welchem Zeitpunkt sie morgens in den Kindergarten geht. Dazu müsste sie sich erst einmal bei den Eltern, bei den Kollegen oder bei den Kindern informieren, zu welchem Zeitpunkt die Kinder morgens kommen und inwieweit regelmäßige Ankunftszeiten eingehalten werden. Danach müsste sie sich überlegen, ob sie hingeht, wenn das erste Kind ankommt oder erst, wenn die meisten da sind, oder ob sie gar wartet, bis alle da sind. Weiter müsste sie sich überlegen, was sie überhaupt im Kindergarten tun will, ob sie dasitzt und zusieht, ob sie den Kindern irgendetwas beibringt, ob sie den Kindern hilft, sich gegenseitig zu verprügeln, oder aber ob sie sie dazu bringt, ihre Konflikte auf verbale Weise auszutragen. Wenn mit dem Träger der Einrichtung kein Gehalt vereinbart wäre, müsste sie von jedem einzelnen Elternteil ein Honorar verlangen, dessen Höhe ausgehandelt würde. Ohne Normen wüsste die Erzieherin nicht, was sie von den Kindern, von den Eltern, von dem Träger erwarten kann; sie wüsste nicht, wonach sie sich in ihren Erziehungszielen und -methoden richten sollte. In einer solchen Situation würde die Erzieherin schon bald versuchen, mit den Kindern, den Eltern, dem Träger Vereinbarungen zu treffen. Damit würde sie „Normen" für die Arbeit und Organisation im Kindergarten aufstellen.

Die sozialen Normen haben eine entlastende Funktion. Durch soziale Normen weiß der Mensch in vielen Situationen, wie er sich verhalten soll. Er braucht sich nicht erst mühsam zu informieren, um dann selbst eine Entscheidung zu treffen. Weiterhin weiß der Mensch durch soziale Normen in vielen Fällen von vornherein, wie andere Menschen sich verhalten werden. Der Lehrer, der morgens zur Schule geht, weiß, wann er mit seinem Unterricht beginnen kann. Er braucht sich nicht jeden Morgen aufs Neue überraschen zu lassen.
Die sozialen Normen vereinheitlichen das Verhalten der verschiedenen Menschen. Sie gewähren damit eine gewisse Sicherheit und Stabilität für den Einzelnen. Diese Vereinheitlichung bedeutet gleichzeitig eine Begrenzung; sie schränkt die Vielfalt der Möglichkeiten des Verhaltens ein. In seinem Verhalten und sogar in seinen Meinungen und Einstellungen wird der Einzelne durch die Normen mehr oder weniger festgelegt.

Sind Normen also einerseits eine Hilfe und Entlastung, so **können sie andererseits eine Einengung und Belastung sein.** Auch für die Gruppe als solche, sei es eine Gruppe im eigentlichen Sinne, die Gesellschaft oder das soziale System, sind Normen unentbehrlich. Ohne sie könnte eine Gruppe nicht existieren. Die Normen fördern das Wir-Gefühl und damit den Zusammenhalt der Gruppenmitglieder. Durch die Normen wird die Gruppe von allen anderen Gruppen abgegrenzt. Die Normen fördern die Kooperation der Gruppenmitglieder und damit die Verwirklichung der Gruppenziele. Eine soziale Gruppe ohne Normen ist unmöglich, sie kann nicht existieren.

Aufgaben

Folgende Normen wurden in einer Schulklasse genannt:

- Ich soll um 23 Uhr zu Hause sein.
- Ich soll mein Zimmer in Ordnung halten.
- Ich muss mich an die Spielregeln des Basketballspiels halten.
- Ich soll mich an meinen Mietvertrag mit meinem Vermieter halten.
- Ich muss pünktlich zum Unterrichtsbeginn erscheinen.
- Ich muss mit meiner Familie das Osterfest feiern.
- Ich soll in der Straßenbahn nicht schwarzfahren.
- Du sollst deinen Körper sauber halten und pflegen.
- Wenn man etwas geschenkt bekommt, soll man wieder schenken.
- Ich muss jedes Wochenende zu meinen Eltern nach Hause fahren.
- Ich muss jeden Donnerstag in die Praxis gehen.
- In der Straßenbahn soll man für eine ältere Person aufstehen.
- Man muss mit Messer und Gabel essen.
- Im Theater muss man sich ruhig verhalten.
- Man soll keine Drogen nehmen.
- Man soll wichtige Termine aufschreiben, damit man sie nicht vergisst.
- Du sollst nicht töten.
- Du sollst nicht stehlen.
- Als Katholik soll man sonntags zur Kirche gehen.
- Du darfst nicht lügen.
- Du sollst jeden Tag etwas Nahrung zu dir nehmen.
- Du sollst dir vor dem Essen die Hände waschen.
- Du sollst nicht bei Rot die Kreuzung überqueren.
- Du sollst dich jeden Donnerstag um 20 Uhr mit den Vereinsmitgliedern des Fußballklubs treffen.

1. Klassifizieren Sie diese Normen nach:
   a) Reichweite (universell – speziell)
   b) Genauigkeit (eher präzise – eher global)
   c) Art der Festlegung (schriftlich – nicht schriftlich)
   d) Annahme durch die Gruppe (von der Mehrheit – von der Minderheit)
   e) Verbindlichkeitsgrad (Gewohnheiten – Sitten – Gesetze)

2. Diskussionsaufgabe: Wie sind die oben genannten Normen entstanden?

2.3   Sanktionen

Beispiele
- Aus dem Kindergarten:
  „Marcel (5 Jahre) ist nicht bereit, Spielmaterial mit anderen zu teilen, und er kann es nicht vertragen, wenn andere Kinder seine bevorzugten Spielzeuge, z. B. Bausteine, benutzen. Daher befindet er sich ständig in Auseinandersetzungen mit den Gruppenmitgliedern. Es fällt ihm schwer, sich in die Gemeinschaft einzuordnen. Nur unter äußerstem Druck kann er seine persönlichen Anforderungen gegenüber denen der Gruppe zurückstellen. Gegenüber kleineren Kindern setzt er sich zur Wehr, während er in Gegenwart größerer Kinder oder Gruppen lautstark nach der Hilfe der Erzieherin ruft. Der soziometrische Test zeigte, dass Marcel in der Gruppe ein extremer Außenseiter ist und nur von einem Kind als Spielpartner akzeptiert wird." (Aus einem Schülerprotokoll)
- „In unserem Kindergarten darf nicht mit Pistolen gespielt werden. Vor einiger Zeit hatte ein Junge mit ‚Nopper' eine Pistole gebaut, obwohl er genau wusste, dass es verboten ist. Ich habe ihn zu mir gerufen und ihm die Pistole abgenommen; er hat nichts dagegen unternommen. Kurze Zeit später hatte er sich eine neue gebaut. Ich habe ihm die Pistole wieder abgenommen und gesagt, dass er nicht mehr mit ‚Nopper' spielen darf, wenn ich ihn noch einmal mit einer Pistole antreffe. Als ich ihn nachher wieder mit einer Pistole antraf, sagte ich: ‚Ich habe es dir nicht zum ersten Mal gesagt; zur Strafe darfst du jetzt nicht mehr mit den anderen Kindern spielen. Setz dich da drüben auf den Stuhl.'" (Aus einem Schülerprotokoll)
- Herr X, der in der Düsseldorfer Innenstadt mit einer Geschwindigkeit von 65 km/h fuhr, wurde von der Polizei angehalten und musste 25,00 EUR bezahlen.
- In der Gesamtkonferenz einer Schule wurde vereinbart, dass ein fehlender Leistungsnachweis mit „Ungenügend" benotet wird. Ein Schüler hat eine schriftliche Ausarbeitung, die nach Vereinbarung mit der Klasse bis zu den Weihnachtsferien abgegeben sein sollte, nicht fertig. Er sagt als Begründung, er habe keine Zeit gehabt. Er bittet um Verlängerung des Termins. In einem Gespräch mit der Klasse befürworten einige Schüler die Verlängerung des Termins, andere lehnen dies jedoch ab. Der Lehrer verschiebt den Abgabetermin. Ein Teil der Klasse meidet nach dem Unterricht den betreffenden Schüler offensichtlich mehr als sonst.

2.3.1 Klärung des Begriffes „Sanktionen"

Analyse der Beispiele:
In allen vier Beispielen geht es um die Übertretung einer Norm.

Bei Marcel: „Du sollst dich in die Kindergemeinschaft einordnen."

Bei dem Jungen: „Man darf im Kindergarten nicht mit Pistolen spielen."

Bei Herrn X: „In der Innenstadt darf man nicht schneller als 50 km/h fahren."

Bei dem Schüler: „Ein Leistungsnachweis soll zu dem vereinbarten Termin vorgelegt werden."

In allen vier Fällen **folgt auf die Übertretung der Norm irgendeine Maßnahme:**

- Marcel darf nicht mehr mit der Gruppe spielen.
- Der zweite Junge wird von der Erzieherin für einige Zeit aus dem Gruppenleben aus-geschlossen.
- Herr X muss ein Bußgeld bezahlen.
- Der Schüler wird von einigen Klassenkameraden gemieden.

In allen vier Fällen **wird bezweckt,** dass die betreffenden Personen **in Zukunft die Nor-men einhalten** oder dass wenigstens andere davon abgeschreckt werden, die Normen zu übertreten. Hier zeigt sich schon ein erster **Unterschied** zwischen den Fällen: Dieser Zweck ist der Erzieherin bei dem zweiten Jungen und dem Polizisten bewusst; ob dieser Zweck den Kindern im Falle von Marcel und den Mitschülern im letzten Fall bewusst ist, ist nicht so deutlich.
Ein weiterer Unterschied zwischen den vier Fällen ist, dass die Maßnahme im ersten und letzten Fall **von den Gruppenmitgliedern** selbst getroffen wird, in den beiden anderen Fällen **von den Leitern der Gruppe** oder von einem Beauftragten der Leitung (der Poli-zist handelt letztlich im Auftrag des Innenministers).

Inhaltlich sind die Maßnahmen in den vier Fällen unterschiedlich[1]:

Im ersten Fall: Ablehnung durch die Gruppe
Im zweiten Fall: Zeitweiliges Spielverbot
Im dritten Fall: Bezahlung von 25,00 EUR
Im vierten Fall: Ablehnung durch einen Teil der Gruppe

Die in den Beispielen beschriebenen Maßnahmen werden in der Soziologie Sanktionen genannt.
Sanktionen werden von van Doorn und Lammers folgendermaßen definiert:

> Sanktionen sind „institutionalisierte Maßnahmen, deren Funktion es ist, das Einhalten der Normen zu fördern" (van Doorn/Lammers, 1959, S. 226–227).

Mit dem Wort „institutionalisiert" ist hier gemeint, dass diese Maßnahmen festgelegt sind, d.h., dass sie zu einer Gewohnheit geworden sind.
Man kann, wie immer bei der Gruppe, zwischen formellen und informellen Sanktionen unterscheiden. So ist die Ablehnung durch die Gruppenmitglieder eine informelle, das Protokoll des Polizisten eine formelle Sanktion.

Verwandtschaft mit anderen Begriffen

In der Soziologie wird häufig der Begriff „soziale Kontrolle" verwendet. Damit sind alle Maßnahmen und Prozesse gemeint, durch die eine Gruppe oder Gesellschaft aufrechter-halten wird. Einige Soziologen verwenden den Begriff „soziale Kontrolle" als Oberbe-

---

1 *Ob alle Maßnahmen inhaltlich nicht doch etwas Gemeinsames haben, wird am Ende dieses Kapitels geklärt.*

griff, den Begriff „Sanktionen" als Unterbegriff. Damit meinen sie, dass die sozialen Sanktionen nur ein Teil der Maßnahmen und Prozesse zur Instandhaltung der Gruppe oder Gesellschaft sind. Andere Maßnahmen sind z.B. Sozialisierung, Kulturtradierung, Riten und Zeremonien. Auch wir haben den Begriff „Sanktionen" hier als Unterbegriff von sozialer Kontrolle verstanden.

Andere Soziologen scheinen „soziale Kontrolle" mit Sanktion gleichzusetzen. Der amerikanische Sozialpsychologe Homans z.B. definiert soziale Kontrolle als „Prozess, durch den das Benehmen jemandes, der von einem gegebenen Grad des Gehorsams einer Norm gegenüber abweicht, auf diesen Grad zurückgebracht wird." (Bernsdorf, 1972, S. 723)

In der modernen Lernpsychologie wird der Begriff **„positive und negative Bekräftigung"** verwendet. In der Erziehungslehre wurden dieselben Tatbestände früher mit den Begriffen **„Lob und Strafe"** bezeichnet. In dieser Terminologie ist mit positiver Sanktion eine Form der positiven Bekräftigung oder Belohnung, mit negativer Sanktion eine Form der negativen Bekräftigung oder Strafe gemeint.

In der Definition wird weder ausgesagt, dass die betreffenden Maßnahmen die Normeinhaltung zum Ziel haben, noch dass die betreffenden Maßnahmen die Normeinhaltung tatsächlich erreichen.

In der Definition wird lediglich gesagt, dass diese Maßnahmen die Funktion haben, Normeinhaltung zu fördern.

Mit dem Wort „Funktion" (siehe S. 15) wird ausgedrückt, dass auch dann von Sanktionen gesprochen wird, wenn es um Maßnahmen geht, die zwar nicht die Normeinhaltung beabsichtigen, sie aber wohl bewirken.

In unseren Beispielen war die Ablehnung durch die Kindergruppe bzw. durch einen Teil der Schulklasse wahrscheinlich nicht mit Absicht verbunden, die sanktionierten Mitglieder für die Zukunft an die Normen zu binden. Im Allgemeinen führen solche Maßnahmen dazu, die Normeinhaltung zu fördern.

2.3.2 Klassifikation der Sanktionen

Negative und positive Sanktionen

In der Regel denkt man bei dem Wort Sanktionen an Strafen, d.h. an negative Sanktionen. Die Soziologie kennt aber auch positive Sanktionen (positive Maßnahmen, Belohnungen), die ebenfalls dazu beitragen, Normen einzuhalten. An der Existenz positiver Sanktionen wird die Kompliziertheit unseres Zusammenlebens deutlich. Jede soziale Norm ist schon mit einer negativen sozialen Sanktion versehen, d.h. bei Übertretung der Norm erfolgt eine negative Maßnahme. Wenn dies so ist, warum sind dann noch positive Maßnahmen erforderlich, um das Einhalten der Norm zu fördern? Mit anderen Worten: Warum muss das Einhalten der Norm noch belohnt werden? Genügt die Strafe bei Übertretung der Norm nicht?

Van Doorn und Lammers erklären die Existenz positiver Sanktionen auf folgende Weise: Nicht jedes Einhalten der Norm wird positiv sanktioniert. Wenn ich mich an die vorgeschriebene Geschwindigkeit halte, bekomme ich keine 25,00 EUR als Belohnung. Die Schüler, die zeitig ihre Hausarbeiten abliefern, bekommen dafür keine zusätzliche gute Note. Man geht davon aus, dass eine geringfügige Normübertretung normal ist: sei es eine Normübertretung in zeitlich großen Abständen, sei es eine regelmäßige, aber geringfügige Normübertretung. Diejenigen, die die Norm ganz erfüllen, sind eher die Ausnahmen. **Um die Gruppen- und Gesellschaftsmitglieder zu der Einhaltung dieser sogenannten Idealnormen anzuhalten, erfolgen die positiven Sanktionen.**

Beispiele

- Der Schüler, der immer seine Arbeiten fristgemäß abgeliefert hat, wird irgendwann einmal gelobt.
- Der Autofahrer, der noch nie ein Protokoll bekommen hat, kann in seinem Freundeskreis oder sogar von einer Behörde dafür öffentlich gelobt werden.

Schwere und leichte Sanktionen

Nach dem Schweregrad, d.h. nach dem Maße des Zwanges, den die Sanktion auf das Verhalten ausübt, werden vier Arten von Sanktionen unterschieden (van Doorn/Lammers, 1959, S. 228–229):

1. Leichte Sanktionen

Die Sanktion besteht in der Erwartung, dass das Nicht-Einhalten der Norm von anderen missbilligt wird. Diese bloße Erwartung kann schon vorbeugend wirken und uns davon abhalten, die Norm zu übertreten. Einerseits vermuten wir, die Missbilligung der Normübertretung bringe zugleich Geringschätzung, Antipathie und Reserviertheit im sozialen Kontakt mit sich. Deshalb fühlen wir uns stärker unter Druck gesetzt, uns konform zu verhalten.
Andererseits wirkt die Erwartung, dass konformes Verhalten gebilligt wird und Zunahme des sozialen Kontakts, Respekt und Sympathie vonseiten der anderen mit sich bringt, als eine positive Sanktion und führt zu konformem Verhalten.

Beispiele

- Sich nicht nach der Mode der Gruppe zu kleiden, wird von den Klassenkameraden missbilligt (negativ).
- Sich jedoch nach der Mode zu kleiden, wird mit Zunahme an Sympathie belohnt (positiv).

2. Relativ leichte Sanktionen

Sie bestehen im Unterschied zu den unter 1. genannten Sanktionen darin, dass die Billigung bzw. Missbilligung des Verhaltens auch ausgesprochen wird. Der Normübertreter wird getadelt, gemahnt oder gar lächerlich gemacht, der Konformist wird gelobt.

Beispiele

- Die Eltern loben das „brave" Kind, das immer pünktlich nach Hause kommt (positiv).
- Sie tadeln das „ungehorsame" Kind, das immer zu spät kommt (negativ).

3. Relativ schwere Sanktionen

Sie sind im Allgemeinen schwerer als die unter 2. genannten, weil sie häufig neben den psychischen Konsequenzen auch mit irgendwelchen physischen Konsequenzen für den Betreffenden verbunden sind.

Negativ gesehen, bestehen sie in Boykottierung, Ausschluss, körperlicher Züchtigung, Entzug von Vorrechten; positiv gesehen in Verleihung von Vorrechten.

Beispiele

– Ein Schüler, der einen bestimmten Teil der Unterrichtszeit gefehlt hat, ohne entschuldigt zu sein, wird von der Teilnahme an der Abschlussprüfung ausgeschlossen (negativ).
– Eine Kindergartengruppe lässt ein Kind, das ein Spielzeug zerstört hat, nicht mehr mitspielen (negativ).
– Das Geschäft mit den zu hohen Preisen wird von den Kunden gemieden (negativ).
– Der Gefangene, der sich gut führt, wird vorzeitig entlassen (positiv).

4. Schwere Sanktionen

Mit schweren Sanktionen sind die formell festgelegten, gesetzlichen Sanktionen gemeint. Sie bestehen in unserer Gesellschaft hauptsächlich in Geldbußen, Gefängnisstrafen und Entzug von Vorrechten.

Positive gesetzliche Sanktionen bestehen in der Verleihung von Orden und anderen Vorrechten.

Beispiele

– Bußgeld, Führerscheinentzug, Gefängnisstrafe (negativ)
– Bundesverdienstkreuz (positiv)

Diese Einteilung in vier Schweregrade ist **willkürlich,** weil man weitere, differenziertere Unterscheidungen innerhalb der vier Stufen treffen kann und weil die Übergänge fließend sind. Darüber hinaus ist die oben genannte Einteilung ein Durchschnittsmaß. **Wie schwer eine Sanktion empfunden wird,** wie stark ihr Druck zu konformem Verhalten ist, **hängt schließlich von der jeweiligen Person ab** und kann von Mensch zu Mensch unterschiedlich sein.

Beispiele

– 25,00 EUR Buße bei einer Verkehrsübertretung ist für den Schüler, der gerade seinen Führerschein gemacht hat und außer regelmäßigem Taschengeld keine eigenen Einkünfte hat, eine viel schwerere Sanktion als für den leitenden Angestellten, der ein Gehalt von über 5.000,00 EUR im Monat erhält.
– Für das Schulkind wiegt der Verlust der Sympathie seiner Kameraden, weil es immer früh nach Hause gehen muss, schwerer als die körperliche Strafe durch seine Eltern, wenn es zu spät nach Hause kommt.
– Eine vierzehntägige Haftstrafe wird von einem Wiederholungstäter weniger schwer empfunden als von dem „ehrenhaften" Familienvater, der sich bisher „nichts hatte zuschulden kommen lassen".
– Ein Tadel vonseiten der Eltern, ihr Kind nicht richtig behandelt zu haben, wird u. U. von der Berufspraktikantin nicht so schwer empfunden werden wie von der Leiterin mit fünfzehnjähriger Berufserfahrung.

Wie vielschichtig und fein gegliedert das Sanktionssystem in den sozialen Beziehungen ist, soll noch an dem **Zusammenhang zwischen positiven und negativen Sanktionen** deutlich gemacht werden.
Das „Noch-nie-bestraft-worden-Sein", eine „weiße Weste haben" kann schon wie eine Belohnung, also wie eine positive Sanktion, wirken.

Beispiel
Jemand ist stolz darauf, noch nie zu spät in den Betrieb gekommen zu sein. Um diesen Ruf aufrechtzuerhalten, gibt er sich auch in einer schwierigen Situation besondere Mühe, rechtzeitig im Betrieb zu erscheinen.

Noch nie eine negative Sanktion erfahren zu haben, kann wie eine positive Sanktion wirken.

2.3.3 Unterschied zwischen Sanktionierung und Verinnerlichung

Im Zusammenhang mit der Normbefolgung wurde schon von Verinnerlichung der Norm gesprochen.
Für eine ausführliche Darstellung dieses Prozesses der Normverinnerlichung muss auf die Entwicklungspsychologie und auf die Sozialpsychologie verwiesen werden.
Zur Verdeutlichung des Unterschiedes zwischen Sanktionierung und Verinnerlichung wird hier ein Aspekt der Normverinnerlichung beim Kleinkind kurz beschrieben.

Beispiel
Wenn die Erwachsenen an das Verhalten des Kindes erste Anforderungen stellen und ihm Beschränkungen auferlegen, versteht das Kind diese noch nicht. Nur über den Weg der Belohnung und Strafe – Liebesgewinn und Liebesverlust – kommt es dazu, diese „Normen" einzuhalten. Sein Verhalten wird positiv oder negativ sanktioniert. Zunächst werden die Normen nur in Anwesenheit der Erwachsenen eingehalten. Eines Tages wird das Kleinkind gewisse Forderungen – z. B. nicht an den Blumentopf zu gehen – auch einhalten, wenn die Erwachsenen abwesend sind, ja sogar dann, wenn es weiß, dass es nicht entdeckt und deswegen auch nicht bestraft werden kann. Dieses Einhalten der Norm, ohne dass eine Sanktion bei der Übertretung der Norm folgen kann, ist ein Zeichen der Verinnerlichung der Norm. Das Kind hat die Norm als richtig, als gut für sich erkannt, die Normübertretung hingegen als schlecht und böse. Die Verinnerlichung der Norm beim Kleinkind wird von den meisten Psychologen als ein Vorgang der Identifikation mit den Eltern oder Erwachsenen erklärt.

Die **wichtigsten Unterschiede** zwischen Normeinhaltung durch **Sanktionierung** und **Normverinnerlichung** werden im Folgenden zusammengefasst:

- Das normkonforme Verhalten des Kindes wird im Allgemeinen eher auf positive und negative Sanktionen als auf Normverinnerlichung zurückzuführen sein.
- Auch die Entwicklung innerhalb der Menschheit verläuft im Allgemeinen von einer anfänglichen Normeinhaltung aufgrund von Sanktionen zu einer immer häufiger werdenden Normeinhaltung aufgrund von Verinnerlichung der Normen.
- Eine Gruppe, eine Gesellschaft oder ein soziales System[1], in denen die Mitglieder aufgrund von Sanktionen die Normen einhalten, ist viel verletzlicher in seiner Struktur als ein soziales System, in dem die Mitglieder durch Verinnerlichung die Normen einhalten.

---

1 Soziales System ist „das Gesamt von zusammenhängenden strukturellen und kulturellen Elementen, das für eine bestimmte Anzahl von Menschen spezifisch ist" (van Doorn/Lammers, 1959, S. 362, übersetzt vom Verfasser).

Ein extremes Beispiel des ersteren ist ein Polizeistaat; ein extremes Beispiel des letzteren wäre eine ideal-christliche Gemeinschaft.

■ Es gibt gewisse Normen, die eher wegen Sanktionen eingehalten werden. Andere Normen wiederum werden aufgrund von Verinnerlichung berücksichtigt, und es gibt wiederum andere Normen, die sowohl aufgrund von Sanktionen als auch aufgrund von Verinnerlichung eingehalten werden.
Wahrscheinlich werden die Gesetze eher wegen der Sanktionen befolgt, die ethischen und moralischen Normen eher aufgrund von Verinnerlichung eingehalten. Es gibt möglicherweise aber auch viele Gesetze, die von den Mitgliedern des Staates verinnerlicht worden sind.

2.3.4 Das Gemeinsame aller Sanktionen

Es wurde dargestellt, dass Sanktionen von unterschiedlicher Art sind, z. B. Tadel, Ausschluss, Geldbußen, Lob, Verleihung von Vorrechten usw. Man kann sie nach unterschiedlichen Gesichtspunkten, z. B. nach Richtung und Schweregrad einteilen.
Alle Sanktionen haben aber auch **gemeinsame Aspekte.**

1. Zunahme oder Abnahme des sozialen Kontaktes
Jede Sanktion ist verbunden mit Zunahme oder Abnahme des sozialen Kontaktes:

■ Zunahme des Kontaktes bei positiven Sanktionen,
■ Abnahme des Kontaktes bei negativen Sanktionen.

Der soziale Kontakt besteht auf der emotionalen Ebene aus **Sympathie** und **Antipathie,** auf der Handlungsebene aus der **Intensität der Interaktionen.** Der Kontakt zwischen dem „Sanktionierten" und den Mitgliedern der Gruppe oder zwischen dem „Sanktionierten" und der Instanz, die die Sanktion auferlegt, wird „besser" oder „schlechter".
Dies ist ohne Weiteres einsichtig bei negativen Sanktionen, die aus sozialer Isolierung bestehen, wie z. B. Ausschluss aus der Gruppe oder Gefängnisstrafe. Es trifft aber auch für solche negativen Sanktionen zu, die aus materieller oder physischer Benachteiligung, wie z. B. Geldbuße und körperlicher Strafe, bestehen. Auch bei dieser Form der Sanktionen wird zumindest auf der emotionalen Ebene eine gewisse Distanz zwischen dem Bestraften und dem Bestrafenden entstehen.
Bei positiven Sanktionen gilt das Entsprechende in Bezug auf Verbesserung der sozialen Beziehung.

2. Statusgewinn oder Statusverlust
Jede Sanktion bedeutet Statusgewinn oder Statusverlust (siehe Kapitel „Sozialer Status").
Der soziale Status besteht in der Anerkennung oder Geringschätzung durch die Gruppenmitglieder. Die Anpassung an die Gruppennorm erhöht den Status, die Abweichung von der Gruppennorm erniedrigt den Status.

Beispiel
Hier soll nun ein Beispiel angeführt werden, das nur auf den ersten Blick dieser Aussage widerspricht:
Im Büro ist ein „Streber". Seine Pünktlichkeit, Zuverlässigkeit, Korrektheit und Ordnung werden von den Vorgesetzten mit Beförderung „sanktioniert". Dadurch steigt der Sta-

tus, d. h. der Einfluss auf das „Ansehen" dieser Person innerhalb der Organisation oder Institution. Sie hat sich den offiziellen Normen angepasst. Bei seinen ehemaligen Kollegen wird der Betreffende vielleicht als „Streber" abgestempelt, er verliert durch sein Verhalten an Sympathie, er ist nicht mehr so angesehen wie die anderen Kollegen, die weniger ordentlich, pünktlich, zuverlässig und korrekt sind.

Innerhalb der Kollegengruppe gelten hier informelle Normen, die ganz erheblich von den offiziellen Normen abweichen. Diese informellen Normen haben in etwa den Inhalt: „Man soll kein Streber sein".

Das gleiche gilt für den „Streber" innerhalb der Schulklasse. Für seinen Fleiß und die daraus folgenden Leistungen wird er mit guten Zensuren, Lob durch den Lehrer und Bewunderung durch manche Klassenkameraden belohnt, zugleich aber kann er an Sympathie verlieren, weil die informellen Klassennormen „Strebertum" ablehnen.

3. Förderung der sozialen Anpassung

Sanktionen fördern immer die soziale Anpassung. Der Bestrafte wird sich vielleicht bessern und sich in Zukunft der Gruppennorm anpassen. Auch für die übrigen Gruppenmitglieder werden durch die Bestrafung des Abweichlers die Gruppennormen noch einmal deutlich betont. Dadurch wird die Einhaltung der Normen bei diesen gefördert. Durch die Tatsache, dass der „Streber" innerhalb der Schulklasse gemieden wird, werden die anderen Klassenmitglieder sich noch mehr davor hüten, selbst „Streber" zu werden, und sich so noch mehr der informellen Klassennorm anpassen. Durch die Bestrafung des Kriminellen wird das Normbewusstsein bei den Nicht-Kriminellen intensiviert. Die „abschreckende" Wirkung der Strafe muss auch in diesem Sinne gesehen werden.

Zusammenfassung

Sanktionen bezwecken immer, das Einhalten der Normen zu fördern. Sie sind stets Maßnahmen, die von einer formellen oder informellen Gruppe bei Normübertretung getroffen werden. Für den „Sanktionierten" bedeutet die Sanktion immer eine Zunahme oder Abnahme der sozialen Kontakte und des sozialen Status.

Die vielfältigen Sanktionen können am besten nach den verschiedenen Schweregraden voneinander unterschieden werden. Wie schwer eine Sanktion empfunden wird, ist individuell unterschiedlich. Wenn Normen verinnerlicht sind, werden sie auch ohne Sanktionen eingehalten.

Aufgabe

Überlegen Sie:
– Warten Sie als Fußgänger bei einer roten Ampel, wenn rechts und links die Straße frei ist? Warum? Warum nicht?
– Würden Sie gestohlene Ware, die man Ihnen schenkt, annehmen? Warum? Warum nicht?
– Fühlen Sie sich als Erzieher(in) verpflichtet, sich für einen fünfjährigen Türken, der wenig deutsch spricht und sich aggressiv verhält, einzusetzen – mehr als für die anderen Kinder –, damit er in die Gruppe integriert wird? Warum? Warum nicht?

2.4 Die soziale Rolle

Beispiele

1. Eine Schülerin besucht zum ersten Mal die Fachschule. Vor Schulbeginn geht sie in einen Bäckerladen und sagt freundlich: „Guten Morgen." Die Frau im Laden erwidert den Gruß mit dem freundlichen: „Auch einen guten Morgen." Am nächsten Tag begrüßt sie die Verkäuferin wieder mit „Guten Morgen." Diese antwortet wiederum: „Auch einen schönen guten Morgen." Die ganze Woche findet jeden Morgen dieselbe freundliche gegenseitige Begrüßung statt.
Eines Morgens betritt die Schülerin den Laden und sagt sofort: „Zwei Brötchen." Die Verkäuferin fragt verwundert: „Was ist denn heute mit Ihnen los?" „Warum?", fragt die Schülerin zurück. „Weil Sie mich nicht begrüßen." (Die Verkäuferin hatte die feste Erwartung, mit „Guten Morgen" begrüßt zu werden.) Eines Morgens antwortet die Verkäuferin nicht auf den Gruß der Schülerin. Diese fragt verwundert: „Was ist heute mit Ihnen los?" (Die Schülerin hatte die feste Erwartung, dass ihr Gruß erwidert wird.)

2. Eine Familie feiert die Taufe ihres ersten Kindes. Die ganze Verwandtschaft ist eingeladen. Als die wichtigsten Neuigkeiten erzählt sind und das Baby bewundert worden ist, beginnt es, ein wenig langweilig zu werden. Onkel Willi, der das bemerkt, fängt an, einige Witze zu erzählen. Ein Jahr später findet in derselben Verwandtschaft wiederum eine Feier statt. Als es wieder anfängt, ein wenig langweilig zu werden, erinnern sich einige Gäste an das letzte Jahr, als Onkel Willi Witze erzählt hatte. Er wird gefragt: „Kannst du nicht einige Witze erzählen?" Bei der nächsten Feier in dieser Verwandtschaft fragt man sich schon vorher: „Wird Onkel Willi auch kommen?" Onkel Willi hat sich zu Hause schon einige Notizen für den Fall gemacht, dass er wiederum gebeten wird, Witze zu erzählen. (Die Familie erwartet von Onkel Willi, dass er bei Feiern der Verwandtschaft, wenn es langweilig wird, Witze erzählt.)

3. In eine Schulklasse kommt eine neue Lehrerin. Sie betritt fünfzehn Minuten nach Beginn der Stunde den Klassenraum. Sie setzt sich in der hinteren Reihe auf einen freien Platz. Die Schüler werden ganz still, gucken sich gegenseitig an, gucken in die Richtung der neuen Lehrerin. Nach einiger Zeit, als die Schüler anfangen, immer mehr die Neue anzublicken und miteinander zu kichern, fragt die Lehrerin: „Was wollt ihr von mir?" Verwundert antwortet der Klassensprecher: „Wir warten darauf, dass Sie uns sagen, was Sie von uns wollen." (Die Schüler erwarten, dass der Lehrer die Initiative ergreift.)

4. Auf einer Straßenkreuzung ist ein Unfall passiert. Zwei Autofahrer beschimpfen sich gegenseitig. Der Verkehr stockt. Die Fußgänger bleiben stehen und gucken zu. Auf dem Radweg kommt ein Mann in Polizeiuniform angefahren. Eine Frau hält ihn an und sagt: „Kommen Sie schnell, da ist ein Unfall passiert!" Der Mann in Uniform erwidert: „Damit habe ich nichts zu tun, ich habe Dienstschluss." (Die Frau erwartet, dass der Polizist sich um den Verkehrsunfall kümmert.)[1]

---

[1] *Alle Beispiele sind fingiert.*

2.4.1 Klärung des Begriffes „soziale Rolle"

Gemeinsames und Unterschiedliches an den Beispielen

Das **Gemeinsame** an den vier oben genannten Beispielen ist, dass jeweils eine oder mehrere Personen **ganz bestimmte Erwartungen an das Verhalten** einer anderen Person stellen.

- Die Verkäuferin erwartet von der Schülerin eine freundliche Begrüßung.
- Die Schülerin erwartet von der Verkäuferin eine freundliche Entgegnung des Grußes.
- Die Verwandtschaft erwartet von Onkel Willi, dass er Witze erzählt.
- Die Schüler der Klasse erwarten von der Lehrerin, dass sie die Initiative ergreift.
- Die Frau erwartet vom Polizisten, dass er sich um den Verkehrsunfall kümmert.

Das **Unterschiedliche** an den vier Beispielen ist:

- In den ersten beiden Beispielen sind die Erwartungen **aus der Beobachtung des tatsächlichen Verhaltens** der betreffenden Personen – man nennt sie „individuelle Rollen" – entstanden.
- In den beiden letzten Beispielen sind diese Erwartungen schon vorhanden, bevor man das tatsächliche Verhalten der betreffenden Personen beobachtet hat: Sie werden aus der **Kenntnis des Berufs** der betreffenden Personen abgeleitet.
- In Beispiel 1. und 2. wird sichtbar, wie eine Rolle entsteht, im Beispiel 3. und 4. ist von einer schon bestehenden Rolle die Rede.

Schematisch kann man die Entstehung einer Rolle so darstellen:

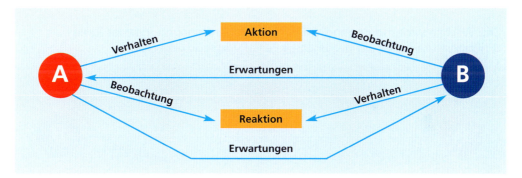

- Person A verhält sich in einer bestimmten Situation auf eine bestimmte Art und Weise.
- Person B nimmt dieses Verhalten von Person A wahr und reagiert auf eine bestimmte Art und Weise darauf.
- Person B erwartet, dass sich Person A in Zukunft in derselben Situation auf dieselbe Art und Weise verhält.
- Person A erwartet, dass Person B in Zukunft in derselben Situation auf diese Art und Weise auf ihr Verhalten reagiert.

Schematisch kann man die Wirkung einer bestehenden Rolle so darstellen:

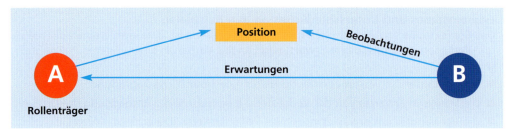

Durch eigene Erfahrungen oder Informationen von Dritten haben eine oder mehrere Personen ganz bestimmte Vorstellungen darüber, wie bestimmte Kategorien von Menschen sich in bestimmten Situationen verhalten sollen und verhalten werden. Diese Vorstellungen über die Verhaltenserwartungen an bestimmte Kategorien von Personen sind in der Gruppe oder Gesellschaft Gemeingut geworden und haben sich mehr oder weniger verselbstständigt. Sie sind, wie die Soziologie sagt, „institutionalisiert". Sie sind fest mit einer bestimmten Stellung, die ein Mensch innerhalb der Gruppe oder Gesellschaft innehat, verknüpft. Diese Stellung wird in der Soziologie **„Position"** genannt. Der Positionsinhaber wird Rollenträger genannt.

Auch diese zweite Art von Rollen, die wir hier am besten als positionsgebundene oder „institutionalisierte" Rollen bezeichnen, sind irgendwann im Laufe der Entwicklung einer Gruppe oder Gesellschaft entstanden.

Zu untersuchen, wie die Rolle des Mädchens, des Jungen, des Soldaten, des Lehrers, des Beamten usw. entstanden ist, wäre eine interessante Aufgabe, würde im Rahmen dieses Buches aber zu weit führen.

Die Wechselwirkung von individueller und positionsgebundener Rolle
Schematisch kann man die gegenseitige Beeinflussung so darstellen:

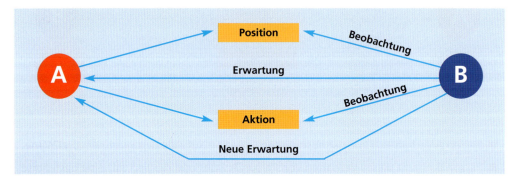

- Ein bestimmter Rollenträger verhält sich mehr oder weniger konform mit den Rollenerwartungen, die an seine Position geknüpft sind.
- Die Mitglieder der Gruppe oder Gesellschaft beobachten, inwiefern das tatsächliche Verhalten des Rollenträgers mit den Rollenerwartungen übereinstimmt.
- Die Mitglieder erwarten, dass der Rollenträger sich in Zukunft mehr oder weniger konform zu seiner positionsgebundenen Rolle verhält.

Beispiel

Von einem Beamten erwartet man, dass er streng nach den Vorschriften handelt und auch nicht mehr tut, als von ihm laut Vorschrift gefordert wird.

Herr X ist Beamter beim Sozialamt. Jedes Mal, wenn Bürger zu ihm kommen, fordert er sie freundlich auf, sich zu setzen, bietet ihnen eine Tasse Kaffee an, informiert sich interessiert, wie es geht, bietet sogar für den Fall, dass doch noch etwas unklar sein sollte, an, nach Dienstschluss bei ihnen zu Hause vorbeizukommen. Nach einiger Zeit wird Herr X bekannt als der sehr „menschenfreundliche und hilfsbereite" Beamte. Wenn er einmal einem Besucher keinen Kaffee anbietet und wenig Zeit für ihn hat, ist dieser ganz verwundert, ja, sogar verärgert: Er hatte ganz andere Erwartungen.

> **Soziale Rolle ist die Summe von Normen und Erwartungen, die an das Verhalten eines bestimmten Rollenträgers (oder an eine bestimmte Position) in einer Gruppe oder Gesellschaft gerichtet ist. Hierbei handelt es sich um die institutionalisierte Rolle.**
>
> **Soziale Rolle ist die Summe von Normen und Erwartungen, die an das Verhalten eines Individuums in einer bestimmten zukünftigen Situation gerichtet ist. In diesem Fall handelt es sich um die individuelle Rolle. Die Erwartungen haben sich in früheren ähnlichen Situationen gebildet.**

Zusammenhang von Rolle, Normen und Erwartungen

In beiden oben genannten Definitionen wird die **Rolle** bestimmt von einer **Vielzahl von Normen und Erwartungen,** die sich alle auf das Verhalten eines Individuums oder eines Rollenträgers richten. Eine Rolle kann man meistens nicht mit einer Norm bestimmen.

Beispiel

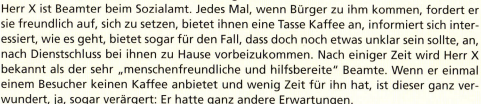

So enthält die Rolle des Polizisten u. a. folgende Normen:
- Er muss nach Gesetzesübertretern fahnden.
- Er darf nicht streiken.
- Anordnungen seines Vorgesetzten muss er ausführen.
- Er darf nur in bestimmten Fällen von der Waffe Gebrauch machen.

Außerdem werden an das Verhalten des Polizisten noch bestimmte Erwartungen gestellt, die nicht in irgendeiner Form festgehalten sind:
- Vielleicht erwartet man vom Polizisten, dass er freundlich ist („Die Polizei, dein Freund und Helfer").
- Andere erwarten vom Polizisten, dass er streng auftritt.

Wenn diese Erwartungen sich in dem Maße verfestigen, dass er sich nicht nur freundlich verhalten **wird,** sondern der Auffassung ist, dass er sich freundlich verhalten **soll,** dann werden die Erwartungen zu Normen (siehe dazu Kapitel „Soziale Normen").

2.4.2 Klassifikation der Rollen

Jeder Mensch hat so viele Rollen, wie er Gruppen oder sozialen Gruppierungen angehört.

Beispiel
Der Schüler einer Fachschulklasse z. B. gehört folgenden Gruppen an:
- Familie
- Schule
- Jugendklub
- Clique
- Sportverein
- Kindergarten
- Einkäuferkreis
- Straßenbahnbenutzer
- Wählergemeinschaft

- Innerhalb der Gruppe der Familie hat er gegenüber den anderen Mitgliedern eine bestimmte Position inne, und jede Position ist mit einer Rolle verbunden: der Rolle des Kindes, des Bruders oder der Schwester.
- In der Schule gehört er einmal der Schulklasse an, einmal der ganzen Schulgemeinschaft. Dabei hat er die Rolle des Schülers, des Mitschülers, des SMV-Wählers.
- Im Kindergarten hat er die Rolle des Praktikanten inne, den Kindern gegenüber die Rolle des Übergeordneten, der Leitung gegenüber die Rolle des Untergeordneten.

Der amerikanische Sozialpsychologe Hartley (vgl. Hartley, 1955, S. 334 ff.) teilt die Vielfalt der sozialen Rollen nach sechs übergreifenden Gesichtspunkten ein:

1. Durchdringende und begrenzte Rollen

Durchdringende Rollen sind solche, die alle anderen Rollen beeinflussen; begrenzte Rollen sind solche, die keinen Einfluss auf andere Rollen ausüben.

Es geht bei dieser Einteilung nicht um ein Entweder – Oder, sondern um ein Mehr oder Weniger.

Beispiel
So ist die Geschlechtsrolle eine mehr durchdringende Rolle. Die Geschlechtsrolle beeinflusst nicht nur die Durchführung anderer Rollen, sondern zum Teil auch alle anderen Rollen, die ein Mensch noch haben kann. So wirkt sich die Geschlechtsrolle auf die Familienrolle aus, d. h., die Rolle des Kindes oder Jugendlichen in der Familie sieht bei Jungen anders aus als bei Mädchen. Ebenso beeinflusst die Geschlechtsrolle die Wahl der Berufsrolle: Der Erzieherberuf wird viel häufiger von Mädchen als von Jungen gewählt.
Ein Beispiel für eine begrenzte Rolle ist die des Klassenbuchführers in einer Schulklasse. Sie hat im Allgemeinen keinen Einfluss auf die Wahl und Durchführung anderer Rollen.

Selbstverständlich gibt es Rollen, die mehr oder weniger durchdringend sind. So kann die Rolle des Politikers Einfluss haben auf die Art, wie er mit seinen Freunden, mit seinen Familienangehörigen umgeht. Das Rollenverhalten beschränkt sich dann nicht auf die Situation und die Gruppe, für die es typisch ist, sondern wird in andere Situationen und Gruppen hineingetragen.

2. Festgelegte und vage Rollen
Wie sich der Kunde im Geschäft zu verhalten hat, ist zwar in allgemeinen Vorstellungen und Erwartungen enthalten, jedoch nicht eindeutig festgelegt. Er darf „wählerisch" sein, er darf sich beschweren, er darf jedoch nicht „frech" werden. Innerhalb dieser Regeln und Erwartungen hat er einen **großen individuellen Spielraum,** seine Rolle zu gestalten.

Die Rolle des Steuerzahlers dagegen ist in unserer Gesellschaft eindeutig nach Gesetzen und Verordnungen festgelegt. Da gibt es **keinen großen individuellen Spielraum** für den einzelnen Steuerzahler.

Die Auswirkungen von deutlich festgelegten und vagen Rollen sind unterschiedlich. Deutlich festgelegte Rollen können als **Einengung, aber auch als Hilfe** erfahren werden. Vage festgelegte Rollen können als **Freiraum,** aber auch als **Verhaltensunsicherheit** erfahren werden.

Beispiel
Der eine Schüler-Praktikant mag unklare Erwartungen an sein Verhalten als Verunsicherung empfinden, der andere als einen angenehmen Freiraum, den er selbst füllen kann.

3. Zwangsrollen und Kürrollen
Rollen können einem entweder auferlegt werden, oder sie können frei gewählt sein.

Rollen, die einem auferlegt sind, nennt man Zwangsrollen (Altersrolle, Geschlechtsrolle). Rollen, die man willkürlich wählen kann, z.B. die Rolle des Mitglieds eines Tennisklubs, sind Kürrollen[1].

Die Zwangsrollen sind meistens durchdringender als die Kürrollen. Die Wahl einer bestimmten Rolle zieht zwangsweise andere Rollen nach sich. Die Rolle der Mutter z.B. bringt fast selbstverständlich die Rolle der Kindererzieherin mit sich, die Rolle des Fachschülers die des Praktikanten.

4. Übereinstimmende und divergierende Rollen
Jeder Mensch erfüllt eine Vielzahl von Rollen.

Wenn diese verschiedenen Rollen miteinander in Einklang zu bringen sind, spricht man von übereinstimmenden Rollen. Falls die verschiedenen Rollen nicht miteinander in Einklang zu bringen sind, spricht man von divergierenden Rollen.

Beispiel
So können die Rollen Schülerin, Tochter, Schwester, Autofahrerin, Praktikantin, Freundin durchaus miteinander in Einklang zu bringen sein. Dagegen sind die Rollen Richter und Dieb schwieriger zu vereinen. Das gilt auch für eine Rollenkombination wie Schülerin, Mutter und Hausfrau.

Bei solchen nicht übereinstimmenden oder divergierenden Rollen kommt es häufig zu Rollenkonflikten.

---

[1] *Manchmal wird diese Art von Rollen in der Soziologie auch „erworbene" Rolle genannt; die Zwangsrollen werden auch „zugeteilte" Rollen genannt.*

5. Komplementäre Rollen

Viele soziale Rollen enthalten schon in ihrer Bezeichnung eine soziale Beziehung. So ist die Formulierung „Rolle der Tochter" nur möglich, wenn die soziale Beziehung zwischen Tochter und Elternteil mitbedacht wird. Solche Rollen nennt man sich ergänzende oder komplementäre Rollen.

Beispiele solcher sozialen Beziehungen und komplementären Rollen sind
- Kind   – Eltern,
- Mann   – Frau,
- Kunde   – Verkäuferin,
- Schüler – Lehrer,
- Führer   – Geführter,
- Wähler   – Kandidat.

6. Formelle und informelle Rollen

Sind die Rollenerwartungen institutionalisiert, sei es in Gesetzen und Vorschriften, sei es in gewohnheitsmäßigen Erwartungen, die unabhängig vom individuellen Rollenträger sind, so spricht man von einer formellen Rolle.

Es handelt sich dabei um denselben Sachverhalt, den wir zu Anfang mit dem Begriff „positionsgebundene" oder „institutionelle" Rolle bezeichnet haben.

Sind die Rollenerwartungen aus dem tatsächlichen Verhalten einer bestimmten Person entstanden, so spricht man von informeller Rolle.

Es ist derselbe Sachverhalt, den wir zu Anfang mit dem Begriff „individuelle" Rolle bezeichnet haben.
Bei dieser informellen Rolle kann das Verhalten einer Person in bestimmten sozialen Situationen sich zu einem „Typ" entwickeln, d. h. mit einer allgemein bekannten Typisierung mehr oder weniger übereinstimmen. Ihm wird dann diese **Typenrolle** zugeschrieben.

Beispiele
Solche Rollen sind z. B.
- der Klassenclown,   – das „Mütterchen",   – der dumme Ostfriese,
- der Sündenbock,   – der Schulmeister,   – die rheinische Frohnatur,
- der sture Beamte,   – der westfälische Dickschädel,   – der Latin Lover.

Diese Rollen sind zwar informell, jedoch nicht individuell; die Rollenerwartungen werden nicht erst aus dem individuellen Verhalten entnommen, sondern sind schon vorhanden, bevor eine Person sich individuell so verhält.

Wie ein Klassenclown sich im Allgemeinen verhält, weiß man schon, bevor Person X sich in der Klasse so verhält. Hier wird auch die Wirkung von **sozialen Stereotypen und Vorurteilen** deutlich.

2.4.3 Rollenkonflikte und deren Bewältigung

Beispiele
1. Ein Schüler ist bisher immer mit seinen Eltern in den Urlaub gefahren. Auch dieses Jahr rechnen seine Eltern fest damit, dass er die drei Wochen Urlaub zusammen mit ihnen verbringt. Die Kameraden aus seiner Jugendgruppe planen eine Zeltfahrt. Sie rechnen fest damit, dass jeder mitmacht. Sie würden es unfair finden, wenn einer von ihnen nicht mitfahren würde.
2. Eine Schülerin wird als Klassensprecherin gewählt. Der Klassenlehrer erwartet von der Klassensprecherin, dass sie die Klassenmitglieder für seine Ansichten und Interessen zu gewinnen versucht, die Mitschüler erwarten von der Klassensprecherin, dass sie versucht, ihre Auffassungen und Interessen bei dem Lehrer durchzusetzen.
3. Eine junge Frau ist verheiratet und berufstätig. Sie bekommt ein Kind. Einerseits weiß sie, die Mitmenschen erwarten von ihr als Mutter, dass sie sich selbst um ihr Kind kümmert und es nicht in „fremde Hände" gibt; andererseits spürt sie, dass die Mitmenschen es als „unmodern" betrachten, wenn sie zu Hause bliebe und nicht mehr ihrem Beruf nachginge.

Wir unterscheiden zwischen Rollendruck und Rollenkonflikt. Der Rollendruck ist die Spannung, die mit der Übernahme und/oder Ausführung der Rolle empfunden wird. Der Rollenkonflikt ist immer auch mit Rollendruck verbunden.

Wenn die Normen und Erwartungen an das Verhalten eines Menschen so gegensätzlich sind, dass sie für den Rolleninhaber nicht miteinander in Einklang zu bringen sind, sprechen wir von einem Rollenkonflikt.

- Entsteht dieser Konflikt, indem zwei oder mehrere unterschiedliche Rollen nicht miteinander in Einklang zu bringen sind, so nennt man das einen **Inter-Rollenkonflikt** (inter = zwischen; es ist ein Konflikt zwischen zwei oder mehreren Rollen).
- Im ersten Beispiel hat der Schüler die Kindesrolle und die Rolle des Mitgliedes einer Jugendgruppe. Beide Rollen enthalten unterschiedliche, nicht miteinander in Einklang zu bringende Erwartungen. Hier liegt ein Inter-Rollenkonflikt vor, wie auch im dritten Beispiel.
- Werden an ein und dieselbe Rolle solch unterschiedliche Normen und Erwartungen gerichtet, sodass diese nicht miteinander in Einklang zu bringen sind, so spricht man von einem Intra-Rollenkonflikt (intra = innerhalb; der Konflikt besteht innerhalb ein und derselben Rolle).
  Im zweiten Beispiel sind die Erwartungen des Lehrers und der Mitschüler an die Rolle der Klassensprecherin sehr unterschiedlich, sie lassen sich nicht in Übereinstimmung bringen.

Wenn ein Widerspruch zwischen den Rollenerwartungen und den persönlichen Einstellungen und Bedürfnissen des Rollenträgers besteht, spricht man von einem **Person-Rolle-Konflikt.**

Beispiel
Der Träger des Kindergartens erwartet, dass die Leiterin bei der Aufnahme der Kinder nur das Alter und das Anmeldedatum berücksichtigt; die Leiterin selbst meint, auch die jeweilige soziale Lage der Familie berücksichtigen zu müssen.

Häufig sind Inter- oder Intra-Rollenkonflikte mit einem Person-Rolle-Konflikt verbunden. Bei dem oben genannten Schüler sind wahrscheinlich die Erwartungen seiner Eltern im Widerspruch mit den persönlichen Bedürfnissen.

Folgendes Schema enthält die verschiedenen Möglichkeiten:

Bewältigungsmöglichkeiten
Rollendistanz
Unter Rollendistanz wird meistens die überprüfende, reflexive Haltung den Rollenerwartungen gegenüber verstanden, manchmal auch noch die aus dieser Haltung folgenden Konsequenzen. Mit kritisch reflexiver Haltung ist gemeint, dass der Mensch nicht mechanisch auf die Rollenerwartungen reagieren muss, sondern die Fähigkeit hat, sich mit diesen an ihn vermeintlich gerichteten Erwartungen auseinanderzusetzen, sich z.B. zu fragen, was genau erwartet wird, ob die Erwartungen berechtigt sind, was geschieht, wenn man die Erwartungen nicht erfüllt, was für einen persönlich am wichtigsten ist usw. Aufgrund dieser Überlegungen kann der Mensch eine Entscheidung treffen, welche der Erwartungen er erfüllen wird, welche nicht (die Lösung des Konflikts) oder die Entscheidung, den Konflikt auszuhalten. Diese Fähigkeit zur Rollendistanz ist nach vielen Soziologen die Voraussetzung für Entstehung und Wahrung der Identität (näheres siehe „Symbolischer Interaktionismus", S. 137 ff.). Die verschiedenen Möglichkeiten zur Lösung von Rollenkonflikten werden hier nun kurz erwähnt. Welche dieser Möglichkeiten in der Praxis realisiert werden, hängt einerseits von der Art des Konflikts, andererseits von der jeweiligen Persönlichkeit des Rollenträgers ab.

Tricks
Eine Reihe von Lösungsmöglichkeiten kann unter dem Stichwort „Tricks" zusammengefasst werden. Sie stellen auf Dauer keine Beseitigung des bestehenden Konflikts dar. Sie bestehen unter anderem darin, dass man die unterschiedlichen, widersprüchlichen Erwartungen nach Raum und Zeit erfüllt.

Beispiel
Die Klassensprecherin vertritt in der Klassenkonferenz die Belange der Lehrer, in der Verfügungsstunde die Belange der Klasse.

Zu diesen Tricks gehört auch die Handlungsverschleierung, d.h., das jeweilige unterschiedliche Verhalten in den unterschiedlichen Räumen und Zeiten wird versucht geheim zu halten.

Beispiel
Der Klassenclown, der gerade dabei ist, zum Vergnügen der Klassenkameraden auf den Tischen zu tanzen, setzt sich blitzschnell an seinen Platz, verschränkt die Arme und guckt vor sich hin, als der Lehrer die Klasse betritt.

Kompromisse schließen
Man kann Abstriche an den unterschiedlichen Rollenerwartungen machen, sodass nur die Erwartungen übrig bleiben, die miteinander vereinbar sind. Wenn die Rollenerwartungen sehr präzise sind, ist diese Art immer auch ein Nicht-Erfüllen einer oder mehrerer Erwartungen und damit der Rollenaufgabe oder Rollenabweichung gleichzusetzen.

Rollenaufgabe
Der Inter-Rollenkonflikt kann dadurch gelöst werden, dass eine der miteinander im Widerstreit stehenden Rollen aufgegeben wird.

Rollenabweichung
Bei Aufgabe der Rolle bleiben die Rollenerwartungen nicht bestehen, bei Abweichung von der Rolle dagegen schon. Daraus ergibt sich wiederum, dass die Rollenabweichung mit leichten bis zu schweren Sanktionen verbunden ist. Andererseits können durch die Rollenabweichungen die Rollenerwartungen auf Dauer geändert werden. So sind beispielsweise die Veränderungen in den traditionellen Rollen von Mann und Frau in unserer Gesellschaft dadurch bedingt, dass viele Frauen und Männer diese traditionellen Rollenerwartungen nicht mehr erfüllen.
Welche von den widersprüchlichen Rollen oder Rollenerwartungen aufgegeben bzw. verweigert werden, hängt von den eigenen Wertvorstellungen, den möglichen Sanktionen und den eigenen Bedürfnissen ab.

Äußerliche Erfüllung mit innerem Protest
Diese Art der Bewältigung des Konflikts wird häufig dann vorkommen, wenn der Rollenkonflikt zu einem Gewissenskonflikt wird. Dies ist der Fall, wenn die mit der Rolle verbundenen Verhaltenserwartungen zu den verinnerlichten Norm- und Wertvorstellungen im Widerspruch stehen. (Inwiefern diese verinnerlichten Norm- und Wertvorstellungen eine Folge von sozialen Rollen sind, versuchen die verschiedenen Sozialisationstheorien zu klären. Siehe S. 137 ff.) Die Lösung solcher Rollenkonflikte kann darin bestehen, dass die Rollenerwartungen nur äußerlich – mit innerer Ablehnung – erfüllt werden. So kommt es unter diktatorischen Verhältnissen vor, dass Menschen Befehle, Anordnungen und Erwartungen, die gegen ihre Überzeugung sind, in ihrer Zwangslage zwar erfüllen, aber mit innerem Protest.

Aushalten von Spannungen und Konflikten
Eine andere Möglichkeit des Umgehens mit Rollendruck und Rollenkonflikten besteht darin, diese Unstimmigkeiten und Spannungen auszuhalten oder es zu lernen, dass man mit anderen Worten mit Konflikten und Spannungen leben lernt.

2.4.4 Rollen in der Kleingruppe

Bisher wurde kein Unterschied gemacht zwischen **Rollen in der Gesellschaft** und **Rollen in der Gruppe im eigentlichen Sinne.** Es soll nun untersucht werden, ob es bestimmte Rollen in jeder Gruppe im eigentlichen Sinne gibt, z. B. in der Schulklasse, in der Kindergartengruppe, in der Familie, in der Jugendgruppe.

Dabei müssen folgende Bemerkungen vorausgeschickt werden:

■ Die Rollen in der Gruppe entstehen erst allmählich im Laufe des Gruppenprozesses.

■ Die Rollen können sich im Laufe des Gruppenprozesses ändern.

■ Die Rollen hängen zum Teil auch von der Eigenart der jeweiligen Gruppe ab.

■ Die Rollen sind mehr oder weniger formell.

■ Es gibt allgemeine Verhaltenserwartungen, die von außerhalb der Gruppe an die verschiedenen Positionen, die die Mitglieder einnehmen, geknüpft sind.

■ Es gibt Verhaltenserwartungen, die erst im Laufe der Zeit aufgrund des Verhaltens der verschiedenen Mitglieder entstehen.

Eine Rolle, die in jeder Gruppe vorhanden ist, ist die **Führerrolle.** Diese kann auf eine Person oder auf mehrere Personen verteilt sein, sie kann formell oder informell sein. Ihre komplementäre Rolle ist die des „Geführten".

In vielen Gruppen existiert die **Rolle des Außenseiters,** desjenigen, der sich nicht am Gruppenleben beteiligt, der sich nicht an die Gruppennormen hält.

In vielen Gruppen gibt es die **Rolle des Sündenbocks,** desjenigen, der von der Gruppe schnell für Fehler verantwortlich gemacht wird.

Auch die **Rolle des Gruppenclowns,** desjenigen, der die Gruppenmitglieder zu amüsieren versucht und deswegen von der Gruppe nicht so erst genommen wird, findet man häufig. Beim Außenseiter, Sündenbock und Clown handelt es sich um informelle Rollen, die dem Individuum aufgrund seines Verhaltens zugeschrieben werden, jedoch schon als soziales Stereotyp in den Vorstellungen der Gruppenmitglieder vorhanden sind, bevor das Mitglied sich wie ein „Clown" usw. verhält.

Ein ausführliches Einteilungsschema für die verschiedenen Rollen in der Kleingruppe – hier am Beispiel der Diskussionsrunde dargestellt, aber auch auf andere Gruppen anzuwenden – sei hier noch kurz erwähnt (vgl. Hartley, 1955, S. 287–289).

Bei diesem Klassifikationsschema beziehen sich die Rollen auf:

a) die Gruppenaufgabe,

b) den Zusammenhalt der Gruppe,

c) die Bedürfnisse des Individuums.

Rollen, die sich auf die Gruppenaufgabe beziehen, sind:

1. der Anstoßgeber – Initiator,
2. der Auskunftsucher,
3. der Meinungssucher,
4. der Auskunftgeber,
5. der Meinungsgeber,
6. der Gründliche,
7. der Koordinierende,
8. der Wegweisende,
9. der Wertende, Kritiker,
10. der Antriebgebende,
11. der Regler des Diskussionsverlaufs,
12. der Protokollierende.

Rollen, die sich auf den Gruppenzusammenhalt beziehen, sind:
1. der Lobende, derjenige, der Mut macht,
2. der Ausgleichende, der Vermittler,
3. der Kompromissschließende,
4. der Helfende, der die Verbindung zwischen den Teilnehmern aufrechtzuerhalten sucht,
5. der Normgeber, der darauf achtet, dass die Gruppennormen eingehalten werden,
6. der Gruppenbeobachter und Kommentator, der über verschiedene Aspekte des Gruppenprozesses Protokoll führt,
7. der Mitläufer, der sich passiv anschließt.

Rollen, die sich auf die Bedürfnisse der Gruppenmitglieder beziehen, sind:
1. der Aggressor, der die anderen auf irgendeine Weise angreift,
2. der Hemmende, der Widerstand zeigt; er missbilligt oder opponiert in unvernünftiger Weise, hält die Gruppe auf, indem er abgehandelte Punkte wieder zur Sprache bringt,
3. der Geltungssuchende; er will auf verschiedene Weise die Aufmerksamkeit auf sich lenken: durch Angeben, Erzählen von eigenen Leistungen, durch ungewöhnliches Verhalten,
4. der Selbstbekenner; er benutzt die Gruppe zur Äußerung privater, nicht gruppenbezogener Gefühle, Einsichten, Probleme,
5. der Verspielte; er sucht Ablenkung, weicht aus, er beteiligt sich nur wenig am Gruppengeschehen,
6. der Dominierende; er sucht Autorität oder Überlegenheit durch die Art seiner Behandlung der Gruppe oder einzelner Mitglieder,
7. der Hilfesuchende; er sucht Mitgefühl bei den anderen durch Äußerungen der Unsicherheit, Verwirrung oder Selbstanklage,
8. der Vertreter besonderer Interessen; er spricht für die „kleinen Leute", die Arbeiter, die Hausfrauen usw.; er verwendet dabei allerdings stereotype Vorstellungen, die seinen eigenen Bedürfnissen am besten entsprechen.

Dies ist nur **ein** Klassifikationsschema. Dabei ist zu berücksichtigen, dass ein und dasselbe Gruppenmitglied mehrere dieser Rollen erfüllen kann.

2.4.5 Die Rolle der Erzieherin

Als Beispiel für eine konkrete Rolle wird im Folgenden die Rolle der Erzieherin beschrieben, so wie sie von einer Gruppe von Schülerinnen als Praktikantinnen gesehen wurde[1]. Die Rollenerwartungen an das Verhalten der Erzieherinnen wurden dabei gegliedert nach Erwartungen: der Eltern, der Kinder, des Trägers der Einrichtung und der Politiker.

Eltern erwarten von der Erzieherin, dass sie

■ die geistigen und körperlichen Fähigkeiten ihres Kindes fördert und erweitert,

■ die Kinder nach den elterlichen religiösen Erziehungsmethoden erzieht,

---

1 *Aus einer FS/U Klasse*

- politische Anschauungen in der Erziehung ihrer Kinder zurückstellt,
- ihre Kinder beaufsichtigt und für ihre Sicherheit im Kindergarten und im Straßenverkehr sorgt,
- den Kindern die Geschehnisse in ihrer Umwelt nahebringt,
- die Kinder gut und gerecht behandelt,
- die Kinder in die Gruppe einführt,
- die Kinder durch sinnvolle Beschäftigung auf die Schule vorbereitet,
- das soziale Verhalten der Kinder fördert,
- die Kinder individuell fördert,
- den Kindern Sauberkeit und Ordnung beibringt,
- immer nett und freundlich zu den Kindern ist,
- die Fragen der Kinder richtig und sachgemäß beantwortet,
- bei Konflikten eingreift,
- die Kinder zu Eigenständigkeit und Selbstständigkeit führt,
- die Eltern selbst über die Fortschritte des Kindes unterrichtet,
- den Kindern ihre Zuwendung zeigt,
- die Eltern in der Erziehung unterstützt,
- die Kinder nicht überfordert,
- mit den Eltern zusammenarbeitet,
- sich mit schwierigen Kindern speziell beschäftigt,
- die Kinder nicht zu streng behandelt,
- die Kinder pünktlich nach Hause schickt,
- die Kinder nicht schlägt,
- durch ihre Tätigkeit berufstätige Mütter entlastet,
- den Kindern Spielzeug anbietet, das ihnen zu Hause nicht zur Verfügung steht,
- ordentlich ist,
- die Eltern praktisch berät.

Kinder erwarten von der Erzieherin, dass sie
- ihnen neue Spielideen gibt,
- gerecht und freundlich ist,
- die Übungen und Beschäftigungen interessant gestaltet,
- sie spielen lässt, was sie wollen,
- ihnen viel Zeit für Spaß und Spiel lässt,
- ihnen Achtung, Verständnis und Anerkennung schenkt,
- ihre Konflikte löst,
- ihre Meinung zu ihren Problemen sagt,
- hilfsbereit ist,
- immer für sie da ist,
- eine „Engelsgeduld" hat,

- die Schuhe zubindet,
- die Beschwerden entgegennimmt,
- ihnen Trost spendet,
- eine lustige und immer fröhliche Person ist,
- wenig schimpft.

Der Träger einer Einrichtung erwartet von der Erzieherin, dass sie

- die Kinder nach den Grundsätzen des Trägers (z. B. im Hinblick auf religiöse Erziehung) erzieht,
- die zur Verfügung stehenden finanziellen Mittel sinnvoll verwendet,
- den Etat nicht überschreitet,
- darauf Acht gibt, dass wenig in der Einrichtung zerstört wird,
- stets pünktlich zum Dienst erscheint,
- sauber und ordentlich gekleidet ist,
- die Räume in Ordnung hält,
- die Kinder in allen Bereichen fördert und sie auf das Leben vorbereitet,
- ihren Beruf gerne ausübt,
- dem Kind verbietet, über Tische, Stühle und Bänke zu springen,
- kein überflüssiges Spielmaterial anschafft,
- Vorschläge für neue Anschaffungen macht,
- über ansteckende Krankheiten informiert,
- über Mängel und Schäden in der Einrichtung informiert,
- in der religiösen Erziehung an das glaubt, was sie den Kindern beibringt.

Politiker erwarten von der Erzieherin, dass sie

- die Kinder zu verantwortungsvollen Menschen dem Staat gegenüber erzieht,
- die Kinder auf das spätere Leben im Staat vorbereitet,
- den Kindern soziales und demokratisches Verhalten beibringt,
- die Erziehung im Kindergarten in das bestehende Bildungssystem einbettet,
- die Chancengleichheit für die Kinder herstellt,
- keiner verfassungsfeindlichen Partei angehört oder nahesteht,
- sich für Politik interessiert,
- die Kinder auf die Schule vorbereitet,
- das Interesse der Kinder am politischen Geschehen fördert,
- sich weiterbildet, um auf dem Laufenden zu sein,
- Neuerungen für sich annimmt und verarbeitet,
- sich nach dem Kindergartengesetz richtet,
- durch Aufgreifen von Konfliktsituationen die Entwicklung von Argumentations- und Diskussionsfähigkeit ermöglicht,
- durch eigenes demokratisches Verhalten ein Vorbild für die Kinder ist.

Folgende mögliche **Widersprüche in den Rollenerwartungen** wurden von den Schüler-innen festgestellt:

- Die Eltern erwarten eine religiöse Erziehung nach ihren individuellen Vorstellungen; der Träger erwartet eine religiöse Erziehung für alle Kinder nach seinen Vorstellungen.
- Die Eltern erwarten eine Erziehung ihrer Kinder ohne politische Richtlinien; die Politiker dagegen erwarten, dass die Erzieherin auf der Basis von staatspolitischen Grundsätzen erzieht.
- Die Kinder erwarten von der Erzieherin neue Spiele und neue Bastelvorschläge; der Träger erwartet, dass die Erzieherin mit den bereitgestellten finanziellen Mitteln auskommt.
- Die Kinder erwarten, dass die Erzieherin mit ihnen spielt; die Eltern erwarten von der Erzieherin eine sinnvolle Beschäftigung der Kinder und eine Vorbereitung auf die Schule.
- Die Kinder erwarten, dass die Erzieherin ihnen in schwierigen Situationen hilft; die Eltern erwarten, dass sie die Kinder zur Selbstständigkeit erzieht.
- Die Politiker wollen die Herstellung von Chancengleichheit durch die Erzieherin; die Eltern wollen, dass die Unterscheidung in den sozialen Schichten erhalten bleibt.
- Die Eltern wollen ihr Kind besonders gut behandelt wissen; die Kinder wollen alle gleich behandelt werden.
- Die Eltern fordern, dass die Erzieherin die elterliche Erziehung fortsetzt; die Eltern erwarten, dass die Erzieherin keine Informationen über die elterliche Erziehung verlangt.

Aufgaben

1. Welche weiteren Rollenkonflikte sind in den verschiedenen Rollenerwartungen (wie vorher genannt) enthalten?

2. Wie können die oben genannten Rollenkonflikte gelöst werden (nach den Lösungsmöglichkeiten auf S. 60 ff.)?

3. Welche der genannten Rollenerwartungen sind durch Gesetze festgelegt?

4. Ist die Rolle der Erzieherin
   - durchdringend oder begrenzt,
   - deutlich festgelegt oder vage,
   - übereinstimmend oder divergierend?

2.5 Sozialer Status

In der soziologischen Literatur gibt es keine einheitliche Definition für den Begriff Status. Status wird häufig mit „Position" gleichgesetzt, häufig enthält der Statusbegriff auch den Aspekt des „sozialen Ansehens". Oft wird nicht zwischen Status in der Kleingruppe und Status in der Gesellschaft unterschieden.
In diesem Kapitel wird hauptsächlich der Status in der Kleingruppe behandelt. Weiterhin wird hier Status nicht im Sinne der bloßen Position verstanden, sondern im Sinne einer Rangordnung der Gruppenmitglieder nach sozialem Ansehen.

Beispiele

1. Die Schülerin X fühlt sich in ihrer Schulklasse nicht wohl. Während des Unterrichts ist sie sehr still. Weil sie sich nicht von selbst meldet, nimmt die Lehrerin nicht viel Notiz von ihr. Bei der Gruppenarbeit sitzt sie meist als stille Zuhörerin dabei. Trotz fleißigen Lernens sind ihre Leistungen im Durchschnitt nur ausreichend. Während der Pause und bei schulischen Aktivitäten hält sie sich meistens im Hintergrund. Sie wird von ihren Mitschülern und den Lehrkräften wenig bemerkt. Im Klassensoziogramm nimmt sie eine mittlere Stellung ein: Sie wird kaum beachtet.

   In der Kindergartengruppe, in der sie einen Tag der Woche verbringt, fühlt sie sich sehr wohl. Fortwährend kommen die Kinder zu ihr und fragen sie etwas, sie wollen in ihrer Nähe sitzen, sie wollen mit ihr spielen. Beim Spielen redet sie viel und ungezwungen mit den Kindern, sie lacht und singt mit ihnen.

   Die Praxisanleiterin, die sie besucht, ist sehr erstaunt; sie erkennt sie nicht wieder.

   Bei dem soziometrischen Test, bei dem die Kinder sagen durften, wen sie am liebsten zur Geburtstagsparty einladen möchten, haben alle Kinder sie an erster Stelle genannt.

2. Der Schüler Y besucht die 7. Klasse der Hauptschule. Er ist 15 Jahre alt und stammt aus einer zehnköpfigen Familie. Er ist schon zweimal sitzen geblieben. Die Familie Y hat in der Nachbarschaft einen schlechten Ruf. Der Vater ist Alkoholiker und häufig ohne Arbeit. Die Familie wird vom Sozialamt unterstützt. Viele Kinder der Familie sind auf der Sonderschule, die Kinder halten sich viel auf der Straße auf, schwänzen die Schule, einige sind schon mit dem Gesetz in Konflikt geraten. Auch Y geht nicht gerne zur Schule, seine Leistungen sind häufig nicht ausreichend, er interessiert sich nicht für den Unterricht, viele Schulkameraden können besser lernen als er. In seiner Nachbarschaft fühlt er sich auch nicht wohl, weil er spürt, dass die ganze Familie Y gemieden wird. Schüler Y ist aber ein guter Sportler. Er kann schnell laufen. Vom Sportlehrer wird er unterstützt und gefördert. In seiner Freizeit trainiert er mit ihm. Bei Wettbewerben innerhalb der Schule ist er beim Hundert-Meter-Lauf immer der erste. Auch bei Wettkämpfen verschiedener Schulen der Stadt gewann er immer den ersten Platz. Sein Name mit Bild erschien öfter in der Zeitung. Er wurde Mitglied eines Klubs. Im Klub wird er gefördert, alle bewundern ihn, weil er für seinen Klub stets die ersten Preise bringt. Man hat ihn sogar überredet, aus seiner Familie und der Nachbarschaft wegzuziehen. Nur noch ab und zu erscheint er in der alten Umgebung, und dann ist man stolz auf den berühmten Bruder.

2.5.1 Klärung des Begriffes „sozialer Status"

Im Anschluss an diese Beispiele kann man folgende Fragen stellen:

Welchen Gruppen gehören die beiden Schüler an, und welche Wertschätzung erfahren sie in ihren jeweiligen Gruppen? Die Schülerin X ist zum Beispiel Mitglied zweier Gruppen: der Schulklasse und der Kindergartengruppe. Der Schüler Y ist im Beispiel ebenfalls Mitglied verschiedener Gruppen: der Schulklasse, der Nachbarschaft, des Sportklubs.

Die soziale Wertschätzung oder das Ansehen der Schülerin X in beiden Gruppen ist unterschiedlich, in der Schulklasse findet sie wenig Beachtung, im Kindergarten wird sie von allen beachtet.

Der Schüler Y wird in seiner Nachbarschaft nicht sehr geschätzt, eher abgelehnt. Im Sportklub steht er im Mittelpunkt und wird von allen geschätzt.

Beide haben in den jeweiligen Gruppen einen anderen sozialen Status.

> **Sozialer Status ist die Differenzierung der Gruppenmitglieder nach „höher" und „niedriger". (Vgl. van Doorn/Lammers, 1959, S. 60)**

Das Wort **Status** bedeutet wörtlich **„Stand"** oder „Standort". In der Praxis ist gleichzeitig auch an **„Rang"** gedacht.

In einer Gruppe hat jedes Mitglied einen bestimmten Stand oder Rang. Das eine Mitglied hat den gleichen, einen höheren oder niedrigeren Stand als die anderen Mitglieder.

Die Schülerin hat in der Schulklasse einen mittleren, in der Kindergartengruppe einen hohen Status.

Der Sportler in unserem Beispiel hat in der Nachbarschaft einen niedrigen, im Sportklub einen hohen Status.

Daraus kann man ersehen, **dass der soziale Status jeweils anders sein kann,** je nach der Gruppe, auf die er bezogen ist. Ein Mensch kann so viele Arten von sozialem Status haben, wie er Gruppen angehört. Gerade die Möglichkeit, in verschiedenen Gruppen einen anderen Status zu haben, ist **wichtig für das Selbstwertgefühl.**

Erst im Kindergarten erfährt die Schülerin echte Anerkennung; vielleicht hilft ihr das, eines Tages in der Schule auch mehr aus sich herauszugehen.
Der Schüler fühlt sich im Sportklub bestätigt und anerkannt; diese Anerkennung ist für ihn eine Motivation, sich von den Praktiken der Bande, die sich in seiner Nachbarschaft gebildet hat und der die meisten seiner Geschwister angehören, fernzuhalten.

Der Schluss aus den bisherigen Überlegungen:
„Der soziale Status ist immer gruppenbezogen."

Bisher wurde noch nicht genauer geklärt, was eigentlich mit dem Stand oder „Status" gemeint ist. Der jugendliche Sportler hat in seinem Sportklub einen hohen Status. Was beinhaltet das im Einzelnen?

Die anderen Mitglieder zeigen ihm gegenüber Gefühle der Bewunderung oder Ehrfurcht. Seine Ansichten und Meinungen werden vielleicht eher akzeptiert als die anderer. Seine sportlichen Leistungen werden mit denen der anderen Sportler verglichen und dann als besser bewertet. Das, was Status genannt wird, ist aber nicht an erster Stelle etwas in dem Jugendlichen selbst, sondern etwas in den Gruppenmitgliedern; **die Gefühle, Wertungen und Urteile der übrigen Gruppenmitglieder machen das aus, was „Status" genannt wird.** Diese Wertungen und Gefühle entstehen zwar aufgrund der Leistungen des Sportlers, sind aber nicht mit diesen gleichzusetzen. Im Rahmen der Schulklasse hat der Sportler einen niedrigeren Status, weil eben die Klassenkameraden und der Lehrer nicht so sehr auf die sportlichen Leistungen, sondern vielmehr auf die intellektuellen Leistungen achten. In der Nachbarschaft ist der Status von Y noch niedriger, weil die Jugendlichen dort nicht danach beurteilt werden, ob sie schnell laufen können, sondern ob sie sich „anständig" benehmen und ein geregeltes und geordnetes Leben führen.

Man kann also schlussfolgern: **Der Status ist immer abhängig vom Kriterium** (oder vom Maßstab), **das die Gruppenmitglieder anlegen.** Dieses Kriterium ist immer das, was die Gruppenmitglieder für wichtig halten. In der Sportgruppe ist die sportliche Leistung das Wichtigste, in der Schulklasse die intellektuelle Leistung, in der Nachbarschaft „ein friedliches und ruhiges Zusammenleben".

Daher kann man sagen:
„Der soziale Status ist immer kriteriumgebunden."

Die Wertschätzung der Gruppenmitglieder untereinander beruht meistens nicht auf einem einzelnen, sondern auf mehreren Kriterien. Die Wertschätzung, die A dem Gruppenmitglied B entgegenbringt, ist dann das Resultat von verschiedenen Wertschätzungen aufgrund verschiedener Kriterien.

Nicht nur ein und **dasselbe Gruppenmitglied verwendet verschiedene Kriterien** und daher verschiedene Wertschätzungen, die sich zu einer Durchschnittswertschätzung zusammenschließen, auch **die verschiedenen Gruppenmitglieder** können zu **unterschiedlichen Wertschätzungen** kommen, und zwar sowohl aufgrund verschiedener Kriterien als auch aufgrund eines Kriteriums. So kann die Tatsache, dass der Sportler aus einer „asozialen Familie" stammt, für das eine Klubmitglied wichtiger sein als für ein anderes. Daher wird die Gesamtwertschätzung von Y bei dem einen etwas niedriger sein als bei dem anderen. Die eine Klassenkameradin von X kann „Bescheidenheit" hoch einschätzen und daher X im Klassensoziogramm höher einstufen als eine Schülerin, die „Bescheidenheit und Zurückhaltung" nur negativ sieht.

Daraus ergibt sich:
„Der soziale Status ist immer ein durchschnittliches Maß verschiedener Bewertungen aufgrund verschiedener Kriterien sowie verschiedener Gruppenmitglieder."

Schematisch könnte man diesen Sachverhalt für das Beispiel des jugendlichen Sportlers so darstellen:

Die Länge der Pfeile stellt die Höhe der Bewertung und damit die Höhe des sozialen Status dar.
Y = jugendlicher Sportler   A, B, C, D, E = Gruppenmitglieder

Nach diesen Ausführungen könnte man meinen, der soziale Status sei sehr wechselhaft, eben weil er von so vielen Faktoren abhängig ist. Wie man jedoch weiß, sind die Beziehungen der Menschen untereinander meist recht stabil, sie sind meistens zu einem Regelmaß und zur Gewohnheit geworden. Eben dadurch sind sie Gegenstand der Soziologie.

Nicht das Einmalige in den zwischenmenschlichen Beziehungen, sondern das Regelmäßige, das Strukturhafte ist das Objekt der Soziologie.

Auch die verschiedenen Faktoren, die beim Bestimmen des sozialen Status eine Rolle spielen, weisen eine gewisse **Regelmäßigkeit** auf. Die Kriterien, die die Gruppenmitglieder anerkennen, um sich gegenseitig zu bewerten, wechseln nicht jeden Tag, sondern sind ziemlich stabil (fest) und bei allen Gruppenmitgliedern einigermaßen einheitlich.

Sportliche Leistung ist wahrscheinlich für alle Mitglieder des Sportklubs das wichtigste Kriterium. Schulische Leistungen und Kameradschaft sind wohl die wichtigsten Kriterien für die Schüler einer Klasse. Deswegen ist auch der Status der einzelnen Gruppenmitglieder relativ stabil. Nach einer gewissen Zeit der Existenz einer Gruppe hat jedes Mitglied einen mehr oder weniger festgelegten Status, der sogar noch eine Zeit lang beibehalten werden kann, wenn die Merkmale der Person, auf die er sich stützt, sich geändert haben.

Daraus kann man schlussfolgern:

> Der soziale Status bezieht sich immer auf die mehr oder weniger konstante (dauerhafte) Wertschätzung.

Nach diesen Überlegungen wird die oben genannte Definition „Sozialer Status ist die Differenzierung der Gruppenmitglieder nach höher und niedriger" verständlicher sein. Differenzierung heißt wörtlich „Unterscheidung". Die Gruppenmitglieder sind voneinander zu unterscheiden. Diese Unterscheidung der Gruppenmitglieder ist immer so, dass die verschiedenen Gruppenmitglieder im Vergleich miteinander „höher" oder „niedriger" eingestuft werden.

2.5.2 Messung des sozialen Status

Es gibt im Grunde nur eine Methode, die Statusunterschiede der Mitglieder einer Gruppe zu erfassen: die Befragung der **Einzelnen nach ihrer gegenseitigen Bewertung.**

Man kann die Frage ganz allgemein halten, indem man bittet, die einzelnen Mitglieder der Gruppe in eine Rangordnung einzuteilen. Dabei wird man häufig auf Ablehnung stoßen, weil die Frage zu allgemein gestellt ist oder weil man sich dagegen sträubt, einander höher oder niedriger zu bewerten. Man möchte alle als gleichwertig betrachten.

Mehr Erfolg hat man, wenn man die Fragestellung spezifiziert, indem man fragt, welche der Gruppenmitglieder man bei einer ganz konkreten Aufgabe oder wegen einer ganz konkreten Fähigkeit bevorzugt bzw. ablehnt. Dies ist die Methode des **soziometrischen Tests** (siehe Kapitel „Soziometrie").

Bei dieser konkreten Fragestellung hat man im Grunde das Kriterium des sozialen Status spezifiziert: Die Rangordnung, die man erhält, gilt streng genommen nur für dieses Kriterium.

2.5.3 Untersuchungen des sozialen Status in der Kindergartengruppe

Methode

140 Schüler einer Fachschule für Sozialpädagogik führten einen soziometrischen Test in je einer Kindergartengruppe durch.
Die Fragestellung war meistens:
– „Wen würdest du aus deiner Gruppe am liebsten zu deiner Geburtstagsparty einladen?"
und
– „Wen würdest du lieber nicht einladen?"

In jeder der 140 Kindergartengruppen hatten eines oder mehrere Kinder den höchsten Rang, d. h., sie wurden am häufigsten gewählt.
Durch zusätzliche Beobachtungen der Gruppen wurden die Gründe für die Starposition im Test ermittelt. Diese Gründe wurden in drei Kategorien zusammengefasst und deren Häufigkeit des Vorkommens ermittelt.

Die folgende Übersicht gibt die genannten Gründe und deren Häufigkeit wieder:
Gründe für die Starposition in der Kindergartengruppe

1. Merkmale des sozialen Kontaktes:	168		
„kontaktfähig"	24	„nicht streitsüchtig"	6
„spielt mit allen"	23	„Bereitschaft zum Teilen"	6
„Kontakt zu allen"	16	„schlichtet Streitereien"	5
„hilfsbereit"	29	„kümmert sich um die Neuen"	4
„Gerechtigkeitssinn"	9	„Anpassungsfähigkeit"	3
„freundlich"	9	„Kompromissbereitschaft"	2
„lustig"	9	„Beteiligung an Gemeinschaft"	2
„rücksichtsvoll"	7	„Sonstiges"	14
2. Besondere Fähigkeiten und Fertigkeiten:	**125**		
„gute Spielideen"	42	„motorische Fähigkeiten"	5
„hohe Intelligenz"	22	„Durchsetzungsfähigkeit"	5
„große Aktivität"	22	„Selbstständigkeit"	2
„besondere Fähigkeiten, Begabungen"	12	„Spielfähigkeit"	2
„Sprachfähigkeit"	8	„körperliche Stärke"	1
„Spielinteresse"	1	„bewältigt Aufgaben gut"	1
„sehr musikalisch"	1	„kann sich verteidigen"	1
3. Äußere Merkmale:	**69**		
„Kleidung"	28	„Jüngster der Gruppe"	7
„gutes Aussehen"	17	„Besitz von Spielmaterial"	5
„Ältester der Gruppe"	8	„Körpergröße"	3
		„Position des Vaters"	1

In derselben Untersuchung wurden für etwa 160 Außenseiterpositionen in den Kindergartengruppen, d. h. für die Positionen der Kinder, die im Test am häufigsten abgelehnt bzw. am wenigsten gewählt wurden, von den Praktikantinnen durch zusätzliche Beobachtungen folgende Gründe ermittelt:

Gründe für die Außenseiterposition in der Kindergartengruppe

1. Merkmale des sozialen Kontaktes:	145		
„Aggressivität"	33	„launisch"	3
„störendes Verhalten"	12	„Einmischung"	2
„zerstört"	12	„keine Rücksicht"	2
„streitsüchtig"	11	„ängstlich"	2
„prügeln"	10	„schüchtern"	2
„Herrschsucht"	6	„verweigerte Sprache"	1
„Angeberei"	6	„lügt"	1
„Alleinspieler"	6	„Verstoß gegen Regeln"	1
„wenig Kontakte"	6	„albern"	1
„keine Kontaktaufnahme"	5	„eigensinnig"	1
„spielt nur mit Bestimmten"	4	„egoistisch"	1
„schlechter Verlierer"	4	Sonstige einmalige Nennungen	9
„Wegnahme von Spielzeug"	3		

2. Mangelhafte Fähigkeiten und Fertigkeiten:	54		
„Sprachfehler"	8	„mangelhafte motorische Fähigkeiten"	2
„Sprachschwierigkeiten"	6	„motorische Unruhe"	2
„spielunfähig"	6	„Entwicklungsrückstand"	2
„einseitige oder keine Spielinteressen"	3	„mangelhafte Intelligenz"	2
„Unselbstständigkeit"	3	„zu intelligent"	2
„still"	3	„kein Durchsetzungsvermögen"	2
„zurückgezogen"	3	„unsicher"	1
„häufiges Weinen"	3	„kann sich nicht verteidigen"	1
„Initiativlosigkeit"	2	„Hirnschaden"	1
„geringe Aktivität"	2		

3. Äußere Merkmale:	26		
„Aussehen"	9	„junges Alter"	2
„Kleidung"	8	„klein"	2
„Ausländer"	4	„Ablehnung durch Erzieher"	1

4. Unbekanntheit:	14		

Interpretation

Aus dieser Untersuchung geht eindeutig hervor, dass schon in der Kindergartengruppe feste Kriterien für die gegenseitige Wertschätzung vorhanden sind. Sogenanntes **prosoziales Verhalten ist das wichtigste Kriterium für die Beliebtheit der Kinder in der Gruppe, asoziales Verhalten ist der wichtigste Maßstab für die Ablehnung.** Daraus kann man schließen, dass der positive soziale Kontakt mit anderen in den Augen der Kinder das wichtigste Ziel der Kindergartengruppe ist. Die Kinder, die zur Verwirklichung dieses Zieles am meisten beitragen, erreichen den höchsten Status, werden am meisten geschätzt. Umgekehrt werden diejenigen, die dieses Ziel verhindern, am wenigsten geschätzt. **Besondere Fähigkeiten und Fertigkeiten,** die mehr im Leistungsbereich zum Ausdruck kommen, spielen auch für die gegenseitige Bewertung eine wichtige Rolle, jedoch erst **an zweiter Stelle.** Wahrscheinlich werden diese Fähigkeiten deswegen so hoch geschätzt, weil sie für den sozialen Kontakt so wichtig sind. Das kann man daraus ersehen, dass Spiel- und Sprachfähigkeit so häufig genannt werden. Mehr äußere Merkmale wie **Kleidung und Aussehen** spielen auch eine gewisse, wenn auch **untergeordnete Rolle** für den Status des Kindes in der Kindergartengruppe.

Untersuchung

Der amerikanische Sozialpsychologe Bales hat Studenten in Gruppen über bestimmte Themen diskutieren lassen. Die Beiträge der einzelnen Gruppenmitglieder wurden protokolliert und nach bestimmten vorher festgelegten Gesichtspunkten analysiert. Anschließend an jede Gruppendiskussion wurden die Teilnehmer gefragt:

a) Wer hat die besten Beiträge geliefert?

b) Wer war der sympathischste Teilnehmer?

c) Wer war der Führer in der Gruppe?

Die Beiträge der einzelnen Teilnehmer wurden ausgezählt nach:

d) Häufigkeit der Beiträge und

e) Häufigkeit des Angesprochen-Werdens.

Auf diese Weise konnte eine Rangordnung der Diskussionsteilnehmer nach fünf Kriterien aufgestellt werden:

1. nach der Anzahl der Diskussionsbeiträge,

2. nach der Anzahl des Angesprochen-Werdens,

3. nach besten Beiträgen,

4. nach Führerposition,

5. nach Symphatie.

Es stellte sich heraus, dass etwa in 8 % der Fälle der erste Rang nach allen fünf Kriterien von ein und derselben Person eingenommen wurde. In 2 % der Fälle wurde die höchste Position bei jedem Kriterium von einem anderen Mitglied eingenommen. In der Regel wurde die höchste Position nach den vier ersten Kriterien, den Leistungskriterien, von ein und derselben Person und die Spitzenposition nach dem letzten Kriterium, dem Sympathiekriterium, von einer anderen Person eingenommen. Das bedeutet, dass es in diesen Gruppen im Wesentlichen zwei Rangordnungen gab: Die eine nach dem Kriterium der Leistung, die andere nach dem Kriterium der Sympathie. Außerdem wurde festgestellt, dass diese Differenzierung der Rangordnung nach den zwei genannten Kriterien um so deutlicher wurde, je länger die Gruppe existierte. (vgl. Hofstätter, 1957, S. 130 – 132)

In seinem Buch „Gruppendynamik" bezeichnet der Sozialpsychologe Hofstätter diese beiden Kriterien mit **„Tüchtigkeit"** und **„Beliebtheit"**. Er vermutet eine ähnliche Erscheinung in jeder Gruppe. Der „Tüchtigste" wird auch der **„zielverwirklichende" Führer** genannt; **er ist derjenige, der am meisten dazu beiträgt, dass das Ziel der Gruppe erreicht wird,** das meist in irgendeiner Leistung besteht; für den Staat ist dies der Regierungschef, in der Familie der Vater[1] (Mutter?), in der Schulklasse der Schüler mit den besten Leistungen.

---

[1] *Ob diese Meinung von Hofstätter aus dem Jahr 1957 damals die ganze Wirklichkeit wiedergab und vor allem, ob sie heute noch zutrifft, ist fraglich. Allerdings gilt in neueren Befragungen bei der Mehrzahl der Jugendlichen die Mutter nach wie vor als Vertrauensperson.*

Der „Beliebteste" ist der **sozial-emotionale Führer,** derjenige, **der am meisten dazu beiträgt, dass die Gruppe zusammenhält,** eine angenehme Atmosphäre herrscht und Spannungen gelöst werden. Im Staat wäre es eher das Staatsoberhaupt, in der Familie meist die Mutter, in der Schulklasse derjenige, der für Auflockerung, Entspannung und sozialen Kontakt untereinander sorgt. Je nachdem, welches Ziel eine Gruppe hat, wird das eine oder andere Kriterium mehr Bedeutung haben. In einem Fußballverein wird die sportliche Tüchtigkeit eine größere Rolle spielen bei der Statusverleihung, in einem Kegelclub die „Geselligkeit" der einzelnen Mitglieder.

Beispiel
In der Kindergartengruppe wird wahrscheinlich die „Tüchtigkeit" oder die „Leistung" der Einzelnen nicht eine solch wichtige Rolle bei der Statusverleihung spielen wie die Fähigkeit, den sozialen Kontakt der Kinder untereinander zu fördern.

Dies wird durch die oben genannten Untersuchungsergebnisse bestätigt. Als Kriterium für den höchsten Rang in der Kindergartengruppe wurden am häufigsten Fähigkeiten zur Förderung des sozialen Kontaktes genannt (Merkmale des sozialen Kontaktes), erst an zweiter Stelle Tüchtigkeitskriterien (besondere Fähigkeiten und Fertigkeiten).

Bemerkungen zu einem möglichen Einwand
Die Rangzuordnungen in den Kindergartengruppen waren das Ergebnis der Frage: „Wen möchtest du am liebsten zu deiner Geburtstagsparty einladen?"

Das Kriterium lag im Bereich des sozial-emotionalen Kontaktes, nämlich „Geburtstagsparty". Es ist also selbstverständlich, dass die Kinder sich gegenseitig wählen oder ablehnen aufgrund von „Beliebtheits-" und nicht aufgrund von „Tüchtigkeitskriterien". Die meisten Schüler bestätigten eine Übereinstimmung zwischen der Rangordnung im soziometrischen Test und der Rangordnung, die sie sonst in der Gruppe beobachtet hatten. D.h., die Kinder teilen sich nicht nur aufgrund dieses Kriteriums (Erwünschtheit als Gäste der Geburtstagsparty), sondern auch in anderen Situationen in die gleiche Rangordnung ein. Die von den Schülern genannten Gründe für die „Star"- und „Außenseiterpositionen" können somit als die von den Kindern angewandten Kriterien für den „sozialen Status überhaupt" angesehen werden.

2.5.4 Status und Rolle

Status und Rolle kommen stets zusammen vor. Eine bestimmte Rolle ist mit einem bestimmten Status verbunden, z.B. die Führerrolle mit einem hohen Status, die Außenseiterrolle mit einem niedrigen Status. Dennoch sind Status und Rolle nicht dasselbe. **Rolle bezieht sich auf das Verhalten,** das erwartet wird, **Status bezieht sich auf die Wertschätzung,** die mit diesem erwarteten Verhalten verbunden ist.

Die Rolle bezieht sich auf das Tun, sie ist der dynamische Aspekt; bei der Rolle steht die Funktion im Mittelpunkt. Schematisch kann man sich den Zusammenhang auf folgende Weise vorstellen:

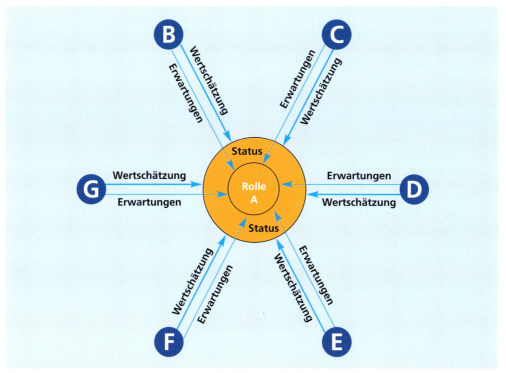

Die Rolle von A in dieser Gruppe ergibt sich aus den Erwartungen der anderen Mitglieder an sein Verhalten. Der Status von A besteht in der Wertschätzung durch die anderen Mitglieder.

Diese Wertschätzungen sind mit der Rolle verbunden, stützen sich jedoch nicht ausschließlich auf diese Rolle, sondern auch auf andere Kriterien, die unabhängig von der Rolle sind. Wird in der Gruppe dasjenige, was die Einzelnen tun, für das Wichtigste gehalten, so wird der Status hauptsächlich von der Rolle abhängig sein. Wird z. B. in einer Gruppe oder Gesellschaft die Leistung für das Wichtigste gehalten, so wird der Status hauptsächlich nach der Leistung bemessen.

Zusammenfassung

Der soziale Status ist die Differenzierung der Gruppenmitglieder nach höher und niedriger. Die Gruppenmitglieder verwenden bestimmte Kriterien, nach denen sie sich gegenseitig höher und niedriger einschätzen. Diese Kriterien sind Werte, die von den Gruppenmitgliedern für wichtig gehalten werden. Sie hängen eng mit den Zielen der Gruppe zusammen und sind daher mehr oder weniger einheitlich.
In den meisten Gruppen entwickeln sich im Laufe der Zeit zwei Rangordnungen nach den Kriterien: „Tüchtigkeit" und „Beliebtheit". Der Tüchtige hilft am meisten, das Ziel der Gruppe zu verwirklichen; der Beliebte sorgt für den Gruppenzusammenhalt, Status und Rolle hängen eng miteinander zusammen.
Die Rolle bezieht sich auf das erwartete Verhalten, der Status auf die Wertschätzung, die mit diesem Verhalten verbunden ist.

In anderen Gruppen wird der Status nach der Rolle, d.h. der Funktion des Einzelnen in der Gruppe und nach anderen Kriterien, z.B. Aussehen, Kleidung, Herkunft, Alter etc. gemessen. So kann die gutaussehende Schülerin, die auch zu den Klassenbesten gehört, einen höheren Status haben als die Schülerin mit gleich guten Noten, die jedoch weniger gut aussieht.

Aufgaben

1. Überlegen Sie, ob Sie in den folgenden Gruppen einen oberen, mittleren oder unteren Rang einnehmen:
   a) in Ihrer eigenen Familie,
   b) in Ihrer Schulklasse,
   c) in der Kindergartengruppe,
   d) im ganzen Kindergartenbetrieb,
   e) in einem Hobby- oder Sportverein,
   f) in Ihrem Freundes- oder Bekanntenkreis.

2. Überlegen Sie, welche Maßstäbe oder Gründe in den unter 1. genannten Gruppen jeweils ausschlaggebend für Ihre Einstufung waren.

3. Wer oder was bestimmt letzten Endes den Status?

4. Kann jemand verschiedene Arten von Status haben?

5. Ist der Status einer Person in ein und derselben Gruppe veränderlich? Wodurch kann der Status verändert werden?

2.6 Gruppenintegration, Gruppenatmosphäre, Gruppenleistung

2.6.1 Gruppenintegration

Beispiele
1. Die Familie X besteht aus Vater, Mutter, Sohn und Tochter. Der Vater ist berufstätig, die Mutter versorgt den Haushalt. Die Tochter hilft ihr dabei. Der Sohn hilft dem Vater bei der Gartenarbeit. Die Ansichten von Herrn und Frau X über Ehe, Familie, Kindererziehung, Religion, Politik stimmen überein. Die beiden Kinder, die die höhere Schule besuchen, vertreten dieselben Ansichten wie ihre Eltern. Alle vier Familienmitglieder finden sich sympathisch. Taucht ein unerwartetes Problem auf, z.B. die Freizeitgestaltung am Wochenende, das Tapezieren der Wohnung, so sind alle vier bereit, miteinander zu überlegen und die Aufgaben zu teilen, sodass das Problem oder die Arbeit gemeinsam gelöst bzw. erledigt werden kann.
2. In einer Schulklasse werden Arbeitsgruppen gebildet. Diese sollen über längere Zeit, jeweils für Gruppenarbeiten, bestehen bleiben. In einer Gruppe befinden sich vier Schülerinnen. Zwei von ihnen mögen die beiden anderen nicht: Sie finden diese unsympathisch. Eine von den vieren ist eine Einzelgängerin und zeigt wenig Bereitschaft zur

Zusammenarbeit. Drei von ihnen sind in Auffassungen und Lebensstil ziemlich modern, eine gilt als altmodisch. In der Gruppe gibt es keine Zusammenarbeit; nie werden Aufgaben wie Diskussionsleitung, Protokollführung verteilt.

Beide Beispiele sind konstruiert. Die Familie X wäre eine Idealfamilie, die es in Wirklichkeit kaum gibt. Die Arbeitsgruppe wäre eine so unglückliche Zusammenstellung, dass wohl kein Lehrer auf den Gedanken kommen würde, aus solchen Personen eine Gruppe zusammenzustellen.
In der Familie X vermutet man einen hohen Grad an Harmonie und Zufriedenheit. In der Arbeitsgruppe vermutet man bald eine Fülle von Konflikten oder gar ein Auseinanderfallen der Gruppe. Die beiden Gruppen unterscheiden sich im Grad der Integration.

2.6.1.1 Klärung des Begriffes „soziale Integration"

Soziale Integration bedeutet die Verbindung einer Vielzahl von Elementen (Personen oder Gruppen) zu einer Einheit oder Ganzheit.

Auf eine einzelne Gruppe angewendet, bedeutet Gruppenintegration **die Verbindung der Mitglieder untereinander zu einer Einheit.**
Auf mehrere Gruppen angewendet, bedeutet Gruppenintegration die **Verbindung mehrerer Gruppen untereinander zu einer Einheit in einem übergeordneten Ganzen.** Integration bedeutet mit anderen Worten, das Maß an Übereinstimmung oder Harmonie innerhalb einer Gruppe oder zwischen Gruppen. Diese Harmonie bezieht sich auf die **Meinungen und Auffassungen,** die **gegenseitigen Gefühle** und die **Interaktionen der Mitglieder.**

Diese drei Faktoren der Gruppenintegration beeinflussen sich gegenseitig. Arbeitet man längere Zeit in einer Gruppe zusammen, so kann die gegenseitige Sympathie zunehmen. Hat man die gleichen Ansichten wie die anderen Gruppenmitglieder, so wird die Bereitschaft zur Zusammenarbeit wahrscheinlich zunehmen.
Findet man sich sympathisch, so wird man eher und besser zusammenarbeiten.

Andere Begriffe:
Außer dem Begriff „Integration" verwenden Soziologie und Alltagssprache noch verschiedene andere Ausdrücke, die alle den gleichen Sachverhalt oder einige Aspekte dieses Sachverhaltes meinen.

- Der Begriff „Zusammenhalt" oder „Kohäsion" bezieht sich vor allem auf „die Erscheinung, dass über eine bestimmte Zeitdauer hinweg die Mitglieder einer Gruppe in Interaktion bleiben". (Graumann, 1972, S. 1597)

- Der Begriff „Solidarität" bezieht sich vor allem auf die Zufriedenheit der Gruppenmitglieder mit ihren sozialen Beziehungen und auf die Bereitschaft zur gegenseitigen Unterstützung.

Konflikt, Wettbewerb, Rivalität
Das Gegenteil von Integration ist **Konflikt**. In der Psychologie wird Konflikt definiert als ein Auftreten von mindestens zwei miteinander nicht zu vereinbarenden Verhaltenstendenzen.

- Liegen diese (in der Form von Neigungen, Interessen, Wünschen, Impulsen usw.) in ein und derselben Person vor, so spricht man von einem **intrapsychischen Konflikt.**
- Besteht eine Unvereinbarkeit zwischen den Verhaltenstendenzen von zwei oder mehreren Mitgliedern einer Gruppe, so spricht man von einem **Intra-Gruppenkonflikt**.
- Liegt eine Unvereinbarkeit zwischen den Verhaltenstendenzen von zwei oder mehreren Gruppen vor, so spricht man von einem **Inter-Gruppenkonflikt.**

Uns interessieren hier die Intra- und Inter-Gruppenkonflikte.

- Wollen zwei Kinder dasselbe Spielzeug benutzen, so ist ein Intra-Gruppenkonflikt vorhanden.

- Wollen zwei Untergruppen im Kindergarten zur gleichen Zeit auf dem Bauteppich spielen, so ist ein Inter-Gruppenkonflikt vorhanden (die beiden Untergruppen werden hier als zwei Gruppen verstanden).

> **Ein sozialer Konflikt besteht, wenn die Aktivitäten eines Individuums oder auch einer Gruppe den Aktivitäten anderer Individuen oder Gruppen entgegenstehen.**

Vom Konflikt zu unterscheiden sind die beiden folgenden Interaktionsformen:

Erstens der **Wettbewerb:** Er besagt, dass zwei oder mehr Individuen oder Gruppen ein Ziel erreichen wollen, das nur von einer Person oder Gruppe erreicht werden kann unter Einhaltung aller anerkannten Spielregeln.

Beispiel
Zwei Fußballmannschaften wollen dasselbe Spiel gewinnen.

Zweitens **Rivalität:** Damit ist gemeint, dass zwei oder mehr Individuen oder Gruppen in einer Wettbewerbssituation ein Ziel erreichen wollen, um damit die Zustimmung einer Öffentlichkeit zu erlangen.
Diese Zustimmung der „Öffentlichkeit" kann die Gunst des Lehrers, der Beifall des Publikums, die Bewunderung durch eine Frau und anderes mehr sein.

Beispiel
Zwei Kinder wollen das Lieblingskind des Erziehers sein.

Es besteht ein feiner Unterschied zwischen Wettbewerb und Rivalität:

- Der Wettbewerb ist sachbezogen.
- Die Rivalität ist personenbezogen.

2.6.1.2 Feststellung der Gruppenintegration

Häufig werden verschiedene Gruppen hinsichtlich des Ausmaßes ihres Zusammenhaltes miteinander verglichen. Dieser Vergleich kann sich nach „subjektiven Eindrücken" oder mehr nach objektiven Kriterien richten.

Einige objektive Kriterien bietet die Soziometrie:

■ Das Verhältnis der gegenseitigen positiven Wahlen zu den prinzipiell möglichen gegenseitigen positiven Wahlen (siehe Kapitel „Soziometrie", S. 105 ff.).

■ Das Verhältnis der Summe der positiven Wahlen innerhalb der Gruppe zu der Summe der positiven Wahlen außerhalb der Gruppe. (Dieser Vergleich ist nur möglich, wenn die Gruppenmitglieder beim soziometrischen Test auch Personen außerhalb der Gruppe wählen können.)

Ein weiteres objektives Kriterium bietet die Beobachtung:

■ die Anzahl der Mitglieder, die in einem gewissen Zeitraum die Gruppe verlassen,

■ die Anzahl der Untergruppen,

■ die Häufigkeit von Konflikten,

■ die Häufigkeit der Zusammenarbeit einzelner Mitglieder.

Ein weiteres recht objektives Kriterium kann die **Befragung der Mitglieder** bieten. Man kann fragen:

■ nach dem Grad des Zugehörigkeitsgefühls,

■ nach dem Grad der Zufriedenheit mit der Gruppe,

■ nach der Absicht, in der Gruppe zu bleiben oder sie zu verlassen,

■ nach der Bereitschaft, mit anderen zusammenzuarbeiten.

2.6.1.3 Faktoren, die die Gruppenintegration beeinflussen

Hier soll die Frage erörtert werden, wovon im Allgemeinen die Gruppenintegration abhängig ist, damit der Erzieher daraus für seine Tätigkeit in Gruppen pädagogische Konsequenzen ziehen kann.

Gruppengröße

Die Frage, ob eine größere Gruppe besser integriert ist, länger bestehen bleibt oder weniger Konflikte zeigt als eine kleine Gruppe, ist nicht mit einem eindeutigen Ja oder Nein zu beantworten.

Aus den Forschungen zu dieser Fragestellung können folgende Gesetzmäßigkeiten abgeleitet werden (Graumann, 1972, S. 1630–1631):

■ Mit zunehmender Größe verringert sich die Stärke der emotionalen Bindungen zwischen den Mitgliedern.
Dies lässt sich leicht erklären: Je größer die Mitgliederzahl einer Gruppe, um so schwieriger wird es, mit allen Kontakt zu haben. Der Kontakt wird dann zwangsläufig formeller und sachlicher, und dadurch wird der emotionale Kontakt geringer.

■ Mit zunehmender Größe nimmt der Grad der Einigkeit bei einer Gruppendiskussion ab. Dies ist auch dadurch zu erklären, dass bei einer größeren Mitgliederzahl die unterschiedlichen Standpunkte nicht so intensiv besprochen werden können und dadurch eine Einigung erschwert wird.

■ Mit zunehmender Gruppengröße beurteilen sich die Gruppenmitglieder eher als aggressiv, impulsiv und weniger rücksichtsvoll. Bei einer größeren Mitgliederzahl hat man weniger Zeit und Gelegenheit, auf den Einzelnen zu hören, und man ist eher geneigt, zur Erreichung des Gruppenziels den anderen zu unterdrücken.

■ Mit zunehmender Gruppengröße nimmt die Anzahl der spannungsgeladenen Äußerungen ab, die der entspannenden Äußerungen (im Sinne von Scherz und Lachen) nimmt zu.
Dies ist dadurch zu erklären, dass nicht ernsthaft versucht wird, die bestehenden Spannungen zu lösen, sondern man eher geneigt ist, sich von der Lösung der gemeinsamen Aufgabe zurückzuziehen.

■ Mit zunehmender Gruppengröße nimmt die Zahl der Untergruppen zu.
Meinungsverschiedenheiten scheinen durch die Bildung von Untergruppen eher erträglich zu sein.

Führungsstil

Die Zusammenhänge zwischen Führungsstil und Zufriedenheit der Gruppenmitglieder wurden in dem bekannten Experiment von Lewin und seinen Mitarbeitern Lippitt und White 1953 zum ersten Mal deutlich untersucht (vgl. Irle, 1969, S. 456 ff.).
Die Experimentatoren unterschieden drei Führungstypen, die sie auf folgende Weise charakterisierten:

■ **autoritär:** bestimmt, ordnet an, kritisiert, verbietet, bestimmt die jeweilige Beschäftigung und spezifische Gruppenzusammensetzung, bleibt selbst inaktiv

■ **demokratisch:** fördert die Gruppenentscheidung, stellt immer Alternativlösungen zur Wahl, gewährt Unterstützung, lässt die Wahl der Bezugsperson offen, versucht selbst Gruppenmitglied zu werden, ohne allerdings selbst zu aktiv in der Gruppe zu werden

■ **laissez-faire:** die Gruppe ist weitgehend sich selbst überlassen, der Führer gibt nur Material heraus, verhält sich weitgehend passiv

Der unterschiedliche Einfluss des jeweiligen Führerverhaltens wurde zu klären versucht, indem vier Jugendklubs (Jungen, die nach der Schulzeit im Klub zur Freizeitgestaltung zusammenkamen) abwechselnd nach den drei Führungsstilen geleitet wurden. Das Experiment dauerte 21 Wochen. Während dieser Zeit wechselten die Führer turnusmäßig.

Am Ende der Untersuchung hatte jede Gruppe mindestens zwei Führungsstile sechs Wochen lang erfahren, und jeder der vier erwachsenen Leiter hatte mindestens zwei Führungsstile angewendet.
Das Verhalten der Leiter und der Jugendlichen wurde festgehalten durch Protokollierung der Gespräche, Auszählen der sozialen Verhaltensformen, Interviews mit den Jugendlichen. Die wichtigsten Ergebnisse waren:

■ Die Verhaltensweisen der demokratisch und der laissez-faire geführten Gruppen sind wenig unterschiedlich.

■ Die Reaktionen auf die autoritäre Führungsweise sind:
   – apathisches Verhalten der Gruppe,
   – wenig Initiative gegenüber dem Leiter einerseits und
   – Aggressivität gegen den Leiter andererseits,

    – Abhängigkeit vom Leiter,
    – Kritik und Unzufriedenheit.

■ Die Reaktionen auf die zeitweilige Abwesenheit des Leiters waren
    – bei der autoritär geführten Gruppe: die Aktivität der Gruppe ließ um 75 % nach,
    – bei der demokratisch geführten Gruppe: die Aktivität blieb gleich,
    – bei der laissez-faire geführten Gruppe: die Aktivität nahm zwar um 25 % zu, bestand
      jedoch in eher unproduktiver Beschäftigung.

■ Auf Aggressionen reagierte die autoritär geführte Gruppe entweder unterwürfig oder aggressiv gegen Schwächere, gegen andere Gruppen oder gegen den Leiter.

■ Beim Übergang von einer autoritären zu einer demokratischen Behandlungsweise traten zunächst starke Aggressionen auf, die nach einiger Zeit aber verschwanden.

Aus diesen Untersuchungen ist ein Einfluss des Führungsstils auf verschiedene Aspekte der Gruppenintegration zu erkennen, und zwar auf die Zusammenarbeit und die Zufriedenheit der Mitglieder.
Seit diesem ersten Experiment sind zahlreiche Experimente und Untersuchungen über den Einfluss unterschiedlicher Führungs- bzw. Erziehungsstile durchgeführt worden.

Die wichtigsten Ergebnisse dieser Forschung sind:

■ Bei den Auswirkungen der Führungsstile auf die Zufriedenheit der Gruppenmitglieder konnten keine allgemeinen und für alle Gruppen geltenden Effekte festgestellt werden.

■ In Gruppen mit eher emotional-sozialer Zielsetzung führt eine demokratische Führung im Allgemeinen zu einer größeren Zufriedenheit der Gruppenmitglieder.
Diese Tendenz wurde u. a. festgestellt bei Geschwistergruppen, bei Jugendklubs, bei Therapiegruppen, bei Schulklassen und bei Kindergartengruppen.

■ Bei stark leistungsorientierten Gruppen wird häufig eine autoritäre Führung als befriedigender erlebt.

■ Bei Menschen, die aus einem „autoritären Milieu" stammen, wird häufig eine autoritäre Führung als befriedigender erlebt.

■ Bei Gruppen, die einer Bedrohung ausgesetzt sind, wird häufig eine autoritäre Führung als befriedigender erlebt.

Die Unterschiede in der Einschätzung des Führungsstils bei leistungsorientierten Gruppen hängen wahrscheinlich mit der Gruppenzusammensetzung und mit der Gruppenaufgabe zusammen.

Gemeinsame Erlebnisse
Das folgende Experiment, das der amerikanische Sozialpsychologe Sherif 1956 durchführte, vermag manche Gesetzmäßigkeiten der Gruppenintegration und der Gruppenkonflikte deutlich zu machen.

In einem Sommerferienlager von Jungen bildeten die Leiter zwei homogene Jungengruppen. Durch verschiedene Lageraktivitäten der einzelnen Gruppen entstand bald bei jeder Gruppe ein Wir-Gefühl, das u. a. darin zum Ausdruck kam, dass die beiden Gruppen sich Namen gaben, „Red Devils" und „Bull Dogs". Sie schmückten ihre Zelte, Fahnen und Kleidung mit dem jeweiligen Gruppenkennzeichen.

Die Leiter organisierten dann Wettkämpfe zwischen den beiden Gruppen, bei denen Preise zu gewinnen waren.

In einer weiteren Phase wurden künstlich bedrohliche Situationen für das gesamte Lager eingeführt, die die beiden Gruppen zusammen meistern mussten. Es wurde z. B. ein Überfall von Dritten vorgetäuscht.

Während des ganzen Experimentes wurden die Interaktionen der Gruppen von den Leitern beobachtet, es wurden soziometrische Tests durchgeführt und die gegenseitige Beurteilung mittels Fragebögen erfasst.

Ergebnisse des Experimentes
Während der Wettkampfphase wurden mehr Konflikte zwischen den beiden Gruppen beobachtet, die Beurteilung der Mitglieder der jeweiligen Außengruppe war negativer, die der Eigengruppe positiver, im soziometrischen Test wählte man überwiegend Mitglieder der eigenen Gruppe.

In der Phase der gemeinsamen „Bedrohung" nahmen bei der Personenbeurteilung die negativen Stereotypen für die Außengruppe und die positiven Stereotypen für die Eigengruppe ab; im soziometrischen Test wurden mehr Mitglieder aus der anderen Gruppe gewählt, es wurden von den Leitern weniger Konflikte zwischen den beiden Gruppen beobachtet.

Die gemeinsamen Erlebnisse, in der Anfangsphase für die beiden Gruppen getrennt, in der Schlussphase für die Gruppen zusammen, **förderten den Zusammenhalt der Gruppe.**

Ähnliche Auswirkungen gemeinsamer Erlebnisse kann man bei einer Schulklasse feststellen, die nach einer Klassenfahrt fester zusammengewachsen ist oder bei einer Kindergartengruppe, die nach einem Sommerfest besser integriert ist. Die bedrohlichen Situationen sind nur ein Sonderfall der gemeinsamen Erlebnisse.

2.6.2 Gruppenatmosphäre

Beispiele
- In Zeitungsannoncen für neue Mitarbeiter in einem Unternehmen wird häufig „teamorientiertes Arbeitsklima" angepriesen.
- Erzieher kündigen in einem Kindergarten wegen des „unangenehmen Betriebsklimas".
- Lehrer vergleichen Schulklassen miteinander und charakterisieren dann die verschiedenen Klassen mit: „angenehme Atmosphäre" oder „lahme Klasse".
- Eheleute bezeichnen manche Situationen in ihrer Beziehung mit: „Es herrscht heute dicke Luft".
- Gruppen werden oft mit Ausdrücken wie „freundliche, feindliche, kühle, warme, herzliche, harmonische, gereizt-aggressive Atmosphäre" beschrieben.

Man spricht von einer Gruppenatmosphäre, einem Gruppenklima, einer Gruppenstimmung oder auch von einem Gruppengeist. Man will mit solchen Ausdrücken eine „Gesamtqualität" der Gruppe beschreiben. Dabei ist nicht an eine „Gruppenseele" gedacht, als ob es neben den einzelnen Seelen oder Psychen der Mitglieder noch eine Art kollektiver Seele oder Psyche gäbe.

Wir haben die Neigung zu typisieren, d. h. einige auffallende Merkmale herauszugreifen und damit das Gesamte zu beschreiben. So werden auch bei der Beurteilung oder Beschreibung der Gruppe einige auffällige Merkmale herausgegriffen und damit die Gesamtgruppe beschrieben. Deshalb ist jede Beschreibung einer Gruppenatmosphäre eine Vereinfachung. Wird eine Schulklasse als „lahm" beschrieben, dann wird die Tatsache, dass einige Schüler wohl aufgeweckt und eifrig sind, außer Acht gelassen.

Andererseits kann man nicht verkennen, dass die Gruppenmitglieder sehr stark voneinander und von den Umständen beeinflusst werden. Wenn am Montagmorgen einige Kinder im Kindergarten motorisch unruhig und unkonzentriert sind, dann überträgt sich diese Stimmung leicht auf die anderen Kinder, in der Folge wird die Gesamtgruppe unruhiger und unkonzentrierter.

Der Begriff „Gruppenatmosphäre" setzt somit
– einerseits unsere Neigung zur Typisierung der Gruppe und
– andererseits die Tatsache der gegenseitigen Beeinflussung der Gruppenmitglieder voraus.
Weiterhin kann man mit dem Begriff „Gruppenatmosphäre" die unterschiedliche, situationsgebundene „Stimmung" derselben Gruppe kennzeichnen oder mehrere Gruppen hinsichtlich ihrer dauerhaften Stimmungen miteinander vergleichen.

Mit der Gruppenatmosphäre ist die jeweilige Eigenart der Gruppe gemeint.

Faktoren, die die Gruppenatmosphäre bestimmen
Vermutlich besteht die Gruppenatmosphäre aus einer Vielzahl von Faktoren, die alle zusammen bewirken, dass eine Gruppe eine bestimmte Atmosphäre hat.

Einige Faktoren, die diese Gruppenatmosphäre bewirken, sind
- der Führungsstil des Leiters,
- die Persönlichkeiten der Mitglieder,
- das Gruppenzugehörigkeitsgefühl der einzelnen Mitglieder,
- die Zufriedenheit oder Nicht-Zufriedenheit der Mitglieder mit dem, was die Gruppe bietet,
- das Erreichen bzw. Nicht-Erreichen des Gruppenzieles,
- die Gefühlsbeziehungen der Gruppenmitglieder untereinander,
- Spannungen und Rivalitäten zwischen den einzelnen Mitgliedern und der Gruppe oder zwischen Untergruppen,
- äußere Umstände, wie z. B. Räumlichkeiten, Tageszeit, Wetter.

Einige dieser Faktoren wurden in ihrer Auswirkung auf die Gruppenatmosphäre untersucht:
- Bei einem demokratischen Führungsstil ist die Zufriedenheit der Gruppenmitglieder im Allgemeinen größer als bei einem autoritären Führungsstil.
- Gibt es in einer Gruppe einige aggressive Mitglieder, dann leidet darunter die ganze Atmosphäre.
- Erreicht eine Gruppe nie ihre Ziele, so sind die meisten Mitglieder eher unzufrieden.
- Erreicht die Gruppe ihre Ziele zu leicht, so erlahmt die Gruppe.

2.6.3 Gruppenleistung

Beispiele
1. Einige politisch aktive Studenten und Sozialarbeiter bilden eine Aktionsgemeinschaft mit dem Ziel, die Lebensbedingungen in einer Obdachlosensiedlung zu verbessern. Sie besuchen kommunalpolitische Veranstaltungen und melden sich zu dem Problem zu Wort. Sie verteilen Flugblätter unter den Bürgern. Sie machen Besuche in der Siedlung, sie richten Jugendgruppen ein. Sie organisieren an der Hochschule Veranstaltungen über das Problem der Randgruppen. Sie ziehen in eine Wohngemeinschaft und besprechen jeden Tag die zu planenden Aktivitäten und deren Ergebnisse.
2. Einige Studierende und Sozialarbeiter sind mit der Möglichkeit zu sozialem Kontakt innerhalb ihrer Familie und auf ihrer Studentenbude nicht zufrieden. Sie suchen nach einer Ausweitung der Kontaktmöglichkeiten. Sie beschließen, eine Wohngemeinschaft zu bilden. Sie mieten einige Räume, damit sie nah beieinander leben können. Sie treffen sich jeden Tag bei den gemeinsamen Mahlzeiten, sie haben einen gemeinsamen Aufenthaltsraum, in dem sie sich begegnen und ihre Freizeit gestalten können. Ab und zu halten sie eine offizielle Hausversammlung ab, um die gemeinsamen Probleme der Hausordnung zu besprechen.

- Das Ziel der ersten Gruppe ist ein Zweck außerhalb der Gruppe: die Veränderung der Lebensbedingungen in der Obdachlosensiedlung.
- Das Ziel der zweiten Gruppe ist die Befriedigung ihrer sozial-emotionalen Bedürfnisse: Erweiterung der zwischenmenschlichen Kontakte.
- Die erste Gruppe wird jedoch auch ab und zu zur Entspannung zusammenkommen.
- Die zweite Gruppe wird im Laufe der Zeit auch einige gemeinsame sachliche Aufgaben zu bewältigen haben, wenn es auch nur die Erledigung der häuslichen Aufgaben ist.

2.6.3.1 Klärung des Begriffes „leistungsorientierte Gruppe"

Aus den beiden Beispielen dürfte schon deutlich geworden sein, dass jede Gruppe sowohl eine Aufgabe zu bewältigen hat als auch die sozial-emotionalen Bedürfnisse ihrer Mitglieder befriedigt. Eine absolute Trennung zwischen reinen Leistungsgruppen und reinen „Geselligkeitsgruppen" gibt es nicht.

Bei einer leistungsorientierten Gruppe liegt das Hauptaugenmerk auf der Erledigung irgendeiner Aufgabe oder der Erbringung irgendeiner Leistung.

Ein Arbeitsteam, eine Baukolonne, eine militärische Operationseinheit sind typische Beispiele für leistungsorientierte Gruppen, während eine Freizeitgruppe, ein Stammtisch, eine therapeutische Gruppe typische Beispiele für an sozial-emotionalen Bedürfnissen orientierte Gruppen sind.

Das Verhältnis zwischen Orientierung an Leistung und Befriedigung sozial-emotionaler Bedürfnisse
Man kann die Interaktionen innerhalb einer Gruppe unterteilen in aufgabenorientierte Interaktionen und solche, die an der Befriedigung sozial-emotionaler Bedürfnisse orientiert sind.

Das Verhältnis zwischen beiden Arten von Interaktionen kann man in Prozenten ausdrücken (Graumann, 1972, S. 1800).

Auf der vertikalen Linie wird die Zahl der leistungsbezogenen Interaktionen, auf der horizontalen Linie die Zahl der sozial-emotionalen Interaktionen eingetragen.

Der Schnittpunkt beider Linien gibt die Stellung der betreffenden Gruppe an.

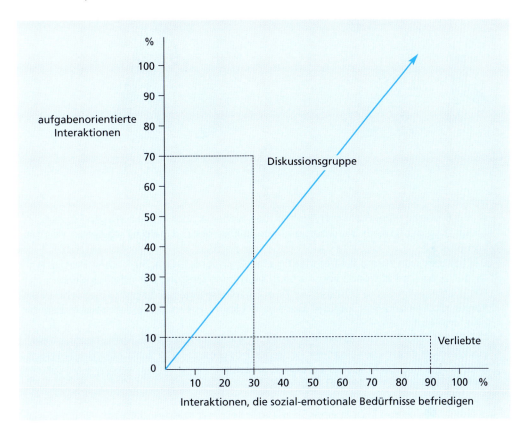

Beispiele
- In einer Diskussionsgruppe innerhalb der Klasse wurden 70 % der Beiträge als sachlich, 30 % der Beiträge als sozial-emotional bezeichnet.
- Bei einem verliebten Paar kann man annehmen, dass ungefähr 90 % der Interaktionen sozial-emotional orientiert sind, die restlichen 10 % sachlich.

Für die Methode der Beobachtung und Unterscheidung der Interaktionen innerhalb einer Gruppe sei hier auf die Interaktionsanalyse nach Bales verwiesen (siehe S. 122).

2.6.3.2 Klärung des Begriffes „Gruppenleistung"

Um Klarheit zu gewinnen, was eine Gruppenleistung ist, sehen wir uns zunächst ein Beispiel an:

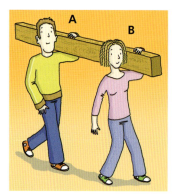

Miteinander

Nebeneinander

Beispiele
- A und B tragen einen schweren Balken, den weder A noch B allein tragen könnte.
- C und D tragen jeweils gleichzeitig einen Balken, der nur halb so schwer ist wie der von A und B.
- Die Leistung von A und B ist eindeutig eine Gruppenleistung. Sie kommt nur zustande durch die Interaktionen von A und B; sie ist eine Leistung des Miteinanders.
- Die Leistung von C und D besteht in zwei Einzelleistungen. Sie könnte auch von einer Person nacheinander ausgeführt werden. C könnte zuerst den einen Balken, danach den zweiten tragen.
  Oder wird vielleicht das Balkentragen für C und D dadurch erleichtert, dass sie beide zur gleichen Zeit nebeneinander hergehen? In diesem Falle wäre eine gegenseitige Beeinflussung hinsichtlich der Leistung vorhanden.
  Kann man hier auch von einer Gruppenleistung sprechen?

Eine ähnliche Situation liegt in einer Schulklasse bei einer Klassenarbeit vor. Wird die Leistung für den einzelnen Schüler dadurch erleichtert, dass noch 25 Mitschüler an der gleichen Aufgabe beschäftigt sind?
Wird in der Montagehalle einer Fabrik, in der verschiedene Arbeiter nebeneinander stehen und jeder seine eigenen Handgriffe vollziehen muss, die Aufgabe für den Einzelnen erleichtert durch die Tatsache, dass rechts und links neben ihm Arbeiter mit ähnlichen Aufgaben stehen?

Beispiel
Ein Heimleiter will den Dorfbewohnern in der Umgebung des Heimes einen Festabend anbieten. Er beauftragt eine Gruppe aus dem Heim, ein Theaterstück aufzuführen; er bittet die beiden „Musiker", einige Flötenstücke zu spielen. Er selbst hält einen längeren Vortrag. Das Küchenpersonal wird beauftragt, den Gästen Getränke und kleine Häppchen zu servieren. Die Dorfbewohner sind nachher sehr zufrieden über den schönen Abend, den „das Heim uns geboten hat".

Eine Gruppenleistung ist eine Leistung, die aufgrund der Interaktionen der Gruppenmitglieder zustande gekommen ist.

Man kann also unterscheiden:

- Einzelleistungen: das Tragen je eines Balkens durch C und D.
- Die Summe der Einzelleistungen: das Tragen der beiden Balken durch C und D.
- Die Beeinflussung der Einzelleistung durch die soziale Situation: Die Gruppenmitglieder erhöhen gegenseitig die Leistungsbereitschaft. Der Schüler schreibt lieber die Klassenarbeit gleichzeitig mit den anderen als allein.
- Die Koordination von Einzelleistungen durch eine bestimmte Instanz: Der Heimleiter koordiniert Leistungen der Musiker, der Gruppe, des Küchenpersonals und seine eigene Leistung.
- Eine Leistung, die nur aufgrund der Interaktion möglich ist: das Tragen eines Balkens durch A und B.

Nur diese letzte Leistung ist eine Gruppenleistung im eigentlichen Sinne.

Die These vom Leistungsvorteil der Gruppe

Es ist eine bekannte Tatsache, die durch viele Untersuchungsergebnisse bestätigt wurde, dass **im Allgemeinen die Leistungen einer Gruppe größer sind als die Summe der Einzelleistungen** von Individuen. Allerdings handelt es sich bei dieser These nicht immer um Gruppenleistungen im eigentlichen Sinne. Wenn durch eine gute Koordination der Einzelleistungen durch den Leiter das Gesamtergebnis der Leistung verbessert wird, ist das noch keine Gruppenleistung im eigentlichen Sinne.

Pseudo-Gruppeneffekte

Viele Forschungsergebnisse, die anfänglich als Resultat einer Gruppenleistung angesehen wurden, wurden später als nur scheinbare Gruppeneffekte entlarvt (vgl. Secord/Beckmann, 1964, S. 408–410). Demgegenüber stehen echte Gruppeneffekte, d. h. solche Leistungen, die durch die Interaktionen der Gruppenmitglieder zustande gekommen sind.

Es gibt zwei Arten von Pseudo-Gruppeneffekten:
1. Leistungsresultate, die das Resultat von statistischen Eigenschaften von Gruppen sind. So wurde z. B. festgestellt, dass bei Schätzungen von Zimmertemperatur oder der Anzahl der Bohnen in einer Flasche der Gruppendurchschnitt mehr der Wirklichkeit entsprach als die Mehrzahl der individuellen Leistungen.
   Dieses Resultat kommt nicht durch Interaktion der Gruppenmitglieder, sondern durch das statistische Gesetz der Wahrscheinlichkeitsrechnung zustande.
2. Resultate beim Problemlösen, die dadurch entstehen, **dass mehrere Personen an dem Problem arbeiten.** Je mehr Personen an der Lösung beteiligt sind, desto höher ist die Wahrscheinlichkeit, eine Lösung zu finden. Dafür bedarf es noch keiner Interaktion der Mitglieder.

Echte Gruppeneffekte beim Lösen von Problemen

Echte Gruppeneffekte beim Lösen von Problemen können auf zwei Arten zustande kommen:
1. Die Lösungen der einzelnen Personen können durch die Gruppensituation beeinflusst werden: Man wird in der Gruppe mit mehr Ideen konfrontiert, man wird stärker mo-

tiviert zur Eigenkreativität, man wird gezwungen, seine Ideen deutlicher zu fassen und zu formulieren.
2. Die Lösungen der einzelnen Mitglieder bekommen in der Gruppe ein anderes Gewicht. So wird die Idee des Statushöchsten wahrscheinlich ein größeres Gewicht haben als die Idee eines weniger beachteten Mitglieds.

Experimentelle Untersuchungen

Es hat viele Untersuchungen über die Produktivität oder die Leistung der Gruppe gegeben. Die Frage bei all diesen Untersuchungen war: Ist die Arbeit einer Gruppe effizienter als die von ebenso vielen Einzelpersonen?
Bevor das Ergebnis dieser Untersuchungen besprochen wird, werden hier zwei Beispiele solcher Experimente dargestellt:

Beispiel
1. Der Gruppenfertigungsversuch (vgl. Graumann, 1972, S. 1846 ff.)
   In einem Institut für Wirtschafts- und Sozialpsychologie hat Scharmann eine Versuchsanordnung entwickelt, die es möglich macht, die verschiedenen Merkmale der Gruppe zur Leistung der Gruppe in Beziehung zu setzen und die Gruppenleistung mit der Summe von Einzelleistungen zu vergleichen.
   „Bei diesen Versuchen wird Gruppen aus je 7 Teilnehmern der Auftrag erteilt, innerhalb von 2 Stunden die Anfertigung und Verpackung von Spielmarken verschiedener Werte und Farben gemeinsam zu planen, zu organisieren und auszuführen. Die Versuchsteilnehmer sollen in der gegebenen Zeit möglichst viele und einwandfreie Stücke bei sparsamster Verwendung des Materials herstellen und auf zweckmäßigste Weise verpacken. Die Zahl abgelieferter Rollen Spielmarken (Bruttoleistung), vermindert um die Zahl der Rollen, die den Qualitätskriterien nicht genügen, ergibt die quantitativ bestimmte Gruppenleistung (Nettoleistung). Bei jedem Versuch stehen jeweils zwei oder mehr Gruppen in Leistungswettbewerb miteinander, sodass die Versuchssituation als ‚quasi-sportliche Ernstsituation‘, als ‚Annäherung an die Realität …‘ erlebt wird" (Graumann, 1972, S. 1847).
   Abgesehen von einigen festgelegten Momenten (Dauer, Zahl der Personen, Aufgabenstellung, Werkzeuge, Material) wird es den Gruppen überlassen, wie sie die Aufgabe angehen, die Arbeit organisieren und eventuell verteilen. Auch die Gruppenführung muss sich von selbst ergeben. Jede Gruppe wurde von 4 Personen beobachtet. Zwei Beobachter protokollierten und analysierten die Interaktionen nach dem Schema der Interaktionsanalyse nach Bales (siehe S. 122). Ein Beobachter protokollierte und analysierte die einzelnen Arbeitsvorgänge in der Gruppe, wie Kleben, Schneiden, Packen usw. Der vierte Beobachter beobachtete und beschrieb den Gruppenprozess ohne vorgegebene Richtlinien. Nach dem Versuch wurden die Teilnehmer über ihre Einstellung zum Versuch befragt. Die Versuche wurden mit insgesamt 151 Gruppen durchgeführt.

Einige Ergebnisse dieses Experimentes sind:
- Im Allgemeinen **überwiegen** bei diesem Gruppenfertigungsversuch die aufgabenorientierten oder **sachlichen Interaktionen**: ein typisches Merkmal für leistungsorientierte Gruppen.
- **Bei negativen sozial-emotionalen Interaktionen ging die Gruppenleistung zurück.** Das bedeutet, dass Spannungen, Reibereien und Konflikte leistungshemmend wirken.

■ **Positive sozial-emotionale Interaktionen waren nicht im gleichen Maße leistungsstei-gernd wie die negativen Interaktionen leistungshemmend waren.** Das bedeutet, Freundlichkeit, Solidaritätsbeweise und gegenseitige Hilfestellung führen nicht durch-gängig zu hohen Leistungen.

■ Es wurden **folgende Rollen** beobachtet:
Planer, Informator, Wortführer, Gruppenspaßmacher, Vermittler.

■ Es wurden **zwei Arbeitstypen** festgestellt:
– **Springer**   (diejenigen, die ihre Tätigkeit häufig wechseln) und
– **Beharrliche** (diejenigen, die durchhalten und Ausdauer in ein und derselben Tätig-keit zeigen)

Die Gruppen hatten die besten Leistungsergebnisse, bei denen „Springer" und „Beharr-liche" sich die Waage hielten (vgl. Müller, 1971, S. 396 ff.).

■ Bei einem Vergleich der Nettoleistungen von 100 Einzelpersonen und 100 Gruppen (da-bei wurde aus dem Gruppenergebnis die Nettoleistung jeder einzelnen Person er-rechnet) ergab sich, dass die mittlere **Nettoleistung von Gruppenangehörigen 13,6** Rol-len betrug, während die mittlere Nettoleistung der Einzelpersonen 11,0 Rollen ergab.

Die Nettoleistung ist also nicht vom Zufall abhängig, sondern von der Gruppenleistung.

■ **Gruppen mit Führung erbringen höhere Leistung als Gruppen ohne Führung.** Es konn-te kein Zusammenhang zwischen einer bestimmten Art der Führung und der Höhe der Leistung festgestellt werden.

Beispiel
2. Experiment über die Urteilsbildung in der Gruppe
Wie bei vielen ähnlichen Experimenten ging es bei dem Experiment von Sodhi (1953) darum, aus einer gewissen Entfernung die Anzahl einer an die Wand projizierten Sammlung von Punkten zu schätzen. Es handelte sich um 15 Projektionen von Samm-lungen mit 40 bis 150 Punkten.

Die Versuchspersonen mussten die Zahl der Punkte in Gruppen von 12 bis 18 Personen schätzen, und zwar in einem Versuchsdurchgang leise, sodass die anderen Teilnehmer die abgegebene Schätzung nicht hören konnten, und in einem anderen Versuchs-durchgang laut, sodass die anderen Teilnehmer die Schätzung hören konnten.
Die Ergebnisse der Schätzung in der Einzelsituation (Leiseschätzung) wurden mit den Ergebnissen der Schätzung in der Gruppensituation (Lautschätzung) verglichen.
Die soziale Interaktion in der sogenannten Gruppensituation bestand in der Mittei-lung des eigenen Schätzwertes an die Gruppenmitglieder.

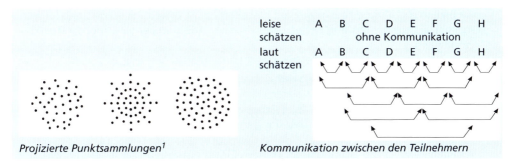

Projizierte Punktsammlungen[1]   *Kommunikation zwischen den Teilnehmern*

1 *Die Skizzen sind keine Wiedergabe der Versuchsanordnung, sondern sollen lediglich deutlich machen, wie man sich solche Versuche vorstellen kann.*

Die Ergebnisse des Experimentes im Einzelnen:

■ Die Unterschiede in den verschiedenen Urteilen waren bei der lauten Schätzung geringer als bei der leisen Schätzung. Hier macht sich der Einfluss der sozialen Situation bemerkbar, **die Urteile gleichen sich in der Gruppensituation an.**

■ Die großen Abweichungen vom Durchschnitt **in der Einzelsituation** waren vor allem Abweichungen nach oben, also **Überschätzungen.**

■ Die Anzahl der richtigen Schätzungen ist bei der lauten Schätzung etwas größer als bei der leisen Schätzung. Nimmt man die Anzahl der richtigen Schätzungen als Maß für die Gruppenleistung, so ergibt sich daraus, dass **die Leistung der Gruppe etwas besser ist als die Summe der Einzelleistungen,** jedoch nicht so viel besser, als man anhand von früheren Untersuchungen angenommen hatte.

■ Je schwieriger die Aufgabe war (Anzahl und Anordnung der Punkte), desto gleichförmiger waren die Schätzungen in der Gruppensituation. Das lässt sich dadurch erklären, dass man **bei einer schwierigen Aufgabe,** in der man eher raten muss und unsicher ist, **sich leichter von den Gruppenmitgliedern beeinflussen lässt** als bei Aufgaben, bei denen man sicherer ist.

■ Wer bei der Einzelschätzung schlecht abschnitt, verbesserte seine Leistung in der Gruppensituation.
Dies lässt sich wahrscheinlich auf folgende Weise erklären: Diejenigen, die sehr unsicher sind beim Schätzen der Punktzahl, verschätzen sich sehr und schneiden dadurch am schlechtesten ab.
In der Situation der Unsicherheit lässt man sich leichter von anderen beeinflussen.
Diese Beeinflussung verbessert die Leistung in der Gruppensituation.

2.6.3.3 Faktoren, die die Gruppenleistung beeinflussen

Von den vielen **Faktoren, die die Gruppenleistung beeinflussen,** sollen im Einzelnen besprochen werden:
1. Art der Aufgabe,
2. Kommunikationsstruktur,
3. Gruppengröße,
4. Führungsstil.

Art der Aufgabe

Man unterscheidet vier Arten von Gruppenaufgaben:

■ **Handlungsaufgaben**
Hiermit sind solche Aufgaben gemeint, die eine rein mechanische Arbeit, die Ausführungen von Handlungen aufgrund von bestehenden Fähigkeiten und Fertigkeiten verlangen. Die Gruppenleistung besteht dann in einer Addition der einzelnen Kräfte oder Handlungen.
Hierzu gehört das Tragen von Lasten, das Rudern in einer Vierergruppe usw.

■ **Problemlösungs- oder Denkaufgaben**
Hier muss man unterscheiden zwischen solchen Aufgaben, die man in Unteraufgaben einteilen und somit auf verschiedene Gruppenmitglieder delegieren kann, und solche Aufgaben, die einen Überblick über das ganze Problem oder die neuen und originellen Einsichten fordern.
Im ersten Falle ist die Gruppenleistung den Einzelleistungen überlegen, im zweiten Falle kann die Gruppensituation hemmend auf die Einzelleistung wirken. So erwies

sich in einem Experiment, dass das individuelle Erarbeiten neuer Perspektiven viel erfolgreicher war als das Gemeinschaftsdenken. Wer allein arbeitete, hatte mehr Ideen als derjenige, der in der Gruppe arbeitete. Erklärbar ist dies durch den Konformitätsdruck innerhalb der Gruppe. Statt in neuen Bahnen zu denken, übernehmen die Teilnehmer die schon geäußerten Meinungen und fügen diesen ähnliche Ideen hinzu. Der Vorteil des Brainstormings beim Finden neuer Ideen wurde damit widerlegt (vgl. Knopf, 2010, S. 15).

- **Treffen von Entscheidungen**
  Die Frage, ob die Gruppe oder der Einzelne die bessere Entscheidung trifft, ist schwierig zu beantworten, weil es kaum Kriterien zur Überprüfung der Güte der Entscheidung gibt.
  1. Trifft eine Demokratie bessere Entscheidungen als eine Autokratie?
  2. Trifft eine Gesamtkonferenz bessere Entscheidungen als der Schulleiter?
  3. Ist die Beurteilung eines Kindes durch das Team im Kindergarten besser als die Beurteilung durch die Leitung?

- **Aufgaben des Beurteilens und Schätzens**
  Hiermit sind einerseits Aufgaben aus Testsituationen gemeint, wie das Schätzen der Anzahl von Bohnen in einer Flasche, Schätzen der Länge von Strichen, andererseits Aufgaben als Alltagssituationen, wie z. B. Schätzen der Besucherzahl bei einer Großveranstaltung.
  Hier macht sich das Gesetz des Fehlerausgleichs durch die Gruppe bemerkbar. Bei Schätzungen durch mehrere Personen werden die Fehler, die nach beiden Seiten (Über- und Unterschätzung) gemacht werden, ausgeglichen.

Kommunikationsstruktur und Leistung

Man kann in einer Gruppe verschiedene Kommunikationsstrukturen unterscheiden.

| Kreis | Kette | Stern | Gabelung |

- Beim **Kreis** haben alle Mitglieder dieselbe Position hinsichtlich der Kommunikationsmöglichkeit.
- Beim **Stern** und bei der **Gabelung** hat jeweils ein Mitglied eine zentrale Position hinsichtlich der Kommunikationsmöglichkeit.
- Bei der **Kette** haben einige Mitglieder eine mehr zentrale, andere eine mehr randständige Position.

Wenn es nun um die **Lösung einfacher Probleme** geht, dann ist eine Kommunikationsstruktur mit Unterschieden in der zentralen Position der Mitglieder, wie beim **Stern** und bei der **Gabelung,** für die Effektivität der Lösungen **günstiger.**
Die Erklärung liegt darin, dass diese Person die Informationen sammelt, ordnet und, wenn notwendig, weitergibt.

Wenn es sich um die **Lösung komplexer Probleme** handelt, ist eine Kommunikations-struktur **ohne zentrale Position einiger Mitglieder** (z. B. Kreis) für die Effektivität der Lösung **günstiger.**

Dies wird dadurch erklärt, dass bei komplexen Problemen die zentrale Person mit Informationen überladen wird; dadurch wird der Gruppenprozess aufgehalten.

Gruppengröße und Leistung

In der **Anfangsphase einer Gruppe ist die Produktivität an Ideen um so größer, je mehr Mitglieder die Gruppe hat.** Nach dieser Anfangsphase wird die Zunahme an produktiven Ideen um so geringer, je größer die Mitgliedszahl der Gruppe ist. Dieses Phänomen lässt sich auf folgende Weise erklären:

In der Anfangsphase werden zunächst einmal die verschiedenen Ideen der Gruppenmitglieder gesammelt; diese Ideen sind um so zahlreicher, je mehr Mitglieder die Gruppe hat. Im weiteren Verlauf des Gruppenprozesses können nur neue Ideen durch die Kommunikation der Gruppenmitglieder entstehen. Diese Kommunikation wird jedoch um so schwieriger, je größer die Mitgliederzahl ist.

Beispiel
Anwendung auf eine Schulklasse:
Die Methode des „Brainstormings" in einer Schulklasse bringt zu einem neuen Thema eine Fülle von Ideen hervor. Sind diese Ideen gesammelt, so bringt ein weiteres Arbeiten mit der großen Schulklasse kaum noch neue Ideen und Einsichten. Die Vertiefung, d. h. die Verarbeitung neuer Einsichten kann dann besser in kleinen Gruppen geschehen, weil so die Kommunikation besser verlaufen kann.
Das „Brainstorming" kann aber auch direkt zu Beginn dazu führen, dass die Mitglieder weniger eigene Ideen produzieren, wie oben erwähnt.

Auswirkungen des Führungsstils auf die Gruppenleistung

Sind die durchschnittlichen schulischen Leistungen einer demokratisch geführten Schulklasse besser als die einer mehr autoritär geführten Klasse?
Ist das Resultat einer Backarbeit in einer Hortgruppe besser bei demokratischer Leitung durch die Erzieherin als bei einer mehr autoritären Leitung?
Bei der Beantwortung dieser und ähnlicher Fragen muss man berücksichtigen, dass die Gruppenleistung nicht nur von einem Faktor abhängig ist. Die Art der Gruppenleitung beeinflusst zwar die Leistungen in der Gruppe, daneben gibt es aber noch viele andere Faktoren, die die Leistung mitbeeinflussen. Die Untersuchungen über den Zusammenhang zwischen Führungsstil und Gruppenleistung ergaben insgesamt auf den ersten Blick **einander widersprechende Befunde:**

- Es gibt Untersuchungen, bei denen bessere Leistungen bei demokratischem Führungsstil nachgewiesen wurden.

- Es gibt Untersuchungen, bei denen bessere Leistungen bei autoritärem Führungsstil nachgewiesen wurden.

- Es gibt wiederum andere Untersuchungen, bei denen keine Leistungsunterschiede im Vergleich des demokratischen mit dem autoritären Führungsstil festgestellt werden konnten.

Daraus ergibt sich, dass **keine allgemeine Gesetzmäßigkeit zwischen Führungsstil und Gruppenleistung** besteht. Es ist jeweils von anderen Bedingungen abhängig, welcher Führungsstil die besseren Leistungen mit sich bringt.

Im Einzelnen wurde Folgendes festgestellt:

- **Ein demokratischer Führungsstil bringt erst nach einem längeren Lern- und Anpassungsprozess der Gruppenmitglieder höhere Leistungen.** Schüler demokratischer Lehrer zeigten erst nach einem Jahr Leistungen, die denen von Schülern autoritärer Lehrer entsprachen, erst nach zwei Jahren waren die Leistungen der demokratisch geführten Schüler beträchtlich besser als die der autoritär geführten. Das wird darauf zurückgeführt, dass Gruppen zunächst ein Stadium autoritärer Beziehungen durchlaufen, bevor sich kooperatives Verhalten einstellt.

- **Ein demokratischer Führungsstil** zeigt in einigen Untersuchungen **qualitativ bessere Leistungen,** der **autoritäre Führungsstil quantitativ bessere Leistungen.** Die Produkte der Bastelarbeiten in Jugendgruppen, in den schon genannten Untersuchungen von Lewin, waren zahlreicher bei autoritärer Führung, sie waren von besserer Qualität bei demokratischer Führung.

- **Gruppenmitglieder, die eine strenge Führung erwarten, werden von einer demokratischen Führung enttäuscht.**
  Dadurch sinkt in der Anfangsphase die Leistung.

- **In größeren Gruppen begünstigt eine demokratische Führung die Diskussion** und die Gruppenentscheidung. Sie steigert daher die Produktivität und die Leistung. Unter bestimmten Umständen ist ein **autoritärer Führungsstil effektiver:** in **Notsituationen** und bei **großer Ungleichheit** in der Persönlichkeits- und Führungsstruktur der Gruppenmitglieder.

2.6.4 Zusammenhang zwischen Gruppenintegration und Gruppenleistung

Im Allgemeinen steigert die Zufriedenheit der Gruppenmitglieder die Gruppenleistung. Daher wirkt sich der Führungsstil mittelbar auf die Leistung der Gruppe aus. Die **optimale Führung einer Gruppe** ist vorhanden, **wenn die sozial-emotionalen Beziehungen der Gruppenmitglieder gefördert und die Ziele der Gruppe verfolgt werden.**
Ist ein Vorgesetzter nur an der Aufgabe orientiert und kontrolliert er ständig die Leistung der Gruppenmitglieder, so wird die Leistung sinken. Ist ein Vorgesetzter nur an der Befriedigung der zwischenmenschlichen Beziehungen orientiert, so wird die Leistung der Gruppe ebenfalls sinken. Das Arbeitsergebnis wird optimal sein in solchen Gruppen, in denen der Vorgesetzte sowohl die zwischenmenschlichen Beziehungen als auch die Erledigung der Aufgabe fördert.

Hier kann man alle Faktoren, die wir vorher bei der Gruppenintegration besprochen haben, wieder anführen: Insofern sie die Gruppenintegration fördern, haben sie auch mittelbar einen Einfluss auf die Gruppenleistung, jedoch mit der Einschränkung, dass ein Maximum an Befriedigung sozial-emotionaler Bedürfnisse nicht ein Maximum an Leistung erzielt.

Beispiel

Anwendung auf die Leistungsgruppe in der Schulklasse:

Eine Arbeitsgruppe, deren Mitglieder sich sehr mögen und sich sehr gut verstehen, bringt nicht die besten Leistungen.

Eine Arbeitsgruppe, deren Mitglieder sich gar nicht verstehen und sich gefühlsmäßig ablehnen, bringt die geringsten Leistungen.

Die besten Leistungen bringt eine Arbeitsgruppe, deren Mitglieder keine großen sozial-emotionalen Spannungen aufweisen, jedoch eine gewisse emotionale Distanz zueinander haben.

Schematische Zusammenfassung der Zusammenhänge zwischen Gruppenintegration und Gruppenleistung:

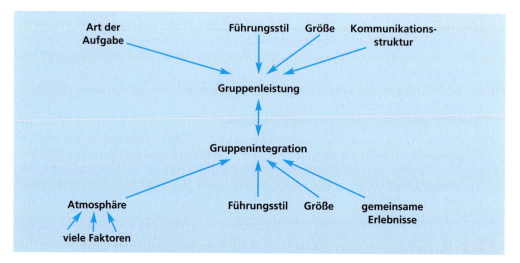

Aufgaben

1. Bei welchem Führungsstil werden sich nach oben genannten Forschungsergebnissen
   - die Kinder in der Kindergartengruppe,
   - die Mitglieder einer Familie,
   - die Teilnehmer an einer militärischen Operation,
   - die Hotelgäste bei einem plötzlich ausbrechenden Feuer am wohlsten bzw. am sichersten fühlen?

2. Tragen Sie in das Schema (siehe S. 85) folgende Gruppen ein:
   - Ihre Schulklasse,
   - Ihre Arbeitsgruppe innerhalb der Klasse,
   - Ihre Familie,
   - Ihren persönlichen Bekanntenkreis,
   - die Kindergartengruppe Ihrer Praktikumsstelle,
   - das Leiterteam Ihrer Praktikumsstelle.

Aufgaben

3. Versuchen Sie, anhand der Ergebnisse des Gruppenfertigungsversuchs nach Scharmann (siehe S. 88) einige Kriterien für die Zusammenstellung und die Arbeitsweise
   von Arbeitsgruppen in einer Schulklasse aufzustellen.

4. Welche Konsequenzen können Sie aus den Ergebnissen des Experimentes von Sodhi
   (siehe S. 89) für den Einfluss der Gruppe auf die Meinung der Mitglieder ziehen? In
   welchen Fällen werden die Gruppenmitglieder sich eher der Gruppenmeinung anpassen, in welchen Fällen nicht?

2.7 Phasen der Gruppenbildung

2.7.1 Beispiele, Beobachtungen und Untersuchungen

Beispiele

1. Wenn ein neuer Kindergarten eröffnet wird, die Kinder und Erzieher zum ersten Mal
   zusammen sind, dann kann man von einem „Haufen" Menschen sprechen, jedoch nicht
   von einer Gruppe. Wenn man ein halbes Jahr später denselben Kindergarten beobachten würde, würde man wahrscheinlich von einer Gruppe sprechen.
   Was ist inzwischen geschehen, dass aus diesem „Haufen von Menschen" eine Gruppe
   wurde?
2. Wenn die neuen Schüler an einer Fachschule zum Schuljahresbeginn zum ersten Mal
   mit ihrem Lehrer zusammen sind, dann kann man noch nicht von einer Gruppe sprechen. Ein halbes Jahr später würde man die Schulklasse vielleicht als Gruppe im eigentlichen Sinne verstehen.
   Was ist inzwischen mit diesen Menschen geschehen, dass aus der Menge der einander
   Unbekannten eine Gruppe wurde?

Unsere Fragestellung lautet: Kann man bestimmte allgemeine Entwicklungsprozesse vom
Zeitpunkt der ersten Begegnung einer Anzahl von Menschen feststellen bis zum Bestehen einer Gruppe im eigentlichen Sinne und dann weiterhin bis zu dem Zeitpunkt, an
dem die Gruppe wiederum aufhört zu existieren?
So wie jeder Mensch von der Geburt bis zum Tode eine Entwicklung durchläuft, die man
in verschiedene Phasen einteilt, so versucht man auch die Entwicklung einer Gruppe in
Phasen einzuteilen.

Beobachtungen und Untersuchungen

Bevor man auf die oben angeführte Fragestellung eingehen kann, muss kurz das Material, das zur Beantwortung dieser Frage zur Verfügung steht, vorgestellt werden.

Vielen Gruppen treten wir bei, wenn sie schon längere Zeit existieren, und wir verlassen
sie wieder, bevor die Gruppe als solche zu existieren aufhört. Aus persönlichen Erfahrungen kennen wir also nur einen kurzen Ausschnitt aus der Geschichte der Gruppe. Die Wis-

senschaftler, deren Ziel es ist, die Phasen der Gruppenentwicklung am konkreten Material zu studieren, können nicht alle Gruppen „von ihrem Geburtstag bis zu ihrem Tod" beobachten. Für eine solche Forschung kommen daher nur gewisse Gruppen in Frage.

Die Kenntnisse über den Verlauf des Gruppenprozesses stammen hauptsächlich aus

- dem Studium experimenteller Freizeitgruppen, wie die Untersuchungen von Lewin mit Jugendgruppen und im Ferienlager,
- Beobachtungen und Studien von Psychologen und Sozialwissenschaftlern bei der amerikanischen Armee während des Zweiten Weltkrieges. Hierbei konnten die unterschiedlichen militärischen Gruppierungen von ihrer Zusammensetzung bis zu ihrer Auflösung studiert werden,
- der Interaktionsanalyse nach der Baleschen Methode bei Diskussionsgruppen,
- den Beobachtungen bei vielen gruppendynamischen und therapeutischen Gruppen,
- den Beobachtungen und Untersuchungen von Gruppen in Betrieben durch Mayo und seine Mitarbeiter in den USA,
- den Beobachtungen bei Jugendbanden durch amerikanische Sozialwissenschaftler.

Aus all diesen Beobachtungen sind bestimmte Phasenmodelle der Gruppenentwicklung entstanden. In der Literatur über die Kleingruppenforschung werden 15 Phasenmodelle genannt (vgl. Spangenberg, 1969, S. 57).

2.7.2 Das Modell der dynamischen Phasen nach Hartley

Das Modell von Hartley (Hartley, 1955, S. 275 ff.) ist nicht an bestimmte Gruppen gebunden. Es ist somit ein allgemeines Modell. Die Phasen, die Hartley unterscheidet, müssen nicht zeitlich nacheinander ablaufen. Sie können sich zeitlich gesehen überschneiden; sie können jedoch teilweise auch zeitlich nacheinander durchlaufen werden. Weiterhin werden die Phasen nie ganz abgeschlossen.
Neben den eigentlichen Phasen oder Prozessen der Gruppenentwicklung unterscheidet Hartley noch einige Voraussetzungen für die Entstehung einer Gruppe. Im Einzelnen enthält sein Modell folgende Punkte:

Voraussetzungen für die Entstehung einer Gruppe
1. Motivation
2. Kommunikation
3. gegenseitige Anerkennung

Phasen in der Gruppenentwicklung
1. Exploration
2. Identifikation
3. Entstehung kollektiver Ziele
4. Entwicklung der Gruppennormen
5. Prägung einer Haltung gegenüber Gruppenangehörigen und Gruppenfremden
6. Entwicklung einer Gruppenatmosphäre
7. Differenzierung von Status und Rolle

Voraussetzungen für die Entstehung einer Gruppe

Motivation

Eine wesentliche Voraussetzung für das Entstehen einer Gruppe scheint ein gemeinsames Ziel zu sein, das von den einzelnen Menschen allein nicht zu erreichen ist, sondern nur in der Gruppe. Dieses Ziel kann positiv sein, z. B. die sportliche Betätigung, die Gesundheit und Freude verschafft oder negativ, z. B. die Abwehr eines feindlichen militärischen Angriffs durch das Heer. Die Motivation braucht jedoch nicht in einem solchen konkreten Ziel zu bestehen; sie kann viel allgemeiner und vager sein. So kann etwa für Jugendliche die Motivation zur Bildung einer Gruppe in dem Wunsch bestehen, überhaupt einer Gruppe anzugehören.

Untersucht man die Motivation bei der Entstehung einer Kindergartengruppe oder einer Schulklasse, dann muss man berücksichtigen, dass dies formelle Gruppen sind und sie mehr oder weniger einen Zwangscharakter haben. Die Kinder der Gruppe können eine eigene Motivation für die Bildung einer Gruppe mitbringen, können jedoch auch nur von außen motiviert sein, indem die Eltern wollen, dass sie in den Kindergarten gehen.
Der Jugendliche in der Schulklasse kann motiviert sein, sich einer Klasse anzuschließen, er kann jedoch auch nur das Motiv haben, einen Beruf zu erlernen und, weil das nun einmal nicht anders möglich ist, sich zwangsweise einer Schulklasse anzuschließen.

Kommunikation

Dass Kommunikation eine Voraussetzung für die Gruppenbildung ist, ist eine Selbstverständlichkeit, die jedoch weitreichende Folgen hat. Fehlt eine gemeinsame Sprache, so können die potenziellen Gruppenmitglieder ihre gemeinsamen Interessen, Ziele, Vorstellungen nicht oder nur dürftig mitteilen. Ausländische Kinder im Kindergarten, die die deutsche Sprache nicht beherrschen, haben es schwer, in die Kindergartengruppe integriert zu werden.
Wenn eine gemeinsame Sprache besteht, die Erfahrungswelt aber ganz unterschiedlich ist, so wird eine Kommunikation und eine Gruppenbildung erschwert werden, z. B. bei Angehörigen unterschiedlicher Kulturen oder auch sozialer Schichten. Wo die äußeren Gegebenheiten für eine Kommunikation günstig sind, werden eher Gruppen gebildet als da, wo diese äußeren Gegebenheiten ungünstig sind. Bei einer großen Personenzahl wird die Kommunikation schwieriger sein als bei einer keinen Personenzahl. Bei einer großen Personenzahl wird man deshalb häufig versuchen, die Gruppenbildung und den Gruppenzusammenhalt durch indirekte Kommunikation zu fördern, z. B. durch schriftliche Informationen wie Verbands- und Werkzeitungen, durch gelegentliche Großveranstaltungen usw. Krisen in Gruppen, etwa in Ehen, Familien, Jugendgruppen oder Arbeitsteams, werden oft auf Kommunikationsschwierigkeiten zurückgeführt, und durch Erweiterung der Kommunikationsfertigkeit versucht man, sie zu beheben.

Gegenseitige Anerkennung

Eine dritte Voraussetzung für die Entstehung einer Gruppe ist, dass die eventuellen, zukünftigen Gruppenmitglieder das Gefühl haben müssen, in gewissem Sinne voneinander akzeptiert zu werden. Diese Anerkennung besteht nicht in einer besonderen Wertschätzung des anderen, sondern lediglich im Bewusstsein, sich gegenseitig zu verstehen, in gewissem Sinne dieselbe Lebenserfahrung zu haben und bestimmten Dingen gegenüber auf ähnliche Art eingestellt zu sein. Man nennt dies auch ein „gemeinsames Bezugsschema".

Erst wenn ein gewisses Zusammengehörigkeitsgefühl aufgrund eines gemeinsamen Bezugsschemas entsteht, kann sich eine Gruppe bilden.

Die Tatsache, dass man zur gleichen sozialen Kategorie oder zum gleichen sozialen Aggregat gehört (siehe S. 25), kann schon ein gewisses Zusammengehörigkeitsgefühl entstehen lassen.

Beispiel

Zieht man in eine neue Umgebung, wird man von den Einheimischen eher akzeptiert, wenn man ihren Dialekt spricht. Man wird dann von ihnen angesehen als einer, „der zu uns gehört".

Weitere Beispiele

- zur gleichen Nation gehören
- die gleiche Muttersprache haben
- der gleichen sozialen Schicht angehören
- zur gleichen Berufskategorie gehören
- zur gleichen Altersgruppe gehören

Diese drei Voraussetzungen beeinflussen sich gegenseitig. Je mehr jemand motiviert ist, sich einer Gruppe anzuschließen oder mit anderen eine Gruppe zu bilden, desto mehr wird man sich anstrengen, mit den anderen in Kommunikation zu treten. Je intensiver die Kommunikation ist, desto schneller werden die Kommunikationspartner entdecken, dass sie irgendein gemeinsames Bezugsschema haben.

Umgekehrt wird die Kommunikation erleichtert, wenn die Partner gemeinsame Denkweisen und eine gemeinsame Erfahrungswelt haben. Dies wiederum wird sie motivieren, miteinander eine Gruppe zu bilden.

Phasen in der Gruppenentwicklung

Exploration

Wenn eine neue Gruppe entsteht, wenn in eine bestehende Gruppe neue Mitglieder eintreten, fängt zunächst eine Periode des gegenseitigen Kennenlernens an, Explorationsphase genannt.

Der erste Schritt in eine Gruppenbildung ist ein tastendes Fragen der potenziellen Mitglieder nach ihren gegenseitigen Vorstellungen, Erwartungen, um daraus die Möglichkeit für eine Zugehörigkeit zu einer Gruppe ableiten zu können.

Im Biergarten, im Zugabteil, im Treppenhaus ist es in unserer Gesellschaft nicht üblich, sich gegenseitig direkt nach Alter, Beruf, Familienstand, Kinderzahl, Kirchen- und Parteizugehörigkeit auszufragen. Man möchte dies dennoch voneinander wissen. Man versucht deswegen vorsichtig und mithilfe anderer, sich diese Informationen zu verschaffen. Es dauert oft sehr lange, bis man etwas mehr voneinander weiß, bis man sich besser kennengelernt hat.

Auch Kinder in der Kindergartengruppe, Schüler in einer Schulklasse, Erzieher in einem Fortbildungskurs müssen sich zuerst einmal kennenlernen, bevor sie eine Gruppe bilden können.

Hartley berichtet, wie in einer Unesco-Kommission diese Explorationsphase dadurch abgekürzt wurde, dass der Leiter sich selbst den Kommissionsmitgliedern (Wissenschaftlern, die sich gegenseitig noch nicht kannten) vorstellte. Er nannte nicht nur die üblichen Personalien, sondern auch persönliche Daten aus seiner Lebensgeschichte. Danach wurden die anderen Mitglieder gebeten, sich auch persönlich vorzustellen. Auf diese Weise wurde das vorsichtige Abtasten umgangen: Niemand hatte mehr Angst, durch seine Auskünfte „sein Gesicht zu verlieren". Die Explorationsphase wurde abgekürzt. Die Arbeit der Kommission wurde durch diese Methode erheblich erleichtert.

Bei der Bildung von neuen Gruppen (Jugendgruppen, Kindergartengruppen, Arbeitsgruppen, Kursen der Fortbildung) werden verschiedene **Techniken** angewandt, **die diese Exploration**sphasen abkürzen:

- Der Leiter stellt die Mitglieder vor.
- Die Mitglieder werden aufgefordert, sich selbst vorzustellen.
- Die Mitglieder werden aufgefordert, sich erst gegenseitig zu interviewen und sich dann gegenseitig der Gesamtgruppe vorzustellen.
- Im Kindergarten kann die Vorstellung auch mittels eines Spieles wie „Mein rechter Platz ist frei" geschehen.

Identifikation

Nach der Explorationsphase wachsen die Mitglieder der Gruppe enger zusammen. Es entsteht ein stärkeres Zusammengehörigkeitsgefühl. Man fühlt sich der Gruppe zugehörig. Man weiß, dass man von den anderen akzeptiert wird und man akzeptiert die anderen. Man fühlt sich in der Gruppe mehr oder weniger zu Hause, man braucht nicht unbedingt „sein Gesicht zu wahren". Diese Phase nennt man die Identifikationsphase: Das einzelne Mitglied identifiziert sich mehr oder weniger mit der Gruppe, es empfindet sich nicht mehr als abgehoben von den anderen, sondern es empfindet die anderen als ein Stück von sich selbst.

Es gibt **zwei Kriterien,** an denen man erkennen kann, ob jemand sich mit der Gruppe identifiziert:

1. Wenn ein Gruppenmitglied nicht mehr in der Ich-Form, sondern in der Wir-Form redet. Dieses Reden in der Wir-Form ist ein Zeichen des Wir-Gefühls.

Beispiel

Das Kind, das den ersten Tag im Kindergarten gewesen ist, wird seiner Mutter auf die Frage: Was hast du heute gemacht? antworten: I c h habe mit der Puppe gespielt.
Nach einer Woche wird das Kind auf dieselbe Frage wahrscheinlich antworten: W i r haben heute mit den Puppen gespielt.

2. Wenn ein Gruppenmitglied bei einem Angriff auf die Gruppe **sich selbst angegriffen** fühlt und deswegen anfängt, die Gruppe zu verteidigen.

Beispiel

Ein Schüler der Klasse Y von der Schule X wird auf dem Nach-Hause-Weg von einem Fremden angesprochen. Dieser sagt ihm: „Hast du von dieser komischen Schulklasse Y auf der Schule X gehört? Da müssen doch wohl unmögliche Verhältnisse herrschen. Es wird gar nichts geleistet, jeder tut das, wozu er Lust hat."
Falls dieser Schüler in dem Falle sich selbst betroffen fühlt und anfängt, die Schulklasse zu verteidigen, ist das ein Zeichen, dass er sich mit seiner Klasse identifiziert.

Es gibt individuelle Unterschiede in der Fähigkeit, sich in Gruppen geborgen zu fühlen. Unsichere Menschen brauchen längere Zeit und mehr Bestätigung vonseiten der Gruppenmitglieder und des Leiters, bis sie sich in der Gruppe zu Hause fühlen, als Menschen mit einem größeren Selbstvertrauen.

Aufgabe des Leiters und Erziehers kann es sein, den Schüchternen und Unsicheren Anerkennung und Bestätigung zuteil werden zu lassen, damit sie sich leichter in der Gruppe geborgen fühlen können.

Die Identifikation mit der Gruppe ist ein Zeichen, dass es sich um eine **Bezugsgruppe** handelt. Gehört jemand einer Gruppe an, kann sich aber in keiner Weise mit der Gruppe identifizieren, so ist die Gruppe eine reine Mitgliedsgruppe.

Der Grad der Identifikation mit der Gruppe ist unterschiedlich:
- Ein und dasselbe Individuum kann sich mit der einen Gruppe mehr identifizieren als mit einer anderen Gruppe.
- In ein und derselben Gruppe kann das eine Mitglied sich stärker mit der Gruppe identifizieren als das andere Mitglied.

Aufgabe

Test: Geben Sie das Maß Ihrer Identifikation mit den unten genannten Gruppen durch eine Punktzahl zwischen 1 und 5 an, wobei 1 die stärkste Identifikation, 5 die geringste Identifikation bedeutet:
- Ihre Familie,
- Ihre Schulklasse,
- der Kindergarten, in dem Sie arbeiten,
- Ihr Freundeskreis.

Entstehung kollektiver Ziele

Wenn die Gruppenmitglieder sich und ihre gegenseitigen Erwartungen an die Gruppe näher kennengelernt haben, entstehen allmählich die Gruppenziele, auch kollektive Ziele genannt. Mit kollektiven Zielen ist mehr als die Summe der Einzelziele gemeint. Es sind solche Ziele, die über die individuellen Ziele der einzelnen Mitglieder hinausgehen. Das einzelne Mitglied kann sogar bereit sein, auf seine individuellen Ziele zugunsten des kollektiven Ziels der Gruppe zu verzichten.

Beispiel
Im Kindergarten wird ein Sommerfest vorbereitet. Der Plan ist mit den Kindern besprochen und wird ausgearbeitet. Die Eltern sind eingeladen. Es ist das kollektive Ziel der Gruppe geworden, dieses Fest so schön wie möglich zu gestalten. Viele Kinder werden jetzt bereit sein, auf individuelle Wünsche zu verzichten (z.B. Spielen am Klettergerüst) und Aufgaben bei der Vorbereitung und Durchführung zu übernehmen, was sie sonst ungern tun.

Das kollektive Ziel fördert den Gruppenzusammenhalt und stärkt das Zusammengehörigkeitsgefühl. Es hat für die einzelnen Mitglieder einen starken Aufforderungscharakter. Sobald die kollektiven Ziele erreicht sind, lässt das Zusammengehörigkeitsgefühl nach, und die Gruppe kann auseinanderfallen, es sei denn, neue kollektive Ziele entstehen.

Beispiel

Am Ende des Zweiten Weltkrieges beobachtete man bei der amerikanischen Armee, dass die Soldaten mehr Kritik an der Armee übten, dass sie sich weniger stark mit der Armee identifizierten, dass sie weniger bereit waren, sich für eine Armee (Rehabilitierung der Soldaten im Zivilleben) einzusetzen, und dass sie ihre individuellen Belange für wichtiger hielten. Eine Erklärung dafür ist folgende: Das kollektive Ziel der Armee existiert nicht mehr.

Sehr häufig aber werden sich, wenn das kollektive Ziel wegfällt, neue oder **Ersatzziele** bilden, sodass die Gruppe weiter bestehen bleibt.

Beispiel

Die traditionellen Schützenvereine hatten ursprünglich das Ziel, die Bürger vor Angriffen zu schützen. Dieses Ziel ist im Laufe der Zeit weggefallen und von anderen Instanzen wie Armee und Polizei übernommen worden. Die Schützenvereine leben dennoch heute weiter. Ihre neuen oder Ersatzziele sind die Pflege der Tradition und der Geselligkeit.

Eine zu starke Betonung der kollektiven Ziele birgt auch eine Gefahr in sich: Die individuellen Interessen und Bedürfnisse der Gruppenmitglieder können dadurch unterdrückt werden. Diese Gefahr kann sowohl in Gruppen als auch in Staaten auftreten. Ist ein Staat kollektiv ausgerichtet, es wird also nur noch das kollektive Ziel als erstrebenswert angesehen, so kann das Erreichenwollen dieses Ziels auf Kosten der einzelnen Staatsbürger gehen. Dies ist in sogenannten totalitären Staaten der Fall.

Beispiel

Nimmt in einem Sportklub das kollektive Ziel, der Sieg der eigenen Mannschaft, solche Ausmaße an, dass vor diesem Ziel alle anderen Belange weichen müssen, so kann dies auf Kosten der Gesundheit der einzelnen Mitglieder gehen.

Aufgabe

Diskussionspunkte:
– Gibt es in einer Schulklasse kollektive Ziele?
– Welche kollektiven Ziele gibt es in der Kindergartengruppe?

Entwicklung von Gruppennormen
Die sozialen Normen wurden im Kapitel Gruppennormen schon ausführlich besprochen (siehe S. 34 ff.). Hier wird nur kurz ihre Entstehung und Entwicklung im Verlauf der Geschichte der Gruppe besprochen.
Mit der Wiederholung bestimmter Verhaltensweisen entstehen bei den Gruppenmitgliedern von selbst bestimmte Erwartungen an das Verhalten der Gruppenmitglieder. Sobald diese Erwartungen nicht nur Ist-Erwartungen, sondern Soll-Erwartungen sind, enthalten

sie auch bestimmte Gruppennormen. Dadurch bekommt die Gruppe allmählich ein festes Verhaltensmuster, eine Struktur. Diese Normen wiederum bestätigen und verstärken das Wir-Gefühl und geben den Gruppenmitgliedern Verhaltenssicherheit.

Durch diese Normen wird die Gruppe auch schärfer von der Umgebung und von andern Gruppen abgegrenzt. Mit zunehmender Entwicklung der Gruppennormen wird die Verständigung mit Nicht-Gruppenmitgliedern schwieriger, weil eben bestimmte Verhaltensgewohnheiten und Erwartungen entstanden sind, deren Ursprung und Entstehungsweise die Nicht-Mitglieder nicht kennen.

Entstehung einer Haltung gegenüber Gruppenangehörigen und Gruppenfremden

Durch die feste Struktur, die eine Gruppe mit der Entstehung von Normen annimmt, wird allmählich eine bestimmte Haltung gegenüber der eigenen Gruppe und der Fremdgruppe geprägt. Die eigene Gruppe wird als positiv erlebt, die Außengruppe eher als fremd und häufig als negativ.

Beispiel

Bei jugendlichen Banden wurde dieses Phänomen beobachtet: Sobald Erwachsene erscheinen, die als Fremde empfunden werden, nehmen die Jugendlichen eine feindselige und aggressive Haltung ein, auch wenn der Erwachsene keinen Anlass dazu gibt. Er gehört eben nicht zu der Eigengruppe. Wenn es dem Erwachsenen gelingt, als Mitglied der Gruppe anerkannt zu werden, verschwindet diese feindselige Haltung; er gehört zur Eigengruppe (siehe auch: Eigengruppe – Fremdgruppe, S. 32).

Ein objektives Kriterium, mit dem man diese Haltung gegenüber Eigen- und Fremdgruppen feststellen kann, ist die Analyse der Gespräche über die Eigen- und Fremdgruppe.

Entwicklung von Gruppenatmosphäre

Obwohl das soziale Klima einer Gruppe sehr wechselhaft sein kann und von vielen inneren und äußeren Faktoren abhängig ist (siehe S. 82 f.), bildet sich im Laufe der Zeit in jeder Gruppe eine eigene Atmosphäre. Diese Atmosphäre hängt mit der eigenen Gruppengeschichte, mit den Normen und Zielen der Gruppe zusammen.

Hat eine Gruppe einmal ein „eigenes Gesicht" bekommen, so wird dies sich mehr oder weniger verselbstständigen und daher weiter auf die Gruppe einwirken, auch wenn die Faktoren, die zur Entstehung dieser Atmosphäre beigetragen haben, nicht mehr vorhanden sind.

So kann z. B. in einer Familie eine bestimmte Atmosphäre der Hilfsbereitschaft durch das Verhalten der Mutter entstanden sein und diese Atmosphäre noch lange weiter existieren, selbst wenn die Mutter in der Familie nicht mehr anwesend ist.

Differenzierung von Status und Rolle

Zusammen mit der Entstehung von kollektiven Zielen und Normen werden die verschiedenen Gruppenmitglieder auch verschiedene Rollen übernehmen, und es wird eine Hierarchie der sozialen Wertschätzung entstehen. (Für weitere Einzelheiten siehe die Kapitel „Sozialer Status" und „Soziale Rolle"). Hier sei nur noch darauf hingewiesen, dass mit der Veränderung der Gruppenziele auch die Rollen und damit die Statusverteilung neu geregelt werden können.

2.7.3 Phasen in der Bildung von Kinderspielgruppen

In einem Experiment wurden einander fremde Kinder zu einer Gruppe zusammengesetzt, die die Aufgabe hatte, Puzzles zu lösen. Das Verhalten der Kinder wurde beobachtet. Man konnte dabei drei Stadien der Gruppenbildung unterscheiden.

1. Dominanzstadium

„Am Anfang dominierten einzelne vitale Mitglieder. Sie bestimmten Handlungsabläufe und rivalisierten miteinander. Mit Dominanz ist hier nicht eine ‚natürliche' Autorität durch Eigenschaften wie sachliches Geschick, Einfallsreichtum, Verträglichkeit gemeint, sondern das grobe Sich-Durchsetzen durch Körperkraft und Rauflust.
Allmählich entsteht eine Rangordnung. Kinder mit primär sachlichem Interesse haben gelegentlich Chancen, den Handlungsablauf mitzubestimmen, die leistungsschwachen und sozial randständigen Kinder haben keine."
(Hederer/Tröger, 1975, S. 147 f.)

2. Beruhigungsstadium

„Mit zunehmender Zahl gelöster Aufgaben tritt das Dominanzstreben zurück. Nun kommen die Leistungsschwachen zum Zug. Die anderen Gruppenmitglieder bieten ihnen bei der Aufgabenlösung ihre Hilfe an."
(Hederer/Tröger, 1975, S. 147 f.)

3. Regelstadium

„In diesem Stadium ist das Dominanzverhalten der Starken völlig abgebaut. Die Gruppe gibt sich Normen, auf deren Einhaltung besonders die Schwachen achten."
(Hederer/Tröger, 1975, S. 147 f.)

Das Gemeinsame aller Phasenmodelle

Vergleicht man die verschiedenen Phasenmodelle miteinander (in der Literatur werden 15 Phasenmodelle erwähnt), so kann man trotz der vielen Unterschiede folgende Hauptzüge in der Entwicklung jeder Gruppe feststellen:

1. Phase der Orientierung und der Unruhe

In der Anfangsphase muss man sich zuerst orientieren. Sie ist mit Unsicherheit, Unruhe und Positionskämpfen verbunden. Die Mitglieder müssen sich erst noch „zusammenraufen", es ist noch kein Zusammengehörigkeitsgefühl vorhanden.

2. Die Beruhigungsphase

Es entsteht ein Zusammengehörigkeits- und Geborgenheitsgefühl. Die einzelnen Mitglieder fühlen sich sicherer. Es können sich Strukturen in der Form von Normen und Rollen ausbilden.

3. Die Stabilisierungsphase

Die Gruppe ist gefestigt: Es haben sich feste Strukturen ausgebildet. Die Gruppe ist fähig, Ziele zu entwickeln und zu verwirklichen.

4. Die Auflösungsphase

Die Gruppe wird zwangsweise oder freiwillig aufgelöst, weil das Ziel erreicht ist oder keine neuen Ziele entstehen. Diese Phase zeigt wiederum Unruhe und Unsicherheit. Die Trennung geschieht abrupt oder allmählich, sie kann vorbereitet und begleitet werden.

Aufgaben

1. Welche Motivationen beim Kind, welche Motivationen bei den Eltern können zur Gruppenbildung im Kindergarten beitragen?

2. Welche Motivationen beim Schüler können zur Gruppenbildung in der Schulklasse beitragen?

3. Welche Motivationen bewegen den Jugendlichen, sich einer Sportgruppe anzuschließen bzw. in ihr zu bleiben?

4. Welche Möglichkeiten gibt es im Kindergarten, die Kommunikationsmöglichkeiten der Kinder zu erweitern und zu fördern?

5. Welche Möglichkeiten gibt es innerhalb der Schule, die Kommunikationsmöglichkeiten zu fördern und zu erweitern?

6. Welche architektonischen und städtebaulichen Möglichkeiten gibt es, um die Gruppenbildung in Wohnsiedlungen zu fördern?

7. Warum gehen viele Paarbeziehungen bei Jugendlichen wieder auseinander? Aus Mangel an Motivation, Kommunikation oder gemeinsamem Bezugssystem?

8. Gibt es in Ihrer Schulklasse Haltungen gegenüber der Eigengruppe und Fremdgruppen (anderen Klassen, Schulen)?

9. Gibt es in der Kindergartengruppe Haltungen gegenüber der Eigengruppe und Fremdgruppen (anderen Gruppen aus derselben Einrichtung, Untergruppen aus derselben Gruppe)?

10. Welche pädagogischen Möglichkeiten, welche Gefahren bringt die Anwendung eines Phasenmodells auf eine konkrete Gruppe (Kindergartengruppe, Jugendgruppe) mit sich?

3 Methoden der Gruppenforschung

3.1 Soziometrie

Der Wiener Psychiater, Psychotherapeut und Kulturphilosoph Jakob Levy Moreno (1889 – 1974) war als Lagerarzt während des Ersten Weltkrieges in einem Flüchtlingslager Südtiroler Bauern tätig.

„Die unter den Insassen auftretenden Reibungen und Spannungen führte Moreno darauf zurück, dass die Verteilung der Flüchtlinge ausschließlich nach bürokratischen Gesichtspunkten und ohne Berücksichtigung der zwischen ihnen bestehenden Zu- und Abneigungen getroffen wurde."
(Bernsdorf, 1972, S. 809)

Damals entstand bei ihm die Idee einer „psycho-sozial geplanten Gemeinschaft". Mithilfe eines soziometrischen Tests sollten die Insassen veranlasst werden, ihre Zu- und Abneigungen spontan zu äußern. Aufgrund der Ergebnisse sollten die Planer die Gruppen der Zusammenlebenden einteilen.
Später arbeitete Moreno an der „New York State Training School for Girls". Auf dieser Internatsschule lebten die Mädchen in verschiedenen, voneinander getrennten Häusern. Moreno überlegte sich, wie die jeweils zueinander passenden Mädchen zusammengefasst werden könnten.
Er rief die Mädchen zusammen, gab ihnen Bleistift und Papier und bat sie, folgende Fragen zu beantworten:

„Sie bekommen jetzt die Gelegenheit, Personen zu wählen, mit denen Sie gerne zusammen wohnen möchten. Ohne Einschränkung können Sie jeden aus der Gemeinschaft wählen, ohne Rücksicht darauf, ob der Betreffende es angenehm oder unangenehm findet, mit Ihnen zusammen zu wohnen. Schreiben Sie auf, wen Sie zuerst wählen, wen an zweiter, dritter, vierter, fünfter Stelle. Denken Sie daran, dass diejenigen, die Sie wählen, wahrscheinlich mit Ihnen zusammen wohnen werden."
(Homans, 1966, S. 50)

Das Verfahren, das hier zur Anwendung kam, wurde später soziometrischer Test genannt. Moreno selbst und andere haben dieses Verfahren weiterentwickelt und verfeinert.

> Ein soziometrischer Test ist ein Verfahren, bei dem mittels standardisierter Fragen die Vorlieben und Abneigungen der Gruppenmitglieder untereinander erforscht werden können.

3.1.1 Durchführung des soziometrischen Tests

Die vielen **methodischen Varianten** dieses Tests kann man nach drei Gesichtspunkten unterscheiden:

Nach dem Umfang der Wahl

- nur positive Wahlen tätigen (nur Vorlieben),
- positive und negative Wahlen tätigen (Vorlieben und Abneigungen),
- nur eine Person wählen: die meist bevorzugte bzw. abgelehnte,
- eine unbegrenzte Anzahl von Vorlieben und Abneigungen,
- eine bestimmte Anzahl von Wahlen, z. B. fünf Personen,
- bei mehreren Wahlen können diese mit oder ohne Rangordnung erfolgen, z. B. an erster Stelle ..., an zweiter Stelle ... usw.,
- paarweiser Vergleich aller Gruppenmitglieder nach Vorliebe. Diese Methode ist die objektivste, aber auch die aufwendigste. Sie wird faktisch nur für wissenschaftliche Zwecke verwendet. Jedes Gruppenmitglied muss mit jedem anderen Mitglied verglichen werden. Von jedem Paar muss man sagen, welche von beiden Personen man bevorzugt. In einer Gruppe von fünf Personen gäbe es folgende Paare: (5 Personen = A, B, C, D, E) AB, AC, AD, AE, BC, BD, BE, CD, CE, DE. Man kann sich vorstellen, dass dies bei einer größeren Gruppe (z. B. einer Klasse von 25 Personen) eine sehr langwierige Methode ist.

Nach dem Kriterium der Wahl

Moreno fragte die Mädchen, mit wem sie zusammenwohnen möchten. Es gibt aber noch zahlreiche andere Kriterien:

- Tischpartner,
- Zimmerpartner,
- Arbeitskollege,
- Geburtstagsgast,
- Gruppenführer,
- Spielpartner usw.

Welches Kriterium man wählt, hängt von der Gruppe, von der Situation und auch von den möglichen Konsequenzen des Tests ab. Manchmal wird der Test durchgeführt, ohne Konsequenzen für die Gruppenmitglieder zu haben. Er dient lediglich pädagogischen oder wissenschaftlichen Zwecken. Der Lehrer oder der Erzieher z. B. möchte genauer Bescheid wissen über die Struktur der Schulklasse oder der Kindergartengruppe und führt deswegen den Test durch. Bei einer Zusammenstellung oder Neuverteilung von Gruppen hat das Ergebnis des Tests direkte Konsequenzen für die Mitglieder.

Das Kriterium kann weiterhin konkret oder allgemein sein. Ein konkretes Kriterium ergibt sich bei der Frage, mit wem man zusammen auf einem Zimmer wohnen möchte, ein allgemeineres Kriterium ergibt sich, wenn man fragt, mit wem man gerne zusammenarbeitet, wen man gerne mag, wen man zum Freund haben möchte.

Die vielen Kriterien, die bei einem Test möglich sind, kann man in zwei Gruppen einteilen:

1. solche Kriterien, die sich eher auf das **Zusammenleben** beziehen: z. B. zusammenspielen, zusammenwohnen, zusammen am Tisch sitzen, zusammen in Urlaub fahren, zusammen seine Freizeit gestalten usw.
2. solche Kriterien, die sich eher auf das **Zusammenarbeiten** beziehen: z. B. ein Buch schreiben, zusammen eine Diskussionsgruppe bilden, zusammen eine Gruppenarbeit in der Schule machen, zusammen ein Haus bauen usw.

Nach der Methode der Datensammlung

■ Die Vorlieben und Abneigungen der Gruppenmitglieder untereinander können mündlich oder schriftlich erfragt werden. Die schriftliche Methode wird am häufigsten angewandt. In der Kindergartengruppe ist natürlich nur die mündliche Befragung möglich.

■ Die Vorlieben oder Abneigungen können auch beobachtet werden, z. B. welches Kind in der Kindergartengruppe als Spielpartner gewählt bzw. abgelehnt wird. In der Schulklasse kann man – bei freier Wahl der Arbeitsgruppen – ebenfalls die positiven bzw. die negativen Wahlen beobachten.
Diese Methode ist jedoch nicht so objektiv, weil eindeutige Gesichtspunkte für eine positive bzw. negative Wahl meistens fehlen und weil es oft nicht möglich ist, im gleichen Zeitabschnitt und in der gleichen Situation alle Gruppenmitglieder in ihrem Wahlverhalten zu beobachten.

■ Für die Kindergruppe schlägt Gisela Hundertmarck (Hundertmarck, 1969, S. 77–78) eine Methode vor, bei der die Kinder einen oder zwei Partner wählen für eine unmittelbar danach auszuführende Handlung. Voraussetzung dabei ist, dass alle Kinder wählen und dass sie jeweils aus der ganzen Gruppe wählen können.

Als Beispiel wird genannt, wie die Kinder unmittelbar im Anschluss an eine Turnübung jeweils zwei Partner aus dem gesamten Kreis wählen können, mit denen sie die Übung vor den anderen Kindern nochmals wiederholen.

Gesichtspunkte zur Bestimmung der methodischen Variante

Wenn der Test durchgeführt wird, muss aus den vielen oben genannten methodischen Varianten eine ausgewählt werden.

■ Bevor man den Test durchführt, müssen die Gruppenmitglieder motiviert werden. Die beste **Motivation** ist eine praktische Konsequenz, die mit dem Ergebnis verbunden ist. Wird der Test, wie es meistens im Kindergarten der Fall sein wird, nur zu pädagogischen Zwecken durchgeführt, hat das Ergebnis für die Kinder keine direkten Folgen. Meistens werden die Kinder aber, wenn der Erzieher schon mit der Gruppe bekannt ist, spontan auf die Fragen antworten.

■ **Das Wahlgebiet muss deutlich sein,** d. h. über den Personenkreis, innerhalb dessen gewählt wird, darf kein Missverständnis bestehen. Am besten lässt man nur aus den anwesenden Mitgliedern der Gruppe wählen, weil sonst ein verzerrtes Bild der Gruppenstruktur entstehen würde: Einige Personen würden gewählt, die selbst nicht wählen könnten. Für kleinere Kinder wird es schwierig sein, alle Gruppenmitglieder in ihrer Vorstellung präsent zu haben. Sie wählen dann aus denjenigen, die gerade in sichtbarer Nähe sind. Man kann die Kinder bitten, sich in der Gruppe zuerst einmal umzusehen, oder man kann dem Kind Bilder von allen Gruppenmitgliedern vorlegen und sie anhand dieser Bilder wählen lassen.

■ Für den **Umfang der Wahl** gelten folgende Gesichtspunkte: Man erhält eine **bessere Information** über die Gruppenstruktur, wenn **auch negative Wahlen** abgegeben werden können. Bei der Auswertung unterscheidet man zwischen den Unbeachteten und den Abgelehnten oder Ausgestoßenen. Damit die Kinder eher bereit sind, auch ihre Antipathie zum Ausdruck zu bringen, hilft eine mildere Formulierung der Fragestellung. „Mit wem möchtest du **lieber** nicht zusammen in der Bauecke spielen?" klingt nicht so ablehnend wie: „Mit wem möchtest du überhaupt nicht zusammen in der Bauecke spielen?"

■ Das objektivste Bild der Gruppenstruktur bekommt man, wenn **die Zahl der Wahlen bzw. der Ablehnungen unbegrenzt** ist und wenn außerdem eine Rangordnung aufgestellt wird. Die Auswertung der vielen Daten wird dadurch jedoch komplizierter und langwieriger. Nach Bastin (1967) genügt eine Begrenzung auf höchstens fünf Wahlen, falls man überhaupt eine Begrenzung der Wahlmöglichkeit vornimmt. Mehrere Wahlen würden das Endergebnis kaum noch verändern.

Durch die Begrenzung der Wahlmöglichkeit kann jedoch das Ergebnis verfälscht werden. So können Gruppenmitglieder, die spontan nur zwei Vorlieben und Abneigungen nennen würden, sich gezwungen fühlen, mehrere zu nennen. Die Wahlen sind bei einer solchen Begrenzung weniger spontan. Eine Rangordnung aufstellen zu lassen, ist nur dann sinnvoll, wenn diese bei der Auswertung auch berücksichtigt wird. Die Rangordnung ermöglicht eine differenziertere Einsicht in die soziale Struktur der Gruppe.

■ Schließlich ist das Kriterium der Wahl von besonderer Bedeutung. Für Kinder empfiehlt sich im Allgemeinen, ein ganz **konkretes Kriterium** zu nennen, weil Kinder sich ihrer allgemeinen Sympathien und Antipathien nicht bewusst sind. Sie werden erst an konkreten Tätigkeiten deutlich. Die Frage: „Mit wem möchtest du am liebsten spielen?" scheint noch zu allgemein. Sehr erfolgreich war die Fragestellung im Kindergarten: „Wen möchtest du gerne zu deiner Geburtstagsparty einladen?"

3.1.2 Erstellung und Auswertung einer Soziomatrix

Anhand einiger Beispiele aus der Kindergartengruppe werden jetzt die einzelnen Schritte der weiteren Verarbeitung der gesammelten Daten erläutert.

Beispiel 1
Es handelt sich um eine Kindergartengruppe von 23 Kindern. Jedem Kind wurden folgende Fragen gestellt: „Wenn du eine Geburtstagsfeier machen würdest, wen aus der Gruppe hier würdest du dann gerne einladen?" und „Wen würdest du nicht so gerne einladen?"

Die Antworten der Kinder werden notiert und anschließend in eine Tabelle eingetragen (siehe unten). Diese Tabelle nennt man **Soziomatrix**. In der Senkrechten stehen die Namen der Gewählten, in der Waagerechten die Namen der Wähler. Positive Stimmen werden mit einem Pluszeichen, negative Stimmen mit einem Minuszeichen eingetragen.

Soziomatrix 1

Gewählte →, Wähler ↓

Wähler \ Gewählte	Anne	Lisa	Janina	Jan	Carolin	Andreas	Daniel	Nadja	Jelka	Aaron	Philipp	Christian	Nico	Mark	Kristina	Sebastian	Güldem	Ercan	Sonja	Mike	Yannick	Ela	Frederick	p	n	p̄	n̄
Anne		+		−	+			+													+			4	1	2	0
Lisa	+												+	+	−			+			+			5	1	4	0
Janina	−			+				+	+		+		−	−										4	3	2	0
Jan								+	−				+	+							−			3	2	0	1
Carolin		+						+						−										2	1	2	0
Andreas	+			+									−	+										3	1	0	0
Daniel					+								−											1	1	0	0
Nadja	+			+	−								−	−			−		−					2	5	2	0
Jelka			+	+						−			−	−					+	+				4	3	2	1
Aaron	−								−				+		−	−			−	−			−	1	7	1	1
Philipp		+		−	+	+							+	+										5	1	0	0
Christian		+						+			+		+	+										5	0	0	0
Nico		+	−								−			+							+			3	2	3	0
Mark	−	+	−	+				+	+				+					+		−				6	3	4	0
Kristina	+					+		+					+			+	−	+		−	−			6	3	1	1
Sebastian																	+	−						1	1	1	1
Güldem						−		+					+	−	−			+	+	+				5	3	1	2
Ercan								+	+	−	−		+	+			+				−	+	−	6	4	2	0
Sonja									−	+	+						+	+		+		+	−	6	2	3	0
Mike	+		−							+	+		+	+										5	1	1	1
Yannick	+	+	−										+		+			+		−		+		6	2	2	0
Ela								+					+					+	−	+				4	1	1	0
Frederick																			+		+	+		3	0	0	0
p̄	5	5	3	2	6	0	1	6	8	4	3	0	7	13	1	3	2	5	4	2	6	4	0				
n̄	2	1	1	4	2	1	0	1	1	1	3	1	5	4	1	1	4	3	0	7	2	0	3				
p̄ − n̄	3	4	2	−2	4	−1	1	5	7	3	0	−1	2	9	0	2	−2	2	4	−5	4	4	−3				

Nachdem die Antworten in die Tabelle eingetragen worden sind, kann man einige Merkmale der einzelnen Gruppenmitglieder und der ganzen Gruppe errechnen und in Zahlen ausdrücken. Solche in Zahlen ausgedrückte Merkmale nennt man **Indices** (Einzahl: Index).

Diese Indices werden mit folgenden Symbolen bezeichnet:
p = Summe der abgegebenen positiven Stimmen
n = Summe der abgegebenen negativen Stimmen
p̄ = Summe der empfangenen positiven Wahlen
n̄ = Summe der empfangenen negativen Wahlen
p̿ = Summe der gegenseitigen positiven Wahlen (Freundschaften)
n̿ = Summe der gegenseitigen negativen Wahlen (Feindschaften)

Durch diese einfachen Merkmale (Indices) können die Mitglieder der Gruppe untereinander verglichen werden.

Vergleichen wir in unserem Beispiel Jelka und Ralf
Jelka hat 4 positive Stimmen abgegeben,   Ralf 5 (p)
Jelka hat 3 negative Stimmen abgegeben,   Ralf 0 (n)
Jelka hat 8 positive Stimmen empfangen,   Ralf 0 ($\bar{p}$)
Jelka hat 1 negative Stimme empfangen,   Ralf 1 ($\bar{n}$)
Jelka hat 2 Freundschaften,   Ralf 0 ($\bar{\bar{p}}$)
Jelka hat 1 Feindschaft,   Ralf 0 ($\bar{\bar{n}}$)

Anhand dieser einfachen Merkmale kann man die Gruppenmitglieder hinsichtlich ihrer Stellung in der Gruppe miteinander vergleichen.
Die wichtigsten Stellungen werden in der Soziometrie meistens mit folgenden Namen bezeichnet:

Star: die Person, die die meisten positiven Stimmen bekommen hat.

Beispiel
Mark ($\bar{p} = 13$)

Es können natürlich in ein und derselben Gruppe auch mehrere Stars vorkommen.

Abgelehnter: die Person, die die meisten negativen Stimmen bekommen hat.

Beispiel
Mike ($\bar{n} = 7$)

Ausgestoßener: die Person, die nur negative und keine positiven Stimmen bekommen hat.

Beispiel
Frederick ($\bar{n} = 3$, $\bar{p} = 0$)

Der Unterschied zwischen dem Abgelehnten und dem Ausgestoßenen besteht darin, dass der Abgelehnte nur von einem Teil der Gruppe negativ, von einem anderen Teil positiv gewählt wird, während der Ausgestoßene nur negative Stimmen und keine positiven bekommt.

Unbeachteter: die Person, die keine oder nur wenige positive und negative Stimmen bekommen hat.

Beispiel
Andrea, Daniel und Christian
(jeweils nur 1 oder 0 $\bar{p}$ oder $\bar{n}$)

Ebenfalls anhand dieser einfachen Merkmale kann man die einzelnen Gruppenmitglieder hinsichtlich ihrer Kontaktfreudigkeit vergleichen:

Die Anzahl der abgegebenen positiven Stimmen ist das Maß für die Kontaktfreudigkeit.

Beispiel
In unserem Beispiel sind die Kontaktfreudigsten:
Mark, Kristina, Ercan, Sonja, Yannick. (Alle haben p = 6)
Die am wenigsten kontaktfreudigen Kinder sind:
Daniel, Aaron und Sebastian. (Alle haben nur p = 1)

Zählt man die abgegebenen positiven und negativen Stimmen zusammen, so hat man ein **Maß für die „soziale Ausdehnung"** der Gruppenmitglieder. Denn auch die Ablehnungen sind ein Zeichen dafür, wie viele Gruppenmitglieder vom Ablehnenden in irgendeiner Weise wahrgenommen werden bzw. in seinem sozialen Blickfeld erscheinen. Der weder positiv noch negativ Gewählte erscheint erst gar nicht im sozialen Blickfeld des Wählenden, er wird von ihm nicht beachtet.

Beispiel
So könnte man in unserem Beispiel sagen:
– Die soziale Ausdehnung ist am größten bei Ercan (p + n = 10),
– Sie ist am geringsten bei Daniel (p + n = 2).

Aus der Soziomatrix kann man weiterhin entnehmen, **wie sicher** die einzelnen Mitglieder **hinsichtlich ihrer sozialen Stellung** in der Gruppe sind.
Wählt ein Mitglied nur solche Gruppenmitglieder, von denen es auch jeweils wieder gewählt wird, dann kann man darauf schließen, dass ein solches Mitglied genau weiß, wer es mag und wer nicht.

Beispiel
Ein Vergleich der zwei Kinder mit der größten Kontaktfreudigkeit, Mark und Kristina, die beide 6 positive Stimmen abgegeben haben, zeigt:
Mark wird 4-mal wieder gewählt ($\bar{p}$ = 4),
Kristina wird nur 1-mal wieder gewählt ($\bar{p}$ = 1).
Mark ist sich seiner sozialen Stellung viel sicherer als Kristina; Mark weiß, wer seine Freunde sind, wer ihn mag; Kristina weiß weniger, wer sie mag.

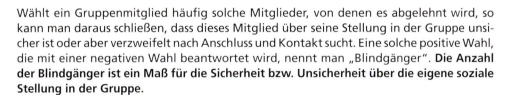

Wählt ein Gruppenmitglied häufig solche Mitglieder, von denen es abgelehnt wird, so kann man daraus schließen, dass dieses Mitglied über seine Stellung in der Gruppe unsicher ist oder aber verzweifelt nach Anschluss und Kontakt sucht. Eine solche positive Wahl, die mit einer negativen Wahl beantwortet wird, nennt man „Blindgänger". **Die Anzahl der Blindgänger ist ein Maß für die Sicherheit bzw. Unsicherheit über die eigene soziale Stellung in der Gruppe.**

Beispiel
In unserem Beispiel wählt Jan Nico positiv, wird jedoch von Nico abgelehnt.

Bisher wurde über Merkmale gesprochen, mit denen man die Mitglieder ein und derselben Gruppe miteinander vergleichen kann. Will man nun Mitglieder aus verschiedenen Gruppen hinsichtlich verschiedener Merkmale miteinander vergleichen, so ist eine weitere Verrechnung der Daten erforderlich.

Die absoluten Zahlen der Soziomatrix müssen in relative Zahlen umgewandelt werden, und zwar bezogen auf die Gruppengröße. Statt von einfachen Indices spricht man dann von komplexen oder vielschichtigen Indices.

Die wichtigsten komplexen Indices

SS+ = positiver soziometrischer Status
    Er wird berechnet nach der Formel:

$$SS+ = \frac{\text{Anzahl der empfangenen Wahlen}}{N-1}$$

N = die Anzahl der Gruppenmitglieder

In unserem Beispiel ist der positive soziometrische Status für Mark:

$$\frac{13}{23-1} = \frac{13}{22} = 0{,}59$$

SS– = negativer soziometrischer Status
    Er wird berechnet nach der Formel:

$$SS- = \frac{\text{Anzahl der empfangenen Ablehnungen}}{N-1}$$

In unserem Beispiel ist der negative soziometrische Status für Mike:

$$\frac{7}{23-1} = \frac{7}{22} = 0{,}32$$

KF = Kontaktfreudigkeit
    Diese wird berechnet nach der Formel:

$$KF = \frac{\text{Anzahl der abgegebenen positiven Stimmen}}{N-1}$$

In unserem Beispiel für Mark:

$$\frac{6}{23-1} = \frac{6}{22} = 0{,}27$$

F   = Feindseligkeit
    Diese wird berechnet nach der Formel:

$$F = \frac{\text{Anzahl der abgegebenen negativen Stimmen}}{N-1}$$

In unserem Beispiel für Aaron:

$$\frac{7}{23-1} = \frac{7}{22} = 0{,}32$$

A = soziale Ausdehnung
  Diese wird berechnet nach der Formel:

$$A = \frac{\text{Anzahl aller abgegebenen Stimmen (pos. u. neg.)}}{N - 1}$$

In unserem Beispiel für Mark:

$$\frac{9}{23 - 1} = \frac{9}{22} = 0{,}41$$

Die Zahlen für diese Merkmale liegen immer zwischen 0 und 1.

Beispiel 2:
Es handelt sich um eine Kindergartengruppe von 21 Kindern. Ihnen wurde die Frage gestellt: „Wen würdest du zu deinem Geburtstag einladen, wen nicht?"

Soziomatrix 2

Wähler \ Gewählte	Jochen	Thomas	Dirk	Frank	Tim	Stefan	Janette	Sabine	Ines	Anja	Tina	Silke	Anette	Laura	Antonia	Moritz	Marcel	Jonas	Daniel	Felix	Max	p	n	p̄	n̄
Jochen			+		+														−	+		3	1	0	0
Thomas	−		+		−		−	+		+						−	−		−			3	6	0	1
Dirk					+	+										+	+	+	−		−	5	2	4	0
Frank	−	−	−		−	−	−	−	−	−	−	−	−	−	−	−	−	−	−	−	−	0	20	0	5
Tim		−	+						−		−					+	+					3	3	3	1
Stefan			+													+	+		−		−	3	2	2	0
Janette									+	+	+											3	0	0	0
Sabine			+		+				+		+			+		+	+	+				8	0	2	0
Ines	−		+				+	+			+			+		−						5	2	1	1
Anja		+	+	−		+		+	+							+		+		+		8	1	1	1
Tina	−	−	+	−	−	−	−	−	−	−		−				−	−	+	+	−		3	13	1	2
Silke	−		+								+											2	1	0	0
Anette												+								+		2	0	0	0
Laura	−							+	+	+	+	+										5	1	2	0
Antonia		+						+			+			+		−	−					4	2	0	0
Moritz		−	+	−	+													+				3	2	3	2
Marcel				+	+											+						3	0	3	0
Jonas	+		+	+																		3	0	1	0
Daniel	−	−		−				−			+						−					1	5	1	1
Felix		+														+						2	0	0	0
Max			+					+								+	+					4	0	0	0
p̄	1	3	10	3	4	5	1	4	4	2	6	3	0	3	0	7	6	4	1	3	0				
n̄	7	6	1	5	3	3	3	3	2	3	2	2	2	1	1	4	3	4	1	5	3				
p̄ − n̄	−6	−3	9	−2	1	2	−2	1	2	−1	4	1	−2	2	−1	3	3	0	0	−2	−3				

Beispiele

In unserem zweiten Beispiel sind die komplexen Indices für:

- den **Star** (Dirk)

$$\text{SS+} = \frac{10}{21-1} = \frac{10}{20} = 0,50$$

- den **Abgelehnten** (Jochen)

$$\text{SS−} = \frac{7}{21-1} = \frac{7}{20} = 0,35$$

- den **Kontaktfreudigsten** (Anja)

$$\text{KF} = \frac{8}{21-1} = \frac{8}{20} = 0,40$$

- den **Feindseligsten** (Frank)

$$\text{F} = \frac{20}{21-1} = \frac{20}{20} = 1,00$$

- den mit der **größten sozialen Ausdehnung** (Frank)

$$\text{A} = \frac{20}{21-1} = \frac{20}{20} = 1,00$$

Nun kann man die verschiedenen Kinder aus den beiden Gruppen miteinander vergleichen:

	Gruppe 1	Gruppe 2
Star	0,59	0,50
Abgelehnter	0,35	0,35
Kontaktfreudigster	0,27	0,40
Feindseligster	0,32	1,00
Größte soziale Ausdehnung	0,41	1,00

Gruppenmerkmale

Bisher wurde von Merkmalen der einzelnen Gruppenmitglieder gesprochen. Der Zusammenhalt der Gruppenmitglieder untereinander ist ein Gruppenmerkmal.

In der Soziometrie wird dieser Zusammenhalt **Kohäsion** genannt, wörtlich also: *die gegenseitige Anziehung.*

Theoretisch kann man sagen, dass der Zusammenhalt einer Gruppe am größten ist, wenn jedes Mitglied eine Freundschaftsbeziehung zu allen anderen Mitgliedern hat. Damit haben wir ein Maß, um die Kohäsion der Gruppe auszudrücken: nämlich die Anzahl der Freundschaften, bezogen auf die Gruppengröße. Hat jeder eine Freundschaftsbeziehung zu jedem anderen, dann ist die Anzahl der Freundschaften so groß wie möglich und damit auch der Gruppenzusammenhalt so intensiv wie möglich.

Dieser Zusammenhalt oder die Kohäsion wird nach der folgenden Formel berechnet:

$$K = \frac{\text{Anzahl der positiven gegenseitigen Wahlen (= Summe von } \bar{\bar{p}})}{\text{Anzahl der prinzipiell möglichen gegenseitigen Wahlen}}$$

Die Anzahl der positiven gegenseitigen Wahlen kann man errechnen, indem man in der Soziomatrix die Zahlen in der Kolonne unter $\bar{\bar{p}}$ zusammenzählt und durch 2 dividiert. Die Division durch 2 ist deswegen notwendig, weil beim Addieren alle Freundschaften doppelt gezählt werden. Die Anzahl der prinzipiell möglichen gegenseitigen Wahlen in einer Gruppe wird berechnet nach der Formel:

$$\frac{N\,(N-1)}{2}$$

Ist jedoch die Anzahl der Wahlen begrenzt, muss die Formel entsprechend verändert werden.

Kann jedes Gruppenmitglied nur eine Wahl abgeben, so lautet die Formel für die Zahl der prinzipiell möglichen gegenseitigen Wahlen:

$$\frac{N\,(1)}{2}$$

Bei fünf Wahlen würde die Formel lauten:

$$\frac{N\,(5)}{2}$$

Jedes Gruppenmitglied kann zu jedem anderen eine Freundschaftsbeziehung haben, außer zu sich selbst, deswegen steht in der Formel zur Errechnung der prinzipiell möglichen gegenseitigen Wahlen bei unbegrenzter Wahlmöglichkeit N – 1.

In der Gruppe können also N Personen N – 1 Freundschaften haben. Die absolute Anzahl der Freundschaften in der Gruppe besteht jedoch nur aus der Hälfte der so gewonnenen Zahl, weil alle Freundschaften zweimal gezählt wurden. Daher wird diese Zahl durch 2 dividiert.

Beispiel
In unserem ersten Beispiel ist

$$K = \frac{17}{\frac{23\,(23-1)}{2}} = \frac{17}{253} = 0{,}067$$

In unserem zweiten Beispiel ist

$$K = \frac{12}{\frac{21\,(21-1)}{2}} = \frac{12}{210} = 0{,}057$$

Der Zusammenhalt in der ersten Gruppe ist etwas größer als in der zweiten Gruppe.

3.1.3 Erstellung und Auswertung eines Soziogramms

Erstellung des Soziogramms

Die weitere Verarbeitung der Daten des soziometrischen Tests erfolgt durch das Aufstellen eines Soziogramms. Die Untersuchungsergebnisse werden grafisch dargestellt, **indem die einzelnen Personen oder Gruppenmitglieder durch Kreise, die Beziehungen der Gruppenmitglieder durch Pfeile wiedergegeben werden.** Dabei stehen für die positiven Beziehungen ununterbrochene Pfeile, für die negativen Beziehungen unterbrochene Pfeile:

Im Soziogramm sollen die grafischen Entfernungen möglichst den sozialen Entfernungen der Gruppenmitglieder untereinander entsprechen, d. h. die Gruppenmitglieder, die im Mittelpunkt der Gruppe stehen, sollen in der Mitte des Soziogramms stehen, die Mitglieder, die mehr am Rande der Gruppe stehen, sollen auch im Soziogramm mehr am Rande erscheinen.

Außerdem sollen im Soziogramm die verschiedenen Beziehungen so dargestellt werden, dass **das Ganze** noch **übersichtlich** bleibt. Damit ist auch schon die größte Schwierigkeit für das Zeichnen des Soziogramms angegeben. Ist die Gruppe klein und (oder) sind nur wenig Stimmen abgegeben worden, so ist es verhältnismäßig leicht, diese Beziehungen übersichtlich darzustellen. Ist jedoch die Gruppe größer und (oder) sind viele positive und negative Stimmen abgegeben worden, so ist es viel schwieriger, diese vielen Beziehungen übersichtlich in einer grafischen Darstellung wiederzugeben.

Im Grunde gibt es **drei verschiedene Methoden** zur Erstellung des Soziogramms:
1. **die Methode von Versuch und Irrtum,**
2. **die Methode der konzentrischen Kreise,**
3. **die Methode der Teilsoziogramme.**

■ **Die Methode von Versuch und Irrtum** besteht darin, dass man willkürlich ohne Plan die Gruppenmitglieder durch Kreise darstellt und die Kreise durch Pfeile miteinander verbindet. Dadurch wird die Beziehung der Gruppenmitglieder untereinander ersichtlich. Sobald es unübersichtlich wird, fängt man einen neuen Versuch an und wiederholt so lange, bis man die Beziehungen einigermaßen übersichtlich und den sozialen Entfernungen entsprechend dargestellt hat. Eine Hilfe dabei ist, wenn man die Kreise ausschneidet und so lange hin und her schiebt, bis die Entfernungen der Kreise den sozialen Entfernungen in etwa entsprechen. Bei größeren Gruppen und bei vielen Wahlen ist diese langwierige Methode jedoch nicht zu empfehlen.

■ **Die Methode der konzentrischen Kreise** besteht darin, dass man eine Anzahl konzentrischer Kreise zeichnet und danach die Mitglieder, die die meisten Stimmen erhalten haben, in den mittleren Kreis einzeichnet, die Mitglieder mit der zweitgrößten Stimmenzahl in den zweiten Kreis, und so fortfährt, bis schließlich die Mitglieder mit der geringsten Stimmenzahl in den äußeren Kreis eingetragen werden, während diejenigen, die nur negative Stimmen erhalten haben, außerhalb der Kreise eingetragen werden. Durch diese Methode hat man von vornherein die sozialen Entfernungen schon einigermaßen berücksichtigt. Wenn es jedoch um eine größere Zahl von Wahlen geht, wird man auch bei dieser Methode noch feststellen, dass das Ganze beim ersten Versuch unübersichtlich wird und dass man einige weitere Versuche unternehmen muss, bis das Soziogramm einigermaßen gelungen ist.

■ Bei größeren Gruppen und unbeschränkter Wahlmöglichkeit (z. B. Kindergartengruppe oder Schulklassen von mehr als 20 Personen) wird es auch bei der Methode der konzentrischen Kreise nicht leicht sein, ein einigermaßen übersichtliches Soziogramm in einigen Versuchen fertigzustellen. Deshalb empfiehlt es sich, zuerst mit **Teilsoziogrammen** anzufangen, d.h. dass man nur einen Teil der Wahlen in das Soziogramm einträgt, z. B.

Beispiel
– nur zuerst abgegebene Stimmen, – nur die negativen Wahlen,
– nur die positiven Wahlen, – nur die negativen gegenseitigen Wahlen.
– nur die positiven gegenseitigen Wahlen,

Diese Teilsoziogramme können dann nachher eventuell vervollständigt werden. Man fängt z. B. an, ein übersichtliches Soziogramm der gegenseitigen positiven Wahlen zu erstellen, danach werden die übrigen positiven Wahlen (also die nicht gegenseitigen) zusätzlich eingetragen. Oder man fängt mit den positiven gegenseitigen Wahlen an, und danach werden die negativen gegenseitigen Wahlen zusätzlich eingetragen. Die beiden Beispielsoziogramme sind nach der Methode der konzentrischen Kreise – bei einigen Wiederholungen – entstanden. Sie enthalten nur die gegenseitigen positiven Wahlen.

Auswertung des Soziogramms
Der gelungenen grafischen Darstellung sind verschiedene Informationen über die Gruppe oder über die Beziehungen einzelner Gruppenmitglieder zu entnehmen.

Soziogramm 1

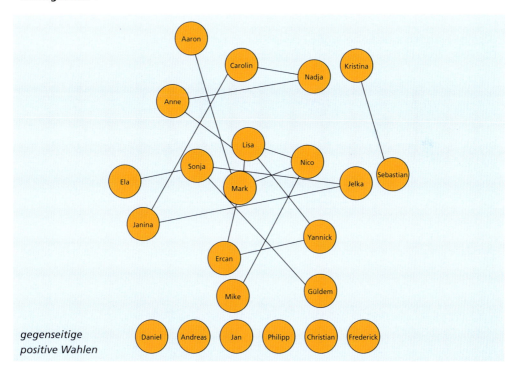

gegenseitige
positive Wahlen

Soziogramm 2

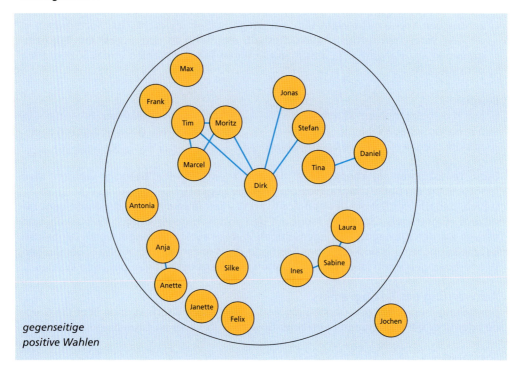

gegenseitige
positive Wahlen

Häufig vorkommende Beziehungen der Gruppenmitglieder sind:
Das Paar: Zwei Mitglieder wählen sich gegenseitig.

Die Kette: Mehrere Mitglieder haben mit einem anderen Mitglied direkten Kontakt, mit den anderen nur indirekten.

Die Gabelung: Mehrere Mitglieder sind untereinander indirekt über einen Vermittler verbunden.

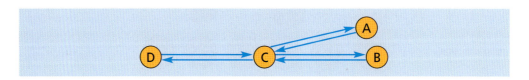

Das Dreieck: Drei Mitglieder wählen sich gegenseitig, sodass zwischen jedem Paar der Dreiergruppe eine Freundschaftsbeziehung besteht.

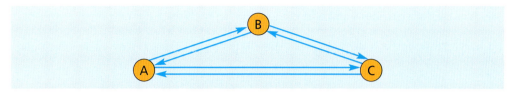

Das Viereck, Fünfeck usw.: Zwischen jedem Mitglied und jedem anderen Mitglied dieser Untergruppe besteht eine gegenseitige positive Beziehung.

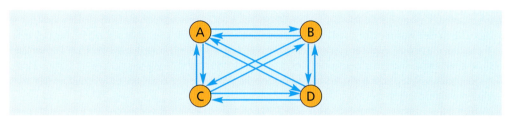

Beispiel
In unserem ersten Beispiel lassen sich folgende Beziehungen ablesen:
Das Paar: Kristina und Sebastian
Die Gabelung: Sonja, Güldem und Jelka
Das Dreieck: Lisa, Mark und Nico
In unserem zweiten Beispiel:
Die Kette: Laura, Sabine und Ines
Das Dreieck: Marcel, Tim und Moritz
Das Paar: Anja und Anette, Tina und Daniel

Die wichtigsten Erkenntnisse, die wir dem Soziogramm, aber nicht der Soziomatrix entnehmen können, beziehen sich auf die **Existenz von Untergruppen und die Beziehungen der Untergruppen untereinander**. Alle übrigen Erkenntnisse, die im Soziogramm zwar auf den ersten Blick deutlich sind (z. B. Star, Außenseiter, Mitläufer), können genau so exakt den Daten der Soziomatrix entnommen werden.

Beispiel
Im Soziogramm **zum ersten Beispiel** (in dem nur die gegenseitigen positiven Wahlen berücksichtigt wurden) werden zwei Untergruppen sichtbar:
– das Freundespaar Kristina und Sebastian,
– die 15 Gruppenmitglieder, die zwar nicht sehr eng, jedoch alle untereinander direkt oder indirekt verbunden sind.
Eine Reihe von sechs Personen steht abseits, ohne Verbindung mit den beiden Untergruppen.
Im Soziogramm **zum zweiten Beispiel** sind vier Untergruppen erkennbar:

– Daniel und Tina	– Laura, Sabine und Ines
– Anja und Anette	– Tim, Marcel, Moritz, Dirk, Jonas und Stefan

3.1.4 Interpretation der Testergebnisse

Nachdem man die Daten gesammelt, sie in eine Tabelle (Soziomatrix) eingetragen, grafisch dargestellt (Soziogramm) und die wichtigsten Merkmale der einzelnen Mitglieder und der Gesamtgruppe in Zahlen (Indices) ausgedrückt hat, erfolgt deren Interpretation, d. h. die Beantwortung der Frage, was diese Ergebnisse für die einzelnen Personen und die Gruppe bedeuten.

Eine Grundregel für die Interpretation ist, dass der soziometrische Test immer nur eine Momentaufnahme der Gruppe ist.

Dies ist besonders wichtig für solche Gruppen, in denen die sozialen Beziehungen sehr wechselhaft sind, namentlich für Kindergruppen. Kinder wählen häufig positiv die Kinder, die in der Nähe oder im Blickfeld sind; bestimmend für die Ablehnung ist häufig die Tatsache, dass der Wähler gerade mit einem anderen Kind Streit gehabt hat. Daher ist eine einmalige Durchführung des Tests im Kindergarten nur wenig aussagekräftig. Eine regelmäßige Wiederholung würde weniger die Gruppenstruktur als den Wechsel der sozialen Beziehungen deutlich machen.
In den Schulklassen, Jugend- und Erwachsenengruppen sind die sozialen Beziehungen und deren emotionale Komponenten schon viel stabiler, und deswegen ist der soziometrische Test in solchen Gruppen meistens mehr als eine Momentaufnahme. Er gibt in diesen Gruppen Aufschluss über die Struktur der Gruppe, d. h. über die festen, gewohnheitsmäßigen, emotionalen und sozialen Beziehungen. Damit ist jedoch die Möglichkeit der Veränderung der Gruppenstruktur nicht ausgeschlossen.

Eine zweite Grundregel für die Interpretation der Ergebnisse ist, dass die Daten immer im Hinblick auf das Kriterium der Wahl gedeutet werden müssen.

Die Vorlieben und Abneigungen der Gruppenmitglieder sind nicht auf die Person als solche bezogen, sondern im Hinblick auf das Ziel, für das man sich seine Partner auswählt. Streng genommen sagt der Test nur, wer als Spielkamerad, als Tischnachbar, als Zimmergenosse usw. gewählt wird, je nachdem welches Kriterium angewandt wurde. Wenn der Test jedoch nicht mehr aussagen würde, lohnte sich der Aufwand nicht. Die Wahl der Partner, auch für ganz einfache Tätigkeiten, wird meistens von den tiefer liegenden Sympathien und Antipathien bestimmt.
Es wurden schon zwei Gruppen von Kriterien besprochen:
Zusammenleben und **Zusammenarbeiten.**
Bei der ersten Gruppe von Kriterien werden die Partner eher nach ihren sozialen und emotionalen Eigenschaften gewählt, bei der zweiten Gruppe eher nach ihren Fähigkeiten und Fertigkeiten. Die Rangordnung im soziometrischen Test bei der ersten Gruppe von Kriterien gibt eher Aufschluss über den Grad der **Beliebtheit** der einzelnen Gruppenmitglieder, bei der zweiten Gruppe von Kriterien eher über den Grad ihrer **Tüchtigkeit.**

Beispiel
In der Praxis ist jedoch auch das Umgekehrte möglich. Der Autor hat in einer Schulklasse die Erfahrung gemacht, dass die Schüler ihre Partner für die Gruppenarbeit eher nach der Beliebtheit als nach Tüchtigkeit wählten. Die Zusammenstellung der Arbeitsgruppen nach persönlicher Sympathie war im Anfangsstadium nachteilig für die Effektivität der Gruppenarbeit.

Eine dritte Regel für die Interpretation der Testergebnisse besteht darin, dass man diese Daten mit sonstigen Informationen über die Gruppe vergleicht.

Der Erzieher in der Kindergartengruppe oder der Lehrer in der Schulklasse kann die Testergebnisse mit seinen eigenen Beobachtungen vergleichen. Daraus kann man dann den Schluss ziehen, warum bestimmte Gruppenmitglieder bevorzugt bzw. abgelehnt werden.

Beispiele

Im o. a. Beispiel 1 ist Mark der Star der Gruppe. Er bekam 13 positive und 4 negative Stimmen. Die positiven Stimmen kamen zum größten Teil von den Jungen (9 Stimmen). Alle negativen Stimmen wurden von Mädchen abgegeben.
Mark ist einer der Ältesten der Gruppe. Er ist sehr unruhig und bestimmend. Was er macht, das versuchen die anderen zum größten Teil nachzumachen. Wenn er etwas sagt, so wird dies getan. Eines der Mädchen jedoch sagte von sich aus, dass ihr „der Mark zu wild ist".
Mike wird von der Gruppe abgelehnt (2 positive, 7 negative Stimmen). Zunächst ist das etwas verwunderlich, da er zu den meisten Kindern Kontakt hat. Er spielt mit ihnen, und es hat den Anschein, dass er gut mit anderen auskommt. Doch wenn man ihn genauer beobachtet, stellt man fest, warum er abgelehnt wird. Er zerstört die Dinge, die die Kinder gebaut haben und streitet mit ihnen. Verwunderlich ist, dass sie ihn überhaupt noch mitspielen lassen.

Die häufigsten Gründe, weshalb Kinder in der Kindergartengruppe einander wählen bzw. ablehnen, werden im Kapitel über den sozialen Status besprochen (siehe S. 66 ff.).
Die sonstigen Informationen über die Gruppe können außer aus eigener Beobachtung auch aus anderen Quellen stammen: aus Angaben der Eltern, aus Akten usw. Paarbeziehungen, Dreiecke und weitere Untergruppen in der Kindergartengruppe oder Schulklasse können dadurch bedingt sein, dass Kinder denselben Schulweg haben, in derselben Straße oder im selben Haus wohnen.
Ablehnungen können durch den sozialen Status der Eltern bedingt sein.

Eine vierte Grundregel für die Interpretation der Ergebnisse ist, dass man die Gruppenmerkmale mit den Merkmalen ähnlicher Gruppen vergleicht.

Dazu ist es notwendig, zu wissen, wie diese Merkmale bei ähnlichen Gruppen sind. Man kann die eine Gruppe mit der anderen vergleichen, z. B. die Gruppe aus dem ersten Beispiel mit der Gruppe aus dem zweiten Beispiel. Man kann auch die untersuchte Gruppe mit den Durchschnittswerten ähnlicher Gruppen vergleichen. Es liegen jedoch wenige Untersuchungsergebnisse dieser Art vor.

Beispiel

Untersuchungsergebnis:
In einer Untersuchung des Autors wurde bei etwa 30 Kindergartengruppen bei unbegrenzter Wahlmöglichkeit ein durchschnittliches $K = 0{,}11$ festgestellt.
Interpretation:
Ein Vergleich der Kohäsion der beiden Kindergartengruppen aus den Beispielen (siehe S. 115) mit der durchschnittlichen Kohäsion von 30 Kindergartengruppen zeigt Folgendes: In der ersten Gruppe fand sich eine Kohäsion von $K = 0{,}067$, in der zweiten Gruppe von $K = 0{,}057$. Verglichen mit dem Durchschnittswert von $K = 0{,}11$ ist der Zusammenhalt der beiden Gruppen erheblich geringer.

3.2 Interaktionsanalyse nach Bales

3.2.1 Methode

Der amerikanische Sozialpsychologe Bales hat ein differenziertes System von Kriterien zur Beobachtung der Interaktionen in Diskussionsgruppen entworfen, das in der Kleingruppenforschung sehr häufig angewandt wird. Jede Interaktion in einer (Diskussions-)Gruppe wird in eine von zwölf Kategorien eingeordnet. Anschließend wird ausgezählt, wie häufig sich jeder Diskussionsteilnehmer im Sinne der verschiedenen Kategorien geäußert hat.

Kategorien der Interaktionsbeobachtung nach Bales[1]

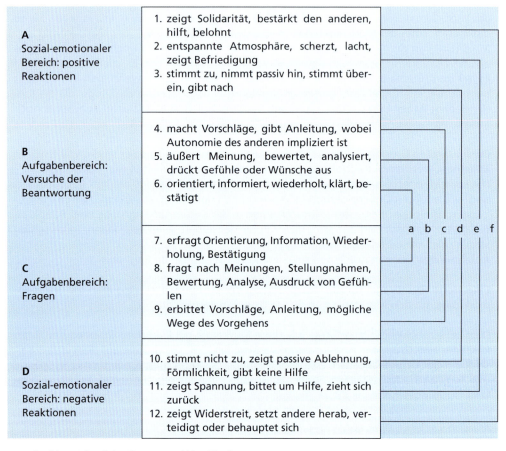

A Sozial-emotionaler Bereich: positive Reaktionen	1. zeigt Solidarität, bestärkt den anderen, hilft, belohnt 2. entspannte Atmosphäre, scherzt, lacht, zeigt Befriedigung 3. stimmt zu, nimmt passiv hin, stimmt überein, gibt nach
B Aufgabenbereich: Versuche der Beantwortung	4. macht Vorschläge, gibt Anleitung, wobei Autonomie des anderen impliziert ist 5. äußert Meinung, bewertet, analysiert, drückt Gefühle oder Wünsche aus 6. orientiert, informiert, wiederholt, klärt, bestätigt
C Aufgabenbereich: Fragen	7. erfragt Orientierung, Information, Wiederholung, Bestätigung 8. fragt nach Meinungen, Stellungnahmen, Bewertung, Analyse, Ausdruck von Gefühlen 9. erbittet Vorschläge, Anleitung, mögliche Wege des Vorgehens
D Sozial-emotionaler Bereich: negative Reaktionen	10. stimmt nicht zu, zeigt passive Ablehnung, Förmlichkeit, gibt keine Hilfe 11. zeigt Spannung, bittet um Hilfe, zieht sich zurück 12. zeigt Widerstreit, setzt andere herab, verteidigt oder behauptet sich

a b c d e f

a = Probleme der Orientierung und Verständigung
b = Probleme der Bewertung und Beurteilung
c = Probleme der Kontrolle und Einflussnahme
d = Probleme der Entscheidung
e = Probleme der Spannung und Spannungsbewältigung
f = Probleme der Integration der Gruppe

---

[1] *Vgl. Friedrichs, 1973*

Zur Gesamtbeschreibung des Sozialverhaltens eines Gruppenmitgliedes nach dieser Skala kann man nach folgenden Punkten vorgehen:

1. Häufigkeiten für jeden Punkt der Skala
2. Häufigkeiten für die Bereiche A, B, C, D
3. Häufigkeiten für die Bereiche a, b, c, d, e, f
4. Gesamtzahl der Einordnungen
5. Prozentuale Häufigkeiten für die einzelnen Skalen und Bereiche
6. Kurze verbale Beschreibung des Sozialverhaltens

Erläuterung
Alle Interaktionen werden unterschieden in emotionale und sachliche Beiträge.

■ Die Kategorien 1–3 und 10–12 enthalten die Diskussionsbeiträge, die emotionaler Art sind. Die ersten drei Kategorien erfassen die positiven, die letzten drei Kategorien die negativen emotionalen Beiträge.
■ Die Kategorien 4–9 erfassen die sachlichen Beiträge, d.h. solche Beiträge, die sich auf die Aufgabe, hier die Lösung eines Problems durch Gruppendiskussion, beziehen. Die ersten drei Kategorien (4–6) erfassen die eher aktiven Beiträge, d.h. solche Beiträge, die eine aktive Leistung des betreffenden Gruppenmitgliedes zur Lösung des Problems sind. Die Kategorien 7–9 erfassen Beiträge, die selbst keine Lösung des Problems sind, sondern solche, worin andere um Lösungshilfen gebeten werden.

Eine weitere Zusammenfassung der einzelnen Kategorien geschieht nach den Gesichtspunkten:
■ Orientierung,
■ Bewertung,
■ Einflussnahme,
■ Entscheidung,
■ Spannung,
■ Integration der Gruppe (siehe a bis f).

Aufgabe

Anwendung:
Diese Methode der Beobachtung und Analyse von Gruppendiskussionen lässt sich in der Schulklasse leicht anwenden. Dazu werden zwei Gruppen gebildet, eine Diskussionsgruppe und eine Beobachtungsgruppe. Die Beobachter bekommen das Kategoriensystem. Jedes Mitglied der Beobachtungsgruppe soll während der Diskussion jeweils für einen Diskussionsteilnehmer Strichlisten führen, wobei jeder Beitrag in eine der Kategorien eingeordnet wird. Wenn die Häufigkeiten für die einzelnen Gruppenmitglieder in den verschiedenen Kategorien zusammengezählt sind, kann man die einzelnen Gruppenmitglieder, die an der Diskussion beteiligt waren, nach verschiedenen Gesichtspunkten miteinander vergleichen:

– Wer hatte die meisten Beiträge, wer die wenigsten?
– Wer hat die meisten emotionalen Beiträge, wer die meisten sachlichen Beiträge geliefert?
– Wer hat die meisten positiven emotionalen Beiträge, wer die meisten negativen emotionalen Beiträge geliefert?

Zu Anfang, d. h. ohne Übung, wird es schwierig sein, einen Diskussionsbeitrag sofort richtig in das Kategoriensystem einzuordnen. Als eine Vereinfachung der Methode empfiehlt es sich, folgendes Kategoriensystem zu gebrauchen:
1. sachliche Beiträge,
2. emotional positive Beiträge,
3. emotional negative Beiträge.

Weil das Kategoriensystem von Bales für die Analyse der Interaktionen in Diskussionsgruppen entworfen wurde, eignet es sich nicht immer für die Analyse der Interaktionen in anderen Gruppen.
Für die Beobachtung und die Einteilung des Sozialverhaltens, z. B. in einer Kindergartengruppe, ist es weniger geeignet.

3.2.2 Untersuchungsergebnisse

Mit der Methode der Interaktionsanalyse nach Bales wurde festgestellt, dass es **in einer Diskussionsgruppe meistens zwei Führer oder Ranghöchste gibt:**

◼ einen Führer nach Leistungskriterien, das ist derjenige, der hilft, die Gruppenziele zu verwirklichen, auch der **„Tüchtige"** genannt,

◼ und einen emotionalen Führer, das ist derjenige, der für den Gruppenzusammenhalt sorgt, der Sympathischste, der **„Beliebte"** genannt.

Diese Unterschiede zwischen dem Tüchtigen und dem Beliebten werden um so stärker auftreten, je länger die Gruppe existiert. Mit anderen Worten: Im Anfangsstadium der Gruppe kann ein und dasselbe Mitglied als der Tüchtigste und der Beliebteste gelten; wenn die Gruppe länger existiert, ist es unwahrscheinlich, dass beide Rollen auf eine Person entfallen.

Weitere Ergebnisse der Analyse von Diskussionsgruppen:

◼ Je häufiger jemand in einer Diskussion das Wort ergreift, desto häufiger wird das Wort an ihn gerichtet.

◼ Je häufiger jemand das Wort an Einzelpersonen der Gruppe richtet, um so häufiger wird er auch die Gesamtgruppe ansprechen.

◼ Im Allgemeinen wird der Aktivere produktiver sein als der weniger aktive, der Aktivere wird sympathischer sein als der weniger aktive. (Aktivität wird an der Anzahl der Interaktionen gemessen.)

◼ In einer Gruppe kann man meistens zwei soziale Rangordnungen unterscheiden, und zwar eine nach dem Maßstab der Tüchtigkeit und eine nach dem Maßstab der Beliebtheit (siehe oben).

■ Personen mit höherem Rang unterscheiden sich von Personen niedrigeren Ranges in der Art der Aktivität:

– Höherer Rang: machen Vorschläge, erteilen Meinungen und Auskünfte
– Niederer Rang: stimmen zu, bitten um Informationen, reagieren negativ auf Vorschläge

3.3 Bewertungsskalen nach Newstetter

Ein etwas anderes Kategoriensystem zur Beobachtung und Einstufung des Sozialverhaltens wurde von Newstetter (vgl. Hartley, 1955, S. 271) entworfen. Die beobachteten und protokollierten Verhaltensepisoden sollen in eine **Neun-Punkte-Skala von Herzlichkeit bis Feindschaft** in den persönlichen Beziehungen eingestuft werden.

1. Physischer Ausdruck der Zuneigung:
   tätscheln, streicheln usw.
2. Zeichen besonderer Zuneigung in wohlmeinendem Sinne:
   geben, leihen, einladen, vorziehen, verteidigen
3. Zeichen kameradschaftlicher Beziehungen:
   spielerische Balgereien, tuscheln, lächeln, lachen, zusammenarbeiten, Äußerungen, die einen bestimmten anderen einbeziehen
4. Zufällige Gespräche:
   Unterhaltungen, die nicht durch die Beschäftigung notwendig sind; Anreden
5. Fast neutrale, aber noch leicht positive Zuwendung:
   Fragen, Zustimmungen, Lob, Gefälligkeit bei kleinen Bitten, Ignorieren von Beleidigungen
6. Zeichen der Gleichgültigkeit gegenüber Rechten, Forderungen oder Wünschen anderer:
   Ignorieren von Fragen oder Bitten, Abschlagen von Bitten, Versuche, sich vorzudrängeln oder vorzuherrschen (ohne Streit); gelinder Spott oder Kritik
7. Zeichen unverhohlenen Konfliktes mit den Rechten, Forderungen oder Wünschen anderer:
   Streit, Einwendungen, Widerspruch gegen Regeln, Vorrang anderer usw. Kampf um Besitz oder Vorrang
8. Zeichen von Ärger oder Verachtung persönlicher Art (ohne direkte Verletzung von Rechten, Forderungen oder Wünschen):
   Kritik, Spott, Beschuldigungen
9. Zeichen der Wut oder absichtliche Beleidigungen:
   trotzen, fluchen, drohen, herausfordern, schlagen

Für die Beobachtung und Einstufung des Verhaltens von Vorschulkindern ist dieses System besser geeignet als das Kategoriensystem von Bales, weil die Interaktionen der Vorschulkinder viel weniger aufgabenbezogen sind. Für die Gesamtbeschreibung des Sozialverhaltens der einzelnen Kinder kann man nach folgenden Punkten vorgehen:
1. die Häufigkeit für jeden Punkt der Skala ermitteln,
2. die Summe der Einstufungen auf allen Punkten der Skala ermitteln,
3. die prozentuale Häufigkeit für jeden Punkt der Skala ermitteln,
4. kurze verbale Beschreibung des Sozialverhaltens aufgrund dieser Häufigkeiten.

Aufgaben

1. Welche der beiden Kindergartengruppen aus den Beispielen ist besser integriert?

2. Zeichnen Sie vollständige Soziogramme aller positiven Wahlen der beiden Kinder-gartengruppen.

3. Untersuchen Sie die Verbindungen der im Text genannten Untergruppen aus den bei-den Soziogrammen.

4. Warum ist die Methode von Bales weniger geeignet für die Beobachtung der sozia-len Interaktionen in der Kindergartengruppe?

5. Welche beiden Führungsrollen existieren meistens in einer Gruppe?

4   Sozialisation

Beispiele
1. Am 10. August wurden zwei Kinder geboren, beide Jungen. Das eine Kind wurde in Coventry in Großbritannien geboren, das andere in Köln in der Bundesrepublik Deutschland. Heute sind beide Jungen 13 Jahre alt. Der eine spricht fließend Englisch, der andere fließend Deutsch. Sie können sich nicht miteinander unterhalten. Die Ursache, dass beide eine andere Sprache sprechen, liegt nicht in ihren Sprechorganen, sondern einfach an der anderen sozialen Umgebung, in der sie aufgewachsen sind. Wenn das englische Baby sofort nach der Geburt mit dem deutschen vertauscht worden wäre, würde es heute fließend Deutsch sprechen (und umgekehrt).
2. In einer Untersuchung über die durchschnittliche Höhe der Intelligenz wurde bei der Gesamtbevölkerung ein IQ von 1,01 gefunden. Der durchschnittliche IQ der Landbevölkerung war 0,92, der durchschnittliche IQ der Stadtbevölkerung 1,17. Dieser Unterschied zwischen Stadt- und Landbevölkerung wird nicht auf unterschiedliche Begabung, sondern auf unterschiedliche Umwelteinflüsse zurückgeführt.
3. Eineiige Zwillingspaare wurden kurz nach der Geburt getrennt und von unterschiedlichen Familien adoptiert: der eine Zwilling von einer Akademikerfamilie, der andere von einer Arbeiterfamilie. Nach etlichen Jahren wurde bei beiden die Intelligenz getestet. Es ergaben sich erhebliche Unterschiede im IQ. Diese Unterschiede können nicht durch unterschiedliche Begabung, sondern müssen durch unterschiedliche Umwelteinflüsse erklärt werden.
4. Bei politischen Wahlen wird immer wieder festgestellt, dass in bestimmten Gebieten die eine Partei und in anderen Gebieten eine andere Partei den Wahlsieg davonträgt. So gibt es auch in der Bundesrepublik Deutschland traditionelle Hochburgen der CDU und ebenso traditionelle Hochburgen der SPD. Diese Unterschiede im Wahlverhalten können nicht nur durch Unterschiede in der Persönlichkeit der Wähler erklärt werden, sondern müssen auf die soziale Umgebung, in der die Wähler leben, zurückgeführt werden.

In allen Beispielen geht es darum, die Unterschiede im Verhalten, in Fähigkeiten, in Wertauffassungen zwischen verschiedenen Menschen nicht durch unterschiedliche erbbedingte Anlagen, nicht durch Altersunterschiede, sondern durch unterschiedliche Umwelteinflüsse zu erklären.

Dieser Tatbestand wird häufig „Sozialisation" genannt. Obwohl dieser Begriff eine zentrale Stelle in der Soziologie und in der Sozialpsychologie einnimmt und obwohl man zwar eine vage Vorstellung hat, was damit gemeint ist, gibt es doch große Unterschiede bei der Verwendung dieses Begriffs. Daher ist eine Begriffsklärung notwendig.

4.1 Klärung der Begriffe „Sozialisationsträger, -wirkungen, -prozess, -faktoren"

4.1.1 Sozialisationsträger

Man ist sich darüber einig, dass der Mensch von seiner Geburt bis zu seinem Lebensende in Interaktionen mit den sozialen Gegebenheiten seiner Umwelt steht und dadurch sein Verhalten und sein Erleben beeinflusst wird. Die Sozialisation beschränkt sich also nicht auf das Kindes- und Jugendalter, sondern umfasst das ganze Leben. Es geht bei der Sozialisation um die Auseinandersetzung mit der **sozialen** Umwelt. Was ist darunter zu verstehen?

Zu der sozialen Umwelt gehören nicht die erbbedingten Anlagen des Menschen und seine sogenannte natürliche Umwelt, wie etwa das Klima. Hier taucht aber schon eine Schwierigkeit auf: Was ist **natürliche** Umwelt? Es ist heute kaum noch möglich, von einer natürlichen Umwelt, im Sinne von „nicht durch Menschen beeinflusste Umwelt" zu sprechen. Sofern es diesen Bereich der natürlichen Umwelt gibt, wird er bei dem Tatbestand der Sozialisation ausgeklammert. Die Beeinflussung des Menschen durch seine natürliche Umwelt kann man mit dem allgemeinen Begriff **„Prägung"** bezeichnen[1].

Der Begriff **„Sozialisation"** bleibt der Beeinflussung durch die **soziale Umwelt** vorbehalten.

Zu der sozialen Umwelt gehören nicht nur die Mitmenschen, mit denen der Mensch direkt in Kontakt kommt, sondern auch die Gegebenheiten der Umwelt, die irgendwann von Menschen geschaffen wurden. Durch den direkten Kontakt mit den Gegebenheiten kommt der Mensch *indirekt* mit seinen Mitmenschen in Kontakt.

Beispiel
Wenn man in einem schön angelegten Park spazieren geht, kommt man mit einem Teil seiner sozialen Umwelt in Kontakt, weil der Park keine „natürliche" Gegebenheit ist, sondern von Menschen entworfen und angelegt wurde. Der Städter, der regelmäßig in den Parkanlagen spazieren geht, wird dadurch ganz anders beeinflusst als vom brasilianischen Urwald, den er im Urlaub kennenlernt. Im Park erlebt er nicht die reine Natur, sondern auch den Menschen, der den Park angelegt hat.

Zur sozialen Umwelt gehört somit der ganze Bereich der „Kultur". Darunter versteht man in der Soziologie nicht nur die Produkte von Kunst und Wissenschaft, sondern alle Errungenschaften des Menschen (siehe auch S. 20).
Zu den Errungenschaften des Menschen gehören z.B. der Stadtpark, die Essensgewohnheiten, die technischen Apparate, das Staatssystem, die Rollenerwartungen an Mann und Frau, die Wertvorstellungen, die Sprache usw.
Die Auseinandersetzung mit und die Beeinflussung durch die Kulturgüter werden auch mit dem Begriff **„Enkulturation"** bezeichnet, häufig auch als Teil der Sozialisation angesehen.

---

[1] Hier wird der Begriff der Prägung nicht im Sinne der Verhaltensforschung (Konrad Lorenz) verwendet.

Das zweite Gebiet der Beeinflussung des Menschen durch die soziale Umwelt ist der direkte Kontakt mit Mitmenschen.

Beispiel
Wenn ein Lehrer in der Schule den Schulneulingen das ABC beibringt, dann werden diese Kinder durch direkten sozialen Kontakt beeinflusst.
Wenn ein Vater seinen Sohn davon überzeugt, dass es besser ist, sein Studium fortzusetzen als es abzubrechen, dann findet auch hier eine Beeinflussung durch direkten sozialen Kontakt statt.

Die folgende Skizze versucht diesen Zusammenhang darzustellen:

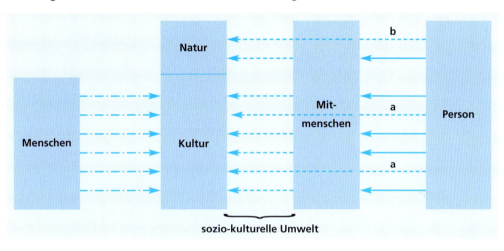

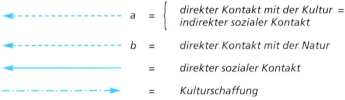

direkter Kontakt mit der Kultur =
indirekter sozialer Kontakt

direkter Kontakt mit der Natur

direkter sozialer Kontakt

Kulturschaffung

■ Die Person steht im direkten Kontakt mit Mitmenschen.
(Das Kind spricht mit seiner Mutter.)
■ Die Person steht im direkten Kontakt mit der Kultur. ←----- a
(Das Kind liest ein Buch.)
Dadurch steht die Person im indirekten Kontakt mit den Mitmenschen, die diese Kultur geschaffen haben.
(Das lesende Kind hat indirekten Kontakt mit dem Autor des Buches.)
■ Der Kontakt zwischen Einzelperson und bestehender Kultur kann direkt geschehen ←--- a
(Das Kind liest das Buch.)
oder indirekt durch die Vermittlung von Mitmenschen.
(Die Mutter erzählt dem Kind aus dem Buch.)

In Bezug auf den **direkten sozialen Kontakt** müssen darüber hinaus noch zwei Aspekte unterschieden werden.

- Die Beeinflussung des anderen durch diesen Kontakt kann bewusst und überlegt geschehen; wir sprechen dann meistens von Erziehung.
- Sie kann aber auch unbewusst, gleichsam spontan und nebenbei geschehen. In einem solchen Falle wird meistens nicht von Erziehung, sondern von Beeinflussung schlechthin gesprochen.

In beiden Fällen geht es um eine Beeinflussung durch direkten sozialen Kontakt und um Sozialisation. Hieraus folgt, dass die Erziehung ein Teilbereich der Sozialisation ist.

Zusammenfassung

Der Mensch wird während seines ganzen Lebens von seiner natürlichen Umgebung beeinflusst: das nennt man Prägung.
Soweit er von seiner sozialen Umgebung beeinflusst wird, nennt man das Sozialisation.
Geschieht diese Beeinflussung durch indirekten sozialen Kontakt, dann wird sie häufig Enkulturation genannt.
Geschieht die Beeinflussung in direktem Kontakt bewusst und geplant, so nennt man das Erziehung.

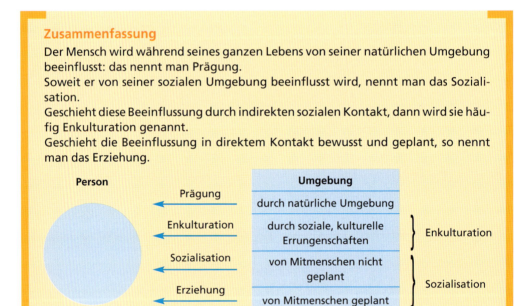

Bisher wurde die Sozialisation von der Seite der Umwelt, die auf den Menschen einwirkt, betrachtet. Dieser Aspekt wird von Fend (1969) **„Sozialmachung"** genannt. Die Teile der Umwelt, die beeinflussen, werden **Sozialisationsträger** genannt.

4.1.2 Sozialisationswirkungen

Beispiele
Die Inuit haben in ihrer Sprache verschiedene Wörter für Schnee, z.B. „nasser Schnee" und „trockener Schnee". Sie können also viel leichter als wir zwischen nassem und trockenem Schnee unterscheiden. Sie haben ein differenzierteres Wahrnehmungsschema.
Unsere Essgewohnheiten zeigen oft eine Vorliebe, z.B. für Schokolade und Tomaten; manchen Indianern schmecken Maniok und Baumwurzeln. Die Geschmacksrichtungen sind durch die soziale Umwelt geprägt.

Die Beispiele zeigen, dass Wahrnehmungsschemata und Geschmacksrichtungen nicht angeboren sind, sondern durch die soziale Umwelt vermittelt werden. Die Resultate der Beeinflussung durch die soziale Umwelt nennt man Sozialisationseffekte oder Sozialisationswirkungen. Diese möglichen Sozialisationswirkungen können alle Verhaltens- und Erlebnisweisen des Menschen betreffen.

Beispiele

Man kann dabei u. a. unterscheiden:
- Fertigkeiten,
- Wissen,
- Denkschemata,
- Motive und Bedürfnisse,
- Norm- und Wertvorstellungen,

- politische und religiöse Einstellungen,
- Gefühle,
- soziale Verhaltensweisen,
- Erziehungsvorstellungen.

Die Übernahme der Norm- und Wertvorstellungen wird meistens als wichtigster Inhalt des Sozialisationsbegriffs angesehen. Hier geht es um die soziale Anpassung. Inwiefern diese Anpassung eine rein passive ist, soll später noch besprochen werden.

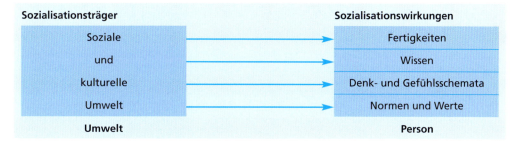

Sozialisationsträger	Sozialisationswirkungen
Soziale	Fertigkeiten
und	Wissen
kulturelle	Denk- und Gefühlsschemata
Umwelt	Normen und Werte
Umwelt	**Person**

4.1.3 Der Prozess der Sozialisation

Bisher wurden zwei Aspekte der Sozialisation betrachtet: die beeinflussende Umwelt und die Wirkung dieser Beeinflussung.
Was ist aber eigentlich der Prozess der Sozialisation? Welche Vorgänge und Prozesse beim Menschen bewirken, dass dieser oder jener soziale Einfluss diesen oder jenen Effekt zur Folge hat?

Beispiel

Mit anderen Worten: Wodurch ist zu erklären, dass das in England geborene Baby nach 13 Jahren fließend Englisch spricht? Muss das Kind Englisch lernen, könnte es sich dagegen wehren, könnte es auch von sich aus eine andere Sprache lernen oder gar eine eigene Sprache?

Hier stoßen wir auf die größten Schwierigkeiten des Sozialisationsbegriffs einerseits und auf die größten Differenzen in den Auffassungen andererseits.

Das Hauptproblem ist die Frage, ob der Mensch in seinem Kontakt zur sozialen Umwelt nur passiv ist. In diesem Fall wird der Mensch von der jeweiligen sozialen Umwelt zu dem gemacht, was er ist. Wenn man aber annimmt, der Mensch sei auch aktiv bei der **Auseinandersetzung** mit der sozialen Umwelt, dann taucht die Frage auf, wie groß der Spielraum dieser eigenen Aktivität ist und – ob es wiederum nicht von sozialer Beeinflussung abhängig ist – in welchem Maße der einzelne Mensch selbst aktiv ist oder sich passiv beeinflussen lässt.

Beispiel
Die soziale Beeinflussung geht sicher nicht so weit, dass alle Kinder von CDU-wählenden Vätern auch selbst CDU wählen. Das Wahlverhalten ist nicht rein passiv, wenn die Kinder durch eigene Aktivität dazu gekommen sind, anders zu wählen als ihre Eltern.
Sind sie durch Einfluss von anderen sozialen Gegebenheiten, die stärker sind als der Einfluss der Eltern, dazu gekommen, so wäre es noch eine rein passive Beeinflussung.
Nehmen wir jedoch an, die soziale Beeinflussung im Wahlverhalten wird aktiv verarbeitet, so bleibt die Tatsache, dass vor allem die Jugendlichen politisch interessiert und engagiert sind, deren Eltern auch politisch interessiert waren. Ist also politische Aktivität oder Passivität eine „passive" Beeinflussung durch das Elternhaus, während die parteipolitische Richtung von der eigenen Aktivität oder von anderen Einflussfaktoren abhängig ist? Oder ist es auch möglich, dass ein Kind von politisch nicht interessierten Eltern von sich aus – ohne andere soziale Einflüsse – politisch interessiert und aktiv wird?
Es geht hier um den Spielraum der eigenen Aktivität.

Bei der Beantwortung dieser Frage gerät man in weltanschauliche Probleme, wie die der Entscheidungsfreiheit und Determiniertheit des Menschen. Die Erfahrungswissenschaften, wie Soziologie und Psychologie von uns verstanden werden, können hier keine endgültigen Antworten geben. Die empirische Forschung kann Wahrscheinlichkeitsbeweise für Zusammenhänge bringen, sie kann außerdem Teilprozesse, die mit der Sozialisation zusammenhängen, erklären. Eine Entscheidung treffen, ob der Mensch frei wählen kann oder vollkommen determiniert ist, kann sie jedoch nicht. Die wichtigsten Sozialisationstheorien werden auf diese Frage unterschiedliche Anworten geben (siehe S. 137 ff.).

Zusammenfassung
Bei dem Tatbestand der Sozialisation ist der Sozialisationsprozess noch am wenigsten geklärt. Die wichtigste Fragestellung dabei ist, inwiefern der Mensch selbst aktiv ist in seiner Auseinandersetzung mit der sozialen Umwelt bzw. inwiefern er passiv beeinflusst wird.

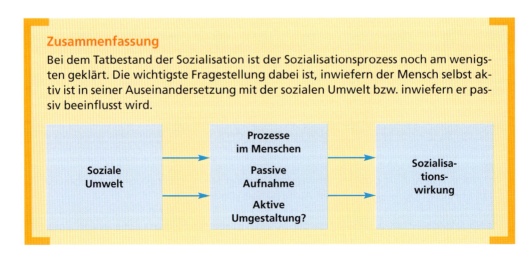

Beschreibungen und Erklärungen der Prozesse der Sozialisation

Mit der Beschreibung der eigentlichen Prozesse, die sich im Menschen bei der Sozialisation abspielen, gerät man in den Bereich der Lernpsychologie. Im Folgenden werden aber nur die Teile der Lernpsychologie besprochen, die für das Lernen von Normen und Werten besonders relevant sind.

Es geht hier um die Lernform, die man „soziales Lernen" nennt. Damit ist gemeint: Lernen in Interaktion mit anderen Menschen. Demgegenüber steht das „individuelle Lernen". Für das soziale Lernen gibt es verschiedene Erklärungsversuche:

Imitationslernen (= Nachahmungslernen)
Lernen durch Imitation oder Nachahmung ist eigentlich keine Erklärung, sondern nur die Beschreibung eines Lernprozesses. Man meint damit, dass ein Kind sich so verhält wie die Mutter, dass es z. B. die Sprache durch Nachsprechen lernt. Das Verhalten eines Menschen wird dem Verhalten seines Modells ähnlich. Welcher psychische Prozess im Menschen diese Ähnlichkeit des Verhaltens mit dem Modell bewirkt, wird damit jedoch noch nicht ausgesagt.

Hat der Mensch das Bedürfnis, das Verhalten des Modells nachzuahmen; führt das bloße Beobachten des Modells zur Nachahmung; gibt es unbekannte psychische Prozesse, die diese Nachahmung bewirken? Auf diese Fragen geben die weiteren Theorien eine Antwort.

Die psychoanalytische Theorie der Identifikation

Der Begriff der Identifikation stammt aus der psychoanalytischen Theorie von Freud. Er bezeichnet damit den Prozess des Sich-gleich-Setzens eines Kindes mit einem Elternteil und der Übernahme seiner Verhaltensanforderungen. Durch die Identifikation entsteht das Über-Ich, das von Freud und vielen anderen Autoren mit „Gewissen" gleichgesetzt wird.
Die Theorie von Freud ist vielfach abgewandelt worden. Geblieben ist bei vielen Autoren die Auffassung, dass **Identifikation stattfindet mit Personen, an die man stark emotional gebunden ist. Dadurch entsteht die Bereitschaft, die Normen und Werte dieser Personen zu übernehmen und deren Verhaltenserwartungen zu entsprechen.**
Außerdem entsteht die Bereitschaft zur Identifikation aus Angst vor Liebesentzug und aus Angst vor Strafe.

Sigmund Freud (1856–1939)

Durch diesen Mechanismus der Identifikation wird erklärt, warum nicht jede Norm und jedes Verhaltensmuster einzeln gelernt, sondern alle Normen und Werte der Bezugspersonen übernommen werden.

Die motivierende Kraft bei dieser Identifikation ist einerseits die Zuneigung zu dem Vorbild, andererseits die Angst vor der Strafe oder dem Verlust der Zuneigung.

133

Internalisierung

Häufig wird der Prozess der Übernahme von Normen und Werten mit Internalisierung oder Verinnerlichung bezeichnet. Damit ist gemeint, dass eine Norm nicht aus Angst vor der Strafe, sondern aus innerlicher Bejahung eingehalten wird. Die Norm muss nicht nur bekannt sein, sie muss auch positiv bewertet werden, eine Übertretung der Norm sollte dann unabhängig von äußerer Strafe Schuldgefühle hervorrufen.

Fend weist darauf hin, dass mit dem Wort Internalisierung ein Vorgang nur beschrieben, nicht erklärt wird. Es wird nicht erläutert, warum ein Kind zuerst nur durch Ermahnung der Eltern seine Hände vor dem Essen wäscht, später aber aus sich selbst heraus, auch dann, wenn niemand seine unsauberen Hände bemerken könnte. Neuere Experimente mit Babys liefern Argumente dafür, dass sie schon gewisse moralische Grundlagen besitzen wie Einfühlung, Beurteilung von Handlungen anderer, Sinn für Gerechtigkeit, Gespür für Altruismus und Gemeinheit (vgl. Bloom, 2010, S. 64).

Soziales Lernen nach den Prinzipien der Lerntheorie

Für das Lernen von Normen und Werten können alle Prinzipien der Lerntheorie zur Erklärung herangezogen werden.

- Nach dem Prinzip der **klassischen Konditionierung** werden bestimmte Verhaltensweisen mit bestimmten emotionalen Reaktionen verbunden. Durch die Bestrafung des Stehlens z. B. entwickelt sich beim Kind eine negative emotionale Reaktion im Zusammenhang mit Stehlen.

- Nach dem Prinzip der **instrumentellen Konditionierung** werden Verhaltensweisen, die verstärkt werden, häufiger auftreten; diejenigen aber, die nicht verstärkt werden, werden gelöscht. So wird ein Jugendlicher sich den Verhaltensnormen seiner Gruppe anpassen, weil er dadurch soziale Anerkennung erfährt.

- Nach dem Prinzip des **kognitiven Lernens** wird ein Kind durch die Erklärungen der Eltern unterscheiden lernen zwischen Verhaltensweisen, die erlaubt und denen, die nicht erlaubt sind. Es wird die Begründung für die Erlaubnis bzw. das Verbot wegen der Konsequenzen selbst einsehen lernen.

- Nach dem Prinzip des **Lernens am Modell,** das erklärt wird durch Beobachtung und stellvertretende Verstärkung, werden die Verhaltensmuster, die Normen und Werte der Bezugspersonen übernommen.

- Nach dem Prinzip der **Generalisierung** wird eine allgemeine Tendenz entstehen, alle Normen und Werte des Modells zu übernehmen.

Für eine weitere Erörterung dieser Lernprinzipien muss auf die Psychologie verwiesen werden. Insgesamt muss man sagen, dass das Lernen von Normen und Werten eine so komplexe Angelegenheit ist, dass es kaum durch ein einziges Lernprinzip erklärt werden kann.

Zusammenfassung

Das Lernen von Normen und Werten wird mithilfe der Prinzipien der modernen Lerntheorie und der Psychoanalyse **erklärt,** mit den Begriffen Imitation und Internalisierung nur **beschrieben.**

4.1.4 Faktoren der Sozialisationsforschung

Mit Faktoren der Sozialisationsforschung sind alle Aspekte dieses Forschungsgebietes gemeint. Die Teilgebiete der sozialen Umwelt, die den Menschen beeinflussen, nennt man Sozialisationsträger, Sozialisationsinstanzen oder auch Sozialisationsagenten.

Beispiele
Diese Teilgebiete sind u. a.:

- die Kultur,
- die Familie,
- der Beruf,
- die Massenmedien,

- die Religion,
- der Erziehungsstil,
- die soziale Schicht,
- die Schule,

- die Freizeitwelt,
- die Gleichaltrigengruppe,
- die Politik,
- der Zeitgeist.

Im folgenden Schema werden verschiedene Teilgebiete der sozialen Umwelt in ihrem Verhältnis zur Person dargestellt.

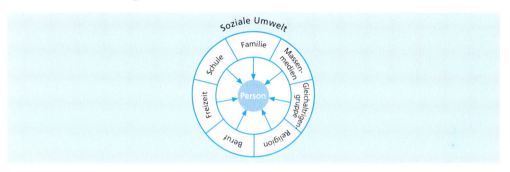

In Wirklichkeit sind die Verhältnisse nicht so einfach. Die einzelnen Teile der sozialen Umwelt sind wiederum eingebettet in ein größeres Ganzes. So ist die Freizeitwelt in der sozialen Mittelschicht anders als in der sozialen Unterschicht, die Familie in einer Industrienation anders als in einem Entwicklungsland.

Diese Beziehungen kann man schematisch so darstellen:

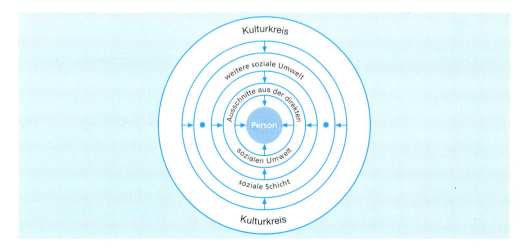

Wie schon gesagt kann man davon ausgehen, dass der Mensch in seiner Auseinandersetzung mit der sozialen Umwelt auch aktiv wird. Dadurch wirkt er wiederum beeinflussend
auf seine soziale Umwelt, mit anderen Worten: Die soziale Umwelt selbst wird durch die
Reaktion des Menschen verändert. Bekannt ist die Tatsache, dass die Reaktionen des Kindes auf das elterliche Erziehungsverhalten das elterliche Erziehungsverhalten selbst beeinflussen.

Auch diesen Vorgang kann man in einem Schema darstellen.

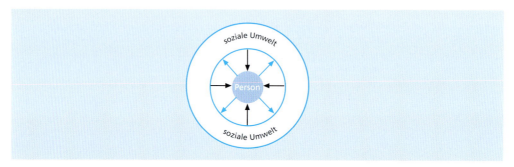

Diese Wechselwirkung zeigt sich bei der Kindererziehung innerhalb der Familie:
Bekannt ist aus Untersuchungen, dass Eltern ihr erstes Kind anders erziehen als die folgenden. Durch die Reaktionen des ersten Kindes auf die Erziehungsversuche wird das
elterliche Erziehungsverhalten verändert.

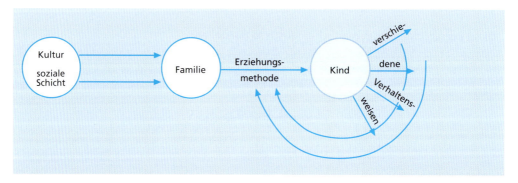

Für die Kindergartenerziehung kann diese Wechselwirkung zwischen Sozialisationsträger und Sozialisationswirkung am folgenden Beispiel des Erziehungsverhaltens deutlich
gemacht·werden:

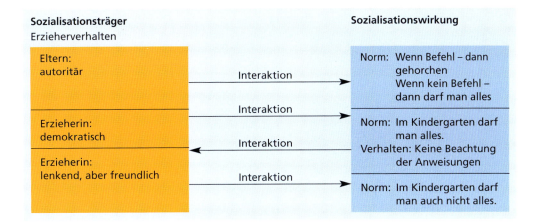

In der bisherigen Sozialisationsforschung wurde diese Wechselwirkung nur wenig untersucht. Die meisten Untersuchungen beziehen sich auf die Beeinflussung des Menschen durch die verschiedenen Sozialisationsträger. Die **verändernde** Wirkung der Reaktionen des Menschen, die zweifellos vorhanden ist, wurde kaum systematisch untersucht. Daher entsteht auch der Eindruck, dass der Mensch die Einwirkung durch die soziale Umgebung passiv erleidet.

4.2 Sozialisationstheorien

Bisher ist versucht worden, die sozialen Gegebenheiten einzeln zu erklären. Im Folgenden werden nun einige übergreifende soziologische Theorien kurz dargestellt. Dass sie erst jetzt und nicht schon am Anfang dieses Buches dargestellt werden, hat auch etwas mit dem Standpunkt des Verfassers dieses Lehrbuches zu tun: Die sozialen Phänomene sind nur vollständig erklärbar, wenn man auch die Prozesse zwischen Menschen, die die sozialen Gegebenheiten hervorbringen, mitberücksichtigt. Die beiden zu besprechenden Theorien sind zwar ein Erklärungsversuch für die ganze soziale Wirklichkeit, betonen aber jeweils einen besonderen Aspekt dieser sozialen Wirklichkeit, nämlich den Prozesscharakter einerseits und den Strukturcharakter andererseits.

4.2.1 Theorie des symbolischen Interaktionismus

Die Theorie des symbolischen Interaktionismus versucht vor allem, den Prozesscharakter der sozialen Wirklichkeit zu erklären, und beschäftigt sich daher vorwiegend mit Interaktion, Rollenübernahme und Sozialisationsvorgängen. Die Bausteine dieser Theorie stammen aus verschiedenen Gebieten der Soziologie und der Psychologie. Die Grundannahmen gehen auf den amerikanischen Soziologen G. H. Mead (1931) zurück. Andere Beiträge zu dieser Theorie stammen aus der Lernpsychologie und der Kommunikationstheorie. Der Grundstein alles Sozialen ist die Interaktion, nicht im Sinne einer Reiz-Reaktionssituation, sondern mit Zwischenschaltung einer Interpretation des Reizes. Diese Interpretation geschieht durch Symbole, meistens die Sprache. Von daher wird sie auch symbolischer Interaktionismus genannt.

Die wichtigsten Aspekte dieser Theorie

George Herbert Mead (1863–1931)

1. In der physisch-psychischen Interaktion mit seiner nächsten Bezugsperson lernt das Kind schon in der vorsprachlichen Periode – vielleicht unbewusst – Verhaltenserwartungen seiner Bezugsperson kennen. Es gibt, mit anderen Worten, dem Reiz eine Bedeutung, bevor es auf ihn reagiert.

Beispiel

Führt die Mutter die Hand des Kindes weg, wenn es an ihrem Ohr zieht, lässt sie es jedoch gewähren, wenn es an der Bettdecke zieht, so wird dem Kind die Verhaltenserwartung der Mutter „Nicht an meinem Ohr ziehen ..." vermittelt. Man kann diesen Vorgang als eine reine Konditionierung interpretieren. Andererseits kann man auch vermuten, dass beim Kind schon eine Interpretation der Handlungsweise der Mutter stattfindet.

2. Vor allem durch die Spracherlernung lernt das Kind Symbole, die die Wirklichkeit vergegenwärtigen, und es kann sich auf diese Weise mit der abwesenden Wirklichkeit auseinandersetzen, d.h. ihr eine Bedeutung verleihen. Durch die Symbole können eine Reihe von Einzelsituationen zusammengefasst werden. Die Bedeutungen der sprachlichen und der nichtsprachlichen Symbole sind im Laufe der Zeit mehr oder weniger „standardisiert" worden. (Siehe auch Kapitel „Kommunikation und Interaktion")

Beispiel

Das Wort „Elite" hat in unserer Gesellschaft für die Menschen, die dieses Wort verwenden, annäherungsweise dieselbe Bedeutung. Wenn man aber die Verwendung dieses Wortes genauer überprüft, wird man feststellen, dass fast jeder seine persönliche Note in dieser Bedeutung anbringt.

Auch die Interaktion zwischen Menschen findet über Symbole statt. Der Name dieser Theorie – „symbolischer Interaktionismus" – liegt, neben der oben genannten Interpretation des Reizes mittels Symbolen, auch in dieser Erkenntnis begründet.

3. Um den Bedeutungsgehalt eines Symbols, das der Interaktionspartner verwendet, zu erfassen, muss der Mensch sich in den anderen hineinversetzen können. Diese Fähigkeit wird häufig „Rollenübernahme", „Perspektivenübernahme" oder „Empathie" (Einfühlungsvermögen) genannt. Für eine erfolgreiche Interaktion ist es nicht nur erforderlich, dass der Empfänger den Bedeutungsgehalt des Symbols für den Sender erfasst, sondern auch, dass er den Bedeutungsgehalt der eigenen Reaktion für den Sender gedanklich vorwegnimmt. Auch dafür ist Perspektivenübernahme erforderlich.

Beispiel

In einer Gruppe von Kindern, die in der Bauecke spielen, fängt ein Kind plötzlich laut zu weinen an. Die Erzieherin überlegt blitzschnell, was es für das Kind bedeutet, wenn sie es in ihre Arme nimmt und streichelt. Ist es für das Kind eine indirekte Anregung, in ähnlichen Situationen immer zu weinen, oder ist es für das Kind eine neue Erfahrung gegenüber zu Hause, wo keiner es tröstet?

Sie nimmt die Interpretation ihrer Handlung durch das Kind gedanklich vorweg und macht von dieser angenommenen Interpretation ihre Reaktion abhängig. Die vorweggenommene Interpretation kontrolliert somit ihr eigenes Verhalten.

Viele Experimente wurden mit Kindern durchgeführt, um die Fähigkeit zur Rollenübernahme zu überprüfen. Die einfachste Form des Experiments sieht folgendermaßen aus: Das Kind sitzt vor einer Schachtel mit verschiedenen Figuren. Zuerst wird es gefragt, was es sieht. Danach muss es beschreiben, was es sehen würde, wenn es an der gegenüberliegenden Seite säße. Ist das Kind dazu in der Lage, dann wird angenommen, es besitze die Fähigkeit zum Perspektivenwechsel bzw. zur Rollenübernahme in Ansätzen.

Bei diesen Überlegungen zu der Fähigkeit zur Rollen- oder Perspektivenübernahme oder Empathie muss Folgendes festgehalten werden: Es geht immer darum, dass der Mensch tut, als ob er den Standpunkt des anderen übernimmt. Das Ergebnis ist nicht die Übernahme des Standpunktes des anderen, sondern des „vermeintlichen" Standpunktes des anderen. Das gilt für Kind und Erwachsenen im gleichen Maße. Wir sehen uns nicht mit den „wirklichen Augen" des anderen, sondern mit den „von uns gedachten Augen" des anderen.

4. Diese Fähigkeit zur Übernahme des Standpunktes des anderen entwickelt sich von der Übernahme des Standpunktes der wichtigsten Bezugspersonen (Vater, Mutter) zu der Übernahme des Standpunktes einer bestimmten Gruppe (Familie, Freundeskreis), bis hin zu der Übernahme des Standpunktes der abstrakten Gesellschaft. Letzteres geschieht, indem das Kind merkt, dass alle einen gemeinsamen Standpunkt haben. G. H. Mead nennt das die Entstehung des „man" oder des **„generalisierten anderen".**

5. Die Übernahme der „vermeintlichen" Standpunkte der anderen hat zweierlei Folgen. Einerseits lernt das Kind dadurch die Verhaltenserwartungen der anderen kennen, es lernt, was richtig und falsch ist. Es lernt die Norm- und Wertvorstellungen der anderen kennen. Soweit es diese Norm- und Wertvorstellungen zu seinen eigenen macht und verinnerlicht, entwickelt es eine eigene Moral und ein eigenes Gewissen. Auf der Entwicklungsstufe des „generalisierten anderen" entsteht die sogenannte „Man-Moral": Man tut dieses, man tut jenes nicht. Andererseits entsteht durch die Übernahme der Perspektive der anderen ein Selbstkonzept. Das kleine Kind guckt gleichsam in einen Spiegel – die Mutter – und sieht in diesem Spiegel sich selbst; es weiß dann erst, wer es selbst ist. Indem das Kind immer mehr das „vermeintliche" Bild, das andere von ihm haben, kennenlernt und dieses Bild zum Objekt seiner eigenen Betrachtungen macht, entwickelt es eine Vorstellung oder ein Konzept von sich selbst. Dieses „Sich-mit-den-Augen-der-anderen-Sehen" ist nach Mead eine wichtige Voraussetzung für die Entwicklung eines Selbstbewusstseins.

6. Das Verhältnis zwischen Individuum und Gesellschaft oder zwischen individueller Eigenheit und sozialer Determiniertheit des Menschen ist der Hauptgegenstand der Theorie des symbolischen Interaktionismus. Die Fragestellung dabei ist: Wie entsteht die Identität des Menschen? Mit Identität ist gemeint, dass der Mensch trotz der wechselnden sozialen Bezüge sich selbst als derselbe erlebt.

   Die Theorie des symbolischen Interaktionismus beantwortet die Frage, indem sie die Entstehung der Identität durch die Interaktion mit anderen erklärt. Vor allem Krappmann (1982) hat betont, dass durch die Prozesse des Interpretierens und Deutens der Erwartungen der anderen, durch die reflexive Haltung diesen Erwartungen und Normen gegenüber sowie durch das gegenseitige Aushandeln der Rollenerwartungen mit den Interaktionspartnern der Mensch eine gewisse Eigenaktivität, Kreativität und Selbstständigkeit diesen wahrgenommenen sozialen Erwartungen gegenüber behält und damit seine Eigenheit oder Identität wahrt.

Er geht noch einen Schritt weiter: Von den Interaktionspartnern wird geradezu erwartet, dass der andere Mensch ihren Erwartungen gegenüber einen eigenen Standpunkt einnimmt. Es gehört also zu der Rolle eines Menschen, sich nicht mechanisch und kritiklos den Rollenerwartungen anzupassen. Dadurch ergibt sich der scheinbare Widerspruch, dass die Teilnahme an Interaktionsprozessen die Voraussetzung ist für die Entstehung der Identität und dass die Wahrung der Identität eine Bedingung ist für die erfolgreiche Teilnahme an Interaktionsprozessen.

7. Die Theorie des symbolischen Interaktionismus geht also von folgenden Thesen aus: Der Mensch verhält sich seinen Rollen gegenüber nicht rein passiv, sondern ist selbst Mitgestalter seines Rollenverhaltens. Der Mensch ist den vorgefundenen sozialen Strukturen nicht untätig ausgeliefert, sondern kann schon die Wahrnehmung dieser Strukturen mit beeinflussen. Schließlich ist die Erwartung, dass der Mensch sich aktiv verhält, ein Teil dieser sozialen Strukturen.

8. Nach dieser Theorie vollzieht sich die Sozialisation des Menschen durch die Teilnahme an Interaktionsprozessen. Hauptziel der Sozialisation ist die Entstehung und Wahrung der Identität, „werden, wer man ist". Wichtige Voraussetzungen für die Teilnahme an Interaktionsprozessen sind: Empathie, Kommunikationsfähigkeit, Reflexionsfähigkeit und Aushalten von Spannungen. Der Auf- und Ausbau dieser Grundqualifikationen wird somit als das allgemeine Ziel der bewussten Sozialisation gesehen.

Kritische Bemerkungen

Wiswede (1985, S. 96) kritisiert die Theorie des symbolischen Interaktionismus:

1. Zentrale Begriffe der Theorie, wie Selbst, Identität, Bedeutungsgehalt usw. seien ziemlich vage und nicht operationalisierbar (operationalisieren heißt: in konkreten Verhaltensweisen = Operationen beschreiben).
2. Die Sachverhalte, die diese Theorie behandelt, seien schon längst ausführlich durch die kognitive Psychologie und durch die Kommunikationstheorie dargestellt.
3. Die Theorie befasse sich mehr mit der subjektiven Verarbeitung der sozialen Umwelt, weniger mit der Analyse der Objekte der sozial-strukturellen Wirklichkeit.

4.2.2 Die strukturell-funktionale Theorie

Talcott Parsons (1902–1979)

Diese Theorie wurde von dem amerikanischen Soziologen Parsons entwickelt. Sie befasst sich vor allem mit dem Bestand und der Erhaltung der sozialen Gegebenheiten, weniger mit ihrer Entstehung und ihrer Veränderung. Die Gesellschaft wird als ein mehr oder weniger geordnetes Ganzes, dessen Teile miteinander in Beziehung stehen, gesehen. Im Mittelpunkt ihrer Betrachtungsweise stehen die Struktur und die Funktion dieser Gegebenheiten.

Mit Struktur ist das relativ dauerhafte innere Gefüge der Gesellschaft gemeint, bestehend aus Positionen, Rollen, Normen, Werten, Kultur, Gruppen, Schichten, Institutionen usw., die miteinander in Beziehung stehen. Das menschliche Handeln wird unter dem Aspekt seiner Regelmäßigkeit aufgrund der oben genannten Strukturen analysiert.

Mit dem Begriff der Funktion ist die Bedeutung der einzelnen Teile für das Ganze gemeint. So haben einzelne Teile wie Familientraditionen, Heiratsregeln, Rollen, Sozialisationsprozesse usw. eine Bedeutung innerhalb des Ganzen. Parsons scheint anzunehmen, dass das Ziel des Ganzen und damit der Bedeutungen der einzelnen Teile eine Art Gleichgewichtszustand ist.

Diese Theorie beschäftigt sich u. a. mit folgenden Fragestellungen der Soziologie: der sozialen Rolle, den Werten und deren Vermittlung, der sozialen Schichtung. (Wir besprechen hier kurz seine Rollen- und Sozialisationstheorie, zur Theorie der sozialen Schichtung siehe S. 151 ff.)

Rollentheorie

Diese Theorie geht davon aus

- dass die Rechte und Pflichten, die mit der Rolle verbunden sind, klar formuliert und bekannt sind;
- dass der Mensch sich in der jeweiligen konkreten Situation nur an einer Rolle orientieren kann;
- dass Rollenkonflikte durchaus durch die Entscheidung für eine Rolle gelöst werden können;
- dass die verschiedenen Interaktionspartner in ihren Auffassungen über die jeweiligen Rollennormen und Rollenerwartungen übereinstimmen;
- dass die jeweiligen Rollenerwartungen mit den Bedürfnissen und Einstellungen der Mitglieder der Gesellschaft und damit der Rolleninhaber übereinstimmen, weil die Mitglieder der Gesellschaft deren Werte durch Sozialisationsprozesse verinnerlicht haben.

Sozialisationstheorie

„Im Prozess der Sozialisation nimmt der Handelnde schrittweise die Erwartungen und Verhaltensmaßstäbe auf, bis diese zu verinnerlichten und selbstwirksamen Motivierungskräften und Zielen für das eigene Handeln eines Menschen werden."
(Hurrelmann, 1986, S. 42)

In der Beschreibung der Prozesse, durch welche die Verinnerlichung der Normen und Werte geschieht, lehnt sich Parsons weitgehend an die psychoanalytische Entwicklungstheorie an.

Die Funktion der Sozialisation ist somit die weitgehende Identifizierung des Individuums mit den Normen und Werten der Gesellschaft.

Kritische Bemerkungen

Wiswede (1985, S. 90–92) macht zu dieser Theorie folgende kritische Bemerkungen:

1. Sie sei eher eine Begriffssammlung als eine echte Theorie.
2. Sie betrachte die Gesellschaft wie einen Organismus. Dieser Vergleich sei nicht zulässig, weil die Gesellschaft als solche keine Ziele haben kann.
3. Man müsse sich fragen, ob die Analyse in positive und negative Funktionen der Teile für das Ganze nicht eine versteckte Wertung enthalte.

4.2.3 Vergleich der beiden Theorien

Vergleicht man die beiden theoretischen Ansätze miteinander, so wird deutlich, dass sie jeweils einen Aspekt der Menschwerdung besonders betonen: die Interaktionstheorie den Aspekt der Eigenleistung des Individuums, die strukturell-funktionale Theorie die Bedeutung des sozial Vorgegebenen. Neuere Theorien über die Sozialisation versuchen beide Aspekte noch stärker miteinander zu verbinden (vgl. Hurrelmann, 1986, S. 62 ff.).

Aufgaben

Was ist der Unterschied zwischen Sozialisation und Erziehung?

Welche Sozialisationsträger wirken im Allgemeinen auf die Kinder einer Kindergartengruppe?

Machen Sie am Beispiel der Schule deutlich, ob die Sozialisation eine rein passive Beeinflussung ist oder ob die Sozialisation auch eine Aktivität derjenigen, die sozialisiert werden, enthält.

Im Folgenden werden einige Texte aus dem Buch von Urie Bronfenbrenner (1972) über die russische Erziehung wiedergegeben:

„Der körperliche Kontakt spielt beim Umgang mit Säuglingen in Russland eine wesentlich wichtigere Rolle als in Amerika. Das beginnt damit, dass das Stillen nachdrücklich empfohlen wird und praktisch alle Mütter diese Empfehlung befolgen. Aber auch, wenn sie nicht gerade gefüttert werden, werden russische Babys oft und lange auf dem Arm gehalten. Dieser Kontakt ist von höchst zärtlicher, aber auch restriktiver Natur. Einerseits wird das russische Kind, im Vergleich zu amerikanischen Babys wesentlich öfter auf den Arm genommen, geküsst und gehätschelt. Andererseits wird das Kind dadurch stärker in seiner Bewegungsfreiheit und die Entfaltung eigener Initiative beschränkt." (Bronfenbrenner, 1972, S. 23–24)

„Die Pflegerin nutzt jeden Augenblick, den sie mit dem Kind verbringt, für die Entwicklung der Sprache. Damit das Kind bestimmte Wörter unterscheiden und verstehen lernt, spricht die Pflegerin mit ihm in kurzen Sätzen, hebt durch die Betonung die wichtigsten Wörter des Satzes hervor, macht eine Pause, nachdem sie zu dem Kind gesprochen hat, und wartet, ob es tut, was von ihm verlangt wurde. ...

Bei der Beschäftigung mit Kindern dieses Alters fördert die Pflegerin das Sprachverständnis und bereichert die Eindrücke des Kindes. Zu diesem Zweck trägt sie das Baby zu verschiedenen Gegenständen und zeigt ihm große, bunte Spielsachen, die Geräusche machen oder aufgezogen werden; acht bis neun Monate alte Kinder ermuntert sie, aus einer Ansammlung von Spielsachen dasjenige auszuwählen, das sie ihnen nennt; um das Kind mit dem Namen der Erwachsenen und der anderen Kinder vertraut zu machen, macht sie Versteckspiele.

Damit das Kind die Wörter lernen kann, die zu bestimmten Handlungen gehören (,Händeklatschen', ,Auf Wiedersehen', ,Gib mir deine Hand', ,Soo groß' usw.), macht sie dem Kind diese Bewegungen mit den entsprechenden Worten vor. Die Pflegerin ermuntert das Kind, sowohl solche Laute, die es schon aussprechen kann, als auch neue zu wiederholen und strukturiert sein Lallen und das Nachsagen einfacher Silben." (Bronfenbrenner, 1972, S. 34–35)

1. Untersuchen Sie, welche Teile der Texte sich auf Sozialisationsträger und welche Texte sich auf Sozialisationswirkungen beziehen.

2. Welche Zusammenhänge zwischen den hier wiedergegebenen Sozialisationsträgern und Sozialisationswirkungen sehen Sie?

5   Soziale Ungleichheit

5.1   Begriffsklärung

Individuelle Unterschiede

Menschen vergleichen sich untereinander auf vielfältige Weise. Der Vergleich bezieht sich immer auf irgendein Merkmal. Sind diese Merkmale solche, die mehr oder weniger unabhängig vom menschlichen Zusammenleben sind, dann werden die Ergebnisse der Vergleichsprozesse, falls Unterschiede festgestellt werden, „individuelle Unterschiede" genannt. Genau genommen handelt es sich dabei jedoch um Unterschiede in Bezug auf „individuelle Merkmale". Durch solche Vergleichsprozesse kommt man zu der Einteilung der Menschen in Rot- und Blondhaarige, in Langschläfer und Frühaufsteher, in körperlich Gesunde und Kranke.

Soziale Unterschiede

Bezieht sich der Vergleich der Menschen untereinander auf ein Merkmal, das sich auf das menschliche Zusammenleben bezieht – soziales Merkmal genannt –, dann ist das Ergebnis der Vergleichsprozesse, falls Unterschiede festgestellt werden, ein „sozialer Unterschied". Genau genommen handelt es sich um Unterschiede in Bezug auf soziale Merkmale. Durch solche Vergleichsprozesse kommt man zu der Einteilung der Menschen in Stadt- und Dorfbewohner, in Katholiken und Protestanten, in Wähler und Nicht-Wähler, in Hauptschüler und Gymnasiasten, in über 3000-EUR-Verdienende und unter 1500-EUR-Verdienende. Dass die Unterscheidung zwischen individuellen und sozialen Merkmalen manchmal sehr schwierig ist, mag aus den genannten Beispielen schon deutlich geworden sein.
Die sozialen Unterschiede zwischen den Menschen sind entweder angeboren oder erworben. Die erworbenen Unterschiede können wiederum durch eigene Tätigkeit angeeignet oder durch andere zugeteilt sein. Beim Letzteren spricht man von Verteilungsprozessen.

Beispiele

Die unterschiedliche Familienherkunft ist angeboren.
Das durchschnittlich unterschiedliche Einkommen von Männern und Frauen ist erworben, sowohl durch eigene Tätigkeit als teilweise auch durch Verteilungsprozesse.
Das hohe Ansehen eines Fernsehstars ist erworben, aber – meistens – durch eigene Tätigkeit.

Die Soziologie ist besonders daran interessiert herauszufinden, wo und welche Verteilungsprozesse stattfinden. Diese Verteilungsprozesse können gewollt oder ungewollt sein, sie können als legitim oder als illegitim angesehen werden.

Bewertung der Unterschiede

Häufig ist mit dem Vergleich auch eine Bewertung im Sinne von besser oder schlechter, höher oder tiefer, mehr oder weniger, bevorzugt oder benachteiligt verbunden. In der Sprache haben wir viele Ausdrücke, die diese Bewertung enthalten, wie beispielsweise Gutsituierte, Hochqualifizierte, Unterprivilegierte usw. Manchmal ist es unklar, ob der sprachliche Ausdruck eine bloß objektive Feststellung ist oder auch eine subjektive Bewertung enthält, wenn beispielsweise von Armen und Reichen, hohen und niedrigen Einkommen die Rede ist. Die Bewertung kann sich beziehen auf die oben genannten „individuellen" und „sozialen" Unterschiede. Werden die „individuellen" Unterschiede bewertet, dann werden sie, wenigstens indirekt, auch zu „sozialen" Unterschieden.

Beispiel
Die Verteilung der Bevölkerung eines Staates in Weiße und Farbige ist zunächst eine objektive Unterscheidung nach dem Merkmal der Hautfarbe. Ist mit dieser Unterscheidung eine Bewertung von „mehr und weniger erwünscht" verbunden, dann ist der Unterschied zwischen Weißen und Farbigen auch ein sozialer Unterschied.

Entstehung der Bewertungen

Was für den einzelnen Menschen erstrebenswert und damit wertvoll ist, hängt einerseits mit seinen Grundbedürfnissen zusammen. Diese sind jedoch wiederum vielfältig sozial beeinflusst, sodass es also kaum möglich ist, zwischen rein individuellen und sozial bedingten Bedürfnissen zu unterscheiden. Auch die Unterscheidung zwischen angestrebten Zielen und angestrebten Mitteln zur Erreichung dieser Ziele ist kaum zu leisten. Somit ist von vornherein anzunehmen, dass sich nicht alle Menschen über das Wertvollste einig sind, dass – mit anderen Worten – nicht alle Menschen dieselben Wertmaßstäbe benutzen. Andererseits hat jede Gesellschaft oder Kultur bestimmte allgemeine Wertmaßstäbe entwickelt, über die sich alle mehr oder weniger einig sind. Die meisten Menschen werden diese Wertmaßstäbe bewusst oder unbewusst übernehmen. Die Bewertung bestimmter sozialer Merkmale kann sich auch verselbstständigen, sodass mit einem bestimmten Merkmal ein höheres Prestige verbunden wird, ohne dass der Zusammenhang dieses Merkmals mit der Erreichung eines angestrebten Zieles vorhanden ist. So kann mit der Berufsbezeichnung Beamter eine höhere Bewertung verbunden sein als mit der Berufsbezeichnung Arbeiter.

Wie unterschiedlich in den verschiedenen Kulturen und Gesellschaften die allgemeinen Werte sind, mag an folgenden Beispielen deutlich werden.

Beispiele
In Abstammungsgesellschaften war die Familienherkunft sehr wichtig.
In der mittelalterlichen Gesellschaft waren religiöse Werte sehr geachtet.
In unserer Gesellschaft wird Leistung sehr hoch bewertet.

Zusammenhänge zwischen Werten und sozialen Unterschieden

Menschen unterscheiden sich voneinander in ihren Wertvorstellungen. Weil diese Wertvorstellungen fast immer mit dem menschlichen Zusammenleben zu tun haben, sind diese Unterschiede nicht nur individuelle Unterschiede, sondern auch soziale Unterschiede bzw. Unterschiede in sozialen Merkmalen. Diese Unterschiede in den Wertvorstellungen können wiederum bewertet werden. Sie führen dann zu sozialer Ungleichheit auf der Dimension der Wertmaßstäbe. So kann es sein, dass in unserer Gesellschaft von der Mehrzahl der Bevölkerung „Gewalt als Methode der Konfliktlösung" abgelehnt wird, während von einer Minderheit diese Konfliktlösemethode befürwortet wird. In der Gesellschaft haben die „Gewaltfreien" einen höheren Stellenwert als die „Gewaltbereiten".

Beispiele

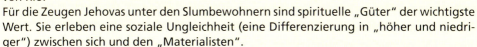

Für die Mehrzahl der Slumbewohner in Rio de Janeiro sind materielle Güter der wichtigste Wert. Sie erleben eine soziale Ungleichheit zwischen sich und den Industriebossen von Rio.

Für die Zeugen Jehovas unter den Slumbewohnern sind spirituelle „Güter" der wichtigste Wert. Sie erleben eine soziale Ungleichheit (eine Differenzierung in „höher und niedriger") zwischen sich und den „Materialisten".

Soziale Ungleichheit

Werden die sozialen Unterschiede zwischen den Menschen bewertet, dann entsteht eine Rangordnung der Menschen nach höher und tiefer, auch vertikale Differenzierung genannt. In der Soziologie wird dieses Phänomen heute häufig als soziale Ungleichheit bezeichnet.

Die Bewertung der Unterschiede ist nicht nur eine rein subjektive, d. h. durch die eigenen Wertmaßstäbe der bewertenden Person bestimmte Ungleichheit , sondern auch eine „objektive" Bewertung, indem nach den objektiven Gegebenheiten die Chancen zur Erreichung der allgemein anerkannten Ziele der Gesellschaft ungleich sind. Es geht um das Ausmaß an Chancengleichheit bei einer bestimmten Ausgangslage. Wie frei bzw. wie festgelegt ist man bei einer bestimmten Ausgangslage? Ist die Wahl zwischen der Lektüre von Harry Potter und Shakespeare abhängig von der sozialen Ausgangslage? Ist die Entscheidung für die Religion des Buddhismus oder des Christentums mitbestimmt durch die soziale Ausgangslage? Die Menschen unterscheiden sich häufig hinsichtlich ihrer Position in den Startlöchern, ihre Chancen sind nicht gleich. Soziale Ungleichheit setzt also voraus,

a) dass sich die Menschen in Bezug auf ein soziales Merkmal unterscheiden,

b) dass diese Unterschiede bewertet werden,

c) dass eventuell die „objektiven" Chancen zur Zielerreichung unterschiedlich sind.

Grundsätzlich gibt es in einer Gesellschaft so viele Rangordnungen wie es bewertete soziale Unterschiede gibt. Man kann also in der Bundesrepublik Deutschland die Menschen in eine Rangordnung bringen nach den Merkmalen Einkommen, Vermögen, Macht über andere, Bildung, Wohngegend usw. Daraus ergibt sich folgende Definition:

Unter sozialer Ungleichheit wird die gesellschaftlich hervorgebrachte, relativ dauerhaft vorgegebene Struktur ungleicher Verteilung, knapper und begehrter, materieller und immaterieller Ressourcen auf die Mitglieder einer Gesellschaft verstanden, die die Befriedigung allgemein akzeptierter Lebensziele beeinflusst (vgl. Hurrelmann/Ulich, 1991, S. 255).

Dimensionen der sozialen Ungleichheit

Grundsätzlich gibt es in einer Gesellschaft so viele Rangordnungen wie es bewertete soziale Unterschiede gibt. Zur Erforschung der sozialen Ungleichheit muss die Soziologie zunächst feststellen, welche sozialen Unterschiede bewertet werden oder, mit anderen Worten, welche die begehrten und angestrebten Ziele und Mittel zur Erreichung dieser Ziele bei den Gesellschaftsmitgliedern sind. Sie kann diese einerseits aus den Grundbedürfnissen theoretisch ableiten, andererseits durch empirische Untersuchungen beobachten und erfragen. Bisher hat sich die Soziologie hauptsächlich auf folgende Merkmale, als die wichtigsten Dimensionen der sozialen Ungleichheit, beschränkt: Einkommen und Vermögen, Bildung, Macht, Berufsprestige. In der neueren soziologischen Literatur werden folgende Merkmale zunehmend mitberücksichtigt: Geschlecht, Arbeitsplatzbesitz, Arbeitsbedingungen, soziale Sicherheit, Wohnbedingungen, nationale Herkunft.

Es gibt zunehmend Forschungsrichtungen in der Soziologie, die immateriellen Werte, auch kulturelle Werte genannt, als Merkmale der sozialen Unterschiede untersuchen. Insofern diese Unterschiede in Bezug auf immaterielle oder kulturelle Werte wiederum bewertet werden, sind diese Unterschiede eine Form von sozialer Ungleichheit.

Immer wieder wird die Frage gestellt, wie diese verschiedenen Merkmale zusammenhängen, ob es ein Hauptmerkmal gibt, von dem die anderen nur als Bedingung abhängen, oder ob verschiedene Merkmale voneinander unabhängig sind. Meistens wird für unsere Gesellschaft folgender Zusammenhang gesehen: Die Ausbildung ist Bedingung für die Berufsposition, diese wiederum für das Einkommen. Aber es kann auch komplizierter sein: Das Einkommen ist Bedingung für die Ausbildung, diese wiederum für die Berufsposition, diese wiederum für das Einkommen.

Wenn die Unterschiede nicht bewertet werden, spricht man von horizontaler Differenzierung. Die Menschen sind dann eben hinsichtlich bestimmter sozialer Merkmale anders, nicht ungleich. Man versucht diese Unterschiede zu beschreiben mit dem Begriff: „soziale Lage". Bei der Verwendung dieses Begriffes in der Soziologie ist es nicht immer deutlich, ob damit nur die Andersartigkeit oder auch die Chancenungleichheit im Gesamtgefüge gemeint ist.

Statuskonsistenz und Statusinkonsistenz

Vergleicht man verschiedene solcher Rangordnungen miteinander, dann ist es möglich, dass ein und dieselbe Person sich bei allen Rangordnungen auf der gleichen Stufe befindet oder denselben Status hat. In dem Falle spricht man von Statuskonsistenz. Wenn ein und dieselbe Person sich in verschiedenen Rangordnungen auf unterschiedlichen Stufen befindet, spricht man von Statusinkonsistenz.

Beispiele

Ein arbeitsloser, von Arbeitslosengeld II lebender Lehrer befindet sich in der Rangordnung nach dem Merkmal Bildung auf einer höheren Stufe, in der Rangordnung nach dem Merkmal Einkommen auf einer niedrigeren Stufe; von daher kann man hier von Statusinkonsistenz sprechen.

Ein leitender Angestellter mit einer akademischen Ausbildung befindet sich in den Rangordnungen nach den Merkmalen Macht und Ausbildung auf der gleichen Stufe; somit ist hier von Statuskonsistenz die Rede.

Begriffe und Modelle zur Beschreibung der sozialen Ungleichheiten

Die Soziologie hat folgende Begriffe und Modelle zur Bezeichnung der sozialen Unterschiede in verschiedenen Gesellschaften entwickelt: Kaste, Stand, Klasse, Schichtung, soziale Lage, soziales Milieu. Einige dieser Modelle und Begriffe werden in den folgenden Kapiteln dieses Buches näher besprochen.

Soziale Schichtung

Wenn die Menschen in einer Gesellschaft sich so verteilen, dass jeweils eine Anzahl von ihnen zusammengefasst werden kann, so spricht man in der Soziologie von **sozialer Schichtung.** Die Zusammenfassung erfolgt nur, wenn die jeweiligen Menschen in den verschiedenen Rangordnungen in etwa die gleiche Stufe einnehmen und deutlich abzugrenzen sind von anderen Teilen der Bevölkerung, die eine andere Stufe in den verschiedenen Rangordnungen einnehmen.

Das Wort „Schicht" ist der Geologie entnommen. Die Erdkruste besteht aus verschiedenen Lagen oder Schichten, die aufeinanderliegen. So stellt man sich die Menschen in der Gesellschaft auch in verschiedenen aufeinandergetürmten „Schichten" vor. Eine Schicht befindet sich ganz unten, andere Schichten in der Mitte und eine Schicht ganz oben. Man spricht von einem sozialen „Höher" und „Tiefer". Mit „Höhe" und „Tiefe" ist hier dann die Bewertung durch andere Menschen gemeint.

Bei der Verwendung des Begriffes „soziale Schichtung" in der Soziologie geht man häufig davon aus, dass die meisten Menschen in den verschiedenen Rangordnungen einen ähnlichen Status haben (Statuskonsistenz) oder dass es eine Hauptrangordnung gibt (meistens Berufsprestige-Rangordnung) und dass es auf der Rangordnungsskala nicht nur fließende Übergänge, sondern auch gewisse Zusammenballungen gibt. Menschen, die zu einer bestimmten Schicht gehören, stimmen miteinander in gewissen Denk- und Verhaltensweisen überein; man geht sogar von einem Gemeinschaftsbewusstsein aus.

Ob es soziale Schichten in dieser Form in unserer Gesellschaft gibt, muss durch empirische Untersuchungen geklärt werden. Die heutigen Standpunkte sind unterschiedlich; einige Autoren (z.B. Herz) betonen die nach wie vor bestehende soziale Schichtung in der Bundesrepublik Deutschland, andere (z.B. Bolte, Zingg) verwenden nur noch den Begriff „soziale Ungleichheit": Wenn der Begriff „soziale Schichtung" hier noch verwendet wird, wird damit nicht ausgeschlossen, dass die sozialen Differenzierungen und deren Bewertung vielfältiger sind als eine Einteilung in drei oder fünf Schichten.

Möglichkeiten zur Änderung der sozialen Ungleichheiten

Die sozialen Ungleichheiten in der Gesellschaft entstehen durch die Bewertung der sozialen Unterschiede. Diese Bewertungen sind von den Vorstellungen, was wertvoll ist, abhängig. Es gibt grundsätzlich zwei Weisen, die sozialen Ungleichheiten zu ändern.

Der eine Weg ist, dass man das Wertvolle anders verteilt. Man kann daran arbeiten, immer mehr Menschen an dem Wertvollen teilhaben zu lassen bzw. Menschen, die viel vom Wertvollen besitzen, etwas abzunehmen.

Ist eine gute Ausbildung sehr wertvoll, dann kann man für gleiche Chancen auf eine gute Ausbildung sorgen.

Ist Vermögen besonders wertvoll, dann kann man für eine breite Streuung des Besitzes von Sach- und Geldvermögen sorgen.

Die zweite Möglichkeit zur Veränderung der sozialen Ungleichheit besteht darin, dass die Bewertungsmaßstäbe der Menschen untereinander verändert werden. Durch Wandel der Wertmaßstäbe werden die Rangordnungen neu vergeben.

Einige Soziologen (vgl. Herz, 1983, S. 252 ff., 281ff.) meinen, bei einem Teil der Bevölkerung habe ein Wandel von materiellen zu postmateriellen Werten stattgefunden. Materielle Werte sind z. B. wirtschaftliches Wachstum, stabile Wirtschaft, starke Verteidigung, Ruhe und Ordnung oder Eindämmung der Kriminalität. Postmaterielle Werte sind Mitbestimmung im Betrieb und in der Gemeinde, eine menschlichere Gesellschaft, eine schönere Umwelt, Redefreiheit, eine Gesellschaft, in der Ideen mehr zählen als Geld.

Wenn es aber, wie oben erwähnt, menschliche Grundwerte gibt, dann wird diese zweite Möglichkeit zur Veränderung der sozialen Ungleichheit nur in begrenztem Maße möglich sein. Die vorher erwähnten postmateriellen Werte sind demnach nicht als ein echter Wertewandel, sondern als ein Bewusstwerden von „neuen Werten" auf der Basis der Verwirklichung der materiellen Werte zu sehen.

Aufgabe

Bei einigen Banken in den Niederlanden wird die Vergabe von Krediten von der Postleitzahl des Kredit-Beantragers abhängig gemacht. Die Postleitzahl weist hier nicht nur auf den Wohnort, sondern auch auf die Wohnstraße des Betreffenden hin. Welche der oben genannten Unterschiede und Bewertungen spielen hierbei eine Rolle?

In folgender Übersicht werden diese Zusammenhänge schematisch dargestellt. Die Größen der Kästchen entsprechen nicht notwendigerweise der Wirklichkeit.

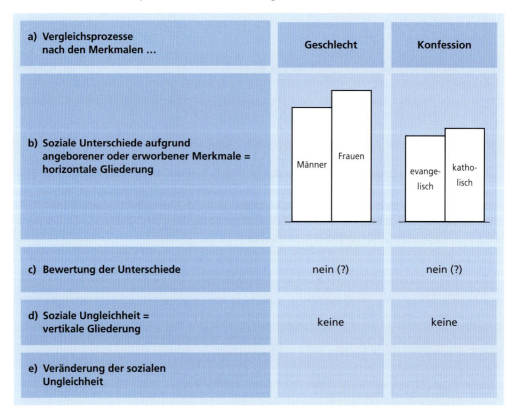

a) Vergleichsprozesse nach den Merkmalen ...	Geschlecht	Konfession
b) Soziale Unterschiede aufgrund angeborener oder erworbener Merkmale = horizontale Gliederung	Männer / Frauen	evangelisch / katholisch
c) Bewertung der Unterschiede	nein (?)	nein (?)
d) Soziale Ungleichheit = vertikale Gliederung	keine	keine
e) Veränderung der sozialen Ungleichheit		

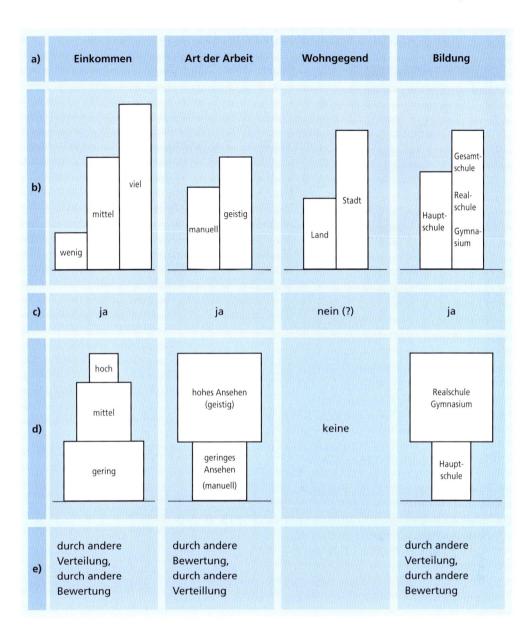

5.2 Theorien zur sozialen Ungleichheit

Bei der Begriffsklärung wurden schon viele Ansätze zur Erklärung der Entstehung und Veränderung der sozialen Ungleichheit oder der sozialen Schichtung besprochen. Hier werden zwei umfassende Theorien, die in der Soziologie eine große Bedeutung gehabt haben und teilweise noch haben, kurz dargestellt.

5.2.1 Marx' Theorie des Klassenkonflikts

Karl Marx (1818–1883)

Die wichtigsten Gesichtspunkte der Gesellschaftstheorie von Karl Marx können in sechs Punkten zusammengefasst werden:

1. Die Produktionsverhältnisse bzw. der Besitz oder Nicht-Besitz von Produktionsmitteln haben die größte Bedeutung in der Gesellschaft. Dadurch bilden sich in der Industriegesellschaft zwei Klassen von Menschen heraus: die Besitzenden, das sind die Unternehmer, und die Besitzlosen, das sind die Arbeiter. Das tatsächliche Einkommen und der Konsum sind in der Theorie von Marx von geringerer Bedeutung.
2. Die Besitzer der Produktionsmittel eignen sich den Mehrwert der Arbeit an und vermehren dadurch das Kapital. Praktisch bedeutet das, dass der Unternehmer mehr Geld für sein Produkt bekommt, als er an Lohn an die Arbeiter auszahlt.
3. Durch diese Aneignung des Mehrwertes bekommt der Unternehmer immer mehr Macht über die Arbeiter und es entsteht nach Marx ein Verhältnis der Ausbeutung, das zur Verelendung führt. Der soziale Konflikt ist in diesem System vorprogrammiert.
4. Indem die Arbeiter sich dieser Situation bewusst werden, solidarisieren sie sich untereinander, dadurch entsteht ein Klassenbewusstsein.
5. In der Folge wird die Arbeiterschaft politisch handlungsfähig. Dies führt zum Klassenkampf, der mit der Enteignung des Besitzes der Produktionsmittel endet. Dann entsteht die klassenlose Gesellschaft.
6. Die anderen Mitglieder der Gesellschaft, wie Landwirte, Händler, selbstständige Handwerker, die zunächst weder der Seite der Unternehmer noch der der Arbeiter zuzuordnen sind, werden im Zuge des sich verschärfenden Klassenkonfliktes ins Proletariat (= Arbeiterschaft) übergehen.

Die von Marx vorausgesagte Entwicklung der Industriegesellschaft hat sich nicht in allen Aspekten bestätigt. In folgenden Punkten ist die Entwicklung anders gelaufen:

1. Nicht die Privateigentümer allein bestimmen die Produktionsverhältnisse, sondern anonyme Aktiengesellschaften und teilweise deren hochqualifizierte Manager.
2. Die Arbeiterschaft ist im Laufe der Zeit nicht zu einer einheitlichen solidarischen Klasse geworden, sondern hat sich hinsichtlich Qualifikation, Bildung und Wissen weiter differenziert. Weiterhin hat sich zwischen die beiden Klassen eine neue Gruppe von Beamten und Angestellten geschoben, deren Position an Bedeutung zugenommen hat.
3. Die von Marx vorausgesagte Abnahme der sozialen Mobilität (Auf- und Abstieg von der einen Klasse in die andere) hat sich nicht bewahrheitet.
4. Die alles bestimmende Rolle des Klassenkonfliktes in der Industriegesellschaft hat sich nicht bestätigt. Auch andere Konflikte, kulturelle, religiöse oder Interessengegensätze zwischen Landwirten und städtischer Mittelschicht, haben die Entwicklung der Gesellschaft entscheidend mitgeprägt.
5. Im Rückblick zeigt sich, dass marxistische Ideen wesentlich dazu beigetragen haben, den Kapitalismus zu „zähmen"; er tritt uns heute als „soziale Marktwirtschaft" gegenüber. Die Sozial- und Wirtschaftspolitik ist seit Bismarcks Zeiten immer auch darauf ausgerichtet, Verelendung zu verhindern. Der alte Mittelstand hat selbst im Abstieg ein eigenes Bewusstsein beibehalten, beispielsweise besondere Ausbildungs- und Auf-

stiegsambitionen für seine Kinder. Zudem hat sich ein breites Spektrum „neuer Mittelschichten", Angestellte, qualifizierte Dienstleistungsberufe u. a., gebildet. Vor allem aber hat die Institutionalisierung des industriellen Konfliktes zwischen Arbeitnehmern und Arbeitgebern zur Entschärfung des Klassenkonfliktes beigetragen. Der „Klassenkampf" findet weitgehend in Tarifverhandlungen oder im Aufsichtsrat am runden Tisch statt. Gewerkschaftliche und politische Interessenvertretung, die verfassungsmäßige Tarifautonomie, das Arbeitsrecht, Arbeitsschutz- und Arbeitssicherheitsgesetze, betriebliche und überbetriebliche Konfliktverhandlungsgremien, Betriebsräte, Schlichtungsausschüsse, Arbeitsgerichte – sie alle haben die Explosivität des Konfliktes eingedämmt, verrechtlicht und in geregelte Bahnen gelenkt (vgl. Biermann, 1992, S. 183).

5.2.2 Die funktionalistische Theorie der sozialen Schichtung nach Parsons

Die wichtigsten Gesichtspunkte der funktionalistischen Theorie des amerikanischen Soziologen Parsons, die von Davis und Moore weiterentwickelt wurde, sind folgende:
1. Das Verhalten der Gesellschaftsmitglieder wird mit Erwartungen konfrontiert und bewertet. Ohne Bewertung gäbe es nach Parsons keine sozialen Schichten oder Klassen. Für Marx sind die ökonomischen Verhältnisse die Grundlage für die sozialen Klassen, für Parsons sind die Bewertungsprozesse die Grundlage für die sozialen Schichten. Es ist wohl leicht nachzuweisen, dass Bewertungsprozesse in der Theorie von Marx eine zentrale Rolle spielen, auch wenn sie nicht ausdrücklich erwähnt werden.
2. Die Bewertung erfolgt aufgrund von Kriterien, die von der Mehrheit der Gesellschaftsmitglieder geteilt werden. Ein wichtiges Kriterium ist nach Parsons für die Industriegesellschaft amerikanischen Typs die Leistung im Beruf. Diese wird honoriert mit Geld und Ansehen. Die Bedeutung der beruflichen Leistung ist wiederum abhängig von ihrem Beitrag zur Entwicklung und Wohlfahrt der Gesellschaft.
3. Durch diese von der Mehrheit der Gesellschaft anerkannten Werte und die dadurch entstehende hierarchische Gliederung hat die soziale Schichtung eine integrative, d.h. eine verbindende Funktion. Bei der Theorie von Marx ist der Konflikt wesentlich mit dem Klassenunterschied verbunden.
4. Die Entwicklung der Gesellschaft geht in Richtung immer größerer rechtlicher Gleichheit der Menschen: Im 18. Jahrhundert werden Bürgerrechte (Gleichheit vor dem Gesetz) gewährt, im 19. Jahrhundert politische Rechte (allgemeines Wahlrecht), im 20. Jahrhundert soziale Rechte (Recht auf Bildung, Recht auf soziale Sicherung).
5. Die ungleiche Bewertung von Berufspositionen erfolgt aufgrund der für die Positionen erforderlichen unterschiedlichen Qualifikationen und der für die Position zur Verfügung stehenden Bewerber (nach Davis und Moore).

Die wichtigste **Kritik** an dieser Theorie wird von Bolte (1984, S. 48) in drei Punkten zusammengefasst:
1. Der Annahme, dass für die wichtigsten Berufspositionen nur wenige qualifizierte Bewerber zur Verfügung stehen, wird durch die empirischen Untersuchungen über die „Begabungsreserve" widersprochen.
2. Der Annahme, dass soziale Positionen im freien Wettbewerb errungen werden, wird durch die Forschungen über unterschiedliche Bildungschancen widersprochen.
3. Die These, dass in der Gesellschaft die wichtigsten Positionen mit den höchsten Belohnungen verbunden werden, ist empirisch nicht belegt und wird in bestimmten Fällen (z. B. Showbusiness) widerlegt.

5.2.3 Neue Theorien

Durch die Kritik an diesen beiden klassischen Theorien der sozialen Ungleichheiten, mit bedingt durch die Entwicklungen in der Gesellschaft, sind in den letzten 30 Jahren andere theoretische und empirische Ansätze entstanden, um die sozialen Unterschiede in der Gesellschaft zu erforschen, zu beschreiben und zu erklären.

Mit Theorien sind einerseits Erklärungen für das Entstehen der Unterschiede gemeint, andererseits Vorhersagen über die Entwicklung der Unterschiede und den Folgen der Unterschiede. Meistens sind diese neuen Ansätze aber eher Beschreibungen der tatsächlichen Verhältnisse, weniger Annahmen über Ursache-Wirkungszusammenhänge. Diese neueren Ansätze sind sparsamer mit der Verwendung des Begriffes „soziale Ungleichheit", weil es nicht immer deutlich ist, ob mit diesen sozialen Unterschieden auch eine Bewertung verbunden ist.

Die Vorsicht in der Bewertung zeigt sich auch in der Terminologie. Man spricht von Unterschieden in der Lebensführung, im Lebensstil, man spricht von unterschiedlichen „sozialen Milieus", man spricht von Unterschieden in der „sozialen Lage".

Diese neueren Ansätze in der Forschung sind teilweise auch durch die verschiedenen Forschungsinteressen bestimmt. So ist die Marketing- und Konsumforschung an erster Stelle an den Unterschieden in den Konsumgewohnheiten interessiert. Insoweit die Konsumgewohnheiten auch durch materielle Güter und durch kulturelle Wertvorstellungen bestimmt werden, werden diese in die Untersuchungen miteinbezogen. Die politischen Parteien sind an dem Wahlverhalten interessiert. Insofern immaterielle Werte das Wahlverhalten beeinflussen, werden auch diese Faktoren miterforscht. Einige Forschungsrichtungen sind mehr oder weniger vom rein „wissenschaftlichen Interesse" geleitet und beschreiben dann hauptsächlich die Entwicklung bzw. die Veränderungen in der Gesellschaft. Diese werden dann häufig mit einem hervorstechenden Merkmal dieser Veränderung charakterisiert. So sprach man früher von der „Leistungs-Gesellschaft", später von der „Konsum-Gesellschaft", in den achtziger Jahren von der „Risiko-Gesellschaft" (Beck), in den neunziger Jahren von der „Erlebnis-Gesellschaft" (Schulze). Andere hervorstechende Merkmale beschreiben mehr den Prozess der Veränderung in der Gesellschaft, wie „Individualisierung" der Gesellschaft, „Wertewandel" der Gesellschaft, „Globalisierung" der Gesellschaft, „postmoderne" Gesellschaft. Bei der Darstellung der verschiedenen Dimensionen der sozialen Unterschiede werden einige dieser neueren Forschungsrichtungen näher besprochen werden.

5.3 Die soziale Ungleichheit in Deutschland

5.3.1 Die soziale Ungleichheit in der vorindustriellen Gesellschaft

Die soziale Ungleichheit in unserer Gesellschaft ist von der vorindustriellen Gesellschaft zu unterscheiden, obwohl sie aus ihr gewachsen ist. Zum besseren Verständnis der sozialen Schichtung der Industriegesellschaft wird hier kurz ihre Vorgeschichte skizziert.

Bis zum Beginn der Industrialisierung war unsere Gesellschaft eine Standesgesellschaft. Unter „Stand" wird eine rechtlich mit Privilegien und Pflichten ausgestattete und für bestimmte Aufgaben in der Gesellschaft vorgesehene Gruppierung von Menschen verstanden. Die drei Hauptstände des Mittelalters waren die Geistlichkeit, der Adel und das Volk.

Innerhalb dieser Stände bestanden verschiedene Untergruppen, die mit genau bestimmten Rechten und Pflichten ausgestattet waren.
Die Standeszugehörigkeit wurde im Wesentlichen durch die Herkunft bestimmt. Etwas vereinfacht kann man den Statusaufbau durch das Pyramidenmodell darstellen (vgl. König, 1985, S. 248).
Hieraus wird ersichtlich, dass der größte Teil der Bevölkerung zur sozialen Unterschicht gehörte. Die Mittelschicht wurde von einem kleineren Teil gebildet, während zur Spitze nur wenige Prozent der Bevölkerung zählten.

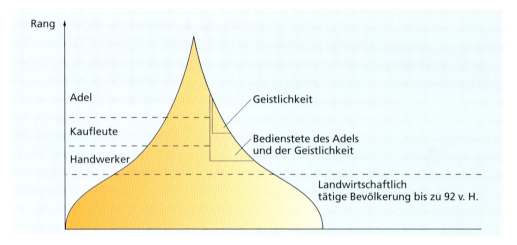

Diese Standesgesellschaft blieb grundsätzlich bis ins 19. Jahrhundert bestehen. Durch die Industrialisierung veränderte sich die Gesellschaftsordnung allmählich.

- Aus der Schicht der Bürger stiegen einige zu Reichtum gekommene Gruppen in die soziale Position der grundbesitzenden Adligen auf.
- Andere Gruppen der Bürger, vor allem Handwerksleute und Kleinkaufleute, verloren ihre ökonomische Selbstständigkeit und sanken in den Rang der Industriearbeiterschaft.
- Ein Teil der Bauern wurde selbstständig und stieg in die Mittelposition auf.
- Ein anderer Teil der Bauern sank ab in die Land- oder Industriearbeiterschaft.

Die Herkunft verlor als Schichtmerkmal an Bedeutung; Leistung und materieller Besitz wurden wichtiger.

5.3.2. Untersuchungen zur sozialen Ungleichheit

Für die Beschreibung der Merkmale der Bevölkerung der Bundesrepublik Deutschland sind die fünf wichtigsten Datenquellen:

1. Die allgemeine Bevölkerungsumfrage der Sozialwissenschaften (ALLBUS)[1]

Mit der Allgemeinen Bevölkerungsumfrage der Sozialwissenschaften (ALLBUS) werden aktuelle Daten über Einstellungen, Verhaltensweisen und Sozialstruktur der Bevölkerung in der Bundesrepublik Deutschland erhoben. Seit 1980 wird alle zwei Jahre ein repräsentativer Querschnitt der Bevölkerung mit einem teils stetigen, teils variablen Fragenprogramm befragt. In Bezug auf die soziale Schichtzugehörigkeit werden dabei folgende Fragen gestellt: Es wird heute viel über die verschiedenen Bevölkerungsschichten gesprochen. Welcher Schicht rechnen Sie sich selbst eher zu: der Unterschicht, der Arbeiterschicht, der Mittelschicht, der oberen Mittelschicht oder der Oberschicht? Dabei haben bei der Befragung in 2008 in etwa 1,6 % der Befragten eine Einstufung abgelehnt. Welche Bedeutung die Einstufung für die anderen Befragten hat, wird dabei nicht deutlich.

2. Das Wohlfahrtssurvey[2]

Das Wohlfahrtssurvey ist eine regelmäßig durchgeführte Befragung (1978, 1980, 1984, 1988, 1990, 1993, 1998), in der nicht nur Daten über Personenstand, Bildung, Einkommen, Beruf usw., sondern auch Daten über die allgemeine Lebenszufriedenheit erfragt werden. Das WZB (Wissenschaftliches Forschungszentrum Berlin) hat dieses Wohlfahrtssurvey im Jahre 2002 eingestellt und führt jetzt andere soziologische Forschungsprojekte weiter.

3. Der Mikrozensus

Der Mikrozensus ist eine jährlich durchgeführte Untersuchung durch die amtliche Statistik, wobei eine repräsentative Gruppe (830.000, 1 % der Bevölkerung) befragt wird. Sie wird auch „kleine" Volkszählung genannt. Die Auswertung der Untersuchungsergebnisse kann nach verschiedenen Gesichtspunkten geschehen. Die Ergebnisse des Mikrozensus 2011 stehen erst Ende 2012 zur Verfügung. Sie können in dieser Ausgabe nicht mehr berücksichtigt werden.

4. Einkommens- und Verbrauchsstichprobe (EVS)

Die EVS ist eine Haushaltsbefragung, die seit 1962/63 regelmäßig in etwa fünfjährigem Abstand durch das Statistische Bundesamt durchgeführt wird. Es werden in Deutschland private Haushalte zu ihren Einnahmen und Ausgaben, zur Wohnsituation, der Ausstattung mit technischen Gebrauchsgütern sowie ihrem Vermögen bzw. den Schulden befragt. Die Ergebnisse der letzten Befragung 2009 stehen zurzeit (01.06.2011) zur Verfügung.

5. Sozio-ökonomisches Panel (SOEP)

Das SOEP ist eine Panel-Befragung, die seit 1984 vom Deutschen Institut für Wirtschaftsforschung (DIW) durchgeführt wird. Eine Panelbefragung ist eine wiederholte Befragung mit denselben Personen und demselben Frageinstrument über einen längeren Zeitraum. Das SOEP beinhaltet Personen-, Haushalts- und Familiendaten, wobei Schwerpunkte der Erhebung auf den Bereichen Bevölkerung und Demografie, Ausbildung und Qualifikation sowie Arbeitsmärkte und berufliche Dynamik liegen. Die Ergebnisse der Befragung aus 2009 stehen (01.06.2011) zur Verfügung.

---

[1] *Weitere Informationen zum ALLBUS-Datenservice sind auf der Homepage www.gesis.org/*
   Datenservice/ALLBUS/index.htm abrufbar.
[2] *Weitere Informationen erhalten Sie online unter www.gesis.org/dauerbeobachtung/*
   Sozialindikatoren/Daten/Wohlfahrtssurvey/wseinf.htm

■ Sind es Zeitreihen, kann man Entwicklungstrends feststellen, indem man die Daten aus verschiedenen Zeitpunkten miteinander vergleicht.

■ Werden die Ergebnisse differenziert nach Alters-, Geschlechts-, Einkommens-, Berufs- oder Bildungsgruppen, dann kann man eventuelle Zusammenhänge durch Vergleich der Ergebnisse in den verschiedenen Gruppen feststellen.

■ Die so festgestellten Unterschiede sind zunächst statistische Unterschiede. Ob diese statistischen Unterschiede zufällig oder nicht mehr zufällig, sondern bedeutsam (= signifikant) sind, wird durch statistische Berechnungen festgestellt.

■ Wodurch diese bedeutsamen Unterschiede bedingt sind, muss durch weitere Untersuchungen und Überlegungen festgestellt werden.

Ob die auf diese Weise erhobenen Daten ein Hinweis für soziale Ungleichheiten sind, hängt von verschiedenen anderen Faktoren ab, u. a. von den Bewertungen, die damit verbunden sind. In der neueren soziologischen Forschung spricht man von sozialer Lage. Diese wird auf folgende Weise definiert:

„Die soziale Lage bezeichnet relativ dauerhafte Lebensbedingungen, die es bestimmten Menschen besser und anderen schlechter erlauben, so zu handeln, dass allgemein anerkannte Lebensziele für sie in Erfüllung gehen." (Schäfers, 1990, S. 192)

Man versucht mit diesem Begriff die objektiven Unterschiede zu erfassen, weniger die subjektiven Bewertungen, die damit verbunden sind. Die einzelnen Merkmale werden soziale Indikatoren genannt oder auch die verschiedenen Dimensionen der sozialen Ungleichheiten.
Die wichtigsten Kriterien dabei sind: Einkommen, Vermögen, Bildung, Macht, Berufsprestige, Arbeitsplatzsicherheit, Wohngegend, Freizeit, Integration in die Gesellschaft, Gesundheit.

5.3.2.1 Einkommens- und Vermögensverteilung

Die Höhe des Einkommens und des Vermögens sind die zwei wichtigsten Maße für die materiellen Lebensbedingungen. In einer Volkswirtschaft werden einerseits die Veränderungen dieser Maße für die materiellen Lebensbedingungen im Laufe der Zeit, andererseits die Verteilung der jeweiligen Anteile auf die verschiedenen Teile der Bevölkerung untersucht.

Man geht dabei von dem durchschnittlichen gewichteten monatlichen Haushaltsnettoeinkommen aus. Durch die Gewichtung will man berücksichtigen, dass je nach Anzahl und Alter der Haushaltsmitglieder der monatliche Bedarf der Haushalte unterschiedlich ist. Durch gemeinsame Nutzung von Wohnraum, Haushaltsgeräte usw. und durch das unterschiedliche Alter ist der Bedarf pro Kopf in einem Mehrpersonenhaushalt geringer als in einem Einpersonenhaushalt. Nach einer internationalen Verabredung (OECD) erhält der Haushaltsvorstand den Gewichtungsfaktor eins; alle übrigen Haushaltsmitglieder von 14 Jahren und älter erhalten den Gewichtungsfaktor 0,5 und Personen unter 14 Jahren den Gewichtungsfaktor 0,3. Dieses gewichtete Einkommen nennt man Äquivalenzeinkommen.

Beispiel

In einer fünfköpfigen Familie erzielt der Ehemann 5.000,00 EUR Einkommen, die Ehefrau arbeitet nicht, zwei Kinder sind 6 bzw. 8 Jahre alt, ein weiteres 15. Das Nettoäquivalenzeinkommen beträgt 5.000/(1 + 0,5 + 0,5 + 0,3 + 0,3) = 1.923 EUR.

Für die Bevölkerung wird der Durchschnitt (neuerdings nicht mehr das arithmetische Mittel, sondern die mittlere Stelle, Median genannt) des so ermittelten Äquivalenzeinkommens berechnet. Median meint den mittlere Wert (50 % liegt höher, 50 % liegt niedriger). Dieser Wert gibt die Verhältnisse genauer wieder; auf den Durchschnitt gesehen haben die extremen Einkommen einen unproportionalen Einfluss. Das so gewichtete monatliche Durchschnittseinkommen betrug 2009 1.229,00 Euro (nach Berechnungen des Autors aus verschiedenen Daten). Für genauere Vergleiche im Laufe der Jahre berücksichtigt man auch die Kaufkraft. Man unterscheidet dann zwischen Nominal- (= wirkliches Einkommen) und Realeinkommen (= Kaufkraft des Einkommens).

Hat jemand weniger als 60 % des durchschnittlichen Äquivalenzeinkommens zur Verfügung, dann spricht man von Armut, hat jemand mehr als 200 % des Durchschnittseinkommens zur Verfügung, dann spricht man von Reichtum. Es handelt sich also um relative Armut und relativen Reichtum.

Für die Beschreibung der sozialen Ungleichheit in der Einkommens- und Vermögensverteilung werden häufig fünf oder zehn Gruppen gebildet, Quintile (= ein Fünftel) bzw. Zehntel genannt, die jeweils 20 % bzw. 10 % der Bevölkerung von der niedrigsten bis zur höchsten Einkommens- und Vermögensstufe enthalten. Es werden dann die prozentualen Anteile dieser Gruppen am Gesamtvermögen oder Gesamteinkommen berechnet. Diese prozentualen Anteile sind ein Maß für die ungleiche Verteilung.
Neuerdings wird auch folgende Einteilung vorgenommen: niedrige Einkommen (70 % und weniger vom Durchschnittseinkommen), mittlere Einkommen (70–150 % vom Durchschnittseinkommen), hohe Einkommen (150 % und mehr vom Durchschnittseinkommen).

Für die Einkommensentwicklung in den letzten 50 Jahren gibt es folgende Trends:

■ Innerhalb von 40 Jahren von 1960–2000 hat sich das jährliche Durchschnittseinkommen fast versiebenfacht.

■ Wenn man die Teuerung mit einbezieht, hat sich die Kaufkraft in diesem Zeitraum verdreifacht (1960: etwa 5.000,00 Euro, 1998: etwa 15.000,00 Euro jährlich).

■ 1995–2005 hat das gesamte nominale[1] Einkommen der privaten Haushalte in der Bundesrepublik jährlich mit 1–3,9 % gegenüber dem Vorjahr zugenommen[2]. Diese Zunahme hat sich jedoch seit 2000 verlangsamt.

■ Die Zunahme an Einkommen betrifft vor allem die mittleren Einkommensschichten.

■ Höhere Bildungsschichten haben auch höhere Einkommen.

---

[1] *nominales Einkommen = das tatsächliche Einkommen, reales Einkommen = die Kaufkraft des tatsächlichen Einkommens*
[2] *Deutsche Bundesbank Monatsbericht, Stand vom 19.2.2007*

■ Die Kaufkraft der Einkommen hat sich seit 2000 deutlich verringert. Das heißt: Die Menschen haben zwar mehr Geld im Portemonnaie, können dafür aber weniger kaufen.

■ Insgesamt kann man sagen, dass der materielle Wohlstand sich auf einem gewissen Niveau zu stabilisieren scheint.

■ Es gibt Prognosen, die voraussagen, dass der materielle Wohlstand sich für die Zukunft auf längere Sicht noch weiter steigern wird.
Wie aus den folgenden Daten hervorgeht, gibt es kleine Schwankungen in der Einkommensverteilung. Festgestellte Trends sind dabei: Der Anteil der niedrigen Einkommen nimmt etwas zu, wobei in den letzten Jahren die Einkommenshöhe bei dieser Gruppe etwas abnimmt; der Anteil der hohen Einkommen nimmt etwas zu, wobei mit einer Ausnahme die Höhe des Einkommens zunimmt; der Anteil der mittleren Einkommen nimmt etwas ab. Aus diesen geringfügigen Schwankungen sind noch (2010) keine langfristige Prognosen abzuleiten.

Für die Entwicklung der Einkommensverteilung gibt es folgende Trends:

■ Die ärmsten 20 % der Bevölkerung (das unterste Quintil) verfügen langjährig über knapp 10 % des monatlichen Gesamteinkommens. Nach dem Jahr 2000 ging der Einkommensanteil des ärmsten Quintils auf teilweise unter 9,5 % zurück.

■ Die reichsten 20 % (das oberste Quintil) haben demgegenüber langjährig etwa 35 % des monatlichen Gesamteinkommens zur Verfügung, seit 2003 waren es 36 %.

■ Die Ungleichheit der verfügbaren Einkommen im Haushalt hat sich damit deutlich erhöht. Dies geht auch aus dem Gini-Koeffizienten[3], einem zusammenfassenden Ungleichheitsmaß, hervor. Bei gesamtdeutscher Betrachtung war unmittelbar nach der Vereinigung, als die Einkommen der alten und neuen Länder noch weiter voneinander entfernt lagen, der Gini-Koeffizient höher als bei alleiniger Betrachtung der westdeutschen Verteilung und ist im Zuge der Einkommensangleichung der neuen Länder im Verlauf der 1990er-Jahre zunächst gesunken. Am Ende der 1990er-Jahre hat sich die gesamtdeutsche Ungleichheit der Einkommen wieder erhöht und ist nach dem Jahr 2000 noch weiter gestiegen.

■ In den letzten Jahren stagniert das Ausmaß der Einkommensungleichheit auf einem höheren Niveau als zum Zeitpunkt der Vereinigung.

---

[3] *Der sogenannte Gini-Koeffizient ist ein Maß für die Gleichheit/Ungleichheit der Verteilung der Einkommen auf die Bevölkerung. Sie liegt zwischen 0 und 1. Die Zahl 0 bedeutet, dass alle 83 Millionen Bundesbürger das gleiche Einkommen haben, die Zahl 1 bedeutet, das nur ein Bundesbürger das gesamte Einkommen hat, die anderen nichts. Je höher die Zahl ist, desto ungleicher die Verteilung. In der unten genannten Tabelle zeigt sich, dass die ungleiche Verteilung von den Jahren 1994 bis 2007 etwas zugenommen hat (Gini-Koeffizient von 0,27 zu 0,29).*

Äquivalenzgewichtete Monatseinkommen in Deutschland

	Mittelwerte der Einkommensgruppen			Abweichungen zur mittleren Einkommensgruppe			
	Niedrige Einkommen	Mittlere Einkommen	Hohe Einkommen	Niedrige Einkommen	Hohe Einkommen	Niedrige Einkommen	Hohe Einkommen
	in Euro			in Euro		in Prozent	
1993	643	1222	2372	−579	1149	−47,4	94,0
1994	646	1222	2371	−576	1149	−47,1	94,0
1995	643	1232	2500	−589	1269	−47,8	103,0
1996	664	1251	2478	−588	1227	−47,0	98,0
1997	660	1243	2413	−583	1170	−46,9	94,1
1998	667	1237	2367	−570	1130	−46,1	91,3
1999	685	1270	2436	−586	1165	−46,1	91,7
2000	680	1287	2569	−607	1282	−47,2	99,7
2001	690	1300	2561	−610	1262	−46,9	97,1
2002	664	1279	2669	−616	1389	−48,1	108,6
2003	669	1300	2690	−631	1390	−48,5	106,9
2004	657	1264	2583	−607	1319	−48,0	104,4
2005	659	1269	2567	−610	1298	−48,1	102,2
2006	650	1255	2626	−605	1370	−48,2	109,2
2007	651	125	2569	−601	1318	−48,0	105,3
2008	645	1252	2538	−607	1287	−48,5	102,8
2009	677	1311	2672	−634	1360	−48,3	103,7

Datenquellen: SOEP; Berechnungen des DIW Berlin.   DIW Berlin 2010
Die Einkommensdifferenzen haben seit der Jahrtausendwende stark zugenommen – und zwar in
absoluten Zahlen ebenso wie im relativen Verhältnis.
Quelle: Goebel/Gornig/Häußermann, 2010, S. 4

Gini-Koeffizient der Einkommensverteilung für Deutschland von 1994 bis 2007							
1994	1997	2000	2003	2004	2005	2006	2007
0,270	0,268	0,266	0,283	0,282	0,29	0,29	0,29

Hieraus wird ersichtlich, dass die Ungleichheit der Einkommensverteilung im Laufe der
Jahre von 1994 bis 2005 etwas zugenommen hat, seitdem aber auf dem gleichen Niveau
geblieben ist.

Einkommensmobilität

Einkommensmobilität in West Deutschland von 2004-2007							
Einkommensgruppen	0-50	50-80	80-100	100-120	120-150	150-200	200+
% der Bleiber	47,4	75,3	34,2	33,5	41,2	39,2	68,6

Mit Einkommensmobilität ist die Chance, im Laufe der Zeit in eine andere Einkommens-position zu wechseln, gemeint. Es gibt Daten darüber, inwiefern im Laufe der Jahre von 2004–2007 die Inhaber der verschiedenen Einkommenspositionen dieselben geblieben sind. In der obenstehenden Tabelle sind in der ersten Reihe 7 verschiedene Einkommens-gruppen gebildet, deren Einkommen jeweils einen gewissen Prozentsatz unterhalb oder oberhalb des Durchschnittseinkommens (Median) liegt. In der zweiten Reihe steht die pro-zentuale Anzahl derjenigen, die im Laufe der Jahre 2004–2007 in derselben Einkom-mensklasse geblieben sind. Als Beispiel: Von denjenigen, die im Jahre 2004 das niedrig-ste Einkommen hatten (0-50 % vom Durchschnitt), sind 2007 47,4 % in derselben Ein-kommensgruppe geblieben; von denjenigen, die im Jahr 2004 das höchst Einkommen hat-ten (mehr als 200 % vom Durchschnitt), sind 68,6 % in derselben Einkommensgruppe ge-blieben. In den mittleren Einkommensgruppen haben im Allgemeinen mehr Verschie-bungen stattgefunden.

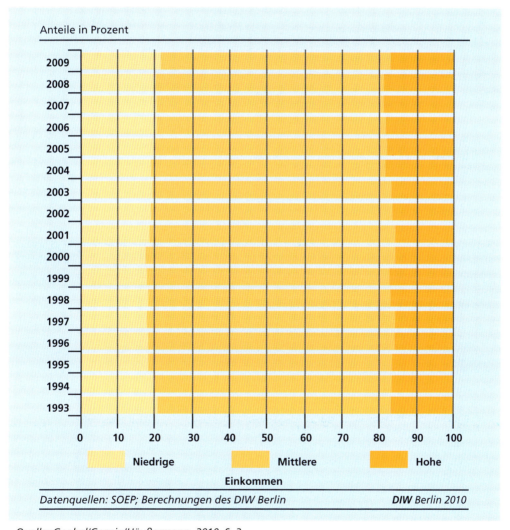

Datenquellen: SOEP; Berechnungen des DIW Berlin   *DIW* Berlin 2010

Quelle: Goebel/Gornig/Häußermann, 2010, S. 3

Kommentar des Autors auf obengenannte Daten: Wenn man die Mitte der Gesellschaft aufgrund der Einkommenspositionen definiert, schrumpft sie ein wenig, die Armen werden etwas ärmer und die Reichen etwas reicher. Die Schwankungen sind aber nur geringfügig. Grob gesehen gehören etwa 20 % der Bevölkerung zu der niedrigen Einkommensgruppe und etwas weniger als 20 % zu der oberen Einkommensgruppe. Gemessen an den obengenannten Zahlen ist es eine persönliche Stellungnahme, ob man die Differenzen als eine starke oder geringfügige Zunahme bezeichnet.

Internationaler Vergleich der Einkommensungleichheit

Beim Vergleich des Gini-Koeffizienten der verschiedenen OECD-Länder liegt die Einkommensungleichheit in Deutschland im mittleren Bereich. Der Durchschnitt liegt bei 0,30, Deutschland liegt bei 0,29, Dänemark am niedrigsten bei etwa 0,25, USA am höchsten bei etwa 0,35.

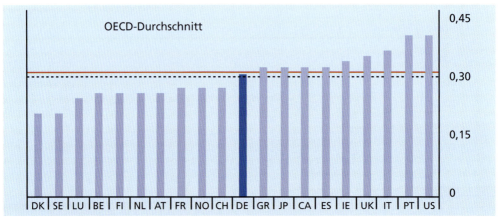

Quelle: Sachverständigenrat, 2009/10, S. 321   *Datenquelle: OECD*
BE: Belgien, DK: Dänemark, DE: Deutschland, FI: Finnland, FR: Frankreich, GR: Griechenland, IE: Irland, IT: Italien, JP: Japan, CA: Kanada, LU: Luxemburg, NL: Niederlande, NO: Norwegen, AT: Österreich, PT: Portugal, SE: Schweden, CH: Schweiz, ES: Spanien, US: Vereinigte Staaten, UK: Vereinigtes Königreich

Die Vermögensverteilung in Deutschland

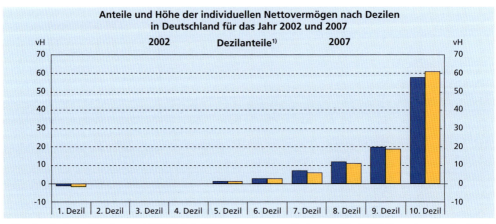

Quelle: Sachverständigenrat 2009/10, S. 325   *Datenquelle: SOEP, Berechnung des DIW*

Diese Grafik zeigt die unterschiedliche Verteilung des Vermögens jeweils innerhalb 10 % der deutschen Bevölkerung. Das erste Zehntel (1. Dezil) hat kein Vermögen, sondern Schulden; das zweite bis vierte Zehntel hat zwar keine Schulden, aber auch kein Vermögen, das letzte Zehntel (10. Dezil) hat fast 60 % des gesamten Vermögens. Die Anhäufung der Vermögen im letzten Zehntel und der Schulden im ersten Zehntel hat von 2002 bis 2007 noch etwas zugenommen. Dies zeigt auch der Gini-Koeffizient der Vermögensverteilung. Vergleicht man diese mit dem Gini-Koeffizient der Einkommensverteilung, dann zeigt sich, dass die Ungleichheit bei der Vermögensverteilung viel größer ist als bei der Einkommensverteilung.

Gini-Koeffizient der Einkommensverteilung für Deutschland von 1994-2007								Vermögensverteilung	
1994	1997	2000	2003	2004	2005	2006	2007	2002	2007
0,270	0,268	0,266	0,283	0,282	0,29	0,29	0,29	0,777	0,799

Vermögensmobilität

Ein differenzierter Vergleich der Inhaber der Vermögen zeigt, dass vom Jahr 2002 bis 2007 im oberen Bereich (10. Dezil) 62 % der Inhaber des höchsten Vermögens dieselben Personen sind als im Jahr 2002, während im unteren Bereich (1. Dezil) nur 33 % der Inhaber dieser Vermögensposition dieselben Personen sind. Man kann es auch so formulieren: Der Personenkreis der ganz Reichen bleibt länger konstant als der Personenkreis der Menschen mit Schulden.

Internationaler Vergleich der Vermögensverteilung

Internationaler Vergleich der Vermögensverteilung							
Land	Deutschl.	Finnland	Italien	Kanada	Schweden	USA	England
Gini-Koeffizient	0,80	0,68	0,61	0,75	0,89	0,84	0,66

Aus diesen Zahlen (zusammengestellt aus verschiedenen Untersuchungen) wird deutlich, dass in Deutschland die Vermögensungleichheit im mittleren Bereich liegt, während sie in Schweden am höchsten und in Italien am niedrigsten ist.

Zusammenfassung

Auf lange Sicht gesehen sind die Menschen in Deutschland, wie auch in den anderen westlichen Industrieländern, immer reicher geworden. Der materielle Wohlstand hat sich ständig erhöht.

Die Verteilung der Anteile an den materiellen Lebensbedingungen auf die verschiedenen Teile der Bevölkerung ist konstant geblieben. Mit anderen Worten sind die Anteile der Reichsten und der Ärmsten die gleichen geblieben, nur die Armen von heute sind viel reicher als die Armen von vor vierzig Jahren, die Reichen von heute sind viel reicher als die Reichen von vor vierzig Jahren.

Seit 2000 stagniert die Entwicklung auf einem gewissen Niveau.

Schäfers Zusammenfassung gilt auch heute noch: „Die Vermögensungleichheit ist am stärksten ausgeprägt, es folgt die Einkommensungleichheit, während die Ungleichheit bei den Konsumausgaben am geringsten ist." (Schäfers/Zapf, 2001[2], S. 438)

Armut in der Bundesrepublik Deutschland

Unter Armut versteht man normalerweise Mangel an den materiellen Lebensbedingungen. Diese materiellen Lebensbedingungen werden normalerweise gemessen an dem Einkommen und dem Vermögen, hin und wieder auch noch an den Ausgaben. Bei der Erforschung der Armut unterscheidet man zwischen absoluter und relativer Armut. Unter absoluter Armut wird ein Lebensstandard unterhalb des physischen Existenzminimums verstanden. Absolute Armut im Sinne von Mangel an dem zum Überleben Notwendigen kommt im Verhältnis zum Beispiel zu den Dritte-Welt-Ländern in der Bundesrepublik Deutschland nur selten vor. Ein Beispiel dafür wäre das Erfrieren eines Obdachlosen im Winter. Unter relativer Armut versteht man, dass die (materiellen) Lebensbedingungen weit unter dem Durchschnitt der Gesellschaft liegen. Neuerdings spricht man auch von „kultureller" Armut.

Der Begriff wird sogar noch weiter gefasst, wenn man darunter alle Bedingungen zur Teilnahme am gesellschaftlichen Leben fasst. Zu den Bedingungen für die Teilhabe am gesellschaftlichen Leben rechnet der zweite Armuts- und Reichtumsbericht der Bundesregierung aus dem Jahre 2005 nicht nur Einkommen und Vermögen, sondern auch Bildung, Gesundheit, soziale Kompetenzen, gesellschaftlich bedingte Chancen. Wir möchten hier diesen relativen Armutsbegriff beschränken auf einen Mangel an materiellen Bedingungen für die Teilnahme am durchschnittlichen gesellschaftlichen Leben. Diese Definition ist ziemlich vage und dehnbar. Wer bestimmt, was zur Teilnahme am Leben der Gesellschaft gehört: das Abonnement auf eine Tageszeitung, eine jährliche Urlaubsreise, das Telefon, der Kinobesuch? Inwiefern ist der Mangel an dieser Teilhabe eine Folge von Mangel an materiellen Bedingungen, inwiefern hat der Mangel andere Ursachen? „Kulturelle" Armut kann eine Folge von Geldmangel sein, mangelhafte Gesundheit kann eine Folge fehlender finanzieller Mittel sein, kann aber auch andere Ursachen haben. Diese Komponenten – Einkommens-, Vermögens-, Ausgaben-, Kultur-Armut – hängen eng miteinander zusammen, können jedoch auch voneinander unabhängig sein. Jemand kann ausgabenarm sein, aber nicht einkommensarm oder kulturell arm usw.

Der „kulturelle" Armutsbegriff liegt auch dem Sozialhilfegesetz zugrunde. Nicht nur das reine Überleben, sondern auch ein gewisses Maß der Teilhabe an dem allgemeinen Lebensstandard der Gesellschaft ist das Kriterium für den Anspruch auf Sozialhilfe. In der Bundesrepublik Deutschland gibt es dafür keinen allgemeinen festgelegten Betrag, sondern der „Regelsatz" (das ist der Betrag, der als Sozialhilfe gewährt wird) wird jeweils neu von den zuständigen Behörden festgesetzt und richtet sich nach den Kosten für Nahrung, Unterkunft, Kleidung, Körperpflege und Teilnahme am kulturellen Leben[1]. Zum 1. Januar 2007 setzten die Länder auf dieser Basis die Regelsätze in der Sozialhilfe neu fest auf 347,00 Euro. Die Regelsätze betrugen 2007 347,00 EUR, 2010 359,00 EUR, wurden 2011 auf 364,00 EUR erhöht.

---

[1] *Die wichtigsten Sozialleistungen sind die Sozialhilfe und das Arbeitslosengeld II. Seit 2005 wurden die Sozialhilfe und die Arbeitslosenhilfe weitgehend zusammengelegt zu dem sogenannten Arbeitslosengeld II, auch Hartz IV genannt. Sozialhilfe ist nunmehr die Grundsicherung im Alter und bei Erwerbsunfähigkeit; Arbeitslosengeld II meint hingegen die Grundsicherung für Arbeitssuchende. Die Höhe beider Sozialleistungen ist fast identisch, obwohl es unterschiedliche Zusatzbedingungen gibt.*

Der Regelsatz für Erwachsene soll zum 1. Januar 2011 um 5,00 EUR auf 364,00 EUR steigen. Dieser setzt sich wie folgt zusammen:

Nahrungsmittel, alkoholfreie Getränke	128,46 EUR
Bekleidung und Schuhe	30,40 EUR
Wohnen, Energie und Wohnungsinstandhaltung (ohne Miet- und Heizkosten, die separat erstattet werden)	30,24 EUR
Innenausstattung, Haushaltsgeräte und -gegenstände	27,41 EUR
Gesundheitspflege	15,55 EUR
Verkehr	22,78 EUR
Nachrichtenübermittlung	31,96 EUR
Freizeit, Unterhaltung, Kultur	39,96 EUR
Bildung	1,39 EUR
Beherbergungs-und Gaststättendienstleistungen	7,16 EUR
andere Waren und Dienstleistungen	26,50 EUR

Eigene Zusammenstellung (vgl. DPA/FAS, 2010)

Die Summe der regelbedarfsrelevanten Verbrauchsausgaben ergibt 361,81 Euro. Da diese Ausgaben 2008 erfasst wurden, werden sie für 2011 mit einer angenommenen Teuerungsrate fortgeschrieben und daher auf 364,00 EUR aufgestockt.

Der wichtigste Faktor bei der Armutsforschung ist das Einkommen und Vermögen, weil diese meistens die materiellen Voraussetzungen für die anderen Komponenten sind. Man spricht dann von Einkommensarmut. Das heißt, dass Menschen, deren Einkommen unterhalb einer bestimmten Grenze liegt, Risiko laufen, nicht am gesellschaftlichen Leben teilnehmen zu können. Die Armutsrisikogrenze wird in den EU Staaten auf 60 % des Durchschnitts-Äquivalenzeinkommens festgelegt. Dasselbe gilt für die Ausgabenarmut. Jemand ist ausgabenarm, wenn seine monatlichen Ausgaben weniger als 60 % der durchschnittlichen gewichteten Ausgaben sind. Das durchschnittliche Nettoäquivalenzeinkommen betrug im Jahr 2003 in Deutschland 1.564,00 Euro im Monat. Damit lag die Armutsrisikogrenze 2003 bei 938,00 Euro pro Monat, 2008 bei 930,00 Euro, 2009 bei 801,00 Euro, 2010 bei 737,00 Euro pro Monat.
Ein Vergleich der Einkommensarmut mit der Ausgabenarmut zeigt, dass in der Bundesrepublik Deutschland die Zahl der Ausgabenarmen etwa um die Hälfte niedriger ist als die Zahl der Einkommensarmen. Das heißt, dass von den Einkommensarmen die Hälfte monatlich mehr ausgeben, als sie einnehmen. Die Mehrausgaben werden bestritten durch das Hinzuziehen von Sparguthaben, das Eingehen von Schulden, Einkommen aus Schwarzarbeit usw.

Weil es also mindestens drei verschiedene Definitionen der relativen Armut gibt, nämlich Einkommensarmut, Ausgabenarmut und kulturelle Armut, ist eine genaue Schätzung des Ausmaßes der Armut ziemlich schwierig. Das Schlagwort von der „Zwei-Drittel-Gesellschaft" (zwei Drittel leben in Wohlstand, ein Drittel in Armut) ist ziemlich vage und trifft nicht zu, wenn man es mit Zahlenmaterial zu belegen versucht.

163

Das Ausmaß der Armut

Die Relativität unseres Armutsbegriffs zeigt sich u.a. an folgenden zwei Zitaten. „Die Mehrheit der heute über Fünfzigjährigen ist demnach in Haushalten aufgewachsen, die nach heutigen Maßstäben ‚Armenhaushalte' waren." und „Ein portugiesischer Durchschnittshaushalt hat weniger, der spanische nur wenig mehr als die ‚Armen' in Deutschland." (beide: Zenthöfer, 2010, S. 12)

Armut weltweit

Für die Feststellung der Armut weltweit wird von der UN ein Pro-Kopf-Einkommen von weniger als 1,25 Dollar pro Tag festgesetzt. So soll nach den Milleniumszielen der UN der Anteil der armen und unterernährten Menschen bis zum Jahr 2015 im Vergleich zur Zahl von 1990 halbiert werden. Damals lebten 1,25 Milliarden Menschen von weniger als einem Dollar am Tag. Nach einigen Erfolgen stieg die Zahl vor zwei Jahren wieder über die Milliarden-Marke, aktuell sollen es 940 Millionen Menschen sein. Da die Zahl der Menschen auf der Erde aber weiter gestiegen ist, sank der Anteil dennoch deutlich – von 46 auf 27 Prozent (vgl. FAZ 29.10.10).

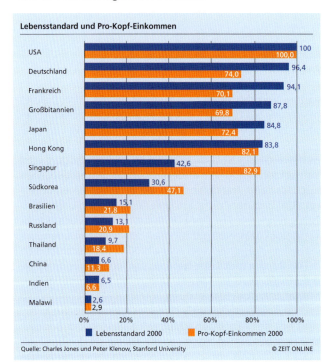

Quelle: Faigle, Zeit Online, 2010

Mit dem Pro-Kopf-Einkommen fasst man nur einen Teil des Lebensstandards. Dazu gehören u.a. auch, wie viele Güter ein Mensch im Verlauf seines Lebens konsumieren kann, wie viel Freizeit er hat, wie groß das Risiko ist, arm zu sein, und mit wie vielen Jahren Lebenszeit er rechnen kann. Die Grafik zeigt die Unterschiede zwischen Pro-Kopf-Einkommen und Lebensstandard in verschiedenen Ländern. Beispiel für die Interpretation: War in Deutschland das Pro-Kopf-Einkommen im Jahr 2000 ein Viertel weniger als in den USA, so war der Lebensstandard fast gleich hoch wie in den USA. Seit 1990 verwendet man den sogenannten Human Development Index für die Bestimmung des Lebensstandards in den verschiedenen Ländern. Der Human development Index (HDI) setzt sich zusammen aus folgenden Faktoren: Die Lebenserwartung bei der Geburt, Bildung - aufgeteilt in die mittlere Anzahl an Schuljahren, die Mittlere Dauer der gesamten Ausbildung in Jahren und den kombinierten Bildungsindex – das Bruttonationaleinkommen pro Einwohner in US-Dollar. Die Faktoren werden gewichtet und das Ergebnis ist eine Zahl zwischen 0 und 1. Das heißt, Länder mit der Zahl 1 haben den höchsten, Länder mit der Zahl 0 haben den niedrigsten Lebensstandard. Die folgende Tabelle zeigt die Länder mit dem höchsten und die mit dem niedrigsten Lebensstandard im Jahr 2010. Außerdem werden die Faktoren Lebenserwartung, mittlere Dauer der gesamten Ausbildung und das Bruttonationaleinkommen aufgeführt.

Sehr hoch entwickelte Länder (HDI mindestens 0.850)

HDI Rang	Human Development Index (HDI)	Lebenserwartung bei Geburt (Jahre)	Mittlere Dauer der Ausbildung (Schule, berufliche und akademische Ausbildung (in Jahren))	Bruttonational-einkommen (BNE) pro Kopf (KKP 2008 US $)
	2010	2010	2010	2010
1 Norway	0.938	81.0	17.3	58,810
2 Australia	0.937	81.9	20.5	38,692
3 New Zealand	0.907	80.6	19.7	25,438
4 United States	0.902	79.6	15.7	47,094
5 Ireland	0.895	80.3	17.9	33,078
6 Liechtenstein	0.891	79.6	14.8	81,011
7 Netherlands	0.890	80.3	16.7	40,658
8 Canada	0.888	81.0	16.0	38,668
9 Sweden	0.885	81.3	15.6	36,936
10 Germany	0.885	80.2	15.6	35,308
11 Japan	0.884	83.2	15.1	34,692
12 Korea, Republic of	0.877	79.8	16.8	29,518
13 Switzerland	0.874	82.2	15.5	39,849
14 France	0.872	81.6	16.1	34,341
15 Israel	0.872	81.2	15.6	27,831
16 Finland	0.871	80.1	17.1	33,872
17 Iceland	0.869	82.1	18.2	22,917
18 Belgium	0.867	80.3	15.9	34,873
19 Denmark	0.866	78.7	16.9	36,404
20 Spain	0.863	81.3	16.4	29,661
21 Hong Kong, China	0.862	82.5	13.8	45,090
22 Greece	0.855	79.7	16.5	27,580
23 Italy	0.854	81.4	16.3	29,619
24 Luxembourg	0.852	79.9	13.3	51,109
25 Austria	0.851	80.4	15.0	37,056

Quelle: UNDP, 2010, S. 143

Länder niederen Entwicklungsstandes (HDI unter 0.400)

HDI Rang	Human Development Index (HDI)	Lebenserwartung bei Geburt (Jahre)	Mittlere Dauer der Ausbildung (Schule, berufliche und akademische Ausbildung (in Jahren)	Bruttonationaleinkommen (BNE) pro Kopf (KKP 2008 US $)
	2010	2010	2010	2010
148 Tanzania, United Republic of	0.398	56.9	5.3	1,344
149 Côte d'Ivoire	0.397	58.4	6.3	1,625
150 Zambia	0.395	47.3	7.2	1,359
151 Gambia	0.390	56.6	8.6	1,358
152 Rwanda	0.385	51.1	10.6	1,190
153 Malawi	0.385	54.6	8.9	911
154 Sudan	0.379	58.9	4.4	2,051
155 Afghanistan	0.349	44.6	8.0	1,419
156 Guinea	0.340	58.9	8.6	953
157 Ethiopia	0.328	56.1	8.3	992
158 Sierra Leone	0.317	48.2	7.2	809
159 Central African Republic	0.315	47.7	6.3	758
160 Mali	0.309	49.2	8.0	1,171
161 Burkina Faso	0.305	53.7	5.8	1,215
162 Liberia	0.300	59.1	11.0	320
163 Chad	0.295	49.2	6.0	1,067
164 Guinea-Bissau	0.289	48.6	9.1	538
165 Mozambique	0.284	48.4	8.2	854
166 Burundi	0.282	51.4	9.6	402
167 Niger	0.261	52.5	4.3	675
168 Congo, Democratic Republic of the	0.239	48.0	7.8	291
169 Zimbabwe	0.140	47.0	9.2	176

Quelle: UNDP, 2010, S. 145f.

Zurzeit werden weitere differenziertere Indikatoren zur Feststellung des Ausmaßes an Wohlstand oder Lebensstandard in der Europäischen Union erarbeitet.

Relative Armut in Europa

Armutsgefährdungsquote nach Sozialleistungen

Insgesamt in %

geo\time	95	96	97	98	99	00	01	02	03	04	05	06	07	08	09
EU (27 Länder)	:	:	:	:	:	:	:	:	:	:	16	16	17	17	:
EU (25 Länder)	:	:	:	15	16	16	16	:	15	16	16	16	16	16	:
EU (15 Länder)	17	16	16	15	16	15	15	:	15	17	16	16	17	16	:
Euroraum (16 Länder)	:	:	:	:	:	:	:	:	:	:	15	15	16	16	:
Belgien	16	15	14	14	13	13	13	:	15	14	15	15	15	15	:
Bulgarien	:	:	:	:	:	14	16	14	14	15	14	18	22	21	:
Tschechische Republik	:	:	:	:	:	:	8	:	:	:	10	9,9	9,6	9	:
Dänemark	10	:	10	:	10	:	10	:	12	11	12	12	12	12	:
Deutschland	15	14	12	11	11	10	11	:	:	:	12	13	15	15	:
Estland	:	:	:	:	:	18	18	18	18	20	18	18	19	20	20
Irland	19	19	19	19	19	20	21	:	21	21	20	19	17	16	:
Griechenland	22	21	21	21	21	20	20	:	21	20	20	21	20	20	:
Spanien	19	18	20	18	19	18	19	19	19	20	20	20	20	20	:
Frankreich	15	15	15	15	15	16	13	12	12	14	13	13	13	13	:
Italien	20	20	19	18	18	18	19	:	:	19	19	20	20	19	:
Zypern	:	:	:	:	:	:	:	:	15	:	16	16	16	16	:
Lettland	:	:	:	:	:	16	:	:	:	:	19	23	21	26	26
Litauen	:	:	:	:	:	17	17	:	:	:	21	20	19	20	21
Luxemburg	12	11	11	12	13	12	12	:	12	13	14	14	14	13	:
Ungarn	:	:	:	:	:	11	11	10	12	:	14	16	12	12	12
Malta	:	:	:	:	:	15	:	:	:	:	14	14	14	15	:
Niederland	11	12	10	10	11	11	11	11	12	:	11	9,7	10	11	:
Österreich	13	14	13	13	12	12	12	:	13	13	12	13	12	12	12
Polen	:	:	:	:	:	16	16	:	:	:	21	19	17	17	:
Portugal	23	21	22	21	21	21	20	20	19	20	19	19	18	19	:
Rumänien	:	:	:	:	:	17	17	18	17	18	18	19	25	23	:
Slowenien	:	:	:	:	:	11	11	10	10	:	12	12	12	12	:
Slowakei	:	:	:	:	:	:	:	:	:	:	13	12	11	11	11
Finnland	:	8	8	9	11	11	11	11	11	11	12	13	13	14	14
Schweden	:	:	8	:	8	:	9	11	:	11	9,5	12	11	12	:
Vereinigtes Königreich	20	18	18	19	19	19	18	18	18	:	19	19	19	19	:
Island	:	:	:	:	:	:	:	:	:	:	10	9,7	9,6	9,9	10
Liechtenstein	:	:	:	:	:	:	:	:	:	:	:	:	:	:	:
Norwegen	:	:	:	:	:	11	10	11	11	11	11	12	11	:	:
Schweiz	:	:	:	:	:	:	:	:	:	:	:	:	:	:	:
Kroatien	:	:	:	:	:	:	:	:	18	18	18	17	18	:	:
Mazedonien	:	:	:	:	:	:	:	:	:	:	:	:	:	:	:
Türkei	:	:	:	:	:	:	25	26	:	:	:	:	:	:	:

Quelle: Eurostat, 2010

Aus der oben stehenden Tabelle sind die Unterschiede in der Armutsgefährdung zwischen den Ländern und im Laufe der Jahre ersichtlich. Für die Bundesrepublik zeigt sich eine Entwicklung seit 1995 von Rückgang der Armutsgefährdung zu einem erneuten Anstieg und neuerdings ein Pendeln auf einem Niveau von 15 %, etwas unterhalb der 17 % im europäischen Durchschnitt. Die baltischen Länder und Rumänien zeigen die höchsten Quoten.[1]

Die soziale Lage der Armutsgefährdeten

	%		%
Arbeitslose	56	Haushalte mit Kindern	13
Erwerbstätige	7	Haushalte ohne Kinder	17
Frauen	16	4-köpfige Familien	8
Männer	14	Rentner	14,9
Singles	33	Frauen ab 65	17
Alleinerziehende	36	Männer ab 65	13
Alleinlebende Männer	28	Frauen von 18-24	24
Alleinlebende Frauen	30	Männer von 18-20	18

Zusammenstellung des Autors (vgl. Angaben der DPA/FAS, 2010)

Die Tabelle zeigt, welche Gruppen besonders, welche weniger armutsgefährdet sind. Einige durchgängige Trends dabei sind: Frauen sind mehr armutsgefährdet als Männer, Singles mehr als Zusammenlebende, Arbeitslose mehr als Erwerbstätige, Jüngere mehr als Ältere.[2]

Lebenssituation der Armutsgefährdeten

Jede fünfte armutsgefährdete Person lebt in einer feuchten Wohnung. 14 % der armutsgefährdeten Menschen sparen an der Heizung, 26 % sogar an den Mahlzeiten. Armutsgefährdete Menschen schätzen ihre Gesundheit deutlich schlechter ein als nicht armutsgefährdete. Jede/r fünfte Armutsgefährdete verzichtet aus Kostengründen auf notwendige Arztbesuche. Vier von fünf Armutsgefährdeten kommen mit dem Einkommen „gerade so", „schlecht" oder „sehr schlecht" zurecht. Auf Telefon und Fernseher muss kaum jemand aus finanziellen Gründen verzichten. 27 % der armutsgefährdeten Menschen leben in Haushalten, die sich kein Auto leisten können. Einen internationalen Vergleich einiger materieller Lebensbedingungen zeigen folgende Tabellen aus 2008 (Armut und soziale Ausgrenzung in Europa).

---

[1] *Wichtig zum Verständnis der dargestellten Quoten ist der Hinweis, dass die Armutsgefährdungs-quote bei internationalen Vergleichen keine Rückschlüsse auf das Wohlstandsniveau in den einzel-nen Ländern zulässt. Betrachtet man nur die Armutsgefährdungsquote, so sagt diese (als relatives Armutsmaß) vor allem etwas über die Einkommensungleichheit eines Landes aus. Eine niedrige Ar-mutsgefährdungsquote bedeutet aber nicht in jedem Fall, dass es in diesem Land ein besonders hohes Wohlstandsniveau gibt, sondern lediglich, dass nur ein vergleichsweise geringer Teil der Be-völkerung „ärmer" ist als die übrige Bevölkerung.*
[2] *Die Zahlen stammen aus verschiedenen Quellen, u. a. aus einer europaweiten Erhebung (EU-SILC) aus dem Jahr 2008.*

Anteil der Bevölkerung in % in 2008, der sich Folgendes nicht leisten kann:

	Auto	Wasch maschine	Computer	Angemessene warme Unterkunft	Eine Woche Jahresurlaub
EU-27	8,9	1,8	8,4	9,5	36,8
Deutschland	5,1	0,5	3,2	5,9	25,2
Frankreich	3,9	0,8	5,9	5,4	32,2
Italien	2,9	0,4	6,8	11,3	39,8
Polen	16,8	0,9	16,0	20,1	63,3
Rumänien	48,6	19,9	36,2	24,6	75,6
Spanien	4,6	0,2	7,2	5,0	34,1
V. Königreich	5,2	0,4	4,1	6,0	24,1

Mangelhafte Wohnverhältnisse	EU-27
Mangel an Bad oder Dusche	3 %
Mangel an eigener Toilette mit Wasserspülung im Haus	4 %
Wohnung zu dunkel	7 %
Undichtes Dach, feuchte Wände, Keller oder Fußböden	17 %

Kinderarmut

In Deutschland lag die Armutsgefährdungsquote für Kinder im Alter von 0-18 Jahren im Jahre 2007 bei 14 %, im Jahre 2008 bei 15 %. Der 3. Armutsbericht der Bundesregierung aus dem Jahr 2008 fasst die Situation der Kinder (und Familien) wie folgt zusammen:

„Die große Mehrzahl der Familien bewältigt ihr Leben und lebt in sicheren materiellen Verhältnissen. Kinder sind vor allem dann von einem Armutsrisiko betroffen, wenn sie in Alleinerziehenden-Haushalten, in Haushalten mit geringer Erwerbsbeteiligung oder mit mehreren Kindern aufwachsen. Nach den Daten des sozio-ökonomischen Panels ist das Armutsrisiko von Kindern deutlich höher als in der Gesamtbevölkerung und in den letzten Jahren auch stärker gestiegen. […]Die SGB II-Statistik für Januar 2008 weist nach vorläufigen Angaben rund 1,8 Mio. Kinder unter 15 Jahren aus, die in rund 1,1 Mio. von insgesamt rund 3,5 Mio. Bedarfsgemeinschaften leben. Im Vergleich zum Vorjahr bedeutet dies einen Rückgang von 2,1 %.

Das Armutsrisiko von Familienhaushalten ist in starkem Maße davon abhängig, ob und wie viele Bezieher von Erwerbseinkommen im Haushalt leben. […] Eine gezielte Förderung und Vermittlung in Arbeit und Ausbildung sowie die Bereitstellung unterstützender Hilfen wie Beratung und Kinderbetreuung sind daher von erheblicher Bedeutung.

Um die Vereinbarkeit von Familie und Beruf und insbesondere die Erwerbsbeteiligung von Frauen zu stärken und um Chancengleichheit von Anfang an für alle Kinder zu ermöglichen, wurde mit dem 2005 in Kraft getretenen Tagesbetreuungsausbaugesetz die Betreuungsquote für Kinder unter drei Jahren erhöht. Sie beträgt 2007 im Osten 41,0 % und im Westen 9,9 % (Deutschland 15,5 %). Im Vorjahr betrug die Betreuungsquote im Osten Deutschlands 39,7 % und im Westen 8,0 %. Ganztagsangebote im schulischen Bereich nahmen zu Beginn des Schuljahres 2006/2007

bereits 12,7 % der Schüler/-innen von Grundschulen wahr, während es 2002 nur etwa 4,2 % waren. […]
Armutsrisiken in Familien beschränken sich aber nicht allein auf unzureichende finanzielle Mittel. Bei Kindern und Jugendlichen zeigen sich zusätzlich Entwicklungsdefizite, Unterversorgung mit der Folge gesundheitlicher Probleme und soziale Benachteiligungen. Die Verwirklichungschancen von Kindern aus bildungsfernen Familien bleiben oft schon in der Grundschule hinter denen anderer Kinder zurück. Dieser Zusammenhang gilt besonders häufig für Kinder und Jugendliche mit Migrationshintergrund. Das Vorhandensein einer qualitativ hochwertigen Infrastruktur für die frühe Bildung und Betreuung von Kindern sowie Angebote zur Stärkung der Erziehungskompetenzen der Eltern sind deshalb unverzichtbar, um die Familien bei der Erziehung und Bildung ihrer Kinder zu unterstützen."
(BMAS, 2008, S. 101)

Schon im 2. Armuts- und Reichtumsbericht hieß es:

„Einkommensarmut führt jedoch nicht zwangsläufig zu eingeschränkten Entwicklungsmöglichkeiten des Kindes. Faktoren, die die potenziell ungünstigen Wirkungen prekärer (= unsicher, problematisch)Lebensverhältnisse besonders in den ersten Lebensjahren abfedern, sind ein gutes Familienklima, ein fördernder Erziehungsstil der Eltern, eine positive Eltern-Kind-Beziehung, ein förderndes Umfeld sowie das Vorhandensein möglichst stabiler familiärer und sozialer Netzwerke. Ein frühzeitiger und dauerhafter Kindergartenbesuch ist für eine spätere positive schulische Entwicklung förderlich. Bei Kindern mit Migrationshintergrund sind deutsche Sprachkenntnisse mindestens eines Elternteils ein wichtiger Faktor. Zentrale Ressourcen der Eltern zur erfolgreichen Bewältigung dieser Familienphase sind dabei z. B. die schulische und berufliche Qualifikation möglichst beider Elternteile, ausreichende soziale und kulturelle Kompetenzen, gute Deutschkenntnisse oder ein gut ausgebautes Kinderbetreuungssystem."
(BMAS, 2005, S. 82 f.)

Einige Zusammenhänge zwischen diesen unterschiedlichen Einkommens- und Vermögensverhältnissen mit den sonstigen Verhaltensweisen und der Lebensführung kann man jetzt schon vermuten.

Durch die allgemeine Anhebung der Einkommen und Vermögen sowie durch die sozialstaatlichen Absicherungen steht die Beschaffung des notwendigen Einkommens nicht mehr so im Mittelpunkt wie in früheren Zeiten, andere Werte und Interessen geraten mehr in den Vordergrund. Man kann davon ausgehen, dass die Werte, die gesichert sind, weniger „wichtig" werden, als die Werte, deren Realisierung man nicht so sicher ist. „Frieden" kommt heutzutage in Untersuchungen über wichtige Lebensziele kaum vor. Das bedeutet nicht, dass Frieden nicht wichtig ist, sondern dass der Friede gesichert ist und damit aus dem Bewusstsein verschwindet. Salopp gesagt, nicht mehr das Geldverdienen bereitet den Menschen Sorgen, sondern das Geldausgeben fordert Überlegung und Anstrengung. Dabei gibt es natürlich noch erhebliche Unterschiede. Diejenigen, die in relativer Armut leben, sind stärker damit beschäftigt, wie sie ihr Geld verdienen können, als diejenigen, die in relativem Wohlstand leben.

5.3.2.2 Ungleichheit der Bildung

Der Sputnikschock (1957)[1] bewirkte weltweit eine vermehrte Anstrengung zur Verbesserung der Bildung. Die Jahre 1957 bis 1975 waren eine Zeit zahlreicher Bildungsreformen. Viele Entwicklungsländer förderten die Schriftkultur und die Alphabetisierung. In den entwickelten Ländern wurde das Schul- und Hochschulwesen ausgebaut. Auch in Deutschland vermehrten sich Schulen, Hochschulen, Sekundarschüler, Abiturienten, Studenten, Lehrer, Hochschullehrer. Es gab immer bessere Bildung für immer mehr Menschen. Folgende Zahlen zeigen, dass in den letzten 60 Jahren immer mehr Menschen ein höheres Bildungsniveau anstreben:

Prozentuale Verteilung der Schüler/-innen in den verschiedenen Schulformen von 1952 bis 2008

Jahr	Hauptschule	Realschule	Gymnasium	Integrierte Gesamtschule	Schule mit mehreren Bildungsgängen
1952	75 %	7 %	15 %		
1992	26 %	25,9 %	31,2 %	9,0 %	7,9 %
2003	30 %	23,5 %	32,5 %		
2008	20,4%	27,9 %	36,1%	9,2 %	6,4 %

Quelle: Eigene Zusammenstellung (vgl. Daten vom Stat. Bundesamt, 2010, und Jilesen, 2008, S. 163)

Ein Vergleich der Schulabschlüsse der älteren und der jüngeren Jahrgänge aus dem Jahre 2010 zeigt, dass die Jüngeren viel höhere Schulabschlüsse erreicht haben als die Älteren.

Quelle: BMBF, 2010, S. 37

---

[1] **Sputnikschock** *nennt man die politisch-gesellschaftliche Reaktion in den USA und Westeuropa nach dem Start des ersten Erdsatelliten Sputnik am 4. Oktober 1957 durch die Sowjetunion. Sputnik bewies vordergründig, dass die Sowjetunion technologisch den USA mindestens ebenbürtig war. Eine vermehrte Anstrengung in der Bildungspolitik ging einher mit der weiteren Entwicklung der Raumfahrt.*

Chancengleichheit/-ungleichheit verschiedener Bevölkerungsgruppen

Während die Chancenungleichheit zwischen den Geschlechtern, den Konfessionen, den Regionen in Deutschland weitgehend abgebaut werden konnte, bleiben die ungleichen Bildungschancen bei Kindern unterschiedlicher sozialer Herkunft oder bei Kindern mit oder ohne Migrationshintergrund nach wie vor bestehen. Die ungleichen Chancen beziehen sich sowohl auf die Bildungsstufe/Schulart als auch auf die Höhe der Leistungen innerhalb der Schulstufe. Aus der unteren sozialen Schicht sind mehr Kinder auf der Hauptschule als auf dem Gymnasium, auf der Hauptschule sind die Leistungen der Kinder aus der unteren Schicht geringer als die der Kinder aus der mittleren Schicht. Das Gleiche gilt für Kinder mit Migrationshintergrund. Die folgende Grafik aus dem Bildungsbericht 2010 zeigt, dass der sozio-ökonomische Status der Eltern und der Nationalitätenhintergrund der Kinder nach wie vor einen erheblichen Einfluss auf die Schulart und die schulischen Leistungen (gemessen an dem PISA-Test) haben.

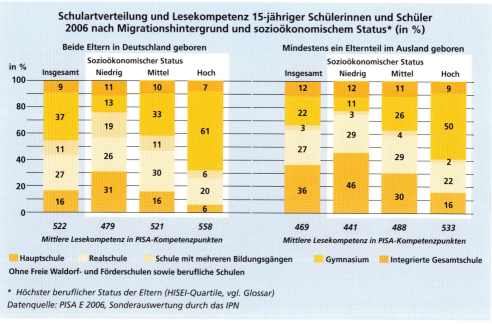

Quelle: BMBF, 2010, S. 65

Markante Aussagen des Bildungsberichts 2010 (vgl. BMBF, 2010)

■ Der Bildungsstand der deutschen Bevölkerung hat im Laufe der Zeit kontinuierlich zugenommen.

■ Der Anteil der Kinder in Familien ohne jeden Schulabschluss hat zugenommen (von 2,7 auf 4 %).

■ Das Bildungsniveau der Kinder ist nach wie vor vom Bildungsniveau und dem sozio-ökonomischen Status der Eltern abhängig.

■ Nicht Erwerbstätige und Menschen mit geringem Bildungsniveau nehmen auch weniger an Weiterbildungsmaßnahmen teil.

■ Frauen und Mädchen sind in der Bildung etwas erfolgreicher als Männer und Jungen.

- Kinder mit Migrationshintergrund sind im Durchschnitt weniger erfolgreich in ihrer Bildung als Kinder ohne Migrationshintergrund.
- Innerhalb der europäischen Staaten hat sich Deutschland in den PISA-Studien vom unteren Drittel bis fast zum oberen Drittel emporgearbeitet.

Anteil 15-jähriger Schülerinnen und Schüler unterhalb von Kompetenzstufe II im Lesen für PISA 2000, 2003 und 2006 nach Staaten (in %)

Staat	Jahr			Staat	Jahr		
	2000	2003	2006		2000	2003	2006
	in %				in %		
Österreich	19,3	20,7	21,5	Italien	18,9	23,9	26,4
Belgien	19,0	17,9	51,1	Liechtenstein	22,1	10,4	1,3
Tschechien	17,5	19,4	24,8	Luxemburg	•	22,7	22,9
Deutschland	22,6	22,3	20,0	Niederlande	•	11,5	15,1
Dänemark	17,9	16,5	16,0	Norwegen	17,5	18,2	22,4
Spanien	16,3	21,1	25,7	Polen	23,2	16,8	16,2
Finnland	7,0	5,7	4,8	Portugal	26,3	22,0	24,9
Frankreich	15,2	17,5	21,7	Rumänien	41,3	•	53,5
Griechenland	24,4	25,2	27,7	Slowenien	•	24,9	27,8
Ungarn	22,7	20,5	20,6	Slowakei	•	24,9	27,8
Irland	11,0	11,0	12,1	Schweden	12,6	13,3	15,3
Island	14,5	18,5	20,5	Türkei	•	36,8	32,2

Quelle: BMBF, 2010, S. 333, Datenquelle: OECD (2001), Lernen für das Leben; OECD (2004), Lernen für die Welt von Morgen; OECD (2007) – PISA 2006 Naturwissenschaftliche Kompetenzen für die Welt von Morgen

Zusammenhänge zwischen Bildung und sozialer Herkunft

In den letzten Jahrzehnten wurden die Zusammenhänge zwischen Bildungschancen und sozialer Herkunft eingehend erforscht. Die soziale Herkunft wird einerseits durch die Einkommenshöhe, andererseits durch die Stellung im Erwerbsprozess (Arbeiter, Angestellter, Selbstständiger) definiert. Ein Zusammenhang zwischen Einkommenshöhe und Bildungsniveau besteht nach wie vor. Das ist zunächst ein statistischer Zusammenhang, kein Ursache-Wirkung-Zusammenhang. Theoretisch sind folgende Erklärungen möglich:

- Das höhere Einkommen ist die Ursache der höheren Bildung.
- Die höhere Bildung ist die Ursache des höheren Einkommens.
- Ein dritter Faktor (Fleiß, Anstrengung, Leistungsmotivation) ist Ursache von sowohl höherer Bildung als auch höherem Einkommen.

Differenziertere Untersuchungen geben mehr Aufschluss über diese Ursache-Wirkungs-Zusammenhänge. Dabei stellt sich heraus, dass verschiedene Faktoren für das Bildungsniveau verantwortlich sind, wie beispielsweise Bildungsniveau der Eltern, Anspruch der Eltern, Einkommen der Eltern, Begabung, Leistungsmotivation, Wertorientierung oder Einfluss der unmittelbaren sozialen Umgebung.

Aufgaben

1. Folgende statistischen Zusammenhänge wurden festgestellt:
   Je höher das Einkommen der Eltern, desto höher das Bildungsniveau der Kinder, je höher das Bildungsniveau, desto höher die Berufsposition, je höher die Berufsposition, desto höher das Einkommen.
   Diskutieren Sie diese Zusammenhänge unter dem Gesichtspunkt: Ursache – Wirkung: Was ist in dieser Viererfolge Ursache, was ist Wirkung?

2. Reflektieren Sie Ihren bisherigen und erwarteten zukünftigen Lebenslauf in Hinsicht auf diese vier Faktoren und deren Zusammenhänge.

3. Nennen Sie mögliche weitere Faktoren, die im Zusammenhang mit Einkommen und Bildung eine Rolle spielen. Als Beispiele dazu können folgende Fälle dienen:
   - Ein Akademiker wird Sozialhilfeempfänger.
   - Ein ungelernter „Tellerwäscher" wird Millionär.
   - Andrew Carnegie wurde als Sohn eines Webers am 25.11.1835 in Schottland geboren und wurde zum reichsten Menschen seiner Zeit. Er war ein amerikanischer Industrieller und Stahlmagnat. Andrew Carnegie war berühmt als Philanthrop. Er spendete insgesamt mehr als 350 Millionen US-Dollar.

5.3.2.3 Ungleichheit der Macht

Macht ist, „dass eine Person oder Personengruppe andere maßgeblich beeinflusst oder beeinflussen kann, ohne dass diese in der Lage sind, sich der Einwirkung zu entziehen."
(Bolte/Hradil, 1984, S. 172)

Zu der so verstandenen Macht gehört die beabsichtigte und die nicht beabsichtigte, die wirkliche und die mögliche Einwirkung auf andere. Die anderen können die Einwirkung wahrnehmen oder auch nicht wahrnehmen (z. B. Propaganda), die wahrgenommene Einwirkung kann hingenommen oder nicht hingenommen werden.
Die Soziologie unterscheidet zwischen persönlicher und struktureller Macht. Bei persönlicher Macht ist der Träger der Macht ein Individuum, bei struktureller Macht ist der Träger der Macht ein Strukturelement der Gesellschaft, wie Rollen, Konzentration von Vermögen usw.

Empirische Untersuchungen über die Machtverteilung
Es ist bisher nicht gelungen, die Machtverteilung in einer Gesellschaft empirisch zu untersuchen. Es liegen einzelne empirische Untersuchungen über die Verteilung der Macht und Einflussverhältnisse in bestimmten Gemeinden oder in bestimmten Betrieben vor.

Für die gesamte Bundesrepublik Deutschland liegen empirische Untersuchungen vor über die Besetzung der von einer Mehrheit angenommenen Führungspositionen. Man nennt diese Untersuchungen auch Elite-Forschung.

Der Begriff **Elite** ist auch nicht eindeutig definiert. Das Wort stammt aus dem Französischen (élire) und bedeutet so viel wie „auslesen, auswählen". Verwandte Begriffe sind Prominenz, Oberschicht, herrschende Klasse oder auch Führungskräfte. Geißler (vgl. 2008, S. 150) unterscheidet dabei zwischen Leistungseliten, Werteeliten und Bildungseliten. Die Forschung hingegen konzentriert sich meistens auf die Machteliten. Die Machtelite umfasst diejenigen Personen, die den größten Einfluss auf wichtige Entscheidungen ausüben und dadurch das Verhalten von anderen steuern. Dabei werden häufig acht Bereiche in der Gesellschaft unterschieden, in denen es Führungspositionen gibt und zwar: Politik, Verwaltung, Justiz, Militär, Wirtschaft, Kommunikation, Kultur und Kirche. Diese Unterteilung wird auch in den wichtigen Mannheimer und Potsdamer Elitestudien angewendet. Daneben existieren noch weitere Kriterien, um Anzahl und Art der Eliten in Deutschland zu bestimmen.

Die Anzahl der Eliten

Die Anzahl der Eliten oder Führungskräfte ist unterschiedlich, je nachdem welches Kriterium für die Bestimmung „Elite" oder „Führungsposition" man wählt. In dem Mikrozensus 2004 stuften sich hochgerechnet 819.000 Personen als Erwerbstätige in Positionen mit umfassenden Führungsaufgaben (Top-Führungskräfte) ein. Dazu zählen z. B. Direktorinnen und Direktoren, Geschäftsführerinnen und Geschäftsführer. An dieser Gruppe hatten Frauen einen Anteil von nur 21 %. Entscheidungsträger in Unternehmen und Behörden in Deutschland sind immer noch überwiegend männlich.[1]

In den beiden großen Elitestudien (Mannheimer 1981 und Potsdamer 1995) gehen die Untersucher von jeweils 3.500 bzw. 4.100 Elitepositionen in der Bundesrepublik Deutschland aus. Das Auswahlkriterium war: die Inhaber der jeweils höchsten Führungspositionen aus Politik, Verwaltung, Wirtschaft, Wirtschaftsverbänden, Gewerkschaften, Massenmedien, Wissenschaft, Militär und Kultur sowie die Eliten der Justiz, der Kirchen, der Berufsverbände, der Europäischen Union, der kommunalen Spitzenverbände, aber auch der Verbände des Verbraucher- oder Umweltschutzes. Durch Personalunion können einige Führungspositionen durch ein und dieselbe Person eingenommen werden. Der Eliteforscher Hartmann (Luik) sagte in einem Zeitungsinterview auf die Frage „Wen zählen Sie zur Elite?":

„Die wirkliche Elite, also die Elite, die gesamtgesellschaftliche Entwicklungen beeinflussen kann, das sind rund 4.000 Personen: Es sind die wichtigsten Minister im Bundeskabinett, große Familienunternehmer, die Vorstände großer Unternehmen, hohe Beamte in der Berliner Ministerialbürokratie, die Richter an den hohen Gerichten, die über Steuerrecht oder Studiengebühren entscheiden können."

---

[1] *www.destatis.de/presse/deutsch/pm2005/p1370024.htm*

Folgende Tabelle gibt eine Übersicht der Ergebnisse dieser großen Untersuchungen:

Soziodemographische Merkmale der deutschen Positionseliten im Zeitvergleich[1]

	1968	1972	1981	1995 West	1995 Ost	1995 Gesamt
Durchschnittsalter	54	52	53	54	47	52
Anteil weiblicher Führungs-kräfte	2	2	3	10	30	13
Hochschulabschluss	58	70	69	77	80	78
– Promotion[2]	–	47	49	49	35	47
– Habilitation[2]	–	4	8	7	13	8
Religion – Gesamt	85	88	82	76	47	72
davon:						
– protestantisch	57	56	52	46	36	45
– römisch-katholisch	27	30	30	29	11	26
keine Religion	15	12	18	24	53	28
Gesamt-Befragtenzahl (N)	808	1825	1744	2069	272	2341

[1] *Alter als Mittelwert, sonst alle Angaben in Prozent, Prozentuierungsbasis: gültige Antworten.*
[2] *1995: Prozentuiert auf alle Befragten, die auf die Frage nach einem Hochschulabschluss mit ja geantwortet haben.*
Datenbasis: Mannheimer Elitestudien 1968, 1972, 1981 und Potsdamer Elitestudie 1995
Quelle: Kaina, 2004

Weitere Ergebnisse aus der „Elite-Forschung" in der Bundesrepublik Deutschland sind:

■ Der Anteil des Adels an den Führungspositionen – sogar im auswärtigen Amt und in der Generalität – ist kontinuierlich zurückgegangen.

■ Zwei Faktoren begünstigen den Aufstieg in die Führungspositionen: die soziale Herkunft und der Bildungsstatus. Das heißt: Kinder von Eltern in Führungspositionen haben mehr Chancen in Führungspositionen zu gelangen als Kinder von Eltern ohne Führungsposition, höher Gebildete haben mehr Chancen in Führungspositionen zu gelangen als niedriger Gebildete. Es besteht ein Zusammenhang zwischen sozialem Status und Bildungschancen. Kinder aus höherer sozialer Schicht haben mehr Chancen auf eine höhere Bildung als Kinder aus niedriger sozialer Schicht, daher auch mehr Chancen in Führungspositionen zu gelangen. Von 1981 (die große Mannheimer Eliteuntersuchung) bis 1995 (die große Potsdamer Eliteuntersuchung) scheint der Einfluss der sozialen Herkunft abgenommen zu haben, sagen die einen, ist der Einfluss gleich geblieben oder hat zugenommen, sagen die anderen.

■ Die Eliten rekrutieren sich weit überproportional aus Familien mit höherem sozialen Status.

■ Die Unterschichten hatten traditionell nur zwei Aufstiegskanäle in Führungspositionen: die Gewerkschaften und die Sozialdemokratie, neuerdings auch die Partei Bündnis 90/Die Grünen. Nach neueren Untersuchungen stammen nur noch Gewerkschaftseliten mehrheitlich aus den Familien mit niedrigem sozialen Status (vgl. Schäfers/Zapf, 2001, S. 176).

■ Die Akademisierung der Elite-Positionen nimmt zu, d.h., dass die führenden Positionen in der Politik, Verwaltung, Wirtschaft beispielsweise immer mehr von „Akademiker/innen" eingenommen werden. Nur in den Bereichen Massenmedien, Militär und Gewerkschaft sowie in den Parteien SPD und Bündnis 90/Die Grünen bestehen auch ohne Studium Chancen, in führende Positionen zu gelangen.

Nach Analysen des Deutschen Instituts für Wirtschaftsforschung (DIW) ist der Anteil von Frauen in Führungspositionen im Jahr 2007 mit 27 % in der Privatwirtschaft immer noch unterdurchschnittlich. Insgesamt ist festzustellen, dass der Frauenanteil in Führungspositionen mit der Größe des Unternehmens und auch mit der Höhe der Hierarchieebene im Unternehmen abnimmt: Frauen gelingt es eher, in kleinen und mittleren Unternehmen Führungspositionen einzunehmen. In Großkonzernen sind Vorstände und Aufsichtsräte fast ausschließlich männlich. Der Anteil der Frauen an Führungspositionen in vielen Bereichen ist im Jahr 2008 immer noch unterdurchschnittlich, wie folgende Tabelle zeigt.

	Männer	Frauen
Gesamtbevölkerung	49 %	51 %
Erwerbstätige	54 %	46 %
Hochschulabsolventen	49 %	51 %
Führungspositionen allg.	69 %	31 %
Mittleres Management	85 %	15 %
Vorstandsebene	97 %	3 %
Aufsichtsräte	90 %	10 %

Quelle: Sinus Sociovision, 2010

■ Die Annahme, dass die Elite eine einheitlich handelnde Gruppe sei, ist sogar für kleine politische Systeme, wie eine Großstadt, nicht haltbar. Die Führungselite in der Bundesrepublik Deutschland ist keine homogene Sozialschicht mit eigenen Wertvorstellungen, sondern ein vielschichtiges, nach Funktionsbereichen gegliedertes Gefüge.

■ Die Führungselite ist weder durch eine spürbare Solidarität, noch durch einheitliche Kultur, noch durch das Bewusstsein einer Vorreiterrolle gekennzeichnet (vgl. Schäfers, 1990, S. 208).

5.3.2.4 Berufsprestige-Differenzierung

Vielfach wurden in der Soziologie soziale Unterschiede festgestellt und erforscht anhand des unterschiedlichen Prestiges, das mit den verschiedenen Berufen verbunden ist. Unter Prestige wird ganz allgemein die Wertschätzung verstanden, die Menschen einander zuordnen. Aufgrund welcher Kriterien diese Zuordnung geschieht, ist zunächst nicht deutlich. Es gibt allerdings offensichtliche Zusammenhänge zwischen der beruflichen Position innerhalb der Gesellschaft einerseits und Ausbildung, Einfluss und Einkommen andererseits. Die Kausalkette: Ausbildung bestimmt die Berufsposition, die Berufsposition bestimmt das Einkommen, das Einkommen bestimmt den Einfluss, der Einfluss bestimmt das

Ansehen, braucht nicht immer gegeben zu sein. Das Ansehen kann an Einkommen, Qualifikation, Einfluss oder an verschiedene dieser Merkmale gebunden sein, kann auch an der Bedeutung des Berufs für die Gesellschaft gebunden sein, kann sich in der Gesellschaft aber auch verselbstständigt haben, sodass das Berufsprestige als eine eigene Größe in der Gesellschaft existiert und um seiner selbst willen angestrebt wird.

In verschiedenen Untersuchungen wurden Menschen gebeten, Berufe in eine Rangordnung zu bringen. Anschließend wurden sie nach den Kriterien für diese Rangordnung gefragt. Dabei wurden folgende Kriterien genannt (vgl. Bolte/Hradil, 1984, S. 195):

- Einkommen,
- Ausbildung,
- Bedeutung für die Gesellschaft,
- Einfluss auf andere Menschen,
- Verhaltensautonomie in der Berufsausübung.

Wegen des Zusammenhangs des Berufsprestiges mit diesen Kriterien hat man gemeint, die soziale Ungleichheit in der Gesellschaft anhand der Verteilung des Berufsprestiges feststellen zu können. Die berufliche Position ist dann gleichzeitig ein Anzeichen für die Stellung in der Einkommens-, Bildungs- und Machthierarchie. Dass dies nicht immer der Fall zu sein braucht, haben wir schon bei der Statusinkonsistenz dargelegt. Trotzdem bleibt die berufliche Position ein wichtiger Indikator für die Stellung innerhalb der Gesellschaft. In Untersuchungen über die Schichtzugehörigkeit wird dann auch häufig die berufliche Position als Gradmesser genommen.

Ein wichtiger Gesichtspunkt bei der Einteilung der Bevölkerung in soziale Schichten nach der Berufszugehörigkeit ist die Frage, ob eine solche Einteilung eine reine Klassifikation für Forschungszwecke ist oder ob diese Einteilung die Wiedergabe einer sozialen Wirklichkeit ist, ob mit andern Worten die Schichtzugehörigkeit etwas ist, das im Leben der Gesellschaftsmitglieder etwas zu bedeuten hat, sodass die Schichtzugehörigkeit handlungsrelevant ist.

Soweit in die Schichtzugehörigkeit objektive Merkmale eingehen, die den Handlungsraum mitbestimmen, wie zum Beispiel Einkommen und Ausbildung, ist die Schichtzugehörigkeit sicher handlungsrelevant. Ein Hauptschulabsolvent wird keine Anstellung als wissenschaftlicher Mitarbeiter an der Uni bekommen. Die schwierigere Frage ist, ob das Bewusstsein, zu einer bestimmten sozialen Schicht zu gehören, schon handlungsrelevant ist, ob also die Schichtzugehörigkeit mit der Wahrnehmung bestimmter Verhaltenserwartungen verbunden und diese wahrgenommenen Erwartungen wiederum verhaltensbestimmend sind.

Beispiele

Fühlt der Pädagogik-Student, der aus einer Arbeiterfamilie stammt und dessen Eltern nie ins Theater gingen, sich seines späteren „Standes" wegen verpflichtet, regelmäßig ins Theater zu gehen?

Sucht sich die junge Ärztin eine Wohnung in der „besseren" Wohngegend, weil sie meint, es gehöre zu ihrem Stand?

Statussymbole

Wenn in einer Gesellschaft mit der Schichtzugehörigkeit bestimmte Verhaltensweisen oder bestimmte Merkmale verbunden werden, die ihrerseits die Schichtzugehörigkeit bezeichnen sollen, spricht man von Statussymbolen. Durch die Anonymität in der Gesellschaft wird es immer leichter möglich, mittels dieser Verhaltensweisen und Merkmale ein bestimmtes Ansehen oder Status vorzutäuschen. Falls diese Statussymbole missbraucht werden, werden sie sich auch schnell ändern.

Aufgaben

In einer Befragung Ende der 1970er-Jahre wurden der Reihe nach folgende Kriterien bei der Zuerkennung von Prestige genannt (vgl. Bolte/Hradil, 1984, S. 222):

1. die Art von Leuten, mit denen man verkehrt,

2. die Art, die Wohnung einzurichten,

3. die Art der Kleidung, die man trägt,

4. die Art der Bücher, die man liest,

5. das Viertel, in dem man wohnt,

6. die Veranstaltungen, die jemand besucht,

7. die Zeitungen, die man liest,

8. die Art der Lokale, Restaurants, die man besucht,

9. der Sportklub, dem man beitritt,

10. das Auto, das man fährt,

11. der Urlaubsort, in den man fährt,

12. die Art von Geschäften, in denen man einkauft.

Welche Merkmale treffen Ihrer Meinung nach bei der Zuerkennung von Prestige heute noch zu?

Untersuchungen zum Berufsprestige

Die vielen Untersuchungen zum Berufsprestige bzw. zur sozialen Schichtung unterscheiden sich voneinander hinsichtlich der Untersuchungsmethode und hinsichtlich des Untersuchungsgegenstandes.

Unterschiede im Untersuchungsgegenstand

Untersuchungsgegenstand können die Berufsbezeichnungen als solche sein. Wenn beispielsweise gefragt wird: „Welcher Beruf hat Ihrer Meinung nach ein höheres Ansehen: Arzt oder Erzieher?", dann ist das Ergebnis eine Rangordnung der Berufe nach dem (vermeintlichen) Ansehen. Das Ergebnis ist dann eine reine Berufsprestige-Rangordnung, wie die nachstehende (Allensbacher Berufsprestigeskala).

Untersuchungsgegenstand können bestimmte Aspekte des Berufes sein. Dies geschieht, wenn die zu untersuchenden Berufe nach bestimmten Kriterien klassifiziert werden. Die meist vorkommende Klassifizierung der Berufe ist die nach der sozialrechtlichen Stellung im Beruf. Demnach werden alle Berufe eingeteilt in: Selbstständige und abhängig Be-

Die Allensbacher Berufsprestige-Skala 2008

Frage: „Hier sind einige Berufe aufgeschrieben. Könnten Sie bitte die fünf davon heraussuchen, die Sie am meisten schätzen, vor denen Sie am meisten Achtung haben?" (Vorlage einer Liste)

+/– im Vergleich zur vorhergehenden Umfrage von 2003

Beruf	+/–	%
Arzt	+6	78%
Pfarrer, Geistlicher	0	39
Hochschulprofessor	+4	34
Grundschullehrer	+6	33
Unternehmer	+1	31
Rechtsanwalt	-2	27
Ingenieur	+1	27
Botschafter, Diplomat	0	25
Atomphysiker	+3	25
Apotheker	-2	24
Direktor in großer Firma	-1	17
Studienrat	0	14
Journalist	-2	11
Offizier	-1	8
Gewerkschaftsführer	+1	8
Politiker	-2	6
Buchhändler	-2	5

– Deutsche Bevölkerung ab 16 Jahre –

Datenquelle: Allensbacher Archiv, IfD-Umfragen 7040 (2003) und 10015 (2008)

Quelle: Institut für Demoskopie Allensbach, 2008

schäftigte, diese wiederum in Beamte, Angestellte und Arbeiter.

Fragt man nun aber nach der subjektiven Bewertung: „Wer hat Ihrer Meinung nach ein höheres Ansehen, Beamte oder Arbeiter?", dann ist das Ergebnis eine Rangordnung der unterschiedlichen sozialrechtlichen Stellungen der Berufe nach dem Ausmaß des Ansehens.

Die objektive Zusammenstellung der erwerbstätigen Bevölkerung nach diesen Kriterien hat sich in den letzten vierzig Jahren erheblich verändert: der Anteil der Angestellten hat stark zugenommen, der Anteil der Arbeiter hat sich verringert, der Anteil der mithelfenden Familienangehörigen ist fast verschwunden, wie aus der unten stehenden Grafik ersichtlich ist. Wenn auch das Prestige der Berufsgruppen gleich geblieben sein sollte, würde dennoch die Gesamtverteilung der Bevölkerung nach Berufsprestige anders aussehen.

Erwerbstätige nach Stellung im Beruf Deutschland, Ergebnisse des Mikrozensus

	Insgesamt x 1 000	Selbstständige	Mithelfende Familien- angehörige	Beamte	Angestellte[2]	Arbeiter/ -innen
		%	%	%	%	%
2008	38 734	10,7	0,6	5,4	53,4	29,6
2007	38 163	10,9	1,0	5,8	50,0	32,3
2006	37 344	11,1	1,0	5,9	51,6	30,4
2005	36 566	11,2	1,2	6,1	49,9	31,8
2004	35 659	10,8	1,1	6,3	50,5	31,3
2000	36 604	10,0	0,9	6,3	48,2	34,6
1995	36 048	9,3	1,3	6,8	46,6	36,0
1990	29 334	8,8	2,0	8,5	43,3	37,4
1985	26 626	9,1	2,7	8,9	39,6	39,8
1980	26 874	8,6	3,4	8,4	37,2	42,3
1975	25 960	9,2	5,0	8,3	34,6	42,9
1970	25 951	10,7	6,9	5,5	29,6	47,3
1966	26 630	11,3	8,0	5,1	27,2	48,5
1965	26 629	11,6	8,4	5,0	26,3	48,6
1960	26 194	12,6	9,9	4,7	22,6	50,2

Eigene Zusammenstellung (vgl. Mikrozensus 2009)

Weitere Aspekte der Berufe (die immer auch Kriterien zur Klassifikation der Berufe sein können) sind:

- Mehr manuelle oder mehr geistige Tätigkeit. **Beispiel:** Schreiner – Buchhalter
- Mehr Autonomie oder mehr Abhängigkeit in der Ausführung der Tätigkeit. **Beispiel:** Pilot – Straßenkehrer
- Günstigere oder ungünstigere Arbeitsbedingungen. **Beispiel:** Sicherheit – Unsicherheit des Arbeitsplatzes, mehr – weniger Unfallgefahr, größere – geringere körperliche Anstrengung usw.
- Höheres oder niedrigeres Einkommen. **Beispiel:** Kindergartenleiterin – Gruppenerzieherin
- Längere oder kürzere Ausbildungszeit. **Beispiel:** Arzt – Koch

Alle diese verschiedenen Aspekte der Berufe können Gegenstand der Prestigeuntersuchungen sein.

Unterschiede in den Untersuchungsmethoden

- Listen mit verschiedenen Berufen (oder mit verschiedenen der oben genannten Aspekte der Berufe) in alphabetischer Reihenfolge werden einer repräsentativen Anzahl von Menschen aus der Bevölkerung vorgelegt mit der Bitte, eine Rangordnung in diesen Listen nach dem Ausmaß des Prestiges anzubringen.
- Die so erhaltenen Prestigerangordnungen werden wiederum einem repräsentativen Querschnitt der Bevölkerung vorgelegt mit der Bitte, ihre eigene berufliche Position in diese Rangordnung einzustufen. Dadurch bekommt man eine Übersicht über den prozentualen Anteil der Bevölkerung auf dieser Prestigeskala. Werden auf dieser Rangordnungsskala Abstufungen gemacht, handelt es sich nicht um klar voneinander abgegrenzte Schichten, sondern um vom Forscher gemachte Markierungen auf einer fortlaufenden Rangordnung.
- Viele Untersuchungen zum Berufsprestige benutzen die Methode der subjektiven Einordnung des eigenen Berufsansehens nach einer vorgegebenen Skala von oben und Mitte und unten oder einer Linie einer bestimmten Länge. Die Kriterien, die dabei verwendet wurden, können nachher erfragt werden. Häufig sind diese Einkommen und Ausbildung, die mit dem betreffenden Beruf zusammenhängend gesehen werden.

In den Allbus-Befragungen (Allbus-Kumulation 1980-2008) wurde den Teilnehmer gesagt: „Es wird heute viel über die verschiedenen Bevölkerungsschichten gesprochen. Welcher Schicht rechnen Sie sich selbst eher zu: 1. Unterschicht, 2. Arbeiterschicht, 3. Mittelschicht, 4. obere Mittelschicht, 5. Oberschicht?" Die folgende Tabelle gibt jeweils den prozentualen Anteil der Befragten.[1] Dieser bleibt von 1980 bis 2008 weitgehend gleich. In den letzen Jahren rechnen sich mehr zu der Unterschicht, weniger zu der Mittelschicht.

---

[1] *Die Zeile 6 gibt an, wie viele sich keiner dieser Schichten zurechneten, die Zeilen 7-9, wie viele nicht antworteten/antworten wollten.*

Schicht	1980	1982	1984	1986	1988	1990	1991	1992	1994	1996	1998	2000	2002	2004	2006	2008
1. Unterschicht	1,2	0,8	1,4	0,9	1,5	1,7	1,4	1,9	1,7	2,5	2,9	1,3	1,5	2,4	3,5	3,8
2. Arbeiterschicht	29,3	33,9	32,1	26,6	31,4	26,6	29,6	30,4	34,6	35,5	34,6	33,6	26,9	37,7	34,2	31,9
3. Mittelschicht	58,7	54,1	53,9	61,2	55,7	59,4	56,8	55,9	53,0	51,7	51,5	56,0	58,7	50,2	54,1	53,6
4. obere Mittels.	9,4	8,8	10,0	9,8	8,9	11,1	10,2	9,5	9,0	8,3	8,2	7,7	12,0	7,7	7,0	9,3
5. Oberschicht	0,6	0,7	0,9	0,8	0,5	0,3	0,4	0,6	0,5	0,4	1,2	0,5	0,5	0,5	0,5	0,4
6. keine	0,9	1,7	1,7	0,7	1,9	1,1	1,6	1,6	1,2	1,5	1,6	1,0	0,4	1,5	0,8	1,1
7. Ablehnung	54M	86M	99M	93M	169M	62M	148M	118M	67M	100M	100M	72M	11M	87M	32M	56M
8. weiß nicht	59M	61M	88M	53M	96M	27M	74M	72M	53M	61M	103M	54M	14M	54M	22M	17M
9. keine Antwort	1M	2M	1M	8M	2M	5M	3M	5M	15M	5M	39M	7M	1M	8M	2M	2M
Befragte	2841	2842	2816	2941	2785	2957	2833	3353	3315	3352	2992	3671	2794	2797	3365	3394

Quelle: GESIS, 2008

Gerechtigkeitsempfinden für die sozialen Unterschiede

Den Befragten wurde auch die Aussage vorgelegt: „Ich finde die sozialen Unterschiede in unserem Land im Großen und Ganzen gerecht." Es wurde nach dem Grad der Zustimmung gefragt. Folgende Tabelle zeigt die Antworten mit ihrem prozentualen Anteil:

Grad der Zustimmung	1984	1988	1991	1994	1998	2000	2004	2008
1. stimme voll zu	10,4	8,8	7,4	8,0	6,3	9,6	5,6	6,1
2. stimme eher zu	38,0	32,6	34,5	31,1	23,6	32,2	25,9	21,3
3.stimme eher nicht zu	35,1	34,8	37,0	39,1	37,1	39,7	45,2	42,2
4. stimme überhaupt nicht zu	16,5	23,8	21,1	21,8	33,0	18,6	23,3	30,4
1.+ 2.	48,4	41,4	41,9	39,1	29,9	41,8	31,5	27,4
3.+ 4.	51,6	58,6	58,1	60,9	70,1	58,3	68.5	72,6

Quelle: GESIS, 2008

Folgende Schlüsse kann man aus den Antworten auf beide Fragestellungen und weiteren Untersuchungen ziehen:

■ Über Jahre hinweg wird nach wie vor ein soziales Höher und Niedriger von der deutschen Bevölkerung empfunden.

■ Fast jeder Deutsche platziert sich selbst irgendwo auf der Schichtenskala.

■ Mehr als die Hälfte der Deutschen findet die sozialen Unterschiede eher ungerecht.

■ In den letzten 30 Jahren gibt es keine großen Veränderungen in dem Empfinden und der Beurteilung der sozialen Unterschiede. Nur in den letzten Jahren rechnen sich mehr Menschen zu den unteren sozialen Schichten und finden mehr Menschen die sozialen Unterschiede ungerecht.

■ Angestellte, Beamte, Selbstständige siedeln sich eher in den oberen Schichten an, Arbeiter eher in der unteren Schicht.

■ Diejenigen, die sich nicht einstufen können oder wollen, sind eine kleine Minderheit (etwa 3 %).

■ Die subjektive Schichteinstufung fällt nicht automatisch mit der berufsrechtlichen Position zusammen (auch ungelernte Arbeiter rechnen sich zur Oberschicht, auch höhere Angestellte rechnen sich zur Arbeiterschicht).

Aufgaben

1. Welche Unterschiede sind aus beiden oben genannten Untersuchungen abzulesen zwischen
   a) Ost- und Westdeutschen,
   b) Männern und Frauen,
   c) den Untersuchungszeitpunkten 1988/90 oder 1993 und 2004?

2. Wie erklären Sie sich die zunehmende Ablehnung der sozialen Unterschiede, die in der oben stehenden Tabelle in den Jahren von 2000 bis 2008 ersichtlich ist?

3. Nach zwanzig Jahren trifft sich ein Abiturjahrgang zum ersten Mal wieder. In den Gesprächen ist das Hauptthema der Beruf der einstigen Mitschülerinnen und -schüler. Über den Familienstand oder den Wohnort wird wenig, über politische und religiöse Einstellungen wird nichts gesagt. Im Vordergrund des Interesses steht anscheinend die berufliche Situation.
   Wenn Sie Informationen über einen fremden Menschen haben oder geben wollen, an was denken Sie dabei zuerst?

Kritik am Modell der sozialen Schichtung als Modell für die Sozialstruktur

Wenn die Sozialstruktur mit dem Modell der sozialen Schichtung (siehe S. 147) beschrieben wird, geht es nicht mehr nur um die Verteilung des Berufsprestiges innerhalb der Bevölkerung, sondern auch um die Darstellung unterschiedlicher Rangordnungen in der Sozialstruktur der Gesellschaft. An diesem Anspruch ist in den letzten Jahrzehnten zunehmend Kritik geübt worden.

Die wichtigsten Kritikpunkte sind folgende:

1. Die Trennungslinien zwischen den einzelnen Teilbereichen der Schichtung werden eher durch die Wissenschaftler gesetzt als durch objektive Tatsachen begründet. Wenn es auch soziale Unterschiede gibt, so sind die Übergänge fließend. Es hängt vom Wissenschaftler ab, wann er noch von Unterschicht und wann er von Mittelschicht spricht.

2. Innerhalb der Teilbereiche der Schichtung werden Menschen sehr unterschiedlicher sozialer Lebenslage zusammengefasst. So kann es sein, dass jemand in der mittleren Mittelschicht aufgrund seiner Ausbildung und seines Einkommens (ein Diplom-Psychologe, der als Facharbeiter tätig ist) platziert wird, ein anderer aber ebenfalls dort eingestuft wird aufgrund seines Berufes und seines Einkommens (beispielsweise ein Star aus dem Bereich des Sports ohne einen schulischen Bildungsabschluss).

3. Die vielen Differenzierungen vor allem innerhalb der Mittelschicht, nicht nur im Sinne von höher und niedriger (vertikale Gliederung), sondern auch im Sinne von Andersartigkeit (horizontale Gliederung) werden nicht erfasst.

4. Der wichtigste Kritikpunkt an diesem Schichtungsmodell ist, dass es nur drei (oder vier) Merkmale der sozialen Ungleichheit berücksichtigt (Bildung, Beruf, Einkommen, Macht) und sich häufig sogar auf ein Merkmal beschränkt, die Berufsposition. Letzterem kann man entgegenhalten, dass sich in vielen Untersuchungen Folgendes gezeigt hat: Berufsprestige ist ein ziemlich verlässlicher Indikator für die anderen Merkmale der sozialen Ungleichheit, der Bildung und des Einkommens.

5. In diesem Schichtungsmodell wird von einer ganz bestimmten Wertvorstellung ausgegangen: der Leistung. Andere, neue, sogenannte „postmaterielle" Werte werden nicht berücksichtigt.

6. Der wichtigste Kritikpunkt bezieht sich auf die allmähliche Loslösung der einzelnen Menschen aus dem „schichtenspezifischen" Verhalten. Das betont die Individualisierungshypothese. Sie besagt: Früher wurde das Denken, Verhalten und die Werte bestimmt durch die soziale Schicht, zu der man gehörte; heute bestimmt man mehr und mehr unabhängig von der „Schicht-Position" sein Verhalten, Denken und sein Werten.

Weitere Gründe für Ungleichheit

Neben den „traditionellen" Kriterien der sozialen Ungleichheit, wie Bildung, Beruf, Einkommen bzw. Vermögen, Macht, werden folgende Gründe für soziale Ungleichheit in der theoretischen Analyse und in der empirischen Forschung zunehmend beachtet:

Das Geschlecht

Obwohl das Geschlecht ein biologisches und kein soziales Merkmal ist, wird es durch „Zuschreibungsprozesse" zu einem sozial bedeutsamen Merkmal. Indem die Frau in vielen Bereichen geringer bewertet wurde, entstand eine soziale Ungleichheit zwischen Männern und Frauen in der Gesellschaft. Erst als diese soziale Ungleichheit mehr bewusst wurde, entwickelte sich das Bestreben nach Gleichberechtigung. Dieser Prozess ist heute noch in vollem Gange. Inwieweit diese Gleichwertigkeit und Gleichberechtigung in Theorie und Praxis verwirklicht sind, lässt sich von daher auch nicht sagen. Einige Entwicklungen seien hier genannt.

Global Gender Gap Report

In dem Global Gender Gap Report (2010) wird weltweit das Maß der Gleichberechtigung zwischen Mann und Frau abgebildet. Man hat dazu einen Index zwischen 0 und 1 gebildet; die Zahl 0 besagt, dass es eine totale Ungleichheit, die Zahl 1, dass es eine totale Gleichheit zwischen Männern und Frauen gibt. In die Untersuchung wurden weltweit 134 Länder einbezogen, wodurch 90 % der Weltbevölkerung erfasst sind. Seit 2006 erscheint jährlich dieser „Geschlechterkluft"-Bericht, sodass man einen Entwicklungstrend feststellen kann. Man untersucht dabei die folgende vier Lebensbereiche: Erwerbsbeteiligung, Bildung, Gesundheit, Führungspositionen.
Die folgende Tabelle zeigt die Ergebnisse für Deutschland im Jahre 2010. Sie weist dabei den Rang für Deutschland innerhalb der 134 Länder auf, den Grad der Gleichberechtigung (Score), den Durchschnittswert bei den 134 Ländern (Median) und nochmals den Gleichheitsindex (Verhältnis Frauen/Männer).

Bereich	Rang	Score	Median	Frauen in %	Männer in %	Verhältnis
Wirtschaftliche Partizipation und Chancengleichheit	37	0,714	0,59			
Erwerbstätigkeit	38	0,87	0,69	71	82	0,87
Lohn für gleiche Arbeit	94	0,61	0,65			0,61
Geschätztes Arbeitseinkommen PPP USS*	47	0,64	0,53	25.691	40.000	0,64
Zugang zu Gesetzgebung, höheren Beamten, Managern	23	0,61	0,27	38	62	0,61
Zugang zu technischen und professionellen Berufen	1	1,0	0,64	50	50	1,01
Bildungsniveau	51	0,995	0,929			
Alphabetisierung	1	1,00	0,86	99	99	1,00
Teilnahme primäre Bildung	69	1,00	0,98	98	98	1,00
Teilnahme sekundäre Bildung	89	0,98	0,92			0,98
Teilnahme tertiäre Bildung	1	1,00	0,86			1,00
Gesundheit und Lebenserwartung	47	0,978	0,955			
Verhältnis Frau/Mann bei Geburt	1	0,94	0,92			0,95
Gesunde Lebenserwartung	60	1,06	1,04	75	71	1,06[1]
Politische Teilhabe	15	0,325	0,179			
Frauen im Parlament	17	0,49	0,22	33	67	0,49
Frauen in Ministerien	15	0,50	0,18	33	67	0,50
Frau als Staatsoberhaupt in den letzten 50 Jahren (Anzahl der Jahre)	15	0,11	0,15	5	45	0,11

* PPP = purchasing power parity (Kaufkraftparität = KKP)
Quelle: Hausmann/Tyson/Zahidi, 2010, S. 144

Interpretation der Ergebnisse

- Im Bereich der Bildung ist eine weitgehende Gleichheit der Geschlechter erreicht (Score 1).
- Auch im Bereich Gesundheit und Lebenserwartung gibt es kaum Unterschiede zwischen den Geschlechtern (Score 1,06).
- Im Bereich der Arbeitsentlohnung gibt es noch große Differenzen zwischen Männer und Frauen (Score 0,61).
- Im Bereich des Zugangs zu höheren Berufen gibt es ebenfalls noch große Unterschiede zwischen Männern und Frauen (Score 0,61).
- Im Bereich der politischen Teilhabe sind die Frauen noch stark unterrepräsentiert (Score 0,50).
- In den Jahren von 2006 bis 2010 hat sich in Deutschland an diesen Verhältnissen kaum etwas geändert.

---

[1] Bei diesen Indices wurden etwas andere Maße als Minimum und Maximum genommen.

185

In der Broschüre „Frauen in Führungspositionen - Barrieren und Brücken" (BMFSFJ) werden die Zahlen und Gründe der Unterrepräsentation von Frauen in Führungspositionen (Vorstand und Aufsichtsrat) in der Wirtschaft sorgfältig untersucht. Innerhalb der Europäischen Union liegt Deutschland an 11. Stelle in Bezug auf die Quote der Frauen in Führungspositionen.

	Männer	Frauen
Gesamtbevölkerung	49 %	51 %
Erwerbstätige	54 %	46 %
Hochschulabsolventen	49 %	51 %
Führungspositionen allg.	69 %	31 %
Mittleres Management	85 %	15 %
Vorstandsebene	97 %	3 %
Aufsichtsräte	90 %	10 %

Quelle: BMFSFJ, Barrieren, 2010, S. 7

Die Unterrepräsentation ist nicht durch mangelhafte Qualifikation bedingt, sondern durch „massive informelle und kulturelle Widerstände" gegen Frauen in den von Männern dominierten Führungsebenen. Zugleich aber sind sowohl Männer als auch Frauen in Führungsebenen der Meinung, dass eine gleichberechtigte Teilnahme der Frauen an den Führungspositionen für die Unternehmen ökonomisch notwendig ist. Die Mehrzahl der Frauen und Männer meinen, dass sich ohne politische und betriebliche Maßnahmen an diesem Zustand nicht viel ändern wird. Weltweit gehört Deutschland zu den Top 15 der insgesamt 134 Länder, wie folgende Tabelle zeigt:

Das Global Gender Gap Ranking 2010 – die Top 15

Land	2010	Bewertung*	2009	Veränderung	
Island	1	85,0 %	1	0	•
Norwegen	2	84,0 %	3	1	•
Finnland	3	82,6 %	2	−1	•
Schweden	4	80,2 %	4	0	•
Neuseeland	5	78,1 %	5	0	•
Irland	6	77,7 %	8	2	•
Dänemark	7	77,2 %	7	0	•
Lesotho	8	76,8 %	10	2	•
Philippinen	9	76,5 %	9	0	•
Schweiz	10	75,6 %	13	3	•
Spanien	11	75,5 %	17	6	•
Südafrika	12	75,3 %	6	−6	•
Deutschland	13	75,3 %	12	−1	•
Belgien	14	75,1 %	33	19	•
Großbritannien	15	74,6 %	15	0	•

Quelle: World Economic Forum, 2010, S. 1

*Bitte beachten Sie, dass den Bewertungen eine Skala von null bis eins zugrunde liegt und dass sie in etwa als Prozentsatz der bereits geschlossenen Geschlechterkluft interpretiert werden können.

Vergleicht man die weltweite Entwicklung über die Jahre hinweg, dann wird die Schiefla-
ge der Geschlechterverteilung bald der Vergangenheit angehören. Nach Meinung der
Schweizer Trendforscherin Monique Siegel (Reinhardt, 2010, S. 29) „werden Frauen in na-
her Zukunft nicht nur gleichziehen, sondern sogar mehr Einfluss ausüben als Männer. Und
das nicht nur in Deutschland, Europa oder den führenden Industrienationen, sondern weltweit. Ihre Überzeugung leitet die Schweizer Wissenschaftlerin aus den sogenannten „Megatrends" ab. So nennen Forscher die wichtigsten gesellschaftlichen Entwicklungen, die weltweit stattfinden und für mindestens zwei bis fünf Jahrzehnte gelten. *Female shift* (engl.:
Verschiebung zum Weiblichen) gilt unter zehn Megatrends heute als der wichtigste.

Neue oder neu entdeckte Bereiche, in denen soziale Ungleichheit deutlich wird, sind:

- **Die Wohnbedingungen:** Gemeint sind hier die Bedingungen bezüglich der Wohngegend und auch bezüglich der Ausstattung der Wohnung.

- **Die regionalen Bedingungen:** Unterschiede zwischen Stadt und Land, aber vor allem
zwischen verschiedenen Regionen der Bundesrepublik, wie Norden und Süden, Bal-
lungsgebiete, Groß- und Kleinstädte. Damit verbunden ist auch die Infrastruktur: das
Angebot an Dienstleistungen und öffentlichen Einrichtungen, die Verkehrsbedingun-
gen.

- **Die Arbeitsbedingungen:** Hierbei spielt vor allem eine Rolle, ob man einen Arbeitsplatz
besitzt oder arbeitslos ist, weiterhin die Sicherheit des Arbeitsplatzbesitzes, die weiteren Arbeitsbedingungen, die materiellen und sozialen Merkmale des Arbeitsplatzes
und der Arbeitstätigkeit.

- **Die Teilhabe am Sozialversicherungssystem:** Hierbei ist bedeutsam, ob man die Risiken selbst tragen muss oder sich abgesichert hat, ob man sich privat abgesichert hat
oder am öffentlichen Sicherungssystem beteiligt ist, beispielsweise durch den Bezug
von Wohngeld, von Sozialhilfe, von Renten usw.

- **Die Freizeitbedingungen:** Hier spielt die zur freien Verfügung stehende Zeit eine Rolle, die finanziellen Mittel, die Freizeitangebote, die Anregungen zur Freizeitgestaltung.

- **Das soziale Netzwerk:** Hiermit ist die Quantität und die Qualität der sozialen Beziehungen gemeint, in denen man lebt. Hat man viele Kontakte oder lebt man stark isoliert,
führt man echte Freundschaften oder pflegt man eher oberflächliche Kontakte?

- **Die Nationalität:** Ist man Deutscher oder Ausländer, ist man ausländischer Arbeitnehmer, Aussiedler oder Flüchtling? (Siehe auch S. 389).

- **Die Gesundheit:** Ist man gesund, krank oder behindert, körperlich oder psychisch krank,
körperlich oder geistig behindert? Auch das Alter kann ein Kriterium für soziale
Ungleichheit sein.

Diese Reihe könnte wahrscheinlich noch weiter fortgesetzt werden mit Merkmalen, aufgrund derer Menschen unterschiedlich bewertet werden und weniger oder mehr Chancen haben, um die allgemein für erstrebenswert gehaltenen Ziele des Lebens zu erreichen.

Bei all diesen Faktoren kann man unterscheiden zwischen individuellen und sozialen
Merkmalen. Geschlecht, Alter, Gesundheit, Hautfarbe sind **individuelle Merkmale,** bekommen durch Zuschreibungsprozesse oder Bewertungen eine soziale Bedeutung. Eine

Veränderung oder Aufhebung der sozialen Ungleichheit kann nicht erreicht werden durch eine andere Verteilung der Merkmale, sondern durch eine Veränderung der Zuschreibungen oder Bewertungen. Die sozialen Ungleichheiten aufgrund von **sozialen Merkmalen** wie Bildung, Einkommen, Arbeitsbedingungen usw. können aufgehoben oder verringert werden, indem diese Merkmale anders verteilt werden, durch sogenannte Umverteilungs- oder Angleichungsprozesse.

Weiterhin kann bei allen diesen Merkmalen unterschieden werden zwischen „objektiven" Ungleichheiten und „subjektiven" Ungleichheiten. **Objektive Ungleichheiten** sind die ungünstigeren Bedingungen für die Teilhabe an den gesellschaftlich anerkannten Zielen und Werten. So ist zum Beispiel das Einkommen eine Bedingung für mehr oder weniger Möglichkeiten der Freizeitgestaltung.

Die **„subjektiven" Ungleichheiten** sind das Maß der Wertschätzung, die mit den verschiedenen Merkmalen verbunden ist. So kann eine Frau in einer Spitzenposition in der Politik mehr Wertschätzung erfahren als ein Mann in derselben Position, allein aufgrund der Tatsache, dass sie als Frau in einer Spitzenposition eine „Ausnahme" ist. Die Wertschätzung ist verbunden mit der „Ausnahmeposition". Beide Dimensionen der sozialen Ungleichheit, die objektive und die subjektive, hängen eng miteinander zusammen und sind in der Praxis nicht sauber von einander zu trennen (siehe auch S. 66 ff.).

5.3.3 Merkmale der Sozialstruktur in Deutschland heute

1. Die Sozialstruktur unserer Gesellschaft ist **nicht die einer Ständegesellschaft,** in der der soziale Status durch Gesetz, Abstammung oder Rasse festgelegt ist.
2. Die These von Karl Marx, dass unsere Gesellschaft sich zu einer Zwei-Klassen-Gesellschaft – Eigentümer der Produktionsmittel einerseits und besitzlose Arbeiter andererseits – entwickelt und dass die Mittelschicht allmählich verschwinden würde, hat sich nicht bewahrheitet. Im Gegensatz dazu hat sich die „Mitte" immer weiter ausgedehnt. Es gibt zwar Gegensätze und soziale Differenzierungen, aber **nicht im Sinne einer Zwei-Klassen-Gesellschaft.**
3. Es gibt in unserer Gesellschaft **kein eindeutiges Kriterium für die Statuszuweisung,** wie es in früheren Gesellschaften zum Beispiel die Herkunft war. Neben Beruf, Bildung, Einkommen und Macht sind andere Kriterien entdeckt worden oder neu entstanden.
4. **Das Schichtenmodell kann die soziale Struktur nicht vollständig beschreiben,** weil es keine klaren, abgegrenzten Schichten gibt und weil es viele Fälle von Statusinkonsistenz gibt. Je nachdem, mit welchen Menschen man verkehrt, kann sich der soziale Status verändern. In der Arbeitswelt wird der soziale Status nach der Berufsposition oder nach der Sicherheit des Arbeitsplatzes gemessen, in der Freizeit nach dem „Aufwand".
5. Die meisten Mitglieder unserer Gesellschaft **empfinden ein soziales Höher und Tiefer** und ordnen sich selbst auch darin ein. Die Schichtvorstellungen sind aber nicht bei allen Menschen gleich. Auch bei ein und demselben Menschen verändern sie sich je nach der Situation, in der er mit anderen Menschen zusammen ist.
6. **Der Statusaufbau in unserer Gesellschaft befindet sich in einem Wandlungsprozess.** Durch Veränderungen in den Produktions- und Dienstleistungsbedingungen, durch die Mobilität, durch Veränderung der Wertvorstellungen verändert sich der Status ganzer Gruppen von Menschen.

7. Auf die Frage, ob in den letzten Jahrzehnten **die soziale Ungleichheit ab- oder zuge-nommen** habe, muss differenziert geantwortet werden: Die Ungleichheit der Ge-schlechter hat abgenommen, die Ungleichheit der Machtverteilung hat abgenommen, die Ungleichheit in der Einkommensverteilung ist fast gleich geblieben, die Ungleich-heit in der Vermögensverteilung hat sich für bestimmte Vermögensarten vergrößert. Haferkamp (vgl. Schäfers, 1990, S. 195) fasste schon vor Jahren die Entwicklung zu-sammen mit den Worten „Angleichung ohne Gleichheit".

Verlagerung der Ungleichheitsgefälle

Seitdem sich die Unterschiede in der alten Bundesrepublik immer mehr verringert haben und man von der nivellierten Gesellschaft spricht, bekommen andere Ebenen von Un-gleichheit mehr Bedeutung und geraten auch mehr ins Blickfeld. So sind seit der deut-schen Einheit im Jahre 1990 die sozialen Ungleichheiten zwischen den alten und neuen Bundesländern Deutschlands Gegenstand der Politik und der Forschung. Das Ungleich-heitsgefälle in Einkommen, in Erwerbstätigkeit, in Bildungsabschlüssen zwischen West und Ost hat sich seit der Vereinigung Deutschlands verringert, ist aber immer noch rela-tiv groß.

Auch die sozialen Ungleichheiten innerhalb der Länder der Europäischen Union gewin-nen zunehmend an Bedeutung und Beachtung. So ist in der Sozialforschung innerhalb der Europäischen Union schon eine internationale Methode der Ungleichheitsforschung entstanden, damit man die Ergebnisse der verschiedenen Länder besser miteinander ver-gleichen kann.

Ein weiterer Schritt in der Beachtung der sozialen Ungleichheiten geht von der Weltebene aus. Durch die weltweiten Kommunikationsmedien, durch die Globalisierung der Wirt-schaft und die Vernetzung der Völker geraten die sozialen Unterschiede zwischen Nord und Süd, zwischen entwickelten Industrienationen und Ländern an der Schwelle sowie den ärmsten Ländern immer mehr in das Blickfeld und nehmen an Bedeutung zu.

Aufgabe

Unsere heutige Gesellschaft wird häufig mit einem Schlagwörtern gekennzeichnet wie Massengesellschaft, nivellierte Gesellschaft, Erlebnisgesellschaft, Risikogesellschaft, Zwei-Drittel-Gesellschaft, postmoderne Gesellschaft, Informationsgesellschaft. Alle diese Eti-ketten geben ein bestimmtes Merkmal unserer Gesellschaft wieder. Welches? Inwiefern ist dieses Merkmal zutreffend bzw. wie viele von den Menschen, die Sie kennen, sind von diesem Merkmal betroffen?

5.4 Ausgewählte Dimensionen der Lebensstil- und Werte-Forschung

In den letzten 30 Jahren gerieten weitere soziale Merkmale in das Blickfeld der soziologischen Forschung. Man nannte sie die kulturellen Dimensionen, die Lebensstile, die Lebensqualität, die Werte. Manchmal werden alle diese Aspekte zur gleichen Zeit untersucht, manchmal getrennt.

In diesem Kapitel werden einige Dimensionen aus dieser Forschungsrichtung besprochen, schwerpunktmäßig die Ergebnisse der Werte-Forschung, weil dieser Bereich die größte Relevanz für die Erziehungsberufe hat.

Das Konzept der Lebensstile

Beispiele
Besitzt ein Kind weder einen Computer noch ein Handy oder gar einen eigenen Fernsehapparat, kann das Ausdruck von Armut sein und als Mangel empfunden werden, kann aber auch Teil eines wohlgeplanten Sozialisationsarrangements sein, um das Kind nicht an Medienkonsum zu gewöhnen und es stattdessen zu eigenen musischen Aktivitäten anzuregen (vgl. Bolte, 1966, S. 316).
Ebenfalls kann je nach Bildungsniveau, Gesundheit und sozialen Kontakten die soziale Lage von Rentnern nicht nur unterschiedlich sein, sondern auch bei gleichen Einkommen zu ganz unterschiedlichen Lebensstilen führen.
Die Langzeitarbeitslosigkeit kann bei dem einen Menschen zu einer resignativen Haltung führen, die mit Alkoholkonsum zu überspielen versucht wird, bei einem anderen Menschen zu einer Entdeckung und Förderung von Hobbys und kreativen Fähigkeiten, die durch das vorherige, alles bestimmende Leistungsdenken übergangen wurden.

In den Beispielen geht es darum, dass mit bestimmten objektiven sozialen Lagen unterschiedlich umgegangen wird. Aufgrund dieser Tatsachen wurde ein neues Konzept der sozialen Ungleichheiten entwickelt, das Konzept der Lebensstile. Es berücksichtigt unterschiedliche soziale Lagen, das heißt soziale Ungleichheiten auf verschiedenen Gebieten. Das sind die unterschiedlichen „objektiven" sozialen Bedingungen oder Chancen. Der unterschiedliche Umgang mit diesen unterschiedlichen Chancen führt zu unterschiedlichen Lebensstilen. Der unterschiedliche Umgang hängt wiederum von den unterschiedlichen Wertvorstellungen ab. Diese Lebensstile oder Muster der Lebensführung hängen also nicht nur von Werthaltungen, sondern auch von den materiellen und kulturellen Möglichkeiten ab.

Aufgrund der Kritik an dem Schichtenmodell und angeregt durch die Forschungen der Marketing- und Werbeindustrie einerseits sowie der Wahlforschung andererseits entstand in der Soziologie das Konzept der Lebensstile.

Lebensstile bezeichnen ästhetisch-expressive, relativ ganzheitliche Muster der alltäglichen Lebensführung von Personen und Gruppen, die in einem bestimmten Habitus und einem strukturierten Set von Konsumpräferenzen, Verhaltensweisen und Geschmacksurteilen zum Ausdruck kommen (vgl. Schäfers, 2001, S. 428).

Forschungsmethoden und Forschungsinteressen

Wie schon erwähnt, stammen diese Lebensstilforschungen aus unterschiedlichen Interessen, aus der Werbeindustrie, aus der Wählerforschung und auch aus wissenschaftlichem Interesse. Die Untersuchungsmethoden werden teilweise durch das Forschungsinteresse mitbestimmt. Häufig verläuft eine solche Untersuchung auf folgende Weise: Zuerst werden qualitative Interviews über alle Lebensbereiche durchgeführt, daraufhin werden die wichtigsten Gesichtspunkte für die Repräsentativerhebung formuliert. Die gewonnenen Daten werden nach einer statistischen Methode ausgewertet, sodass man Gruppen von Befragten bekommt, die dieselben Merkmale aufweisen und sich von anderen Gruppen unterscheiden. Diese Gruppierungen verkörpern dann einen bestimmten Lebensstil.

In den vielen Untersuchungen wurden folgende Lebensbereiche erfragt: Freizeitaktivitäten, Musikinteressen, Film- und Fernsehgewohnheiten, Wohn- und Kleidungsstil, Lesepräferenzen bezüglich Zeitungen, Zeitschriften und Büchern, Ernährungsgewohnheiten, Körperinszenierung und Konsum. Zusätzlich werden oft *Grundorientierungen und Werte* (beispielsweise Lebensphilosophie, Einstellungen zu Familie und Partnerschaft, Politikverständnis, Arbeitseinstellungen) abgefragt. Schließlich werden – mehr oder weniger differenziert – auch die üblichen *sozialdemographischen Merkmale* erfasst. Es werden also nicht mehr nur die materiellen Lebensbedingungen, sondern auch die kulturellen Lebensbedingungen erfragt. Dabei wird nicht untersucht, ob diese kulturellen Lebensbedingungen (u. a. Werte) eine Folge der vorgegebenen Lage oder eine Folge der freien Wahl sind. Wahrscheinlich sind beide Faktoren beteiligt. Eine dieser Untersuchungen wird bei der Besprechung der Werteforschung unter der Überschrift soziale Milieus ausführlich dargestellt (siehe S. 209).

Insgesamt bleibt die Frage ungelöst, ob die Lebensstile mit den materiellen Lebensbedingungen zusammenhängen und weitere Dimensionen von sozialer Ungleichheit darstellen oder ob sie reine Beschreibungen sind von bestimmten sozialen Milieus ohne Bewertung. Im Folgenden werden einige wichtige Teilbereiche der Lebensstil- und Lebensqualitätsforschung besprochen und anschließend im Zusammenhang mit den mehr materiellen Lebensbedingungen diskutiert.

5.4.1 Wichtigkeit von Lebensbereichen

In der repräsentativen Untersuchung von Vaskovics/Mühling wurde folgende Frage gestellt:

„Nachfolgend werden verschiedene Lebensbereiche aufgezählt. Wir hätten gerne von Ihnen gewusst, wie wichtig für Sie diese einzelnen Lebensbereiche jetzt sind."

Die Ergebnisse werden in der folgenden Tabelle dargestellt:

Wichtigkeit von Lebensbereichen (alle Befragten)

Lebensbereich	1: unwichtig	2: weniger wichtig	3: wichtig	4: besonders wichtig	Mittelwert	Rang
			Anteile in %			
Eigene Familie und Kinder	3,9	7,7	22,2	66,2	3,51	3.
Beruf und Arbeit	4,6	7,1	35,2	53,0	3,37	5.
Freizeit und Erholung	1,5	13,1	48,0	37,4	3,21	7.
Freunde und Bekannte	1,7	10,1	46,8	41,5	3,28	6.
Verwandtschaft	5,1	19,9	45,0	30,0	3,00	8.
Religion und Kirche	32,7	29,0	25,2	13,1	2,19	12.
Politik und öffentliches Leben	8,5	27,5	46,6	17,4	2,73	10.
Nachbarschaft	7,8	24,1	47,8	20,3	2,81	9.
Wohlstand/Konsum	4,9	31,0	50,3	13,8	2,73	10.
Partnerschaft	3,5	5,3	21,1	70,1	3,58	2.
Zuhause/ Wohnung/Heim	1,2	2,8	25,7	70,2	3,65	1.
Eltern und Geschwister	4,9	6,4	32,7	55,9	3,40	4.

Quelle: Vaskovics/Mühling, 2003

Daraus wird deutlich, dass das eigene Zuhause, die Partnerschaft, die Familie und Kinder sowie Eltern und Geschwister einen hohen Stellenwert haben, während Religion und Kirche, Politik, aber auch Wohlstand und Konsum demgegenüber als weniger bedeutend eingestuft werden. Auch aus früheren Untersuchungen wurde deutlich, dass die privaten Lebensbereiche (Familie, Partnerschaft) wichtiger sind als die öffentlichen Lebensbereiche (Beruf, politischer Einfluss).

Zwischen verschiedenen Altersgruppen und Lebensformen wurden folgende Unterschiede festgestellt: Für ganz junge Menschen sind Freunde, Freizeit und Beruf wichtiger als die „eigene Familie und Kinder"; und für Menschen in nichtehelichen Lebensgemeinschaften ohne Kinder hat die Familie einen niedrigeren Stellenwert als für Verheiratete mit Kindern. Solche Unterschiede sind eine Selbstverständlichkeit. Im Zeitvergleich wurde festgestellt, dass Arbeit, Einkommen, Berufserfolg an Wichtigkeit zugenommen haben.

In den verschiedenen EU-Ländern herrscht weitgehend Übereinstimmung über die Wichtigkeit der verschiedenen Lebensbereiche. Familie steht überall an erster Stelle. Zwischen den verschiedenen Ländern gibt es jedoch kleine Unterschiede.
Auch neuere Untersuchungen bestätigen die oben genanten Ergebnisse.

Die europäische Wertestudie
In den Ländern der Europäischen Union wird seit einigen Jahren regelmäßig (1981, 1990, 2000, 2008) eine Untersuchung über die Werte durchgeführt. Die erste Frage, die den Interviewpartnern vorgelegt wird, ist: „Ich möchte Ihnen jetzt verschiedene Bereiche vorlesen und Sie fragen, wie wichtig sie in ihrem Leben sind. Bitte sagen Sie mir für jeden Bereich, ob er Ihnen sehr wichtig, ziemlich wichtig, nicht sehr wichtig oder überhaupt nicht wichtig ist."

Das Ergebnis für Deutschland im Jahre 2008 zeigt folgende Tabelle bzw. Grafik:

Bereich	Wichtigkeit in %					
	Sehr	Ziemlich	Sehr und ziemlich	Nicht sehr	Über- haupt nicht	Nicht sehr und überhaupt nicht
Arbeit	50,4	30,3	80,7	10,2	9,0	19,2
Familie	77,9	17,5	95,4	3,9	0,7	4,6
Freunde und Bekannte	42,6	50,5	93,1	6,8	0,1	6,9
Freizeit	30,7	54,5	85,2	13,9	0,9	14,8
Politik	6,9	32,3	39,2	44,0	16,8	60,8
Religion	7,6	19,4	27	27,4	45,6	73

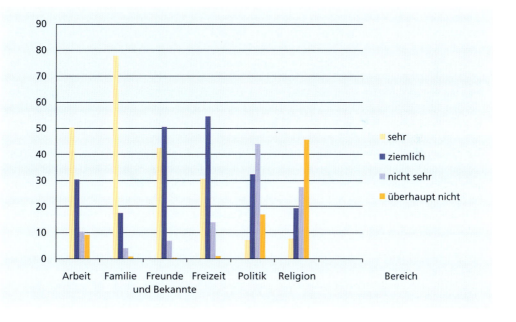

Die Familie ist eindeutig der wichtigste Lebensbereich, sofort danach die Freunde und Be-
kannten, an dritter und vierter Stelle die Freizeit und die Arbeit, wohingegen Religion und
Politik auf dem letzten Rang liegen. Die Politik scheint dabei noch etwas wichtiger als die
Religion.

**Vergleich der Wichtigkeit der Lebensbereiche in Deutschland von 2000 bis 2008 und Ver-
gleich der Wichtigkeit der Lebensbereiche zwischen Deutschland und dem Durchschnitt in
den EU-Ländern in 2008**

Bereich	Wichtigkeit in %											
	sehr			ziemlich			Nicht sehr			Überhaupt nicht		
	D 08[1]	D 00	EU 08	D 08	D 00	EU 08	D 08	D 00	EU 08	D 08	D 00	EU 08
Arbeit	50,4	50,3	57,3	30,3	31,1	32,3	10,2	11,0	6,7	9,0	7,6	3,8
Familie	77,9	76,3	84,5	17,5	18,8	13,6	3,9	3,9	1,5	0,7	1,0	0,4
Freunde und Bekannte	42,6	45,2	42,4	50,5	47,8	47,5	6,8	6,5	9,2	0,1	0,5	0,8
Freizeit	30,7	27,6	35,5	54,5	51,8	49,4	13,9	18,4	13,4	0,9	2,2	1,7
Politik	6,9	8,1	8,9	32,3	30,0	26,7	44,0	42,5	39,6	16,8	19,4	24,8
Religion	7,6	6,6	25,3	19,4	21,6	32,2	27,4	30,6	25,2	45,6	41,2	17,3

Die Wichtigkeit[2] dieser sechs Lebensbereiche ist in Deutschland vom Jahre 2000 bis 2008 in
etwa gleich geblieben, lediglich die Freizeit scheint im Jahre 2008 etwas weniger von Bedeutung als im Jahre 2000.
Im Vergleich mit den EU-Ländern sind in Deutschland im Jahre 2008 die Bereiche Arbeit,
Familie, Freunde und Bekannte etwas weniger wichtig als im Durchschnitt der europäischen
Länder; der Bereich Politik war in Deutschland etwas wichtiger als im europäischen Durchschnitt; der Bereich Religion war in Deutschland viel unwichtiger als im Durchschnitt in Europa.
Die Wichtigkeit der Freizeit hat in Deutschland etwas abgenommen im Vergleich zu 2000,
liegt aber im europäischen Durchschnitt.
Was die Politik betrifft, liegt die Wichtigkeit in Deutschland 2008 bei (6,9 + 32,3) 39,2 %,
die Unwichtigkeit bei (44,0+ 16,8) 60,8 %; die Wichtigkeit lag in 2000 bei (8,1 + 30,0) 38,1
%, die Unwichtigkeit bei (19,5 + 42,4) bei 61,9 %; in Europa lag die Wichtigkeit 2008 bei
(8,9 + 26,7) bei 35,6 %, die Unwichtigkeit bei (39,6 + 24,8) bei 64,4 %.
Die Wichtigkeit der Religion lag 2008 bei 27 %, die Unwichtigkeit bei 73 %, im Jahre 2000
lag die Wichtigkeit der Religion bei 28,2, die Unwichtigkeit bei 71,8 %. Also gibt es dahin
gehend kaum Unterschiede. Im europäischen Durchschnitt lag die Wichtigkeit der Religion
bei 57,5 %, die Unwichtigkeit bei 42,5 %. Hier zeigt Deutschland eine erhebliche Abweichung von diesem Wert, d. h., dass für viele Deutsche die Religion von viel geringer Bedeutung ist als für die Mehrzahl der Europäer.

---

[1] *D 08 = Deutschland in 2008; D 00 = Deutschland in 2000; EU 08 = EU-Ländern in 2008; zusammengestellt vom Autor nach Daten der EVS 2000 und 2008*
[2] *Die Wichtigkeit bedeutet hier jeweils der Prozentsatz derjenigen, für die der betreffende Bereich
sehr bzw. ziemlich wichtig ist, die Unwichtigkeit bedeutet der Prozentsatz derjenigen, für die der
Bereich nicht sehr bzw. überhaupt nicht wichtig ist.*

Vergleich einiger Länder in Europa im Jahr 2008

Bereich	Wichtigkeit in %															
	sehr				ziemlich				Nicht sehr				Überhaupt nicht			
	D[1]	NL	Sp	EU	D	NL	Sp	EU	D	NL	Sp	EU	D	NL	Sp	EU
Arbeit	50,4	46,53	60,9	57,3	30,3	31,1	30,4	39,1	10,2	8,2	5,7	6,7	9,0	6,2	3,1	3,8
Familie	77,9	85,9	83,9	84,5	17,5	9,8	15,2	13,6	3,9	2,7	0,7	1,5	0,7	1,6	0,2	0,4
Freunde und Bekannte	42,6	61,3	42,2	42,4	50,5	35,6	49,0	47,5	6,8	2,9	8,1	9,2	0,1	0,2	0,7	0,8
Freizeit	30,7	52,3	40,3	35,5	54,5	42,9	50,3	49,4	13,9	4,5	9,1	13,4	0,9	0,3	0,3	1,7
Politik	6,9	11,8	5,2	8,9	32,3	48,5	20,4	26,7	44,0	30,6	36,5	39,6	16,8	9,1	37,8	24,8
Religion	7,6	18,9	15,5	25,3	19,4	25,9	23,4	32,2	27,4	32,9	30,4	25,2	45,6	22,2	30,7	17,3

Einige Interpretationen: Vergleicht man die drei Länder in Bezug auf Wichtigkeit der Arbeit: In Spanien ist die Arbeit wichtiger als in Deutschland, in Deutschland ist sie wichtiger als in den Niederlanden. Freunde und Bekannte sind in den Niederlanden etwas wichtiger als in Deutschland und in Spanien, das Gleiche gilt für die Freizeit. Der Bereich der Politik ist in den Niederlanden wichtiger als in Spanien und in Deutschland. Das Gleiche gilt für die Religion. Beim Vergleich dieser drei Länder ist sie in Deutschland am wenigsten wichtig.

Bei dieser europäischen Wertestudie konnten die Befragten nur von den sechs vorgegebenen Lebensbereichen die Wichtigkeit angeben. Zu berücksichtigen ist allerdings auch, dass wahrscheinlich nur die Lebensbereiche als sehr wichtig genannt werden, deren Verwirklichung unsicher bzw. gefährdet sind. Lebensbereiche, deren Fortbestand gesichert ist, bereiten weniger Sorgen und erscheinen dann auch nicht an erster Stelle auf der Prioritätenliste der Wichtigkeit. Die Schwankungen in den Bereichen Arbeit und Beruf haben wahrscheinlich mit der zugenommenen Unsicherheit des Arbeitsplatzes zu tun. Gesundheit, Familie und Freunde stehen vermutlich an oberster Stelle, weil diese Bereiche am wenigsten sozial abgesichert sind.

In diesen Untersuchungen wurde auch gefragt, inwiefern man mit den einzelnen Lebensbedingungen zufrieden sei, inwiefern man seine Lebensbedingungen für gerecht halte, inwiefern man für die Zukunft eine Verbesserung oder Verschlechterung seiner Lebensbedingungen erwarte. Damit gelangen wir zu der Frage nach der Lebensqualität.

---

[1] *D = Deutschland in 2008; NL =Niederlande in 2008; Sp = Spanien 2008; EU = EU-Ländern in 2008; zusammengestellt vom Autor nach Daten der EVS 2000 und 2008*

5.4.2 Lebensqualität

Begriffsklärung

In der soziologischen Forschung wird unterschieden zwischen Lebensstandard und Lebensqualität. Mit **Lebensstandard** sind mehr die objektiven Lebensbedingungen und dabei vor allem die materiellen Lebensbedingungen gemeint. Der Lebensstandard wird meistens gemessen an dem Einkommen, den Konsumausgaben, dem Geld- und Sachvermögen, der Ausstattung des Haushaltes mit langlebigen Gebrauchsgütern, der Wohnungsausstattung und dem Wohnungseigentum. Der so verstandene Lebensstandard, gemessen am Bruttosozialprodukt pro Kopf, ist im 20. Jahrhundert enorm gestiegen. Die Bundesrepublik zählt heute zu den „reichsten" Ländern der Erde.

Mit **Lebensqualität** ist mehr das Zusammengehen von „guten" objektiven Lebensbedingungen und subjektivem Wohlbefinden gemeint. Die Menschen einer Gesellschaft haben eine hohe Lebensqualität, wenn sie einen hohen Lebensstandard haben und sich subjektiv sehr wohlfühlen. Es geht dabei also darum, wie die Menschen ihren Lebensstandard wahrnehmen und bewerten. In dieses Konzept der Lebensqualität fließen verschiedene Komponenten ein, wie die Zufriedenheit mit dem Leben, das Ausmaß an Glück, die Bewertung der einzelnen Lebensbereiche, die Zukunftshoffnungen und -erwartungen, die Sorgen und Probleme. Wie zu erwarten, gibt es einen engen Zusammenhang der so verstandenen Lebensqualität mit dem Lebensstandard. Aber dieser Zusammenhang ist nicht geradlinig. Nicht jede Steigerung des Lebensstandards bringt eine gleiche Steigerung der Lebensqualität mit sich. Das hängt mit dem Gesetz der Grenze des Lebensstandards zusammen: Der erste Fernseher in der Familie erhöht die Lebensqualität in größerem Maße als der zweite Fernsehapparat; durch den zweiten Jahresurlaub wird nicht ein gleiches „Mehr" an Lebensqualität hinzugefügt wie beim ersten Jahresurlaub.

Ergebnisse der Forschung der wahrgenommenen Lebensqualität
Wie zufrieden und glücklich sind die Menschen in Deutschland und in Europa?

In den soziologischen Untersuchungen in der Bundesrepublik Deutschland und in der Europäischen Union werden nicht nur die objektiven Lebensbedingungen erfragt, sondern auch das subjektive Wohlbefinden. Wichtige Quellen für das subjektive Wohlbefinden sind die Daten aus dem Eurobarometer[1] und aus dem SOEP[2]. Aus dem Datenmaterial lässt sich etwas aussagen über Glück und Zufriedenheit früher und heute, über Sorgen und Probleme, über Zukunftserwartungen in Deutschland und im europäischen Vergleich.

---

[1] Das **Eurobarometer** ist eine in regelmäßigen Abständen von der Europäischen Kommission in Auftrag gegebene Meinungsumfrage in den Ländern der EU. Dabei werden sowohl immer die gleichen Standardfragen als auch wechselnde Fragen zu unterschiedlichen Themen gestellt. Die erste Umfrage mit Standardfragen wurde 1973 veröffentlicht.
[2] Das SOEP ist eine seit 1984 laufende jährliche Wiederholungsbefragung von Deutschen, Ausländern und Zuwanderern in den alten und neuen Bundesländern. Die Stichprobe umfasste im Erhebungsjahr 2004 fast 12.000 Haushalte mit mehr als 22.000 Personen. Themenschwerpunkte sind unter anderem Haushaltszusammensetzung, Erwerbs- und Familienbiografie, Erwerbsbeteiligung und berufliche Mobilität, Einkommensverläufe, Gesundheit und Lebenszufriedenheit.

Zufriedenheit mit dem Leben

Wie zufrieden sind die Deutschen mit ihrem Leben?

Dazu gibt es verschiedene Untersuchungen mit unterschiedlichen Methoden. Meistens wird nach dem Grad der Zufriedenheit mit dem Leben gefragt. Das Maß der Zufriedenheit wird mit einer 10 Punkte-Skala erfasst (0 = total unzufrieden, 10 = total zufrieden) oder mit den vier Kategorien sehr, ziemlich, nicht sehr, überhaupt nicht zufrieden. Die Auswertung bei der 10 Punkte-Skala erfolgt mit den prozentualen Angaben für jeden Punkt der Skala und/oder mit den Angaben der Mittelwerte für die ganze Skala. Bei den vier Kategorien-Antworten werden jeweils die Prozente für jede Kategorie berechnet. Manchmal wird nicht nur nach der Zufriedenheit mit dem Leben im Allgemeinen, sondern mehr differenziert nach der Zufriedenheit mit den einzelnen Lebensbereichen gefragt. Weiterhin gibt es Vergleiche der Ergebnisse in verschiedenen Zeiten und zwischen verschiedenen Ländern. Deshalb ist es schwierig, die Ergebnisse in einer Übersicht zusammenzufassen. Wir besprechen im Folgenden das Ausmaß der Zufriedenheit mit dem Leben im Allgemeinen, in den einzelnen Lebensbereichen, in verschiedenen Zeiten, in verschiedenen Ländern. Die Schlusssätze fassen die Ergebnisse als Fazit kurz zusammen.

Zufriedenheit allgemein

In der Europäischen Wertestudie 2008 wurde auch nach dem Grad der Zufriedenheit mit dem Leben gefragt. Man konnte wählen zwischen 1 (= unzufrieden) und 10 (= zufrieden). Die überwiegende Mehrheit ist eher zufrieden als unzufrieden mit ihrem Leben, wie aus folgender Übersicht deutlich wird: 25,5 % für die Seite (Punkt 1–5) der mehr Unzufriedenen, 74,4 % für die Seite (Punkt 6–10) der mehr Zufriedenen.

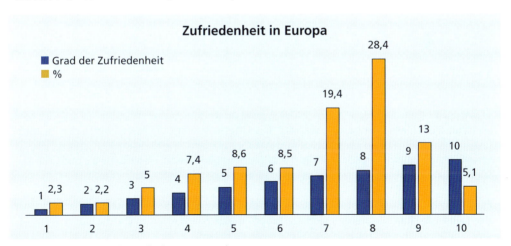

Eigene Zusammenstellung (vgl. GESIS, 2008)

	Grad der Zufriedenheit				
	Sehr	Ziemlich	Nicht sehr	Überhaupt nicht	Weiß nicht
% Europa	21	57	16	6	0
% Deutschland	22	62	12	3	1
% Niederlande	48	47	4	1	0

Im Eurobarometer Mai 2010 wurde folgende Frage vorgelegt: „Sind Sie insgesamt gesehen mit dem Leben, das zu führen sehr, ziemlich, nicht sehr, überhaupt nicht zufrieden?" Auch hier überwiegen die Zufriedenen (78 % auf der Zufriedenen-Seite, 22 % auf der Unzufriedenen-Seite).

Fazit: Die Europäer sind eher zufrieden als unzufrieden mit ihrem Leben.

Zufriedenheit in Deutschland: West und Ost im Zeitvergleich

Jahr	Allgemein			Arbeit			Einkommen		
	DE W	DE O	DE G	DE W	DE O	DE G	DE W	DE O	DE G
1984	7,42		7,42	7,70		7,70	6,48		6,48
1990	7,42		7,42	7,24		7,24	6,69		6,69
1991	7,33	6,04	7,07	7,20	6,33	7,02	6,89	4,74	6,45
1995	6,98	6,40	6,87	6,91	6,64	6,86	6,46	5,59	6,24
2000	7,22	6,60	7,20	7,14	6,74	7,07	6,65	5,79	6,49
2005	6,96	6,35	6,84	6,78	6,36	6,71	6,20	5,37	6,05
2009	6,88	6,47	6,61	6,72	6,60	6,70	6,26	5,53	6,13

Zusammenstellung des Autors (vgl. GESIS, 2008)

In den SOEP-Befragungen (SOEP 2009) wurde auch eine Skala von 0 bis 10 für die Einschätzung der Zufriedenheit verwendet. Die Übersicht zeigt die Mittelwerte der Resultate für West- (DE W) und Ostdeutschland (DE O) getrennt und Gesamtdeutschland (DE G) über viele Jahre hinweg sowohl für die allgemeine Lebenszufriedenheit als auch die Zufriedenheit mit verschiedenen Lebensbereichen.

Fazit: Die Zufriedenheit ist in Deutschland West größer als in Deutschland Ost. Im Lauf der Jahre gleichen die beiden sich an, wobei die Zufriedenheit in Deutschland West etwas abnimmt und in Deutschland Ost etwas zunimmt.

Zufriedenheit mit den verschiedenen Lebensbereichen

Arbeitszufriedenheit   **Einkommenszufriedenheit**

In einer Untersuchung aus dem Jahr 2006 wurden noch mehrere Lebensbereiche miteinander vergleichen bezogen auf das Ausmaß an Zufriedenheit.

Zufriedenheit in Lebensbereichen und allgemeine Lebenszufriedenheit 2006[1]

Westdeutschland		Ostdeutschland
6,9	Allgemeine Lebenszufriedenheit	6,3
7,7	Wohnung	7,5
7,5	Familienleben	7,4
7,4	Freundes-/Bekanntenkreis	7,3
7,1	Lebensstandard	6,6
7,0	Freizeit	6,7
6,9	Arbeit[2]	6,8
6,5	Gesundheit	6,2
6,5	Tätigkeit im Haushalt	6,5
6,5	Kinderbetreuung[3]	7,0
6,3	Persönliches Einkommen[2]	5,6
6,2	Haushaltseinkommen	5,2
5,2	Demokratie (2005)	3,9

[1] Zufriedenheitsskala von 0 bis 10; 0 – „Ganz und gar unzufrieden"; 10 – „Ganz und gar zufrieden";
    Daten für Zufriedenheit mit der Demokratie: 2005.
[2] Zufriedenheit mit der Arbeit und Zufriedenheit mir dem persönlichen Einkommen:
    Nur Erwerbstätige (Voll- und Teilzeit).
[3] Zufriedenheit mir Kinderbetreuung: Nur Befragte mit Kindern bis 6 Jahre im Haushalt.
Datenbasis: SOEP 2005, 2006 (Stichproben A-F, H).

Quelle: Stat. Bundesamt, Datenreport 2008, S. 403

Fazit: Die Arbeitszufriedenheit scort etwa höher als die Einkommenszufriedenheit. Die sozialen Beziehungen und die Wohnung scoren am höchsten auf der Zufriedenheits-treppe.

Ländervergleich

Ländervergleich							
Rang	Land	zufrieden[1]	unzufrieden[2]	Rang	Land	zufrieden[1]	unzufrieden[2]
	EU	78	2	12	Tschechien	78	22
1	Dänemark	98	12	13	Spanien	77	23
2	Schweden	96	4	14	Malta	76	24
2	Luxemburg	96	4	15	Slowakei	75	25
3	Finnland	95	5	16	Estland	73	27
3	Niederlande	95	5	17	Italien	72	28
4	England	92	8	18	CY(tcc)	64	35
5	Irland	88	11	19	Litauen	60	40
5	Belgien	88	12	20	Lettland	50	50
6	Österreich	85	14	20	Ungarn	50	50
7	Slowenien	85	15	21	Portugal	44	56
8	Deutschland	84	15	22	Griechenland	42	58
9	Frankreich	83	17	23	Bulgarien	38	59
10	Zypern	82	18	24	Rumänien	36	64
11	Polen	79	19				

Im Eurobarometer März 2010 wurden in allen Mitgliedsstaaten der EU nach der Zufriedenheit mit dem Leben gefragt. Dadurch sind die verschiedenen Länder miteinander zu vergleichen. Folgende Tabelle und Grafik zeigen für das jeweilige Land der prozentuale Anteil an mit ihrem Leben zufriedenen und unzufriedenen Menschen. Die erste Kolumne gibt die Rangordnung an. Es fällt auf, dass viele der ersten 15 Mitgliedstaaten höher scoren als die Staaten, die erst später zugetreten sind. Das kann ein Hinweis darauf sein, dass die wirtschaftliche Lage die Zufriedenheit mit dem Leben maßgeblich beeinflusst.

Aufgabe

Suchen Sie weitere Erklärungen für unterschiedliche Scoren der einzelnen Länder auf der Zufriedenheitsskala.

---

[1] *Zusammenfassung von sehr und ziemlich zufrieden*
[2] *Zusammenfassung von nicht und überhaupt nicht zufrieden*

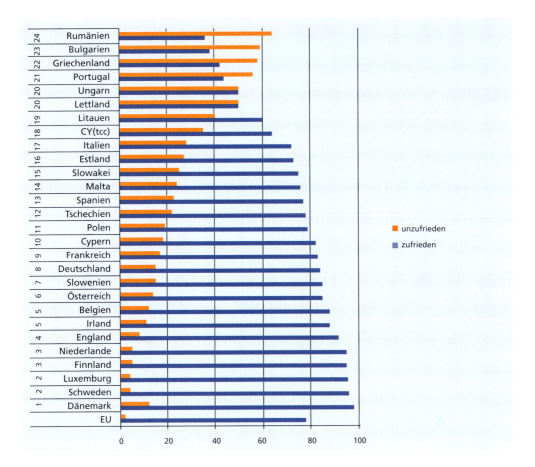

Fazit: In der übergroßen Mehrzahl der Länder überwiegt die Zufriedenheit. In den beiden Ländern Ungarn und Lettland halten Zufriedenheit und Unzufriedenheit sich die Waage (50 % auf der positiven Seite von sehr und ziemlich zufrieden, 50 % auf der negativen Seite von sehr unzufrieden und überhaupt nicht zufrieden). In nur vier von den 27 Mitgliedsstaaten überwiegt die Unzufriedenheit mit dem jetzigen Leben im Allgemeinen.

■ Die meisten Menschen sind während ihres Lebens gleichbleibend zufrieden. Nur bei einem Viertel der Befragten änderte sich die allgemeine Lebenszufriedenheit innerhalb von fünfzehn Jahren signifikant[1] von den ersten fünf Jahren zu den letzten fünf Jahren der Befragung. Dass die allgemeine Lebenszufriedenheit im Laufe des Lebens des Einzelnen konstant bleibt, zeigt sich auch daran, dass im Jahre 1984 alle Altersgruppen zufriedener mit ihrem Leben waren als im Jahre 2004. Diese Stabilität der Lebenszufriedenheit wird erklärt durch Veranlagung und Kindheitserfahrungen, die mitbestimmend sind für die Lebenszufriedenheit.

---

[1] Ein statistisches Maß für Unterschiede, die nicht mehr durch Zufallswahrscheinlichkeit zu erklären sind.

201

■ Die Zufriedenheit mit der Gesundheit nimmt erwartungsgemäß mit dem Alter ab. Dies gilt sowohl für das Jahr 1984 als für das Jahr 2004. Wenn man die Zufriedenheit mit der Gesundheit nicht berücksichtigen würde, dann müsste man sagen, dass mit zunehmendem Alter die allgemeine Lebenszufriedenheit zunimmt.

■ Während für die jüngere Altersgruppe das Einkommen eine bedeutende Rolle für die allgemeine Lebenszufriedenheit spielt, ist für die ältere Altersgruppe die allgemeine Lebenszufriedenheit kaum noch vom Einkommen abhängig.

■ Risikofreudige Menschen sind mit ihrem Leben zufriedener als risikoarme.

■ Bei der Geburt eines zweiten Kindes nimmt die Lebenszufriedenheit der Mütter ab. Das ist verständlich, weil die Lebenszufriedenheit deutlich mit dem Haushaltseinkommen und den finanziellen Sorgen zusammenhängt.

■ Die Lebenszufriedenheit ist bei Langzeitarbeitslosen gleich niedrig wie bei Pflegebedürftigen, bei beiden Gruppen beträgt sie 4,8 auf der 10 Punkte-Skala.

Sorgen und Probleme

In den Wohlfahrtsurveys (vgl. Schäfers/Zapf, 2001, S. 441 f. und Bulmahn, 2002, S. 431–441) von 1978 bis 1993 wurde auch nach den Sorgen und Problemen der Menschen gefragt, nach Ängsten, Sorgen, Nervosität, Niedergeschlagenheit, Einsamkeit, Machtlosigkeit, Sinnlosigkeit. Dabei wurden u. a. folgende Tatsachen und Zusammenhänge festgestellt:

■ Ein relativ hohes Maß an Sorgen und Problemen ist vorhanden (bei 20 %).

■ Auch bei den Hochzufriedenen gibt es welche mit starken Besorgnissymptomen.

■ Je mehr Sorgen und Probleme es gibt, desto geringer ist die Lebenszufriedenheit.

■ Sinnlosigkeitssymptome kommen häufiger bei Frauen als bei Männern vor, häufiger bei Älteren als bei Jüngeren, häufiger bei Hauptschulabsolventen als bei Abiturienten, häufiger bei den Ärmeren als bei den Reicheren.

■ Einsamkeitssymptome kommen häufiger vor bei Frauen als bei Männern, häufiger bei Älteren als bei Jüngeren, häufiger bei Hauptschulabsolventen als bei Abiturienten, in etwa gleich viel bei den Ärmeren wie bei den Reicheren.

■ Der Aussage „Ich fühle mich öfters erschöpft oder zerschlagen" wird häufiger von Frauen als von Männern zugestimmt, häufiger von Älteren als von Jüngeren, häufiger von Hauptschulabsolventen als von Abiturienten, in etwa gleich viel von den Ärmeren wie von den Reicheren.

Die wichtigsten Themen, die einen beschäftigen

Im Eurobarometer 2010 wurde eine Liste mit Themen vorgelegt und gefragt: „Welche sind die zwei wichtigsten Themen, womit Sie sich beschäftigen?" Folgende Tabelle zeigt die prozentualen Häufigkeiten, womit die EU-Bürger/innen die Wichtigkeit der vorgelegten Bereiche einschätzten.

Thema	Preise und Inflation	Wirtschaftliche Situation	Arbeitslosigkeit	Gesundheits-system	Renten
%	38	25	21	18	16

Probleme mit der physischen und psychischen Gesundheit

Im Eurobarometer 2010 wurde auch nach Problemen mit der physischen und psychischen Gesundheit gefragt. Hier einige Ergebnisse:

	Probleme innerhalb der letzten vier Wochen		Gefühle in Bezug auf die psychische Gesundheit				
	Physische Gesundheit	Psychische Gesundheit	Ganz lebendig	Stressig	Unglücklich	Depressiv	Erschöpft
Immer	4,6 %	1,6 %	14 %	2,4 %	1,0 %	1,3 %	1,9 %
Meistens	9,9 %	5,6 %	44,3 %	11,4 %	5,1 %	6,2 %	10,3 %
Ab und zu	24,5 %	19,3 %	27,3 %	39,8 %	19,8 %	24,2 %	38,3 %
Selten	21,4 %	22,1 %	10,7 %	29,7 %	29,5 %	33,3 %	28,8 %
Nie	38,7 %	50,3 %	3,2 %	16,2 %	44,0 %	34,3 %	20,2 %

Quelle: vgl. European Commission, 2010

Einige Schlussfolgerungen

- Die Sorge für den materiellen Wohlstand beschäftigt die Menschen mehr als die Sorge für das Gesundheitssystem.

- Die Menschen haben mehr Probleme mit der physischen als mit der psychischen Gesundheit.

- In Bezug auf das psychische Wohlbefinden überwiegen die positiven Gefühle die negativen bei Weitem.

Aufgaben

Wie erklären Sie diese Zusammenhänge zwischen Einsamkeit und Allgemeinbildung, zwischen Einsamkeit und Geschlecht, zwischen Einsamkeit und Alter und den fehlenden Zusammenhang zwischen Einsamkeit und Armut/Reichtum? Wie erklären Sie sich die Zusammenhänge zwischen Sinnlosigkeit und Geschlecht, Alter, Schulbildung, Armut/Reichtum?
In einer in den USA durchgeführten Untersuchung wurden die Ereignisse als die am meisten befriedigenden genannt, die mit Autonomie, Kompetenz, Bezogenheit auf andere und Selbstachtung verbunden waren (vgl. Psychologie Heute, 05/2000, S. 9). Diskutieren Sie den Zusammenhang dieser Ergebnisse mit der Zufriedenheitshierarchie der deutschen Bevölkerung in der Darstellung auf S. 199 .

Zukunftserwartungen

Die Zukunftserwartungen für die eigene persönliche wirtschaftliche Lage ist von 1992 bis 2004 ziemlich stabil geblieben. Zwei Drittel erwarteten 1992 und 2004, dass ihre persönliche wirtschaftliche Lage sich nicht verändern werde. Die anfängliche Erwartung der Ostdeutschen auf eine Verbesserung ihrer persönlichen wirtschaftlichen Lage im Jahre 1992 ist im Jahre 2004 einer gewissen Ernüchterung gewichen.

In den EU-Ländern erwarteten etwas mehr als die Hälfte, dass ihr Leben in Zukunft gleich bleiben werde, etwa ein Viertel, dass es sich verbessern werde, etwa ein Fünftel, dass es sich verschlechtern werde. Die Unterschiede in den Zukunftserwartungen auf den verschiedenen Lebensgebieten zeigt die folgende Grafik.

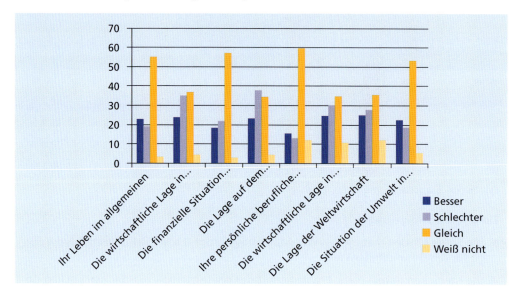

Glück im europäischen Vergleich
Am glücklichsten waren grob gesagt die Menschen in den skandinavischen Ländern (Finnland, Schweden, Dänemark), gefolgt von den Beneluxländern (Belgien, Niederlande, Luxemburg). Schlusslicht sind die osteuropäischen Länder (Slowakei, Ungarn Polen). Deutschland liegt etwa in der Mitte.

Innerhalb der vier Hauptgefühle überwiegt das Glücksgefühl bei den EU-Bürgern.
Im Eurobarometer 2010 wurde nach der Häufigkeit bestimmter Gefühle in den letzten vier Wochen gefragt. Das Ergebnis zeigt folgende Tabelle und Grafik. Die Reihenfolge der Häufigkeit ist Glück, Ärger, Trauer, Angst.

Häufigkeit in %	Sehr selten	Selten	Manchmal	Oft	Sehr oft
Ärger	13,1	29,5	42,5	12,1	2,8
Angst	48,9	29,4	16,4	4,3	0,9
Glück	3	12,9	34,8	40,5	8,7
Trauer	30,1	32,1	27,7	7,9	2,1

Die Ergebnisse der Tabelle werden im folgenden Schaubild grafisch dargestellt.

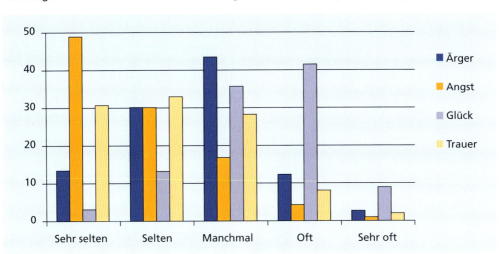

5.4.3 Werte und Wertewandel

Ein wichtiger Forschungsbereich der heutigen Soziologie sind die Werte und der Werte-wandel. Eine brauchbare Definition für Werte lautet:

Werte sind
„eine Auffassung vom Wünschenswerten, die explizit oder implizit sowie für ein Indivi-duum oder für eine Gruppe kennzeichnend ist und welche die Auswahl der zugänglichen Weisen, Mittel und Ziele des Handelns beeinflusst." (Schäfers/Zapf, 2001, S. 727)

Nach dieser Definition gehören folgende Elemente zu den Werten:

- Es sind Auffassungen, d.h. kognitive Vorgänge, die in den Köpfen (im Denken) der Menschen existieren.

- Sie sind implizit oder explizit, d.h. sie sind mehr oder weniger bewusst.

- Sie sind handlungsrelevant, sie bestimmen das Handeln.

- Über die Art und Weise, wie diese Werte entstehen, wird hier nichts ausgesagt. Dafür sei verwiesen auf das Kapitel „Sozialisation".

- Die Werte können sich ändern, sowohl beim Einzelnen als auch in der Gruppe oder Gesellschaft.

- Die Werte können institutionalisiert sein, z.B. im Grundgesetz.

Die Soziologie untersucht die Wertvorstellungen auf unterschiedliche Weise. Sie werden abgeleitet von den Erziehungszielen, von der Wichtigkeit der verschiedenen Lebens-bereiche und von den wichtigsten politischen Zielen.

Bei der Darstellung und der Interpretation der Ergebnisse der Werteforschung herrscht ein ziemliches Durcheinander bei den Unterscheidungsgesichtspunkten für die verschiedenen Werte. Folgende Unterscheidungen gibt es:

- ■ Materialistische und postmaterialistische Werte. Dieses Unterscheidungskriterium ist nicht eindeutig; eindeutig wäre: materialistische und nicht-materialistische Werte bzw. vormaterialistische, materialistische, postmaterialistische Werte.

- ■ Konservative und moderne Werte. Auch das ist kein eindeutiges Unterscheidungskriterium, eindeutig wäre: konservativ (das Bestehende bewahren) und progressiv (das Bestehende weiterentwickeln oder verändern).

- ■ Materielle und immaterielle (geistige) Werte. Das ist ein eindeutiges Kriterium.

- ■ Soziale und individuelle Werte. Auch dieses Unterscheidungskriterium ist nicht eindeutig; eindeutig wäre: Werte, die nur für eine Person gelten und Werte, die für mehrere Personen gelten; Werte, die sich auf das Wünschenswerte für die eigene Person und Werte, die sich auf das Wünschenswerte für die Allgemeinheit beziehen; Werte, die gesetzlich festgelegt sind (Grundgesetz) und Werte, die durch Gewohnheit oder Selbstbestimmung angenommen werden.

- ■ Private und öffentliche Werte. Auch diese Unterscheidung ist nicht eindeutig, weil es nicht eindeutig ist, wo der private Bereich aufhört und der öffentliche Bereich anfängt.

Häufig wird auch nicht unterschieden zwischen Werten und Methoden, um Werte zu verwirklichen. Ist „Ruhe und Ordnung" ein Wert oder eine Methode, um andere Werte zu sichern? Ist „konservativ" ein Wert oder eine Methode, um die bestehenden Werte zu erhalten?

Auch in den Untersuchungsmethoden herrscht eine große Unklarheit:

- ■ Viele Untersuchungen werden mittels vorformulierter Werte-Fragebögen durchgeführt, sodass nicht deutlich ist, ob die Antworten die tatsächlich gelebten Werte wiedergeben oder die durch die Fragemethoden ins Bewusstsein gerufenen, ob sie die zum Kern der Persönlichkeit gehörenden Werte oder die nach der Meinung des Befragten sozial erwünschten Werte wiedergeben. Ob jemand umweltbewusst seinen Müll sortiert, kann man besser durch Beobachtung seines Verhaltens feststellen als mittels eines Fragebogens nach dem Wert der Umwelt.

- ■ Der Inhalt der vorgegebenen Werte ist nicht klar umschrieben. Unter dem Begriff „freier Wille" beispielsweise kann sehr viel Unterschiedliches zusammengefasst sein.

Trotz dieser Unzulänglichkeiten in der Begriffsbestimmung, in den Unterscheidungsmerkmalen und in den Untersuchungsmethoden gibt es eine Menge Ergebnisse aus der Werteforschung national und international aus den letzten 35 Jahren.

Materialistische und postmaterialistische Werte

Im Jahre 1970 hat Inglehart (vgl. Bertram, 1991, S. 432) bei einer Befragung folgende politische Ziele in eine Rangordnung der Wichtigkeit bringen lassen: Aufrechterhaltung der inneren Ordnung eines Landes, Kampf gegen steigende Preise, verstärkte Mitsprache der Menschen bei wichtigen Regierungsentscheidungen und Schutz der freien Meinungsäußerung.

*Ronald F. Inglehart (*1934)*

Diejenigen, die die ersten beiden Ziele für wichtiger hielten, wurden „Materialisten", diejenigen, die die beiden letzten Ziele für wichtiger hielten, wurden „Postmaterialisten" genannt. Die Bezeichnung der zwei verschiedenen politischen Grundhaltungen mit den Begriffen „Materialismus" und „Postmaterialismus" wurde vielfach kritisiert. Bertram (1991, S. 433) meint, dass mit Materialismus eine konservative politische Grundhaltung, mit Postmaterialismus eher eine Ich-bezogene Grundhaltung gemeint ist. Er stützt sich dabei auf die Bedürfnispyramide von Maslow, der beim Menschen zunächst fünf (später differenziert bis sieben) hierarchisch angeordnete Grundbedürfnisse annahm.

Grundbedürfnisse nach Maslow	Werte nach Inglehart
Existenzielles Bedürfnis: Nahrung, Wohnung etc.	Materialistische Werte
Bedürfnis nach Sicherheit	
Bedürfnis nach sozialen Kontakten	Postmaterialistische Werte
Bedürfnis nach Wertschätzung	
Bedürfnis nach Selbstverwirklichung	

Die von Inglehart angenommene materialistische Grundhaltung meint, dass die materiellen Lebensbedingungen in dem politischen Bestreben an erster Stelle stehen; die postmaterialistische Grundhaltung meint, dass Werte, die nach dem Erreichen der materiellen Lebensvoraussetzungen kommen, im Vordergrund stehen. Dieser Wandel von materiellen zu postmateriellen Werten wird in den modernen Gesellschaften, in denen die materiellen Werte einigermaßen gesichert sind, festgestellt.

In der Untersuchung von Inglehart und den darauf gründenden Untersuchungen wurde vor allem nach den politischen Zielen gefragt. Die Frage lautete: „Welche Ziele sind die wichtigsten, die man in der Politik verfolgen kann?" In vielen anderen Untersuchungen wurde auch eine Reihe von Werten oder Lebenszielen vorgegeben, die man in eine Rangordnung der Wichtigkeit bringen musste. Es wurde dabei mehr nach den persönlichen Lebenszielen gefragt. Auf diese Weise erfährt man allerdings nicht, welche grundsätzlich die wichtigsten Werte – sowohl im politischen als auch im persönlichen Bereich – sind, sondern nur, welche von den vorgegebenen Werten die wichtigsten sind. Der Vorteil von Untersuchungen mit vorgegebenen Werten ist allerdings, dass man Veränderungen in den Wertvorstellungen im Laufe des Lebens des Einzelnen und im Laufe der Zeit besser feststellen kann, weil immer dieselben Fragestellungen vorgegeben werden.
In den Allensbacher Untersuchungen wurden immer dieselben „Werte" (hier: Lebenssinn) vorgegeben.

Die wichtigsten Veränderungen in den Wertvorstellungen der westdeutschen Bevölkerung von 1974 bis 2002 konnten auf diese Weise ersichtlich werden.

Veränderung der Lebensorientierung in Westdeutschland

Das Allensbacher Meinungsforschungsinstitut legte regelmäßig folgende Frage vor: „Man fragt sich ja manchmal, wofür man lebt, was der Sinn des Lebens ist. Worin sehen Sie vor allem den Sinn Ihres Lebens? Könnten Sie es nach dieser Liste hier sagen?" (Vorlage einer Liste mit 16 Punkten) Die Tabelle zeigt einen Auszug aus den Antworten.

	1974	2002
Dass ich glücklich bin, viel Freude habe	48 %	68 %
Das Leben genießen	27 %	55 %
Die Welt kennenlernen, etwas von der Welt sehen	34 %	47 %
An meinem Platz mithelfen, eine bessere Gesellschaft zu schaffen	43 %	42 %
Ganz für andere da sein, anderen helfen	25 %	19 %

Quelle: vgl. IfD Allensbach, 2002, S. 3

Innerhalb der letzten 30 Jahre hat Glück, Freude und Genuss als Lebenssinn deutlich an Wichtigkeit zugenommen, während Einsatz für Verbesserung der Gesellschaft mit vielen Schwankungen deutlich erst an zweiter Stelle als Lebenssinn genannt wird. Ganz für andere da sein, ist mit einigen Schwankungen nur bei etwa 20 % der Lebenssinn. Insgesamt kann man sagen, dass die sozialen und altruistischen Motive an Attraktivität verloren haben, während der Lebensgenuss als Sinn des Lebens an Attraktivität gewonnen hat.

In einer etwas anders aufgebauten Umfrage wurde 2010 durch die Gemeinschaft für Konsumforschung (GfK) nach der vermeintlichen Zu- oder Abnahme von Werten gefragt.

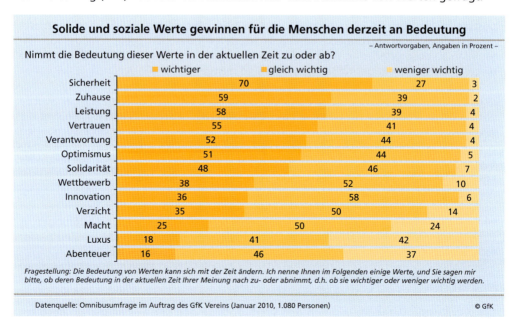

Solide und soziale Werte gewinnen für die Menschen derzeit an Bedeutung

– Antwortvorgaben, Angaben in Prozent –

Nimmt die Bedeutung dieser Werte in der aktuellen Zeit zu oder ab?

■ wichtiger ■ gleich wichtig ■ weniger wichtig

	wichtiger	gleich wichtig	weniger wichtig
Sicherheit	70	27	3
Zuhause	59	39	2
Leistung	58	39	4
Vertrauen	55	41	4
Verantwortung	52	44	4
Optimismus	51	44	5
Solidarität	48	46	7
Wettbewerb	38	52	10
Innovation	36	58	6
Verzicht	35	50	14
Macht	25	50	24
Luxus	18	41	42
Abenteuer	16	46	37

Fragestellung: Die Bedeutung von Werten kann sich mit der Zeit ändern. Ich nenne Ihnen im Folgenden einige Werte, und Sie sagen mir bitte, ob deren Bedeutung in der aktuellen Zeit Ihrer Meinung nach zu- oder abnimmt, d.h. ob sie wichtiger oder weniger wichtig werden.

Datenquelle: Omnibusumfrage im Auftrag des GfK Vereins (Januar 2010, 1.080 Personen) © GfK

Quelle: GfK, 2010

Dabei zeigte sich, dass die Deutschen ein zunehmendes Sicherheitsbedürfnis haben:

„Rund zwei Drittel der Befragten nennen Sicherheit als den Wert, der in der aktuellen Zeit am meisten an Bedeutung gewinnt. Auf Platz 2 liegt das eigene Zuhause, das den Deutschen in diesen Zeiten der Unsicherheit als immer wichtiger erscheint. Fast 60 % messen den eigenen vier Wänden künftig mehr Bedeutung zu als bisher. Fast ebenso bedeutend ist für die Deutschen Leistung: Immerhin 58 % der Deutschen schätzen sie als wichtig für die Zukunft ein. Doch dies geht offenbar nicht zulasten des Gemeinschaftssinns. Denn auch soziale Werte stehen hoch im Kurs: Vertrauen und Verantwortung landen mit 55 und 52 % auf den Plätzen 4 und 5 der Werteskala. Auch Solidarität wird nach Ansicht von knapp der Hälfte der Befragten künftig an Bedeutung gewinnen. Und entgegen allen Klischees vom „jammernden Deutschen" findet sich Optimismus auf Platz 6: Jeder Zweite glaubt, dass man den momentanen Zeiten mit einer positiven Lebenseinstellung trotzen muss.
Schlusslichter im Werteranking der Deutschen sind Macht, Abenteuer und Luxus. Hier glauben deutlich weniger Menschen an einen Bedeutungszugewinn. Ein Viertel der Befragten nimmt sogar an, dass Macht in Zukunft weniger wichtig wird. Passend zum hohen Sicherheitsbedürfnis, gehen weitere 37 % davon aus, dass Abenteuer im Leben der Menschen eine geringere Rolle spielen werden. Am deutlichsten verliert von allen abgefragten Werten der Luxus seinen Stellenwert: Rund 40 % glauben, dass Luxus nicht mehr den Platz in der Gesellschaft haben wird wie bisher. Allerdings gehen fast ebenso viele davon aus, dass sich am Luxusbedürfnis der Menschen nichts ändern wird."
(Psychologie Heute, 6/2010, S. 15)

Soziale Milieus
Eine Kombination von Wertevorstellungen und Lebensstilen ist Gegenstand von vielen Untersuchungen. Von den vielen Forschungen soll hier das Ergebnis des Sinus-Instituts vorgestellt werden. Diese Forschergruppe spricht von sozialen Milieus. Damit sind bestimmte Gruppierungen in der Bevölkerung gemeint, die auf vielen Lebensgebieten Gemeinsamkeiten haben. Die untersuchten Lebensgebiete sind: soziale Lage, Arbeit und Beruf, Freizeit, Konsum, Produktinteressen, Media-Verhalten (Print und TV), Wohnstil, Alltagsästhetik, Leitbilder, Geld. Insgesamt stellt diese Forschergruppe zehn soziale Milieus fest, verteilt auf jeweils zwei Dimensionen: 1. soziale Lage – obere, mittlere, untere Schichtzugehörigkeit – und 2. Grundorientierung – traditionelle Werte (= Pflichterfüllung, Ordnung), Modernisierung (= Individualisierung, Selbstverwirklichung, Genuss), Neuorientierung (= Multi- Optionalität, Experimentierfreude, Leben in Paradoxien). In einigen dieser Milieus überschneiden sich die verschiedenen Schichten und Grundorientierungen.

Die Sinus-Milieus® in Deutschland 2007

Soziale Lage / Grundorientierung	A Traditionelle Werte (Pflichterfüllung, Ordnung)	B Modernisierung (Individualisierung, Selbstverwirklichung, Genuss)	C Neuorientierung (Multioptionalität, Experimentierfreude, Lesen in Paradoxien)
1 Oberschicht/ Obere Mittelschicht	Sinus A12 Konservative 5%	Sinus B1 Etablierte 10%	Sinus B12 Postmaterielle 10% / Sinus C12 Moderne Performer 10%
2 Mittlere Mittelschicht	Sinus AB2 DDR-Nostalgische 5%	Sinus B2 bürgerliche Mitte 15%	Sinus C2 Experimentalisten 8%
3 Untere Mittelschicht/ Unterschicht	Sinus A23 Traditions-verwurzelte 14%	Sinus B3 Konsum-Materialisten 12%	Sinus BC3 Hedonisten 11%

Quelle: Sinus-Institut, 2007

2010 wurde von dieser Forschergruppe wieder ein Modell der sozialen Milieus in Deutschland vorgestellt. Sie unterschieden wiederum zehn Milieus mit etwas anderen Bezeichnungen, sodass die beiden Modelle nur bedingt miteinander verglichen werden können. Die wichtigsten Veränderungen in der Gesellschaft werden von den Autoren mit folgenden Worten beschrieben:

„Entwicklungen wie die Flexibilisierung von Arbeit und Privatleben, die Erosion klassischer Familienstrukturen, die Digitalisierung des Alltags und die wachsende Wohlstandspolarisierung resultieren in einer nachhaltig veränderten Milieulandschaft.
Wir leben in einem Zeitalter der Entgrenzung - das für manche Milieus ungeahnte Chancen bietet, andere dagegen überfordert und verunsichert. [...] Das neue Millennium hat eine Zeitenwende gebracht. Seitdem beobachten wir einen tief greifenden Wandel der Sozialstrukturen und in der Folge auch der Soziokultur. Die Lebens- und Wertewelten driften auseinander, aber es entstehen auch neue Synthesen. Die Gesellschaft ist komplizierter geworden.
Die Gesellschaft ist in heftiger Bewegung - und formiert sich neu.
Die Schere zwischen Arm und Reich öffnet sich weiter. Die digitale Spaltung nimmt zu. Die Zeit kontinuierlicher Wohlstands- und Sicherheitsgewinne ist vorbei. Durch Einschnitte in den Sozialstaat und die Privatisierung von immer mehr Lebensrisiken werden sozial schwächere Milieus benachteiligt und tendenziell überfordert. Aber die Unterschicht hat, wie das neue Sinus-Modell zeigt, viele Gesichter. Auch die gesellschaftliche Mitte ist unter Druck geraten und grenzt sich

verstärkt nach unten, und neuerdings auch nach oben, ab. Ein Teil zieht sich zurück, ein anderer Teil bleibt statusoptimistisch.

Gleichzeitig nimmt der Grad an Freiheit und Wahlmöglichkeiten in der Gesellschaft zu – was insbesondere die Lebensqualität der besser Situierten erhöht. Im modernen Segment wächst die Fähigkeit zu Autonomie und Selbstbestimmung. An der Spitze entsteht eine neue kosmopolitische Elite. Auch ältere, traditionelle Lebenswelten haben sich teilmodernisiert. So hat die Akzeptanz pluralisierter Lebensformen zugenommen, und die Fortschrittsskepsis schwächt sich ab.

Auch die Werte gruppieren sich neu - es wächst zusammen, was bisher nicht zusammengehörte. Vor dem Hintergrund der ‚pragmatischen Wende', die die Gesellschaft vollzogen hat, entwickeln sich neue Wertesynthesen, die nicht mehr der Logik des ‚entweder - oder', sondern dem Anspruch auf das ‚sowohl - als auch' verpflichtet sind. Die Kombination von scheinbar Widersprüchlichem wird insbesondere in den jungen Milieus zur Regel. ‚Alte' Werte wie Sicherheit, Einordnung, Leistung, Familie etc. werden zeitgemäß interpretiert und verbinden sich mit hedonistisch-ichbezogenen und individualistischen Zielen. Konservative Werte sind en vogue, aber sie werden umgedeutet. Es gibt keine Rückkehr aufs Biedermeier-Sofa."

(Sinus-Institut, 2010)

Die Sinus-Milieus® in Deutschland 2010
Soziale Lage und Grundorientierung

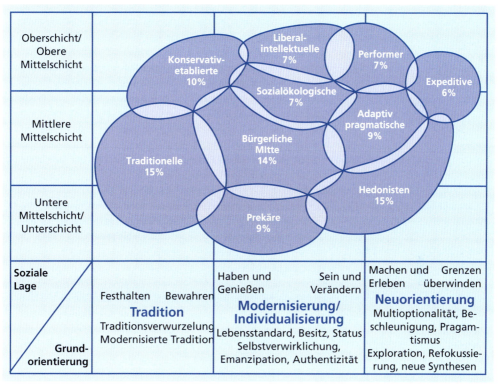

Quelle: Sinus-Institut, 2010

Name	%	Anzahl in Mio.	Schlagwort	Merkmale
Konservativ-etabliertes Milieu	10,3	7,3	Das klassische Establishment	Verantwortungs- und Erfolgsethik, Exklusivitäts- und Führungs-ansprüche, Standesbewusstsein, Entre-nous
Liberal-intellektuelles Milieu	7,2	5,1	Die aufgeklärte Bildungs-elite mit liberaler Grundhal-tung und postmateriellen Wurzeln	Wunsch nach selbstbestimmtem Leben, vielfältige intellektuelle Interessen
Milieu der Performer	7,0	4,9	Die multioptionale, effizienzorientierte Leistungselite	Global-ökonomisches Denken, Konsum- und Stil-Avantgarde; hohe IT- und Multimedia-Kompe-tenz
Expeditives Milieu	6,3	4,4	Die ambitionierte, kreative Avantgarde	Mental und geografisch mobil, on-line und offline vernetzt; auf der Suche nach neuen Grenzen und neuen Lösungen
Adaptiv-pragmatisches Milieu	8,9	6,3	Die moderne junge Mitte der Gesellschaft mit ausge-prägtem Lebenspragmatis-mus und Nutzenkalkül	Zielstrebig und kompromissbereit, hedonistisch und konventionell, flexibel und sicherheitsorientiert; starkes Bedürfnis nach Veranke-rung und Zugehörigkeit
Sozial-ökologisches Milieu	7,2	5,1	Konsumkritisches/bewusstes Milieu mit normativen Vor-stellungen vom „richtigen" Leben	Ausgeprägtes ökologisches und so-ziales Gewissen; Globalisierungs-skeptiker, Bannerträger von Politi-cal Correctness und Diversity
Bürgerliche Mitte	14	9,9	Der leistungs- und anpas-sungsbereite bürgerliche Mainstream; generelle Beja-hung der gesellschaftlichen Ordnung	Wunsch nach beruflicher und sozi-aler Etablierung, nach gesicherten und harmonischen Verhältnissen
Traditionelles Milieu	15,3	10,8	Die Sicherheit und Ordnung liebende Kriegs-/Nachkriegsgeneration	In der alten kleinbürgerlichen Welt bzw. in der traditionellen Arbeiter-kultur verhaftet
Prekäres Milieu	8,9	6,3	Die um Orientierung und Teilhabe bemühte Unter-schicht mit starken Zukunft-sängsten und Ressentiments	Häufung sozialer Benachteili-gungen, geringe Aufstiegsperspek-tiven, reaktive Grundhaltung; bemüht um Anschluss an die Kon-sumstandards der breiten Mitte
Hedonistisches Milieu	15,1	10,6	Die spaß- und erlebnisori-entierte moderne Unter-schicht/untere Mittelschicht	Leben im Hier und Jetzt; Verweige-rung von Konventionen und Ver-haltenserwartungen der Leistungs-gesellschaft

(Tabelle entnommen: Sinus-Milieus)

Aufgabe

1. Vergleichen Sie das Sinus-Modell von 2007 mit dem von 2010. Welche Gemeinsamkeiten und Unterschiede sehen Sie?

2. Vielleicht finden Sie sich selbst in mehreren Milieus wieder. Überlegen Sie, in welche der 10 genannten Milieus (aus 2007 und 2010) Sie selbst in Ihrer jetzigen Lebenssituation am besten passen. Vergleichen Sie Ihre Einschätzung mit den Einschätzungen Ihrer Kollegen.

Wertewandel oder Werteverlust?

Die Frage, wie man die unterschiedlichen Wertvorstellungen der einzelnen Milieus bewerten soll, ist mit der Beschreibung der Milieus noch nicht beantwortet. Ist der Konservative besser als der Hedonist, ist der Traditionsverwurzelte schlechter als der moderne Performer? Die Bewertung der einzelnen Wertvorstellungen hängt wiederum von dem Wertsystem des betreffenden, wertenden Menschen ab. Auch die sogenannte „Eufunktionalität" (das gute Funktionieren für den Erhalt der Gesellschaft) wird als Beurteilungsmaß für die Werteeinstellung gesehen. Man spricht dann von Werteverlust, wenn die Werteeinstellung den Erhalt der Gesellschaft bedroht, von Wertewandel, wenn die Werteeinstellung den Erhalt der Gesellschaft fördert.

Allgemeine Tendenzen des gegenwärtigen Wertewandels

Karl Heinz Hillmann (1986, S. 167 ff.) kennzeichnete schon damals den sich vollziehenden Wertewandel in der (Welt) Gesellschaft folgendermaßen:

- Durch die beschleunigte Entwicklung der modernen Gesellschaft in vielen Bereichen wird auch der Wertewandel gegenüber früher beschleunigt.

- Durch die Information über andere gesellschaftliche Wertsysteme und durch die Reflexion über das eigene Wertsystem verlieren die eigenen übernommenen Werte an Selbstverständlichkeit, wodurch der Wertewandel begünstigt wird.

- Durch die Unterschiedlichkeit des Wertewandels bei den einzelnen Gruppierungen und Personen entsteht in unserer Gesellschaft zunehmend ein Wertpluralismus.

- Durch den Kontakt mit den verschiedenen Wertesystemen in anderen Kulturen und in der eigenen Gesellschaft entsteht eine Werttoleranz, ein Wertsynkretismus (Zusammenstellung aus verschiedenen Wertsystemen), eventuell eine Wertsynthese. Es bleibt aber auch fraglich, ob z.B. die Übernahme von Werten aus der fernöstlichen Welt in die westliche Welt auf Randerscheinungen und Randgruppen beschränkt bleibt oder ob sie zu einer neuen schöpferischen Synthese führt.

- Weil der gegenwärtige Wertewandel stark mit der Industrialisierung verknüpft ist, haben die westlichen Wertorientierungen auch Leitbildfunktion für die sich wirtschaftlich entwickelnden Gesellschaften der Dritten Welt.

- Der Prozess der Auflösung des traditionellen Wertesystems und die Aneignung eines neuen Wertesystems verläuft nicht immer geradlinig und gleichzeitig, sodass es zu einem Wertevakuum und damit zu gesellschaftlichen und persönlichen Krisen kommen kann. So hat der Abbau der Autorität der traditionellen Strukturen in den Niederlanden und in anderen modernen westlichen Gesellschaften zu einer großen Unsicherheit, vor allem bei jungen Menschen, geführt. Diese Verunsicherung kann wiederum eine mindestens zeitweilige Aufwertung der traditionellen Werte zur Folge haben. Daraus ist auch der relative Zulauf zu fundamentalistischen religiösen und politischen Bewegungen, wiederum vor allem bei Jugendlichen, zu erklären.

■ Durch die weltweite Ausbreitung rationalen Wissens, der Industrialisierung, der Suche nach neuen Sinnbezügen werden die verschiedenen Wertesysteme miteinander verknüpft und daraus können globale, weltumspannende, Wertauffassungen entstehen. Ein Beispiel dazu ist das Bemühen von Vertretern der Weltreligionen zu einem „Weltethos". Dies kann aber nur in einem langen Entwicklungsprozess geschehen, weil die Grundwerte tief emotional verwurzelt sind.

■ Der allgemeine Trend dieses Wertewandels geht von Gesinnungsethik zu Verantwortungsethik. Unter Gesinnungsethik wird die Orientierung an überkommenen Geboten, Sitten, Traditionen, Bräuchen und Gewohnheiten verstanden. Mit Verantwortungsethik ist gemeint, dass die Folgen des Handelns überlegt werden; es wird die eigene Entscheidung herausgefordert.

Trotz alledem gilt auch für den heutigen Wertwandel:

„Bisher hat keine Generation innerhalb einer bestimmten Region und Gesellschaft ganz neu, mit neuen Wertvorstellungen angefangen oder ein ganz neues Wertsystem ohne jegliche Beziehungen zu früheren konstruiert. Dies ist allein schon anthropologisch überhaupt nicht möglich: Die Angehörigen jeder Generation müssen zunächst sozialisiert und enkulturiert werden; sie unterliegen insofern dem kulturellen Erbe und damit auch dem prägenden Einfluss der Werte jener Gesellschaft, in der sie aufwachsen. Bevor die Angehörigen einer nachwachsenden Generation individuelle Selbstständigkeit, Autonomie und Einsicht in die Wandelbarkeit erreicht haben – gleichfalls bis zu einem gewissen Grade Ergebnisse bestimmter soziokultureller Wertdominanzen – sind sie im Zuge von Internalisierungsprozessen in ihrer Persönlichkeitsstruktur tief greifend von kulturspezifischen Werten geformt, die sie nicht mehr völlig abstreifen können. Diese unumgehbare Tatsache des Eingebundenwerdens der Individuen in das geschichtlich entstandene soziokulturelle Erbe gilt ganz besonders für die relativ statischen, traditionalen, vormodernen Gesellschaften. Aber auch die modernen Gesellschaften unterliegen trotz beschleunigter Wandlungsprozesse starken geschichtlichen Einflüssen und Nachwirkungen, die oftmals von bestimmten, mehr konservativ-traditional orientierten Teilen der Gesellschaft ganz bewusst erhalten und gepflegt werden."
(Hillmann, 1998, S. 91–92)

Aufgabe

Was sind die wichtigsten Werte, die in der Kindergartenerziehung vermittelt werden sollen, a) vonseiten der Eltern, b) vonseiten des Trägers, c) vonseiten der Erzieherinnen?

5.4.4 Erziehungsziele

Aus den Werten, die man vertritt, kann man die Erziehungsziele ableiten oder aus diesen die Werte. Mit dem Wertewandel geht auch eine Veränderung der Erziehungsziele einher. Über einen Zeitraum von 50 Jahren wurde in regelmäßigen Abständen eine repräsentative Erhebung in der Bevölkerung der Bundesrepublik mit gleichlautenden Fragestellungen über ihre Erziehungsziele durchgeführt, sodass wir eine ziemlich zuverlässige Wiedergabe der Veränderung der Erziehungsziele in diesem Zeitraum haben.

Beurteilung von Erziehungszielen im Zeitverlauf (alte und neue Bundesländer, in %)

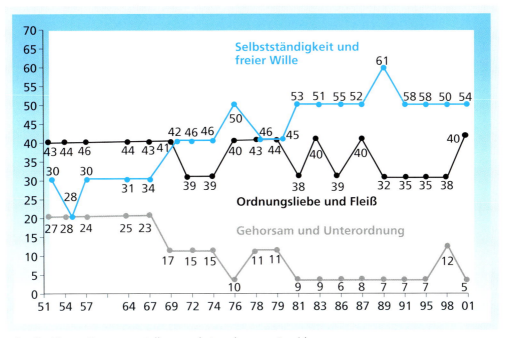

Quelle: Eigene Zusammenstellung nach Angaben von Emnid

Wie aus dieser Abbildung zu erkennen ist, verändern sich die Erziehungsziele seit Mitte der sechziger Jahre. Gehorsam und Unterordnung werden unwichtiger, Selbstständigkeit und freier Wille nehmen an Bedeutung zu, Ordnungsliebe und Fleiß bleiben das zweitwichtigste Erziehungsziel. Einerseits besteht über die ganzen Jahre hinweg eine gewisse Beständigkeit in den Erziehungszielen: Selbstständigkeit und freier Wille an erster Stelle, Gehorsam und Unterordnung an letzter Stelle, Ordnungsliebe und Fleiß in der Mitte, andererseits sind gewisse Schwankungen in den Jahren 1989 und 1995 festzustellen, wo die Selbstständigkeit stark betont und die Ordnungsliebe unterbetont wurde. Diese Schwankungen haben wahrscheinlich mit der gesamtgesellschaftlichen Lage in den Jahren zu tun.

Zusammenhänge mit Alter und Bildung

Eine genauere Analyse dieser langzeitlichen Veränderungen in den Erziehungszielen zeigt folgende Tendenzen:

■ Die stärkere Betonung von Selbstständigkeit und freiem Willen kommt in allen Altersgruppen vor, jedoch in den jüngeren Altersgruppen in größerem Ausmaß als in den älteren Gruppen.

■ Der Unterschied zwischen den jüngeren Altersgruppen und den älteren Altersgruppen nimmt im Laufe der Jahre zu. Das heißt z. B., dass Mitte der neunziger Jahre die Unterschiede in Erziehungszielen zwischen den Älteren und den Jüngeren größer waren als in der Mitte der 50er-Jahre.

■ Je höher das Bildungsniveau der Menschen ist, um so mehr sind sie von dieser Veränderung in den Erziehungszielen betroffen. Die höhere Bildung fördert also das Erziehungsziel: Selbstständigkeit und freier Wille.

Zeitvergleich von Erziehungszielen

Die Grafik gibt eine Übersicht über die Erziehungsziele der Eltern von Kindern bis etwa 14 Jahre im Zeitvergleich wieder. Es wurde jeweils eine Liste von möglichen Erziehungszielen vorgelegt mit der Frage, was man für besonders wichtig hält. Die Listen waren in den verschiedenen Jahren etwas unterschiedlich, sodass in einigen Jahren manche Ziele fehlten. Das Diagramm gibt den prozentualen Anteil der Häufigkeiten für die einzelnen Ziele wieder.

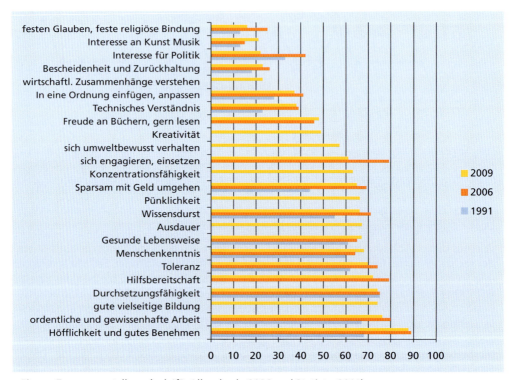

Eigene Zusammenstellung (vgl. IfD Allensbach, 2006 und Statista, 2011)

Aufgaben

1. Was sind die größten Veränderungen (mehr als 10 Prozentpunkte Unterschied) in den Erziehungszielen in den letzten 20 Jahren (1991 bis 2009)?

2. Versuchen Sie, diese Veränderungen zu erklären.

5.5 Zusammenhänge zwischen Dimensionen der sozialen Ungleichheit und Dimensionen des Lebensstils

Unterscheidungen zwischen statistischen und kausalen Zusammenhängen

In vielen Untersuchungen zur sozialen Ungleichheit und Sozialisation wird nachgewiesen, dass bestimmte Verhaltensweisen in einer bestimmten sozialen Schicht viel häufiger vorkommen als in einer anderen. So kommt z. B. körperliche Aggressivität viel häufiger in der Unterschicht als in der Mittelschicht vor.

In der Statistik gibt es eine bestimmte Methode, um festzustellen, ob solche Unterschiede durch Zufall zu erklären sind oder ob sie irgendeine Ursache haben. Ist Letzteres der Fall, spricht man von bedeutsamen Unterschieden.

Mit der Feststellung eines solchen statistischen Zusammenhangs zweier Merkmale – eine bestimmte Verhaltensweise in einer bestimmten Schicht – ist jedoch noch kein ursächlicher Zusammenhang gegeben. Die Erklärung oder Begründung, weshalb diese beiden Merkmale zusammentreffen – zum Beispiel körperliche Aggressivität und soziale Unterschicht – muss dann noch gesucht werden.

Rein theoretisch wäre es möglich, dass das erste Merkmal die Ursache des zweiten ist. Zum Beispiel: Die körperliche Aggressivität ist die Ursache der Zugehörigkeit zur sozialen Unterschicht. Oder das zweite Merkmal ist die Ursache des ersten. Zum Beispiel: Die Zugehörigkeit zur sozialen Unterschicht ist die Ursache der körperlichen Aggressivität. Eine dritte Möglichkeit besteht darin, dass ein dritter noch unbekannter Faktor die Ursache für beide Merkmale ist. Zum Beispiel: Eine geringere Intelligenz ist die Ursache sowohl der körperlichen Aggressivität als auch der Zugehörigkeit zur sozialen Unterschicht. Welche der theoretischen Möglichkeiten für einen konkreten Fall der statistischen Zusammenhänge zutrifft, muss jedes Mal eigens untersucht werden.

Beschreibende und statistisch mit der (Ungleichheits-)Dimension zusammenhängende Merkmale

Man unterscheidet zweierlei Merkmale:

1. Merkmale, die unmittelbar mit der betreffenden Dimension zusammenhängen und letzten Endes eine nähere Beschreibung dessen sind, was diese Dimension bedeutet. Wenn festgestellt wird, dass Arbeitslose den Bereich der Arbeit für wichtiger als die Erwerbstätigen halten, dann ist das eher ein beschreibendes Merkmal der Stellung in der Erwerbshierarchie als ein Ursache-Wirkungs-Zusammenhang.

2. Merkmale, die einen statistischen Zusammenhang mit der Dimension aufweisen, jedoch einer näheren Begründung bedürfen, weshalb sie in einer Schicht häufiger vorkommen als in anderen Schichten. Wenn beispielsweise Menschen mit einer materialistischen Werteinstellung mehr CDU wählen und Menschen mit einer postmaterialistischen Einstellung eher Bündnis 90/Die Grünen wählen, dann muss noch eigens geklärt werden, ob das eine Merkmal das andere verursacht (die Werteinstellung verursacht das Wahlverhalten) oder ob ein dritter Faktor Ursache von beiden ist (Angst vor Veränderungen ist Ursache der Werteinstellung und des Wahlverhaltens).

5.5.1 Zusammenhänge zwischen Einkommen/Vermögen und Lebensstildimensionen

Einkommen/Vermögen und Wichtigkeit der Lebensbereiche

Eine differenziertere Betrachtung der Wichtigkeit der verschiedenen Lebensbereiche in verschiedenen Bevölkerungsgruppen zeigt folgende Zusammenhänge:

- Für die Bereiche Arbeit und Einkommen: Bei den 35- bis 49-Jährigen liegt der höchste Prozentsatz für diejenigen, die diese Bereiche für sehr wichtig halten; ein Vergleich für die verschiedenen Gruppen der Erwerbstätigkeit (arbeitslos, Rentner, erwerbstätig, in der Ausbildung) ergibt, dass die Arbeitslosen am häufigsten diesen Bereich für sehr wichtig halten.

- Für den Bereich Familie: Am häufigsten halten die Hausfrauen und die Arbeitslosen diesen Bereich für sehr wichtig. Ein Vergleich mit der Religionszugehörigkeit zeigt, dass diejenigen, die einer Religion angehören, diesen Bereich häufiger als sehr wichtig nennen als diejenigen ohne Religion.

- Für den Bereich Freizeit: Von den Altersgruppen sind es die 18- bis 34-Jährigen, die diesen Bereich am häufigsten für sehr wichtig halten, bei den Erwerbspositionen sind es die Auszubildenden, die diesen Bereich am häufigsten für sehr wichtig halten. Ein Vergleich mit der Religionszugehörigkeit zeigt, dass diejenigen, die keiner Religion angehören, diesen Bereich häufiger als sehr wichtig nennen (vgl. Stat. Bundesamt Datenreport 1999, S. 446).

Einkommen/Vermögen und Lebenszufriedenheit

Ein detaillierter Vergleich der zwei Gruppen mit dem höchsten und mit dem niedrigsten Einkommen in Bezug auf ihre jeweilige Zufriedenheit mit den einzelnen Lebensbereichen zeigt keine nennenswerten Unterschiede hinsichtlich der Zufriedenheit mit Ehe/Partnerschaft, Familie, Wohngegend, Freizeit, Gesundheit, soziale Sicherung, Demokratie, Kirche, öffentliche Sicherheit und Umweltschutz, während die Zufriedenheit in Bezug auf folgende Lebensbereiche bei den unteren Einkommensschichten geringer ist als bei den oberen Einkommensschichten: Arbeitsplatz, Lebensstandard, Wohnung, Einkommen, Ausbildung und politische Beteiligung. Die meisten dieser Zusammenhänge sind bei näherer Betrachtung eine Selbstverständlichkeit, weil beide zu vergleichenden Merkmale eng miteinander zusammenhängen und die Voraussetzungen für angestrebte Ziele sind.

Einkommen/Vermögen und Wertorientierung

Aus den Werte-Untersuchungen nach dem Index der politischen Ziele geht hervor, dass Materialisten (Befürwortung von Inflationsbekämpfung sowie Einhaltung von Ruhe und Ordnung) häufiger bei Ärmeren als bei Reicheren vorkommen; Postmaterialisten (Befürworter von freier Meinungsäußerung und Beteiligung an politischen Entscheidungen) dagegen häufiger bei den Reicheren vorkommen.

Einkommen/Vermögen und Erziehungsziele

Vermutlich besteht ein Zusammenhang zwischen niedrigen Einkommensschichten und Erziehungszielen der Anpassung (Gehorsam und Unterordnung, Ordnungsliebe und Fleiß) sowie höhere Einkommensschichten und Erziehungszielen der Selbstentfaltung (Selbstständigkeit und freier Wille). Dieser Zusammenhang ist aber dann nicht ein ursächlicher (das Erziehungsziel ist nicht durch das niedrigere Einkommen verursacht), sondern beide

Merkmale gehen auf eine andere Ursache zurück, vermutlich die Bildung: Der niedrige Bildungstand ist sowohl Mitursache des geringeren Einkommens als auch des Erziehungszieles der Anpassung.

5.5.2 Zusammenhänge zwischen Bildung und Lebensstildimensionen

Zusammenhänge zwischen Bildung und Lebensqualität:
Wie vorher schon erwähnt, kommen die negativen Aspekte der subjektiven Lebensqualität, wie Symptome von Sinnlosigkeit, Einsamkeit oder körperliche Erschöpfung häufiger bei Menschen mit einem Hauptschulabschluss als bei denjenigen mit Realschulabschluss oder Abitur vor. Es scheint also einen Zusammenhang zwischen diesen Merkmalen und dem Bildungsstand zu geben. Wie dieser zu erklären ist, muss durch zusätzliche Informationen oder Untersuchungen geklärt werden.

Zusammenhänge zwischen Bildung und Werteeinstellungen:
Wie vorher schon dargelegt, gibt es einen eindeutigen Zusammenhang zwischen Bildungsstand und Wertevorstellungen. Der Wandel von traditionellen Werten zu den Werten der Selbstentfaltung und Selbstverantwortung findet am häufigsten in den oberen Bildungsschichten statt. Eine plausible Erklärung dafür ist, dass diese Menschen mehr reflektieren und sich deshalb der Relativität der Werte mehr bewusst sind. Sie lösen sich eher von den übernommenen Wertvorstellungen und bestimmen aus der Vielfalt der Angebote die für sie wichtigen Werte selbst. Andererseits wird ihnen durch das Mehr an Wissen und Bildung auch schon der Wert der Selbstentfaltung und Selbstbestimmung vermittelt.

Zusammenhänge zwischen Bildung und Erziehungszielen:
Auch hier wurde ein eindeutiger Zusammenhang zwischen Bildungsschicht und Erziehungszielen festgestellt; je höher die Bildung, desto mehr wird das Erziehungsziel Selbstständigkeit und Selbstbestimmung betont. Auch hier können die Zusammenhänge durch die größere Reflektionsfähigkeit und den höheren Informationsstand erklärt werden.

5.5.3 Zusammenhänge zwischen Berufsposition und Lebensstildimensionen

Zusammenhänge zwischen Erwerbsposition und Wichtigkeit von Lebensbereichen:
Vergleicht man die Wichtigkeit der Lebensbereiche zwischen den vier Gruppierungen der Erwerbsposition (Erwerbstätige, Arbeitslose, Rentner, Auszubildende, Hausfrau/-mann), dann ergeben sich folgende Zusammenhänge: Für Arbeitslose ist der Bereich Arbeit und Einkommen das Wichtigste. Die Erklärung dafür liegt auf der Hand. Der Bereich Familie ist für die Hausfrauen und die Arbeitslosen besonders wichtig. Der Bereich Freizeit hat für die Auszubildenden eine besonders große Bedeutung.

Zusammenhänge zwischen Berufsposition und Lebensqualität:
Weil die Berufsposition eng mit dem Bildungsstand zusammenhängt, sind hier die gleichen Zusammenhänge mit der Lebensqualität zu erwarten wie vorher bei dem Bildungsstand.

Zusammenhänge zwischen Berufsposition und Werteeinstelllungen:
Eine sorgfältige Analyse der verschiedenen Werteeinstellungen nach dem Inglehart-Index (materialistische und postmaterialistische Werte) ergab einen deutlichen Zusammenhang zwischen bestimmten Berufsgruppen und Werteeinstellungen. Bei den Politikern wurde in den 80er-Jahren festgestellt, dass sie zwar keine „Vorreiterrolle" im Wertewandel einnehmen, aber sich schneller als der Durchschnitt der Bevölkerung an den Wertewandel anpassen.

Zusammenhänge zwischen Berufsposition und Erziehungszielen:
Obwohl mir keine Untersuchungen unter dieser spezifischen Fragestellung bekannt sind, ist zu erwarten, dass sich zwischen Berufspositionen und Erziehungszielen ähnliche Zusammenhänge ergeben wie zwischen Berufspositionen und Wertevorstellungen.

5.5.4 Zusammenhänge zwischen bürgerschaftlichem Engagement und verschiedenen anderen sozialen Merkmalen

Die Bedeutung bestimmter Werte kann man am besten erforschen durch die Beobachtung des Verhaltens, das durch diese Werte gesteuert wird. Die direkte Beobachtung dieses Verhaltens bei einer repräsentativen Auswahl der Bevölkerung würde sehr viel Zeit und Personal erfordern, das Verhalten in einem bestimmten Bereich kann allerdings auch erfragt werden.

Das Bundesministerium für Familie, Senioren, Frauen und Jugend hat 1999, 2004 und 2009 eine „Erhebung zum Ehrenamt" in Auftrag gegeben.

Von den drei Bezeichnungen „Freiwilligenarbeit", „Ehrenamt" und „Bürgerschaftliches Engagement" wurde in der Befragung von 2009 „Freiwilligenarbeit" bevorzugt, dann „Ehrenamt", an dritter Stelle stand „bürgerschaftliches Engagement".

Aus den Ergebnissen (vgl. u.a. Gensicke/Picot/Geiss, 2005, S. 8 und 42) kann man den Stellenwert dieser Form des sozialen Engagements, seine Einbettung in anderen sozialen Merkmalen und seine Veränderungen im Zeitverlauf ablesen. Die folgende Darstellung zeigt den prozentualen Anteil der Bevölkerung in den verschiedenen Bereichen des ehrenamtlichen Engagements und dessen Veränderungen innerhalb von zehn Jahren.

Freiwilliges Engagement in 14 Bereichen 1999, 2004 und 2009
(Angaben in Prozent, Prozente gerundet, Mehrfachnennungen, keine Addition zu 100 %)

Engagementbereiche	Jahr	Alle %	Geschlecht Mann	Frau	Altersgruppen 14-30	31-45	46-65	66+
Sport und Bewegung	1999	11	15	7,5	14	12	10	5
	2004	11	14	8	13	13	11,5	5,5
	2009	10,1						
Freizeit und Geselligkeit	1999	6	5	6,5	4,5	6	6	4
	2004	5	6,5	4	4	5	6,5	4
	2009	4,6						
Kultur und Musik	1999	5	6	3,5	5	5	6	4
	2004	5,5	6,5	4,5	5	5	7	5
	2009	5,2						
Schule und Kindergarten	1999	6	4,5	7	5	12	4	1
	2004	7	5,5	8	6,5	13	5	1,5
	2009	6,9						
Soziales	1999	4	3	5	2	4	6	5
	2004	5,5	4,5	6	3	4	7,5	7
	2009	5,2						
Kirche und Religion	1999	5,5	4	6,5	4	5	6	5
	2004	6	5	7	5,5	5	7,5	6
	2009	6,9						
Berufliche Interessen-vertretung	1999	2,5	3,5	1	1	3	4	1
	2004	2,5	4	1	1	2,5	4	1
	2009	1,8						
Umwelt- und Tierschutz	1999	2	2	1,5	2	2	2	1
	2004	2,5	3	2	2	2,5	4	1,5
	2009	2,8						
Politik und Interessen-vertretung	1999	2,5	4	1,5	2	2	4	1
	2004	2,5	4,5	1	2	2,5	4	2
	2009	2,7						
Jugend-/Bildungsarbeit für Erwachsene	1999	1,5	2	1,5	2	2	2	0
	2004	2,5	2,5	2	4	2	2	1
	2009	2,6						
Lokales bürgerschaftliches Engagement	1999	1,5	1,5	1	1	2	2	1
	2004	2	2,5	1,5	1	2	3	2
	2009	1,9						
Freiwillige Feuerwehr und Rettungsdienste	1999	2,5	4		4	3	2	1
	2004	3	4,5	1	4	4	2,5	0,5
	2009	3,1						
Gesundheit	1999	1	1	1,5	1	1	2	1
	2004	1	0,5	1	0,5	1	1	1
	2009	2,2						
Justiz und Kriminalitäts-probleme	1999	0,5	1	0,5	0	0	1	1
	2004	0,5	0,5	0,5	0	0,5	1	0,5
	2009	0,7						
Durchschnittliches Wachstum 1999–2004 über alle Bereiche: 1999 = 100		11						

Eigene Zusammenstellung (vgl. Gensicke/Picot/Geiss, 2005 und BMFSFJ, Freiwilligensurvey, 2010, S. 7)

Es wurde in der Erhebung gefragt nach der aktiven Beteiligung in Vereinen usw. und nach dem freiwilligen Engagement. Die aktive Beteiligung im öffentlichen Raum der Organisationen und Einrichtungen wird als „Gemeinschaftsaktivität" verstanden. Wenn jemand z. B. in einer Mannschaft im Sportverein spielt oder sich an einer Freizeitgruppe beteiligt, ist er gemeinschaftlich aktiv. Übernimmt diese Person im Verein eine Trainerfunktion, übernimmt sie damit eine qualitativ andere Tätigkeitsform, die als freiwilliges Engagement bezeichnet wird. Dasselbe gilt für zwei Jugendliche, von denen der eine sich in einer Jugendgruppe als Mitglied ohne weitere Pflichten beteiligt und der andere die Leitung oder eine andere Funktionen in einer solchen Gruppe übernommen hat. Der eine ist „nur" teilnehmend aktiv, der andere freiwillig engagiert.

Der Begriff Zivilgesellschaft

Dieser Begriff ist (noch) nicht klar umrissen. Häufig wird er gleichgesetzt mit „dritter Sektor", ausgehend von drei öffentlichen Sektoren der Gesellschaft; Wirtschat als erster Sektor, Staat und Politik als zweiter Sektor, Organisationen, Vereine, Initiativen, Gruppierungen usw. als dritter Sektor. Die Familie gilt als privater Sektor und fällt somit heraus. Geforscht wird in den Freiwilligensurveys nach der Beteiligung in dem dritten Sektor. Ergebnis des Freiwilligensurveys 2009 ist, dass 71 % der Bevölkerung in diesem Bereich aktiv tätig sind. Dieser Prozentsatz hat seit 1999 etwas zugenommen, von 66 auf 71 %. Bei diesen Aktiven unterscheidet man zwischen „aktiv ohne freiwilliges Engagement" und freiwillig Engagierte. Etwa ein Drittel der Bevölkerung ist irgendwo freiwillig engagiert. Die folgende Grafik zeigt den jeweiligen Anteil im letzten Jahrzehnt.

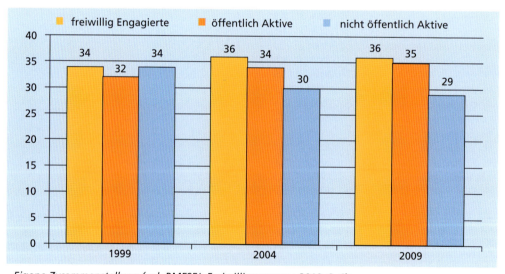

Eigene Zusammenstellung (vgl. BMFSFJ, Freiwilligensurvey, 2010, S. 6)

Wichtigste Ergebnisse

In ihrem Vorwort beschreibt die Bundesministerin die wichtigsten Ergebnisse wie folgt:

„Die gute Nachricht vorweg: Die Anzahl der Engagierten ist seit zehn Jahren auf hohem Niveau stabil. 36 Prozent der Bürgerinnen und Bürger haben eine oder mehrere freiwillige Tätigkeiten übernommen – das sind mehr als 23 Millionen Menschen in Deutschland. Im Durchschnitt werden die freiwilligen Tätigkeiten bereits seit ca. 10 Jahren ausgeübt, zu 32 Prozent sogar noch darüber hinaus. Für immer mehr Bürgerinnen und Bürger ist das eigene Engagement ein wichtiger Teil ihres Lebens. Wir können trotz dieser positiven Ergebnisse aber nicht mit einer andauernden Fortsetzung dieses Trends rechnen. Denn der 3. Freiwilligensurvey zeigt auch: Entwicklungen in modernen Gesellschaften – wie eine verstärkte regionale Mobilität und gestiegene zeitliche Anforderungen in Ausbildung und Beruf –, aber auch der demografische Wandel haben Folgen für das bürgerschaftliche Engagement."
(BMFSFJ, Freiwilligensurvey, 2010, S. 3)

Hier folgen noch einige wichtige Ergebnisse aus den Freiwilligensurveys. Dabei muss angemerkt werden, dass viele dieser Ergebnisse fast eine Selbstverständlichkeit sind, d.h., dass durch die Untersuchungen bestätigt wird, was man sowieso erwarten konnte.

Soziale Lage der Freiwilligen

„Nach wie vor ist das freiwillige Engagement bei Männern, Erwerbstätigen, jungen Leuten in der (verlängerten) Ausbildungsphase, bei höher Gebildeten und bei Menschen mit einem gehobenen Berufsprofil erhöht. Gestiegen ist das Engagement bei Menschen mit Kindern und Jugendlichen im Haushalt (Familien), vor allem aber bei älteren Menschen. Arbeitslose, Menschen mit einfachem Sozial- und Bildungsstatus und solche mit einem Migrationshintergrund üben deutlich weniger als im Durchschnitt der Bevölkerung freiwillige Tätigkeiten aus."
(BMFSFJ, 2010, S. 4)

Bereiche des Engagements

Über die Jahre hinweg bleibt der Bereich Sport und Bewegung mit etwa 10 % der Top-Bereich des Ehrenamtes, gefolgt von den Bereichen Kindergarten – Schule und Kirche – Religion. Mit Abstand folgen die Bereiche soziales Engagement, Kultur und Musik, Freizeit und Geselligkeit.

Engagementpotenzial

Man fragte auch nach der Bereitschaft zum bürgerschaftlichen Engagement. Der Anteil der zum Engagement Bereiten hat sich in der Bevölkerung zwischen 1999 und 2009 von 26 % auf 37 % stark vergrößert. Im Gegensatz zum aktuellen Engagement gab es bei der Bereitschaft auch zwischen 2004 und 2009 einen deutlichen Zuwachs (von 32 % auf 37 %). Der Umfang der Gruppe der Engagierten und der zum Engagement Bereiten ist inzwischen fast identisch, während 1999 die Gruppe der Engagierten noch klar dominierte.

Zeitaufwand und Dauer des Engagements

In ihre wichtigste Tätigkeit investierten die Freiwilligen 1999 durchschnittlich 18 Stunden pro Monat. Bis 2009 reduzierte sich dieser Zeitaufwand auf 16 Stunden. Auffällig ist, dass Erwerbstätige, die sich von ihren Arbeitgebern unterstützt sehen, deutlich mehr Zeit für ihr Engagement aufbringen können als nicht unterstützte (19 gegenüber 13 Stunden). Arbeitslose erbringen einen besonders hohen Einsatz für ihr Engagement (22 Stunden). Schülerinnen und Schüler haben in den letzten 10 Jahren ihren zeitlichen Einsatz am stärksten zurückgenommen (1999: 16,6 Stunden, 2009: 12,7 Stunden).

Die Motive der Freiwilligenarbeit

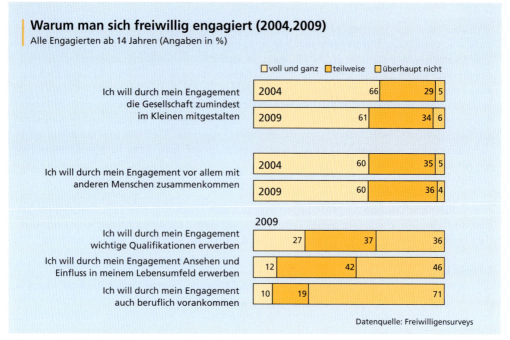

Warum man sich freiwillig engagiert (2004,2009)
Alle Engagierten ab 14 Jahren (Angaben in %)

☐ voll und ganz ■ teilweise ☐ überhaupt nicht

Ich will durch mein Engagement die Gesellschaft zumindest im Kleinen mitgestalten		voll und ganz	teilweise	überhaupt nicht
	2004	66	29	5
	2009	61	34	6
Ich will durch mein Engagement vor allem mit anderen Menschen zusammenkommen	2004	60	35	5
	2009	60	36	4

2009

Ich will durch mein Engagement wichtige Qualifikationen erwerben	27	37	36
Ich will durch mein Engagement Ansehen und Einfluss in meinem Lebensumfeld erwerben	12	42	46
Ich will durch mein Engagement auch beruflich vorankommen	10	19	71

Datenquelle: Freiwilligensurveys

Quelle: BMFSFJ, Freiwilligensurvey, 2010, S. 12

Motivwandel

Zusammenhängend mit dem allgemeinen Wertewandel wird ein Motivwandel in der Freiwilligenarbeit interpretiert. Persönliche Interessen wurden seit den 1960er Jarhen wichtiger, Gemeinwesen-Interessen nahmen ab. Bei den Ehrenamtlichen sieht man bei den Jüngeren zunächst ein Überwiegen der persönlichen Interessen (1999), aber nachher eine Zunahme der Gemeinwesen-Interessen (2009), bei den älteren Engagierten jedoch eine umgekehrte Entwicklung. Wurden sie früher mehr von „Pflicht" geleitet, werden sie heute mehr von „Interessen" geleitet.

Internationale Einordnung

„Innerhalb der zivilgesellschaftlich führenden Ländergruppe bewegt sich Deutschland auf einem mittleren Platz, hinter den USA, Norwegen, Schweden und den Niederlanden. Der (quantitative) Stand ist mit der Schweiz, Österreich und Dänemark vergleichbar und liegt deutlich über Großbritannien und Frankreich. Der europäische Vergleich auf der im Moment weitesten Grundlage zeigt, dass die östlichen und südlichen Gebiete Europas zivilgesellschaftlich besonders wenig entwickelt sind."

(BMFSFJ, 2010, S. 26)

Im Jahre 1999 wurden folgende Zusammenhänge zwischen bürgerschaftlichem Engagement und anderen sozialen Merkmalen festgestellt und zwar in folgender Reihenfolge: Erwerbstätigkeit, großer Freundes- und Bekanntenkreis, in großen Haushalten lebend, höhere berufliche Position, höherer Bildungsabschluss, zwischen 40 und 50 Jahre alt, im öffentlichen Dienst beschäftigt, hohe Kirchenbindung. Hieraus wird deutlich, dass es die oben genanten sozialen Merkmale sind, die ehrenamtliches Engagement fördern.

Die Befragung ergab außerdem:
„Die Ausübung freiwilliger, ehrenamtlicher Tätigkeiten geht aufseiten der handelnden Person tendenziell mit weiteren Verhaltensweisen und Einstellungen einher, die man als Ausdruck von „Gemeinsinn" bezeichnen kann. Dazu gehören: Hilfeleistungen für andere Personen außerhalb des eigenen Haushalts, Geldspenden für karitative, soziale oder gemeinnützige Zwecke, die Bereitschaft, sich auch im Betrieb nicht nur für die eigene Arbeit, sondern als Betriebsrat/Personalrat zu engagieren, das Interesse für Politik und öffentliche Angelegenheiten, das aktive Mitmachen in verschiedenen gesellschaftlichen Bereichen, Wertorientierungen im Sinne von Solidarität und Selbstverwirklichung."
(Gensicke/Picot/Geiss, 2005)

5.6 Soziale Mobilität

5.6.1 Begriffserklärung

Beispiele
– Eine Generalstochter wird Erzieherin.
– Lehrer A wird von der Schule der Stadt A an eine Schule im Dorf B versetzt.
– Lehrer B wird zum stellvertretenden Schulleiter befördert.
– Schüler X stammt aus einer Professorenfamilie, schafft aber die mittlere Reife nicht und macht eine Lehre als Kfz-Mechaniker.
– Ein Bauernsohn zieht in die Stadt und findet eine Beschäftigung als ungelernter Arbeiter.

In all diesen Fällen spricht man von sozialer Mobilität.

> **Unter Mobilität wird in den Sozialwissenschaften im Allgemeinen die Bewegung von Personen aus einer gesellschaftlichen Position in eine andere gesellschaftliche Position verstanden.**

Position bezeichnet den „Platz", den ein Mensch im Hinblick auf ein oder mehrere Merkmale im Verhältnis zu anderen Menschen einnimmt (vgl. Bolte/Recker, 1976, S. 40).
Je nachdem, auf welche Merkmale sich die Positionsveränderung bezieht, spricht man von:
■ Berufsmobilität (vom Lehrer zum Taxifahrer)
■ Arbeitsstellenmobilität (von Betrieb A nach B)
■ Einkommensmobilität (von Gehaltsgruppe B zu Gehaltsgruppe A)

- ■ regionaler Mobilität (vom Dorf zur Stadt)
- ■ Handelt es sich um eine Veränderung der sozialen Position zwischen zwei Generationen (Vätern und Söhnen), so spricht man von *Intergenerationenmobilität.*
- ■ Handelt es sich um eine Veränderung der sozialen Position innerhalb ein und derselben Generation, so spricht man von *Intragenerationenmobilität.* Ein Beispiel dafür ist Karriereerfolg: Ein unbekanntes Fotomodell wird ein berühmter Filmstar.
- ■ Ist der Positionswechsel mit einem sozialen Auf- oder Abstieg verbunden, so spricht man von einer *vertikalen Mobilität.* Alle anderen Positionswechsel werden als *horizontale Mobilität* bezeichnet.

5.6.2 Vertikale Mobilität

Durch sogenannte Herkunftsstudien wird ermittelt, aus welchen Bevölkerungsteilen bestimmte Berufsgruppen gekommen sind. Die Herkunft wird gemessen an dem Beruf des Vaters. Erst langsam wird in der Forschung auch der Beruf der Mutter berücksichtigt. Die soziale Herkunft ist für die wirtschaftlichen und politischen Eliten, für die Angestellten, die Beamten und die Arbeiter, die Studenten und verschiedene andere Gruppen in verschiedenen Ländern untersucht worden.

Man spricht von **struktureller Mobilität,** wenn durch technisch-ökonomische Veränderungen oder durch Wanderungs- und Umsiedlungsprozesse ganze Berufsgruppen in eine andere soziale Position überwechseln müssen, beispielsweise von der Landwirtschaft in die Industrie oder von der Industrie in den Dienstleistungssektor. Kamen die Angestellten ursprünglich mehr aus dem Bereich der Selbstständigen, so stammen sie heute mehr aus den eigenen Reihen und aus der Arbeiterschaft. Ebenso werden die Veränderungen im Bildungsniveau, die durch die Bildungsreform bewirkt wurden, strukturelle Bildungsmobilität genannt.

Das Beschäftigungssystem in der Bundesrepublik Deutschland hat sich in den letzten Jahrzehnten erheblich verändert.

Die Statistik unterscheidet im Beschäftigungssystem drei Sektoren:
Primärsektor: Land- und Forstwirtschaft, Fischerei, Tierhaltung
Sekundärsektor: Produzierendes Gewerbe: Industrie, Handwerk, Baugewerbe, Bergbau
Tertiärsektor: Dienstleistungen, Handel, Verkehr

Die Übersicht auf der nächsten Seite zeigt die Entwicklung innerhalb von 120 Jahren. Berücksichtigt man, dass viele Forschungs- und Entwicklungstätigkeiten in industriellen Großbetrieben zwar dem Sekundärsektor zugerechnet werden, eigentlich aber Dienstleistungen sind, so ist die Entwicklung zu einer „Dienstleistungsgesellschaft" eindeutig.

Erwerbstätige nach Wirtschaftsbereichen im Vergleich

Legende:
- Primärer Sektor
- Sekundärer Sektor
- Tertiärer Sektor

Werte:
- 1882[1]: 43,4 / 33,7 / 22,8
- 1950[2]: 22,1 / 44,7 / 33,2
- 1970[3]: 9,1 / 49,4 / 41,5
- 1991[4]: 4,2 / 41,0 / 54,8
- 2004[4]: 2,3 / 30,8 / 66,9

[1] Ergebnisse der Berufszählung im Reichsgebiet – Erwerbspersonen
[2] Ergebnisse der Berufszählung im früheren Bundesgebiet
[3] Ergebnisse des Mikrozensus April 1970 im früheren Bundesgebiet
[4] Ergebnisse des Mikrozensus April 1991 und März 2004 in Deutschland

Quelle: Statistisches Bundesamt, Datenreport 2006, S. 92 (Teil I)

Diese Veränderungen sind ein Maß für die Strukturmobilität, d. h. Veränderung der Berufsposition, gleichsam gezwungenermaßen, durch Veränderungen in der Wirtschaftsstruktur. Veränderung der Berufsposition, gleichsam freiwillig, durch eigene Leistung oder Nicht-Leistung wird Zirkulationsmobilität genannt.

Ein Vergleich der beruflichen Positionen der Kinder mit denen ihrer Väter (vgl. Selbstrekrutierungsraten: Stat. Bundesamt, Datenreport 2006, S. 598) zeigt, dass - abgesehen von den Landwirten – etwa die Hälfte der Arbeiter (52 %) aus Arbeiterfamilien stammen, ein Drittel (37 %) der un-/angelernten Arbeiter aus un-/angelernten Arbeiterfamilien stammen, ein Fünftel der Angestellten aus Angestelltenfamilien stammen. Ein Vergleich der beruflichen Position der Väter mit denen ihrer Kinder (vgl. Vererbungsquote: Stat. Bundesamt, Datenreport 2006, S. 601) zeigt, dass bei einem Drittel der Angestellten die Kinder auch wieder Angestellte sind, bei den Arbeitern sogar 40 %, bei den un-/angelernten Arbeitern ein Fünftel. Das heißt, dass bei einem erheblichen Teil (mehr als 50 %) Veränderungen in der beruflichen Position stattgefunden haben. Diese Veränderungen in der beruflichen Position zwischen Vätern und ihren Kindern weisen auf eine soziale Mobilität hin. Inwiefern diese Veränderungen einen sozialen Auf- oder Abstieg darstellen, wird weiter unter erläutert.

Wenn wir hier die vertikale Mobilität besprechen, gehen wir von einer bewerteten „Schichtung" der Gesellschaft aus. So auch die Untersuchungen der sozialen Auf- und Abstiege. Viele Untersuchungen auf diesem Gebiet vergleichen die Berufsposition der Kinder mit denen der Eltern, meistens mit der Position des Vaters. Man greift dabei häufig zurück auf ein internationales System der Klassifizierung der Berufspositionen. Dieses unterscheidet sieben Berufspositionen, die hierarchisch in einer Rangordnung von vier Stufen eingeteilt werden. Drei von den sieben Positionen werden in der Rangordnung zu einer Stufe zusammengefasst. Ein vertikaler sozialer Aufstieg findet statt, wenn das Kind eine höhere Stufe erreicht als die der Eltern (der Vater), ein Abstieg, wenn das Kind in eine niedrigere Stufe als die der Eltern (der Vater) landet. Ein horizontaler Wechsel findet statt, wenn ein Kind zwar auf derselben Stufe bleibt, aber in eine andere Berufsposition wechselt als die der Eltern. Im nachfolgenden Schema bezeichnen die gestrichelten Linien jeweils eine Stufe.

Einteilung der Gesellschaft in sieben Klassenpositionen (in Anlehnung an Erikson/Goldthorpe 1992)

Leitende Angestellte	höhere Beamte, freie Berufe (z. B. Rechtsanwälte, Ärzte), Selbstständige in Handel, Gewerbe, Industrie und Dienstleistung mit 50 und mehr Mitarbeitern
(Hoch) qualifizierte Angestellte	und gehobene Beamte (z. B. höhere Verwaltungsbedienstete, Grundschullehrer)
Mittlere Angestellte	(z. B. Sekretäre, einfache Verwaltungsbedienstete); Beamte/innen im mittleren Dienst
Selbstständige	in Handel, Gewerbe, Industrie und Dienstleistung mit bis zu 49 Mitarbeitern
Landwirte	
Facharbeiter	und Meister
Ungelernte Arbeiter	angelernte Arbeiter und Angestellte mit einfachen Routinetätigkeiten

Quelle: Pollak, 2010, S. 13

Pollak hat in seiner Studie die Geburtsjahrgänge von 1920 bis 1978 einbezogen. Sie waren zurzeit der Datensammlung (bis 2008) zwischen 30 und 64 Jahren alt. Die folgende Tabelle zeigt zunächst die Gesamtmobilität, getrennt für West und Ost-Deutschland.

Gesamtmobilität, vertikale und horizontale Mobilität in Westdeutschland in Prozent (gerundet)

Geburts-jahrgang	Männer				Frauen			
	gesamt	vertikal	horizon-tal	vert./horiz.	gesamt	vertikal	horizon-tal	vert./horiz.
1920–1929	67	50	18	2,8	76	57	19	3,0
1930–1939	64	49	15	3,2	75	58	17	3,4
1940–1949	67	53	15	3,7	76	57	20	2,9
1950–1959	69	55	14	3,9	79	57	22	2,7
1960–1969	64	52	12	4,4	78	59	19	3,1
1970–1978	66	55	11	5,1	73	58	18	3,9

Gesamtmobilität, vertikale und horizontale Mobilität in Ostdeutschland in Prozent (gerundet)

Geburts-jahrgang	Männer				Frauen			
	gesamt	vertikal	horizon-tal	vert./horiz.	gesamt	vertikal	horizon-tal	vert./horiz.
1930–1939	68	58	10	5,8	75	59	15	3,9
1940–1949	70	56	13	4,2	77	62	15	4,1
1950–1959	61	51	10	5,3	76	61	15	4,0
1960–1969	56	45	11	4,1	75	61	14	4,5
1970–1978	60	48	12	4,0	73	57	16	3,6

Quelle: Pollak, 2010, S. 16 (beide Tabellen)

Das wichtigste Ergebnis: Es ist ein hohes Maß an sozialer Mobilität sowohl in Ost- als auch in West-Deutschland, sowohl bei Männern als auch bei Frauen und über die Jahrgänge hinweg zu erkennen. Einen differenzierteren Vergleich zeigt folgende Tabelle:

Entwicklung von Auf- und Abstiegen über die Zeit (in Prozent)

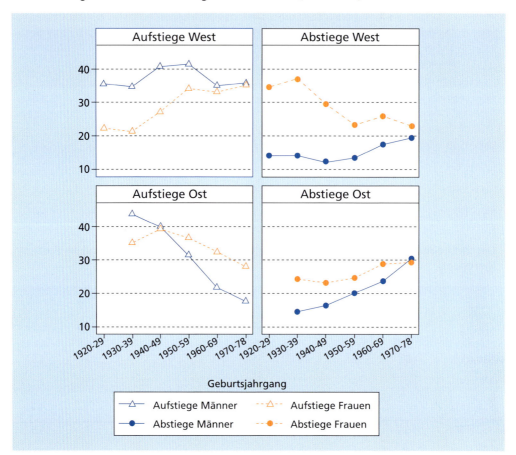

Quelle: Pollak, 2010, S. 18

Hieraus ist Folgendes ersichtlich:

- Für West-Deutschland: Männer und Frauen gleichen sich in ihren sozialen Auf- und Abstiegen immer mehr an. In den jüngsten Jahrgängen sind sie diesbezüglich fast gleich. Ein Drittel hat eine höhere Berufsposition als ihre Eltern, etwa ein Fünftel haben eine niedrigere Berufsposition als ihre Eltern. Für Ost-Deutschland: Soziale Abstiege überwiegen die sozialen Aufstiege, bei Männern mehr als bei Frauen.

- Eine differenziertere Auswertung zeigt, dass Auf- und Abstiege in die nächsthöhere oder niedrigere Klasse häufiger vorkommen, als in eine weiter entfernte Klasse. Das ist fast eine Selbstverständlichkeit.

- Der soziale Aufstieg kommt am häufigsten vor bei der Gruppe der Facharbeiter: Die Kinder wechseln in die Gruppe der (hoch)qualifizierten Angestellten. Auch der soziale Abstieg kommt in dieser Gruppe am häufigsten vor: Die Kinder von Facharbeitern wechseln in die Gruppe der ungelernten Arbeiter.

- Im internationalen Vergleich von sieben Ländern zeigt Deutschland die geringste Mobilitätsrate, d. h., dass in Deutschland die Veränderung der sozialen Berufsposition der

Kinder im Vergleich zu der der Eltern am geringsten ist. Die folgende Grafik zeigt die Stärke des Zusammenhangs zwischen sozialer Herkunft und eigener Berufsposition in diesen sieben Ländern. Dabei wird die Stärke des Zusammenhangs in Deutschland bei 0 angesetzt. Die Punkte auf der Skala zeigen, um wie viel Prozent dieser Zusammenhang unter oder über dem Zusammenhang in Deutschland liegt. So ist in den Niederlanden dieser Zusammenhang für Männer um 20 % geringer als in Deutschland. Am niedrigsten ist der Zusammenhang für Schweden, am höchsten für Frauen in Italien.

Unterschiede in der Stärke des Zusammenhangs zwischen sozialer Herkunft und eigener Position für sieben europäische Länder

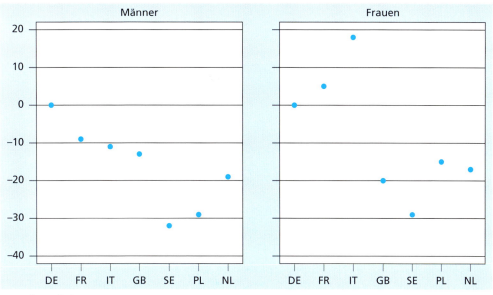

Quelle: Pollak, 2010, S. 37

■ Gründe für die geringe soziale Mobilität in Deutschland im Vergleich mit anderen Ländern sind:
  1. die Ungleichheit in den Bildungschancen bzw. die starke Abhängigkeit der Bildungschancen von der sozialen Herkunft (siehe hierzu auch das Kapitel 6.4.6 „Familie und sozialer Status"); durch eine höhere Bildung ist ein Aufstieg eher möglich;
  2. die starke Prägung des Berufswunsches der Kinder durch den Beruf der Eltern;
  3. die starke Festlegung der Berufe und der Berufsausbildung in Deutschland.

■ In den Augen der Bevölkerung spielen folgende drei Faktoren die wichtigste Rolle für den sozialen Aufstieg: Bildung, Fleiß, Eigeninitiative; erst an zweiter Stelle kommen Beziehungen und sozialer Herkunft.

■ Eine neue Untersuchung in den Niederlanden über die Bildungsmobilität zeigt, dass in den letzten Geburtsjahrgängen bei Männern die Anzahl der sozialen Abstiege zunimmt und die Anzahl der Aufstiege abnimmt. Die Erklärung dafür: Die Decke des Aufstiegs ist erreicht (vgl. van Houten, 2010). Der soziale Abstieg wird nicht als nachteilig empfunden, Lebensstil und Einkommen von Kindern und Eltern bleiben vielfach gleich.

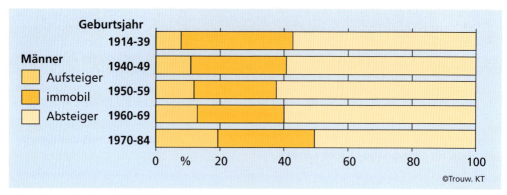

Quelle: van Houten, 2010, S. 4

Aufgabe

Das Dilemma der Chancengleichheit
Hier klingt auch das Dilemma der Chancengleichheit an. Viele Eltern wollen „dass unsere Kinder es besser haben sollen als wir". Wenn jedoch alle den Nobelpreis bekommen, ist der Preis nichts mehr wert. Damit ist das Dilemma des sozialen Auf- und Abstiegs gekennzeichnet. In einer Gesellschaft, wo die sozialen Positionen bewertet werden, können nicht alle den höchsten Rang erreichen. Bei der Fußballweltmeisterschaft kann nur eine Mannschaft Champion werden. Wissenschaftler und Politiker reden von der Chancengleichheit. Was ist aber damit gemeint?

Ausschlaggebend für die berufliche Position ist meistens der allgemeine Bildungsabschluss. Wenn die berufliche Position der Eltern und der Kinder sich auseinanderbewegen, dann sind wahrscheinlich auch die Bildungsabschlüsse der Eltern und der Kinder unterschiedlich.[1] (In den meisten Untersuchungen bisher wurden nur die Positionen von Vätern und Söhnen verglichen.)

Die Bildungsmobilität hat im Laufe des vergangenen Jahrhunderts erheblich zugenommen. Die Bildungsreform und die Bildungsexpansion haben sehr dazu beigetragen. Aus dem Vergleich der Bildungsmobilität mit der Berufsmobilität über die Jahre hinweg zeigt sich, dass die Quoten für die Stabilität und die Quoten für die Mobilität für die beruflichen Positionen ziemlich gleich geblieben sind, während diese Quoten für die Schulbildung sich immer weiter zugunsten der Mobilität entwickeln. Vergleicht man die Quoten für die Struktur- und die Zirkulationsmobilität, dann überwiegen bei der beruflichen Position die Quoten für die „freiwillige", bei der Bildung die Quoten für die „erzwungene" Mobilität. Man kann diesen Sachverhalt auch so formulieren: Bisher wurde die berufliche Position mehr sozial „vererbt" als die schulische Bildung, beruflicher Aufstieg war mehr eine Folge der eigenen Leistung, eine bessere schulische Bildung eher die Folge der Bildungsreform.

---

[1] Für den Zusammenhang von Schulabschlüssen der Kinder und deren Väter sei hier auch verwiesen auf das Kapitel „Ungleichheit der Bildung", siehe S. 163.

Weitere wichtige Forschungsergebnisse über die vertikale Mobilität werden hier zusammengefasst:

■ Das Ausmaß der sozialen Auf- und Abstiege ist schwer zu erfassen, zum einen, weil die Kriterien für sozialen Auf- und Abstieg nicht einheitlich sind, zum anderen, weil Veränderungen in vielen Teilbereichen der Gesellschaft stattfinden. So hat sich z. B. das Beschäftigungssystem in der Bundesrepublik Deutschland in den letzten Jahrzehnten erheblich verändert.

■ Die häufigste Beziehung zwischen sozialem Status der Väter und der Söhne in den westlichen Industrieländern ist, dass beide den gleichen beruflichen Status haben. Am stärksten ist die „Vererbung" des väterlichen Berufsstatus in der Oberschicht, bei Berufen mit starker Tradition (in einigen Ländern die Offiziere) und Berufen, bei denen Besitz vererbt wird (Landwirtschaft, Gewerbetreibende). Auch in der Unterschicht ist die „Vererbung" des beruflichen Status stark ausgeprägt (vgl. Schäfers, 1990, S. 211 und Eliteforschung, S. 167).

■ Wenn Statusverschiebungen zwischen Vätern und Söhnen stattfinden, dann meistens in benachbarte Statusbereiche. Extreme Statusverschiebungen kommen in westlichen Industrieländern nur selten vor.

■ Die meisten Veränderungen finden statt durch das Wegstreben von der Landwirtschaft in industriell-technische Berufe und aus den verschiedenen anderen Berufskategorien in den Bereich der Verwaltungs- und Dienstleistungsberufe.

■ Alle Untersuchungen über Berufsmobilität in den USA erbrachten, dass in den vergangenen siebzig Jahren keine deutliche Veränderung in der Häufigkeit der vertikalen Berufsmobilität zu erkennen war. Wahrscheinlich trifft dies auch für die Bundesrepublik Deutschland zu. Das würde der weitverbreiteten Auffassung widersprechen, die vertikale berufliche Mobilität sei heute größer als früher.

■ Weiterhin sind durch die Bildungsreform die Aufstiegschancen für viele erweitert.

■ Schließlich ist die Beschäftigungsmöglichkeit von internationalen Entwicklungen und technischen Veränderungen abhängig.

■ Nur ein Teil der sozialen Auf- und Abstiege kann durch persönliche Leistung erklärt werden. Aus einigen Untersuchungen geht hervor: Am meisten hat die Zirkulationsmobilität zugenommen. D. h., es kommt immer häufiger vor, dass Menschen durch eigene Leistungen ihre berufliche Position verändern. Die Gesellschaft wird immer „offener"[1].

Intragenerationen- oder Karrieremobilität (sozialer Auf- oder Abstieg innerhalb des beruflichen Lebens ein und derselben Person) scheint in den USA viel häufiger vorzukommen als in der Bundesrepublik Deutschland (vgl. Biermann/Bock-Rosenthal/Doehlemann/Grohall/Kühn, 1992, S. 193). Finden sich in den USA während des Erwerbslebens des Einzelnen im Durchschnitt 6,5 Berufsepisoden, so sind es in Deutschland nur 3,5 (vgl. Schäfers/Zapf, 2001, S. 600).

---

[1] Man spricht von einer „offenen" Gesellschaft, wenn das Erreichen der verschiedenen Berufspositionen von der eigenen Begabung und Leistung, nicht von sozialer Herkunft bestimmt wird.

Aufgaben

1. Welche Art von sozialer Mobilität sehen Sie in folgenden Beispielen?

   a) Ein Kindergarten wird geschlossen. Die Erzieherinnen werden in andere Einrichtungen in benachbarten Orten eingesetzt, außer der Leiterin, sie wechselt über in das Referat Kindertagesstätten des Landes. Zwei Putzfrauen werden arbeitslos.

   b) Ein Kfz-Betrieb macht Konkurs. Die Beschäftigten werden teilweise untergebracht in Betrieben der gleichen Branche in benachbarten Orten und Städten, außer fünf Kfz-Mechaniker, die eine Stelle im Baugewerbe finden, und zwei Kfz- Meister, die sich jeweils selbstständig machen.

2. Suchen Sie jeweils ein Beispiel für

   a) vertikale strukturelle Intragenerationenmobilität

   b) vertikale strukturelle Intergenerationenmobilität

   c) vertikale Intragenerationenzirkulationsmobilität

   d) vertikale Intergenerationenzirkulationsmobilität

   e) horizontale strukturelle Intragenerationenmobilität

   f) horizontale strukturelle Intergenerationenmobilität

   g) horizontale Intragenerationenzirkulationsmobilität

   h) horizontale Intergenerationenzirkulationsmobilität

5.6.3 Horizontale Mobilität

Unter horizontaler Mobilität versteht man in der Soziologie die Veränderung der sozialen Lage, ohne dass damit ein sozialer Auf- oder Abstieg verbunden ist. Das kann geschehen durch Wechsel in einen Beruf gleichen sozialen Niveaus, durch Wechsel des Arbeitsplatzes oder des Betriebes, durch „Veränderung der geografischen Lage" bzw. Wechsel des Wohn- oder des Arbeitsortes. Man spricht hier auch von „räumlicher" Mobilität.
Im Folgenden wird unter horizontaler Mobilität nur die räumliche Mobilität besprochen.

Als Wanderungsfall gilt jeder Einzug in oder Auszug aus einer Hauptwohnung oder alleinigen Wohnung, ebenso die Verlegung des Hauptwohnsitzes in eine andere Gemeinde, die bisher Sitz einer Nebenwohnung war. Es handelt sich damit um eine fallbezogene, keine personenbezogene Statistik. Umzüge innerhalb einer Gemeinde werden nicht mitgezählt. Bei den Wanderungen wird darüber hinaus zwischen der Außenwanderung (Umzüge über die Grenze Deutschlands) und der Binnenwanderung (Umzüge innerhalb Deutschlands) differenziert. Als Wanderungsvolumen wird die Summe aus Binnenwanderung und der Zuzüge aus sowie der Fortzüge ins Ausland bezeichnet. Die Differenz zwischen den Zuzügen und den Fortzügen zu bzw. von einer Gebietseinheit stellt den Wanderungssaldo dar.

Die Binnenwanderung wird grob eingeteilt in:

■ Wanderung vom Land in die Stadt

■ Wanderung von der einen Stadt in die andere Stadt

■ Wanderung von der Stadt auf das Land

■ Wanderung von einem Ort auf dem Land zu einem anderen Ort auf dem Land

Weiterhin unterscheidet man bei der Binnenwanderung:

■ endgültiger Wechsel des Wohnortes und des Arbeitsplatzes

■ wöchentliche oder tägliche Wanderung zwischen Wohnort und Arbeitsort: Pendler

■ saisonbedingter Wechsel des Arbeitsortes (und Wohnortes): Saisonpendler

Der Umfang und die Probleme der Einwanderung ausländischer Arbeiter wird in Kapitel 8.4 „Ausländer" besprochen.

Probleme und Umfang der Binnenwanderung

Jahr	Wanderungen über die					
	Gemeindegrenzen		Kreisgrenzen		Landesgrenzen	
	Anzahl in 1000	je 1000 Einwohner[1]	Anzahl in 1000	je 1000 Einwohner[1]	Anzahl in 1000	je 1000 Einwohner[1]
Früheres Bundesgebiet						
1970	3662	59,8	2942	48,1	1118	18,5
1980	3024	49,2	2304	37,5	820	13,4
1985	2575	42,1	1850	30,3	640	10,5
1990	2970	47,4	215	34,9	841	13,4
Deutschland						
1991	3402	42,8	2494	31,4	1127	14,2
1993	3629	44,8	2540	31,4	1000	12,4
1995	3951	48,5	2722	33,4	1069	13,1
1997	4015	49,0	2730	33,3	1063	13,0
1998	4001	48,8	2727	33,2	1081	13,2
1999	3968	48,4	2722	33,1	1104	13,5
2000	3892	47,4	2700	32,8	1137	13,8
2001	3875	47,1	2712	33,0	1181	14,4
2002	3843	46,6	2677	32,5	1154	14,0
2003	3806	46,1	2646	32,1	1115	13,5
2004	3373	45,3	2595	31,5	1095	13,3
2005	3655	44,3	2548	30,9	1071	13,0
2006	3562	43,3	2504	30,4	1053	12,8

Quelle: Stat. Bundesamt, 2008, S. 16

Die absoluten Zahlen der Binnenwanderungen lauten für: 2007 – 3.582.230;
2008 – 3.637.688

Im Jahr 2005 haben etwa 3,5 Millionen Menschen ihren Wohnsitz innerhalb Deutschlands gewechselt. Die Anzahl pro 1.000 Einwohner ist die Mobilitätsziffer. Daraus lässt sich leicht der prozentuale Anteil errechnen. In den letzten vierzig Jahren schwanken die Zahlen für die Binnenwanderungen der Bevölkerung innerhalb der alten Bundesländer zwischen 4 und 6 % der Bevölkerung jährlich, wobei etwa 1 bis 2 % der Bevölkerung jährlich in ein anderes Bundesland „wandern". Die Schwankungen in den Binnenwanderungen über Gemeindegrenzen hinweg sind teilweise durch die Gebietsreform bedingt. Durch die größeren Gemeinden wurden viele Wanderungen innergemeindliche Umzüge.

Als Hauptgründe für die Binnenwanderungen gelten:

- wirtschaftliche Zwecke: Suche nach einem Arbeitsplatz oder nach einem besseren oder höher dotierten Arbeitsplatz
- Wohnungsgründe: Suche nach einer besseren Wohnung und einer besseren Wohnlage
- Ausbildungsgründe: Suche nach einem geeigneten Ausbildungsort für sich oder für die Kinder
- persönliche Gründe: Heirat, Familienzusammenführung usw.

Horizontale und vertikale Wanderung sind häufig miteinander verknüpft. Der Berufswechsel kann einen Wohnungswechsel nach sich ziehen. Häufig auch sind beide Formen von Mobilität voneinander unabhängig. Die nachstehend aufgeführten Folgen der Mobilität gelten auch für die vertikale Mobilität, wenn sie mit der ersteren verbunden ist und umgekehrt.

Folgen der horizontalen Mobilität

Die Wanderungsbewegungen innerhalb der Bevölkerung und zwischen den Völkern haben bestimmte Konsequenzen für die Gruppierungen, aus denen Mitglieder wegziehen, zu denen neue Mitglieder hinzukommen und für die betreffenden Wanderer selbst. Der Wanderer löst sich aus seiner Umgebung und muss sich einer neuen Umgebung anpassen. Wie diese Anpassung gelingt, hängt von vielen Faktoren ab.
Die wichtigsten Gesichtspunkte, die in vielen Untersuchungen herausgearbeitet wurden, werden hier kurz zusammengefasst:

- Der Wegzug vom Land in die Stadt hat zur Folge, dass das Begabungspotenzial auf dem Land immer geringer wird. Anscheinend ziehen die dynamischsten Persönlichkeiten am ehesten weg.
- Die Herauslösung aus seiner sozialen Umwelt hat für den Wegziehenden umso schmerzlichere Folgen, je mehr seine vorherige Umgebung eine festgewurzelte Gemeinschaft war. Am schlimmsten sind die Folgen der „Entwurzelung", wenn der Wegzug nur aus wirtschaftlichen Gründen geschieht.
- Die Anpassung an die neue Umgebung ist am schwierigsten, wenn die Wanderung vom Land unmittelbar in die Großstadt geht. Die Wanderung in Etappen (also über kleinere Gemeinden in die Großstadt) bietet in dieser Hinsicht Vorteile. Andererseits kann die Eingliederung in die Großstadt mit ihrer „größeren Toleranz" unter Umständen leichter sein als in kleinere Städte mit festgefügter Sozialstruktur.

- Die Anpassung an die neue Umgebung gelingt umso besser, je mehr der Wille zur Anpassung vorhanden ist. Dieser ist ausgeprägter, je fester man beabsichtigt, an dem neuen Ort zu bleiben.

- Ist man entschlossen, in der neuen Umgebung fest ansässig zu werden, kann dadurch ein stärkerer Widerstand der Einheimischen gegen die Eingliederung hervorgerufen werden.

Pendler

Das Statistische Bundesamt in Wiesbaden führt alle vier Jahre eine Pendlerbefragung durch. Die aktuellste Studie aus dem Jahr 2008 kommt zu folgenden Ergebnissen:

- Insgesamt gelten etwa 33 Millionen Menschen als Nah- und Fernpendler.

- 1,5 Millionen von ihnen legten mehr als 50 Kilometer Fahrstrecke zu ihrem Arbeitsplatz zurück und gelten deshalb als Fernpendler.

- Insgesamt gab es 2004 ca. 360.000 berufstätige „Wochenendpendler" (Schüler, Studenten und Selbstständige nicht mitgerechnet).

- Das am häufigsten genutzte Fortbewegungsmittel ist mit 66 % das Auto. Nur 3,5 % nutzen eine Mitfahrgelegenheit.

- Die Städte mit den meisten Pendlern in Deutschland sind Frankfurt, München und Hamburg.

- Junge Akademiker sind umzugsbereit, die anderen nicht.

- Nur jeder fünfte Vollzeiterwerbstätige in Deutschland ist mobil.

- Die Europäer sind übrigens sehr sesshaft, aber sie pendeln.

Positive und negative Konsequenzen der sozialen Mobilität

Die soziale Mobilität kann zu Entwurzelung, Verunsicherung und Unorientiertheit führen, weil mit der Veränderung der beruflichen Position viele andere Veränderungen einhergehen können, wie Einkommenseinbußen, Loslösung aus der vertrauten Umgebung und den vertrauten Verhaltensweisen sowie eventuellen Wertvorstellungen und Bindungen. Das wiederum kann zu Identitäts- und Orientierungsproblemen führen. Die Möglichkeit von Subkulturen mit abweichendem Verhalten ist gegeben, wenn mehrere von dieser Orientierungslosigkeit und Statusunsicherheit betroffen sind.

Die soziale Mobilität kann andererseits auch zu einer größeren Flexibilität führen, Anpassungsfähigkeit, Abbau von Klischees und Vorurteilen, Chancen zum Lernen und zur Selbstverwirklichung und somit insgesamt die soziale Integration einer Gesellschaft fördern (vgl. Schäfers/Zapf, 2001, S. 603).

6 Familie als Sozialisationsinstanz

6.1 Familie als Gruppe

Bedeutung der Familie

Vergleicht man die verschiedenen Gruppen, denen man angehört, miteinander, so gibt es wahrscheinlich keine Gruppe, die so intensiv das Leben mitbestimmt und beeinflusst wie die Familie. Die Familie ist eine kleine Gruppe von Personen, die in der Regel täglich miteinander Kontakt hat. Sie ist eine Gruppe, deren Mitgliederbestand über Jahrzehnte derselbe ist. Meistens leben ihre Mitglieder unter einem Dach; sie wohnen, schlafen und essen im selben Haus. Sie regeln eine Vielzahl von Aufgaben gemeinsam, u. a. Haushaltsführung, Gestaltung der Freizeit, Erwerb des Lebensunterhalts, Befriedigung sexueller Bedürfnisse. Durch den häufigen und intensiven Kontakt entstehen zwischen den Mitgliedern starke emotionale Beziehungen.

Urform des menschlichen Zusammenlebens

In allen uns bekannten Gesellschaften und Kulturen besteht irgendeine Form der Familie. Man vermutet, dass die Familie die erste und ursprünglichste Form des menschlichen Zusammenlebens ist. Man nimmt sogar an, die Familie ist nicht erst mit dem Menschen entstanden, sondern ist eine Form des Zusammenlebens, die der Mensch vom Tier übernommen hat, denn auch bei den höheren Tierarten kommt ein Zusammenleben ähnlich der Form einer Familie vor. Die Funktion der Familie besteht bei den Tieren in der Zeugung und Aufzucht der Nachkommenschaft, während beim Menschen zu den Aufgaben der Familie auch die Ausbildung der soziokulturellen Persönlichkeit gehört, wie das Erlernen der Sprache und des Denkens, der Normen und Wertvorstellungen.

Man kann die Familie also gewissermaßen als eine „**Natur**-Erscheinung" betrachten, eine Institution, die nicht erst durch die Kultur, das menschliche Schaffen, entstanden ist. Der Soziologe René König (1985, S. 121–158) schließt aus dieser Naturgegebenheit der Familie auf ihre Widerstandsfähigkeit gegen alle Auflösungstendenzen.

Peter Hofstätter (1966, S. 21) schließt aus dieser Vorgegebenheit der Familie, dass sie keine Gruppe im eigentlichen Sinne ist. Für ihn ist eine Gruppe eine Form des Zusammenlebens, die der Mensch zu irgendeinem Zweck selbst erfunden hat. Wenn man Gruppe so versteht, muss man ihm zustimmen, dass die Familie keine Gruppe ist, weil sie nicht von Menschen geschaffen wurde.

Jedoch sind die verschiedenen Formen des Familienlebens sehr wohl **kulturbedingt.** Im Laufe der Menschheitsgeschichte hat es unterschiedliche Formen der Familie gegeben; in den verschiedenen Kulturen von heute bestehen unterschiedliche Familienformen und mit den Veränderungen in unserer Gesellschaft gehen auch Veränderungen des Familienlebens einher.

Wenn heute von **alternativen Lebensformen** oder von Auflösungstendenzen der Familie die Rede ist, dann sind damit ein Wandel in den Familienformen oder Auflösungstendenzen eines bestimmten Familienideals gemeint (Peukert, 1991, S. 178).

Dass Menschen in Familien zusammenleben, ist nicht von der Gesellschaft abhängig. Welche Form die Familie annimmt, ist von der jeweiligen Gesellschaft abhängig.

Zusammenhang zwischen Familie und Partnerschaft, Ehe, Verwandtschaft, Haushalt

Obwohl die Familie eine Form des Zusammenlebens ist, die in allen Kulturen vorkommt, und obwohl die Familie die „intensivste" Gruppe ist, zu der der Mensch gehört, ist es bisher nicht gelungen, eine von allen anerkannte Definition der Familie zu geben. Die Schwierigkeit besteht darin, zu bestimmen, welche Merkmale für die Familie wesentlich sind. Bei der Bestimmung des Wesentlichen der Familie haben wir es mit drei Ebenen der mitmenschlichen Beziehungen zu tun, und zwar: Partnerschaft bzw. Ehe, Verwandtschaft und Haushalt.

Partnerschaft

Mit Partnerschaft sind die länger andauernden, intensiven, intimen Beziehungen zwischen Mann und Frau gemeint. (In gewissem Umfang auch Beziehungen zwischen Männern oder Frauen untereinander: gleichgeschlechtliche Partnerschaften.)
Ein Teil dieser Partnerschaften sind Ehen, ein Teil sind nichteheliche Lebensgemeinschaften, auch eheähnliche Lebensgemeinschaften genannt.

Die Ehe ist „eine rechtlich legitimierte Lebens- und Sexualgemeinschaft zweier mündiger verschiedengeschlechtlicher Partner, die den Vorsatz haben, die Kinder rechtsverbindlich als die eigenen anzuerkennen" (Schäfers, 1990, S. 109). Grundlegend für die Ehe ist die Verbindung unterschiedlicher Geschlechter. Gleichgeschlechtliche Paare können in Deutschland als „eingetragene Partnerschaft" registriert werden; in einigen Ländern ist es ihnen auch möglich, die „Ehe" zu schließen.

Verwandtschaft

Verwandtschaft ist die auf gemeinsamer Abstammung beruhende Beziehung zweier Menschen. Es geht dabei zunächst um das Verhältnis Eltern-Kinder, aber auch um die weiteren Verwandtschaftsbeziehungen wie Großeltern-Enkel, Geschwister usw. Grundlegend für Verwandtschaft ist die biologische Beziehung zwischen den Generationen.

Haushalt

Unter Haushalt wird eine Wohn- und Verbrauchereinheit verstanden. Wenn diese Einheit aus mehreren Personen besteht, nennt man sie Mehrpersonenhaushalt, sonst Einpersonenhaushalt.
Auf der Ebene der Partnerschaft gibt es für den einzelnen Menschen folgende Möglichkeiten: alleinlebend, in Partnerschaft ohne Ehevertrag lebend, in Partnerschaft in einer Ehe lebend, getrennt lebend, geschieden oder verwitwet sein, in erneuter Partnerschaft lebend usw.
Auf der Ebene der Verwandtschaft gibt es folgende Möglichkeiten: Kinder habend, keine Kinder habend (kinderlos), mit Geschwistern, ohne Geschwister lebend usw.

Auf der Ebene des Haushaltes gibt es die Möglichkeiten: Einpersonenhaushalt, Mehrpersonenhaushalt, mit Partner und/oder Kindern im gemeinsamen oder getrennten Haushalt.

Durch die Kombinationen dieser drei Ebenen kann eine Vielfalt von Formen des menschlichen Zusammenlebens erfasst werden. Es handelt sich jedoch nur um grobe Einteilungen. Die große Zahl der möglichen Kontaktformen und gemeinsamen Aktivitäten von Menschen, die nicht im gleichen Haushalt leben, bleiben dabei unberücksichtigt, beispielsweise Besuche, Telefonate, Gespräche, Beratungen, finanzielle oder materielle Unterstützung usw. Nicht berücksichtigt werden bei den oben genannten Ebenen Adoptiv-, Pflege-, Stiefeltern-Kind-Verhältnisse.
Es ergibt sich eine Reihe von Formen des Zusammenlebens durch eine Kombination der oben genannten Merkmale. Die folgende Auflistung ist unvollständig. Durch Berücksichtigung weiterer Abstufungen auf den einzelnen Ebenen kann sie fortgesetzt werden.

Die am häufigsten vorkommenden Bezeichnungen für verschiedene Formen des familialen Zusammenlebens sind:
Kernfamilie: eine Kombination von ehelicher Partnerschaft, biologischem Eltern-Kind-Verhältnis, Haushaltsgemeinschaft
Drei-Generationen-Familie: biologische Verwandtschaft von drei Generationen, in einem Haushalt lebend; die Art der Partnerschaft kann unterschiedlich sein
Ein-Eltern-Familie: fehlende oder aufgelöste Partnerschaft, biologisches Eltern-Kind-Verhältnis, Haushaltsgemeinschaft
Nichteheliche Lebensgemeinschaft: Partnerschaft, aber nicht ehelich; mit oder ohne Kinder, in einem gemeinsamen oder in getrennten Haushalten lebend
Alleinlebende: ohne Partnerschaft, in einem Einpersonenhaushalt
Adoptiv-, Pflege-, Stieffamilie: keine biologische Eltern-Kind-Beziehung mit einem oder mit beiden Elternteilen; verschiedene Formen von Partnerschaft dabei denkbar; gemeinsamer Haushalt

Welche der genannten Formen des Zusammenlebens nun als Familie bezeichnet werden, hängt von der Definition des Begriffes „Familie" ab.

- Geht man davon aus, dass die Blutsverwandtschaft der Mitglieder ausschlaggebend ist, dann ist eine Adoptivfamilie keine Familie im eigentlichen Sinne.

- Geht man davon aus, dass die Haushaltsgemeinschaft wesentlich ist, dann gehören die Einpersonenhaushalte nicht zu den Familien.

- Geht man davon aus, dass Kindererziehung wesentlich ist, dann kann eine Wohngemeinschaft unter Umständen auch als Familie bezeichnet werden.

Der Mikrozensus 2005 unterscheidet folgende Lebensformen:
- **Alleinerziehende** sind Mütter und Väter, die ohne Ehe- oder Lebenspartner/in mit ihren minder- oder volljährigen Kindern in einem Haushalt zusammenleben. Elternteile mit Lebenspartner/in im Haushalt zählen zu den Lebensgemeinschaften mit Kindern.

- **Alleinlebende** sind ledige, verheiratet getrennt lebende, geschiedene und verwitwete Personen, die in einem Einpersonenhaushalt leben. Die Alleinlebenden sind eine Untergruppe der Alleinstehenden.

- **Alleinstehende** sind ledige, verheiratet getrennt lebende, geschiedene und verwitwete Personen, die im Ein- oder Mehrpersonenhaushalt ohne Lebenspartner/in und ohne ledige Kinder leben. Sie können sich den Haushalt mit ausschließlich familienfremden

Personen (Nichtverwandten) teilen, beispielsweise in einer Studenten-Wohngemein-schaft oder mit einem befreundeten Ehepaar. Ebenso können sie in einem Haushalt mit nicht in gerader Linie beziehungsweise seitenverwandten Haushaltsmitgliedern le-ben, beispielsweise als Onkel, Tante, Bruder, Schwester, Cousin oder Cousine. Unbe-deutsam ist hierbei der Familienstand der alleinstehenden Person. Alleinstehende in Einpersonenhaushalten werden als Alleinlebende bezeichnet.

- **Zu den Ehepaaren** gehören laut Mikrozensus nur verheiratet zusammenlebende Per-sonen.

- **Die Familie** im statistischen Sinne umfasst im Mikrozensus – abweichend von früheren Veröffentlichungen – alle Eltern-Kind-Gemeinschaften, das heißt Ehepaare, nichtehe-liche (gemischtgeschlechtliche) und gleichgeschlechtliche Lebensgemeinschaften sowie alleinerziehende Mütter und Väter mit ledigen Kindern im Haushalt. Einbezogen sind in diesem Familienbegriff – neben leiblichen Kindern – auch Stief-, Pflege- und Adop-tivkinder ohne Altersbegrenzung. Damit besteht eine statistische Familie immer aus zwei Generationen (Zwei-Generationen-Regel): Eltern/-teile und im Haushalt lebende ledige Kinder.

(vgl. www.destatis.de/presse/deutsch/pk/2006/mikrozensus_2005i.pdf, 3.6.2007)

Für den einzelnen Menschen ist die Form, die Art und Weise des Zusammenlebens mit an-deren Menschen wichtiger als der Name, den eine bestimmte Form des Zusammenlebens trägt. Durch die Bezeichnungen **Kern**familie, **vollständige** Familie, **unvollständige** Fami-lie, **erweiterte** Familie kann leicht der Eindruck entstehen, dass damit auch eine Bewer-tung verbunden ist. Welche Form des Zusammenlebens besser oder schlechter ist, muss, wenn überhaupt möglich, eigens untersucht werden.

Aufgaben der Familiensoziologie

Die Familiensoziologie untersucht die soziale Gruppe nach verschiedenen Gesichtspunk-ten.

- Betrachtet man die Familie nach ihrer Mitgliederzahl, nach ihrem System von Rollen, Normen und Statusdifferenzierung, so spricht man von der **Struktur** der Familie. Die Struktur der Familie ist wiederum abhängig von der jeweiligen Kultur der Gesellschaft oder der jeweiligen sozialen Schicht innerhalb derselben Gesellschaft. Bei den Überle-gungen zur Familienstruktur soll dargestellt werden, welche kulturellen und welche schichtspezifischen Unterschiede dabei auftreten.

- Betrachtet man die Familie nach den Wirkungen, die sie auf den Einzelnen und auf die soziale Umwelt ausübt, dann spricht man von den **Funktionen** der Familie. Auch die Funktionen sind zum Teil kulturbedingt. Es soll dargestellt werden, welche Funktions-änderungen es im Laufe der kulturellen Entwicklung gegeben hat. Schwerpunkt der Betrachtung wird dabei allerdings die Familie in unserer Gesellschaft sein.

- Betrachtet man die Familie als eine Gruppe, die sich im Laufe ihrer Existenz verändert oder entwickelt, so spricht man von den **Phasen** der Familie. Es soll dargestellt werden, ob die Struktur und die Funktionen der Familie sich in den verschiedenen Phasen ver-ändern.

- Betrachtet man die Veränderungen innerhalb der Familie im Laufe der Zeit, dann spricht man vom **Wandel** der Familie. Diese Veränderungen beziehen sich auf die Struk-tur, auf die Funktionen und auf die Phasen der Familie.

Untersuchungsmaterial

Das Datenmaterial für die Familiensoziologie wird durch die amtliche Statistik geliefert, die Ergebnisse des Mikrozensus 2005[1] und die verschiedenen Familienberichte des Bundesministeriums für Familien, Senioren, Frauen, Jugendliche, denen viele Einzeluntersuchungen zugrunde liegen. Diese Berichte haben immer einen gewissen thematischen Schwerpunkt. Der letzte Familienbericht aus dem Jahr 2006 hatte Flexibilität und Verlässlichkeit der Familie als Schwerpunkt. (Der 8. Familienbericht erscheint erst Mitte 2011.)

6.2 Phasen in der Entwicklung der Familie

Die Rolle der Familie im Lebenslauf des Menschen

Die frühesten Erinnerungen des Menschen reichen höchstens bis zum dritten Lebensjahr. Ereignisse in seiner Familie sind dabei die frühesten Eindrücke. Eine Zeitlang spielt sich das Leben im Kreise der Eltern und Geschwister ab. Kindergarten und Schule erweitern den Kreis. Mit dem Jugendalter fängt die eigentliche Loslösung von der Familie an. Die meisten Konflikte mit den Eltern stammen aus diesem Lebensabschnitt. Die Suche nach einem Partner, die emotionale Bindung an eine andere Person vermindert die Bedeutung der emotionalen Beziehungen zu den Familienmitgliedern. Der Auszug aus der elterlichen Wohnung, die Gründung eines eigenen Haushaltes, die Bindung an einen festen Lebenspartner sind weitere Schritte aus der Herkunftsfamilie heraus. Die Eheschließung ist häufig nur noch die gesetzliche Verankerung der bestehenden Partnerschaft. Schwangerschaft und Geburt der Kinder bedeuten oft wiederum einen wichtigen Markierungspunkt innerhalb des Lebenslaufs. Die Erziehung und das Heranwachsen der Kinder beschäftigt die Eltern. Später werden auch die eigenen Kinder aus der Familie herausstreben. Die schulischen und beruflichen Fortschritte der Kinder werden für die Eltern bedeutsam. Schließlich verlassen wiederum die Kinder das elterliche Haus. Man freut sich über die Geburt der ersten Enkelkinder. Weitere bedeutsame Einschnitte in den persönlichen Lebenslauf sind Krankheit und Tod des Ehepartners.

In mancher Biografie nimmt die Bedeutung der Familie einen anderen Verlauf. Konflikte und Spannungen belasten das Familienleben. Trennung und Ehescheidung machen der bestehenden Familie ein Ende. In vielen Fällen wird dann eine zweite Ehe oder Partnerschaft gegründet.

Dies ist nur der äußere Rahmen vieler Familiengeschichten. Viele Varianten mögen in den einzelnen Familien auftreten; ein allgemeiner soziologischer Rahmen des Familienlebens lässt sich dennoch herausschälen:

In den meisten Fällen gehört der Mensch im Laufe seines Lebens zwei Familien an, **der Herkunftsfamilie** und **der Zeugungsfamilie.**

Die Bedeutung der Herkunftsfamilie wird in dem Abschnitt über die Sozialisationseffekte der Familie besprochen.

6.2.1 Die Partnerwahl und deren gesellschaftliche Bedingungen

Wer heiratet wen, wann, warum, für wie lange?

Die erste Phase der Zeugungsfamilie ist die Suche nach dem (Ehe-)Partner. Obwohl in unserer Gesellschaft das Prinzip der freien Partnerwahl herrscht, gibt es bestimmte Normen und Erwartungen, wer wen heiraten soll und wer wen nicht heiraten darf.

---

[1] *Die Ergebnisse des Mikrozensus liegen erst Ende 2011 vor, sodass sie hier leider nicht berücksichtigt werden können.*

Das Prinzip der freien Partnerwahl

Mit dem Prinzip der freien Partnerwahl ist gemeint, dass die Heiratskandidaten ihren Partner selbst suchen und bestimmen können. In früheren Gesellschaften und Kulturen war es nicht so selbstverständlich, sich als Ehewilliger seinen Partner selbst aussuchen zu können. Der Familienvater, der Gutsherr, die Verwandten, der Kronrat bestimmten manchmal den zukünftigen Ehepartner. Durch die Heirat wurde der familiale Großhaushalt oder der Familienbesitz vergrößert. Wegen dieser ökonomischen Konsequenzen der Eheschließung eines Familienmitglieds für die ganze Familie wurde das zukünftige Mitglied der Familie vom Haushaltsvorstand ausgesucht.

Zunahme der Beziehungserfahrungen vor der Heirat

Durch die Verringerung des gesellschaftlichen Drucks zur Eheschließung und durch die sozial akzeptierte Möglichkeit, als Paar unverheiratet zusammenzuleben, nimmt die Anzahl und die Dauer der Partnerschaftserfahrungen vor der Heirat zu.

Es kommt immer seltener vor, dass der erste Partner geheiratet wird. So heirateten von den 1935 Geborenen noch 75,3 % ihren ersten Partner, von den 1960 Geborenen nur noch 41,3 %. Das heißt, etwa 60 % haben vor der Heirat Erfahrungen mit anderen Beziehungen (Bertram, 1991, S. 122). Allerdings hatte 1994 etwa 80 % niemals mit dem Partner, den sie nicht geheiratet hatten, zusammengelebt. Das heißt, etwa 60 % hat zwar Erfahrungen mit anderen Beziehungen (ob sie mit dem Partner zusammenlebten, wird nicht gesagt), aber nur etwa 20 % Zusammenlebenserfahrungen mit dem Heiratspartner vor der Heirat. Daraus folgt auch, dass die jungen Menschen heute mehr Trennungserfahrungen machen als früher.

Die Bedeutung der Liebe für die Partnerwahl

Mit dem Prinzip der freien Partnerwahl werden emotionale Faktoren, die man unter den Worten „Liebe" und „persönliche Zuneigung" zusammenfasst, wesentliche Gesichtspunkte bei der Partnerwahl. In früheren Gesellschaften spielte diese Liebe nur eine untergeordnete Rolle, wichtiger waren Besitz, soziales Ansehen und Stammeszugehörigkeit.

Da die Liebe eine tiefe gefühlsmäßige Beziehung personaler Art ist, muss der Eheschließung eine längere Periode des Suchens und des Kennenlernens vorangehen. Ein wesentlicher Faktor für eine gefühlsmäßige personale Beziehung scheint wohl die Gemeinsamkeit der Interessen und Wertvorstellungen zu sein. Weiterhin ist für den Aufbau einer personalen Beziehung eine längere Periode der sozialen Kontakte erforderlich.

Das Inzesttabu

Die einzige gesetzliche sanktionierte Norm bei der Partnerwahl in unserer Gesellschaft ist das Inzesttabu. Darunter versteht man das **Verbot des Geschlechtsverkehrs und der Eheschließung von Personen, die als enge Verwandte gelten.** Das Inzesttabu ist in allen Gesellschaften und Kulturen vorhanden. Ausnahmen von dieser Regel beziehen sich meistens nur auf ganz bestimmte Familien, z. B. Königshäuser. Im alten Ägypten scheint diese Ausnahme auch für die Bürger gegolten zu haben (Neidhart, 1970, S. 25).

Der Personenkreis, auf den sich das Verbot erstreckt, kann weiter oder enger gefasst sein. In allen Gesellschaften umfasst es die Mitglieder der Kernfamilie, mit Ausnahme der Ehegatten natürlich. In Deutschland bezieht sich das Inzesttabu zurzeit auf die geradlinige Verwandte: Eltern, Großeltern usw. Kinder, Enkel usw. und Geschwister. Auch werden in allen Gesellschaften Personen aus dem weiteren Kreis der Blutsverwandten miteinbezogen, wie z. B. Vettern und Cousinen ersten Grades. Oft werden auch die angeheirateten Verwandten, die nicht blutsverwandt sind, miteinbezogen.

Begründung des Inzesttabus

Für das Inzesttabu werden folgende Gründe genannt:

- **Magisches/religiöses Denken**
  In primitiven Gesellschaften soll das Inzesttabu aus der Magie/Religion stammen. Wahrscheinlicher ist aber, dass soziale Gründe das Inzesttabu bedingt haben, diese aber später religiös untermauert wurden.

- **Biologische Gründe**
  Die Auffassung, dass durch Inzucht biologische Schäden entstehen, ist wahrscheinlich, aber bis heute empirisch nicht eindeutig bewiesen.

- **Soziale Gründe**
  Insgesamt werden vier soziale Gründe von verschiedenen Autoren genannt:
  1. Sicherung der sozialen Rollen in der Kernfamilie
     Wäre z. B. der Geschlechtsverkehr zwischen Vater und Tochter erlaubt und entstünde aus dieser Verbindung ein Sohn, so wäre dessen Mutter zugleich seine Schwester und sein Vater gleichzeitig sein Großvater. Dadurch entstünde Verwirrung und Rollenunsicherheit.
  2. Vermeidung der Geschlechtskonkurrenz innerhalb der Kernfamilie
     Wenn die Mutter ihre Tochter als Konkurrentin beim Vater ansehen müsste, würde dies den familialen Zusammenhalt stören.
  3. Förderung der Außenkontakte und der Besitzvermehrung
     Durch das Inzesttabu werden die Kinder gezwungen, ihren Ehepartner außerhalb des engen Familienkreises zu suchen und neue Kontakte zu knüpfen. Außerdem wird der Familienbesitz vergrößert.
  4. Stabilisierung der Verhältnisse innerhalb der Gesellschaft
     Je vielschichtiger das Netzwerk der sozialen Beziehungen innerhalb einer großen Anzahl von Personen ist, umso stabiler wird das ganze System der sozialen Beziehungen und umso geringer ist die Gefahr, dass es auseinanderfällt. Wenn in einem Stamm die einzelnen Familien durch Heiratsbande miteinander verknüpft sind, ist die Gefahr einer Zerbröckelung des Gemeinwesens geringer, als wenn solche Beziehungen nicht vorhanden wären.

Informelle Endogamieregeln

Das oben genannte Inzesttabu ist ein Beispiel von Exogamie: Heirat außerhalb der Gruppe der engen Verwandtschaft (exo = außerhalb; gamie = Ehe). Endogamie (endo = innerhalb) bedeutet die Heirat mit einem Partner innerhalb der eigenen Gruppe oder Klasse von Personen, zu denen man selbst gehört.
Obwohl in unserer Gesellschaft keine weiteren formellen Normen (außer Inzesttabu) über die Wahl des Ehepartners bestehen, gibt es diesbezüglich einige informelle Normen.

Die Norm des Lebensalters

Abgesehen vom gesetzlich vorgeschriebenen Mindestalter gibt es keine offiziellen Normen, die vorschreiben, in welchem Alter man heiraten soll oder darf. Die traditionelle Rollenvorstellung, dass die Frau bei der Heirat einige Jahre jünger sein soll als der Mann, scheint sich durch die Untersuchungen über das durchschnittliche Heiratsalter zu bestätigen. So wurde für 1989 als Durchschnittsheiratsalter für Männer 28 Jahre, für Frauen 26 Jahre ermittelt, 1997 hatten sich diese durchschnittlichen Heiratsalter um zwei Jahre nach oben verschoben, bei Männern nach 30, bei Frauen nach 28 Jahren. Im Jahre 2004 lag das Durchschnittsheiratsalter bei Frauen bei 29,4 (2009 bei 30,2. Quelle: Statista) und bei Män-

nern etwas über 32,4 (2009 bei 33,1. Quelle: Statista) Jahre. Insgesamt gesehen wird das Heiratsalter immer weiter hinaufgeschoben und es nimmt der Ledigenanteil an den 18- bis 40-Jährigen zu. Die Gründe dafür sind einerseits die Verlängerung der schulischen und beruflichen Ausbildung, andererseits die gestiegenen Möglichkeiten der Lebenserfüllung ohne eheliche Bindung.
(Vgl. Statistisches Jahrbuch, 2006, S. 52)

Eine genauere Analyse der Altersunterschiede zwischen Mann und Frau bei der Erstheirat (Geburtsjahrgänge von 1935 bis 1960) zeigte, dass ein Drittel der Paare altersgleich war, dass bei der Hälfte der Paare der Altersunterschied nicht größer als zwei Jahre war, dass bei etwa der Hälfte der Paare der Altersunterschied drei Jahre und mehr war, wobei wiederum in der überwiegenden Mehrzahl der Fälle die Frauen jünger waren (Bertram, 1991, S. 130).

Die Norm der Konfessionszugehörigkeit
Die Bedeutung der Konfessionszugehörigkeit scheint bei der Wahl des Heiratspartners nur noch eine unbedeutende Rolle zu spielen.
In der Bundesrepublik Deutschland verringerte sich die Zahl der rein katholischen bzw. der rein evangelischen Eheschließungen von etwa 75 % im Jahre 1963, über 66 % im Jahre 1972, 56 % im Jahre 1983, auf 54 % im Jahre 1989, auf etwa 50 % im Jahre 1996. Das ist noch etwas mehr als nach dem Zufallsprinzip zu erwarten wäre (39 %), aber diese Häufigkeit von konfessionsgleichen Eheschließungen kann auch durch die regionale Verteilung der Konfessionen in Deutschland bedingt sein.

Die Norm der Zugehörigkeit zur gleichen sozialen Schicht
Nach wie vor spielt die Zugehörigkeit zur sozialen Schicht eine wichtige Rolle bei der Wahl des Ehepartners. Nimmt man den schulischen Bildungsabschluss als Kriterium für die Schichtzugehörigkeit, dann zeigt sich, dass die Anzahl der bildungsgleichen Eheschließungen in dem letzten Jahrhundert eher zugenommen hat. Diese sind aber durch die Zunahme des Bildungsniveaus bei Frauen bedingt, wodurch sich die Chance, auf dem „Heiratsmarkt" einen Partner mit gleichem Bildungsabschluss zu finden, erhöht hat. Auf anderen Gebieten kann sich die Chance, einen Heiratspartner mit den gleichen Bedingungen zu finden, verringert haben. So ist der Heiratsmarkt „Landwirtinnen" in den letzten dreißig Jahren erheblich kleiner geworden, sodass die Chance für den Landwirt, eine Frau aus dem gleichen Beruf zu finden, „strukturell" geringer geworden ist.

Art der Paarbeziehung in %	1970	1993
Homogame Paarbindung	33,2	24
Heterogame Paarbindung	66,8	76
Davon a) strukturell	32,5	43,1
Davon b) freiwillig	34,3	32,9

Der Vergleich der Klassenzugehörigkeit der Ehepartner zwischen 1970 und 1993 zeigt (Wirth/Lüttinger, 2001), dass nach wie vor in etwa einem Drittel der Fälle ein Ehepartner in derselben Klasse gewählt wird und dass in den Fällen, wo ein Ehepartner aus einer anderen Klasse gewählt wird, diese Wahl in einem Drittel der Fälle durch strukturelle

Bedingungen erklärt werden kann und nur in einem Drittel der Fälle „freiwillig" geschieht. Aus der folgenden Grafik wird deutlich, dass die „homogene" Paarbildung erheblich zugenommen hat und zwar zu 60 % aller Paarbildungen.

Paare 2009 nach Bildungsstand der Partner

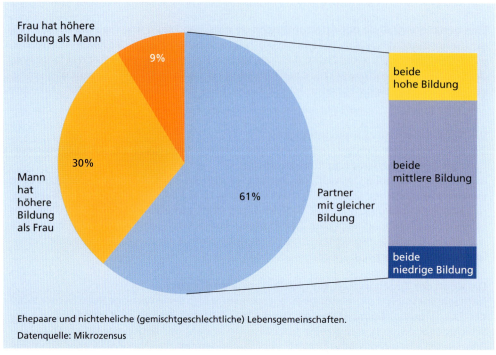

Ehepaare und nichteheliche (gemischtgeschlechtliche) Lebensgemeinschaften.

Datenquelle: Mikrozensus

Quelle: Stat. Bundesamt, Paare in Deutschland, 2010

Bedeutung der Endogamieregeln

Durch Endogamieregeln wird dafür gesorgt, dass man einen Ehepartner wählt, der einem in vieler Hinsicht ähnlich ist. Indem die Unterschiede zwischen den Ehepartnern nicht
so groß sind, ist die Stabilität der Ehe und Familie einigermaße gesichert. Die Aufrechterhaltung dieser Regeln scheint in erster Linie dem Interesse und dem individuellen Le-
bensglück der Betroffenen zu dienen.

6.2.2 Die Phasen in der Existenz einer Familie

Wie jede soziale Gruppe hat auch die Familie einen Anfang und ein Ende, also eine Entwicklung. Auch die Mitgliederzahl ist in den einzelnen Entwicklungsphasen unterschiedlich.

Der Lebenszyklus einer Familie lässt sich am einfachsten in drei Phasen unterteilen: das
„junge (Ehe-)Paar ohne Kinder", die „Kinderfamilie" und das „ältere (Ehe-)Paar ohne Kinder". Die zweite Phase wird meistens nochmals unterteilt in eine Periode, während der
die Kinder „großgezogen" werden, und in eine Periode, während der die Kinder sich vom
Elternhaus lösen. Das Leben der Familie wird dann in folgende vier Phasen unterteilt:

1. Aufbauphase

Diese dauert von der Eheschließung bzw. von der Gründung einer Lebensgemeinschaft bis zur Geburt des ersten Kindes. Die wichtigsten Probleme und Spannungen in dieser Phase ergeben sich aus Anpassungsschwierigkeiten, dem Bruch mit dem bisherigen Single-Dasein, der Tatsache, dass die berufliche Ausbildung noch nicht abgeschlossen ist. Weitere Merkmale dieser Periode sind: Beide Partner sind häufig berufstätig und die Arbeitsteilung und Autoritätsstruktur sind noch nicht sehr differenziert. Die zunehmende Anzahl fester Paarbeziehungen ohne gesetzlich verankerte Eheschließung können – wie früher die Verlobungszeit – diese Funktion der Aufbauphase bekommen.

Die vom Bundesministerium für Jugend, Familie und Gesundheit in Auftrag gegebene erste deutsche Repräsentativerhebung über nichteheliche Lebensgemeinschaften kommt zu folgenden Ergebnissen:

Die Entscheidung für eine nichteheliche Lebensgemeinschaft bedeutet nicht eine Abwendung von Ehe und Familie, denn für die weitaus meisten Paare hat das unverheiratete Zusammensein die Funktion einer Verlobungszeit, nur wenige solche Lebensgemeinschaften sind der Versuch einer Alternative zur Ehe. Von einem Werteverfall, Bindungslosigkeit oder Verantwortungslosigkeit der unverheiratet Zusammenlebenden kann nicht die Rede sein. Als wichtigste Werte wurden von den Paaren genannt: Gemeinschaft in der Beziehung, gegenseitige Treue, offene Auseinandersetzung bei Konflikten, gemeinsame Entscheidungen, Gemeinsamkeit bei der Hausarbeit.

(vgl. Kölner Zeitschrift für Soziologie, 1987, S. 407)

2. Pflege- und Erziehungsphase

Sie dauert von der Geburt des ersten Kindes bis zum Jugendalter des letzten Kindes. Die wichtigsten Aufgaben sind: Pflege und Erziehung der Kinder (siehe Kapitel „Funktionen der Familie").

Besondere Merkmale dieser Phase sind: Differenzierung der Arbeitsteilung und der Autoritätsstruktur, Aufgabe oder Reduzierung der Berufstätigkeit eines der Partner und Konzentration auf den Innenbereich der Familie. Die häufigsten Schwierigkeiten und Spannungen entstehen durch Konflikte über die Aufgabe der Berufstätigkeit und durch die Unzufriedenheit (meistens) der Frau wegen der sozialen Isolierung, durch Meinungsverschiedenheiten wegen Erziehungsfragen und durch die Erweiterung der sozialen Kontakte der Kinder einerseits und das Eindämmen der ungewollten außerfamilialen Einflüsse durch die Eltern andererseits.

3. Ablösungsphase

Die Kinder lösen sich allmählich von ihren Eltern und orientieren sich mehr an Gleichaltrigen und an außerfamilialen Institutionen (siehe Kapitel „Soziologie der Jugend"). Durch Freundschaften und Paarbeziehungen fängt die emotionale Bindung an Personen außerhalb der Familie an. Äußerliche Markierungen sind der Auszug aus der elterlichen Wohnung, die Gründung einer Lebensgemeinschaft und die Heirat. Die häufigsten Spannungen und Schwierigkeiten entstehen aus Einstellungs- und Meinungsunterschieden zwischen den beiden Generationen und aus der nicht gelingenden emotionalen Lösung der Kinder von den Eltern und umgekehrt.

4. Phase des älteren Paars ohne Kinder

Sie beginnt, sobald das letzte Kind das elterliche Haus verlassen hat. Wichtige Merkmale sind oft die Wiederaufnahme oder die Vermehrung der Berufstätigkeit (meistens) vonseiten der Frau. Das Verhältnis zwischen Eltern und Kindern ist durch die räumliche Trennung häufig weniger konfliktreich. Wichtige Markierungen sind die Großelternrolle und das Ausscheiden aus dem Erwerbsleben. Spannungen entstehen dadurch, dass durch den Wegfall der Kinder die (Ehe-)Partner wieder mehr aufeinander angewiesen sind.

6.2.3 Ehescheidung

Zunehmende Häufigkeit der Ehescheidung

Nicht alle Familien durchlaufen diese vier Phasen. Durch Tod eines (Ehe-)Partners, durch Trennung oder Scheidung nimmt die Familienbiografie häufig einen anderen Verlauf. Die Ehescheidung hat in den letzten Jahrzehnten sowohl absolut als relativ an Häufigkeit zugenommen.

Scheidungsrate

Wird jede dritte Ehe wieder geschieden, wie 2004 gesagt wurde, wird jede zweite Ehe wieder geschieden, wie 2010 gesagt wurde? Es gibt viele Statistiken über die Ehescheidungen, aber kein eindeutiges Maß für die Scheidungsquote. Dazu müsste man von einer repräsentativen Anzahl aller bestehenden Ehen feststellen können, wie viele bis zum Lebensende eines Partners Bestand haben. Eine solche Untersuchung ist mir nicht bekannt. Deshalb begnügt man sich mit „Hilfsmaßen" zur Beschreibung der Häufigkeit der Ehescheidung. Wie wird diese festgestellt? Dazu gibt es verschiedene Maße. Meistens ist die Scheidungsrate die Anzahl der Ehescheidungen eines Jahres bezogen auf 10.000 der bestehenden Ehen insgesamt in dem betreffenden Jahr, oder die Anzahl der Ehescheidungen eines Jahres bezogen auf 10.000 Einwohner insgesamt des betreffenden Jahres, oder die Anzahl der Ehescheidungen im Verhältnis zu den Eheschließungen im betreffenden Jahr.

Die folgende Tabelle gibt im Zeitverlauf die absolute und relative (in Bezug auf jeweils 1.000 Einwohner) Eheschließungs- und Ehescheidungszahlen im Laufe des letzten Jahrhunderts an. Bei den absoluten Eheschließungszahlen sind auch die Wiederverheiratungen eingeschlossen. Ab dem Jahre 2005 sind das etwa 20 %. Die Prozent-Zahlen geben an, wie viel Ehen in dem betreffenden Jahr geschieden wurden in Bezug auf die Zahl der Eheschließungen. Sie geben jedoch nicht an, wie viel Prozent der geschlossenen Ehen wieder geschieden wurden.

Jahr	Eheschließungen	Je 1.000	Ehescheidungen	Je 1.000	% der Ehen
1900	476.491		9.152		1,9
1930	570.241		40.722		7,2
1950	750.452	10,8	134.600	1,9	14,6
1960	689.028	9,4	73.418	1,0	8,1
1970	575.233	7,4	103.927	1,3	17,2
1980	496.603	6,3	141.016	1,8	26,6
1982	486.856	6,2	168.348	2,2	32,8
1984	498.040	6,4	181.064	2,3	35,9
1986	509.320	6,5	174.882	2,2	34,3
1988	534.903	6,8	178.109	2,3	33,3
1990	516.388	6,5	154.786	1,9	23,8

Jahr	Eheschließungen	Je 1.000	Ehescheidungen	Je 1.000	% der Ehen
1992	453.428	5,6	135.010	1,7	32,8
1994	440.244	5,4	166.052	2,0	37,8
1996	427.297	5,2	175.550	2,1	41,2
1998	417.420	5,1	192.416	2,3	46,2
2000	418.550	5,1	194.408	2,4	46,4
2002	391.963	4,7	204.214	2,5	46,4
2004	395.992	4,8	213.691	2,6	53,9
2006	373.681	4,5	190.928	2,3	51,1
2008	377.055	4,6	191.948	2,3	50,9

Eigene Zusammenstellung (Stat. Bundesamt, Eheschließung, 2011)

Einige Schlüsse, die man daraus ziehen kann:
Allgemein:

- Eheschließungen nehmen ab, Ehescheidungen nehmen zu.

Insbesondere:

- Die absolute Zahl der Eheschließungen nimmt im Laufe des Jahrhunderts ab.

- Die relative Zahl der Eheschließungen hat sich in den letzten 60 Jahren halbiert.

- Die absolute Zahl der Ehescheidungen hat in den letzten 60 Jahren zugenommen.

- Die relative Zahl der Ehescheidung hat sich in den letzten 50 Jahren verdoppelt.

- Der Rückgang der Scheidungszahlen 1977 und 1990-1998 hat mit Veränderungen im Scheidungsverfahren zu tun, dem Aufgeben des Schuldprinzips, die Einführung der westlichen Ehegesetzgebung in Ost-Deutschland.

- Im Europavergleich liegt Deutschland im Mittelfeld, die meisten Scheidungen gab es in Litauen, die wenigsten in den katholisch geprägten Ländern Irland und Italien.

Ehedauer in Jahren	Ehescheidungen
0	39
1	985
2	4.350
3	7.396
4	9.784
5	11.375
6	11.495
7	10.404
8	9.854
9	9.380
10	8.355
11	7.633
12	7.111
13	6.921
14	6.489
15	6.392
16–20	29.669
21–25	21.187
26 +	23.129
Gesamt	191.948

Ehedauer und Scheidung

Ein genaues Maß für die Ehedauer ist die Anzahl der Jahre, die die Ehen, die in einem bestimmten Jahr geschieden wurden, Bestand hatten. Die durchschnittliche Ehedauer bei Scheidung ist etwa 14 Jahren. Dabei gibt es eine breite Streuung. Für die Ehescheidungen des Jahres 2008 wurde ermittelt, wie lange die jeweiligen Ehen gedauert hatten. Nebenstehende Tabelle zeigt die Ehescheidungen im Jahr 2008 in Verhältnis zur Ehedauer. Aus dieser Tabelle wird ersichtlich, welches Ehejahr am meisten „scheidungsanfällig" ist, und zwar das fünfte und sechste Ehejahr. Es ist also nicht (mehr) „das verflixte siebente Jahr". Als Begründung für das erhöhte Risiko im fünften und sechsten Ehejahr wird die Abkühlung der Verliebtheit angegeben. Wenn keine anderen Ressourcen vorhanden sind, ist die Chance des Auseinandergehens umso größer. Die Tabelle zeigt außerdem, dass je länger eine Ehe dauert, umso stabiler sie wird. In den zusammengefassten Jahren 16–20 kann man von einem Durchschnitt von 6.000 Scheidungen für jedes Jahr ausgehen, für die zusammengefassten Jahre 21–25 von einem Durchschnitt von 4.000. Also eine Bestätigung der These, je länger die Ehe dauert, umso stabiler wird sie.

Gründe für die Ehescheidung

Man unterscheidet zwischen individuellen Begründungen und gesellschaftlichen Gründen.

- Individuelle Begründungen sind solche, die die Geschiedenen selbst als Grund für die Auflösung der Ehe empfinden und nennen.
- Gesellschaftliche Gründe sind Bedingungen, die durch die geänderte Stellung der Familie und Ehe innerhalb der sich wandelnden Gesellschaft hervorgerufen sind und die Ehescheidung fördern.

Individuell bedingte Gründe für die Ehescheidung

In verschiedenen Untersuchungen werden von den Betroffenen folgende Gründe für die Auflösung der Ehe genannt: Untreue oder eine neue Beziehung, Ehekrisen, Beeinträchtigung der persönlichen Entwicklung, nicht zusammenpassende Charaktere, Auseinanderleben, Suchtprobleme des Partners, Gewaltanwendung des Partners. Die verschiedenen Begründungen hängen miteinander zusammen. Führt die Krise zu Untreue oder die Untreue zur Krise? Meistens handelt es sich um einen längeren Prozess, der mit der Auflösung der Ehe beendet wird.

In der Mannheimer Scheidungsstudie (vgl. Hartmann, 2007) werden folgende **Scheidungsrisiken** festgestellt:

- Wurden die Eltern eines oder beider Partner geschieden, geht damit eine Erhöhung des eigenen Scheidungsrisikos einher.
- War einer der Partner vorher bereits einmal geschieden, so erhöht dies das Scheidungsrisiko der folgenden Ehe.
- Je jünger die Partner bei der Heirat sind, umso größer ist das Scheidungsrisiko.
- Die Mehrzahl der Analysen kommt zu dem Ergebnis, dass Paare, die vor der Ehe bereits zusammenlebten, ein höheres Scheidungsrisiko haben.
- Paare, die kirchlich getraut wurden, weisen ein geringeres Scheidungsrisiko auf.
- Paare, die in Wohnorten mit weniger als 100.000 Einwohnern leben, weisen ein geringeres Scheidungsrisiko auf als die anderen Paare.
- Paare, die während ihrer Ehe zumindest zeitweise in der Nachbarschaft von Eltern oder Schwiegereltern leben, weisen ein geringeres Scheidungsrisiko auf.
- Paare, in denen beide Partner den gleichen Schulabschluss haben, weisen ein geringeres Scheidungsrisiko auf.

Daneben zeigte sich mit den Daten der „Mannheimer Scheidungsstudie" auch:

■ Je mehr die Partner zur Zeit ihrer Heirat gemeinsam in ihrer Freizeit unternahmen, umso geringer ist das Scheidungsrisiko.

■ Paare mit gemeinsamen Kindern haben ein geringeres Scheidungsrisiko als die anderen Paare.

■ Verglichen mit den anderen Paaren ist das Scheidungsrisiko geringer, wenn die Partner gemeinsames Wohneigentum besitzen.

■ Ehen, in denen die Männer eine Berufsausbildung oder einen Hochschulabschluss haben, unterliegen einem geringeren Scheidungsrisiko als Ehen von Männern ohne Berufsabschluss.

■ Dagegen zeigt sich kein Zusammenhang zwischen der Berufsausbildung der Frauen und dem Scheidungsrisiko.

■ Ehen mit vollzeiterwerbstätigem Ehemann weisen ein geringeres Scheidungsrisiko auf als die anderen Ehen.

■ Ehen mit vollzeiterwerbstätiger Ehefrau weisen ein höheres Scheidungsrisiko auf als die anderen Ehen.

■ Während für Paare, die bis 1970 geheiratet haben, weibliche Vollzeiterwerbstätigkeit mit einem hohen Scheidungsrisiko einhergeht, ist bei später geschlossenen Ehen ein geringerer bzw. kein Einfluss mehr festzustellen.

Aufgabe

Suchen Sie eine Erklärung für die oben genannten Feststellungen. Vergleichen Sie die Erfahrungen aus Ihrem eigenen Leben, aus Ihrem Verwandten- und Bekanntenkreis mit den Angaben in den oben stehenden Tabellen.

Gesellschaftlich bedingte Gründe für die Zunahme der Ehescheidung

Wie schon gesagt, ist die Zunahme der Ehescheidung durch die Veränderung der Stellung der Ehe und Familie in der Gesellschaft bedingt.

Diese Gründe sind u. a.:

■ Herauslösung der Ehe und Familie aus dem größeren Zusammenhang der Verwandtschaftsgruppen und der Produktionsgemeinschaft sowie die ausschließliche Begründung der Ehe als eine Liebesbindung. Wenn diese Liebesbindung gestört wird, gibt es keine anderen Notwendigkeiten mehr (Druck der Verwandten, Erhalt des Betriebes), die die Eheleute noch zusammenbleiben lassen.

■ Der Rollenwandel von Mann und Frau
Konflikte und Spannungen zwischen den Ehepartnern können dadurch entstehen, dass der Mann durch das traditionelle patriarchalische Denken einen Autoritätsanspruch erhebt, der von der Frau, die auch durch die allgemeine partnerschaftliche Auffassung über das eheliche Verhältnis in der Gesellschaft beeinflusst wurde, nicht mehr anerkannt wird.

■ Statusunterschiede zwischen Mann und Frau durch die Mobilitätschancen in der modernen Gesellschaft

Die ursprüngliche Statusgleicheit von Mann und Frau kann durch die schnellen beruflichen Auf- und Abstiegsmöglichkeiten zu einem erheblichen Unterschied im sozialen
Status der beiden Ehepartner führen und dadurch Spannungen und Konflikte hervorrufen.

■ Geändertes Verständnis von Selbstverwirklichung; Emanzipationstendenz

■ Gesetzliche Erleichterung und soziale Tolerierung der Ehescheidung

Wie schon gesagt, wird nicht nur durch die Gesetzgebung, sondern auch durch die soziale Akzeptanz die Ehescheidung erleichtert. Ungeachtet der Tatsache, ob die Konflikte
und Unzufriedenheiten in der Partnerbeziehung früher geringer waren als heute; Scheidung als Lösung wurde sozial nicht akzeptiert. Heute kann sich in Bezug auf die Scheidung auch das Gesetz der normativen Kraft des Faktischen bemerkbar machen, d. h. durch
die zunehmende Häufigkeit der Ehescheidung wird sie von immer mehr Menschen als
Konfliktlösung wahrgenommen und für „normal" gehalten.

Widerstände gegen die Ehescheidung sind noch:

■ persönliche ethische und moralische Auffassungen,

■ die Angst vor dem Alleinsein,

■ finanzielle und berufliche Schwierigkeiten,

■ das Vorhandensein von kleinen Kindern.

Der Familienstand Geschiedener
Die möglichen Lebensformen Geschiedener sind: Wiederheirat, nichteheliche Lebensgemeinschaft, alleinstehend/alleinerziehend.

Über die Wiederheiratshäufigkeit Geschiedener ist Folgendes bekannt:

■ Im Verlauf der Jahre 1975 bis 1997 hatte die Häufigkeit der Wiederverheiratung von
etwa 67 auf etwa 55 % etwas abgenommen. Die Wiederverheiratungshäufigkeit war
bei Männern etwas geringer als bei Frauen (1997: Männer 55 %, Frauen 61 %).

■ 2007 waren etwa die Hälfte der Geschiedenen wiederverheiratet. Die Unterschiede zwischen Männern und Frauen in der Wiederheiratungsquote waren fast ganz weggefallen.

■ Am häufigsten heiraten Menschen zwischen 30 und 50 Jahren wieder, danach sinken
die Wiederheiratszahlen.

■ Etwa ein Drittel der Geschiedenen geht sofort eine neue Ehe ein.

■ Die Wiederverheiratungsquote ist bei Geschiedenen ohne Kinder höher als bei Geschiedenen mit Kindern.

■ Die nichteheliche Partnerschaft als Lebensform nach der Scheidung nimmt zu.

■ Die Alleinerziehung als Lebensform nach der Scheidung nimmt zu.

■ Wer sich einmal für die Lebensform „Ehe" entschieden hat, gibt diese Option auch nach
einer Scheidung selten auf.

■ Die meisten wollen sich nach der Scheidung nicht mehr mit ihrem Partner befassen
(müssen); sie wollen ihr weiteres Leben unabhängig und unbelastet von der vorheri-
gen Beziehung gestalten.

Daraus kann man schließen, dass die Alternativen zur Ehe, nichteheliche Gemeinschaft und Alleinerziehung, nach dem Scheitern einer Ehe an Bedeutung zunehmen, besonders, wenn Kinder vorhanden sind.

Die Familiensituation der Kinder aus geschiedenen Ehen

Nicht nur für die Ehepartner, auch für die jeweiligen Kinder bedeutet die Ehescheidung ein einschneidendes Ereignis und manchmal eine schwere Belastung (siehe S. 325: „Sozialisationswirkung der Ehescheidung"). Ihr weiteres Familienleben vollzieht sich in einer Stiefelternfamilie bei Wiederverheiratung des Sorgeberechtigten, in einer Ein-Eltern-Familie (alleinerziehende Mütter oder Väter), in einer nichtehelichen Gemeinschaft des Sorgeberechtigten oder in einer Gruppe ohne leibliche Eltern (andere Familien, Heime). Im Jahr 2008 wurden knapp 200.000 Ehen geschieden; die Zahl der davon betroffenen minderjährigen Kinder beträgt rund 151.000. Im gleichen Jahr lebten rund 842.000 (25 %) der insgesamt 3,4 Millionen Jugendlichen zwischen 14 und 17 Jahren bei Alleinerziehenden oder in Lebensgemeinschaften, 75 % bei Ehepaaren. Für die jüngeren Kinder werden die Zahlen auf etwa 20 und 80 % geschätzt. Wie viele von 75 bzw. 80 % in Stieffamilien leben, wird aus den Zahlen des Statistischen Bundesamtes nicht deutlich. (Vgl. insgesamt BMFSFJ, Familienreport 2010) Man schätzte 2007, dass etwa 80 % der Kinder mit ihren leiblichen Eltern zusammenlebten. Das heißt, dass etwa 20 % der Kinder Erfahrungen mit anderen Familienformen haben. Die überwiegende Mehrheit lebt in „neuen" Familien oder in unvollständigen Familien, eine Minderheit in Heimen.

Aufgaben

1. Welche Sanktionen haben die Eltern und die Verwandten heute, damit die Norm, dass sie den Ehepartner ihrer Kinder mitbestimmen, eingehalten wird?

2. Welche Sanktionen werden zur Aufrechterhaltung der in unserer Gesellschaft bestehenden Endogamieregeln angewandt? (Siehe dazu Kapitel „Sanktionen" und „Gesellschaftliche Bedingungen der Partnerwahl".)

3. Ist die zunehmende Zahl der Ehescheidungen ein Anzeichen dafür, dass es mehr Konflikte zwischen den Ehepartnern gibt als früher oder dass mit den Konflikten anders umgegangen wird?

4. Vergleichen Sie folgende Statements mit Ihren eigenen Erfahrungen. In einer Stellungnahme zu der „Partnerschaft auf Zeit" oder „reinen Beziehung" heißt es:
„Der Wunsch nach dauerhaften Beziehungen ist auch heute noch weitverbreitet. Aber er geht mit der Angst einher, zu stark eingeengt zu werden. Das bringt einen neuen Beziehungstyp hervor, den der britische Soziologe Anthony Giddens als ‚reine' Beziehung bezeichnet.
In dieser zählen einzig die Gefühle füreinander. Sie ist frei von gegenseitiger finanzieller Verantwortung, aber auch frei von der klassischen Aufgabenverteilung zwischen Mann und Frau. Diese Beziehung wird nur um ihrer selbst willen eingegangen und besteht nur, solange sich beide darin wohlfühlen. Das erfordert viele Talente, vor allem die Fähigkeit, Intimität zu leben und auszuhalten: Nähe, Vertrauen und Austausch, Sichöffnen, Verständnis, aber auch ein Sichverstehenlassen. Männer seien dieser komplexen und offenen Beziehungsform weniger gewachsen als Frauen, stellte Professor Gunter Schmidt von der Abteilung Sexualforschung am Hamburger Universitäts-Krankenhaus Eppen-

dorf in Studien zum Sexualverhalten deutscher Studenten fest. Weil in reinen Beziehungen die Rollen nicht mehr klar definiert sind, ist auch keine von ihnen mehr selbstverständlich. ‚Junge Paare verhandeln ständig über ihr Zeitbudget', so Schmidts Beobachtung. Wer kocht, wer kauft ein, wer hält den Kontakt zu Freunden? Wer bringt das Auto in die Werkstatt, wer putzt, was unternimmt man gemeinsam? Der gesamte Alltag wird zur Verhandlungssache. Im Vergleich zur vorangehenden Generation sind junge Erwachsene heute in einer Beziehung eher treu, allerdings in kürzeren Beziehungen. Untreue ist immer häufiger ein Trennungsgrund. Die reine Beziehung ist eine sehr demokratische Form der Partnerschaft, behauptet Schmidt. Die größere Freiheit, die sie bietet, verbindet sich allerdings mit größerer Instabilität und Unsicherheit. Deshalb ist auch sie mit Leiden verbunden – denn nur selten wollen beide Partner gleichzeitig ihre Freiheit wiederhaben. Die wiedergewonnene Freiheit des einen bedeutet oft Einsamkeit, Verzweiflung und Kränkung für den anderen. Die Phasen einer reinen Beziehung auf Zeit haben sich bis weit ins Erwachsenenalter ausgedehnt.“
(Fabianek, 2001, S. 140)

6.3   Struktur der Familie

Insofern die Interaktionen der Familienmitglieder eine bestimmte Regelmäßigkeit aufweisen und die Anzahl der zu einer Familie gehörenden Personen nach bestimmten Gesetzmäßigkeiten festgelegt ist, spricht man von der sozialen Struktur der Familie.

Die wichtigsten Strukturmerkmale sind:
- die Größe der Familie und die Verwandtschaftsbeziehungen,
- die Arbeitseinteilung innerhalb der Familie,
- die Verteilung der Entscheidungsgewalt auf die Familienmitglieder.

6.3.1 Größe der Familie

Geht man davon aus, dass die Familie die Eltern und die direkten Nachkommen umfasst (Kernfamilie), so sind alle anderen Formen des familialen Zusammenlebens, zu denen mehr Personen gehören als die Eltern und ihre direkten Nachkommen, **erweiterte** Familien.
Die Kernfamilie kann um eine Generation erweitert werden; dann spricht man von der **Drei-Generationen-Familie** in Abhebung von der Zwei-Generationen-Familie.
Die Familie kann auch um weitere Verwandte der Eltern erweitert werden, z. B. um die Brüder des Mannes („Brüdergemeinschaft") oder um eine unverheiratete Schwester oder einen unverheirateten Bruder des Ehegatten.
Die Familie kann außerdem durch eine zweite Ehe erweitert werden. Man spricht dann von **polygamen**[1] Familien.
Fehlt in der Kernfamilie ein Teil, ein Elternteil oder die Kinder, so spricht man von einer **unvollständigen** Familie. (Nach dieser Definition ist also eine Ehe ohne Kinder auch eine unvollständige Familie. In konkreten Fällen wird allerdings mit „unvollständiger Familie" nur die Familie bezeichnet, in der ein Elternteil fehlt.)

---

[1] *Polygamie: Vielehe*

Hat man die Anzahl der Kinder in der Kernfamilie vor Augen, so spricht man von **großen** oder **kleinen** Familien.

Schematisch lässt sich die Einteilung der Familien nach der Größe so darstellen:

Gesichtspunkt	Bezeichnung
Nach Zahl der Ehen	Einehe = Monogamie Vielehe = Polygamie
Nach Zahl der Kinder	wenige = kleine Familie viele = große Familie
Nach Vollständigkeit	Eltern und Kinder = vollständige Familie Ohne ein Elternteil oder ohne Kinder = unvollständige Familie
Nach Erweiterung durch Mitglieder außer Eltern und Kinder	Nur Eltern und Kinder = Kernfamilie (auch Kleinfamilie) = Zwei-Generationen-Familie Erweiterung durch: – Großeltern = Drei-Generationen-Familie, auch Großfamilie – weitere Verwandte = u. a. Brüdergemeinschaft, auch Großfamilie – Nicht-Verwandte = Haushalts-Familie, auch Großfamilie

6.3.1.1 Familiengröße und Verwandtschaftsbeziehungen in verschiedenen Kulturen

Kurze Geschichte der deutschen Familie

Im germanischen Kulturbereich werden vier Familienformen unterschieden (Weber-Kellermann, 1974): die Großfamilie, die Sippe, die große Haushaltsfamilie und die Klein-familie.

Die Großfamilie

„Nicht nur im quantitativen Gegensatz zur Kern- oder Kleinfamilie steht die Großfamilie, eine Gruppe von Blutsverwandten in mehreren Generationsschichten, die an einem Ort zusammen-leben und meist von einem patriarchalischen Oberhaupt geleitet werden. Sie verwalten und be-wirtschaften gemeinsam ein gemeinschaftliches Eigentum, Herden, Äcker oder andere Produk-tionsmittel wie handwerkliche oder kaufmännische Betriebe im Geiste eines ständigen und un-unterbrochenen verwandtschaftlichen Fortlaufs. Unter dem Begriff Großfamilie subsumiert man heute meist nur noch ganz bestimmte slawische Formen der Familienorganisation, die man des-halb jedoch nicht als ethnische oder gar nationale Spezifika der slawischen Welt einordnen darf. Sie stellt eine wirtschaftlich bedingte Sozialform dar und dürfte in vorgeschichtlicher Zeit über ganz Europa verbreitet gewesen sein."
(Weber-Kellermann, 1974, S. 12)

Die Sippe

„Die Familienform der Sippe brauchte nicht an einem Ort zusammenzuwohnen und zu wirtschaften, musste auch kein gemeinsames Oberhaupt haben, sondern war nur durch die Bande der Blutsverwandtschaft vereinigt. Das setzt schon ein gewisses Maß an gruppenhaftem Selbstbewusstsein, an ständig lebendigem Zusammengehörigkeitsgefühl voraus, wie es in Europa in frühgeschichtlicher Zeit bei den Germanen vorherrschend war."
(Weber-Kellermann, 1974, S. 14)

„Bei den meisten germanischen Stämmen scheint sie (die Großfamilie) sich dann früh zur Sippenordnung aufgelockert zu haben, bei der weder gemeinsame Hausanlage noch patriarchalische Führungsspitze Voraussetzung waren. Für das wirtschaftliche Leben der Germanen in dieser frühgeschichtlichen Zeit besaß die Institution der Sippe verpflichtende Dominanz. Im Gegensatz zu der etwa gleichzeitigen, herrschaftlich organisierten Hausgemeinschaft der römischen ‚gentes' bestand die Sippe aus erwachsenen, blutsverwandten, männlichen Mitgliedern, einem auf gegenseitige Hilfe ausgerichteten Verband gleichberechtigter Genossen und deren Frauen und Kindern. Jeder Sohn, der heiratete, entzündete ein eigenes Herdfeuer, sodass die Sippe sich aus einem System koexistierender Kleinfamilien zusammensetzte.
Ihre gegenseitigen, streng normierten Verpflichtungen gingen nicht über den Sippenverband hinaus und besaßen einen höheren gesellschaftlichen Stellenwert als ein irgendwie geartetes Staatsdenken, wie es doch zur gleichen Zeit den Griechen und Römern selbstverständlich war."
(Weber-Kellermann, 1974, S. 18)

Die große Haushaltsfamilie

„Für die große Haushaltsfamilie galt das Kriterium des Zusammenlebens und -wirtschaftens, doch muss es sich bei dieser Gruppe nicht ausschließlich um Blutsverwandte und auch nicht um eine Organisation mehrerer Generationsschichten handeln. Hier war vielmehr der ganze Hausverband als Lebens- und Wirtschaftsgemeinschaft gemeint, dem auch nicht blutsverwandte Mägde, Knechte, Bedienstete und Gesellen angehören konnten. Er wurde wirtschaftlich und rechtlich vertreten von dem ‚Hausvater' im verantwortlichen Geiste autoritärer Patriarchalität. Diese Familienform war im Mittelalter und in der Neuzeit in Deutschland dominierend bis zur Herausbildung der bürgerlichen Kleinfamilie."
(Weber-Kellermann, 1974, S. 15–16)

Die Kleinfamilie

„Die Kleinfamilie (Gattenfamilie) des 19. Jahrhunderts entstand im Zusammenhang mit der Industrialisierung und der Trennung von Wohnplatz und Arbeitsplatz. Die Produktionsmittel befanden sich nun nicht mehr im Bereich des Hauses. Damit verlor die patriarchalische Autoritätsstruktur des Vaters als Vorstand des ganzen Hauses eine wirtschaftliche Komponente."
(Weber-Kellermann, 1974, S. 16)

Die Familie war damit auf ihren eigentlichen Kern, Eltern und direkte Nachkommen, reduziert. Diese Familienform, die Kernfamilie, ist auch in unserer industrialisierten Gesellschaft die geläufigste Familienform.

Reste der Familienformen, die in Europa im Laufe der Geschichte existiert haben, sind auch heute noch vorhanden.

- In der Wirtschaft und in der Politik kennen wir noch bestimmte „Sippen", d. h. Gruppen von Blutsverwandten, die sich unterstützen.
- Von den großen Haushaltsfamilien sind noch Reste vorhanden in den Familienbetrieben, sei es in der Landwirtschaft, sei es in Handwerk oder Industrie, wo auch die Arbeiter und Angestellten mehr oder weniger zur „Familie" gehören.
- Reste von Großfamilien sind auch noch in den Drei-Generationen-Familien, vor allem in der Landwirtschaft, vorhanden.

Verwandtschaftsbeziehungen

Bei den vorher genannten Familienformen spielen verwandtschaftliche und wirtschaftliche Beziehungen eine Rolle. Die Familienzugehörigkeit hängt zum einen davon ab, wer mit wem verwandt ist, zum anderen davon, wer mit wem zu einem Wirtschafts- oder Haushaltsverband gehört. Betrachtet man die Familienformen allein vom Gesichtspunkt der verwandtschaftlichen Beziehungen, so kann man folgende Formen unterscheiden:

- **Die Großfamilie:** Drei Generationen und Geschwister in der jeweiligen Generation bilden die Familie.
- **Die Sippe:** Alle Blutsverwandten bilden eine Familie.
- **Die Drei-Generationen-Familie:** Großeltern, Eltern und Kinder bilden eine Familie.
- **Die Kernfamilie:** Eltern und unverheiratete Kinder bilden die Familie.

Zwischen diesen vier Formen der verwandtschaftlichen Familien gibt es verschiedene Mischformen und Übergänge. So gibt es Kernfamilien, bestehend aus Eltern und Kindern, wo noch eine unverheiratete Tante mit im Haushalt wohnt und „zur Familie gehört". Das gleiche kann bei der Drei-Generationen-Familie vorkommen.

Die Beziehungen der Verwandten waren in den verschiedenen Gesellschaften oder Kulturen unterschiedlich „normiert".

- Das Inzesttabu enthielt Normen über Verbote des Geschlechtsverkehrs und der Eheschließung von Verwandten untereinander.
- Die Abstammungsregeln definierten, ob die Kinder sich mehr nach den Verwandten des Vaters (= patrilinear) oder nach den Verwandten der Mutter (= matrilinear) zu richten hatten.
- Andere Normen regelten den Wohnsitz der Neuverheirateten: Sie mussten sich am Wohnort der Verwandten des Mannes niederlassen (= patrilokal) oder am Wohnort der Verwandten der Ehefrau (= matrilokal) – dies kam jedoch seltener vor – oder sie mussten einen neuen Wohnort wählen (= neolokal).
- Wiederum andere Normen bezogen sich auf die Verpflichtung der gegenseitigen Unterstützung und der gemeinsamen Aufgaben: Blutrache, Schlichtung, Vormundschaft, Verehrung der Vorfahren usw.

Auch die Beziehungen dieser Verwandtschaftsgebilde zur übrigen Gesellschaft waren unterschiedlich. Wahrscheinlich gab es in der Urzeit nur verwandtschaftliche Gebilde. Alle Normen wurden von diesen Gruppen selbst aufgestellt, alle Aufgaben wie Verteidigung, Rechtsprechung, Kult, Handel usw. von und innerhalb des verwandtschaftlichen Zusammenhanges geregelt.

Allmählich wurden dann bestimmte Aufgaben von anderen Institutionen als der Familie übernommen: Verteidigung, Gesetzgebung und Rechtsprechung. Damit entstanden dann auch Normen für die Beziehungen der Verwandten untereinander.

Die große Bedeutung der verwandtschaftlichen Beziehungen

Die Bedeutung der verwandtschaftlichen Beziehungen wird deutlich an einigen Formen der „künstlichen Verwandtschaftserweiterung" (Neidhardt, 1970, S. 20 ff.).

- Durch Exogamieregeln (= Gebote, den Ehepartner außerhalb der eigenen Gruppe, in diesem Falle Verwandtschaftsgruppe, zu suchen) und durch das Inzesttabu (Verbot der Heirat von Verwandten bestimmten Grades untereinander) wird bewirkt, dass durch die Heirat zwei bisher unverbundene Verwandtschaftsgruppen miteinander verschwägert und verwandt werden.

- Durch das Gestatten der Polygamie wird zusätzlich eine Möglichkeit zur Erweiterung der Verwandtschaftsgruppe gegeben.

- Durch ein Patensystem wird in bestimmten Kulturen der Kreis der Verwandten erweitert. Die Paten, die aus dem Kreis der Nicht-Verwandten genommen werden, werden durch die Patenschaft mit zu den Verwandten gerechnet.

„… in einer mexikanischen Kleinstadt. Jedes Kind erhält hier mindestens drei Paten, nämlich zur Taufe, Firmung und Heirat. Sie werden fast immer außerhalb des Kreises der Nachbarn und Verwandten gewählt. Sie helfen den Kindern bei den verschiedenen Anlässen und stehen zu den Eltern in einer relativ intensiven und verhältnismäßig stark formalisierten Sozialbeziehung. Ihre soziale Bedeutung ist wesentlich größer als etwa in unserer eigenen Gesellschaft."
(Neidhardt, 1970, S. 29)

6.3.1.2 Größe der Familie und Verwandtschaftsbeziehungen in unserer Gesellschaft

Wichtiger als der gegenwärtige Stand der Haushalts- und Familienzusammensetzungen sind die Veränderungen über eine bestimmte Zeitperiode und die daraus abschätzbare zukünftige Entwicklung. Aufgrund der verfügbaren statistischen Daten und der vielen Einzeluntersuchungen lassen sich folgende Trends feststellen:

1. Rückgang der Bevölkerungszahl und Änderung der Altersstruktur

Altersaufbau: 1950

Altersaufbau: 2010

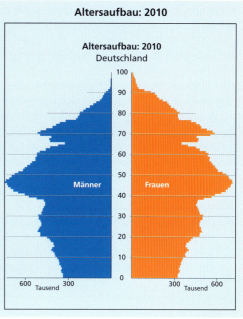

Altersaufbau: 2060

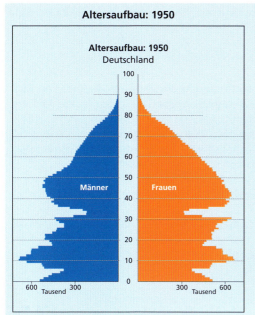

Quelle: Statistisches Bundesamt, 2009 (alle)

In der 12. koordinierten Bevölkerungsvorausberechnung (Statistisches Bundesamt, 2009) wurde die festgestellte und vorausberechnete Entwicklung der Bevölkerung in der Bundesrepublik Deutschland mit nebenstehenden Schaubildern dargestellt.

Was die Geburtenquote betrifft, geht man von folgenden möglichen Annahmen aus:

1. Durchschnittliche Kinderzahl je Frau bleibt annähernd konstant (1,4 Kinder je Frau).
2. Es ist ein leichter Anstieg auf 1,6 Kinder je Frau bis 2025 zu verzeichnen; danach bleiben die dann erreichten Geburtenverhältnisse konstant.
3. Im weiteren Verlauf ist allerdings ein leichter Rückgang der Kinderzahl je Frau auf 1,2 bis zum Jahr 2060 zu erwarten.

259

In allen drei Annahmen wird unterstellt, dass das Alter der Frauen bei der Geburt ihrer Kinder ansteigt. Insgesamt bleibt die Geburtenhäufigkeit in diesen Annahmen auf einem niedrigen Niveau und reicht nicht aus, die Elterngeneration zu ersetzen. Dazu wären dauerhaft 2,1 Kinder je Frau erforderlich.

Was die Lebenserwartung betrifft, geht man von folgenden Annahmen aus:

Für 2060 wird eine durchschnittliche Lebenserwartung neugeborener Jungen von 85,0 Jahren und neugeborener Mädchen von 89,2 Jahren angesetzt. Für 65-jährige Männer wird für 2060 noch eine weitere Lebenserwartung von 22,3 und damit insgesamt von 87,3 Jahren angenommen. Für 65-jährige Frauen werden 25,5 weitere Jahre erwartet, was insgesamt 90,5 Jahre ergibt. Diese Zugabe an Lebenserwartung für die 65-Jährige erfolgt, weil in dem Alter bestimmte Sterblichkeitsrisiken schon überwunden sind.

Was die Zuwanderung betrifft, die sich nur schwer abzuschätzen lässt, wird von zwei möglichen Annahmen ausgegangen:
a) Der jährliche Wanderungssaldo steigt bis zum Jahr 2014 auf 100.000 Personen und verharrt auf diesem Niveau.
b) Es erfolgt ein Anstieg des jährlichen Wanderungssaldos auf 200.000 Personen bis zum Jahr 2020 mit anschließender Konstanz.

Die zentralen Aussagen lassen sich folgendermaßen kurz zusammenfassen:

■ Die Entwicklung der Bevölkerung hängt von der Anzahl der Geburten, der Sterbefälle, der Lebenserwartung und der Zuwanderungen ab.

■ Die durchschnittliche Geburtenzahl der Frau liegt heute bei 1,4. Um die jährliche Sterbezahl auszugleichen, ist eine durchschnittliche Geburtenzahl von 2,1 erforderlich. Innerhalb der EU-Mitgliedsstaaten nimmt Deutschland, was die Geburtenquote betrifft, eine Mittelposition ein.

■ Die Bevölkerungszahl wird von heute 82 Millionen auf 65 bis 70 Millionen im Jahr 2060 zurückgehen.

■ 2060 werden über 500.000 mehr Menschen sterben, als Kinder geboren werden.

■ 2060 wird es fast so viele 80-Jährige und Ältere geben wie unter 20-Jährige.

■ 65 Jahre oder älter ist heute jeder Fünfte, 2060 wird es jeder Dritte sein.

■ Die Bevölkerung im Erwerbsalter wird besonders rapide im kommenden Jahrzehnt altern: Von den 20- bis 64-Jährigen insgesamt werden um das Jahr 2020 40 % zwischen 50 und 64 Jahre alt sein.

■ Die Bevölkerung im Erwerbsalter von 20 bis 64 Jahren wird von heute 50 Millionen auf 33 bis 36 Millionen im Jahr 2060 zurückgehen.

■ 2060 werden etwa doppelt so viele Personen im Rentenalter auf 100 Personen im Erwerbsalter entfallen wie heute.

■ Insgesamt zeigen die Schaubilder: Deutschlands Bevölkerung nimmt ab, seine Menschen werden älter und es werden noch weniger Kinder geboren. Die Folgen werden sein: weniger Kinder, Schließung von Schulen und Kindergärten, weniger Studierende, Zunahme der Pflegebedürftigkeit, Abnahme der erwerbstätigen Bevölkerung.

Weltbevölkerungsentwicklung

Für die Entwicklung der Weltbevölkerung gilt:

- Nie zuvor gab es so viele Menschen auf der Erde wie heute: 6,5 Milliarden. Nach wie vor wächst die Weltbevölkerung rasant: Bis zum Jahr 2050 werden es voraussichtlich mehr als neun Milliarden Menschen sein. Das Weltbevölkerungswachstum findet dabei zu 95 % in den Entwicklungsländern statt.

- Die erste Milliarde erreichte die Weltbevölkerung im Jahr 1804. Bis 1900 lebten bereits 1,6 Milliarden Menschen auf der Erde. 1927 waren es zwei Milliarden, 33 Jahre später drei Milliarden. 1974 wurden vier und schon 1987 fünf Milliarden Menschen gezählt. Im Jahr 1999 überschritt die Weltbevölkerung die Sechs-Milliarden-Marke. Zurzeit wächst die Weltbevölkerung etwa alle 14 Jahre um eine weitere Milliarde Menschen.

- Global gesehen hat sich das Weltbevölkerungswachstum verlangsamt. Gab es Mitte der 1990er Jahre noch einen jährlichen Zuwachs von 82 Millionen Menschen, sind es derzeit nur noch 75 Millionen.

- Über die nächsten 50 Jahre wird sich die Bevölkerungszahl in den Industrieländern kaum verändern. Allein die Bevölkerung der ärmsten Länder wird bis 2050 um eine Milliarde Menschen zunehmen.

- Die jüngsten Projektionen der Vereinten Nationen zur Entwicklung der Weltbevölkerung zeigen, dass bereits geringe Unterschiede der durchschnittlichen Kinderzahl pro Frau einen erheblichen Einfluss auf das Bevölkerungswachstum haben können. Bei einer Geburtenquote von 2 Kindern pro Frau, wäre die Weltbevölkerung 2050 9,1 Milliarden, bei zweieinhalb Kinder pro Frau bei 10,6 Milliarden, allerdings bei nur 1,5 Kinder pro Frau bei 7,7 Milliarden, bei konstanter Fruchtbarkeitsrate auf dem heutigen Niveau jedoch bei 11,7 Milliarden.

2. Wandel der Familie oder Veränderung der Lebensformen

Auszüge aus einer Einzelbiografie
Aus der Biografie von Nicole, 23 Jahre, Kommunikationselektronikerin

„Nicole lebt in einem kleinen Dorf in Niedersachsen. Ihre Familie wohnt im Nachbarort. Im Haus der Eltern leben noch Nicoles jüngere Schwester und deren Freund. Nicole ist vor kurzem aus- und mit ihrem Freund zusammengezogen. (…)
Nicoles Beziehung zur Familie ist sehr eng. Die beinahe täglichen Telefonate mit den Eltern können auch mal länger werden. Das ist dann nicht nur mal ‚Guten Tag‘, ‚Guten Abend‘ und ‚Auf Wiedersehen‘, sondern teilweise telefonieren wir eine halbe Stunde Minimum, wenn nicht sogar manchmal anderthalb bis zwei Stunden. Mein Vater sagt immer schon: ‚Es ist doch günstiger, wenn du dich ins Auto setzt und hier runterkommst, anstatt andauernd zu telefonieren. Das sind ja nur drei Minuten Fahrt von hier.‘
Auch zur älteren Generation gibt es regen Kontakt. Wenn Nicole anfängt, von ihren Großeltern zu erzählen, muss man sehr genau aufpassen.
‚Meine eine Oma, die 25 km weiter wohnt, die sehe ich eigentlich alle zwei Wochen mindestens einmal. Dann die Oma, die jetzt 9 km weiter weg wohnt, die sehe ich eigentlich fast wöchentlich. Und jetzt, wo mein Opa im Krankenhaus liegt, sehe ich sie teilweise noch etwas öfters. Den Opa, der 10 km weiter weg wohnt, den sehe ich dadurch, dass er selber auch ziemlich viel be-

schäftigt ist und immer sagt, ‚ich bin sowieso nie zu Hause, ihr braucht gar nicht vorbeikommen', den sehe ich vielleicht alle vier bis sechs Wochen mal. Der ist meistens on Tour, sitzt irgendwo am See mit seiner Angel, und dann ist er glücklich. Oder fährt mal mit seiner Freundin zum Schwimmen … Das ist der, der jetzt am Dienstag 70 geworden ist.'

Noch nicht klar geworden? Auf Nachfrage erfährt man: Eigentlich ist alles ganz einfach. Die Eltern des Vaters sind geschieden, die Großmutter väterlicherseits ist neu verheiratet, und damit hat sich ein neuer ‚Opa' dazugesellt. Der Exmann, also der ‚eigentliche' Opa väterlicherseits, hat eine Freundin. Schließlich gibt es noch die Oma mütterlicherseits, der Großvater ist gestorben. Noch komplizierter war es, als Nicoles Urgroßeltern noch lebten. Auch in dieser Generation gab es neue Verbindungen. Was die Sache nicht unbedingt leichter machte: Alle hießen Oma und Opa. ‚Das war früher schon immer schwierig. Wenn man dann gesagt hat, ich hab die Oma und die Oma und den und den Opa eingeladen. Wieso? So viele Großeltern kann man nicht haben. Ich hatte früher auch noch Urgroßeltern und dann hieß das immer: Hey, wie kann man fünf bis sechs Paar Großeltern haben, das geht doch gar nicht, Maximum ist doch vier. Ach so, das geht, ja. Es kommt immer ganz darauf an, wie man die Sache sieht. Von den Urgroßeltern haben auch wieder welche mit einem neuen Partner zusammengelebt. Das waren dann auch Oma und Opa.

Wenn also die Patchworkfamilie in die Jahre kommt, weist sie eine erstaunliche Anzahl von ‚Omas' und ‚Opas' auf. Und sogar außerhalb der Familie hat Nicole noch eine Nennoma, die Großmutter einer Freundin. Den Vornamen zur Anrede von Großeltern oder Eltern zu benutzen, findet Nicole ‚völlig grausam'. ‚So was könnte ich mir beim besten Willen nicht vorstellen.'

Dass die familiären Beziehungen auch zur älteren Generation so eng sind, hält Nicole in ihrem Umfeld für gar nichts Besonderes.

‚Ich würde eher sagen, es ist nicht so, dass das irgendwie ein Sonderfall ist. Bei den ganzen Bekanntschaften, die ich habe, ist das eigentlich prinzipiell so. Teilweise wohnen sie sogar mit ihren Großeltern in einem Haus und von daher würde ich eher sagen, sind wir ein Sonderfall, dass wir nicht zusammen in einem Haus wohnen.' (…)

Bei der Vielfalt und Intensität der familiären Kontakte wundert es nicht, dass die Familie in Nicoles sozialem Netzwerk das größte und wichtigste Segment einnimmt, in das sie zahlreiche persönliche Kontakte einzeichnet. Es folgen die Freunde und das Deutsche Rote Kreuz, wo sie sich seit Jahren engagiert und ebenfalls viele Kontakte hat. Einen weiteren Lebensbereich stellt die Arbeit dar, schließlich gibt es die Kontakte im Dorf bzw. in der Nachbarschaft. Nicole sieht ihre Kontaktpersonen meist in enger Relation zu sich selbst, sie schart sie eng um sich herum. Es gibt eine Reihe von Überschneidungen im Kontaktschema, vor allem zwischen DRK und Freundeskreis. Auf dem Land, erklärt Nicole, kennen sich per se alle Jugendlichen untereinander und kommen in unterschiedlichen Kontexten zusammen (…)

Das Verhältnis der Generationen sieht Nicole durchaus zwiespältig. Einerseits ist sie eine liebevolle Enkelin, die den Kontakt mit ihren Großeltern pflegt. Andererseits stört es sie, wenn man sie zu sehr mit Ratschlägen traktiert. Und sie findet ganz generell, dass die Erwartungen an die junge Generation zu hoch geschraubt sind und dass die ältere Generation es gelegentlich an Toleranz fehlen lässt."

(Hurrelmann, 2006, S. 349 ff.)

Die Soziologie erforscht neben dem materiellen Wohlstand, der Bildung, der Erwerbstätigkeit und den Wertvorstellungen auch die Formen des Zusammenlebens. Von großer Bedeutung für die individuelle Entwicklung des Menschen, für sein Wohlbefinden, seine Lebenszufriedenheit, seine Konfliktfähigkeit, seine sozialen Fähigkeiten sind die sozialen Beziehungen, in denen er lebt. War es früher fast selbstverständlich, dass man aus einer Kernfamilie stammte, der Herkunftsfamilie und eine neue Kernfamilie gründete, die Zeugungsfamilie, so gibt es heute neben der Kernfamilie – leibliche Eltern und Kinder – viele andere Formen des Zusammenlebens in Partnerschaft mit oder ohne Kinder. In der Soziologie sind die wichtigsten Gesichtspunkte, unter denen die sozialen Beziehungen erforscht werden: alleinlebend oder zusammenlebend, Familienstand, Haushaltsform, mit oder ohne Kinder. Neben diesen Formen des Zusammenlebens im Haushalt sind die sonstigen sozialen Beziehungen, wie Verwandtschafts-, Nachbars-, Freundesbeziehungen, von großer Bedeutung, von der Soziologie aber noch weniger erforscht.

Manche Soziologen sagen, wir müssten heute nicht mehr von der Familiensoziologie sprechen, sondern von der Soziologie der Formen des Zusammenlebens. Die Familiensoziologie ist ein Teil davon. Andere Soziologen fassen unter der Familiensoziologie auch andere Formen des Zusammenlebens und nennen sie Alternativen zur Kernfamilie. Die Soziologie erforscht diese Formen des Zusammenlebens, ihre Veränderungen im Laufe der Zeit und ihre Veränderungen im Laufe der Biografie des einzelnen Menschen. Verschiedene Formen des Zusammenlebens und deren Bedeutung zeigt oben stehender Ausschnitt aus der Biografie einer Einzelperson.

Die verschiedenen Darstellungen der absoluten und prozentualen Häufigkeiten der Lebensformen in Deutschland sind nicht immer miteinander vergleichbar, weil sie unterschiedliche Bezugsgrößen haben. Wir erwähnen hier zwei Darstellungen. Die erste hat als Bezugsgröße jeweils die Anzahl aller Lebensformen (gleichzusetzen mit Haushalten) in Deutschland im Jahr 2009.

Die Bevölkerung in Deutschland nach Lebensformen im Jahr 2009, differenzierte Darstellung

Formen des Zusammen-/Allein-Lebens 2009								
	Insgesamt		Ehepaare		Lebensgemeinschaften		Alleinerziehend	
Absolut und %	in Tsd	%	in Tsd	%	in Tsd	%	in Tsd	%
Familien mit Kindern ohne Altersbegrenzung	11.913	29,2	8.471	20,8	808	2	2.635	6,5
Mit Kindern unter 18 Jahren	8.225	20,2	5.963	14,7	702	1,7	1.560	6,6
Paare ohne Kinder	11.715	28,9	9.841	24,2	1.873	4,6		
Alleinstehend	17.059	41,9						
Gesamt	40.687	100	18.312	45	2.681	6,6	2.635	6,5

Eigene Zusammenstellung (vgl. Stat. Bundesamt, 2010)

Interpretation der Tabelle

Im Jahr 2009 gab es in Deutschland in etwa 40 Millionen Haushalte oder einzelne Lebensformen. Davon waren etwa 17 Millionen (42 %) Einpersonenhaushalte (= Alleinstehende) und etwa 23 Millionen (58 %) Mehrpersonenhaushalte. Von den 40 Millionen Haushalten waren etwa 12 Millionen (ca. 30 %) Haushalten mit Kindern und etwa 11,5 Millionen (29 %) Paare ohne Kinder. Bei den Lebensformen der Deutschen kann man daher drei große Gruppen unterscheiden: Familien, darunter versteht man Elternteile mit Kindern: 30 %; Paare, darunter versteht man Paare ohne Kinder: 29 %; und Alleinstehende: 42 %.

Lebensformen der Bevölkerung 2009, vereinfachte Darstellungen

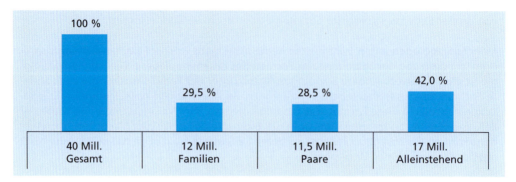

Die zweite Darstellung betrifft einen Vergleich der Lebensformen in Deutschland zwischen den Jahren 1996 und 2005. Dabei ist die Bezugsgröße jeweils die Gesamtzahl der Einwohner in Deutschland. Die Einwohnerzahl ist natürlich viel größer als die Zahl der Haushalte.

Lebensformen der Deutschen in Zeitvergleich 1996 und 2005

Jahr	Einwohner-zahl	In Familien	Als Eltern	Als Kinder	Als Paare	Allein-stehend
1996	81.114.000	56,6 %	29,7	26,9	25,9 %	17,5 %
2005	81.725.000	52,9 %	27,6	25,3	27,8 %	19,2 %

Daraus ergibt sich:

■ Obwohl noch etwas mehr als die Hälfte der Bevölkerung im Jahre 2005 in Familienformen zusammenlebt, hat die Zahl innerhalb von 10 Jahren abgenommen.

■ Die Zahl der Paare ohne Kinder hat innerhalb von zehn Jahren etwas zugenommen.

■ Die Zahl der Alleinstehenden hat innerhalb von 10 Jahren ebenfalls etwas zugenommen.

■ Die Zahl der Kinder hat absolut und prozentual etwas abgenommen.

Folgende Entwicklungstendenzen in den Lebensformen lassen sich insgesamt feststellen:

1. Verkleinerung der Haushalte

Durchschnittliche Haushaltsgröße in %	
1991	2,27
1996	2,20
2005	2,11
2009	2,04

Weil die durchschnittliche Haushaltsgröße abnimmt und die Zahl der Single-Haushalte zunimmt, steigt bei gleicher Einwohnerzahl die Anzahl der Haushalte.

Quelle: Stat. Bundesamt, Mikrozensus 2005, 2006, 2009

2. Zunahme der Einpersonenhaushalte

Jahr	Haus-halte	Einpersonen-haushalte	Mehrpersonenhaushalte					
			Gesamt in Tausend	Mit Generationen			Nur nicht geradlinig Verwandte	Nur nicht Verwandte
				1	2	3+		
	In Tsd.	In Tsd.	In %	In %				
1991	35 256	11 858	33,6	23 398	64,4	23,3	37,8	1,2	0,5	3,5
2005	39 178	14 695	37,5	24 483	62,5	24,5	31,5	0,6	0,4	5,5
					Mit Personen				
					1	2	3+		
2009	40 188	15 995	40	24 193	60	0	13 741	10 453		

Quelle: Kiesl, 2007, S. 202; Stat. Bundesamt, 10/2010

Bei den 25- bis 45-Jährigen (Ledigen) ist der Einpersonenhaushalt eher eine vorübergehende Lebensphase, ist frei gewählt und kennzeichnet das sogenannte „Single-Dasein", während für die Älteren (Verwitweten) der Einpersonenhaushalt eher eine Folge des Lebensschicksals ist und dauerhaft. Diese Zahl sagt aber nichts darüber aus, in welchen sozialen Beziehungen, auch mit Partnern und Verwandten, diese Alleinwohnenden eingebunden sind. Bei näherer Untersuchung stellt sich heraus, dass nur eine Minderheit dieser Menschen wirklich „einsam" ist.

3. Reduzierung auf den Zwei-Generationen-Haushalt
Durch die Abnahme der Haushalte mit drei und mehr Generationen wird, wie in allen Industriegesellschaften, die Familie auf die Kernfamilie, im Sinne des Zwei-Generationen-Haushalts, reduziert. Für die weiteren Beziehungen der Generationen gilt allerdings das Prinzip: Nähe auf Distanz, wie weiter unter Verwandtschaftsbeziehungen ausgeführt wird.

4. Rückgang der Kinderzahl

Im Jahr 2009 gab es in Deutschland rund 8,2 Millionen Familien mit Kindern unter 18 Jahren. In diesen Familien lebten insgesamt 13,3 Millionen minderjährige Kinder. Damit entfielen auf jede dieser Familien durchschnittlich 1,61 Kinder unter 18 Jahren. Im Jahr 1996 waren es noch durchschnittlich 1,65 Kinder.

Zeitvergleich der jeweiligen Kinderzahl der Familien (in Tausend und prozentual)

Familien mit Kindern	Gesamt	1 Kind	2 Kinder	3 Kinder	4+ Kinder
1996	**13.155**	6.658 = 50,6%	4.879 = 37,1 %	1.241 = 9,4 %	377 = 2,9 %
2009	**11.913**	6.173 = 51,8%	4.310 = 36,2 %	1.123 = 9,4 %	308 = 2,9 %

Aus diesem Vergleich ergibt sich, dass die Gesamtzahl der Familien mit Kindern in den letzten 15 Jahren mit fast 10 % abgenommen hat. In der Zeit hat die Ein-Kind-Familie prozentual geringfügig zugenommen, die Zweikindfamilie geringfügig abgenommen, die Dreikind- und Vierpluskind-Familien sind prozentual gesehen gleich geblieben.

Aus einem Vergleich der Familiengrößen von 1961 bis 2003 (vgl. Jilesen, 2008, S. 241) geht hervor, dass in diesen 40 Jahren der relative Anteil der Ein- und Zweikinder-Familien zugenommen hat, der Anteil der Dreikinder-Familien fast gleich geblieben ist, der Anteil der Familien mit vier und mehr Kindern jedoch abgenommen hat.

Die Zahl der Kinder pro Ehe ist im letzten Jahrhundert von fast vier auf unter zwei gesunken. Die durchschnittliche Kinderzahl pro Frau sank von 2,09 im Jahre 1950 auf 1,41 im Jahre 2005. Seitdem ist diese Zahl bis 2010 ziemlich konstant geblieben. In der Realität haben Eltern keine Bruchteile von Kindern, sondern nur ganze Kinder: keins, ein, zwei, drei und mehr. In der Jugendstudie 2010 (vgl. 16. Jugendstudie, 2010, S. 62) wünschten sich von den damaligen noch kinderlosen Jugendlichen zwischen 15 und 25 Jahren 9 % keine Kinder. Von den Restlichen 91 % wünschten sich 71 % zwei Kinder, 12 % ein Kind, 17 % drei und mehr Kinder.

Wie viele Ehepaare ohne Kinder Zeit ihres Lebens kinderlos bleiben, ist aus diesen Statistiken nicht ersichtlich. Im Jahr 1994 wurde berechnet, dass von bestimmten Geburtsjahrgängen von Frauen in der ehemaligen DDR 5 % Zeit ihres Lebens kinderlos blieben, in der alten Bundesrepublik Deutschland 23 %.

Als Gründe für das geänderte generative Verhalten werden genannt (vgl. BMFSFJ, 1979, S. 112):

■ Eine Reihe von Gründen, die genannt werden, hängen zusammen mit der Bewusstwerdung, mit der geänderten Bewertung und mit den veränderten Möglichkeiten der Rolle der Frau in der Gesellschaft, wie zum Beispiel bessere Ausbildung, Berufstätigkeit, Karrieremöglichkeiten; Unzufriedenheit mit und Benachteiligung durch die Rolle von Hausfrau und Mutter im Vergleich mit anderen Bevölkerungsgruppen.

■ Finanzielle Gründe: Kinder werden auch als Kostenfaktor gesehen: Familien mit Kindern stehen sich finanziell weniger gut als Familien ohne Kinder.

■ Das Bewusstwerden der Selbstverantwortlichkeit in Bezug auf Kinderzahl und -erzie-
hung sowie die erweiterten Möglichkeiten (Verhütungsmittel) zur Realisierung der ge-
troffenen Entscheidungen.

■ Die hohe Bewertung der individuellen Freiheit in der Freizeit, möglicherweise als Aus-
gleich für die Außenbestimmung in der industriellen Arbeit, und die hohe Bewertung
der Beweglichkeit zum Zweck der beruflichen Aufstiegsmöglichkeiten.

■ Pessimistische Zukunftserwartungen sowohl in Hinsicht auf die Lebensbedingungen
der Kinder als auch in Hinsicht auf die Möglichkeiten einer Wiederaufnahme der Berufstätigkeit nach einem zeitweiligen Ausscheiden.

■ Wahrscheinlich macht sich auch hier die normative Kraft des Faktischen bemerkbar. In
einer Fernsehdiskussion klagten sowohl diejenigen, die sich entschlossen hatten, kinderlos zu bleiben, als auch diejenigen, die sich zu drei und mehr Kindern entschlossen
hatten, über „Druck" der Gesellschaft, der in Gesprächen, Fragen und Bemerkungen
dadurch zum Ausdruck kommt, dass der Wunsch, keine Kinder haben zu wollen und
der Wunsch, drei und mehr Kinder haben zu wollen, als nicht mehr ganz normal angesehen werden.

5. Zunahme der nichtehelichen Lebensgemeinschaften

Nichteheliche Lebensgemeinschaften mit Kindern und ohne Kinder nach Familienstand der Lebenspartner										
Partner		**Partnerin**								
Partner		gesamt	ledig		getrennt		geschieden		verwitwet	
	Jahr		1996	2005	1996	2005	1996	2005	1996	2005
		100	69,3	67,9	3,7	2,5	20,3	20,8	6,7	8,8
ledig	1996	66,8	58,9		1,0		5,6		1,2	
	2005	70,2		59,4		1,1		7,6		2,1
getrennt	1996	3,5	1,1		1,4		0,9		–	
	2005	3,1		1,2		0,3		1,1		0,3
geschieden	1996	21,9	7,6		1,0		11,2		2,1	
	2005	22,4		6,9		0,8		11,1		3,5
verwitwet	1996	7,8	1,6		–		2,7		3,2	
	2005	4,2		0,4		0,1		1,0		2,8

Quelle: 2005: Stat. Bundesamt, Mikrozensus 2005, 2006, S. 32
       1996: Stat. Bundesamt, Mikrozensus 1996

Obwohl die Zahl der nichtehelichen Lebensgemeinschaften von 1.801.000 im Jahre 1996
auf insgesamt 2.417.000 im Jahre 2005 stieg, blieb die prozentuale Verteilung auf den jeweiligen Familienstand (Ledige, Getrennte, Geschiedene, Verwitwete) innerhalb von 10
Jahren in etwa gleich. Bei mehr als der Hälfte sind beide Partner ledig (rot markiert). Die
Mehrzahl scheinen Lebensgemeinschaften auf Probe zu sein. Bei der Geburt eines Kindes
werden sie häufig „legalisiert".

2009 wurden insgesamt 2.681.000 Lebensgemeinschaften gezählt, wovon 808.000 mit Kindern ohne Altersangaben, 702.000 mit Kindern unter 18 Jahren, 1.873.000 ohne Kinder waren (siehe Tabelle „Bevölkerung nach Lebensformen" S. 263)

6. Zunahme der alleinerziehenden Eltern

Alleinerziehende 1996 und 2005						
Jahr	Gesamt		Väter		Mütter	
	1000	%	absolut	%	absolut	%
1996	2.236	100	352	15,7	1.884	84,3
2005	2.572	100	335	13	2.236	87

Von den Alleinerziehenden im Jahre 2005 waren (in Prozent):		
	Väter	Mütter
ledig	8	24
getrennt	19	14
verwitwet	30	22
geschieden	43	40

Quelle: Stat. Bundesamt, Mikrozensus 2005, 2006, S. 35 f.
2009 wurden 2.635.000 Alleinerziehende gezählt, von denen 1.560.000 Kinder unter 18 Jahren hatten (siehe Tabelle „Bevölkerung nach Lebensformen" S. 263)

Aufgabe

Welche Unterschiede zwischen alleinerziehenden Vätern und Müttern sind aus der oben stehenden Tabelle abzuleiten a) in Bezug auf Anzahl und b) in Bezug auf den Grund der Alleinerziehung und c) im Zeitvergleich?

7. Zunahme der Ehescheidungen (siehe S. 248)

8. Abnahme der Heiratsneigung

Die jährlich sinkende Zahl der Eheschließungen pro 1.000 Einwohner und die zunehmende Zahl der nichtehelichen Lebensgemeinschaften sind ein deutliches Zeichen dafür, dass die Heiratsneigung abnimmt. Ob die Eheschließung nur hinausgeschoben oder ausgeschlossen wird, wird erst am Ende des Lebens eines Paares deutlich. Im Jahr 2008 lag das durchschnittliche Heiratsalter bei ledigen Männern bei 33, bei ledigen Frauen bei 30 Jahren. Die Zahl derjenigen, die sich für eine dauerhafte nichteheliche Lebensgemeinschaft entscheiden, nimmt zu.

9. Veränderung der Zusammenlebensform im Laufe der Biografie des Einzelnen

Veränderungen in den Lebensphasen heiratender Frauen seit dem 17. Jahrhundert

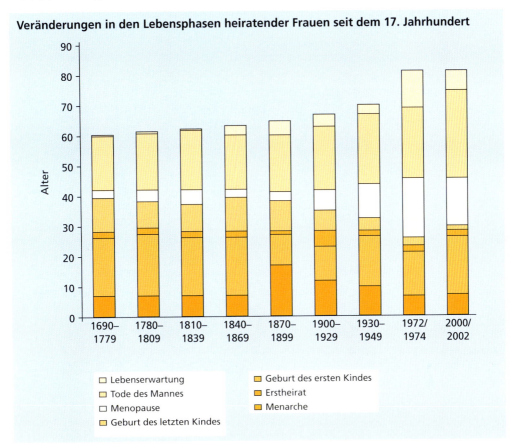

Quelle: Imhof, 1981, S. 164 ff. Für die Jahre 2000/2002 Berechnungen des Autors nach Daten des Stat. Bundesamtes; BMFSFJ, 7. Familienbericht, 2006, S. 35

Wie aus oben stehender Grafik deutlich wird, hat die Lebenserwartung zwischen dem 17. und dem 20. Jahrhundert um zwölf Jahre zugenommen, während die zusätzlichen zwölf Jahre seit 1930/1949 in gut zwei Generationen erreicht worden sind. Parallel zu dieser Entwicklung ist die Reproduktionszeit, das heißt, die Spanne zwischen der Geburt des ersten und des letzten Kindes, die Mitte des 19. Jahrhunderts noch bei etwa zwölf Jahren lag, heute auf etwa drei Jahre gesunken. Hatte in der Mitte des 19. Jahrhunderts beim 15. Geburtstag des jüngsten Kindes die Mutter noch etwa sechs bis acht Jahre Lebenserwartung, sind es heute noch gut 35 Jahre. Diese Jahre, die im Lebenslauf einer Frau in den letzten zwei Generationen neu entstanden sind, haben erhebliche Konsequenzen für die soziale Konstruktion der Frauen- und Mutterrolle. Nach der Sterbetafel 2006/2008 lag die Lebenserwartung der neugeborenen Jungen bei 77,2 und bei den Mädchen bei 82,4 Jahren (vgl. Egeler, 2009, S. 3).

Generationensolidarität

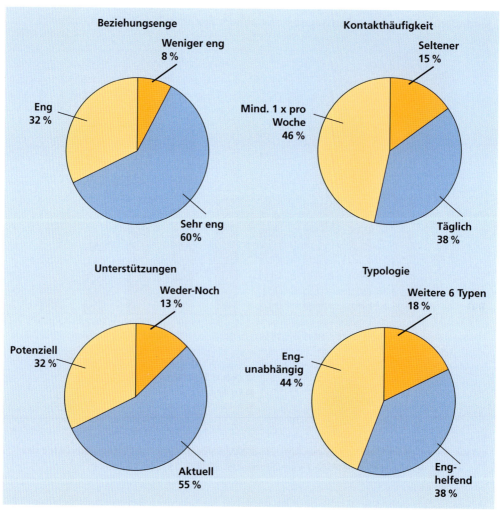

Datenbasis: Alterssurvey
Quelle: Szydlik, 2001, S. 573 ff.; BMFSFJ, 7. Familienbericht, 2006, S. 154

Haben sich die Drei-Generationen-Haushalte auf ein Minimum reduziert, so sind die Beziehungen zwischen den Generationen doch nicht bedeutungslos geworden. In den multilokalen Drei-Generationen-Familien werden die Beziehungen nach folgenden Gesichtspunkten untersucht: die Wohnentfernung, die emotionale Solidarität, die aktive und die unterstützende Solidarität. Emotionale Solidarität umfasst die emotionale Seite der Generationenbeziehung, also Gefühle wie emotionale Nähe, Verbundenheit und Zuneigung. Die aktive Solidarität bezieht sich auf gemeinsame Aktivitäten, wie z. B. die Kontakthäufigkeit und die Art der Kontakte. Die unterstützende Solidarität schließlich beinhaltet das Geben und Nehmen von Geld, Zeit und Raum, einschließlich monetärer Transfers und persönlicher Hilfeleistungen.

Entfernung	in Prozent
In derselben Wohnung	30
Unter demselben Dach	40
Maximal zwei Stunden	90
Höchstens eine Stunde	80
Im selben Wohnort	60
In der Nachbarschaft	30

Quelle: BMFSFJ, 7. Familienbericht, 2006, S. 139; eigene Zusammenstellung

Die meisten Eltern und erwachsenen Kinder leben nicht weit voneinander entfernt, wie aus der Tabelle ersichtlich wird.

Immerhin sagen 92 % der Eltern erwachsener Kinder außerhalb des Haushalts, dass sie sich eng mit ihrem nächstwohnenden Kind verbunden fühlen. Eltern sehen allerdings die emotionale Beziehung zu ihren Kindern positiver als umgekehrt, noch weiter klaffen die Sichtweisen auseinander zwischen Großeltern und Enkelkindern.

„Über 85 Prozent der Großeltern berichten von einer mindestens engen Beziehung zu ihren nicht im selben Haushalt lebenden Enkeln. Allerdings spricht umgekehrt noch nicht einmal die Hälfte der erwachsenen Enkel von einer engen oder sehr engen Verbindung zu den Großeltern." (BMFSFJ, 7. Familienbericht, S. 139)

Wie aus der Grafik ebenfalls zu ersehen ist, haben 85 % der Eltern mindestens einmal wöchentlich Kontakt mit ihren nicht im Hauhalt lebenden Kindern. Nur bei einem Prozent ist der Kontakt zu den erwachsenen Kindern völlig abgebrochen. Die Kontakte zu den erwachsenen Kindern außerhalb des Haushalts nehmen mit dem Alter sogar noch zu. Gleichzeitig stellt sich erwartungsgemäß heraus, dass Frauen noch häufigere Generationenkontakte aufweisen als Männer. Die Unterstützung der erwachsenen Kinder durch ihre Eltern besteht in Haushaltshilfen (25 %), Hilfe und Pflege (12 %), Kinderbetreuung (33 %); (in der Grafik zusammengefasst unter Unterstützungen, aktuell 55 %). Dass die Solidarität keine Einbahnstraße ist, zeigt folgende Grafik, wobei allerdings nur eine kurze Zeitspanne betrachtet wurde.

Generationentransfers und Hilfen

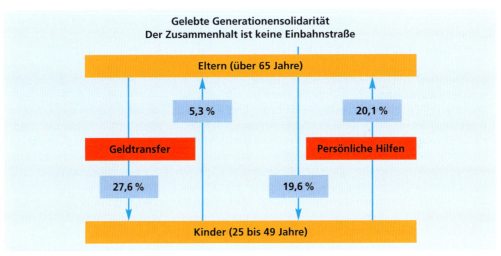

Repräsentativbefragung von 2000 Personen ab 14 Jahren im Februar/März 2003 in Deutschland
Quelle: Opaschowski, 2004, S. 157; BMFSFJ, 7. Familienbericht, 2006, S. 144

Schließlich kann man die Solidarität zwischen Eltern und erwachsenen Kindern in verschiedene Typen unterteilen. In den eng-helfenden Beziehungen sind alle drei Formen der Solidarität vertreten: Kontakt, emotional, helfend, in den eng-unabhängigen Beziehungen sind zwei Formen vertreten, Kontakt und emotional mit einer Bereitschaft zu helfen, in der Minderheit sind andere Typen und Mischformen wie Ambivalenz, Kontaktabbruch.

Im Familienreport 2009 heißt es:

„Noch nie gab es eine so lange gemeinsame Spanne Lebenszeit von Eltern und ihren erwachsenen Kindern und ebenso von Großeltern und ihren Enkelinnen und Enkeln. Die Vier-Generationen-Familie stellt eine neue, bislang unbekannte und weitgehend unerforschte, Ausprägung des menschlichen Miteinanders dar. In einer Gesellschaft des langen Lebens wird diese Familienform weiter zunehmen und das Familienleben nachhaltig prägen. Es ist sehr wahrscheinlich geworden, dass Kleinkinder ihre Urgroßeltern einige Jahre bewusst und aktiv miterleben und ihnen viel später die Großeltern noch erreichbar bleiben bis weit in das Erwachsenenalter [...]
Der Zusammenhalt der Familien bewährt sich in gegenseitigen Hilfs- und Unterstützungsleistungen von Jung und Alt. Die Leistungen verstärken sich zusätzlich, wenn eine junge Familie Kinder bekommt und der Austausch zwischen der älteren und der mittleren Generation sich intensiviert. So erfahren junge Eltern von den eigenen oder den Schwiegereltern fast ausnahmslos Unterstützung in vielfältigen Formen. Besonders häufig geschieht dies durch eine regelmäßige oder gelegentliche Betreuung der Kinder. Bei den Leistungen der Kinder für die Eltern stehen mehr praktische Hilfen im Vordergrund: So machen 70 Prozent der jüngeren Väter und Mütter regelmäßige Besuche bei den Eltern und übernehmen Arbeiten im Haushalt oder im Garten. Die Bereitschaft von Eltern, zugunsten der Chancen ihrer Kinder Opfer zu bringen, ist quer durch alle Schichten groß. 80 Prozent der Eltern aus der Unterschicht, 77 aus der Mittelschicht sind bereit, für ihre Kinder auf vieles zu verzichten, um ihnen möglichst viele Chancen zu eröffnen. Neben der Vorsorge für das eigene Alter ist die Zukunft der Kinder das mit Abstand wichtigste Sparziel der Deutschen. Mehr als drei Viertel aller Familienhaushalte sparen für die Kinder und legen im Schnitt rund 100 Euro im Monat zur Seite. 80 Prozent der Eltern wollen damit vor allem die Ausbildung absichern."
(BMFSFJ, 2009, S. 30 ff.)

11. Zunahme der Ein-Kind-Familien: mehr vertikale, weniger horizontale Verwandtschaftsbeziehungen
Wenn zwei Einzelkinder einander heiraten und Kinder bekommen, haben diese weder Onkel und Tanten noch Vettern und Cousinen. Durch die zunehmende Zahl der Ein-Kind-Familien sagen Soziologen voraus, dass es in Zukunft immer mehr Kinder geben wird ohne Kontakte zu Onkel- und Tanten-Familien. Was dieser Wegfall einer bestimmten Art von verwandtschaftlichen Beziehungen bedeuten wird, ist noch schwer abschätzbar.

„Die modernen Verwandtschaftsstrukturen gleichen insgesamt immer mehr einer ‚Bohnenstange'. Während früher die horizontalen Familienbeziehungen (zu Geschwistern, Tanten, Onkel usw.) eine große Bedeutung besaßen, dominieren heute die vertikalen Beziehungen (Kinder, Eltern, Großeltern). Die Verwandtschaftsstruktur ist dünner, jedoch zeitlich verlängert. Angesichts der weiterhin geringen Geburtenhäufigkeit und hohen Lebenserwartung wird diese Entwicklung sich künftig noch verstärken."
(Höpflinger, 2003)

12. Freunde und Verwandte in den sozialen Netzwerken

Als soziale Netzwerke bezeichnet man die privaten (nicht beruflichen) Beziehungen zu Personen außerhalb des Haushalts. In den Untersuchungen wird gefragt nach den Menschen, mit denen man häufig Kontakt hat, nach Menschen, mit denen man Ansichten und Meinungen diskutiert, nach Menschen, mit denen man Probleme bespricht, nach Menschen, die man in Notsituationen um Hilfe bittet, nach Freundschaften und ähnlichen Beziehungen. Je nach Fragestellung werden vielleicht andere Personen genannt.

Bisher haben sich bei diesen Untersuchungen zu den sozialen Netzwerken grob gesagt drei Personengruppen herausgebildet: Verwandte, Nachbarn, Freunde. Dabei haben sich folgende Ergebnisse gezeigt:

- Das Verwandtschaftssystem hat nach wie vor eine dominierende Stellung als soziales Netzwerk.
- Bei neueren Haushaltsformen, u.a. bilokale (= unterschiedliche Wohnungen) Ehe, Hausfamilie, nichteheliche Lebensgemeinschaften, Wohngemeinschaften, Single-Haushalte, zeigt sich eine deutliche Bevorzugung von Freundschaftsbeziehungen.
- Bei Verheirateten mit kleinen Kindern und bei Alleinerziehenden intensiviert sich der Kontakt zu den Verwandten.
- Die Nachbarn haben infolge der größeren Mobilität als soziales Netzwerk an Bedeutung verloren. Ab dem Alter über 60 Jahre bekommen die Nachbarn wieder mehr Bedeutung als soziales Netzwerk.
- Die neueren Haushaltsformen bringen und erwarten mehr Hilfeleistungen von ihren sozialen Netzwerken als die „traditionellen" Haushaltsformen (vgl. Schäfers/Zapf, 2001, S. 299).
- Die Freundschaftsbeziehungen sind instabiler als die Verwandtschaftsbeziehungen. Innerhalb von zehn Jahren wechselten die „persönlichen" Beziehungen häufig (vgl. Schäfers/Zapf, 2001, S. 611).
- Der persönliche Kontakt zu Verwandten nimmt einerseits mit der Modernisierung der Gesellschaft ab (weniger Verwandtschafts-Kontakte in USA und Australien als in Italien und Ungarn), wird aber auch durch soziokulturelle Unterschiede bedingt (weniger Kontakte in Nordeuropa als in Südeuropa).
- In Bezug auf verschiedene Aspekte des sozialen Zusammenhalts liegt Deutschland im Vergleich zu den Ländern der Europäischen Union im Mittelbereich. Bei der Befragung konnte man bestimmten Aspekten einen Wert zwischen 1 und 10 zuerkennen. Die Tabelle zeigt das Ergebnis für Deutschland.

Wöchentlich Treffen mit Freunden oder Verwandten in %	Möglichkeit, Geld zu borgen in %	Vertrauen in andere[1] Mittelwert	Fairness anderer[2] Mittelwert	Hilfsbereitschaft anderer[3] Mittelwert
52	25	4,8	5,7	4,8

[1] Mittelwert auf einer Skala von 0 (= man kann nicht vorsichtig genug sein) bis 10 (= den meisten Menschen kann man vertrauen)

[2] Mittelwert auf einer Skala von 0 (= die meisten Menschen versuchen, mich auszunutzen) bis 10 (= die meisten Menschen versuchen, fair zu sein)

[3] = Mittelwert auf einer Skala von 0 (= die Menschen sind meistens auf den eigenen Vorteil bedacht) bis 10 (= die Menschen versuchen meistens, hilfsbereit zu sein). Datenbasis: European Social Survey 2004/2005

Quelle: Stat. Bundesamt, Datenreport 2006, S. 660

Bedeutung der Verwandtschaftsbeziehungen

Wenn auch die Verwandten in unserer Gesellschaft räumlich meistens voneinander getrennt leben, ist die Bedeutung verwandtschaftlicher Beziehungen nicht ganz verloren gegangen. In der Kriegs- und Nachkriegszeit, in Notsituationen also, haben die Verwandtschaftsbeziehungen eine besondere Rolle gespielt. Die Bedeutung der Beziehungen der Verwandten untereinander, vor allem die von Eltern und erwachsenen Kindern, aber auch die der Geschwister, besteht im sozial-emotionalen Kontakt, in der Hilfestellung im Haushalt und bei der Kindererziehung bzw. -beaufsichtigung, in gegenseitiger Beratung und in Geselligkeit.

6.3.1.3 Sonderformen des Zusammenlebens

„Die Tatsache, dass Kommunen entstehen, ist nicht neu. In vielen Gesellschaften entstehen Gruppen mit dem Ziel, ein religiöses oder politisches Ideal konsequent zu leben, losgelöst von oder im Widerstand gegen die Gesellschaft. Bekannte Beispiele sind die christlichen und nicht-christlichen Klöster. Auch religiöse Sekten sonderten sich ab, um das eigene Seelenheil oder das Heil der Welt zu suchen.

Aus dem 19. Jahrhundert kennen wir die Oneida-Gemeinschaften, von denen eine Restgruppe heute noch in New York existiert. Auch die Amandadörfer in Iowa sind nicht verschwunden. Aus der jüngsten Geschichte der kommunalen Lebensformen kennen wir andere Experimente: die moravischen Brüder, die Doekhoboren, die Schakers in Kentucky, die Hopedale-Gemeinschaften, Brook-Farm u.Ä. In der ehemaligen Sowjetunion entstanden nach 1917 Kommunen. In Deutschland vor Hitler und in Spanien während des Bürgerkrieges wurde experimentiert. Indien hat seine Gurukalas. In Japan wurde die erste Kommune errichtet, Itto-En, etwa im gleichen Jahr, in dem der erste Kibbuz ‚Degania‘ in Israel gegründet wurde, vor mehr als sechzig Jahren."
(Ussel/Koinonia-Groep, 1970, S. 10 f.)

Als Alternative zur Kernfamilie haben sich in den letzten Jahrzehnten in unserer Gesellschaft folgende Formen entwickelt:

Kommunen

Sie sind ein Zusammenschluss mehrerer Menschen zur Realisierung einer alternativen Lebensform, häufig von politischen und religiösen Idealen inspiriert. Die meisten Kommunen, die entstanden sind, wurden inzwischen wieder aufgelöst. Sie haben eine wichtige Rolle bei den Studentenunruhen Ende der sechziger und Anfang der siebziger Jahre des letzten Jahrhunderts gespielt.

Wohngemeinschaften

Zu den Lebensformen der Bevölkerung zählen Paare (Ehepaare und Lebensgemeinschaften) mit Kind(ern) und ohne Kind, alleinerziehende Elternteile [mit Kind(ern)] sowie alleinstehende Personen (ohne Partnerin beziehungsweise Partner und ohne Kind im Haushalt). Alleinstehende in Einpersonenhaushalten werden als Alleinlebende bezeichnet. Alleinstehende in Mehrpersonenhaushalten leben mit Verwandten oder nur Familienfremden in einem Haushalt zusammen. Diese Letzteren werden häufig zu den „Wohngemeinschaften" gerechnet. Im Jahre 2009 waren das 855.000 Personen (vgl. Hammes/Rübenach, 2009).

Im Mikrozensus 2005 wurden 557.000 Personen (1,4 % aller Haushalte) in Mehrpersonenhaushalten mit ausschließlich Nichtverwandten gezählt. Davon waren die meisten (467.000) Zweipersonenhaushalte, 58.000 Dreipersonenhaushalte, 19.000 Vierpersonenhaushalte und 13.000 Haushalte von fünf und mehr Personen. Diese halbe Million Wohngemeinschaften sind fast ausschließlich für Studierende und Auszubildende von Bedeutung und haben vor allem einen pragmatischen Charakter: Aufteilung der Wohnungsmiete und der Haushaltsgeräte. In der überwiegenden Zahl der Wohngemeinschaften leben Einzelpersonen ohne festen Partner. Zweierbeziehungen innerhalb einer Wohngemeinschaft sind prinzipiell ein Risikofaktor für die Gemeinschaft. Die Wohngemeinschaften stellen eine „ideale Kombination von menschlicher Zuwendung und Geborgenheit auf der einen, Unabhängigkeit und Selbstbestimmung auf der anderen Seite" dar (Peukert, 1991, S. 148). Die Fluktuation der Mitglieder ist hoch: Die meisten WG-ler/innen sind nur 1,5 bis 2 Jahre Mitglied einer Wohngemeinschaft. Einige neue Wohn-Projekte versuchen eine Verbindung zwischen individueller Freiheit und gemeinschaftlicher Alltagsbewältigung zu schaffen. Sie wollen soziale Netzwerke im Nahbereich ermöglichen. Wie diese Experimente sich entwickeln werden, ist noch nicht vorauszusehen (vgl. Heise/ Stadlmayer, 2010).

Single-Haushalte

Sie gehören zu den Einpersonenhaushalten, sind aber als „freiwillige" Einpersonenhaushalte abzugrenzen von den „notgedrungenen" Einpersonenhaushalten der Verwitweten, Geschiedenen, ledigen Müttern usw. Die typischen Verhaltensweisen und Einstellungen der Singles wie Freiheit, Selbstbestimmung, Unabhängigkeit, Flexibilität, Ungebundenheit, Mobilität treffen vorwiegend für diese Einpersonenhaushalte der jüngeren Altersgruppe zu.

In einer Untersuchung über die Zusammenhänge von Persönlichkeit und sozialen Beziehungen wurde dieses Bild des typischen Singles stark korrigiert:

„Bei vielen Singles zeigten sich dagegen eine extrem erhöhte Schüchternheit und äußerst schwache Extraversion – trotz eines meist starken Bedürfnisses nach sozialem Anschluss. Dieses Ergebnis widerspricht dem weit verbreiteten Bild von kontaktfreudigen und unkomplizierten Singles, die offen für viele neue Beziehungen sind: Singles scheinen vielmehr ernsthafte Schwierigkeiten zu haben, überhaupt Partnerbeziehungen eingehen zu können."
(Asendorpf/Neyer, 2000, S. 31)

Die Zunahme der Single-Haushalte im Vergleich zu früheren Jahren wird von den Autoren dadurch erklärt, dass in der modernen Zeit die Gesellschaft nur begrenzte Kontrolle auf die Wahl der Lebensformen und der sozialen Beziehungen ausübt. Stattdessen können wir frei wählen, mit wem wir wo, wie oft und wie lange zusammen sind.

Leben in Gemeinschaftsunterkünften

Im Mikrozensus wird unterschieden zwischen Menschen, die in Haushalten leben, und Menschen, die in sogenannten Gemeinschaftsunterkünften leben. Zur Bevölkerung in Gemeinschaftsunterkünften zählen alle Personen, die dort wohnen und nicht für sich wirtschaften, das heißt, keinen eigenen Haushalt führen. Im Jahr 2005 lebten in Deutschland von den 83,5 Millionen Einwohnern am Haupt- und Nebenwohnsitz 856.000 Menschen (1 %) in Gemeinschaftsunterkünften. 2008 waren es 0,9 % der Bevölkerung. Es handelt sich bei der Bevölkerung in Gemeinschaftsunterkünften vornehmlich um Personen in Alten- und Pflegeheimen.

Bilokale Lebensformen

Hierzu gehören Lebensformen, in denen beide Partner eine eigene Wohnung haben: Wochenend-Ehen, „Hausfamilien", d. h. unterschiedlich vernetzte Haushaltsformen in einem Haus, LAT-Beziehungen[1]. Von den 25- bis 29-jährigen deutschen Frauen leben etwa 25–30 % in solchen LAT-Beziehungen (vgl. BMFSFJ, 7. Familienbericht, S. 22). Der Anteil an Paaren, die in getrennten Haushalten leben ist von 11,6 % im Jahr 1992 auf 13,4 % im Jahr 2006 gestiegen.

Zukunft der „neuen" Familienformen

In den Befragungen nach den Lebenszielen, dem Wohlbefinden und den wichtigsten Lebensbereichen steht Familie und Familienleben an oberster Stelle. Es sieht so aus, als ob diese Lebensform fest verankert ist. Anscheinend werden die neueren Lebensformen auch in Zukunft kaum eine Alternative für viele Menschen in der Gesellschaft sein. Viele der oben genannten Alternativen sind eher eine Übergangsphase im Leben als eine dauerhafte Lebensform. Das gilt sicher für die Wohngemeinschaften, für Single-Haushalte, für viele nicht-eheliche Lebensgemeinschaften. In der 13. Shell-Jugendstudie (Jugend 2000) heißt es:

„Dennoch bleiben voreheliche und eheliche Lebensgemeinschaften für die übergroße Mehrheit der Befragten die am meisten angestrebten unter allen Partnerschaftsmodellen. Etwa drei Viertel der Jugendlichen befürworten für sich ein Zusammenwohnen mit der Option einer Heirat, fast jede/r Zweite befürwortet für sich eine eheliche Lebensgemeinschaft. Dennoch werden – womöglich aus pragmatischen Gründen der Erreichbarkeit und Realisierbarkeit – auch Lebensformen des ‚Living-apart-together', der Wohngemeinschaft oder ein Single-Leben parallel akzeptiert."
(Deutsche Shell, 2000, S. 63)

Auch die 16. Shell- Jugendstudie (Jugend 2010) kommt zu dem Schluss:
„Zusamenfassend hat auch diese Generation ein ausgesprochen positives Bild von Familie und Partnerschaft. Ein Abgesang auf die Zukunft der Familie ist daher nicht angebracht."
(Albert/Hurrelmann/Quenzel, 2010)

Die Kibbuzim in Israel

Die Kibbuzim in Israel waren landwirtschaftliche Produktionsgenossenschaften, die zugleich Wehrdörfer waren. Sie versuchten, sozialistische Ideale mit einem Leben in Demokratie und Freiheit zu vereinbaren. Der erste Kibbuz wurde im Jahre 1909 gegründet. Im Jahre 2001 gab es 267 Kibbuzim mit 115.500 Einwohnern, das sind in etwa 3 % der Bevölkerung, im Jahre 2005 noch 248 Kibbuzim mit 117.000 Mitgliedern. Die absolute und relative Zahl der Kibbuz-Einwohner nahm dann jedoch langsam ab. Immer mehr Jugendliche zogen aus dem Kibbuz weg. Weniger als die Hälfte der Kibbuz-Einwohner glauben noch an eine langfristige Zukunft für das Kibbuz-Wesen (vgl. Bayerischer Rundfunk, 2001). Finanzielle staatliche Unterstützung sicherte aber das Überleben der Kibbuzim. Heute (2010) existieren wieder (noch) 273 Kibbuzim. Die Mehrzahl allerdings gab die Idee des gemeinsamen Eigentums auf. In den beiden vergangenen Jahren sind nach Angaben der Israelischen Kibbuzbewegung 2.500 Israelis Neu-Mitglieder in einem Kibbuz geworden (vgl. Halser, 2010)

---

[1] *LAT = living apart together*

Die Kibbuzim bildeten in der Vergangenheit eine weitgehende Produktions- und Lebensgemeinschaft. Der landwirtschaftliche Betrieb (es gab auch einige industrielle Kibbuz-Betriebe) war Gemeinschaftseigentum. Das Zusammenleben wurde demokratisch geregelt. Männer und Frauen arbeiteten im Betrieb. Die Kindererziehung erfolgte weitgehend im Kollektiv. Tagsüber waren die Kinder im Kinderhaus unter der Leitung von ausgebildeten Kräften, abends und nachts waren sie bei ihren Eltern. Die privaten hauswirtschaftlichen Aufgaben wurden auch weitgehend von dem Kollektiv übernommen, sodass die Eltern und ihre Kinder in der arbeitsfreien Zeit kaum noch Haushaltspflichten nachgehen mussten.

Häufig wurde der Kibbuz auch als Alternative zur Kleinfamilie dargestellt. Doch der Familienverband war nicht aufgelöst. Die Kleinfamilien, zusammengesetzt aus Eltern und Kindern, bestanden auch in den Kibbuzim, nur hatten sie Teile ihrer Funktion auf die Gemeinschaft übertragen.

In neuerer Zeit haben sich viele Veränderungen ergeben. Viele Siedlungen befinden sich wirtschaftlich und ideologisch unter Druck. Hinzu kommt das Problem einer zunehmenden Überalterung, weil die junge Generation den Kibbuz verlässt, um in die großen Städte zu ziehen. Viele Kibbuzim haben versucht, sich den neuen Herausforderungen zu stellen. Häufig wurden die zentralen Dienstleistungen reduziert oder aufgegeben, teilweise existiert nicht einmal mehr der Speisesaal. Privates Eigentum ist inzwischen selbstverständlich; die Mitglieder beziehen ein Gehalt, über das sie verfügen können. Aus den Kinderhäusern sind meist Kindergärten geworden. Erkennbar ist eine deutliche Entwicklung des Kibbuz hin zu einem „normalen" Dorf, von „sozialistischen" Siedlungen kann man kaum mehr sprechen.

Laut Untersuchung ist die Kibbuz-Familie genauso stabil wie die Familien in Israel außerhalb der **Kibbuzim**. Das bedeutet, dass sich diese Form des Familienlebens bisher bewährt hat in dem Sinne, dass keine Nachteile in der persönlichen Entwicklung der Kibbuz-Kinder entstanden sind. Andererseits bleibt die Kibbuz-Familie eine Ausnahme – auch für die israelische Gesellschaft.

6.3.2 Arbeitsteilung innerhalb der Familie

Rollendifferenzierung

Wie in jeder sozialen Gruppe gibt es auch in der Familie eine Rollendifferenzierung. Jedes Familienmitglied hat eine bestimmte Position inne. Diese Stellung ist mit bestimmten Verhaltenserwartungen und -normen verknüpft.
Bei einer Kernfamilie, bestehend aus Vater, Mutter, Sohn und Tochter ergeben sich folgende Positionen und die entsprechenden Rollen:

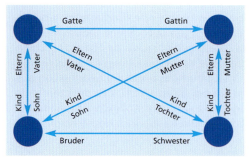

Es geht um folgende komplementäre Rollen:

Ehemann – Ehefrau	Vater – Tochter
Eltern – Kind	Mutter – Sohn
Bruder – Schwester	Mutter –Tochter
Vater – Sohn	

Der Inhalt dieser Rollen ist zum Teil biologisch festgelegt: Geschlechtsunterschiede zwischen den Ehegatten oder auch zwischen den Geschwistern sowie Generationsunterschiede (Altersunterschiede zwischen Eltern und Kindern). Der größere Teil der Rolleninhalte innerhalb der Familie ist aber nicht biologisch, sondern kulturell bedingt. Zunächst soll die Einteilung der Arbeit auf die verschiedenen Familienmitglieder untersucht werden.

Arbeitsrollen innerhalb der Familie in allen Kulturen
Biologische und kulturelle Bedingtheit:
Nur ein geringer Teil der Arbeitsverteilung ist durch die biologischen Unterschiede bedingt: Männer können kein Kind zur Welt bringen und stillen. Auch sind Männer in der Regel stärker und können schneller laufen als Frauen. Frauen sind durch Schwangerschaft und Menstruation zeitweilig körperlich weniger leistungsfähig. Neugeborene sind „biologische Mängelwesen"[1].
Die Arbeitsteilung, die wir tatsächlich in den verschiedensten Familienformen vorfinden, geht viel weiter als von der biologischen Ausstattung her erforderlich wäre.

„In mehr als drei Viertel der Gesellschaften, für die wir über Informationen verfügen, nehmen die Frauen folgende Aufgaben wahr: Getreide mahlen, Wasser tragen, kochen, Nahrung aufbewahren, Kleidung ausbessern und herstellen, weben (von Kleidungsstücken, Matten und Körben), Nahrung sammeln (Nüsse, Beeren, Kräuter, Wurzeln usw.) und Töpferarbeiten herstellen. All diese Aufgaben können ausgeführt werden, ohne dass die Frau sich weit von den Kindern und vom Haus entfernt. In den meisten Gesellschaften fallen den Männern folgende Aufgaben zu: Vieh hüten, jagen und fischen, Holz fällen, Bergwerks- und Steinbrucharbeiten, Metallbearbeitung, Produktion von Musikinstrumenten, Herstellung von Kultgegenständen, Holzbearbeitung und Hausbau. Einige dieser Arbeiten erfordern Kraft, andere machen es nötig, vom Haus entfernt herumzuziehen. Für wiederum andere Pflichten ist weder Kraft noch die Abwesenheit vom Haus erforderlich. Die Aussaat des Getreides erfordert zwar Ausdauer und Kraft, sie kann jedoch ebenso gut eine weibliche wie eine männliche Tätigkeit sein."
(Goode, 1971[4], S. 131)

Diese Rollenverteilung zwischen den Geschlechtern ist nicht durch biologische Unterschiede oder Unterschiede in der Leistungsfähigkeit allein zu erklären. Im Grunde können die Männer alle oben genannten „Frauenarbeiten" verrichten. Goode führt diesen Unterschied auf die unterschiedliche, kulturell bedingte Bewertung der verschiedenen Arbeiten zurück. Die Aufgaben, die die Männer verrichten, sind diejenigen, die in ihrer Kultur mit einem höheren Prestige verbunden, also ehrenvoller sind.

---

[1] *Ausdruck von Portmann: Im Gegensatz zum Tier ist der Mensch bei der Geburt so unvollständig ausgestattet, dass er allein nicht überleben kann und vollkommen auf die Hilfe anderer angewiesen ist.*

Es wurde schon früher dargelegt, dass jede Rolle mit einer bestimmten Wertschätzung, dem sozialen Status, verbunden ist (siehe Kapitel „Sozialer Status"). Die Männer bekommen solche Arbeiten zugeteilt, die in der Gesellschaft höher bewertet werden; sie übernehmen also Rollen, die mit dem höchsten Status verbunden sind. Es sind meistens solche Aufgaben, die nach außen hin, außerhalb der Familie, orientiert sind. Die Aufgaben der Frau sind mehr an dem Innenbereich der Familie orientiert.

Vergleicht man die Aufgaben der Eltern mit denen der Kinder, so gilt für alle Kulturen, dass die Eltern die Hauptaufgaben, die Kinder nur Nebenaufgaben erfüllen. Der Umfang der Nebenaufgaben ist in den verschiedenen Gesellschaften unterschiedlich ausgeprägt.

Arbeitsteilung in der industriellen Gesellschaft

In der vorindustriellen Gesellschaft, in der die Familien meistens auch Produktionseinheiten waren – in den Familienbetrieben sind noch Reste vorhanden – war die Aufgabenverteilung folgende: Die Eltern hatten die Hauptaufgaben, die Kinder hatten Nebenaufgaben; sie galten als zusätzliche Erwerbskraft.

Der Mann verrichtete seine Arbeit innerhalb der Wohnung oder des eigenen häuslichen Betriebes, die Frau arbeitete im Betrieb mit.

In der industriellen Gesellschaft hat die Familie die Produktionsfunktion verloren. Die Arbeit als Quelle der **Erwerbstätigkeit** hat sich auf Stätten außerhalb der Familie verlagert. **Die Familie hat als gemeinsame Arbeit nur noch die Haushaltsfunktion.**

Aus der gesunkenen Zahl der „mithelfenden Familienangehörigen" in der amtlichen Statistik über die Art der Erwerbstätigkeit wird deutlich, dass die Zahl der Familienbetriebe und damit die Bedeutung der Familie als Produktionsstätte auf ein Minimum reduziert wurde.

Mithelfende Familienangehörige in % der Erwerbstätigen

1950	1961	1983	1986	1988	1990	1998	2005	2009
15%	9,9 %	3,5 %	3,3 %	2,3 %	2,0 %	1,0 %	1,1 %	0,63 %

Quelle: Statistisches Jahrbuch 2006, S. 82, Statistische Ämter des Bundes und der Länder 2009

Die unbezahlte Haushaltsarbeit

Neben der bezahlten Arbeit, Erwerbstätigkeit genannt, ist die unbezahlte Arbeit, auch häufig Haushaltsproduktion genannt, mehr und mehr in den Blickpunkt geraten. Hierzu zählen sowohl die Leistungen für die Mitglieder des eigenen Hauhalts als auch die Leistungen innerhalb des informellen sozialen Netzwerkes. Insgesamt sind die unbezahlten Arbeitsstunden umfangreicher als die bezahlten Arbeitsstunden (96 gegenüber 56 Mrd. Stunden im Jahre 2001).

„Zweifellos entstanden Zeitersparnisse bei einzelnen Arbeitsgängen durch die Verwendung verbesserter Gerätetechnik. Aber die meisten Untersuchungen über den Zeitaufwand für Hausarbeit kommen insgesamt zu dem Ergebnis, dass die Hausarbeitszeit sich langfristig trotz zunehmender Technisierung der Haushalte nicht wesentlich verringert hat. Diesem ‚Haushaltsparadox' liegt zugrunde, dass die Zeitersparnis durch eine Steigerung der Ansprüche kompensiert wird und die Leistungen ausgedehnt werden (siehe die Sauberkeitsansprüche im Hinblick auf Wäsche und Kleidung). Beobachtet werden kann auch die Tendenz, die durch arbeitssparende Maschinen ge-

wonnene Zeit nicht für mehr Freizeit zu nutzen, sondern für die Bereitstellung von mehr Gütern und Dienstleistungen derselben Art. Die einmal zur Arbeitserleichterung angeschafften Geräte enthalten einen Aufforderungscharakter, eine schnelle Amortisation des Anschaffungspreises herbeizuführen. Außerdem verursacht die Beschaffung, Säuberung, Pflege und Reparatur der Maschinen zusätzliche Hausarbeit."
(Schäfers/Zapf, 2001 S. 303)

Verteilung der Erwerbstätigkeit auf Mann und Frau
Erwerbsquoten*) nach Altersgruppen und Geschlecht

3.8 Altersspezifische Erwerbsquoten*												
Alter von ... bis unter ... Jahren	2000			2005			2008			2009		
	Insgesamt	Männer	Frauen	Insgesamt	Männer	Frauen	Insgesamt	Männer	Frauen	Insgesamt	Männer	Frauen
	%											
15–20 ...	32,1	35,9	28,0	30,2	33,3	26,8	32,5	35,6	29,2	31,5	34,6	28,2
20–25 ...	72,3	76,7	67,5	70,1	73,7	66,3	71,7	74,7	68,5	71,0	74,0	67,8
25–30 ...	81,2	87,5	74,7	79,6	85,6	73,4	81,5	86,7	76,2	82,2	86,9	77,3
30–35 ...	85,7	95,1	76,1	84,7	94,7	74,3	85,6	94,6	76,4	86,1	94,2	77,9
35–40 ...	87,2	96,0	77,8	87,6	96,1	78,7	88,2	96,1	80,1	87,9	95,6	80,0
40–45 ...	87,8	95,4	80,2	89,6	95,6	83,4	89,8	95,6	83,7	89,7	95,3	83,9
45–50 ...	86,7	94,2	79,3	88,6	94,4	82,9	89,1	94,2	83,9	89,0	94,0	84,0
50–55 ...	81,0	90,4	71,5	84,6	91,1	78,3	85,3	90,9	79,7	85,4	90,8	80,0
55–60 ...	66,0	76,0	55,9	73,2	82,0	64,4	75,3	83,2	67,5	76,1	83,7	68,8
60–65 ...	21,5	30,3	12,9	31,6	40,6	22,9	37,8	46,6	29,3	41,5	50,5	32,8
65 und mehr ...	2,6	4,4	1,5	3,3	5,0	2,1	3,9	5,7	2,5	4,0	5,8	2,6
Insgesamt ...	**57,1**	**66,6**	**48,2**	**58,0**	**65,9**	**50,5**	**58,8**	**66,1**	**51,9**	**58,9**	**65,9**	**52,2**
dar. 15–65 ...	71,0	78,8	62,9	73,7	80,4	66,8	75,8	81,8	69,6	76,2	82,0	70,3
Nachrichtlich:												
Früheres Bundesgebiet ohne Berlin	56,5	66,7	47,0	57,7	66,2	49,7	58,6	66,3	51,3	58,7	66,1	51,,7
Neue Länder einschl. Berlin	59,1	66,1	52,6	59,0	64,9	53,5	59,3	65,2	54,1	59,7	65,2	54,3

*Ergebnisse des Mikrozensus. – Anteil der Erwerbspersonen (Erwerbstätige plus Erwerbslose) an der Bevölkerung je Teilgruppen nach Alter und Geschlecht. – Ab 2005 Jahresdurchschnittswerte

Quelle: Stat. Bundesamt, Jahrbuch, 2010, S. 89

Interpretationen der Tabelle
Den relativen Anteil der Frauen und Männer an den Erwerbstätigen im Laufe der letzten 10 Jahre zeigt oben stehende Tabelle. Diese Quote wird berechnet nach dem Prozentsatz der Erwerbstätigen an der Gesamtheit der Personen der betreffenden Altersgruppen. Für die Gesamtzahl der möglichen Erwerbstätigen wird meistens die Anzahl der 15- bis 65-Jährigen genommen. Der Anteil der 15- bis 65-jährigen erwerbstätigen Männer liegt in diesem Zeitraum bei etwa 80 %. Der Anteil der Frauen steigt in dieser Periode von etwa 60 auf 70 %, hat also in den letzten 10 Jahren deutlich zugenommen. Sowohl bei Männern als auch bei Frauen zeigt die Altersgruppe der 40- bis 45-Jährigen die höchste Erwerbsbeteiligung. Der Unterschied zwischen Männern und Frauen ist am höchsten in der Altersgruppe von 60–65. In dem Alter sind die Frauen halb so viel erwerbstätig wie die Männer. In dieser Tabelle wird die Teilzeitarbeit nicht berücksichtigt. Sie liegt bei Frauen bedeutend höher als bei Männern, vor allem, wenn minderjährige Kinder im Haushalt sind.

Erwerbstätigen-Quoten im Jahr 2009 (in %) bei Vätern und Muttern mit minderjährigen Kindern

	Vollzeit	Teilzeit	Nicht erwerbstätig	Vollzeit gewünscht	Teilzeit gewünscht
Väter	81,34			80	
Mütter	10,93	44,35	40,8		50

Eigene Zusammenstellung (vgl. Bertram/Spiess, Ravensburger Elternsurvey, 2010)

Eine gesonderte Gruppe unter den erwerbstätigen Frauen sind die Mütter mit minderjährigen Kindern. Ihre Beteiligung am Erwerbsleben lag 2009 bei etwa 55 %. Die Erwerbstätigkeit hängt mit dem Alter und der Zahl der Kinder zusammen: Je jünger die Kinder sind und je mehr Kinder vorhanden sind, umso weniger sind die Mütter Vollzeit berufstätig. Die Autoren des Ravensburger Elternsurveys ziehen aus der Untersuchung folgende Schlussfolgerung:

„Die Untersuchung legt somit nahe, dass das klassische Modell einer Hausfrauenehe - so es denn in früheren Zeiten wirklich existiert hat - von dieser Gruppe der untersuchten Eltern nicht mehr in Betracht gezogen wird. Allerdings scheint die Präferenz in der Fürsorgezeit für Kinder in ein Modell zu gehen, dass eine Reduktion der Erwerbsarbeit der Mütter zugunsten der Fürsorge für die Kinder mit einer Steigerung der Partizipation an der Arbeitswelt mit zunehmendem Lebensalter des Kindes vorsieht. Für die Eltern steht ein sequenzielles Modell als Idealmodell im Vordergrund. Dieses sequenzielle Modell beinhaltet in der Zeit des Aufwachsens der Kinder ein paralleles Modell von Fürsorge und Berufstätigkeit."
(Bertram/Spiess, 2010, S. 10)

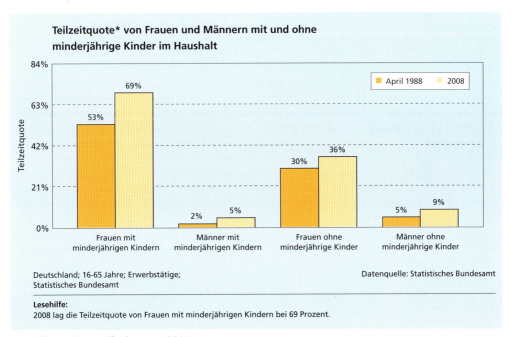

Quelle: Statista, Teilzeitquote, 2011

281

Motivation und Zufriedenheit

90 % der berufstätigen Frauen in den neuen Bundesländern und 86 % in den alten Bundesländern sagen, dass sie gerne berufstätig sind. Als Gründe für diese Zufriedenheit wurden genannt: Lebensbereicherung (83 %), finanzielle Unabhängigkeit (79 %), Kontakte zu anderen Menschen (68 %), Erhöhung des Selbstbewusstseins (64 %). Bei Konflikten zwischen Beruf und Familie – jede vierte Frau hat schon einmal eine solche Konfliktsituation erlebt – wurde meistens zugunsten der Familie entschieden.

Warum sind Frauen (nicht) berufstätig?

Dass Männer berufstätig sind, ist eine Selbstverständlichkeit. Bei ihnen wird die Frage nach der Motivation nicht gestellt, bei Frauen wohl. Ist das eine Ideologie oder gibt es praktische, rationale Gründe, warum Frauen berufstätig bzw. nicht berufstätig sind? Für die Nicht-Erwerbstätigkeit wurden in Westdeutschland folgende Gründe genannt (Grafik):

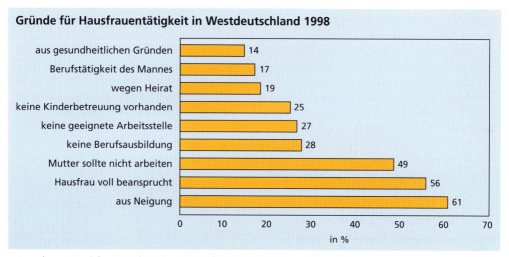

Gründe für Hausfrauentätigkeit in Westdeutschland 1998

Angaben von nicht erwerbstätigen Hausfrauen
Datenbasis: Wohlfahrtssurvey 1998, Quelle: Weick, 1999

Die Analyse der verschiedenen Begründungen für oder gegen eine Berufstätigkeit der Frau legt nahe, dass die Einstellung zur Berufstätigkeit der Frau eine einfache Funktion ist von drei Einstellungs- bzw. Meinungskomponenten: den wahrgenommenen Konsequenzen der Berufstätigkeit der Frau für Familie und Kinder (beispielsweise kann eine berufstätige Mutter ein genauso herzliches und vertrauensvolles Verhältnis zu ihren Kindern finden wie eine Mutter, die nicht berufstätig ist), der Geschlechterrollen-Ideologie (beispielsweise: „einen Beruf zu haben ist ja ganz schön, aber das, was die meisten Frauen wirklich wollen, sind ein Heim und Kinder"; traditionelle Ideologie trägt negativ zur Einstellung bei) und den wahrgenommenen wirtschaftlichen Konsequenzen der Berufstätigkeit der Frau (beispielsweise sollten der Mann und die Frau beide zum Haushaltseinkommen beitragen; Doppelverdienst). Vergleichbare neuere Untersuchungen über die Motive der Berufstätigkeit sind uns nicht bekannt. Anders geartete Untersuchungen kommen zu dem Ergebnis: Bei der Geburt des ersten Kindes sind berufstätige Frauen im allgemeinen zufriedener als nicht berufstätige,Teilzeit beschäftigte Frauen zufriedener als vollzeitbeschäftigte, vollzeitbeschäftigte Frauen sind am wenigsten zufrieden.

Aufgabe

Vergleichen Sie die Gründe für die Hausfrauentätigkeit in oben stehender Tabelle mit den drei Motivbündeln. Welche Gründe aus der Tabelle gehören zu der Geschlechtsrollenideologie, welche zu den wirtschaftlichen Konsequenzen, welche zu den familialen Konsequenzen?

Arbeitsteilung in Haushalt und Familie

In der Industriegesellschaft war die Zeit in der Familie klar strukturiert. Die Produktionsfunktion oder Erwerbsarbeit war aus der Familie ausgelagert und Domäne des Mannes, die Aufgaben für die Familie, wie Hausarbeit, Kinderbetreuung und -erziehung waren die Domäne der Frau. Durch die Veränderung von Industrie- zu Dienstleistungs- und Wissensgesellschaft gerät die alte Zeitordnung in Bewegung, die Erwerbsarbeit ist nicht mehr an feste Zeittakte gebunden, die alte Rollenteilung von Mann und Frau steht auf dem Prüfstand, die Zeit zwischen „bezahlter" und „unbezahlter" Arbeit muss neu verteilt und strukturiert werden, die Verwendung der Zeit der einzelnen Familienmitglieder für die verschiedenen Familienaktivitäten müssen jeweils neu aufeinander abgestimmt werden. Die „Logistik" der Familienzeit nimmt selbst Zeit in Anspruch. Die Bedeutung der Zeit für das Familienleben kommt somit allmählich mehr in den Blickpunkt. Dafür gibt es vier Gründe:

1. Damit die Familie lebt, braucht man Zeit, d. h., die Familienmitglieder müssen Zeit für das Familienleben zur Verfügung haben.
2. Der Familienalltag ist zeitlich strukturiert. D. h., die einzelnen Familienaufgaben, Haushalt, Kindererziehung und -betreuung, Pflege, Care (= Fürsorge), soziale Kontakte, Freizeit, sind zeitlich organisiert.
3. Die Familie ist eingebunden in die Zeitstrukturen des öffentlichen Lebens, wie Schule, Verkehr, Dienstleistungen und vor allem Erwerbsarbeit.
4. Die Anforderungen an das Familienleben verändern sich im Laufe der Zeit, aber auch im Laufe der Lebensphasen der einzelnen Mitglieder. Von den vielen Einzeluntersuchungen auf diesem Gebiet möchten wir hier einige Ergebnisse konkret und andere zusammengefasst darstellen.

Die Zeitverwendung der Deutschen

Ein wichtiger Forschungsbereich in der Soziologie ist die Zeitverwendung. Dabei wird mit verschiedenen Methoden gemessen, wie viel Zeit man innerhalb eines Tages (Woche, Monat, Jahr) für bestimmte Aktivitäten verwendet. In Deutschland wurde eine Zeitbudgeterhebung durchgeführt in den Jahren 1991–1992 und in den Jahren 2001–2002 wurde diese Erhebung wiederholt. Die Ergebnisse von 2001/2002 wurden in einer Sonderstudie 2006 weiter ausgewertet. Wir geben hier die Ergebnisse dieser drei Studien zuerst in einigen Grafiken wieder und fassen dann die wichtigsten Ergebnisse in einigen Statements zusammen.

Im Jahre 1991/92 wurde eine Zeitbudgeterhebung durchgeführt. Es wurde gefragt, wie viele Minuten pro Tag für welche Tätigkeit verwendet wurden. Die Ergebnisse wurden nach Haushaltstyp und nach Erwerbstätigkeit ausgewertet. Ein erster Blick in die Tabelle zeigt schon, dass die Frauen viel mehr Zeit für unbezahlte Arbeit verwenden als die Männer. Dieser Anteil variiert je nachdem, ob beide, nur einer oder keiner erwerbstätig ist.

Zeitverwendung nach Haushaltstyp und Erwerbstätigkeit der Partner 1991/92

Ausgewählte Aktivitätsbereiche	Nichteheliche Lebensgemein- schaften		Ehepaare ohne Kinder				Ehepaare mit Kind(ern) unter 18 Jahren			
	beide Partner erwerbstätig		beide Partner erwerbstätig		beide Partner nicht erwerbstätig		beide Partner erwerbstätig		nur Ehemann erwerbstätig	
	Minuten									
	männl.	weibl.	männl.	weibl.	männl.	weibl.	männl.	weibl.	männl.	weibl.
Erwerbstätigkeit/ Ausbildung/Fortbildung	/	/	336	203	[8]	/	410	259	400	(18)
Medien/Sport Kultur	(365)	(302)	292	271	417	345	252	226	256	266
Schlafen/Essen/ Körperpflege	772	758	643	672	768	746	603	622	610	649
Unbezahlte Arbeit darunter:	[125]	[223]	169	294	247	345	175	333	175	507
Hauswirtschaftliche Tätigkeiten:	/	[217]	118	269	179	318	91	241	79	336
Beköstigung	/	/	28	91	38	130	23	88	19	123
Wäschepflege	–	/	(3)	43	(3)	48	(2)	42	(2)	57
Pflege/Renovierung der Wohnung	/	/	14	49	21	58	12	44	9	70
Einkäufe	/	/	13	23	23	25	11	23	13	32
Behördengänge u. Ä.	/	/	16	12	21	11	10	13	8	15
Pflege u. Betreuung von Kindern	–	–	(3)	(6)	[3]	[8]	31	67	36	127
Insgesamt	1440	1440	1440	1440	1440	1440	1440	1440	1440	1440

Quelle: Stat. Bundesamt, 1995, S. 41

Im Jahre 2001/02 wurde die Zeitbudgetuntersuchung wiederholt. Die folgende Darstellung zeigt die Ergebnisse.

Quelle: BMFSFJ, 2003, S. 6

Die Autoren der weiteren Auswertung haben fünf Bereiche definiert, für die die Menschen ihre Zeit verwenden. Diese sind:

1. der Sozialspielraum: Aktivitäten, die auf Versorgung (Haushalt) und Kinderbetreuung sowie die auf Nachbarschaft und soziale Netze bezogenen.

2. der Erwerbs- und Einkommensspielraum: Aktivitäten, die auf Einkommenserwerb ausgerichtet sind.

3. der Bildungsspielraum: Aktivitäten zur Qualifizierung/Weiterbildung für den Beruf während der Arbeitszeit und die Aktivitäten, die in der Kategorie Qualifikation/Bildung zusammengefasst sind; zu letzteren gehören u. a. die Teilnahme an Lehrveranstaltungen in Schule und Hochschule oder die Qualifikation außerhalb der Arbeitszeit.

4. der Dispositions- und Partizipationsspielraum: ehrenamtliche Tätigkeiten und auf das soziale Leben bezogene ausgewählte Aktivitäten, wie Ausübung von Ämtern, ehrenamtliche Funktionen oder Teilnahme an Versammlungen.

5. der Muße- und Freizeitspielraum: die auf Muße und Regeneration bezogenen ausgewählten Aktivitäten, wie Teilnahme an sportlichen Veranstaltungen, Hobbys und Spiele oder die Nutzung von Massenmedien. Die unten folgende Grafik zeigt den Unterschied in ihrer Zeitverwendung zwischen Männern und Frauen. Außerdem zeigt sie, dass der Ausgangs- bzw. Zielpunkt für die Zeit-Verwendung bei Männern der Erwerbsbereich, bei Frauen der Sozialbereich ist.

Konkret heißt dies, dass Frauen ihre zeitlichen Schwerpunkte im Sozialspielraum, Männer im Erwerbs- und Einkommensspielraum setzen und die Zeit für Aktivitäten in den jeweils anderen Handlungsspielräumen dem jeweils unterordnen: Männer entscheiden über ihre Zeit in Abhängigkeit von der Zeit, die sie im Erwerbs- und Einkommensspielraum einsetzen, Frauen entscheiden über ihre Zeit in Abhängigkeit von der Zeit, die sie im Sozialspielraum einsetzen. Weiterhin setzen Männer folgende Prioritäten: zuerst Erwerbs- und Einkommensbereich, danach Sozial- und Freizeitbereich gleichwertig. Die Prioritäten bei Frauen sind dagegen: zuerst Sozialbereich, dann Erwerbs- und Einkommensbereich, zum Schluss Freizeitbereich. Das heißt konkret: Die Zeit, die Männer infolge einer Verlängerung der Arbeitszeit im Erwerbs- und Einkommensspielraum mehr einsetzen müssen, werden sie von der Zeit für Aktivitäten im Sozialspielraum abziehen. Dies wiederum muss von den Frauen kompensiert werden, die diese Zeit ihrerseits von ihrer Erwerbsarbeitszeit abziehen werden.

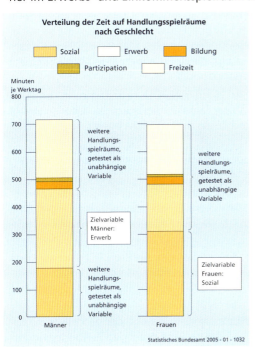

Quelle: Sellach/Enders-Dragässer/Libuda-Köster, 2005, S. 88

Die wichtigsten Ergebnisse aller Untersuchungen über Arbeitsteilung in Haushalt und Familie oder unbezahlte Arbeit:

■ 96 Milliarden Stunden dauerte 2001 die unbezahlte Arbeit deutscher Haushalte – fast doppelt so lang wie die mit Erwerbsarbeit verbrachte Zeit der Haushaltsmitglieder: 56 Milliarden Stunden.

■ Im Schnitt verbringt jede(r) Deutsche ab dem zehnten Lebensjahr 3,5 Stunden mit unbezahlter Arbeit in Familie, Haushalt und Ehrenamt, etwa 3 Stunden mit Erwerbsarbeit (inklusive berufsbezogene Bildung, Arbeitssuche und Wegezeiten), etwa 8 Stunden am Tag schläft der statistische Durchschnittsmensch, rund 2,75 Stunden benötigt er oder sie für Tätigkeiten wie Anziehen, Körperpflege und Essen, etwa 6 Stunden werden Freizeitaktivitäten gewidmet: Fernsehen, Sport, Hobbys, Spiele und Geselligkeit.

■ Frauen ab zehn Jahren sind mit bezahlter und unbezahlter Arbeit durchschnittlich 43 Stunden in der Woche beschäftigt, Männer 42 Wochenstunden. Das Schwergewicht liegt dabei bei Frauen auf der unbezahlten Arbeit: 31 Stunden pro Woche gegenüber 19,5 bei den Männern. In der Erwerbsarbeit verhält es sich umgekehrt: Männer sind im Schnitt 22,5 Stunden in der Woche erwerbstätig, Frauen lediglich 12 Stunden. An dieser Mehrbelastung der Frauen mit Arbeit insgesamt hat sich im Zehn-Jahres-Abstand nichts Wesentliches geändert.

■ Die Belastung der Frauen mit Hausarbeit hat sich im Zehn-Jahres-Vergleich insgesamt um 21 Minuten verringert. Die Erklärung dafür liegt in der Entwicklung der Haushaltstechnik, dem kulturellen Wandel und dem Rückgang der Geburtenzahlen. Konkret: Es gibt mehr Geschirrspülautomaten und weniger Kinder.

■ Im Zeitraum von 1991/92 bis 2001/02 ist der Anteil, den Männer an der Hausarbeit leisten, um 14 Minuten täglich gestiegen. Männer kochen etwas häufiger als noch vor zehn Jahren, und sie verwenden auch mehr Zeit auf den Einkauf der Zutaten. Beim näheren Hinsehen zeigt sich allerdings, dass insgesamt nur wenige Männer regelmäßig täglich Hausarbeit verrichten. Diejenigen allerdings, die das tun, beteiligen sich mit einem deutlich höheren Zeiteinsatz als in der Vergangenheit.

■ Wie bisher fühlen Männer sich vor allem für handwerkliche Arbeiten rund um Haus und Wohnung zuständig sowie für Reparaturen am Familienauto. Die Übergänge zu den Beschäftigungen „Hobby/Freizeit" erscheinen jedoch nicht immer klar abgrenzbar.

■ Das ehrenamtliche Engagement der Männer ist größer als das der Frauen, wobei auch hier die Übergänge zur Freizeit fließend erscheinen.

■ Väter in Paar-Haushalten widmen täglich im Durchschnitt 1 Stunde und 15 Minuten ihrem Nachwuchs (Mütter: 2 Stunden und 45 Minuten). Diese „Kinderbetreuungszeit als Hauptaktivität" der Väter findet hauptsächlich am Wochenende statt und besteht vorzugsweise aus „Spiel und Sport".

■ Bei allen Mann-Frau-Vergleichen zeigt sich, dass Frauen den größten Teil der Haus- und Betreuungsarbeit leisten, und zwar umso mehr, je weniger Zeit sie auf berufliche Arbeit verwenden. Aber auch wenn sie und er in Vollzeit erwerbstätig sind, dauert ihre unbezahlte Arbeit zu Hause länger.

■ Das schon lange bekannte Muster einer „Retraditionalisierung" der geschlechtsspezifischen Arbeitsteilung nach der Geburt eines Kindes wird durch die Zeitbudgetuntersuchung 2001/02 wieder einmal bestätigt.

■ Die gemeinsamen Mahlzeiten in der Familie sind die wichtigsten Kommunikationszeiten. Die Whirlpool-Studie aus dem Jahre 1996 ergab, dass europaweit auf keine gemeinsame Unternehmung in der Familie mehr Zeit verwendet wird wie auf die gemeinsamen Mahlzeiten. Die These, dass die Menschen sich immer weniger Zeit zum Essen nehmen, wurde widerlegt. 1991/92 nahmen die Menschen sich täglich 1 Stunde und 22 Minuten, im Jahr 2001/02 1 Stunde und 43 Minuten Zeit für das tägliche Essen. Die Anzahl derjenigen, die täglich mindestens einmal außer Haus essen, ist im Verlauf von zehn Jahren von 17,9 Prozent auf 26 Prozent gestiegen.

■ Kinder und Jugendliche tragen insgesamt weniger zur Hausarbeit im Elternhaus bei als noch vor zehn Jahren. Die Jungen haben ihren Beitrag aber deutlicher reduziert als die Mädchen, sodass die Geschlechtsunterschiede noch zugenommen haben. Bereits im Alter zwischen 10 und 14 leisten Mädchen täglich eine Viertelstunde länger Hausarbeit als gleichaltrige Jungen, im Alter von 15 bis 20 Jahren arbeiten junge Frauen bereits täglich eine halbe Stunde länger im Haushalt als junge Männer. Hier spiegelt sich wider, was Kindern auch heute meist in der Familie vorgelebt wird: dass Kochen, Waschen, Putzen „Frauenarbeit" ist.

Aufgabe

Wer macht die folgenden Dinge
a) im Haushalt Ihrer Eltern,
b) in Ihrem eigenen (zukünftigen) Haushalt?

	Stets die Frau	Meistens die Frau	Jeder zur Hälfte oder beide gemeinsam	Meistens der Mann	Stets der Mann	Wird von anderen Personen gemacht
Wäsche waschen	1 ☐	2 ☐	3 ☐	4 ☐	5 ☐	6 ☐
Kleine Reparaturen im Haus/in der Wohnung	1 ☐	2 ☐	3 ☐	4 ☐	5 ☐	6 ☐
Kranke Familienmitglieder betreuen	1 ☐	2 ☐	3 ☐	4 ☐	5 ☐	6 ☐
Lebensmittel einkaufen	1 ☐	2 ☐	3 ☐	4 ☐	5 ☐	6 ☐
Entscheiden, was es zum Essen gibt	1 ☐	2 ☐	3 ☐	4 ☐	5 ☐	6 ☐

6.3.3 Verteilung der Entscheidungsgewalt

Begriffserklärung und Bedeutung
Mit dem häufig gebrauchten Ausdruck familiale Autoritäts- oder Herrschaftsstruktur ist die Verteilung der Entscheidungsgewalt auf die verschiedenen Familienmitglieder gemeint.

Es geht hier um die Fragen:
- ■ Wer entscheidet und bestimmt?
- ■ Wer gibt die Befehle?
- ■ Wer muss sie befolgen?
- ■ Wer übernimmt die Leitung und ergreift die Initiative?
- ■ Wer folgt den Initiativen?

Es ist von vornherein anzunehmen, dass jemand, der auf vielen oder wichtigen Gebieten die Initiative übernimmt und Entscheidungen trifft, auch geneigt ist, das auf nicht so wichtigen Gebieten zu tun. Umgekehrt tendiert jemand, der auf wichtigen Gebieten den Initiativen anderer folgt, auch dazu, auf weniger wichtigen Gebieten den Initiativen anderer zu folgen. Es ist nicht auszuschließen, dass in einer Gruppe die Entscheidungsgewalt je nach Bereich auf andere Personen verteilt ist.

Die familiale Herrschaftsstruktur ist deshalb von so großer Bedeutung, weil sie das Familienklima weitgehend bestimmt, ein wesentlicher Faktor in der Erziehungsfunktion ist und daher einen prägenden Einfluss auf die Kinder hat.

Am Beispiel der Kernfamilie, bestehend aus Vater, Mutter, Sohn und Tochter, lassen sich folgende Möglichkeiten der Verteilung der Entscheidungsgewalt zeigen:
- – Der Vater hat auf allen Gebieten des Familienlebens die Entscheidungsgewalt: patriarchalische Familienstruktur.
- – Die Mutter hat auf allen Gebieten die Entscheidungsgewalt: matriarchalische Familienstruktur.
- – Die Eltern haben auf allen Gebieten gemeinsam die Entscheidungsgewalt: egalitäre Familienstruktur.
- – Die Kinder sind an den Entscheidungen nicht beteiligt: autoritäre Familienstruktur.
- – Die Kinder sind an den Entscheidungen mehr oder weniger beteiligt: demokratische Familienstruktur.

Biologisch bedingte Unterschiede in der Verteilung der Entscheidungsgewalt

Die Geschlechtsunterschiede allein sind keine Begründung für die Verlagerung der Entscheidungsgewalt auf eines der beiden Geschlechter. Von Natur aus ist weder Mann noch Frau für die Autoritätsausübung veranlagt.

Aus der Natur der Mutter-Kind-Beziehung ergibt sich aber, dass, wo die staatlichen Sicherungssysteme noch weitgehend fehlten, die ökonomische und soziale Sicherheit von Mutter und Kind besser gewährleistet ist, wenn sich der Mann durch Heirat zu diesen Aufgaben (soziale und ökonomische Versorgung von Mutter und Kind) verpflichtet, als wenn Frau und Kind ohne diese Leistungen des Mannes auskommen müssten. Von daher wird die Frau im Allgemeinen mehr als der Mann an einer Legitimierung ihres Verhältnisses durch Heirat interessiert sein. Daraus ergibt sich wiederum eine Tendenz zur Abhängigkeit der Frau vom Mann. Diese Abhängigkeit kann eine Erklärung für eine gewisse Vaterautorität in allen Kulturen sein.

Weiterhin lässt die vorher genannte Arbeitsteilung der Geschlechter (Mann: prestigeverleihende Aufgaben; Frau: weniger ehrenvolle Aufgaben) vermuten, dass bisher in den meisten Kulturen eine Tendenz zur patriarchalischen Herrschaftsstruktur vorhanden war, denn der außerfamiliale Status hat Einfluss auf den Status innerhalb der Familie.

Die Generationsunterschiede zwischen Eltern und Kindern bringen notwendigerweise eine Verlagerung der Entscheidungsgewalt auf die Eltern mit sich.

Das kleine Kind ist auf die Hilfe und Führung durch seine Eltern oder andere Erwachsene angewiesen. Deshalb ist eine nicht-autoritäre Erziehung oder demokratische Erziehung im Sinne einer vollen Gleichberechtigung bei den Entscheidungen von vornherein nicht möglich.

Die biologischen Unterschiede zwischen Eltern und Kindern bringen es mit sich, dass in den Familienformen aller Kulturen die Entscheidungsgewalt mehr aufseiten der Eltern als aufseiten der Kinder liegen muss.

6.3.3.1 Kulturelle Unterschiede

Von der Verteilung der Entscheidungsgewalt innerhalb der Familie in früheren Kulturen weiß man Folgendes:

- Kulturstufe der Sammler und Jäger: Machtgleichgewicht oder ein soziales Nebeneinander der Geschlechter
- Kulturstufe der Ackerbauern und Viehzüchter: Vorrangstellung des Mannes als Hauptträger wirtschaftlicher Versorgung und sozialer Sicherheit
- Kennzeichen dieser Vorrangstellung des Mannes sind u. a.
  Witwen wurden mit der Herde dem Nachfolger vererbt,
  der Familienvater ist zugleich der Priester und Richter,
  die altgermanische Kaufehe, wodurch die Frau Eigentum des Mannes wurde (vgl. Neidhardt, 1970, S. 44–45).
- Im Mittelalter ändert sich rechtlich gesehen die Stellung der Frau. In der Praxis wirkt sich das jedoch nicht immer so aus.
  In den besitzlosen unteren sozialen Schichten, wo der Mann außerhalb der Familie keine Autorität besaß, ergaben sich Emanzipationstendenzen der Frau.
  In den mittleren und oberen sozialen Schichten[1], wo der Mann durch Besitz und Einfluss außerhalb der Familie eine hohe soziale Stellung besaß, herrschte weiterhin das Prinzip der patriarchalischen Herrschaft.

Gründe für die Vaterherrschaft

- **Wirtschaftliche Faktoren**
  Je mehr der Mann allein die Verantwortung für die wirtschaftliche Versorgung der Frau und der Kinder hat, umso mehr ist die Frau vom Mann abhängig. Daher ist in primitiven Gesellschaften (Sammler, Viehzüchter, Bauern) das Patriarchat weniger stark ausgeprägt als in einer Gesellschaft mit Arbeitsteilung.

- **Statusfaktoren**
  Je höher das Ansehen des Mannes außerhalb der Familie durch Besitz und Leistung ist, umso größer wird seine Autorität innerhalb der Familie sein. Von daher ist zu erwarten, dass das Patriarchat in den höheren sozialen Schichten stärker ausgeprägt ist als in den unteren.

---

[1] *Zu dieser mittleren und oberen Schicht gehörten: freie Bauern, Zunfthandwerker, Gutsherren, Unternehmer und Kaufleute.*

- **Politische Faktoren**

  In Gesellschaften, wo die politische Entscheidungsgewalt ausschließlich bei den Männern lag (z. B. König, Adel, Klerus) und häufig auch noch von einer Person ausgeübt wurde (Monarch), war der private Patriarchalismus innerhalb der Familie ein Spiegelbild und eine Stütze des öffentlichen Patriarchalismus im Staat.

- **Ideologische Faktoren**

  Damit sind weltanschauliche (philosophische und religiöse) Auffassungen über den Unterschied der Geschlechter gemeint, die eine Vorrangstellung des Mannes untermauern.

  Dazu gehört die Auffassung von Aristoteles: „Das Verhältnis des Männlichen zum Weiblichen (ist) von Natur so, dass das eine besser, das andere geringer ist und dass das eine regiert und das andere regiert wird." (Neidhardt, 1970, S. 46)

In diesem Zusammenhang ist auch die christliche Tradition seit Paulus zu sehen, wonach nur der Mann vollwertiges Mitglied der Gemeinde und für die kultischen (priesterlichen) Funktionen zuständig ist. Hierbei muss man allerdings die Frage stellen, ob diese Tradition von Paulus selbst stammt oder eine spätere Interpretation von Paulus ist.

Zusammenhang von biologischen und kulturellen Bedingtheiten der Vaterherrschaft:

- **Biologisch**

  Mutter und Kind sind mithilfe des Mannes wirtschaftlich besser versorgt als ohne seine Hilfe; von daher ergab sich eine wirtschaftliche Abhängigkeit.

- **Kulturell**

  Diese wirtschaftliche Abhängigkeit der Frau vom Mann führt zur Verlagerung der familialen Autorität auf den Mann.

Durch die sozialen Sicherungssysteme fällt diese wirtschaftliche Abhängigkeit weitgehend weg und verändert sich auch das Autoritätsgefälle zwischen Mann und Frau.

6.3.3.2 Verteilung der Entscheidungsgewalt in unserer Gesellschaft

Autoritätswandel

Die Verteilung der familialen Autorität auf die verschiedenen Mitglieder der Familie in unserer Gesellschaft ist sowohl von historischen Voraussetzungen abhängig als auch gleichzeitig einem Wandel unterlegen. Daher ist es schwierig, eine Bestandsaufnahme zu machen. Immer muss man bei der familialen Autoritätsstruktur auch die Entwicklungstendenzen berücksichtigen. Dies gilt sowohl für die Beziehungen der Ehegatten als auch für die Beziehungen der Eltern zu den Kindern.

Das wichtigste Merkmal der familialen Beziehungen in unserer Gesellschaft ist, dass sie sich in einem ständigen Wandlungsprozess befinden.

Verteilung der Entscheidungsgewalt auf die Ehepartner

Frühere Untersuchung:

Im Jahre 1959/1960 wurden unter der Leitung von Lupri in England, Italien, USA und in der Bundesrepublik Deutschland je 1.000 Personen gefragt: a) Wer in der Familie der Eltern, b) wer in der eigenen Familie die wichtigsten Entscheidungen getroffen habe (vgl. Neidhardt, 1970, S. 57).

Aus den Untersuchungsergebnissen ging hervor,

■ dass innerhalb einer Generation die partnerschaftlichen Beziehungen der Ehegatten in allen Ländern zugenommen haben,

■ dass in allen Ländern (mit Ausnahme Italiens) innerhalb einer Generation der patriarchalische Familientyp zurückgegangen ist,

■ dass die Zunahme der partnerschaftlichen und der Rückgang der patriarchalischen Beziehungen mit dem Grad der Industrialisierung zusammenhängen.

Aus einer anderen **Untersuchung** (vgl. Bertram, 1991, S. 171) lassen sich folgende Trends feststellen:

■ Bei der Bewältigung der Alltagsanforderungen, wie alltägliche Ausgaben und Kleiderkauf, zeigt sich noch häufig ein geschlechtsspezifisches Rollenverhalten in dem Sinne, dass die Frau die Entscheidung trifft.

■ Bei gravierenden Entscheidungen, wie größere Anschaffungen, Freizeitaktivitäten, Wohnungssuche, Schulwahl, berufliche Veränderung wird in der großen Mehrheit der Fälle gemeinsam entschieden.

■ In nicht traditionellen Lebensformen (nichtehelichen Lebensgemeinschaften) kommen gemeinsame Entscheidungen, gleiche Arbeitsteilung oder gar Rollentausch (Hausmann) häufiger vor als in traditionellen Lebensformen (Ehe).

Bei der **internationalen Untersuchung** (ISSP, 1994) über den Wandel in den Geschlechtsrollen wurde u. a. gefragt: Wer entscheidet, was es zum Essen gibt? Als Antwortmöglichkeiten gab es:
1 = stets die Frau
2 = meistens die Frau
3 = jeder zur Hälfte oder beide gemeinsam
4 = meistens der Mann
5 = stets der Mann
6 = wird von anderer Person gemacht

Es wurde hier nicht gefragt, wer das Essen zubereitet, sondern, wer entscheidet, was es zum Essen gibt. Die Antworten auf diese Frage in den verschiedenen Ländern zeigen einerseits, dass es ziemlich feste, geschlechtspezifische Arbeitsrollen gibt, andererseits, dass in den traditionellen Vorstellungen über die Verteilung der Entscheidungsgewalt sich etwas verändert. Die folgende Tabelle gibt die absoluten und prozentualen Anteile der Männer und der Frauen an der Entscheidungsgewalt in Bezug auf das tägliche Essen an.

Interessant ist hierbei die dritte Kategorie, wo beide Partner gemeinsam entscheiden. Sie kommt am häufigsten vor in Deutschland Ost (D-E) und Ungarn, beide ehemalige kommunistische Staaten, am geringsten in Italien (I), Irland (IRL), Australien (AUS). In diesen Ländern scheint die traditionelle Rolle der Frau, dass sie allein über das tägliche Essen entscheidet, noch am meisten gefestigt zu sein.

	AUS	D-W	D-E	GB	NIRL	USA	A	H	I	IRL	NL	N
1	483	329	97	165	124	156	216	282	359	291	283	173
%	30,2	20,8	12,1	28,2	35,6	19,2	34,1	29,9	55,1	49,6	22,9	12,0
2	651	540	180	184	104	289	148	90	116	151	532	596
%	40,8	34,1	22,4	31,5	29,9	35,6	23,4	9,5	17,8	25,7	43,0	41,4
3	356	667	492	210	112	319	248	509	162	133	378	602
%	22,3	42,1	61,3	35,9	32,2	39,3	39,2	53,9	24,9	22,7	30,6	41,9
4	53	26	27	21	6	38	15	16	9	10	31	50
%	3,3	1,6	3,4	3,6	1,7	4,7	2,4	1,7	1,4	1,7	2,5	3,5
5	48	10	3	5		8	5	27	3	1	8	15
%	3,0	0,6	0,4	0,9		1,0	0,8	2,9	0,5	0,2	0,6	1,0
6	6	11	4		2	2	1	20	2	1	5	2
%	0,4	0,7	0,5		0,6	0,2	0,2	2,1	0,3	0,2	0,4	0,1

Einige interessante Untersuchungsergebnisse über derzeitige und vielleicht zukünftige geschlechtsspezifische Machtverhältnisse seien hier noch erwähnt.

In der repräsentativen Befragung der 15- bis 30-Jährigen im Jahre 1982 wurden auch die geschlechtsspezifischen Rollenvorstellungen ermittelt. Das Ergebnis zeigt, dass in den Fällen, wo bestimmte Eigenschaften und Fähigkeiten besonders vom Mann bzw. von der Frau erwartet werden, der Mann eine deutliche Vorrangstellung hat in Bezug auf Durchsetzungsvermögen, beruflichen Erfolg, Härte, Überlegenheit und Beschützerrolle.

Weitere Aussagen und Untersuchungen über die Entscheidungsgewalt in der Familie

Konsumentscheidungen
,Schon heute treffen Frauen in der ganzen Welt rund 80 Prozent aller Konsumentscheidungen', sagt die Trendforscherin Siegel. Eine Zahl, die auch die Verantwortliche des Global Gender Gap Report 2009, Saadia Zahidi, für plausibel hält. Indem Frauen ,mit dem Portemonnaie abstimmen können', verfügen sie über eine Form politischer Macht, die sich wirtschaftlich auswirken wird. Siegel erwartet, dass dadurch vermehrt Einkäufe nach ethischen Gesichtspunkten getätigt werden, weil ,Frauen für diese moralischen Fragen ein bißchen sensibilisierter sind als Männer'. *(Reinhardt, 2010, S. 31)*

Schulische Angelegenheiten
Bei wichtigen schulischen Angelegenheiten entscheiden nach einer repräsentativen Befragung von Infratest 2007 (vgl. Egginger, 2008):

Dass die schulische Bildung Angelegenheit des Mannes ist, meinen 12 % der Männer, aber nur 2 % der Frauen.

Berufswahl
Den meisten Einfluss auf die Berufswahl der Kinder haben:

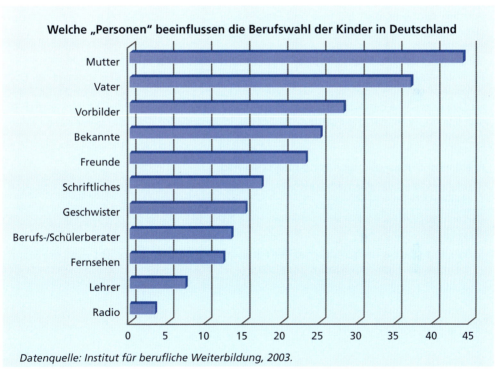

Datenquelle: Institut für berufliche Weiterbildung, 2003.

Quelle: Alhussein, 2010, S. 63

Wer ist der Boss im Haus?
In einer repräsentativen Umfrage des Meinungsforschungsinstituts Emnid 2009 antworteten auf die Frage „Wer hat in der Familie das Sagen?":

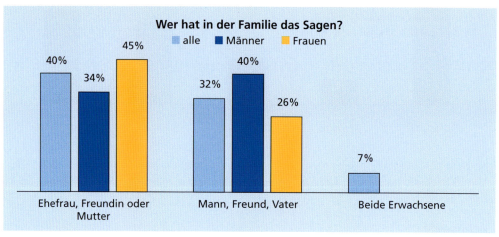

Eigene Zusammenstellung (vgl. Berliner Morgenpost, 25.06.2009)

Deutlich wird hier, dass Männer und Frauen sehr unterschiedliche Meinungen über das „Gewaltmonopol" in der Familie haben.
In dieser Untersuchung wurde auch gefragt, welche Erwartungen und Hoffnungen mit der Funktion des Familienoberhaupts überhaupt verbunden sind. Nach Auffassung von 75 % der Befragten hat der Familienboss in allen wirtschaftlichen und finanziellen Fragen wie etwa bei Geldanlagen das letzte Wort. 56 % sagen, sie oder er würden über soziale Aspekte wie die Auswahl des Kindergartens, der Schule und des Vereins entscheiden. Für 51 % ist mit der Position die Entscheidungsgewalt über die gemeinsame Freizeitgestaltung verbunden (vgl. Berliner Morgenpost, 2009).

Aus diesen Untersuchungen kann man schließen:
- dass das Ideal der Partnerschaft zwischen Mann und Frau von einer überwältigenden Mehrheit befürwortet wird,
- dass partnerschaftliches Verhalten in vielen Bereichen von einer Mehrheit verwirklicht wird,
- dass, wo kein partnerschaftliches Verhalten erwartet oder verwirklicht wird, der Mann meistens die Führungsposition innehat.

Verteilung der Entscheidungsgewalt zwischen Eltern und Kindern in unserer Gesellschaft

In der oben genannten internationalen Untersuchung wurde auch diese Frage gestellt:

Was sollen Ihrer Meinung nach Kinder als Vorbereitung auf das Leben lernen? Ist es wichtiger, dass ein Kind lernt ...

zu gehorchen . . . . 1 ☐

oder

selbstständig zu denken . . . . 2 ☐

Ergebnisse:

	AUS	D-W	D-E	GB	NIRL	USA	A	H	I	IRL	NL	N
1	359	262	101	256	251	364	132	737	456	346	836	126
%	22,0	12,1	9,6	28,6	41,7	27,8	14,4	54,4	47,9	39,9	47,8	6,3
2	1272	1912	952	638	351	945	785	619	495	522	912	1874
%	78,0	87,9	90,4	71,4	58,3	72,2	85,6	45,6	52,1	60,1	52,2	93,7

Die Ergebnisse geben indirekt Aufschluss über die Verteilung der Entscheidungsgewalt zwischen Eltern und Kindern. In den meisten Ländern wird von einer überwiegenden Mehrheit „Selbstständigkeit" für wichtiger gehalten, um das Leben zu bewältigen, als Gehorsamkeit.

Aus einer anderen Untersuchung geht hervor, dass Kontrolle durch die Eltern und Unterordnung der Kinder zurückgegangen sind, während die Befürwortung von Selbstständigkeit der Kinder zugenommen hat. (Siehe aber auch das Kapitel 5.4.4. „Erziehungsziele")

6.3.3.3 Schichtspezifische Unterschiede

Aus den früheren Untersuchungen geht hervor (BMFSFJ, 1975, S. 36):

- Je höher die soziale Schicht, umso ausgeprägter sind die patriarchalischen Familienbeziehungen.
- In den unteren sozialen Schichten nehmen die patriarchalischen Familienbeziehungen im Vergleich zu den mittleren Schichten wieder zu.

Aus der Untersuchung über Schulabschluss und familiale Autoritätsstruktur geht hervor (vgl. Bertram, 1991, S. 185):

- Je niedriger der Bildungsstand, desto häufiger entscheidet die Frau alleine bei alltäglichen Ausgaben; dies ist ein traditionelles geschlechtsspezifisches Rollenverhalten.

Die hohe soziale Stellung des Vaters außerhalb der Familie aufgrund seiner Leistungen schlägt sich auf seine soziale Stellung innerhalb der Familie nieder. Mit anderen Worten: Die Autorität, die der Vater außerhalb der Familie hat, bewirkt, dass er innerhalb der Familie auch eine größere Autorität hat.

Damit ist aber die größere Autorität des Vaters in der Unterschicht noch nicht erklärt. Man würde nach diesem oben genannten Prinzip erwarten, dass der Vater in den untersten sozialen Schichten weniger Autorität hat als in den mittleren Schichten. Um die größere Autorität des Vaters in den unteren sozialen Schichten zu erklären, müssen wir eine weitere Tatsache berücksichtigen.

Unsere Gesellschaft ist im Wandel begriffen. Früher herrschte uneingeschränkt das Prinzip der Vorherrschaft des Vaters in der Familie. Das galt sowohl für die oberen, die mittleren als auch für die unteren sozialen Schichten. Durch die allgemeine Entwicklung herrscht in unserer Gesellschaft mehr und mehr das Prinzip der Gleichberechtigung innerhalb der Familie. Diejenigen, die am meisten an dieser allgemeinen Entwicklung teilhaben – das sind jene mit dem höheren Bildungsgrad – kennen und akzeptieren dieses Prinzip der Gleichberechtigung eher als diejenigen, die einen geringeren Bildungsgrad haben und deswegen weniger an der allgemeinen Entwicklung teilhaben. Das heißt, dass man in den unteren sozialen Schichten noch mehr dem traditionellen Prinzip der Vaterherrschaft verhaftet ist.

In den unteren sozialen Schichten unserer Gesellschaft herrscht noch die traditionelle Auffassung vor, dass der Vater in der Familie der „Boss" sei.
In den mittleren und höheren sozialen Schichten herrscht die Auffassung vor, dass die Gleichberechtigung der Eheleute das Richtige sei.
Wer außerhalb der Familie einen höheren Status, d.h. mehr Einfluss und Prestige hat, wird innerhalb der Familie auch mehr Autorität haben.

Diese Tatsache wird noch durch folgende Untersuchungsergebnisse bestätigt (Rodman, 1970, S. 124):
In einer Vergleichsuntersuchung über eheliche Autorität und soziale Schicht in Dänemark, Frankreich, der Bundesrepublik Deutschland, den USA, Griechenland und Jugoslawien wurde festgestellt, dass in der Bundesrepublik Deutschland, Frankreich, USA und Dänemark Ehemänner mit dem höchsten Ausbildungsniveau die größte durchschnittliche Macht in der Familie besitzen. In Griechenland und Jugoslawien hingegen besitzen Ehemänner mit dem höchsten Ausbildungsniveau die geringste durchschnittliche Macht innerhalb der Familie. Dieses scheinbar widersprüchliche Ergebnis kann dadurch erklärt werden, dass es zwei Quellen für die Autorität innerhalb der Familie gibt:
1. der Status außerhalb der Familie,
2. die gruppenspezifische (eigene Gesellschaft, eigene soziale Schicht usw.) Auffassung über Autorität und Gleichberechtigung.

Die Ehemänner in den ersten vier Ländern schöpfen ihre hohe familiale Autorität aus ihrem hohen Status außerhalb der Familie, aufgrund der gruppenspezifischen Auffassungen wäre die Autoritätsverteilung gleich. Die Ehemänner in Griechenland und Jugoslawien haben mit ihrem hohen Bildungsstand das traditionelle Bild des Patriarchates aufgegeben und sich das Prinzip der Gleichberechtigung zu eigen gemacht. Ihre niedrige Autorität innerhalb der Familie im Vergleich zu ihren Landsleuten ist dadurch bedingt, dass die zweite Quelle der familialen Autorität bei ihnen weggefallen ist.

Verhältnis Eltern – Kinder
Die Tendenz zur alleinigen Entscheidungsgewalt der Eltern ist in den unteren sozialen Schichten stärker als in den mittleren und oberen sozialen Schichten.

6.3.3.4 Phasenbedingte Unterschiede

Die Frage, ob die Autoritätsverhältnisse während des ganzen Familienlebens gleich sind, oder ob es Veränderungen in den einzelnen Phasen gibt, lässt sich ganz global, ohne die vielen Differenzierungen und Wandlungsprozesse zu beachten, folgendermaßen beantworten.

1. Vorbereitungs- und Aufbauphase
Die Autoritätsstruktur des (Ehe-)Paares ist noch nicht sehr differenziert. Die Autoritätsstruktur Eltern – Kind ist noch nicht vorhanden.

2. Pflege- und Erziehungsphase
Bei der Autoritätsstruktur des (Ehe-)Paares ist eine leichte Vorherrschaft des Mannes zu verzeichnen. Die Frau ist vorherrschend im Innenbereich der Familie und bei der Kindererziehung. Bei der Autoritätsstruktur Eltern – Kind besteht eine extreme Abhängigkeit der Kinder von den Eltern. Diese verhalten sich mehr oder weniger autoritär.

3. Ablösungsphase
Die Autoritätsstruktur des (Ehe-)Paares ändert sich bei der Wiederaufnahme der Berufstätigkeit durch die Frau. Die Autoritätsstruktur Eltern – Kinder ist eher partnerschaftlich.

4. Altenphase
In der Autoritätsstruktur der Eheleute ist nach der Pensionierung des Mannes eine Wende zur Vorherrschaft der Frau zu beobachten. Die Autoritätsstruktur Eltern – Kind ist nicht mehr vorhanden.

Aufgaben

1. Geben Sie ein Beispiel einer kleinen Großfamilie und ein Beispiel einer großen Kleinfamilie.

2. Wie wirkt sich die Berufstätigkeit der Frau auf die Autoritätsverhältnisse innerhalb der Familie aus?

3. Welche familiale Autoritätsstruktur (patriarchalisch, matriarchalisch, egalitär) würden Sie bei folgenden Familien vermuten?
   a) Bundesrepublik Deutschland: Mann – Lehrer
                                            Frau – Erzieherin
   b) Bundesrepublik Deutschland: Mann – Minister
                                            Frau – Hausfrau
   c) Bundesrepublik Deutschland: Mann – arbeitslos
                                            Frau – Sekretärin
   d) Türkei: Mann – Landwirt
                                            Frau – in der Landwirtschaft mithelfend
   e) Türkei: Mann – Arzt
                                            Frau – Hausfrau

4. Ist die unterschiedliche Bewertung des Entscheidungsmonopols in der Familie durch Männer und Frauen (siehe S. 294) eine Über- bzw. Unterschätzung der eigenen Position durch Frauen/Männer?

6.4 Funktionen der Familie

6.4.1 Begriffsbestimmung

Diskussionsfragen

- Welche Aufgaben schreibt der Gesetzgeber der Familie vor?
- Welche Aufgaben erwartet die Gesellschaft von der Familie, ohne dass diese Aufgaben gesetzlich vorgeschrieben werden?
- Welche Aufgaben nimmt sich die Familie bewusst und geplant vor?
- Welche Aufgaben erfüllt die Familie, ohne dass die Familienmitglieder sich diese bewusst oder geplant vorgenommen haben?
- Erfüllt die Familie die von der Gesetzgebung vorgeschriebenen Aufgaben ganz/teilweise?
- Erfüllt die Familie die von der Gesellschaft erwarteten Aufgaben ganz/teilweise?
- Erfüllt die Familie die von ihr selbst bewusst vorgenommenen Aufgaben ganz/teilweise?
- Hat die Familie unter Umständen unbeabsichtigte Auswirkungen auf ihre Mitglieder?

Die Auseinandersetzung mit den oben genannten Fragen soll in ein neues Teilgebiet der Familiensoziologie einführen: die Funktionen der Familie.
Mit Funktionen der Familie sind ihre Aufgaben und ihre Wirkungen gemeint.

> **Funktionen der Familie:**
> **„Die Bedeutung der Familie in ihrer spezifischen Eigenart mit ihren spezifischen Leistungen für den Einzelnen, für andere soziale Gebilde und für die Gesellschaft"** (Neidhardt, 1970, S. 5 f.).
> **„… ihre gemeinsamen Aktivitäten und deren Ergebnisse."** (Winch, 1970, S. 22)

In diesen Definitionen ist nicht deutlich, ob dasjenige, was die Familie wirklich **leistet,** dasjenige, was von der Familie im Allgemeinen **erwartet** wird, oder dasjenige, was die Familie selbst **beansprucht,** als ihre Funktion angesehen wird.
Man muss daher bei den familialen Funktionen jeweils unterscheiden zwischen (von der Familie selbst und von der Gesellschaft) beanspruchten Funktionen und den tatsächlichen Leistungen oder verwirklichten Funktionen.

In der heutigen Familiensoziologie werden der Familie hauptsächlich folgende Funktionen zugeschrieben:

- Fortpflanzungs- und Reproduktionsfunktion,
- sexuelle Funktion,
- Wirtschafts- und Haushaltsfunktion,
- Freizeitfunktion,
- Funktion der Statuszuweisung,
- Funktion der Befriedung emotionaler Bedürfnisse,
- Sozialisationsfunktion.

Hiermit sind nicht alle Leistungen und Wirkungen der Familie erfasst. Es mag durchaus sein, dass die Familie Aktivitäten entwickelt oder entwickelt hat, die in den oben genannten Funktionen nicht enthalten sind. Es geht bei dieser Funktionsaufzählung vielmehr darum, die **typischen** Leistungen dieser sozialen Gruppe herauszustellen.

6.4.2 Reproduktionsfunktion

Das Wort „Reproduktion" bedeutet hier „Schaffung neuer Mitglieder der Gesellschaft". Diese Aufgabe der Familie enthält wiederum verschiedene Teilaufgaben. Neben der biologischen Zeugung gehört dazu die materielle Versorgung für die physische Erhaltung und die Erziehung oder Sozialisation. Wegen ihrer großen Bedeutung wird aber die Sozialisation meistens als eine gesonderte Funktion der Familie behandelt.

Die Fortpflanzungsfunktion

Es gab kaum eine Gesellschaft, in der die Erzeugung neuer Nachkommen „legal" außerhalb der Familie stattfand. Wenn schon Kinder außerhalb einer Familie gezeugt oder geboren wurden, bestand immer die Tendenz, diese Kinder zu legitimieren, damit sie Vater und Mutter haben, die für sie verantwortlich sind. Ob dies in unserer Gesellschaft heute noch so ist und in Zukunft so bleibt, ist schwierig festzustellen.

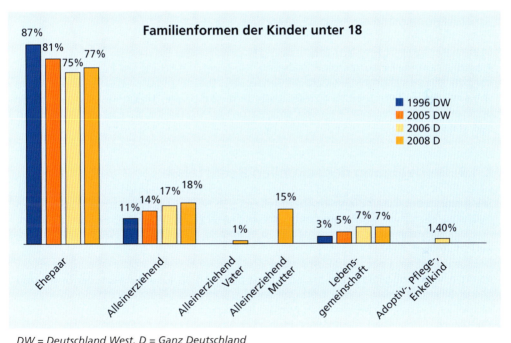

DW = Deutschland West, D = Ganz Deutschland
Eigene Zusammenstellung (vgl. Familienreport 2010, Hullen, 2006: Generations and Gendersurvey.)

Die Trends sind: Etwa Dreiviertel der Kinder leben bei Ehepaaren; im letzten Jahrzehnt Abnahme der Kinderzahl, die bei Ehepaaren leben, Zunahme der Kinderzahl, die bei Alleinerziehenden leben, Zunahme der Kinderzahl in Lebensgemeinschaften. Von den Kinder, die bei Ehepaaaren leben, lebten 2006 8,4 % bei Vater oder Mutter mit neuem Partner, also in Stiefelternfamilien.

Definiert man Familie als: „alle Eltern-Kind-Gemeinschaften, das heißt Paare – Ehepaare, nichteheliche (gemischtgeschlechtliche) und gleichgeschlechtliche Lebensgemeinschaften – sowie alleinerziehende Mütter und Väter mit ledigen Kindern im Haushalt" (Mikrozensus 2005), zieht man in diesen Familienbegriff – neben leiblichen Kindern – auch Stief-, Pflege- und Adoptivkinder mit ein" und berücksichtigt man, dass nach den gesetzlichen Bestimmungen die Eltern das Sorgerecht für ihre Kinder haben, dann ist es selbstverständlich, dass die Fortpflanzung als Funktion der Familie angesehen wird. Auch die tatsächlichen Zahlen bestätigen dies: Alle Kinder in Deutschland, abgesehen von der kleinen Minderheit, die in Heimen lebt, leben in einer der vorher genannten familialen Lebensformen. Nach dem Gesetz gibt es den Unterschied zwischen „ehelichen" und „unehelichen" Kindern nicht mehr, sondern nur noch minderjährige Kinder von verheirateten oder nicht verheirateten Müttern und Vätern. Wahrscheinlich ist die Neufassung des Gesetzes eine Widerspiegelung der gesellschaftlichen Entwicklung: Es ist keine „Schande" mehr, als unverheiratete Frau ein Kind zu bekommen.
Der Einfluss der verschiedenen Lebensformen auf die Entwicklung des Kindes wird unter Sozialisationsfunktion der Familie besprochen.

Materielle Versorgung zur Erhaltung der physischen Existenz
Hierzu gehört die Versorgung mit Nahrung, Kleidung, der Schutz vor körperlichen Schäden, die Pflege bei Krankheit und die Behausung. Diese Aufgaben werden weitgehend von der Familie übernommen, obwohl im Gegensatz zu früher Teile dieser Aufgaben, wie Behandlung und Pflege von Kranken, von Ärzten und Krankenhäusern übernommen werden können.

6.4.3 Befriedigung der sexuellen Bedürfnisse

Die Autoren des 7. Familienberichts schreiben: „So ist im Gegensatz zu früheren Zeiten heute nur ein schwacher Zusammenhang zwischen sexueller Aktivität und Ehe gegeben, und das nichteheliche Zusammenleben ist normativ geworden" (BMFSFJ, 7. Familienbericht, 2006, S. 126).
Die starke Bindung der Sexualität an Ehe und Familie in vielen Kulturen mag einerseits damit zusammenhängen, dass man die Fortpflanzung als eine Aufgabe der Institution Ehe und Familie ansah, andererseits die sexuelle Aktivität nicht dem Instinkt überlassen wollte: Sie wurde vom Menschen in gewisse Bahnen gelenkt, damit die menschlichen Beziehungen durch eine ungeordnete Promiskuität nicht zerstört wurden. Solche Auffassungen über Sexualität, die zunächst ganz praktisch begründet wurden, konnten im Laufe der Entwicklung leicht zu Ideologien werden, die dann häufig auch noch religiös untermauert wurden.

Ob die Befriedigung der sexuellen Bedürfnisse heute noch als eine Funktion der Familie angesehen werden kann, hängt von verschiedenen Voraussetzungen ab. Wenn man Familie im engeren Sinn als verheiratetes Paar mit Kind(ern) versteht, dann hat nicht nur die Familie, sondern haben auch andere Lebensformen diese Funktion, ebenso die sogenannten nichtehelichen Lebensgemeinschaften. Wurde früher unterschieden zwischen „vorehelichem", „ehelichem" und „außerehelichem" Geschlechtsverkehr, so unterscheidet man heute zwischen sexueller Treue und sexueller Untreue, Geschlechtsverkehr mit einem festen Partner und Geschlechtsverkehr mit mehreren Partnern. Ob die Befriedigung der sexuellen Bedürfnisse an eine mehr oder weniger feste Lebensgemeinschaft gebunden ist, ist schwierig festzustellen. Man muss hier unterscheiden zwischen dem tatsächlichen Sexualverhalten einerseits und der Bewertung des Sexualverhaltens andererseits. Folgende Grafik zeigt die Ergebnisse einer Umfrage über die Wichtigkeit von sexueller Treue.

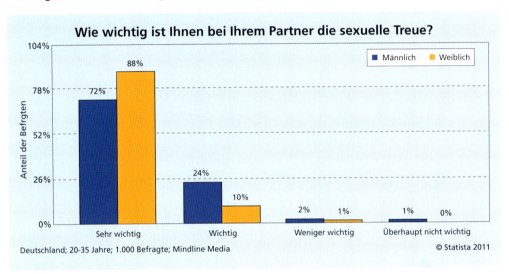

Quelle: Statista, Treue, 2011

Inwiefern das tatsächliche Verhalten mit diesen Auffassungen übereinstimmt, ist schwer zu sagen. Laut einer Untersuchung aus dem Jahre 1988 können sich von den Frauen und Männern zwischen 16 und 39 Jahren in der Bundesrepublik Deutschland 34 % eine Partnerschaft ohne beiderseitige Treueverpflichtung vorstellen. In jeder vierten Ehe sind außereheliche sexuelle Kontakte üblich. Schließlich mag in unserer Kultur die Verbindung von Sexualität mit Liebe und Zuneigung noch ein zusätzlicher Faktor sein, wodurch Sexualität an eine institutionalisierte und legitimierte Partnerbeziehung gebunden ist.

Einige Untersuchungen auf diesem Gebiet lassen vermuten, dass im Großen und Ganzen Geschlechtsverkehr mit verschiedenen Partnern negativ bewertet wird, dass sexuelle Untreue zwar toleriert, aber doch auch negativ bewertet wird.

Schon 1991 stellte Peukert fest:

„Die meisten Umfragedaten bringen deutlich zum Ausdruck, dass das Prinzip der Mo-nogamie im Sinne einer wechselseitigen Treueerwartung für die meisten unverheiratet Zusammenlebenden während der Dauer ihrer Beziehung gültig bleibt. Ein Leben mit mehreren oder häufig wechselnden Partnern wird abgelehnt (...) Gleichzeitig finden sich aber auch Hinweise darauf, dass die sich ausbreitende Praxis vorehelicher Sexualerfahrungen eine gewisse Aufweichung der Erwartung sexueller Treue zur Folge hat (...) Aufgrund der häufigeren Trennungen und der da-

mit verbundenen abnehmenden Dauerhaftigkeit der Beziehungen kann man sagen, dass die lebenslange Monogamie, wie sie im bürgerlichen Ehe- und Familienleitbild gefordert wird, tendenziell abgelöst oder zumindest ergänzt wird durch Formen temporärer oder sukzessiver Monogamie, d.h. eheähnlicher Beziehungen auf Zeit bzw. Fortsetzungsehen."
(Peukert, 1991, S. 202)

Aufgabe

Wie sehen und bewerten Sie den Zusammenhang zwischen Liebe, Sexualität und Partnerschaft?

6.4.4 Wirtschafts- und Haushaltsfunktion

Die Güter, die für den Lebensunterhalt der Familie erforderlich waren, wurden ursprünglich in den Familien selbst hergestellt. Mit der Arbeitsteilung in der Gesellschaft wurden immer mehr Teile der Produktion in Betriebe außerhalb der Familie verlagert. Die Familienbetriebe stellten zwar noch Güter her, spezialisierten sich aber auf einzelne Güter, die durch den Handel an mehrere Familien verteilt wurden. Für das erwirtschaftete Geld wurden andere benötigte Güter und Waren gekauft.

In unserer Gesellschaft geschieht die Herstellung von Produkten meistens außerhalb der Familie. Der an der Produktion Beteiligte erhält einen Arbeitslohn. Mit dem so verdienten Geld werden die benötigten Waren und Güter gekauft.

Meistens stellen ein oder mehrere Familienmitglieder ihr Einkommen der Gesamtfamilie zur Verfügung; die Familie ist dann im gewissen Sinne eine Wirtschaftseinheit. Von einigen Soziologen wird darauf hingewiesen, dass die Produktionsfunktion nicht ganz aus der Familie verschwunden ist. Wohnungseinrichtung, zum Teil Wohnungsbau, Wohnungsrenovierung, Reparatur von Geräten, Pflege und Kultivierung des Grundstücks sind häufig Aufgaben, die von der Familiengemeinschaft erledigt werden. Die Haushaltsfunktion der Familie ist eng mit ihrer Wirtschaftsfunktion verknüpft und enthält u. a. folgende Aktivitäten: Einkäufe, Essenszubereitung, Wohnungspflege, gemeinsame Benutzung von Räumen und Geräten.

Damit sind selbstverständlich eine Reihe von Interaktionen verbunden, die nach Absprache, Regeln und Normen verlaufen.

6.4.5 Freizeitfunktion

Mit der Verkürzung der Arbeitszeit und der damit einhergehenden Zunahme der Freizeit wird die Gestaltung der Freizeit immer bedeutungsvoller. Aus Untersuchungen geht hervor, dass ein hohes Maß an Freizeit innerhalb der Familie verbracht wird, besonders an den Wochenenden.

Andererseits muss man feststellen, dass verschiedene Faktoren das Ausmaß an gemeinsamen Freizeitaktivitäten der Familienmitglieder verringern. Durch die Berufstätigkeit der Mutter verbringt sie weniger Zeit innerhalb der Familie, durch die wechselnden Erwerbszeiten, vor allem der Männer, sind die gemeinsamen Familienzeiten häufig auf das Wochenende beschränkt, durch die vielen außerhäuslichen Freizeit- und Bildungsaktivitäten der Kinder wird die gemeinsame Familienfreizeit begrenzt, durch die Medienbenutzung und die Zunahme der eigenen Zimmer für die Kinder wird auch die Freizeit zu Hause vermehrt einzeln verbracht.

Über das Freizeitverhalten innerhalb der Familien ist folgendes bekannt:

- Eine Vergleichsuntersuchung aus den Jahren 1950, 1970, 1980 zeigt, dass die Eltern sich nach der Geburt des ersten Kindes immer mehr umgestellt haben, indem sie weniger gemeinsam ausgegangen sind, mehr Zeit zu Hause verbracht und mehr mit den Kindern gespielt haben.

- Der Zeitaufwand der Väter für die Kinderbetreuung hat seit den siebziger Jahren zugenommen. Ein Drittel der Männer beteiligt sich täglich mit 74 Minuten an der Kinderbetreuung, bei Kindern unter drei Jahren beträgt der tägliche Zeitaufwand bei 81 % von ihnen 98 Minuten, bei Kindern zwischen 3 und 6 Jahren liegt bei 67 % von ihnen der tägliche Zeitaufwand bei 67 Minuten. Mit dem Alter der Kinder nimmt die gemeinsame Zeit mit den Vätern ab. Diese Kinderbetreuungszeit der Männer besteht hauptsächlich in Spielen und Freizeitaktivitäten mit dem Kind (vgl. Monitor Familiendemographie, 2005, S. 27).

- Schon im Schulalter beginnen die Kinder, Freizeitbeschäftigungen außerhalb der Familie zu suchen.

- Für die Jugend ist die Familie nicht mehr die einzige und wahrscheinlich auch nicht mehr die wichtigste Freizeitgruppe. In der 13. Shellstudie 2000 wurde nach den Freizeitbeschäftigungen der Jugendlichen von 12 bis 25 Jahren gefragt. An 10. Stelle (von insgesamt 18 Freizeitbeschäftigungen) wurden „Unternehmungen mit der Familie" genannt. Diese zählten zu den fünf häufigsten Freizeitbeschäftigungen: 2002 mit 16 %, 2006 mit 19 % und 2010 mit 20 %. Zum Vergleich: Am höchsten scorten 2010 „Im Internet surfen" und „Sich mit Leuten treffen" jeweils mit 59 %.

Sozialisationswirkung der Freizeitgestaltung innerhalb der Familie

Es gibt wenige Untersuchungen über die Auswirkungen der Freizeitgestaltung innerhalb des Kreises der Familie. Man kann jedoch folgende Vermutungen anstellen:

- Die Sozialisationswirkung des Spiels innerhalb der Familie ist auf das Kindesalter beschränkt.

- Dieser Einfluss im Kindesalter kann entscheidend sein und wirkt daher weiter auf das Jugendalter.

- Man hat den Inhalt der Tischgespräche in der Familie erforscht. An erster Stelle standen folgende Themen: Kinder, Alltagserlebnisse, tägliche Arbeit, Haushalts- und Finanzierungsangelegenheiten.
  Erst an zweiter Stelle standen Arbeitswelt, Politik, Gewerkschaft.
  Daraus kann man die Vermutung ableiten, dass die Vorstellungen und Auffassungen über Haushalt und Familie am meisten in der eigenen Familie geprägt werden.

- Aus den Do-it-yourself-Aktivitäten kann man folgende Auswirkungen vermuten:
  Man lernt verschiedene Geschicklichkeiten; diese wiederum beeinflussen möglicherweise die Berufswünsche.
  Man muss verschiedene Rollen erfüllen. Dadurch lernt man den Rollenwechsel.

Die Familienmitglieder lernen einander in den nicht routinemäßig ausgeführten Rollen anders kennen (Vater und Sohn beim gemeinsamen Tapezieren).
Die väterliche Autorität wird abgebaut und ein kameradschaftliches Verhältnis aufgebaut.

- Die Urlaubsreise und die Feriensituation erfordern gemeinsame Initiativen der Familiengruppe. Oft stammen die intensivsten Familienerinnerungen aus der Feriensituation.

6.4.6 Funktion der Bestimmung des sozialen Status in der Gesellschaft

Diese Funktion wird **oft auch Platzierungsfunktion** genannt. Es geht darum, inwiefern der soziale Status oder die soziale Position innerhalb der Gesellschaft durch die Herkunftsfamilie mitbestimmt wird (siehe auch Kapitel 2.5 „Sozialer Status" und Kapitel 5 „Soziale Ungleichheit"). Mit dem sozialen Status ist hier das soziale Ansehen gemeint, das der Mensch außerhalb der Familie hat und das eng verbunden ist mit Ausbildung, Beruf, Einkommen und Einfluss.

Statuszuweisung in anderen Kulturen und anderen Gesellschaftsformen

Es gab und gibt Kulturen, in denen das soziale Ansehen eines Menschen fast ganz an den Familiennamen geknüpft war und ist. Man nennt das direkte Statuszuweisung durch die Familie. In der Feudalgesellschaft hatte jemand, der aus einer Adelsfamilie stammte, unabhängig von seinen persönlichen Fähigkeiten und Leistungen, von vornherein einen höheren sozialen Status als jemand, der aus einer bürgerlichen Familie stammte. In der Kastengesellschaft in Indien bestimmte die Herkunftsfamilie die Berufsmöglichkeiten und das soziale Ansehen des Menschen, unabhängig von seinen Leistungen.

In sozialistischen Gesellschaften, wie z. B. in der DDR, wurden die Kinder aus Arbeiter- und Bauernfamilien bei der Zulassung zum Studium bevorzugt, sodass ihre Bildungs- und Berufschancen, unabhängig von ihren Fähigkeiten und Leistungen, höher waren als bei Kindern aus Beamten- und Akademikerfamilien.

Statuszuweisung in unserer Gesellschaft

Auf die Zusammenhänge zwischen sozialer Position der Eltern (häufig gemessen an Bildung, Beruf, Einkommen, Prestige) und sozialer Position der Kinder wurde schon häufig hingewiesen, u. a. im Kapitel „vertikale Mobilität". In den letzten fünfzig Jahren ließ sich diesbezüglich in Deutschland folgende Entwicklung beobachten: Durch die Bildungsreform in den sechziger und siebziger Jahren des vorigen Jahrhunderts haben die Angehörigen der Unterschichten ihre Bildungsbenachteiligungen für einen großen Teil aufgeholt. Kinder aus Arbeiterfamilien haben sich emporgearbeitet zu angesehenen Politikern, zu Managern von Großbetrieben und zu Universitätsprofessoren. Aber nicht durchgehend, nach wie vor blieb ein Zusammenhang zwischen familialer Herkunft und Bildungserfolg. In den letzten 15 Jahren scheint die Kluft zwischen den Bildungschancen der Kinder aus „bildungsfernen" und „bildungsnahen" Schichten wieder größer zu werden. Zahlen belegen diesen Trend, nur noch 9 % der Kinder aus „bildungsfernen" Familien studieren heute (2007) an einer Universität oder Fachhochschule. Kinder aus Familien in „Armut" gelangen häufig nicht weiter als bis zur Hauptschule mit oder ohne Abschluss, finden keine Lehrstelle und sind häufig von „Arbeitslosigkeit" bedroht. Diese Entwicklung wird auch von internationalen Untersuchungen bestätigt. Politiker streiten sich über die geeigneten Mittel, um dieser Entwicklung entgegenzuwirken. (Siehe auch Kapitel 5.3.2.2 "Ungleichheit der Bildung")

Die Bedeutung der Eltern und des Elternhauses für die Platzierung der Kinder in Schule und Beruf lässt sich so erklären: Durch die Sozialisationsfunktion der Familie werden schon früh bestimmte Voraussetzungen für die späteren Möglichkeiten angelegt. So beeinflusst das elterliche Erziehungsverhalten die Leistungsmotivation und damit auch die Aufstiegsmotivation der Kinder, die sprachlichen und intellektuellen Anregungen in der Familie wirken sich auf den intellektuellen Leistungsstand der Kinder aus; die Norm- und Wertvorstellungen der Eltern beeinflussen wiederum die Norm- und Wertvorstellungen der Kinder.
Insgesamt werden die Grundvoraussetzungen für die „Eroberung" eines sozialen Status in der Gesellschaft in der Herkunftsfamilie gelegt.

Dadurch ist auch in unserer „offenen" Gesellschaft die Familie indirekt mitbestimmend für den späteren sozialen Status in der Gesellschaft.

Direkte Statuszuweisung durch Familie

Indirekte Statuszuweisung durch Familie

6.4.7 Funktion der Befriedigung emotionaler Bedürfnisse

Begriffserklärung

Im öffentlichen und außerfamilialen Bereich sind die sozialen Beziehungen der Menschen kühler, sachlicher und mehr an Leistungen orientiert. In der Familie dagegen sind die sozialen Beziehungen emotionaler und ohne Leistungsdruck.

Diese Unterschiede zwischen verschiedenen sozialen Gruppen wie Schule und Berufswelt einerseits und Familie andererseits werden dadurch gekennzeichnet, dass die ersten beiden zu den Sekundärgruppen, die Familie zu den Primärgruppen gerechnet werden (siehe Kapitel 2.1 „Gruppe: Begriff und Klassifikation").
Das Bedürfnis nach Entspannung, nach emotionalem Kontakt, nach Verständnis für persönliche Probleme und Nöte, nach Lösung von Leistungsdruck und Konkurrenzkampf kann häufig nur im intimen Kreis der Familienangehörigen befriedigt werden. In unserer komplexen Leistungsgesellschaft scheint dieser Gegensatz zwischen öffentlichem und familialem Bereich viel stärker ausgeprägt zu sein als in anderen Kulturen. Daher wird die Familie häufig als der einzige und gleichzeitig ideale Ort für die emotionale Befriedigung des Menschen angesehen.

Untersuchungsergebnis

In der europäischen Wertstudie von 2008 wurde die Familie als der wichtigste Lebensbereich genannt. (Siehe auch Kap. 5.4.1 Wichtigkeit von Lebensbereichen, S. 191). Die hohe Bewertung der Solidarität in der Familie zeigt folgende Grafik aus dem Monitor Familienforschung 2009:

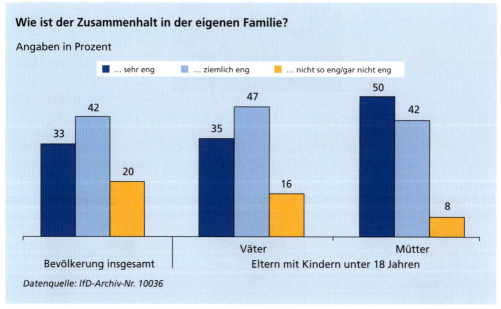

Wie ist der Zusammenhalt in der eigenen Familie?

Angaben in Prozent

■ ... sehr eng   ■ ... ziemlich eng   ■ ... nicht so eng/gar nicht eng

Bevölkerung insgesamt: 33, 42, 20
Väter: 35, 47, 16
Mütter: 50, 42, 8

Eltern mit Kindern unter 18 Jahren

Datenquelle: IfD-Archiv-Nr. 10036

Quelle: BMFSFJ, Monitor Familienforschung, 2009, S. 6

Kritische Bemerkungen

Es darf nicht verkannt werden, dass auch in außerfamilialen Gruppen wie Schule, Berufswelt oder Vereinsleben Möglichkeiten für emotionale Beziehungen liegen. Andererseits ist die Familie häufig ein Ort sachlicher Beziehungen, aber auch emotionaler Konflikte und Auseinandersetzungen.

Vielleicht sind die seelischen Spannungen, Konflikte und Störungen, unter denen viele Menschen heute leiden, sogar eher durch die familiäre als durch die berufliche Situation bedingt. Eine gewisse Versachlichung der familialen Beziehungen und „Emotionalisierung der außerfamilialen Beziehungen" könnten von daher ein „gesunder Mittelweg" sein.

6.4.8 Die These vom Funktionsverlust der modernen Familie

Mit dieser These ist gemeint, dass die Familie Aufgaben, die sie früher hatte, in unserer arbeitsteiligen Gesellschaft an andere Institutionen abgegeben hat, wie z. B. Produktion von Gütern, soziale Sicherung und Erziehung. Bei näherem Hinsehen geht es dabei allerdings eher um eine Funktionsverlagerung als um einen Funktionsverlust. In einigen Bereichen hat die Familie sogar Funktionen hinzugewonnen. Mit den Einschränkungen, die wir vorher bei den Phasen der Familie heute besprochen haben, kann man sagen, dass die Familie folgende vier Funktionen in allen Kulturen gehabt hat und auch heute noch besitzt:

- Fortpflanzungsfunktion,
- sexuelle Funktion,
- ökonomische oder wirtschaftliche Funktion,
- erzieherische Funktion oder Sozialisationsfunktion.

Von diesen Funktionen sind Teile an außerfamiliale Institutionen abgegeben worden:

- Von der wirtschaftlichen Funktion wurde der Produktionsprozess weitgehend aus der Familie verlagert. Behalten hat die Familie Teile der Produktion, wie z. B. Wartung von Wohnung und Hausrat.
- Von der erzieherischen Funktion sind zwar Teile auf den Kindergarten, die Schule und andere Bildungsstätten verlagert worden, aber die erzieherische Funktion der Familie hat auch an Bedeutung gewonnen, da an die Kleinkinderziehung viel höhere Ansprüche gestellt werden als früher.
- Die Funktion der Zuweisung des sozialen Status ist nur noch indirekt Aufgabe der Familie.

Eigentlich ist nicht die „Kernfamilie" vom Funktionsverlust betroffen, sondern vielmehr die Verwandtschaftsgruppen. Denn auch in der vorindustriellen Gesellschaft wurden diese Aufgaben wie Produktion, Erziehung, soziale und wirtschaftliche Sicherung nie ausschließlich von der Kernfamilie, sondern von den größeren Verwandtschaftsgruppen erfüllt.

6.4.9 Sozialisationsfunktion

Begriffserklärung

Die verschiedenen Interaktionen der Familienmitglieder beeinflussen die Persönlichkeit der Mitglieder. Dieser Einfluss ist von vielen Faktoren abhängig:

- Finden die Interaktionen zwischen vielen oder zwischen wenigen Mitgliedern statt, d. h., ist die Familie groß oder klein?

- Ist eine Person bestimmend und müssen die anderen folgen oder bestimmen mehrere Personen gemeinsam, d. h., ist die Autoritätsstruktur demokratisch oder autoritär, partnerschaftlich oder patriarchalisch?

- Ist der Kontakt zu Personen außerhalb der Familie intensiv oder nur sporadisch, d. h., kommen oft Verwandte zu Besuch oder nur selten?

- Sind alle Altersgruppen und Geschlechter in der Gruppe vertreten oder fehlen welche, d. h., ist die Familie vollständig oder unvollständig?

- Sind die Eltern den ganzen Tag anwesend oder nur teilweise?

- Kann das Kind die beruflichen Tätigkeiten seiner Eltern beobachten oder erfährt es nur verbal darüber?

- Sind die Interaktionen harmonisch oder disharmonisch, gibt es Konflikte und Spannungen oder Streitigkeiten? Wie werden diese Konflikte gelöst?

Diese Vielzahl von unterschiedlichen Interaktionen ist eingebettet in die verschiedenen vorher genannten Funktionen der Familie. Es ist nicht so, dass in der sozialen Gruppe Familie einige Stunden am Tag für die Erziehungsfunktion eingeräumt werden oder dass bestimmte Interaktionen zwischen den verschiedenen Familienmitgliedern auf die Sozialisation abgestimmt sind, während andere Interaktionen andere Zwecke verfolgen. Spricht man von der Sozialisationsfunktion der Familie, sind damit alle Interaktionen gemeint, wodurch die Familienmitglieder sich gegenseitig beeinflussen. Es geht also nicht nur um die von den Eltern bewusst geplante Erziehung, sondern auch um die nicht reflektierten und nicht geplanten Einflüsse auf das Kind.

Eigentlich gehört zur familialen Sozialisation auch die prägende Wirkung, die die Eltern durch die Kinder und die Ehegatten durch ihren jeweiligen Partner erfahren. Wenn von der Sozialisationsfunktion gesprochen wird, ist aber meistens die prägende Wirkung, die die Kinder durch die Familie erfahren, gemeint.

Die Sozialisation des Kindes ist nicht ausschließlich eine Aufgabe der Familie (siehe auch Kapitel „Sozialisation"). Schon die formelle Erziehung und Bildung teilt die Familie mit Kindergarten, Schule, beruflichen Bildungsstätten usw. Die Übermittlung der kulturellen Normen und Werte geschieht nicht nur innerhalb der Familie, sondern auch in den anderen Erziehungs- und Bildungsinstitutionen der Gesellschaft, darüber hinaus durch die Nachbarschaft, die Verwandten und Bekannten, durch den Freundes- und Spielkreis, durch die Massenmedien usw.

Die Grundlage aber für alle späteren Sozialisationsleistungen und auch Lernleistungen wird in den ersten Lebensjahren gelegt. Diese erste Erziehung oder Sozialisation ist daher am dringlichsten eine Aufgabe der Familie.

Schwierigkeiten der Sozialisation in der modernen Familie

Zwei Probleme tauchen bei der Sozialisation des Kindes in der Familie auf, die durch die moderne Gesellschaft und die Stellung der Familie in der modernen Gesellschaft bedingt sind.

■ In unserer pluriformen Gesellschaft gibt es große Unterschiede in den Norm- und Wertvorstellungen. Diese Unterschiede machen sich auch in den einzelnen Familien bemerkbar. Die Eltern sind sich teilweise im Unklaren über ihre eigenen Norm- und Wertvorstellungen. Sie sind außerdem unsicher, ob sie ihre Kinder nach ihren eigenen Norm- und Wertvorstellungen oder für das Leben in der pluriformen Gesellschaft erziehen sollen. Das Kind selbst kommt schon früh mit anderen Teilen der Gesellschaft in Kontakt, wo teilweise andere Norm- und Wertvorstellungen als in seiner eigenen Familie herrschen.

■ Eine weitere Schwierigkeit entsteht dadurch, dass in unserer Gesellschaft die Familie relativ isoliert von den anderen Teilbereichen der Gesellschaft ist. Der soziale Kontakt des Kindes ist an eine oder nur wenige Personen der Familie gebunden. Durch diesen engen, dauerhaften, intensiven und emotionalen Kontakt ist die Gefahr einer Überbetonung des Emotionalen gegeben. Deshalb spricht man auch von der Gefahr der Überemotionalisierung des Kindes. Werte wie „Innerlichkeit", „Direktheit der Kontakte", „Zärtlichkeit", „Gemeinschaftlichkeit" werden im Vergleich zu Werten wie „Engagement für andere", „Sachlichkeit", „politische Interessen", „moralische Haltung" überbetont.

Aufgaben und Wirklichkeit der familialen Sozialisation

Bisher wurde von der Aufgabe der Sozialisationsfunktion der Familie gesprochen. Dasjenige, was die Familie nun tatsächlich **leistet,** die Sozialisationswirkungen oder -effekte, die die Familie in Wirklichkeit erzielt, sollen wegen ihrer Wichtigkeit in einem eigenen Kapitel dargestellt werden.

Aufgaben

1. Inwiefern wird in unserer Gesellschaft der soziale Status durch die Herkunftsfamilie bestimmt?

2. Welche der Interaktionen zwischen Mann und Frau im folgenden kurzen Tagesablauf sind auf die Haushaltsfunktion, welche auf die Befriedigung emotionaler Bedürfnisse bezogen?

3. Welche der im Tagesablauf genannten Haushaltsaktivitäten werden vom Mann, welche von der Frau, welche von beiden gemeinsam verrichtet?

   Ausschnitt aus dem Tagesablauf eines Sechzigjährigen:
   Morgens um 7 Uhr stehe ich auf. Das Erste, was ich tue, ist das Waschen. Die Frau weckt mich, sie steht zuerst auf, weckt dann zuerst die Kinder, weil die Kinder früher als ich zur Arbeit müssen und weckt dann mich. So braucht sie nicht alles auf einmal zu tun.

Rasieren tue ich mich elektrisch. Ich stelle dann gleich das Radio an, ich habe einen Doppelstecker, Rasieren tue ich nämlich im Wohnzimmer. Ich begrüße dann den Kanarienvogel. Er ist der Erste, den ich morgens begrüße. Nach dem Rasieren ziehe ich mich fertig an. Rasieren tue ich mich noch im Schlafanzug.

Die Frau hat das Frühstück schon fertig. Meistens bringt sie vorher schon eine Tasse Kaffee. Wollen Sie auch wissen, was ich frühstücke? (Frage an den Interviewer) Meistens Brei, das hat sich bei uns so eingewöhnt. Eine Schnitte Brot esse ich selten, sehr selten. Dann ist es 7 Minuten nach halb 8 bzw. 20 Minuten vor 8 geworden. Ich ziehe meinen Mantel an, Hut und Mantel natürlich. Die Kinder sind schon weg. Ich verabschiede mich von meiner Frau. Wenn ich auf der Straße bin, steht sie auf dem Balkon. Sie winkt und ich winke nach. Wehe, wenn ich das vergessen habe! (…)

Ich mache die Arbeit bis halb 6. Ich räume mein Pult auf, natürlich. Tja, ich habe meinen Mantel und Hut, verabschiede mich von den Kollegen und gehe sofort nach Hause. Das Essen ist fertig. Wenn ich zu Hause angekommen bin, esse ich zu Abend bzw. ich hole das Mittagessen nach. Ich lege mich auf die Couch und lese die Zeitung. Nach dem Studium der Zeitung schlafe ich eine halbe Stunde. 7.15 Uhr stehe ich auf und gehe ins …, um dort eine nebenamtliche Tätigkeit auszuüben.

Nach meiner Rückkehr sitze ich meistens bis 11 bzw. 10.30 Uhr mit meiner Frau zusammen. Sie erzählt mir, was sich im Laufe des Tages ereignet hat. Wir sprechen über die Kinder. Sie erzählt auch, was sie so am Tag erlebt hat. Ich selbst aber erzähle nichts vom Dienst. Ich bin froh, dass ich nicht darüber zu reden brauche.

Ja, dann gehe ich zu Bett, und mein Tageslauf ist zu Ende.

6.5 Sozialisationseffekte der Familie

In diesem Abschnitt sollen Untersuchungsergebnisse der familialen Sozialisation dargestellt werden. Das wichtige Ziel dabei ist, vor pauschalen und vereinfachenden Urteilen zu warnen. Die Kenntnisse über die Auswirkung der Familie auf ihre Mitglieder sind noch recht unvollständig. Die Untersuchungsergebnisse sind zum Teil uneinheitlich, wenn nicht sogar widersprüchlich. Das kommt daher, dass die Zusammenhänge so vielschichtig sind und bei der Beurteilung der prägenden Wirkung einer Familie so viele Faktoren mitberücksichtigt werden müssen.

Intervenierende Variablen
In der Sozialforschung bedeutet Variable eine veränderliche Größe oder ein veränderliches Merkmal.

Die Kinderzahl ist ein Merkmal der Familie. Dieses Merkmal ist veränderlich, d. h., die Kinderzahl kann größer oder kleiner sein. Der Erziehungsstil ist eine Variable, d. h., der Erziehungsstil kann autoritär oder demokratisch sein.

„Intervenierend" heißt wörtlich „dazwischenkommend" und nimmt in diesem Zusammenhang die Bedeutung an von „mitwirkend".

Die Aussage „die Kinderzahl beeinflusst den Erziehungsstil" muss genauer gefasst werden, wenn der Faktor „soziale Schicht" berücksichtigt werden soll. In der sozialen Oberschicht hat die Kinderzahl dann einen anderen Einfluss auf den Erziehungsstil als in der sozialen Unterschicht, damit ist die soziale Schicht eine intervenierende Variable oder ein „mitwirkendes Merkmal". Ein anderes Beispiel: Die Ehescheidung beeinflusst die Entwicklung der Kinder. Die Ehescheidung bzw. Nicht-Scheidung ist eine Variable oder ein Merkmal der Familie. Haben die Kinder vor der Scheidung eine positive Einstellung zum Vater gehabt, so werden sie durch die Trennung vom Vater negativer beeinflusst, als wenn sie vor der Scheidung eine negative Einstellung zum Vater hatten. Die Einstellung zum Vater vor der Scheidung ist eine intervenierende Variable.

Die Beachtung solcher intervenierender Variablen ist bei der Untersuchung der Sozialisationseffekte der Familie wichtig. Häufig werden nur einzelne Merkmale der Familie in ihrer Wirkung auf die Kinder betrachtet. Es entstehen dann pauschale einseitige Urteile, die der Wirklichkeit nicht entsprechen. Die tatsächlichen Zusammenhänge und Ursachen sind vielschichtiger, als dass sie durch einen Faktor oder ein Merkmal erklärt werden könnten. Die einzelnen Merkmale der Familie sind jeweils eingebettet in übergeordnete Merkmale und können in ihrer Wirkung nur in diesem größeren, übergeordneten Zusammenhang verstanden werden.

Die wichtigsten intervenierenden Variablen bei der Untersuchung der Sozialisationseffekte sind:
- die Kultur oder die jeweilige Gesellschaft,
- die soziale Schicht,
- das Erziehungsverhalten der Eltern.

Bei der Sozialisation wird unterschieden zwischen Sozialisationsträger und Sozialisationswirkung (siehe S. 128 ff.). Bei der Untersuchung der Sozialisationswirkung der Familie unterscheidet man zwischen Familie als Sozialisationsträger und der Wirkung auf das Verhalten und Erleben des Kindes – der Sozialisand – als Sozialisationswirkung. Auch bei dem Sozialisand, in diesem Falle dem Kind, gibt es intervenierende Variablen.

Auch Alter und Geschlecht des Kindes kann eine solche intervenierende Variable sein.

Der autoritäre Erziehungsstil kann bei Jungen eine andere Auswirkung haben als bei Mädchen, im Vorschulalter eine andere Reaktion des Kindes hervorrufen als im Jugendalter. Außerdem muss man bei Sozialisationseffekten noch zwischen kurzfristigen und langfristigen Wirkungen unterscheiden. Die Spannungen vor einer Ehescheidung, die während des Vorschulalters des Kindes auftreten, haben offene Störungen beim Schulkind zur Folge, während im späteren Jugendalter sich diese früheren Spannungen – die also während des Vorschulalters des Betreffenden aufgetreten sind – in einem negativen Selbstbild bemerkbar machen.

Als Beispiel wird im folgenden Schema der Zusammenhang des autoritären Erziehungsstils mit intervenierenden Variablen dargestellt. Außerdem werden die langfristigen und kurzfristigen Wirkungen unterschieden.

Intervenierende Variable		Hauptvariable	Sozialisationseffekte	Sozialisand					
				Jungen	Mädchen	Vorschulkind	Schulkind	Jugendliche/r	Erwachsene/r
Soziale Schicht	Oberschicht	Autoritärer Erziehungsstil	weniger negativ						
	Mittelschicht		negativ						
	Unterschicht		weniger negativ						
Gesellschaftsstruktur	autoritär		weniger intensiv						
	demokratisch		intensiver						

Bei dem Sozialisationsträger Familie untersucht man meistens folgende drei Aspekte:
1. die Familienform,
2. die Familienbildungs- und Familienlösungsereignisse,
3. das Erziehungsverhalten der Eltern.

Wir werden uns mit folgenden Fragestellungen befassen:

■ In welcher Familienform und damit zusammenhängend in welchem Kindschaftsverhältnis lebt das Kind?

■ Wie kam diese Familienform und dieses Kindschaftsverhältnis zustande: Heirat, Legitimation, Trennung, Tod, Scheidung, Adoption, neue Partnerschaft, neuer Haushalt, erneute Heirat? Welche Familienbildungs- und Familienlösungsereignisse hat das Kind erlebt?

■ Welchen Einfluss hat dieses Kindschaftsverhältnis auf Verhalten und Erleben des Kindes?

■ Welche Veränderungen im Kindschaftsverhältnis hat das Kind (bewusst) erlebt?

■ Welchen Einfluss haben diese Veränderungen auf das Verhalten und Erleben des Kindes?

■ Wie ist das elterliche Erziehungsverhalten, das die Kinder erfahren?

■ Welchen Einfluss hat dieses Erziehungsverhalten auf Verhalten und Erleben des Kindes?

6.5.1. Sozialisationseffekte der Familienform

6.5.1.1 Sozialisationseffekte des Aufwachsens in nicht familialen Gruppen

Die Bedeutung der Familie für die Sozialisation des Kindes wurde früher an den Schäden oder den sogenannten Sozialisationsdefiziten der Kinder, die in Heimen aufwuchsen, zu beweisen versucht. Dabei wurde fälschlicherweise davon ausgegangen, dass diese Schäden auf die Heimerziehung zurückzuführen seien. Der wesentliche Grund wurde nicht wahrgenommen: Viele der vorgefundenen Defizite waren durch Bedingungen vor der Heimerziehung begründet. Die heutige Heimerziehung ist nicht mehr zu vergleichen mit der Heimerziehung aus der Zeit der Hospitalismusforschung. (Für Einzelheiten über die Heimerziehung sei auf das Fach Pädagogik verwiesen.) Dass die Erziehung innerhalb der

Familie in der Regel die beste Voraussetzung für die Sozialisation der Heranwachsenden ist, wird allgemein anerkannt.

„Heimerziehung ist nur angezeigt für Kinder und Heranwachsende, die zu Hause oder in anderen Familien und in den von dort aus erreichbaren Lern- und Arbeitsmöglichkeiten nicht zu Rande kommen, die also so belastet, eingeschränkt und überfordert sind, dass sie in institutionell arrangierten und professionell gestützten Gruppen leben sollen."
(Bundesministerium für Jugend, Familie, Frauen und Gesundheit, 1990, S. 151)

Umfang der Heimerziehung

1976	1986	1995	1998	2007
76.500	53.500	70.000	77.000	79.200

Wie die Tabelle zeigt, pendelte in den letzten 30 Jahren die Zahlen der Heimbewohner zwischen 70.000 und 80.000.

„In Heimen und betreuten Wohnformen lebten im Jahr 2007 dauerhaft oder vorübergehend nach der Gewährung einer Jugendhilfeleistung rund 79.200 junge Menschen – also weniger als 1 % aller Kinder und Jugendlichen in Deutschland. Von ihnen sind 56 % Jungen und junge Männer, 44 % sind weiblich. Deutlich überproportional sind die 16- und 17-Jährigen vertreten. Zählt man zu den Jugendlichen in Heimen und Wohngemeinschaften die rund 60.100 jungen Menschen hinzu, die einen Platz in einer Pflegefamilie hatten, ergibt sich eine Zahl von rund 140.000 Kindern, die außerhalb ihrer Familien untergebracht waren."
(DJI, 2009/10, zitiert in: http://www.medizin-aspekte.de/2009/10/337882_6603.html)

Ein Forschungsprojekt aus dem Jahre 2000 kam zu dem Ergebnis, dass in 70 % die Heimerziehung für die Kinder hilfreich ist, wenn man die Anfangssituation mit der Endsituation dieser Kinder vergleicht. Außerdem wurde festgestellt, dass die positive Leistung der Heimerziehung vom Einhalten der Qualitätsstandards der Heimerziehung abhängig ist (vgl. BMFSFJ Hrsg. Jule, 1998, S. 11).

6.5.1.2 Sozialisationseffekte der familialen Lebensform

Sozialisationseffekte der durch Verwandtschaftsbeziehungen definierten Familienform

Die folgende Tabelle gibt eine Übersicht über die ethnologischen und kulturvergleichenden Forschungen hinsichtlich der Auswirkungen der verschiedenen Familienformen:

Sozialisationseffekte der familialen Haushaltsstruktur

Familien-form	Selbstständig-keitserziehung	Leistungs-erziehung	Aggressivi-tätserziehung	Verantwort-lichkeit	Dissoziales Verhalten	Integriertheit
Mutter-Kind-Haushalte	späte Selbst-ständigkeits-erziehung	wenig Anre-gung zum Leistungs-streben	Bestrafung der Aggressivität	Verantwor-tung wird auf andere abgewälzt	Steigerung der Krimina-lität: Eigen-tumsdelikte und Körper-verletzung	
Kernfamilie	frühe Selbst-ständigkeits-erziehung	Anregung zum Leistungs-streben	Toleranz der Aggressivität	hohe Selbst-verantwort-lichkeit		Isolierung der Kinder und Erwachsenen, Deprivation der älteren Generation
erweiterte Familie			starke Bestra-fung der Aggressivität			

Erläuterung der Tabelle:
Die Auswirkungen betreffen einerseits bestimmte elterliche Erziehungsverhaltensweisen, andererseits bestimmte Verhaltens- und Erlebnisweisen der Kinder, die wiederum eine Folge des Erziehungsverhaltens sind.

Die vermehrte Bestrafung der Aggressivität in den erweiterten Familien wird dadurch er-klärt, dass die Aggressivität eine Bedrohung für den Fortbestand des erweiterten Haus-haltes ist.
Die geringe Selbstverantwortlichkeit und die vermehrte Kriminalität in Mutter-Kind-Haushalten wird erklärt, indem bei Fehlen des Vaters – unter bestimmten Bedingungen – die Identifikation als Voraussetzung für die Normübernahme erschwert ist.

Die negative Auswirkung der Kernfamilie auf die von ihr getrennt lebende ältere Gene-ration im Sinne einer Deprivation (Verminderung der Interaktionen) wurde durch diffe-renzierte Untersuchungen über Sozialkontakte voneinander getrennt lebender Genera-tionen teilweise widerlegt.

Kindschaftsverhältnisse in der Bundesrepublik Deutschland
Um das Verhalten eines Kindes im Kindergarten besser zu verstehen, wird von den Er-ziehern und Erzieherinnen Wert darauf gelegt, zu wissen, aus welchen Familienverhält-nissen das Kind stammt. Um die Rahmenbedingungen für die Entwicklung des Kindes ein-zuschätzen, sind Informationen über die soziale Umwelt, in der das Kind täglich lebt, von Bedeutung. Ein Teil dieser sozialen Umwelt ist seine Familie.

Die Kindschaftsverhältnisse können unter folgenden Gesichtspunkten betrachtet werden:
- In welchen Kindschaftsverhältnissen lebt das Kind momentan?
- Durch welches Ereignis (Heirat, Legitimation, Trennung, Tod, Scheidung, neuen Part-ner kennenlernen, neuen Haushalt gründen, erneute Heirat) kam dieses Kindschafts-verhältnis zustande?
- Welche Veränderungen gab es in dem Kindschaftsverhältnis?
- Welche Veränderungen hat das Kind (bewusst) erlebt?

- Wie hat das Kind diese Veränderungen erlebt?
- Welche Einflüsse haben diese Veränderungen auf die Entwicklung des Kindes?

Folgende Grafik gibt eine Übersicht über die Kindschaftsverhältnisse 2008 (siehe auch Kap. 6.4.2. „Reproduktionsfunktion", S. 299):

Kindschaftsverhältnisse in Deutschland im Jahre 2005

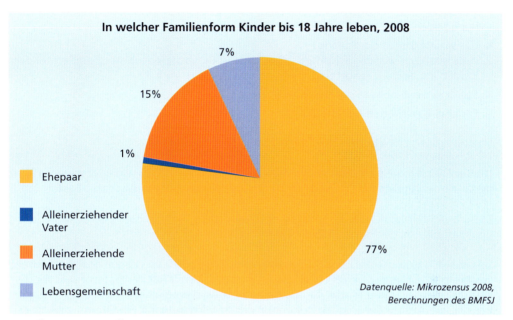

In welcher Familienform Kinder bis 18 Jahre leben, 2008

7%
15%
1%
77%

- Ehepaar
- Alleinerziehender Vater
- Alleinerziehende Mutter
- Lebensgemeinschaft

Datenquelle: Mikrozensus 2008, Berechnungen des BMFSJ

Quelle: BMFSFJ, Familienreport 2010, S. 22

Von den vielen Untersuchungen über die Sozialisationswirkungen der verschiedenen Familienformen werden hier einige wichtige Ergebnisse besprochen.

Sozialisationseffekte der durch die Kinderzahl definierten Familiengröße

Zwischen Kinderzahl und Interaktionsformen der Familienmitglieder wurden folgende Zusammenhänge festgestellt:

- Mit zunehmender Familiengröße nehmen einengende und autoritäre Tendenzen in der elterlichen Erziehung zu.
- Mit zunehmender Größe der Familie nimmt die körperliche Züchtigung als Erziehungsmittel zu.
- Mit zunehmender Größe der Familie wird eher ein Elternteil (meist der Vater) eine vorherrschende Stellung einnehmen.
- Mit zunehmender Größe der Familie werden sich weniger positive Gefühle der Kinder gegenüber den Eltern entwickeln.
- Mit zunehmender Größe der Familie werden weniger positive gefühlsmäßige Beziehungen zwischen den Ehepartnern bestehen.
- Mit zunehmender Größe der Familie wird die Elternrolle eher als Belastung empfunden.

315

Wie sich diese unterschiedlichen Interaktionsformen auf die Kinder auswirken, wird später besprochen. Einschränkend muss gesagt werden, dass die Sozialisationswirkungen nicht durch die Familiengröße allein verursacht werden.
Intervenierende Variablen sind hier:

- **die Art der Gesellschaft**
  Thomae meint dazu (1969, S. 793): „Diese Daten sind nur auf eine stark auf individuelles Wohlergehen zentrierte Gesellschaft zu beziehen." D. h., in Gesellschaften, wo kollektive Werte eine größere Rolle spielen, wird die Familiengröße eine andere Auswirkung haben.
- **der soziale Status der Familie**
  In den unteren sozialen Schichten z. B. ist eine Vorherrschaft des Vaters ungeachtet der Kinderzahl eher zu erwarten.
- **Stellung des Kindes in der Geschwisterreihe**
- **Erziehungsverhalten der Eltern**

Sozialisationseffekte der Ein-Eltern-Familien

> **Die Ein-Eltern-Familie ist eine Familienform, in der ein Elternteil für ein oder mehrere Kinder allein sorgeberechtigt ist und mit diesen eine Haushaltsgemeinschaft bildet.**

Diese Definition geht von der rechtlichen Stellung des Verhältnisses Eltern – Kind (Sorgerecht) und von der Haushaltsgemeinschaft aus.

Seit dem 1.7.1998 gilt das neue Kindschaftsrecht. Dieses geht von einem grundsätzlichen Fortbestand der gemeinsamen elterlichen Sorge aus. Damit hat der Gesetzgeber die Bedeutung von Vater und Mutter für die gesunde Entwicklung eines Kindes betont. Damit hat sich die Anzahl der in oben genannten Sinne verstandenen Ein-Eltern-Familien erheblich verringert. Früher wurde der Begriff „unvollständige Familie" gebraucht. Er wurde ersetzt, weil er häufig wertend ist. Auch die Bezeichnung „Ein-Eltern-Familie" kann missverstanden werden, weil er suggeriert, dass der „andere" Elternteil für das Kind keine Bedeutung (mehr) hat. Auch bei der gerichtlichen Anerkennung des alleinigen Sorgerechts für einen Elternteil, hat der andere Elternteil immer noch das Recht des Umgangs mit dem Kind (Besuchsrecht). Häufig wird die Ein-Eltern-Familie gleichgesetzt mit „Alleinstehende mit Kindern" oder mit „Alleinerziehende". Das ist nicht ganz korrekt. In vielen der Ein-Eltern-Familien im Sinne der oben genannten Definition leben andere Personen (der neue Partner, Verwandte) mit im Haushalt und beteiligen sich an der Erziehung. Auch der nicht sorgeberechtigte Elternteil kann sich, wie gesagt, an der Erziehung beteiligen.

Durch diese ungenauen Begriffsbestimmungen sind die Zahlenangaben über den Umfang der „Ein-Eltern-Familien" und der „Alleinerziehenden" manchmal uneinheitlich oder verwirrend. In der amtlichen Statistik werden die Stieffamilienverhältnisse nicht eigens erfasst, sodass in der Zahl der „Ein-Eltern-Familien" oder „Alleinstehenden mit Kindern" auch die Stieffamilienverhältnisse enthalten sind. Auch ist es nicht immer deutlich, ob bei Ein-Eltern-Familien nur diejenigen mit minderjährigen Kindern oder auch diejenigen mit volljährigen im Haushalt lebenden Kindern gemeint sind. In der amtlichen Statistik gehören seit Mikrozensus 2005 zu Familien: alle Eltern-Kind-Gemeinschaften, das heißt Ehepaare, nichteheliche (gemischtgeschlechtliche) und gleichgeschlechtliche Lebensgemeinschaften sowie alleinerziehende Mütter und Väter mit ledigen Kindern im Haushalt. Einbezogen sind in diesen Familienbegriff – neben leiblichen Kindern – auch Stief-, Pflege- und Adoptivkinder ohne Altersbegrenzung. Damit besteht eine statistische Familie immer aus zwei Generationen (Zwei-Generationen-Regel): Eltern/-teile und im Haushalt lebende ledige Kinder. Als bedeutungsvoll für die Sozialisationswirkung hat sich die Unterscheidung zwischen Alleinerziehenden und Nicht-Alleinerziehenden herausgestellt.

Sozialisationseffekte der Alleinerziehenden

Alleinerziehende sind Mütter und Väter, die ohne Ehe- oder Lebenspartner/in mit ihren minder- oder volljährigen Kindern in einem Haushalt zusammenleben.

Umfang der Alleinerziehung

2005 lebten in Deutschland West 14 % von insgesamt 12 Mio. minderjährigen Kindern bei Alleinerziehenden, in Deutschland Ost 22 % von insgesamt 2,4 Mio. Kindern, das sind 1.680.000 und 528.000. Wie groß der Anteil der Väter und der Mütter an den Alleinerziehenden war und was der Anlass für die Alleinerziehung war, zeigt folgende Übersicht:

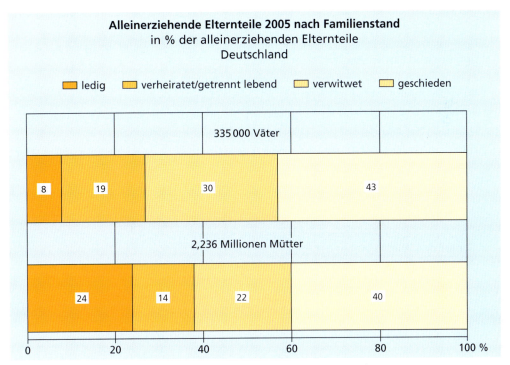

Ergebnisse des Mikrozensus 2005 – Bevölkerung (Lebensformenkonzept)
Quelle: Stat. Bundesamt 2006 – 15 – 0782
2008 lebten 1 % der Kinder unter 18 bei einem alleinerziehenden Vater und 17 % bei einer alleinerziehenden Mutter.

Gründe und Motive der Alleinerziehung

Einige Gründe kann man schon aus dem Familienstand der Alleinerziehenden in der oben stehenden Übersicht erschließen. Der häufigste Grund ist Scheidung, gefolgt von Verwitwung und Trennung. Ein Unterschied zwischen Männern und Frauen ist, dass Ledigkeit bei Frauen an zweiter Stelle kommt, bei Männern an letzter Stelle.

Lebenssituation der Alleinerziehenden

- Ein-Eltern-Haushalte   2,2 Mio.[1]
  - davon alleinerziehende Frauen   1,6 Mio.
  - davon alleinerziehende Männer   332000
- Erziehung durch eine Person   34 %
- Mit-Erziehung auch durch anderen leiblichen Elternteil oder Stiefelternteil   66 %
- von den Alleinerziehenden sind Ledige   42 %
- von den Alleinerziehenden sind Verheiratete (gewesen)   58 %

(Psychologie Heute 11/2000, S. 8–10)

Motivation der Alleinerziehung

- Freiwillig Alleinerziehende: Entscheidung während der Schwangerschaft oder zu einem frühen Zeitpunkt (33 %)
- Bedingt freiwillig Alleinerziehende: Entscheidung nach längerer Beziehung gegen unglückliche Partnerschaft
- Zwangsläufig Alleinerziehende: Entscheidung nach längerer Beziehung bei Gefährdung des Kindes und von sich selbst
- **Vorteile** der Alleinerziehung: Konflikte mit Partner entfallen; eigene Verantwortung
- **Nachteile** der Alleinerziehung: Überforderung und Zeitknappheit
- **Lebenszufriedenheit** hängt zusammen mit dem Grund der Alleinerziehung und mit der ökonomischen Situation

(Psychologie Heute 11/2000, S. 8–10)

Aus der Analyse von Bertram (1991, S. 400) und weiteren Untersuchungen können als weitere Merkmale der Alleinerziehenden genannt werden:

1. Unter den Alleinerziehenden gibt es deutlich mehr Ein-Kind-Familien als im Durchschnitt.
2. 86 % der Alleinerziehenden sind Frauen, 14 % sind Männer.
3. Alleinerziehende Mütter sind häufiger berufstätig als andere Mütter.
4. Alleinerziehende haben eine gleiche schulische Ausbildung, häufiger aber eine weniger qualifizierte berufliche Ausbildung.
5. Die finanzielle Situation der Alleinerziehenden ist im Allgemeinen schlechter als die der Durchschnittsfamilie.
6. Die oben genannten Benachteiligungen kommen am häufigsten bei den ledigen Müttern vor, am wenigsten bei Verwitweten.

---

[1] *Deutschland West. vgl. Statistisches Bundesamt 4/2001. Hierin auch Haushalte mit erwachsenen Kindern enthalten*

7. Alleinerziehende haben einen kleineren Freundes- und Bekanntenkreis, sodass jeder zweite Alleinerziehende unter sozialer Isolation und Einsamkeit leidet.
8. Alleinerziehende leiden häufiger unter Aufgabenüberlastung durch Haushalt, Beruf und durch die Nicht-Befriedigung emotionaler Bedürfnisse.
9. Unter den ledigen Alleinerziehenden gibt es eine „neue" Gruppe von Frauen, die sich zu einem „freiwilligen" Alleinerziehen entschlossen haben. Es sind meistens Frauen mit hohem Bildungsgrad, mit finanzieller Unabhängigkeit, die bei der Geburt ihres Kindes schon 30 Jahre oder älter sind. Nach einer Befragung sollen es 6 % aller Alleinerziehenden sein. Rund einem Drittel aller Alleinerziehenden geht es ausgesprochen gut. Ungefähr zwei Drittel aller Alleinerziehenden bilden jedoch spezifische Problem- und Risikogruppen.
10. Die Alleinerziehung ist meistens nur ein Übergangsstadium, das durch Wiederheirat oder durch eine nichteheliche Lebensgemeinschaft beendet bzw. in ein Stiefelternverhältnis umgewandelt wird.

Sozialisationswirkung der Alleinerziehung

Nach der Darstellung der verschiedenen Formen, Gründe, Motive und weiterer Merkmale der Alleinerziehung wird es deutlich sein, dass man die Frage, wie sich die Alleinerziehung auf die Entwicklung des Kindes auswirkt, nicht pauschal beantworten kann.

Bei globalen Vergleichsuntersuchungen zwischen Kindern aus vollständigen und Kindern aus unvollständigen Familien wurden folgende Unterschiede festgestellt:

„Das Aufwachsen in einer unvollständigen Familie soll zu einer Beeinträchtigung der Geschlechtsrollenidentifikation, einer zunehmenden Ich-Zentriertheit, einem geringen moralischen Urteilsniveau und einem verminderten Selbstwertgefühl der Kinder und Jugendlichen führen. Im Bereich abweichenden Verhaltens werden eine Häufung psychischer Störungen und körperlicher Erkrankungen, höhere Raten von Delinquenz, Alkoholismus, Suizid und illegalem Drogenkonsum behauptet."
(Peukert , 1991, S. 109)

In dem folgenden Bericht werden einige „intervenierende Variablen" genannt, wie beispielsweise das Geschlecht der Kinder, kurz- und langfristige Folgen, Konflikthäufigkeit der Eltern nach der Scheidung:

„Allerdings ist die Entwicklung der Kinder, die nicht in einer Kernfamilie aufwachsen, einem erhöhten Risiko ausgesetzt. So weisen deutlich mehr Kinder, die mit einer alleinerziehenden Mutter aufwachsen, Verhaltensstörungen auf als Kinder in Kernfamilien. Doppelt so viele Söhne und 50% mehr Töchter weisen Verhaltensstörungen auf, wenn sie bei einer alleinerziehenden Mutter aufwachsen, statt in einer Kernfamilie. Kinder, die mit ihren leiblichen Eltern aufwachsen, haben demgegenüber gute Chancen, ohne Belastungen aufzuwachsen, wenn die Eltern keine schweren, andauernden Konflikte austragen. Kinder in Ein-Eltern-Familien leiden dagegen unter starken Belastungen in den ersten ein bis drei Jahren nach der Trennung von Vater und Mutter. Als Erwachsene weisen sie ein höheres Trennungs- und Scheidungsrisiko auf. Die Gefahr einer psychischen Langzeit-Belastung der Kinder ist ebenfalls höher, wenn der Konflikt zwischen den getrennten Eltern weitergeht. Eine ähnliche Risikosituation besteht für die Kinder, die in Stieffamilien oder mit schwulen Elternpaaren zusammenleben."
(Imhof, 2003)

Diese globalen Unterschiede können leicht zu Vorurteilen führen. In der Praxis ist jeder einzelne Fall für sich zu beurteilen und die vielen Faktoren, die einen positiven oder negativen Einfluss auf die Entwicklung des Kindes haben können, sind mit zu berücksichtigen. Auch können viele Defizite auf andere Bedingungen als die Unvollständigkeit der Familie zurückzuführen sein. In einer Untersuchung an Berliner Schulkindern wurde nachgewiesen, dass für die Defizite der Kinder aus Ein-Elternfamilien der sozialer Status, Deutschkenntnisse und Kitabesuch bedeutsamer für die kindliche Entwicklung sind als die Familienform (vgl. Bettge/Oberwährmann/Meinlschmidt). So können etwa Verhaltensstörungen bei Kindern aus geschiedenen Ehen eher auf die Spannungen in der Familie vor der Scheidung als auf die Unvollständigkeit der Familie nach der Scheidung zurückzuführen sein. Daher ist die Tatsache der Alleinerziehung als solche kein Indikator für (Hinweis auf) die eventuelle Entwicklung des Kindes. Das Kind wird eher beeinflusst von den sonstigen sozialen Beziehungen, die mit der Alleinerziehung einhergehen, und von den Gründen und Motiven, durch die es zu der Alleinerziehung gekommen ist.

In einer Untersuchung für das deutsche Jugendinstitut kommt die Autorin zu dem Schluss:

„Der Wandel der Familienformen scheint sich in jüngster Zeit durch die Verbreitung (post)moderner Familienformen, wie etwa die Patchwork-, Ein-Eltern- oder Ein-Kind-Familien sowie gleichgeschlechtliche Partnerschaften beschleunigt zu haben. Seit Jahren wird die Frage diskutiert, ob die veränderten Familienformen als Indikator für die Tiefe des gesellschaftlichen Umbruchs angesehen werden können und welche langfristigen Folgen für das Aufwachsen unter den neuen Bedingungen zu erwarten sind. Nach der anfänglichen eher moralisch entrüsteten Diskussion konnten jedoch Studien empirisch nachweisen, dass nicht die aktuelle Familienform, sondern vielmehr der konkrete praktische und emotionale Erziehungsalltag das Aufwachsen beeinflussen. Es konnten keine direkten Auswirkungen weder von der Zahl der Geschwister oder dem Familienstand der Eltern (zusammen oder getrennt lebend) auf die emotionalen oder schulischen Befindlichkeiten, auf den schulischen Erfolg oder gar Delinquenzverhalten der Kinder nachgewiesen werden."
(Hagen-Demszky, 2006, S. 22 f.)

Durch diese Aussage könnte der Eindruck entstehen, dass es für die Entwicklung des Kindes egal ist, ob es von einem Elternteil oder von zwei Elternteilen erzogen wird. Dem widerspricht die nüchterne Überlegung, dass ein Kind mit zwei Elternteilen andere Erfahrungen macht als ein Kind mit einem Elternteil. Ob dieser Unterschied in Erfahrungen positiv oder negativ bewertet wird, hängt von dem Bewertungssystem ab. Die empirische Erforschung der Wirkung der Alleinerziehung ist deshalb auch so schwierig, weil der Prozentsatz der Kinder, die lebenslang allein erzogen werden, einerseits schwer festzustellen ist, andererseits äußerst gering zu sein scheint. Das ist auch ein Grund dafür, dass die Forschung sich mehr auf die Wirkung der Familienbildungs- und Familienlösungsereignisse im Leben des Kindes richtet.

Aufgabe

Wie erklären Sie sich die 8 % ledige alleinerziehende Väter in der Übersicht?

Sozialisationseffekte der Berufstätigkeit der Mutter

Die zunehmende Berufstätigkeit der Frau hat ihren Einfluss auf das Familienleben, auch auf die Kindererziehung. Das traditionelle Familienmodell, dass der Mann der Hauptverdiener und die Frau zuständig für Haushalt und Kindererziehung ist, scheint ein Auslaufmodell zu werden (vgl. auch S. 280). Im Jahre 2005 waren von den Müttern mit Kindern unter 3 Jahren immerhin etwa 30 % zeitweise berufstätig. Die Frage, ob Kinder berufstätiger Mütter in ihrer Entwicklung benachteiligt sind, wird heute im Zusammenhang mit der Vermehrung der Kinderbetreuungsangebote wieder heftig diskutiert. Sie lässt sich aber nicht eindeutig mit Ja oder Nein beantworten. Denn ob die mütterliche Berufstätigkeit eine positive oder negative Auswirkung auf die Kinder hat, hängt von vielen anderen Faktoren ab. Die eigentliche Fragestellung dabei ist nicht die Wirkung der Berufstätigkeit der Mutter, sondern die Wirkung der zeitweiligen Abwesenheit der Mutter und die Fremdbetreuung des Kindes. Lange Zeit wurde eine Benachteiligung der sozialen Entwicklung des Kindes angenommen. Der 12. Kinder- und Jugendbericht kommt zu dem Schluss, dass die neuesten Forschungen auf diesem Gebiet „keine Belege dafür erbrachten, dass eine Betreuung von Kleinkindern durch andere Personen als die Eltern generell zu problematischen Mutter-Kind-Beziehungen führt. Das Fürsorgeverhalten bleibt auch dann die dominierende Einflussgröße in der Mutter-Kind-Beziehung, wenn das Kind viele Stunden am Tag eine zusätzliche Betreuung erfährt, vorausgesetzt, die Mutter verhält sich in der verbleibenden Zeit dem Kind emotional zugewandt" (BMFSFJ, 2005, S. 178). Die außerfamilialen Bezugspersonen sollten dabei „in gleicher Weise soziale Nähe und Interaktion garantieren wie die Beziehungen zu primären Bindungspersonen, denn sowohl Nähe als auch Kommunikation und Interaktion sind Erfordernisse der menschlichen Individualentwicklung." (BMFSFJ, 2005, S. 124).

Lehr (vgl.Thomae, 1969, S. 797–798) nannte bereits zehn Faktoren, die mitbestimmen, in welche Richtung die mütterliche Berufstätigkeit die Kinder beeinflusst:

- Zugehörigkeit zur sozialen Schicht,
- Bildungsniveau der Mutter,
- Qualifikation des mütterlichen Berufes,
- Geschlecht des Kindes,
- Harmonie der Familie und Einstellung des Mannes zur Berufstätigkeit,
- Erziehungshaltung der Mutter,
- Zeit, Dauer und Regelmäßigkeit der Berufstätigkeit,
- Zufriedenheit mit der Lebenssituation im privaten Bereich und mit der Berufssituation,
- Wohnort,
- Art der Ersatzbetreuung der Kinder.

Einige ältere Untersuchungen hierzu aus den USA:
1. Kinder berufstätiger Mütter aus der unteren sozialen Schicht mit geringem Bildungsniveau und geringer Qualifikation des Berufes zeigen geringere Werte hinsichtlich sozialer und schulischer Anpassungsfähigkeit und geistiger Leistungsfähigkeit als Kinder gleicher sozialer Schicht, deren Mütter nicht berufstätig sind.
2. In einer Vergleichsuntersuchung (USA 1961) wurde der Zusammenhang zwischen Zufriedenheit der Mutter, Berufstätigkeit der Mutter und Entwicklung des Kindes erforscht. Dabei ergab sich:

- Die günstigste Entwicklung zeigten Kinder zufriedener Nurhausfrauen.
- Fast die gleiche günstige Entwicklung zeigten Kinder zufriedener Berufstätiger.
- Gewisse Entwicklungsstörungen zeigten Kinder unzufriedener Berufstätiger.
- Am stärksten in ihrer Entwicklung beeinträchtigt waren Kinder unzufriedener Nurhausfrauen.

Gründe für die Unterschiede:
- Die negative Auswirkung der Unzufriedenheit der Mutter mit ihrer Hausfrauenrolle auf die Kinder wird dadurch erklärt, dass solche Mütter unsicher sind, was ihre pädagogischen Qualitäten anbelangt, dass sie in der Erziehung inkonsequenter sind, dass sie häufiger durch die Kinder nervös werden. Vielleicht ist diese Haltung der Nurhausfrauen auch durch die Geringschätzung dieses „Berufes" in der Öffentlichkeit bedingt.
- Die Auswirkung der unzufriedenen Berufstätigen wird dadurch erklärt, dass diese Mütter sich unbewusst an ihren Kindern rächen, indem sie diese hart bestrafen, zur Mitarbeit im Haushalt zwingen usw.

Sozialisationseffekte der Ein-Kind-Familie

„BONN. Das Ringen mit dem großen Bruder, der Kampf ums größte Schnitzel mit den anderen Geschwistern oder das Barbie-Spielen mit der kleinen Schwester, all das kommt in Nordrhein-Westfalens Familien immer seltener vor. Denn mehr und mehr Kinder wachsen ohne Geschwister auf, viele davon sogar nur mit einem Elternteil.

Jugend- und Familienministerin Birgit Fischer wollte es genau wissen und beauftragte Wissenschaftler damit, das Leben der rund dreieinhalb Millionen Kinder und Jugendlichen im Land zu durchleuchten. Ergebnis: der 190 Seiten umfassende Datenband ‚Kinder und Jugendliche an der Schwelle zum 21. Jahrhundert'. Wie in allen Bundesländern, so sank auch in NRW in den vergangenen Jahren die Geburtenrate. Und die neu geborenen Kinder warteten oft vergeblich auf ein Geschwisterchen. Die Anzahl der Vier- und Fünf-Personenhaushalte ging von 1987 bis 1998 um jeweils rund zwei Prozent auf insgesamt 26 Prozent zurück. Deshalb heißt für viele Eltern das Stichwort ‚Kontaktmanagement'. Finden die Kinder zu Hause keine Spielgefährten, müssen soziale Kontakte organisiert werden. Die Eltern treffen – so lange die Kinder noch sehr klein sind – die Entscheidung, welche Kinder im Bekanntenkreis zum Spielen ‚geeignet' sind. Später gewinnen Kindergarten und Jugendhilfe an Bedeutung. ‚Besonders die immer größer werdende Mobilität der Eltern zerstört nachbarschaftliche Kontakte und Netzwerke gegenseitiger Hilfe', so Ministerin Fischer."

(General Anzeiger, 17.04.2001)

Umfang der Ein-Kind-Familien
Wie viele Ein-Kind-Familien es gibt, kann man nicht genau berechnen, weil man nicht weiß, ob für die bestehenden Ein-Kind-Familien keine weiteren Kinder mehr in Frage kommen. Bei der internationalen Befragung 1994 nach der idealen Kinderzahl ergab sich Folgendes:

	AUS	D-W	D-E	GB	NIRL	USA	A	H	I	IRL	NL	N
0	4	18	6	5		11	5	8	4	2	41	3
%	0,3	0,8	0,6	0,6		0,8	0,5	0,6	0,4	0,2	2,1	0,2
1	19	116	108	16	7	34	51	70	46	7	42	10
%	1,2	5,2	10,1	1,8	1,2	2,6	5,4	4,8	4,5	0,8	2,1	0,5
2	833	1551	831	679	271	783	667	839	678	276	1050	939
%	54,5	69,5	77,7	74,9	45,5	60,0	70,4	57,7	67,1	31,3	53,4	48,2
3	448	441	115	145	157	295	195	485	254	278	575	824
%	29,3	19,8	10,7	16,0	26,4	22,6	20,6	33,4	25,1	31,5	29,2	42,3
4	203	79	10	55	142	159	28	41	22	270	199	145
%	13,3	3,5	0,9	6,1	23,9	12,2	3,0	2,8	2,2	30,6	10,1	7,4

Daraus ergibt sich, dass nur in Deutschland die Ein-Kind-Familie einigermaßen erwünscht ist, dass in allen Ländern die Zwei-Kind-Familie oben auf der Wunschliste steht.
Die Folgen der Ein-Kind-Familien sind (vgl. auch S. 272):
a) Für das Kind: Einzelkindern fehlt der Kontakt zu Geschwistern. Sozialkontakte mit Gleichaltrigen müssen außerhalb der Familie stattfinden. Innerhalb der Familie haben die Kinder nur mit Erwachsenen Kontakt. Laut einer Umfrage sind die Beziehungen zu den Geschwistern für die meisten Menschen von einer tiefen Verbundenheit, die ein Leben lang anhält. Ein Einzelkind von Einzelkind-Eltern hat keine Seitenverwandten, also keine Tanten, Onkel, Cousins und Cousinen.
b) Für die Eltern: Sie müssen mehr organisieren für die Sozialkontakte ihres Kindes.
c) Für die Gesellschaft: Die Vermögensanhäufungen durch Erbschaft werden zunehmen.

Familienformen der Kinder unter 18 Jahren

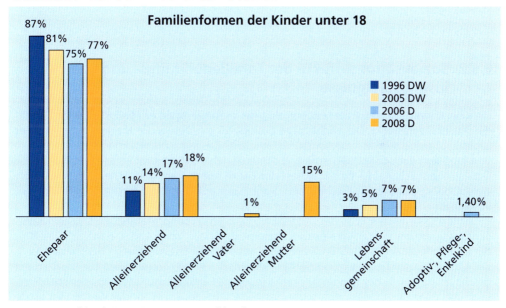

DW = Deutschland West, D = ganz Deutschland
Eigene Zusammenstellung (vgl. BMFSFJ, Familienreport 2010, Hullen, 2006)

Die Trends sind: Etwa Dreiviertel der Kinder leben bei Ehepaaren, im letzten Jahrzent nahm die Kinderzahl, die bei Ehepaaren leben ab, sodass die Kinderzahl, die bei Alleinerziehenden leben, zunahm, ebenso wie diejenige in Lebensgemeinschaften. Von den Kinder, die bei Ehepaaaren leben, lebten 2006 8,4 % bei Vater oder Mutter mit neuem Partner, also in Stiefelternfamilien.

Aufgabe

Welche Ereignisse bestimmen folgende Kindschaftsverhältnisse bzw. können sie bestimmen? Markieren Sie die entsprechenden Zellen in der folgenden Tabelle.

Ereignis	Zwei-Eltern-Familie		Ein-Eltern-Familie		
	Ehe-Fam.	Nicht Ehe-Fam.	Stieffamilie	Mutterfamilie	Vaterfamilie
Geburt					
Heirat					
Haushaltszusammenführung					
Trennung					
Scheidung					
Verwitwung					
Adoption					
Pflegschaft					
Wiederheirat					

6.5.2 Sozialisationseffekte der Familienbildungs- und Familienlösungsereignisse

Ein Kind kann während seines Lebens ein oder mehrere Male erleben, dass seine Familienform sich verändert. Die wichtigsten Ereignisse, mit denen die Kinder im Laufe ihres Lebens aufgrund der Veränderungen im familialen Zusammenleben konfrontiert werden, sind familienbildend (Kennenlernen, Zusammenziehen, Neuheirat eines Elternteils) oder familienlösend (Ende der Partnerschaft der Eltern durch Trennung, Scheidung, Tod). Wie viele Kinder solche Ereignisse erleben, kann man aufgrund der bekannten Tendenzen abschätzen.
Im Jahre 1988 erlebten 80 % der Kinder kein Familienbildungsereignis, 86,6 % kein Familienlösungsereignis, 75,8 % keines von beiden. Das heißt umgekehrt, dass 25 % der Kinder ein solches Ereignis erlebten. Durch die Zunahme der Ehescheidung (1999 hatten 10 % der Kinder ein solches Ereignis erlebt) und andere Entwicklungen wird für die Zukunft geschätzt, dass 50 % der minderjährigen Kinder ein Familienlösungsereignis erleben werden. Von daher kann man jetzt schon festhalten: Immer mehr Kinder werden im Laufe ihres Lebens ein (oder mehrere) Familienlösungs- und Familienbildungsereignisse bewusst erleben.

Welchen Einfluss die Familienbildungs- und Familienlösungsereignisse auf die Kinder haben, ist erst ansatzweise untersucht worden. Dazu gehören die Untersuchungen über die Wirkung der Ehescheidung/Trennung und über die Wirkung der Stieffamilien.

Sozialisationswirkung der Ehescheidung/Trennung
Auszüge aus einer Biografie

Aus der Biografie von Christoph
„Christoph, geboren im November 1983, lebte zunächst in Ostberlin. 1994 zog er zusammen mit seiner Mutter und seiner Schwester nach Strausberg, einem kleinen Ort in Brandenburg, wohin es eine S-Bahn-Verbindung von Berlin aus gibt. Seine Mutter arbeitet dort als Sozialarbeiterin. Er lebt in einer sanierten Plattenbausiedlung, geht zur Realschule, will vielleicht einmal Werbedesigner oder etwas ähnliches werden. Einen großen Plan vom Leben oder hohe Ansprüche ans Leben hat er nicht. Eins ist für ihn inzwischen klar. Er ist gegen Neonazis und solche, die sich ähnlich intolerant verhalten. Und er tut etwas gegen sie, weil er nicht möchte, dass Leute Angst haben, durch die Stadt zu gehen. (…)
Innerhalb eines Jahres hat er sich vom markenartikeltragenden mitlaufenden Anonymus in der Strausberger Technoszene zum Skate-Punker mit weiten Jeans und langen Haaren gewandelt. Er macht mit bei der ‚Aktion Noteingang‘, einer Initiative, die sich im Sommer '98 im brandenburgischen Bernau als Antwort auf rechtsextreme und rassistische Angriffe gegründet hat und die durch Aufklärungsarbeit Ortsansässige auffordert, ‚Farbe zu bekennen‘, um zu erfahren, ob es eine Gegenöffentlichkeit zur öffentlich zur Schau gestellten rechten Haltung gibt. Für Christoph ist es sehr wichtig, mit Antirassisten und Linken zusammen zu sein, seine Mutter sieht das nicht so gerne, allerdings nur deshalb, weil sie Angst um ihn hat.
(…)
Man sollte seinen Lebensstandard nicht so hoch schrauben. Ich bin darauf durch meine Freundin Samanta gekommen. Seitdem ich mit ihr zusammen bin, hab ich sehr viel nachgedacht, über das Leben, was das eigentlich für'n Sinn hat. Von morgens bis abends in dieser Gesellschaft, also erst mal zu arbeiten und dann irgendwas zu machen, die letzten paar Stunden am Tag. Und dann zwei Tage in der Woche frei zu haben, wenn man arbeitet. Bei meiner Mutter seh ich das – das ist sehr krass: Sie arbeitet von morgens bis, weiß ich nicht, irgendwann nachmittags, und dann guckt sie Fernsehen. Am nächsten Morgen geht das weiter. (…) Samanta z. B. will studieren in nächster Zeit, also, sie hat jetzt ihren Korbladen, damit will sie das finanzieren. Den hat sie hier in der Stadt aufgemacht, der geht ziemlich gut. (Samanta kauft die *Korbwaren* preiswert in Polen, wo auch ihre Familie *herkommt*.)
Na jut, wenn ich dann mal arbeite und 'nen Job machen will, der mir auch Spaß bringt, dann muss ich Abi machen und studieren. Werbedesigner heißt das, glaub ich. Das ist auch mit Fotografie verbunden. (*Christoph* fotografiert sehr gerne.) Meine Tante ist Marketingleiterin in einer Firma in München, und die hat mir empfohlen, in 'nem Hefter mal einige Sachen, die ich mache, zu sammeln.
Ich bin sehr froh, dass ich diese Grafik-Begabung hab. Die hab ich wohl von meinem Erzeuger, der auch in diesem Bereich tätig ist.
Vater und Familie: Ach, naja.
Ich kenn meinen Vater, meinen Erzeuger sag ich mal nicht. Meine Mutter hatte damals einen Freund, und von ihm war sie auch schwanger, das war dann ich. In der Schwangerschaft hat sie dann meinen (von *Christoph* sogenannten) ‚Vater‘ (im *Folgenden* in Anführungszeichen *gesetzt*) kennen gelernt, und der hat mich von meiner Geburt an mit aufgezogen, und ich kenn den heute auch noch. Habe auch 'n sehr gutes Verhältnis zu ihm. (Der ‚Vater‘ lebt

in Berlin, Christoph sieht *ihn ungefähr* einmal im Monat.) Und deshalb ist meine Schwester nur meine „halbe" Schwester, was aber auch ziemlich egal ist. Für mich war ,mein Erzeuger' ein Mensch, den meine Mutti gekannt hat, und ich nicht. Ich wollte ihn natürlich auch kennen lernen, als ich von ihm gehört hab, aber dann hab ich drüber nachgedacht: Warum muss ich diesen Menschen eigentlich kennen lernen, wenn der 'n ganzes Leben von mir nichts wollte? Wo man sagt, das ist mein Papa (gequält). Aber ich hab ja 'nen ,Papa', hab ich mir gedacht. Der ,Papa', der mich aufgezogen hat, als ich klein war, bis ich etwas älter war, ja, den hab ich, den hab ich – lieb, und den möchte ich auch noch weiterhin behalten, und ich muss nicht mit dem anderen in Kontakt treten.

Wenn man ein Leben lang mit jemand zusammenlebt, ihn liebt und sagt, das ist mein ,Vater', und auf einmal sagt der, er ist gar nicht mein Vater, so Sachen, die man sich in seinen Träumen gar nicht vorstellen kann, dann is' das schon ein Schock. Seitdem mein ,Vater' ausgezogen ist, leben wir zu dritt, so Freunde kommen vielleicht mal, aber so bei uns gelebt hat keiner weiter. Naja, was interessieren mich die Liebschaften meiner Mutter?! Also, sind so Sachen, die muss man eigentlich nicht wissen (lacht).

Ja, Familie, man stellt sich das so vor, ach, naja, so ist das Leben! Denn auf einmal stellt sich heraus, durch Freunde, dass die das selber erlebt haben! Dass es gar keine perfekte Familie gibt. Ach, naja (stöhnt), das Leben. Man kommt immer mehr rein in dieses Leben, man stellt sich davon einiges vor, und dann kriegt man die reine Wahrheit gegen den Kopp geklatscht, hm. Ach, naja, ist aber auch 'n aufregendes Leben. Ach, naja.

Meine Schwester ist zwölf. Wir zanken uns, manchmal mögen wir uns, kommen gut klar miteinander. Aber ich denk mal, das Zanken, das dominiert schon. Ich glaub, das ist überall so, wie man so hört.

Keine Dispute mehr mit der Mutter

Mit meiner Mutter komm ich auch gut klar. Man streitet sich, wie's überall so ist, Meinungsverschiedenheiten. Früher hab ich ihr sehr viel erzählt. Heute ist das weniger geworden, weil es doch Sachen gibt, die vom Gesetz her nicht erlaubt sind. Und Sachen, die ich ihr gar nicht erzählen will, weil das unnötig wär, sich mit ihr zu unterhalten, zu streiten da drüber. Ich hab schon mal Sachen kaputtgemacht und hab gedacht, das wär o.k. gewesen. Z.B. Wahlschilder hab ich abgerissen, Plakate der rechten Parteien, und das fand meine Mutter nicht in Ordnung. Diese Plakate haben aber dann weniger Leute gelesen, weil die eben nicht mehr zu lesen waren. Also haben sich weniger Leute für was entschieden, was eigentlich sehr schlimm wäre aus meiner Sicht für die Gesellschaft, für das Miteinander unter den Menschen. Meine Mutter hat mir da auch zugestimmt, aber sie hat mir trotzdem Stubenarrest gegeben, weil sie das nicht in Ordnung fand. (Sie verweist darauf, dass es strafbar ist, Plakate legaler Parteien abzureißen.) Und seitdem erzähl ich ihr nicht mehr so viel.

Auf jede Heirat folgt die Scheidung

Ich war noch nie verheiratet, also kann ich weniger darüber sagen, wie das so ist, ob ich nun gerne verheiratet sein möchte. Ich würde gern allein leben, vielleicht mit 'ner Freundin, aber nicht heiraten.

Heiraten, da hat mir mein ,Vater' abgeraten, und viele andere Leute denken genauso, und ich hab mich überzeugen lassen, dass ich lieber nicht heiraten sollte. Erst mal kostet das Geld. Zweitens kostet das wieder Geld, sich scheiden zu lassen. Weil ich denke, das ist ganz sicher, dass man sich wieder trennt. Jahrelang nur mit einem Menschen zusammenzuleben – kann ich mir nicht vorstellen. 30 Jahre oder 40 Jahre, also, ich kenn meine Mutter jetzt erst 15 Jahre (lacht)! Also nee, mit einem Menschen so lange, und dann auch noch 'ne sexuelle Beziehung, oh Gott, weiß ich nicht! Also, ich brauch Abwechslung, da bin ich mir sicher.

Richtig verliebt war ich das erste Mal in ein Mädchen, das ich heute absolut nicht mehr leiden kann. Und sie hatte auch Hemmungen, mit mir was anzufangen. Freundinnen, nie gewesen, ab Realschule hatte ich gar nicht. Und heute, jetzt, als Skateboardfahrer (lacht verlegen), mögen mich mehr Mädchen als früher. Vom Aussehen her, ich weiß nicht, – meine Mutti hat mich immer drauf hingewiesen: ‚So wird dich kein Mädchen mögen!' Früher, als ich da in der Technoszene war und immer sauber, steril, immer ordentliche Klamotten angehabt, so wie alle andern auch, da hat keiner mich irgendwie gesehen, keine.
Und jetzt auf der Schule hier, also, ich weiß nicht, fünf aus der achten Klasse haben mir schon Briefe geschrieben, und angesprochen haben mich auch schon viele. Das fand ich echt sehr verblüffend, ich finde das immer noch verblüffend."
(Deutsche Shell, 13. Shell Jugendstudie, Bd. 2, 2000, S. 107ff.)

Im 7. Familienbericht werden die Ergebnisse der Forschung über die Scheidungsfolgen ausführlich besprochen. Es wird dabei zwischen kurzfristigen, mittelfristigen und langfristigen Folgen unterschieden.

- **Kurzfristig:** „So ist die anfängliche Phase der Elterntrennung für die große Mehrheit der betroffenen Kinder recht belastend. Für einige Kinder beginnt der Stress infolge eines hohen elterlichen Konfliktniveaus schon vor der Trennung. Die meisten Kinder scheinen jedoch auf die Elterntrennung emotional nicht vorbereitet zu sein." (BMFSFJ, 7. Familienbericht, 2006, S. 120)

- **Mittelfristig:** „Betroffen von einer Scheidung der Eltern bzw. einem hohen elterlichen Konfliktniveau sind mittelfristig insbesondere das Selbstwertgefühl der Kinder, soziale und kognitive Kompetenzen sowie die schulischen Leistungen. Scheidungskinder zeigen vermehrte Tendenzen zu externalisierenden und internalisierenden Bewältigungsstrategien[1], wobei letztere mit größerer Wahrscheinlichkeit bei einem hohen elterlichen Konfliktniveau und der Involvierung des Kindes in die elterlichen Konflikte zu beobachten sind (...) In Längsschnittstudien zeigt sich, dass eine Scheidung der Eltern in der Kindheit die emotionale Bindung der Kinder an ihre Eltern mittelfristig schwächt." (BMFSFJ, 7. Familienbericht, 2006, S. 120)

- **Langfristig:** „Die stärksten langfristigen Auswirkungen einer elterlichen Scheidung fanden sich bei der Vater-Kind-Beziehung. Demnach hatten 35 Prozent der Scheidungskinder zu Beginn des Erwachsenenalters eine relativ schwache Beziehung zu ihrem Vater. Dies ist auch bei Kindern mit einer vormals guten Vaterbeziehung der Fall. Hiervon ist insbesondere die Vater-Tochter-Beziehung betroffen. (...) Infolge einer elterlichen Scheidung wurden in verschiedenen Studien Schwierigkeiten der Kinder im Partnerschaftsbereich festgestellt, wie z.B. weniger Verabredungen, Schwierigkeiten, einen Partner oder eine Partnerin zu finden, vermindertes Glücksgefühl. In verschiedenen Studien zeigt sich übereinstimmend, dass die elterliche Scheidung das Risiko einer instabilen Ehe bei den Kindern steigert. Wenn beide Partner einer Scheidungsfamilie entstammen, ist die Wahrscheinlichkeit einer Trennung noch größer." (BMFSFJ, 7. Familienbericht, 2006, S. 120)

---

[1] *Externalisierend bedeutet, dass Kinder den Eltern Vorwürfe machen, internalisierend, dass die Kinder sich selbst Vorwürfe machen im Umgang mit dem Scheidungsphänomen.*

Bei diesen Scheidungsfolgen müssen auch die „intervenierenden Variablen" berücksichtigt werden. Die Forschungen nennen folgende Faktoren, die die Scheidungsfolgen mitbestimmen:

„Neben Faktoren der Persönlichkeit von Eltern und Kind werden die Qualität der Eltern-Kind-Beziehung und das elterliche Erziehungsverhalten genannt. Insbesondere wird hier die Bedeutung des elterlichen Modells für kompetentes Beziehungs- und Problemlösungsverhalten thematisiert. Auch der Kontakt des Kindes zum außerhalb lebenden Elternteil scheint eine wichtige Rolle zu spielen. Die häufig vorkommenden Umzüge eines Elternteils können gravierende Auswirkungen auf die Kontaktgestaltung haben. Die Wiederheirat der Eltern und die Bedürfnisse weiterer Kinder vermindern gleichfalls die elterliche Verantwortlichkeit gegenüber den Kindern der früheren Ehe. Daneben ist die Einstellung der Mütter für die Aufrechterhaltung von Vater-Kind-Beziehungen in der Zeit nach der Scheidung von großem Einfluss. Von Bedeutung sind hier u. a. Besuchsregelungen, die mit den entwicklungsgemäßen psychischen und sozialen Bedürfnissen der Kinder übereinstimmen. Auf der Partnerebene wurden das elterliche Konfliktniveau, Häufigkeit, Intensität und Inhalte der Konflikte sowie insbesondere deren Fortbestehen nach der Trennung und die Involvierung des Kindes als wesentliche Variablen identifiziert. Insgesamt ergab sich, dass Kinder aus Familien mit hohem Konfliktniveau, in denen beide Eltern den Kontakt aufrechterhielten, die meisten Probleme zeigten. Als besonders schädlich für die kindliche Befindlichkeit erwiesen sich wiederholte gerichtliche Auseinandersetzungen der Eltern, häufige Streitigkeiten der Eltern ohne effektive Lösung und Anschuldigungen sowie die Verwicklung der Kinder in Loyalitätskonflikte. Letztlich erweist sich , dass es nicht die Trennung per se ist, die den Kindern die größten Probleme bereitet, sondern die Art ihres Vollzugs und die oft jahrelang andauernden familialen Konflikte und Streitigkeiten."
(BMFSFJ, 7. Familienbericht, 2006, S. 162 f.)

Merkmale und Sozialisationswirkung der Stieffamilie

Unter Stieffamilie wird eine Familie verstanden, in der zumindest einer der Partner ein nichtleiblicher Elternteil ist. Eine sehr weite Fassung des Begriffes schließt auch die LAT-Beziehungen, wobei der Partner nicht im gleichen Haushalt lebt, mit ein.

In der amtlichen Statistik werden die Stieffamilien als solche nicht erfasst. Sie laufen dort entweder unter Ehepaaren oder unter nichtehelichen Lebensgemeinschaften. Deshalb können die Zahlen der Stieffamilien und der Stiefkinder nur geschätzt werden. Eine Hilfe dazu bieten die Wiederheiratsquoten der Geschiedenen. Einigen Voraussagen zufolge werden in Deutschland 50 % der Ehen wieder geschieden. Von diesen Geschiedenen heiraten wiederrum 50 % erneut. Aus der Zahl der Kinder, die von der Ehescheidung betroffen sind, kann man dann abschätzen, wie viel Prozent Stiefkinder werden. Eine eingehende Analyse der Daten aus dem Jahre 1999 zeigt folgende Grafik.

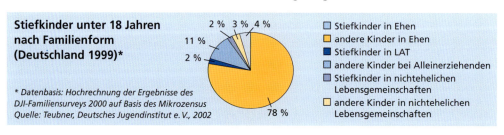

Stiefkinder unter 18 Jahren nach Familienform (Deutschland 1999)*

* Datenbasis: Hochrechnung der Ergebnisse des DJI-Familiensurveys 2000 auf Basis des Mikrozensus Quelle: Teubner, Deutsches Jugendinstitut e. V., 2002

- Stiefkinder in Ehen
- andere Kinder in Ehen
- Stiefkinder in LAT
- andere Kinder bei Alleinerziehenden
- Stiefkinder in nichtehelichen Lebensgemeinschaften
- andere Kinder in nichtehelichen Lebensgemeinschaften

2 % 3 % 4 %
11 %
2 %
78 %

Hiernach lebten 6 % der Kinder unter 18 Jahren in Stieffamilien. Bezieht man die LAT-Beziehungen mit ein, dann sind es 8 %. Im Vergleich mit den USA, aber auch mit Ländern wie Schweden oder den ehemaligen Ostblockstaaten, hatten wir in Deutschland damals einen niedrigen Anteil an Stiefkindern. „Mithilfe der Daten des GGS (Generations and Gender Survey, 2005) zeigt sich, dass ein nicht zu vernachlässigender Anteil von Familien in Deutschland in einer Stieffamilienkonstellation lebt: 13,6 % der Haushalte mit Kindern unter 18 Jahren sind Stieffamilienhaushalte bzw. 10,9 % der Kinder unter 18 Jahren sind Stiefkinder." (Steinbach, 2008)

Mit dem Begriff „Stieffamilie" („Stief" bedeutet „beraubt" und verwies ursprünglich auf Familien, in denen ein Elternteil gestorben war) wird eine Vielzahl unterschiedlicher Familienformen bezeichnet, der jedoch eines gemeinsam ist: Zu den beiden leiblichen Elternteilen tritt mindestens ein sozialer Elternteil hinzu oder ein verstorbener Elternteil wird durch einen sozialen gewissermaßen ersetzt.

Das Kind in einer „Stieffamilie" hat normalerweise folgende Ereignisse und Veränderungen in seinem Leben zu bewältigen. Durch die Trennung leben seine leiblichen Eltern in zwei verschiedenen Haushalten. Es lebt die meiste Zeit im Haushalt der Mutter, seine Alltagsfamilie, und an einem Wochenende im Haushalt seines Vaters (Wochenendfamilie). So in 80 % der Stiefvaterfamilien, in den restlichen 20 % Stiefmutterfamilien sind die Alltags- und Wochenendfamilien bei dem Vater bzw. bei der Mutter. In der jeweiligen Alltagsfamilie kommt ein neuer Lebenspartner der Mutter bzw. des Vaters hinzu, auch in der Wochenendfamilie kann ein neuer Lebenspartner des Vaters bzw. der Mutter hinzukommen. Außerdem können ein oder beide Partner Kinder mit in die Beziehung bringen *(einfache/zusammengesetzte Stieffamilien)* und zu den Stiefkindern können gemeinsame leibliche Kinder hinzukommen *(komplexe Stieffamilien)*. Das neue Ereignis in seinem Leben bei der Bildung einer Stieffamilie besteht im Kennenlernen eines oder mehrerer „neuer", zusätzlicher Elternteile, und eines oder mehrerer zusätzlicher „Geschwister".
Wegen der zunehmenden Ehescheidungen und Wiederverheiratungen bekommt das Stiefelternverhältnis für Eltern und Kinder eine wachsende Bedeutung. Was über diese Familienform bekannt ist, wird hier kurz zusammengefasst.

Die Beziehung zum außerhalb lebenden Vater
Im Gegensatz zu den Kindern Alleinerziehender sind Stiefkinder mit zwei Vaterfiguren konfrontiert. Das ist häufig mit Problemen verbunden. Was die Kontakthäufigkeit betrifft: Kinder Alleinerziehender haben häufiger Kontakt mit dem außerhalb lebenden Vater als Kinder aus Stieffamilien. Etwa 30 % der Stiefkinder haben keinen Kontakt mit dem leiblichen Vater, etwa gleich viel nur ab und zu (mehrmals im Jahr), etwa 30 % mehrmals im Monat und 10 % mehrmals die Woche.

Die Beziehung zum Stiefvater
Die Beziehung zum Stiefvater wird häufig als problematisch gesehen. Das Kind erlebt den Stiefvater als eine Bedrohung für seine Beziehung zur Mutter und zu dem leiblichen Vater. Die Rolle des Stiefvaters ist undeutlich, es fehlen gesellschaftliche Richtlinien und Normvorstellungen. Untersuchungen zeigen aber auch, dass für die Kinder der Stiefvater in der Regel zu den Personen in der Familie gehört, zu denen eine enge Beziehung besteht. Mit dem Stiefvater sprechen Stiefkinder häufig über persönlich wichtige Dinge, über ihre Ziele und Wünsche.

Die schwierige Anfangsphase
Durch die fehlende gemeinsame Geschichte ist die Stieffamilie vor allem in der Gründungsphase starken Anforderungen ausgesetzt, besonders für den Elternteil, der in eine schon bestehende Familie mit Traditionen und Werten hineinkommt. Man spricht deswegen auch von einer „Patchwork-Familie". Die Familie wird wie ein Flickenteppich neu zusammengesetzt.

Für die Kinder bedeutet die Wiederverheiratung meistens den Verlust einer besonders engen Eltern-Kind-Beziehung. In der Phase der Alleinerziehung werden die älteren Jungen häufig Ersatzpartner für die Mütter. Dadurch entstehen Rivalitätskonflikte mit dem Stiefvater. Ist das Ausmaß der Verhaltensabweichungen der Kinder zum Zeitpunkt der Trennung/Scheidung 10 %, so ist es zum Zeitpunkt der Wiederheirat 50 %.

Langfristige Folgen
Die 16-jährigen Kinder aus Stiefelternfamilien zeigten in einer Untersuchung gehäufte Verhaltensstörungen (Kontakte zu Beratungsstellen, Schuleschwänzen, Kriminalität usw.). Inwieweit diese auf das Leben in der Stieffamilie oder auf Erfahrungen vor der Stieffamilienzeit (Scheidung, Tod eines Elternteils, Alleinerziehung) zurückzuführen sind, müsste eigens geklärt werden.

Unterschiedliche Typen von Stieffamilien
Bei Befragungen aller Beteiligten (Mutter, Kind, Vater, Stiefvater) haben sich drei Typen von Stieffamilien herausgebildet:

„Die *Als-ob-Normalfamilie:* Stieffamilien diesen Typs verstehen sich als Kernfamilien und negieren ihre stieffamilialen Besonderheiten, was sich an der Ausgrenzung des leiblichen Vaters manifestiert. Das Familienklima wird in der Regel von allen als harmonisch erlebt. Familien diesen Typs können funktionieren, wenn das Kind keinen Kontakt zum außerhalb lebenden Vater sucht und auch der leibliche Vater seinerseits keinen Kontakt möchte bzw. den Kontaktabbruch akzeptiert. Problematisch ist dieser Typus dann, wenn bspw. Mutter und Stiefvater die Familie quasi als Kernfamilie erleben, das Kind diese Familiendefinition aber nicht teilt.
Die *gescheiterte Stieffamilie:* Für diesen Typus ist charakteristisch, dass die Integration des Stiefvaters in die Familie misslungen ist. Auch nach längerer Zeit akzeptiert das Kind den Stiefvater weder als väterlichen Freund noch als Partner der Mutter. Unter den dauernden Konflikten leidet das Familienleben und letztlich auch die Beziehung zwischen den Partnern, sodass eine Trennung der (Stief-)Eltern oder die Ausgrenzung des Kindes (z. B. durch Unterbringung in einem Internat) unausweichlich wird. Der leibliche Vater spielt im Familiennetzwerk in der Regel keine Rolle.
Die *erweiterte Stieffamilie:* Dieser Typus der Stieffamilie zeichnet sich durch erweiterte Familiengrenzen und ein intensives haushaltsübergreifendes Kommunikations- und Interaktionsgeschehen aus. Der Stiefelternteil – und häufig auch seine Herkunftsfamilie – sind in die Fortsetzungsfamilie integriert. Gleiches gilt für den außerhalb lebenden leiblichen Vater und dessen Eltern. Jeder hat das Vertrauen, sich in schwierigen Situationen auf die Hilfe der anderen Familienmitglieder verlassen zu können. Die erweiterte Stieffamilie bietet Kindern nicht zuletzt aufgrund ihrer Größe besondere Entwicklungschancen und erlaubt es, die Kinderbetreuung auf mehrere Personen (leibliche Eltern, Stiefeltern, Großeltern etc.) zu verteilen."
(Teubner, 2002)

6.5.3 Sozialisationswirkung der familialen Autoritätsstruktur

Vielschichtigkeit der familialen Interaktionen
Bei der Verteilung der Entscheidungsgewalt auf die Familienmitglieder werden fünf Formen unterschieden:

- Vatervorherrschaft oder Patriarchalismus,
- Muttervorherrschaft oder Matriarchalismus,
- Gleichheit oder Egalitarismus,
- Elternvorherrschaft oder autoritäre Beziehungen,
- Gleichheit von Eltern und Kindern oder demokratische Beziehungen.

In Wirklichkeit sind die Verhältnisse in einer Familie noch komplizierter.
Zum einen kommen solch reine Typen nur selten vor: Familien sind mehr oder weniger autoritär oder mehr oder weniger patriarchalisch.
Zum andern sind die Interaktionen zwischen den Familienmitgliedern relativ ausgeglichen und harmonisch oder je nach Familiensituation mehr mit Konflikten und Spannungen beladen.

Beispiel
Wenn der Mann z. B. in der Familie die Entscheidungen trifft, kann die Frau dies als selbstverständlich akzeptieren, oder sie kann gegen diese Vorherrschaft des Mannes innerlich und äußerlich aufbegehren. Wenn die Entscheidungsgewalt auf beide Ehepartner verteilt ist, kann das Verhältnis harmonisch und ausgeglichen oder mit vielen Auseinandersetzungen, Konflikten, Spannungen und Streitigkeiten belastet sein.

Harmonische und konfliktfreie Beziehungen werden sich selbstverständlich anders auf die Kinder auswirken als disharmonische und konfliktreiche Beziehungen.

In der Forschung über die Sozialisationswirkungen der familialen Beziehungen wurden beide Gesichtspunkte beachtet: Verteilung der Machtbefugnis und Harmonie bzw. Disharmonie der Beziehungen. Es wird im Folgenden daher auch unterschieden zwischen **konfliktfreien** und **konfliktreichen elterlichen Beziehungen.** Weiterhin muss man bei der Frage nach den Auswirkungen der elterlichen Beziehungen zwischen kurzfristigen und langfristigen Auswirkungen unterscheiden. So kann man z. B. fragen: Wie wirkt sich die Vorherrschaft des Vaters während des Vorschulalters auf das Kind direkt aus? Wie zeigt sich die frühere Vorherrschaft des Vaters beim Jugendlichen und Erwachsenen? Bei den Auswirkungen der disharmonischen elterlichen Beziehungen ist auch der Zeitpunkt ihres Auftretens wichtig. Große Spannungen zwischen den Ehepartnern während des Vorschulalters der Kinder wirken sich anders aus als Spannungen während des Jugendalters der Kinder.

6.5.3.1 Sozialisationseffekte der Verteilung der Entscheidungsgewalt auf die Ehepartner

Vorherrschaft des Vaters
Folgende Auswirkungen der Vaterdominanz in der Familie auf die Kinder wurden festgestellt:

- aggressive Tendenzen,
- Vorurteile gegenüber Minderheiten,
- geringes Maß an Leistungsmotivation,
- negative Eigenschaften im Selbstbild bei Zwölfjährigen.

Es geht zunächst um statistische Zusammenhänge, d. h., dass oben genannte Eigenschaften viel häufiger bei Kindern aus patriarchalischen Familien als bei Kindern aus nicht-patriarchalischen Familien vorkommen. Wieso es zu diesen Auswirkungen kommt, ist noch nicht geklärt.

Die vermehrte Aggressivität und die vermehrten Vorurteile werden als Folge der autoritären Erziehung gesehen. Die autoritäre Erziehung wird von den Kindern nach dieser Erklärung als Aggressivität erlebt. Sie reagieren daraufhin mit Aggressivität gegen andere, insbesondere durch Vorurteile gegenüber Minderheiten. Negative Vorurteile gegenüber Minderheiten werden als eine verdeckte Form der Aggressivität gesehen.

Vorherrschaft der Mutter

In den diesbezüglichen Untersuchungen wurden folgende Auswirkungen der Vorherrschaft der Mutter auf die Kinder festgestellt:

- höheres Maß an Leistungsmotivation,
- höhere Ängstlichkeit,
- stärkere Ablehnung der Eltern durch die Kinder.

Die Erklärung für den Zusammenhang zwischen Vorherrschaft eines Elternteils und Leistungsmotivation der Kinder liegt in den unterschiedlichen Anforderungen an die Selbstständigkeit der Kinder. In Familien, wo der Vater beherrschend ist, werden weniger Forderungen an die Selbstständigkeit des Kindes gestellt als in Familien, in denen die Mutter vorherrschend ist.

Egalitäre Beziehungen ohne Konflikte

Bei ausgeglichenen Machtverhältnissen mit gegenseitiger Anerkennung der Ehepartner wurden folgende Auswirkungen auf die Kinder festgestellt:

- geringes Maß an Ängstlichkeit,
- geringes Maß an Ablehnung der Eltern durch die Kinder,
- hohes Maß an Leistungsmotivation.

Egalitäre Beziehungen mit Konflikten

Bei egalitären Beziehungen mit vielen Spannungen und Konflikten wurden folgende Auswirkungen auf die Kinder nachgewiesen:

- geringes Maß an Leistungsmotivation,
- hohes Maß an Ablehnung der Eltern durch die Kinder,
- geringes Maß für schulische Anpassung.

Schlussfolgerung

Aus den bisherigen Zusammenhängen zwischen elterlichen Machtverhältnissen und kindlicher Persönlichkeit folgt, dass für die optimale emotionale und soziale Entwicklung des Kindes sowie für die Ausbildung eines leistungsmotivierten Verhaltens partnerschaftliche konfliktfreie Beziehungen zwischen den Eltern die beste Voraussetzung bilden.

6.5.3.2 Sozialisationseffekte der Spannungen und Konflikte zwischen den Ehepartnern

Spannungen und Konflikte zwischen den Ehepartnern reichen von Meinungsverschiedenheiten über Erziehungsfragen bishin zu Auseinandersetzungen, die zur Ehescheidung führen. Bei der Frage nach den Auswirkungen der harmonischen bzw. disharmonischen Beziehungen auf die Kinder muss man jeweils Art und Grad der Spannungen berücksichtigen.

In einer Untersuchung wurde z.B. festgestellt, dass geringfügige Konflikte im Sinne von Meinungsverschiedenheiten über Erziehungsfragen zur Ausbildung größerer kreativer Fähigkeiten der Kinder führen. Bei relativ großen Konflikten zwischen den Ehepartnern kann man von vornherein eine negative Auswirkung auf die Kinder annehmen.

Folgende Auswirkungen der elterlichen Spannungen und Konflikte auf die Kinder wurden festgestellt: psychosomatische Symptome (damit sind körperliche Auffälligkeiten oder Krankheiten gemeint, die psychisch bedingt sind), geringe Selbstbeherrschung, geringer Anstieg der intellektuellen Leistungen während der Schulzeit, geringe Berufsbewährung von Jugendlichen und Erwachsenen, vermehrtes sozial auffälliges Verhalten bei Jugendlichen.

Eine differenzierte Untersuchung (Psychologie Heute, 10/2000, S. 54) sei hier als Beispiel genannt:

Vergleich von Kindern in „Partnerfamilien" und „Konfliktfamilien"
Merkmale der Partnerfamilie
In den Augen der Kinder: schätzen ihre Eltern, fühlen sich wohl bei den Eltern, fühlen sich von den Eltern verstanden, geachtet, erleben Eltern als Ratgeber, Familienklima kooperativ und harmonisch, Eltern begleiten aufmerksam die Schulzeit. Diese von den Kindern geschilderten Erlebnisse wurden durch die Analyse der Videobeobachtungen der Eltern-Kind-Interaktionen bestätigt.

Merkmale der Konfliktfamilie
Das Gegenteil der oben genannten Merkmale.
In den Augen der Kinder: konflikthaft und stressig. Die Ergebnisse sind durch Videobeobachtung bestätigt.

Symptome der Kinder aus Konfliktfamilien
Früherer Drogenkonsum, rauchen und trinken doppelt so häufig, häufiger Haschisch- und Marihuana-Konsum, streiten sich häufiger, öfter depressive Verstimmung, häufiger kleine Diebstähle, häufiger Schwarzfahren

Ohne Einfluss auf das Drogenverhalten der Kinder sind folgende Merkmale
Geschlecht der Kinder, Schulform, Ost – West, Deutsch – Ausländer, Einzelkind – Geschwister

Fazit: Die Qualität der persönlichen Beziehung zu den Eltern ist ausschlaggebend für das Ausmaß an Drogengefährdung und „abweichendem" Verhalten.
Aus diesen Zusammenhängen kann man schließen, dass für die Entwicklung einer optimalen Leistungsmotivation in Schule und Beruf, einer optimalen sozialen Anpassung und eines Freibleibens von psychischen Störungen, konfliktfreie elterliche Beziehungen die beste Voraussetzung bilden.

6.5.3.3 Sozialisationseffekte des elterlichen Erziehungsverhaltens

Die Interaktionen zwischen Eltern und Kindern innerhalb der Familie beziehen sich auf den gemeinsamen Haushalt, die Freizeitgestaltung, die Befriedigung biologischer und emotionaler Bedürfnisse usw. Diese Interaktionen sind sowohl sachlicher als auch emotionaler Art.

Häufig werden die gesamten Interaktionen von den Eltern aus gesehen unter „elterlichem Erziehungsverhalten" zusammengefasst. In der Sozialisationsforschung wurden die Auswirkungen des Erziehungsverhaltens vor allem unter dem Begriff „Erziehungsstil" untersucht.

Aspekte des elterlichen Erziehungsstils

In der Forschung über die Sozialisationswirkung des familialen Erziehungsverhaltens wurden folgende Aspekte untersucht:

- fürsorgliches Verhalten,
- Akzeptieren des Kindes,
- starke Kontrolle,
- Gewährenlassen,
- geringes fürsorgliches Verhalten,
- Ablehnung des Kindes,
- geringe Kontrolle,
- Strafen.

Aus diesen verschiedenen Aspekten der Eltern-Kind-Interaktionen wird schon deutlich, dass eine Einteilung des elterlichen Erziehungsverhaltens in einen autoritären und einen demokratischen Erziehungsstil eine Vereinfachung der vielschichtigen Interaktionen ist. Das elterliche Erziehungsverhalten enthält mindestens zwei Komponenten:

- eine emotionale Komponente,
- eine mehr sachliche Komponente.

Auswirkungen der emotionalen Komponente des elterlichen Erziehungsverhaltens

Die emotionale Komponente besteht aus einer innerlichen Akzeptierung bzw. Ablehnung des Kindes. Die Akzeptierung kommt zum Ausdruck in Handlungen der liebevollen Zuwendung, der Warmherzigkeit, der Sorge und Fürsorge. Die Ablehnung des Kindes kommt zum Ausdruck in vernachlässigenden und weniger fürsorglichen oder gar feindseligen Handlungen.

In Untersuchungen wurden folgende Auswirkungen des elterlichen Erziehungsverhaltens auf die Kinder festgestellt:

Fürsorgende, liebevolle Haltung der Eltern bewirkt beim Kind:

- Offenheit im Sinne von Bereitschaft, sich anderen mitzuteilen ,Extraversion' Freisein von Spannungen,
- Leistungsbereitschaft,
- soziale Anpassung,
- hohes Maß an Selbstachtung.

Wahrscheinlich kann man die Zusammenhänge dadurch erklären, dass das Kind durch das Angenommenwerden durch die anderen lernt, die wiederum anderen zu akzeptieren, auf sie zuzugehen. Weiterhin lernt das Kind, sich selbst zu achten, weil es auch von anderen akzeptiert wird.

Eine ablehnende und wenig fürsorgliche Haltung der Eltern bewirkt beim Kind:

- Introvertiertheit im Sinne von Sich-selbst-Verschließen,
- Ängstlichkeit und Pessimismus,
- Aggressivität in Form von Trotz, Feindseligkeit,
- Resignation in Form von Scheu, Zurückhaltung, Unterwürfigkeit.

Introvertiertheit und Ängstlichkeit können wohl durch die Erfahrung, nicht akzeptiert zu werden, erklärt werden.

Die unterschiedliche Reaktion – Aggressivität oder Resignation – auf eine ablehnende Haltung ist bekannt. Wie aus vielen Untersuchungen ersichtlich wurde, kann der Mensch auf Frustration (in diesem Falle: Ablehnung durch die Eltern) mit Angriff (in diesem Falle: Feindseligkeit, Trotz) oder mit Rückzug (in diesem Falle: Scheu, Unterwürfigkeit usw.) reagieren.

Auswirkung der sachlichen Komponente des elterlichen Erziehungsverhaltens

Die sachliche Komponente des elterlichen Erziehungsverhaltens besteht einerseits in der Führung, im Geben von Anregungen und Unterstützung, andererseits in Kontrolle im Sinne von Verboten, Einengung, Bestrafung oder Duldung und Gewährenlassen.

Einige Forschungsergebnisse

Erziehungsverhalten	Sozialisationswirkung
einengendes Verhalten	Steigerung der Aggressivität, feindselige Einstellung gegenüber der Umwelt, soziale Anpassung
geringe Kontrolle	starke Konzentrationsfähigkeit, Kreativität, neugierige und wissbegierige Verhaltensweisen
tolerantes Verhalten	Initiative, Unabhängigkeit, Kooperation, Einordnung, Originalität, Kreativität, Freundlichkeit gegenüber anderen
Strafendes Verhalten	mit fünf Jahren (Zeitpunkt des Strafens) Tendenz zu antisozialer Aggression, mit zwölf Jahren Tendenz zu prosozialem Verhalten[1]

In neueren Untersuchungen (vgl. Hagen-Demszky, 2006) wird zwischen „Befehlshaushalt" und „Verhandlungshaushalt" unterschieden. „Befehlshaushalt" ist in etwa gleichzusetzen mit demjenigen, was unter autoritärer Erziehungsstil verstanden wird. Die täglichen Aufgaben der Kinder in der Familie, Alltagsgestaltung des Familienlebens, Zeitvorstellungen, Verhaltensnormen wie etwa Fernsehzeiten, Zeiten des Zu-Bett-Gehens oder Nach-

---

[1] Für weitere Auswirkungen der Strafe in der Erziehung sei auf das Fach Pädagogik verwiesen.

Hause-Kommens oder Ernährungsfragen werden per Befehl geregelt. Im Verhandlungs-haushalt sind diese Familiengestaltungen Gegenstand gegenseitiger (und nicht selten an-strengender) Aushandlungsprozesse. Ein Erziehungsverhalten im Sinne des Verhand-lungshaushalts kommt in etwa in zwei Drittel der Familien vor, vor allem in Mittel-schichtfamilien.

Eine weitere Unterscheidung ist die zwischen „Straßenkinder" und „Terminkinder". Ter-minkinder haben mehrere feste Termine in der Woche neben der Schule, die sie *zeitlich, sozial* und *geografisch integrieren* müssen und dabei oft auf die Unterstützung ihrer El-tern angewiesen sind. Straßenkinder müssen ihre außerschulische Zeit mehr selbst aus-füllen und gestalten; sie sind dabei mehr auf sich selbst angewiesen. Die Straßenkinder müssen in den altersgemischten nachbarschaftlichen Kindergruppen in Eigenregie, also ohne inhaltliche und organisatorische Einmischung der Erwachsenen, miteinander aus-kommen und sich beschäftigen.

In einer amerikanischen Untersuchung wurden folgende Unterschiede zwischen diesen beiden Erziehungsstilen festgestellt:

Klassenspezifische Erziehungsstile nach Annette Lareau (2003)

	Concerted Cultivation (Mittelklasse)	Accomplishment of Natural Growth (Arbeiterklasse)
Erziehungsideal	– Bewusste und gezielte Förderung durch eine Vielzahl von Aktivitäten	– Gewährung von Freiräumen – Möglichst Nicht-Einmischen in kindliche Lebenswelten
Alltagsorganisation (= Alltägliche Lebensführung)	– Durchgeplanter und strukturierter Alltag – Vielfältiges Freizeitprogramm – Nachteil: ‚gehetzte Kinder'	– Spontaner Tagesablauf – Kaum organisierte Aktivitäten, viel ‚Rumhängen' – Vorteil: entspannte Zeitstrukturen, größere kindliche Entscheidungs-freiräume
Sprachgebrauch	– Verhandlungshaushalt – Elaborierter Sprachgebrauch[1]	– Befehlshaushalt – Restringierter Sprachcode
Verhältnis zu Institutionen	– Gleichberechtigung – Kriktik und Intervention	– Unterordnung – Machtlosigkeit
Konsequenzen	– Selbstbewusste, jedoch ‚gestresste' Kinder – endlose Verhandlungen zwischen Eltern/Kindern	– weniger Selbstbewusstsein – besseres Verhältnis zu Geschwistern und Verwandten – weniger ‚freche' Kinder

---

[1] *elaborierter und restringierter Sprachgebrauch: siehe S. 383*

„Unter der *Bildungsperspektive* erfahren diejenigen Kinder, denen in ihrer Freizeit exzessive Förderung zuteil wird, wesentliche Vorteile: Sie eignen sich einerseits konkrete Fertigkeiten und Kenntnisse an (Sport, Sprachen, Kunst), andererseits auch subtilere *Kompetenzen*, wie kommunikative Fähigkeiten, ein erhöhtes Selbstwertgefühl und insgesamt das Gefühl des Empowerment (z. B. das Gefühl, gegenüber Institutionen und Behörden auch Macht zu besitzen). Unter der Perspektive der *Persönlichkeitsentwicklung* hat die Terminkindheit jedoch neben ihren unanzweifelbaren Vorteilen auch Nachteile: Terminkinder sind oft gestresst und hetzen von einem extern vorgegebenen Termin zum anderen. Zudem führen sie ihre Aktivitäten nicht in Eigenregie aus und sind auf Erwachsene angewiesen, wodurch sich bei diesen Kindern Kompetenzen für die Gestaltung der eigenen Zeit weniger entwickeln als bei ‚Straßenkindern‘. Auch in *sozialer* Hinsicht müssen ‚Terminkinder‘ ihren Tribut zahlen: Laut Lareau haben sie sowohl zu ihren Geschwistern als auch zur entfernten Verwandtschaft eine weniger enge Beziehung. Büchner spricht in diesem Zusammenhang gar von ‚Wegwerfbeziehungen‘: Kinder gehen immer seltener ganzheitliche Beziehungen ein und erleben ihre jeweiligen Gegenüber ausschnitthaft und austauschbar."
(Hagen-Demeszky, 2006, S. 50 f.)

Auswirkung des elterlichen Erziehungsverhaltens auf die moralische Orientierung der Kinder

Viele uneinheitliche Forschungsergebnisse bezüglich der Auswirkung des elterlichen Erziehungsverhaltens auf das soziale Verhalten der Kinder können dadurch aufgeklärt werden, indem man einen weiteren Faktor mitberücksichtigt: die moralische Orientierung des Kindes.

Das soziale Verhalten, insbesondere die Steuerung der aggressiven Tendenzen, wird durch soziale Normen reguliert. Die Art und Weise, wie die sozialen Normen von den Kindern übernommen werden, ist mitbestimmend für ihr Sozialverhalten.

- Werden Normen nur aus Angst vor Strafe eingehalten, so werden sie so lange das Sozialverhalten bestimmen, wie diese Angst vorhanden ist. Die Angst vor Strafe hält nur dann von der Normübertretung ab, wenn sie intensiver ist als der Lustgewinn, der bei Normübertretung entstehen würde.
- Sind die sozialen Normen verinnerlicht, so werden sie auch das soziale Verhalten regulieren, wenn keine Angst vor Strafe bei Übertretung der Norm vorhanden ist.

Die diesbezüglichen Untersuchungen haben **folgende Zusammenhänge** konstatiert:

- Kinder, deren Eltern bei Übertretung strafen, zeigen eine mehr externe Moral, d. h., die Normen werden eingehalten aus Angst vor „Ertapptwerden" und Bestrafung.
- Kinder, deren Eltern mit gefühlsmäßiger Anteilnahme und durch Weckung von Einsicht erziehen, zeigen eine mehr interne Moral, d. h., die Normen werden aus einem inneren Antrieb eingehalten.
- Bei dieser inneren Moral gab es noch einen Unterschied. Kinder, deren Eltern je nach Situation unterschiedlich reagieren, mal mit Duldsamkeit, mal mit Strenge, zeigen bei der Einhaltung der Normen eine größere Berücksichtigung der menschlichen Konsequenzen ihres Verhaltens. Kinder, deren Eltern bei Übertretung mit Entzug des elterlichen Wohlwollens reagieren, halten die sozialen Normen ohne Rücksicht auf Folgen und Umstände des Verhaltens ein.

Aufgaben

1. Erstellen Sie eine Typologie der „Familienformen" Ihrer Verwandten und Freunde bzw. Freundinnen nach folgenden Gesichtspunkten:

   Partnerschaft: a) ohne – eheähnlich – ehelich, b) geradlinige Verwandtschaft: mit Kindern – ohne Kinder, c) Haushalt: Einpersonenhaushalt, Mehrpersonenhaushalt (gemeinsam mit Partner-Kindern, anderen).

2. Ein wesentlicher Faktor in der Prägung und Entwicklung der Persönlichkeit sind die sozialen Beziehungen, in denen der Mensch lebt. Die vielfältigen Beziehungen können nach verschiedenen Gesichtspunkten differenziert werden: Beziehungen innerhalb und außerhalb des Haushalts, die Beziehungen innerhalb des Haushalts nach familialen und außerfamilialen Lebensformen.

   In welchen familialen Beziehungen leben die Kinder Ihrer Gruppe?

   In welchen außerfamilialen Beziehungen leben die Kinder Ihrer Gruppe? (Wer bringt die Kinder Ihrer Gruppe, wer holt sie ab?) Tragen Sie die Zahlen in die entsprechenden Felder ein!

   Was können Sie daraus schließen in Bezug auf die Innen- und Außenbeziehungen der Familien dieser Kinder?

Differenzierung der sozialen Beziehungen einer Kindergartengruppe

INNENBEZIEHUNGEN

Familiale Lebensform
Vollständige Familie:
– Ein-Kind-Familie ☐
– Zwei-Kind-Familie ☐
– Drei-Kind-Familie
(und mehr) ☐

Unvollständige Familie
– Ehepaare ohne Kinder ☐
– Ein-Eltern-Familien:
  Mutterfamilien ☐
  Vaterfamilien ☐

Außerfamiliale Lebensform
*Nichteheliche Lebens-
gemeinschaften* ☐
Wohngemeinschaften ☐
Kibbuzim ☐

AUSSENBEZIEHUNGEN

Zu Verwandtschaft ☐
Zu Nachbarschaft ☐
Zu Freunden ☐

---

3. Wie erklären Sie die oben genannten Forschungsergebnisse (S. 337)?

4. Nehmen Sie Stellung zu den folgenden drei Thesen. Welche Argumente sprechen jeweils dafür, welche dagegen?

a) Die These von der „strukturellen Rücksichtslosigkeit" unseres Wirtschaftssystems. Damit ist gemeint, dass die Erfordernisse der Wirtschaft (Arbeitszeit, Arbeitsort, Arbeitsplatz etc.) für wichtiger gehalten werden als die Erfordernisse des Zusammenlebens und der Kindererziehung; im Konfliktfall wird zugunsten der Wirtschaft entschieden.

b) Die These der steigenden Mobilität. Damit ist gemeint, dass für die berufliche Karriere ein häufiger Wohnortwechsel erforderlich ist. Das ist leichter für Alleinlebende als für in Familie Lebende bzw. leichter für Familien, in denen nur einer erwerbstätig ist, als für Familien mit mehreren Erwerbstätigen.

c) Die These vom Wertewandel. Damit ist gemeint, dass von einem immer größer werdenden Teil der Bevölkerung Werte wie „Selbstverwirklichung und Kreativität" den Werten „Verpflichtung, Disziplin und Fleiß" vorgezogen werden. Dementsprechend leben viele in einer eher unverbindlichen Gemeinschaft als in den Verpflichtungen von Ehe und Familie.

7 Außerfamiliale Sozialisationsinstanzen

7.1 Übergang von der Primär- zur Sekundärgruppe

Die sozialen Kontakte des Kindes erweitern sich allmählich. Außer mit den Mitgliedern der Kernfamilie und mit nahen Verwandten wie vor allem Großeltern, aber auch Onkeln und Tanten und deren Kindern, entstehen erste Kontakte mit „fremden" Personen, Nachbarn, Bekannten der Eltern und deren Kindern sowie mit anderen Kindern in der Spielgruppe.

Finden die ersten erweiterten Kontakte auch noch über die Familienmitglieder statt, entwickeln sich allmählich auch soziale Kontakte gelöst von den Familienmitgliedern. Damit setzen auch schon die außerfamilialen Einflüsse auf das Kind ein. Man spricht daher von „Fremdbetreuung" und „Fremderziehung". Diese außerfamilialen Sozialisationsinstanzen beginnen mit den vorschulischen, außerfamilialen Betreuungs-, Bildungs- und Erziehungsorten wie Tagespflege-Einrichtungen und Kindertagesstätten. Bei der Tagespflege unterscheidet man zwischen öffentlicher und informeller Tagespflege, bei den Tageseinrichtungen zwischen Kinderkrippen für die unter Dreijährigen, Kindergärten für die Dreijährigen bis zum Schulalter und Mischformen von beiden.

Umfang der vorschulischen Betreuungs-, Erziehungs- und Bildungs-Instanzen/ Einrichtungen

Bei der „Fremdbetreuung" und „Fremderziehung" kann man unterscheiden zwischen gelegentlicher Betreuung, regelmäßiger Betreuung, Tagespflege, die privat oder öffentlich organisiert wird, Betreuung in öffentlichen Tageseinrichtungen, Kinderkrippen und Kindergärten. Die folgende Tabelle gibt eine Übersicht.

Kinder unter 6 Jahren in Kindertageseinrichtungen und in öffentlich geförderter Kindertagespflege am 1. März 2010

Kinder von 0–6 Jahre	Kinder von 0–3 Jahre				Kinder von 3–6 Jahre	
Anzahl	Anzahl	Betreuung			Anzahl	Betreuung
		Gesamt	In Tages-einrichtung	In Tages-pflege		
2.394.325	472.157	23,1 %	19,6 %	3,5 %	1.922.168	92,6 %

Eigene Tabelle (vgl. BMFSFJ, Kindertagesbetreuung, 2010)

Beabsichtigt ist, dass es bis zum Jahr 2013 bundesweit im Durchschnitt für jedes dritte Kind unter drei Jahren einen Betreuungsplatz gibt, wovon rund ein Drittel der neuen Plätze in der Kindertagespflege geschaffen wird. Auch wird 2013 jedes Kind mit Vollendung des ersten Lebensjahres einen Rechtsanspruch auf Förderung in einer Kindertageseinrichtung oder in der Tagespflege haben.

Nach dem Kindergarten folgt die Schule als Bildungs-/Erziehungseinrichtung. Ist die Tagespflegegruppe noch mehr oder weniger familienähnlich und somit noch fast eine Primärgruppe, haben Kindergarten und Schule mehr oder weniger den Charakter von Sekundärgruppen. Die sozialen Interaktionen zwischen Kind – Erzieher/Lehrer und Kind – andere Kinder sind sachlicher als die sozialen Interaktionen in der Familie; sie sind nicht mehr so intim und auch nicht so häufig wie innerhalb der Familie. Das Kind macht seine ersten Erfahrungen mit den Merkmalen einer Institution. Während der ganzen Vorschul- und Schulzeit spielen auch die Massenmedien eine wichtige Rolle bei der Sozialisation des Kindes.

Um die Bedeutung der verschiedenen Erziehungs- und Bildungsinstitutionen zu erfassen, müssen die einzelnen Aspekte dieser Sozialisationsträger untersucht werden. Dazu gehören im Einzelnen:

- die erwachsenen Personen: die Tagesmutter, die Kinderpflegerin, die Erzieherin und die Lehrerin bzw. der Erzieher und der Lehrer,
- die Gleichaltrigengruppe in der Tagespflege, in der Kinderkrippe, im Kindergarten und in der Schule,
- die geplanten Erziehungs- und Bildungsangebote, d. h. die institutionalisierte vorschulische und schulische Erziehung und Bildung.

Die Kinderbetreuerin, der Erzieher/die Erzieherin

Die wichtigste Bezugsperson für das Kind im Kindergarten ist wahrscheinlich die Person des Erziehers/der Erzieherin. Viele Einzelbeobachtungen zeigen, dass das Kindergartenkind in allen möglichen Situationen bei der Erzieherin Hilfe, Unterstützung, Anerkennung und Trost sucht.
In der Theorie des Modelllernens wird Folgendes angenommen: Das Verhalten des Erziehenden übt einen stark prägenden Einfluss auf das Kind aus. Das Gleiche gilt wohl auch für die Kindesbetreuerin. Die Frage, ob dieser Einfluss nur kurzfristig während der Vorschulzeit oder von längerer Dauer auch für die weitere Persönlichkeitsentwicklung ist, lässt sich kaum beantworten.

Über die Sozialisationswirkung der Person des Erziehers liegen unseres Erachtens keine systematischen Untersuchungen vor. Es lässt sich jeoch einiges an Sozialisationswirkung aus den Untersuchungen über die Auswirkung der verschiedenen Erziehungsstile vorhersagen.[1]

Der Lehrer/die Lehrerin

In der Institution Schule steht in den ersten beiden Schuljahren nach Aussagen von Schenk-Danzinger (1971) die Person des Lehrers bzw. der Lehrerin im Mittelpunkt der neuen sozialen Beziehungen des Kindes. Die Kontakte des Kindes zum Lehrer sind anfangs hauptsächlich emotionaler Art. Die meisten Kinder lieben ihren ersten Lehrer und möch-

---

[1] *Für diese Forschungsergebnisse wird auf das Fach Pädagogik verwiesen.*

ten von ihm geliebt werden. Die neue Ordnung und die neuen Werte der Schule werden für das Kind vom Lehrer verkörpert. Unter Umständen kann die Autorität des Lehrers für das 6-jährige Kind von größerer Wichtigkeit sein als die Autorität der Eltern. Über die dauerhafte Sozialisationswirkung der Person des Lehrers liegen zwar viele Einzelbeobachtungen, jedoch unseres Wissens keine systematischen Untersuchungen vor. Aus den Untersuchungen über die Wirkung einzelner Erziehungsstile kann man den Einfluss der Persönlichkeit des Lehrers teilweise voraussagen.

Die Gleichaltrigengruppe

Hier soll kurz die Bedeutung der Gruppe der Gleichaltrigen für das Kind skizziert werden. Für eine ausführliche Darstellung sei auf die Entwicklungspsychologie verwiesen.

Im Laufe des zweiten Lebensjahres erlebt das Kind den Bezug zu Gleichaltrigen und nimmt erste soziale Kontakte auf. In der ersten Hälfte des zweiten Lebensjahres liegt das Hauptinteresse des Kindes auf dem Spielzeug der Gleichaltrigen. Kurzfristige Kontakte mit Gleichaltrigen finden schon statt. Das Kind wird von Gleichaltrigen beeinflusst, indem es ihre Spiele nachahmt oder das gleiche Spielzeug haben will wie sie.
Im dritten Lebensjahr nehmen die Kontakte zu den Gleichaltrigen zu. Meistens treten kurzfristige Streitereien auf, wenn ein Kind dem anderen das Spielzeug wegnimmt und sich weigert, es zurückzugeben.
Im Alter von drei bis vier Jahren nehmen die Kontakte zu den Gleichaltrigen dann rapide zu. Das Kind sucht Unterstützung bei ihnen. Es bemüht sich um die Aufmerksamkeit der andern Kinder. Die Anerkennung oder die Missbilligung durch Gleichaltrige nimmt an Bedeutung zu.
Erste gruppenähnliche Spielgemeinschaften entstehen im Alter von vier Jahren. Echte Gruppen sind es noch nicht, weil sie nur kurzfristig sind und nicht länger bestehen als das Spiel dauert. Es bildet sich eine grobe Rollenteilung von Führer und Geführten heraus. Der Führer ist meistens älter, intelligenter, stärker und einfallsreicher als die Geführten. Die Führerrolle wird schon etwas stabiler, d. h., dasselbe Kind tritt auch später als Führer auf, während die Außenseiterrolle nur von kurzer Dauer ist. Weitere Rollendifferenzierungen finden bei den Geführten noch nicht statt.

Diese Spielgruppen der Kinder haben noch keine gemeinsamen Wert- und Normvorstellungen. Die Kooperationsbereitschaft ist auch bei den 5- bis 6-Jährigen noch nicht stark ausgebildet (vgl. Brinkmann, 1974, S. 24–34).

Die Bedeutung der Gleichaltrigengruppe während der Schulzeit wird von den amerikanischen Sozialforschern Newcomb und Feldmann in folgenden sechs Punkten zusammengefasst (vgl. Weinert, 1969, S. 862):
1. Hilfe bei der Überwindung und Lösung von Entwicklungskrisen
2. Allgemeine emotionale Unterstützung und Akzeptierung des Einzelnen, d. h. Befriedigung von Bedürfnissen, die außerhalb der schulischen Zielsetzungen liegen
3. Gelegenheit mit Kindern und Jugendlichen anderer sozialer Herkunft und unterschiedlicher Interessen und Fähigkeiten zusammenzuarbeiten
4. Vermittlung intellektueller und sozialer Anregungen und der damit verbundenen Anregung zu neuen Betrachtungsweisen, Informationen und Erfahrungen
5. Bekräftigung nicht schulischer Interessen und damit zugleich Selbstbekräftigung für wenig erfolgreiche Schüler
6. Ermöglichung sozialer Erfahrungen vielfältiger Art

Weitere Einzelheiten über die Sozialisationswirkungen der Gleichaltrigengruppe während der Jugendzeit werden im Kapitel „Soziologie der Jugend" besprochen. (Siehe auch unter Kap.7.3 "Die Schule als Sozialisationsinstanz" den letzten Abschnitt „Mobbing", S. 356)

Die Betreuung, Bildung und Erziehung der Kinder im Alter von 0 bis 3 Jahren

Ein Teil der Kinder im Alter von 0 bis 3 Jahren bleibt zu Hause in der Familie, ein Teil wird von den Großeltern betreut, ein Teil ist in einer Tagespflege, ein Teil in einer Kinderkrippe, ein Teil schon im Kindergarten. Die Gründe für die eine oder andere Art der „Fremdbetreuung" sind vielfältig: Berufstätigkeit der Eltern, Angebot, Kosten, Qualität des Angebots, pädagogische Auffassung, Ideologie.

Die Frage nach der besten Betreuungsform für die Entwicklung des Kindes lässt sich nicht pauschal beantworten. Folgende Faktoren bewirken eine positive Entwicklung des Kindes: die Qualifikation der Betreuungsperson, die Stabilität der Betreuungsperson, die persönliche emotionale Zuwendung der Betreuungsperson, die Vielfalt an Spiel- und Beschäftigungsmaterial, die relative Größe der Gruppe. Die ideale Betreuung wäre, wenn sich beide Elternteile in der Familie viel Zeit für eine intensive Beschäftigung mit ihrem Kind nehmen und ihr Kind aus pädagogischen Gründen für eine gewisse Zeit in eine Gruppe mit einer ständigen pädagogisch qualifizierten Leiterin geben.

Entgegen der Annahme aus den 1980er-Jahren bestätigen die Ergebnisse aus Untersuchungen der 1990er-Jahre bis heute, dass die sichere Mutter-Kind-Bindung durch eine frühe Fremdbetreuung nicht beeinträchtigt wird. Es wird sogar empfohlen, dass das Kind ab dem zweiten, spätestens ab dem dritten Lebensjahr Erfahrungen mit Erwachsenen und Kindern über den engen Familienkreis hinaus macht.

7.2 Der Kindergarten als Sozialisationsinstanz

In der Bundesrepublik Deutschland gehört die außerfamiliale Erziehung der 3- bis 5-Jährigen, soweit sie institutionalisiert ist, nicht in den Bereich des Schulwesens. Die Einrichtungen oder Institutionen dieser Erziehung sind die Kindergärten.
Seit 1966 steht die Erziehung im Kindergarten im Blickpunkt der öffentlichen Diskussion. Viele Schritte zur Verbesserung der vorschulischen Erziehung wurden bisher unternommen: Es wurden neue Kindergartenplätze geschaffen, die Ausbildung der Erziehenden wurde verbessert, Programme und Projekte für die Kindererziehung wurden entworfen und erprobt, Modellversuche unter wissenschaftlicher Begleitung durchgeführt. Diese Erneuerung und Reformierung der vorschulischen Erziehung ist heute weitgehend verwirklicht, sodass ein Prozess der Konsolidierung und Stabilisierung des Erreichten und Erprobten stattfindet. Einige meinen aber:

„Mit dem Rechtsanspruch auf einen Kindergartenplatz und der sich daraus ergebenden Vergrößerung der Anzahl der Kindergartenplätze ging in den 1990er-Jahren eine Lockerung kostenträchtiger Qualitätsstandards einher (Reidenbach 1996). Erst in den letzten Jahren sind Initiativen zu beobachten, über qualitäts- und bildungsrelevante Faktoren wie Ausbildungsniveau des pädagogischen Personals und Curricula verbesserte Rahmenbedingungen für die bildungsorientierte pädagogische Arbeit im Kindergarten zu schaffen."
(BMFSFJ, 12. Kinder- und Jugendbericht, 2005, S. 249)

Die europäische Union hat 1994 eine vergleichende Studie durchgeführt über Art, Umfang und Erfolg der Vorschulerziehung in den Mitgliedsländern. Dabei wurde auch nach den Gründen gefragt, weshalb die Kinder in Vorschuleinrichtungen gegeben werden. Zweierlei Gründe werden genannt: erstens die Förderung der kindlichen Entwicklung, zweitens die Notwendigkeit der Kinderbetreuung wegen Berufstätigkeit der Mutter. Obwohl die vorschulische Erziehung in den Ländern der europäischen Union unterschiedlich organisiert ist, gilt für alle Länder, dass die Drei- und Vierjährigen eine vorschulische Einrichtung besuchen können, nicht müssen.

Für die Bundesrepublik Deutschland kann man heute Folgendes feststellen:

- Der Bedarf an Kindergartenplätzen ist weitgehend gedeckt, obwohl es regionale Engpässe geben kann.
- In Deutschland Ost gibt es schon jetzt und in ganz Deutschland erwartet man in Zukunft, wegen des Geburtenrückgangs, ein Überangebot an Kindergartenplätzen.
- Ein großer Bedarf besteht an Plätzen für die unter Dreijährigen und die über Sechsjährigen.

Auswirkungen der Vorschulerziehung

Heute ist die Bedeutung der ersten Lebensjahre für die Entwicklung des Kindes allgemein anerkannt. Für den gesamten psychischen Entwicklungsprozess, unabhängig vom Alter, ist eine reiche pädagogische Anregungsumwelt von großer Wichtigkeit. Die Vorschulerziehung ist also von großer Bedeutung, man sollte ihr aber nicht die gesamte Verantwortung für die Erfüllung oder das Scheitern des Bildungsauftrags zuschreiben. Der Effekt der vorschulischen Erziehung muss gesehen werden als in die Primärgruppe der Familie eingebettet und fortgesetzt in der Sekundärgruppe der Schule.

Die Entwicklung und Bedeutung des Kindergartens in den letzten Jahrzehnten werden im Folgenden zusammenfassend dargestellt:

1. Heute ist der Besuch des Kindergartens für die drei- bis fünfjährigen Kinder zu einem weitgehend selbstverständlichen Lebensabschnitt geworden.
2. Vergleiche zwischen „Menge" der Förderung des Kindes durch die Familie mit der „Menge" der Förderung des Kindes durch den Kindergarten zeigen eindeutig eine Überlegenheit der Familie.
3. Viele nationale und internationale Untersuchungen weisen nach, dass es positive Förderungseffekte gibt im kognitiv-sprachlichen wie auch im sozialen Bereich, aber auch später bei den Schulleistungen in der Grundschule.
4. Die Auswirkungen der kompensatorischen Erziehung (für benachteiligte Gruppen) und die Förderung der Schulfähigkeit (Intelligenz und Sprache) schienen zunächst enttäuschend. Längsschnittuntersuchungen in den USA und in England erwiesen aber, dass die mit einem sorgfältig geplanten Angebot geförderten Kinder in ihrer sozialen Kompetenz und kognitiven Fähigkeit den auf diese Weise nicht geförderten Kindern im späteren Alter (10, 19 Jahre) überlegen waren. Laut US-amerikanischen Untersuchungen waren Kinder aus sozial benachteiligten Familien, die im Alter von 3 und 4 Jahren an einem qualitativ hochwertigen Vorschulprogramm teilgenommen hatten, im Alter von 40 Jahren eher berufstätig, weniger in kriminelle Aktivitäten verstrickt und hatten eher einen höheren Schulabschluss als Erwachsene, die als Kinder kein solches Vorschulprogramm durchlaufen hatten.
5. Die Modellversuche in der Bundesrepublik Deutschland brachten keine klaren Argumente für oder gegen die Schulpflicht der Fünfjährigen. Die Politik entschied dann, dass die Fünfjährigen weiterhin im Kindergarten bleiben sollten.

6. Als pädagogisches Konzept hat sich der Situationsansatz durchgesetzt, indem der Kindergarten als Lebensraum der Kinder verstanden, die ganzheitliche Förderung der Kinder und die Verbindung des Kindergartens mit Familie und Gemeinde betont wird.

7. Bei der Auswertung verschiedener Vorschulprogramme kam man zu dem Ergebnis, dass die Arbeitsweise der Erzieherin (98 % des pädagogischen Personals sind Frauen) für die Sozialisationseffekte entscheidender ist als die verwendeten Programme.

8. Das Spiel im Kindergarten wurde intensiv erforscht. Dabei zeigte sich, dass die Dreijährigen das Paar-Spiel bevorzugen, die Vier- bis Fünfjährigen schon mehrere Kinder in ihr Spiel einbeziehen. Die Interaktionen bilden in dieser Altersstufe schon eine wichtige Rolle bei der Ausbildung von Handlungsfähigkeit.

9. Die altersgemischte Gruppe fördert soziale Fähigkeiten, wie Kooperation, Rücksichtnahme und Toleranz. Die altershomogene Gruppe fördert kognitive Fähigkeiten eher als die altersgemischte Gruppe.

10. Die Sozialisation im Kindergarten wird stark beeinflusst durch die Art der emotionalen Beziehung zwischen Erzieherin und Kind sowie durch die an die Bedürfnisse der Kinder orientierten Aktivitäten der Mitarbeiterinnen.

11. Die Integration von Kindern mit Behinderung im Kindergarten gelingt unter entsprechenden Rahmenbedingungen mit positivem Effekt für die Kinder mit und ohne Behinderung.

12. Die Modellversuche zur Integration von ausländischen Kindern werden positiv bewertet: „Andersartigkeit und Verschiedenheit wird bei einem an der Lebens- und Erfahrungswelt orientierten Konzept nicht als Fremdes, Bedrohliches empfunden, sondern als Gegenstand kindlicher Neugier und Interesses und somit als Ausgangspunkt sozialen Lernens wahrgenommen. Auch Eltern und Erzieher erleben in einem solchen Verständnis das Miteinander allen bisherigen Erfahrungen nach als sehr positiv" (Hurrelmann/Ulich, 1991, S. 347 – 348)[1].

13. Der Kindergarten wird von der Familie weitgehend akzeptiert. „Elternarbeit" gehört zur pädagogischen Praxis selbstverständlich dazu.

14. Durch gesamtgesellschaftliche Entwicklungen (immer mehr Frauen wollen Beruf und Familie miteinander kombinieren; es gibt immer mehr Alleinerziehende) werden neue Wünsche an die Kindergärten gerichtet: Zulassung der unter Dreijährigen, flexiblere Öffnungszeiten, Ganztagsangebote.

15. Die mögliche Weiterentwicklung des Kindergartens wird darin bestehen, dass er nicht mehr als Erfahrungs- und Lernort der Kinder für sich verstanden wird, sondern als ein Teil der regionalen Infrastruktur, d. h., dass der Kindergarten in seinen Aktivitäten und Kontakten mehr in die Nachbarschaft, in die Wohngegend, in die Gemeinde und in die Region eingebettet wird.

---

[1] *Für weitere Besonderheiten über Kinder mit Migrationshintergrund und ausländische Kinder im Kindergarten siehe auch das Kapitel „Ausländer".*

In einem Forschungsbericht im Auftrag des BMFSFJ 2009 wird der Sozialisationseffekt der Kitas so beschrieben:

„Zusammenfassend lässt sich resümieren, dass trotz extensiver Forschungsarbeit die generellen Ergebnisse über Effekte institutioneller Kinderbetreuung bislang noch immer uneinheitlich und zum Teil widersprüchlich sind. Die Mehrzahl der Studien deutet auf eine positive Wirkung der frühkindlichen Kinderbetreuung auf kognitive und sprachliche Fähigkeiten - zum Teil auch mit Auswirkungen auf den langfristigen Schulerfolg - und gleichzeitig negative Auswirkungen auf soziale Kompetenzen hin. Eine zunehmende Zahl von Studien verweist auf die entscheidende Bedeutung der Qualität der Kinderbetreuung (Erzieherausbildung, Erzieherrate, Zuwendungszeit, Gruppengröße, Curriculum u. a.) im Hinblick auf die Effekte einer institutionellen Kindertagesbetreuung auf die Kompetenzen der Kinder."
(Hüsken/Seitz/Tautorat/Walter/Wolf, 2008, S. 19–22)

Aufgabe

Aus welchen Gründen schicken die Eltern ihre Kinder in Ihre Einrichtung: Wegen der pädagogischen Förderung, wegen der sozialen Förderung, als Entlastung in der Kinderbetreuung, aus sonstigen Gründen?

7.3 Die Schule als Sozialisationsinstanz

In dem Kapitel „Soziale Ungleichheit in der Bildung" (S. 171) wurden die ungleichen Chancen verschiedener Bevölkerungsgruppen bei der Teilhabe an den Bildungsmöglichkeiten besprochen. Das Ergebnis ist ganz allgemein: die ungleichen Bildungschancen der Frauen und Mädchen sind behoben, ja sogar zugunsten des weiblichen Geschlechts verschoben, die Benachteiligung von ausländischen Kindern und Jugendlichen und von Kindern und Jugendlichen aus den unteren sozialen Schichten sind nach wie vor vorhanden, sogar verstärkt worden. In diesem Kapitel werden die Auswirkungen des Schulbesuchs auf Verhalten und Erleben der Kinder und Jugendlichen besprochen.

Die Bewertung der Schule und des Lernens bei den Kindern und Jugendlichen
Die Lernmotivation und die Einstellung zur Schule in verschiedenen Ländern und bei verschiedenen Bevölkerungsgruppen zeigt folgende Grafik:

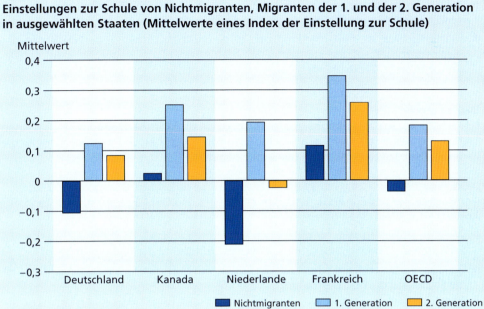

Einstellungen zur Schule von Nichtmigranten, Migranten der 1. und der 2. Generation in ausgewählten Staaten (Mittelwerte eines Index der Einstellung zur Schule)

Quelle: Konsortium Bildungsberichterstattung, 2006, S. 32

Daraus ergibt sich u. a.

■ Migrantenkinder haben eine höhere Lernmotivation und eine positivere Einstellung zur Schule als einheimische Kinder und Jugendliche. Eine Bestätigung ist die weit positivere Einstellung zur Schule von Migranten-Eltern im Vergleich zu deutschen Eltern, was sich aus der Allensbacher Umfrage 2010 ableiten lässt.

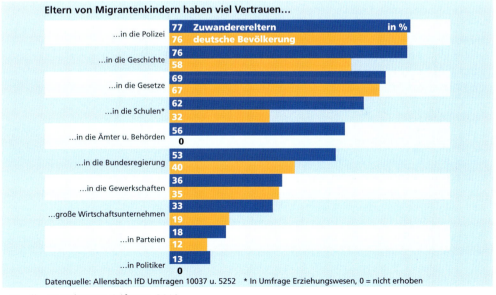

Eltern von Migrantenkindern haben viel Vertrauen…

	Zuwanderereltern	deutsche Bevölkerung	in %
…in die Polizei	77	76	
…in die Geschichte	76	58	
…in die Gesetze	69	67	
…in die Schulen*	62	32	
…in die Ämter u. Behörden	56	0	
…in die Bundesregierung	53	40	
…in die Gewerkschaften	36	35	
…große Wirtschaftsunternehmen	33	19	
…in Parteien	18	12	
…in Politiker	13	0	

Datenquelle: Allensbach IfD Umfragen 10037 u. 5252   * In Umfrage Erziehungswesen, 0 = nicht erhoben

Quelle: Bertelsmann Stiftung, 2010

347

- Bei Migrantenkindern in der 2. Generation nimmt diese positive Einstellung etwas ab, ist aber immerhin noch höher als bei den Einheimischen.
- Im Durchschnitt ist die Einstellung zur Schule und zum Lernen in den OECD-Staaten eher negativ gefärbt, am meisten in den Niederlanden, an zweiter Stelle auf der Negativseite steht Deutschland.

Begriffserklärung

Die Schule als Sozialisationsinstanz betrachten heißt, sich die Frage stellen, welchen Einfluss die Schule auf den heranwachsenden Menschen hat und welchen Einfluss die heranwachsenden Menschen auf die Schule haben.

Diese Frage lässt sich kaum in ihrer Allgemeinheit beantworten. Das hat zwei Gründe: Der erste Grund besteht darin, dass die Schule ein komplexes System ist, man kann nur Antworten auf Teilfragen geben, wie:

- Welchen Einfluss hat der Lehrer auf den Heranwachsenden? – Welchen Einfluss hat die zeitliche Dauer des Schulbesuchs? – Welchen Einfluss hat das Bildungsangebot?
- Welchen Einfluss hat die Schule auf die kognitiven Leistungen? – Welchen Einfluss hat die Schule auf das Sozialverhalten?
- Welchen Einfluss hat die Schule auf die Berufsbewährung? – Welchen Einfluss hat die Schule auf die Wertvorstellungen?

Der zweite Grund, weshalb diese Frage so schwer zu beantworten ist, liegt darin, dass die Sozialisationswirkung der Schule nur wenig untersucht wurde. Der Einfluss der Familie stand schon lange im Mittelpunkt der Sozialisationsforschung, der Einfluss der Schule wurde erst in den letzten Jahrzehnten intensiver untersucht.

Sicher gibt es über den Einfluss der Schule eine große Anzahl Vermutungen und Hypothesen. Nur wenige dieser Hypothesen konnten bisher empirisch überprüft werden. Zur Illustration sollen fünf solcher Hypothesen dienen.

Hypothese 1

„Gebt uns die Erziehung, und wir werden den Charakter Europas in einem Jahrhundert verändern."

(G. W. Leibniz, 1646–1716)

Hypothese 2

„Eines der tragenden Fundamente jedes modernen Staates ist sein Bildungswesen. Niemand müsste das besser wissen als die Deutschen. Der Aufstieg Deutschlands in den Kreis der großen Kulturnationen wurde im 19. Jahrhundert durch den Ausbau der Universitäten und der Schulen begründet. Bis zum Ersten Weltkrieg beruhten die politische Stellung Deutschlands, seine wirtschaftliche Blüte und die Entfaltung seiner Industrie auf seinem damals modernen Schulsystem und auf den Leistungen der Wissenschaft, die Weltgeltung erlangt hatte. Wir zehren bis heute von diesem Kapital … Jetzt aber ist das Kapital verbraucht. Die Bundesrepublik steht in der vergleichenden Schulstatistik am untersten Ende der europäischen Länder … Bildungsnotstand heißt wirtschaftlicher Notstand. Der bisherige Aufschwung wird ein rasches Ende nehmen, wenn uns die qualifizierten Nachwuchskräfte fehlen, ohne die im technischen Zeitalter kein Produktionssystem etwas leisten kann. Wenn das Bildungswesen versagt, ist die ganze Gesellschaft in ihrem Bestand bedroht."

(Picht, 1965)

Hypothese 3

„Den größten Teil dessen, was wir wissen, haben wir alle außerhalb der Schule gelernt. Schüler lernen das meiste ohne ihre Lehrer und häufig trotz diesen ... Wie man lebt, lernt jeder außerhalb der Schule. Wir lernen sprechen, denken, lieben, fühlen, spielen, fluchen, politisieren und arbeiten, ohne dass sich ein Lehrer darum kümmert. Selbst Kinder, die Tag und Nacht unter der Obhut von Lehrern sind, bilden da keine Ausnahme. Waisenkinder, Idioten und Lehrersöhne lernen das meiste von dem, was sie lernen, außerhalb des für sie geplanten Bildungsweges."

(Illich, 1972)

Hypothese 4

Die damalige Bundesministerin für Bildung und Forschung, Edelgard Bulmahn, schrieb 2001:

„In den letzten Jahren hat sich in Politik, Wissenschaft und breiter Öffentlichkeit die Erkenntnis wieder stärker durchgesetzt, welche grundlegende Bedeutung Bildung und Wissenschaft für unser Land und die Zukunft seiner Bürger haben. Dazu haben Prozesse, wie die europäische Integration und die Globalisierung, genauso beigetragen wie der tiefgreifende Wandel der Industriegesellschaft zur Dienstleistungs-, Informations- und Wissensgesellschaft."

(BMBF, 2001)

Hypothese 5

„Die europäische Bildungspolitik steht vor großen Herausforderungen, wenn wir die EU zu einem wissensbasierten und zum wettbewerbsfähigsten Wirtschaftsraum der Welt machen wollen."

(Schavan, 2007)

Wer von diesen fünf hat Recht? Ist die Schule überflüssig, wie Illich behauptet? Ist die Schule das wichtigste Instrument zur Aufrechterhaltung unserer Gesellschaft, wie von Picht behauptet? Kann man mit der Schule (im Sinne des Erziehungssystems) alles machen, wie Leibniz behauptet?

Schule als gesellschaftliche Institution

Es lässt sich nicht leugnen, dass die Schule zu einem festen Bestandteil nicht nur unserer Gesellschaft, sondern aller Gesellschaften geworden ist. Sie plötzlich aus der Gesellschaft herauszuschneiden, wäre eine Unmöglichkeit. Sich eine Gesellschaft ohne Bildungs- und Erziehungssystem gedanklich vorzustellen, wäre eine Utopie. Damit soll nicht gesagt sein, dass die Schule als Bildungs- und Erziehungseinrichtung nicht reformbedürftig ist oder gar negative und unerwünschte Folgen hat.

In der Soziologie wird der Tatbestand „Schule: ein fester Teil der Gesellschaft" zum Ausdruck gebracht, indem Schule als **Institution** der Gesellschaft bezeichnet wird.

> **„Eine Institution ist eine relativ dauerhafte Struktur und besteht aus sozialen Verhaltensmustern, Rollen und Beziehungen, welche die Menschen zur Befriedigung sozialer Grundbedürfnisse jeweils in festgesetzter, sanktionierter und einheitlicher Weise verwirklichen." (Fichter, 1969, S. 151)**

Eine Institution hat nach Fichter fünf Merkmale. Diese treffen auch auf Schule zu.

1. Zielgerichtetheit
Das Ziel der Schule ist die Befriedigung des Bedürfnisses der Menschen nach Bildung und Erziehung. Was dieses Bedürfnis im Einzelnen beinhaltet, wird später beim „Anspruch der Schule" erörtert.

2. Beständigkeit
Institutionen sind verhältnismäßig beständig, d. h., sie existieren über einen längeren Zeitraum hinweg, weil ihre Ziele überdauernd sind. Deswegen ist die Institution Schule relativ stabil. Weil aber die Bedürfnisse des Menschen, die von der Schule befriedigt werden sollen, in gewissem Maße von der gesellschaftlichen Konstellation abhängig und damit veränderlich sind, muss die Institution Schule auch dementsprechend geändert oder reformiert werden. Sie ist keine starre Institution, was die vielen Reformbestrebungen der letzten Jahrzehnte deutlich beweisen.

3. Strukturierung
Damit ist gemeint, dass die einzelnen Teile oder Elemente der Institution verschiedene Funktionen, Aufgaben und Ziele haben, die durch Normen und Regeln festgelegt sind. Diese Teile sind zu einem sinnvollen Ganzen verbunden. Die Schule ist in verschiedene Formen aufgeteilt; einzelne Personen in der Schule haben ihre festgelegten Rechte und Pflichten.
In dieser Strukturierung liegt eine gewisse Problematik: Wird das Bildungssystem sehr differenziert, so besteht die Gefahr, dass die einzelnen Teile selbstständig, d. h. zu eigenen Institutionen werden. Dieser Vorwurf wurde der traditionellen Dreiteilung in Haupt-, Real- und gymnasiale Schule gemacht.
Werden die einzelnen Teile der Institution zu sehr miteinander verbunden, so verliert der Einzelne den Überblick und findet sich nicht mehr zurecht. Dieser Vorwurf wird manchmal der Gesamtschule gemacht.

4. Verbundenheit mit anderen Institutionen
Obwohl eine Institution in sich eine geschlossene Einheit bildet, steht sie nicht lose neben den anderen Institutionen. Die Schule ist nicht unabhängig vom politischen System, von der Wirtschaft, von den Familien. Sie ist jeweils in die Gesamtgesellschaft eingebettet.

Beispiel
Ein demokratisches politisches System wird einen demokratischen Stil in der Schule begünstigen, ein autoritäres politisches System einen autoritären.

5. Werthaltigkeit
Jede Institution verkörpert bestimmte Werte. Das hängt einerseits eng mit den Zielen der Institution zusammen. Die Schule verkörpert den Wert der Bildung und der Erziehung. Würde in der Schule kein Wert mehr auf Bildung gelegt werden, dann würde sie sich selbst abschaffen. Weil die Institution Schule nicht unabhängig ist von anderen Institutionen und von der Gesamtgesellschaft, werden auch deren Werte die Schule mitbeeinflussen.

Beispiel
Legen die Eltern mehr Wert auf „Erziehung" als auf „Bildung", wird der Erziehungswert in der Schule auch an Bedeutung gewinnen.

Anspruch der Schule

Was die Schule erreichen will, müsste man den einzelnen Lehrplänen entnehmen. Darin werden die Ziele des Lehrens formuliert. Unter dem Einfluss der Curriculumforschung werden heute viele neue Lehrpläne entwickelt. Daher ist es kaum möglich, exakt zu sagen, welchen Anspruch die Schule erhebt. Es gibt aber einige allgemeine Ziele, über die sich alle einig sind: Früher sprach man von der Bildungs- und Erziehungsfunktion der Schule. Obwohl beide Bereiche nicht klar umschrieben sind, kann man die Bildungsfunktion als die Förderung der kognitiven Fähigkeiten, der Erziehungsfunktion als die Förderung der emotional-motivationalen und sozialen Komponenten des menschlichen Verhaltens bezeichnen.

Zu den **kognitiven Zielen** gehören:

- Wissen vermitteln,
- Allgemeinbildung verbessern,
- Förderung der kreativen Fähigkeiten.
- auf den Beruf vorbereiten,
- kritisches Denken lehren,

Zu den **emotionalen** und **sozialen** Zielen (auch affektive Ziele genannt) gehören:

- Selbstverantwortlichkeit für das eigene Handeln,
- Rücksichtnahme auf die Interessen anderer,
- Mitgefühl und Hilfsbereitschaft für Schwächere,
- demokratisches Verhalten.

Für eine weitere Differenzierung der Lernziele im Allgemeinen und der Schule insbesondere, muss hier auf das Fach Pädagogik verwiesen werden.

Wirkungen der schulischen Sozialisation

Nach der Aussage von F. E. Weinert (1974, S. 422) wissen wir wenig, „wie und in welchem Umfang durch die konkreten Bedingungen der Schule Kenntnisse, Fertigkeiten, Fähigkeiten, Motive, Einstellungen, Überzeugungen, Bezugssysteme und geschlossene Handlungsmuster erworben, verändert und stabilisiert werden".

Franz Emanuel Weinert (1930–2001)

Seit 2000 wird in einem Dreijahreszyklus der PISA-Test durchgeführt. Dabei werden die Schulleistungen der 15-Jährigen in drei Bereichen abgefragt: Lesen, Mathematik, Naturwissenschaft. Jedes Jahr erfasst der Test einen dieser drei Bereiche als Schwerpunkt. In einigen Ländern wurden noch zusätzliche Fragen gestellt, wie z.B. über die Lesefreude. Der Test wurde in den Jahren 2000, 2003, 2006, 2009 in 41 Staaten durchgeführt. Dadurch sind ein Vergleich der Schulleistungen zwischen den verschiedenen Ländern und ein Vergleich der Leistungen über die Jahre hinweg möglich. Nach einem komplizierten statistischen Verfahren werden die Ergebnisse in einer Punktzahl veröffentlicht, wobei eine Punktzahl von 500 der Mittelwert aller beteiligten Länder ist. Wir geben hier die Ergebnisse der Entwicklung der Lesekompetenz ausgewählter OECD-Länder in PISA-Punkten der Jahre 2000 und 2009 wieder. Dann folgt ein Beispiel aus den PISA-Aufgaben. Anschließend fassen wir die wichtigsten Ergebnisse für Deutschland in einigen Statements zusammen.

Lesekompetenz	2000	2009	Lesekompetenz	2000	2009	Lesekompetenz	2000	2009
Finnland	546	536	Frankreich	505	496	Ungarn	480	494
Kanada	534	524	USA	504	500	Griechenland	474	483
Australien	528	515	OECD	500	496	Portugal	470	489
Neuseeland	529	496	Schweiz	494	501	Israel	452	474
Korea	525	539	Spanien	493	481	Mexiko	422	425
Japan	522	520	Tschechien	492	478	Chile	410	449
Schweden	516	497	Deutschland	484	497			

Eigene Zusammenstellung (vgl. Max-Planck-Institut, 2002, S. 9 und OECD, PISA 2009, 2010)

Beispiel aus den PISA-Aufgaben (Hintergrundinformationen zu PISA):

Aufgabenbeispiel – Zähneputzen

Werden unsere Zähne immer sauberer, je länger und stärker wir sie putzen?

Britische Forscherinnen und Forscher sagen nein. Sie haben viele verschiedene Varianten ausprobiert und haben letztendlich die perfekte Art des Zähneputzens gefunden. Ein zweiminütiges, nicht zu starkes Bürsten bringt das beste Ergebnis. Wenn man stark bürstet, beschädigt man Zahnschmelz und Zahnfleisch, ohne dass dabei Essensreste oder Zahnbelag gelöst werden.

Bente Hansen, eine Expertin für Zähneputzen, sagt dass es gut ist, die Zahnbürste wie einen Stift zu halten. „Fang in einer Ecke an und putze die ganze Reihe entlang", sagt sie, „und vergiss auch deine Zunge nicht! Sie kann eine Menge Bakterien enthalten, die schlechten Atem verursachen können."

„Zähneputzen" ist ein Artikel aus einer norwegischen Zeitschfrift.

Verwende „Zähneputzen", um die folgenden Fragen zu beantworten.

Wovon handelt dieser Artikel?

A. Von der besten Art, seine Zähne zu putzen.

B. Von der besten Zahnbürste, die zu benutzen ist.

C. Von der Wichtigkeit guter Zähne.

D. Von den unterschiedlichen Arten, wie Leute ihre Zähne putzen.

Bewertung: Volle Punktzahl: A. Von der besten Art, seine Zähne zu putzen.

Quelle: OECD, Technisches Briefing, 2010, Folie 15

Im Artikel in Wikipedia werden die Ergebnisse für Deutschland so zusammengefasst[1]:

„1. Die Lesekompetenz hat seit 2000 signifikant zugenommen. Dies ist vor allem auf den Rückgang des Anteils an Jugendlichen mit sehr schwacher Lesekompetenz zurückzuführen.

2. Jugendliche mit Migrationshintergrund verfügten 2009 mit 470 Punkten über eine deutlich bessere Lesekompetenz. Die Zunahme im Vergleich zu 2000 beträgt 26 Punkte. Der Unterschied zu Jugendlichen ohne Migrationshintergrund (im Schnitt 514) hat signifikant abgenommen.

---

[1] *Der Autor hat die Informationen von Wikipedia an dieser Stelle geprüft und meint, dass sie zuverlässig sind.*

3. Der soziale Gradient, das heißt die Abhängigkeit der Kompetenzen vom sozialen Hintergrund, hat im Vergleich zu 2000 signifikant abgenommen. Deutschland bewegt sich in dieser Hinsicht nun im OECD-Schnitt. Besonders profitierten Kinder aus Arbeiterfamilien und Kinder aus Familien, deren Eltern Routinetätigkeiten ausüben. Die Entwicklung ging nicht zulasten der Jugendlichen aus bildungsnahen Gruppen: Diese zeigten nach wie vor eine hohe Leistung.
4. Der Zusammenhang zwischen Familiensprache und Lesekompetenz hat abgenommen. Dies spricht für eine bessere Kompensation von Benachteiligungen durch die Schulen.
5. Die Lesefreude hat deutlich zugenommen.
6. Die Expansion des Gymnasiums führte nicht zu einer Abnahme der Leistungen an dieser Schule, sondern zu einer Zunahme der Kompetenzen der Schülerschaft als Ganzes.

In einigen Feldern sind die positiven Entwicklungen schwächer ausgeprägt:
1. Nach wie vor besteht ein sehr großer Unterschied der Lesekompetenz zwischen Jungen und Mädchen. Diese Diskrepanz hat leicht, aber nicht signifikant zugenommen. Diese Zunahme ist auf eine bessere Fähigkeit der Mädchen im Umgang mit nicht-linearen Texten zurückzuführen. Jungen erreichen dagegen im Mittel eine höhere mathematische und naturwissenschaftliche Kompetenz. Die Geschlechtsunterschiede sind dort aber weniger stark ausgeprägt.
2. Trotz seiner Abflachung ist der soziale Gradient nach wie vor hoch.
3. Die enorme Verbesserung der Lesekompetenz bei Kindern mit Migrationshintergrund ist bei Jugendlichen mit türkischem Hintergrund auch vorhanden, aber mit 18 Punkten deutlich schwächer ausgeprägt als bei den anderen Jugendlichen mit Migrationshintergrund.
4. Nach wie vor gibt die Mehrheit der Jugendlichen an, nicht zum Vergnügen zu lesen." (Wikipedia, 2009, nach Klieme et.al, 2010)

Weitere Forschungsergebnisse auf dem Gebiet der kognitiven Fähigkeiten sind:
- Art und Dauer des Schulbesuchs steigert das Wissen und die kognitiven Fähigkeiten (Lesen, Schreiben, Rechnen).

- Der Schulbesuch und die Dauer des Schulbesuchs fördert die Intelligenz. Das zeigte sich durch einen Vergleich der Intelligenztestergebnisse (mit sprachfreien Intelligenztests) in Entwicklungsländern von Kindern mit und ohne Schulbesuch und durch einen Vergleich der Werte von Kindern, die im dritten Schuljahr gleiche Werte hatten mit ihren Werten 10 Jahre später, wobei sich herausstellte, dass die Kinder mit längerem Schulbesuch umso höhere Intelligenztestwerte hatten, je länger der Schulbesuch gewesen war.

Zusammenhänge zwischen schulischer Bildung und späterem sozialen Status[1]
In den letzten Jahrzehnten hat das deutsche Bildungssystem viele Veränderungen hervorgebracht. Die Länge und die Qualität der schulischen und auch beruflichen Ausbildung hat zugenommen. Ein mittlerer Bildungsabschluss wird zu einer Mindestqualifikation. Eltern mit einer höheren Bildung fördern auch eine höhere Bildung ihrer Kinder, sodass eine höhere Bildung sich immer weiter „vererbt". Frauen und Mädchen haben Jungen und Männer in Bildungsabschlüssen eingeholt, wenn nicht überholt. Verlierer sind die etwa 10 % der 15- bis 17-Jährigen, die ohne Abschluss aus dem Bildungsprozess ausscheiden.

---
[1] Siehe hierzu auch Kapitel 5.2 „Soziale Ungleichheit"

Der Zusammenhang zwischen beruflicher Bildung und Erwerbssituation, die zu erwarten ist, wird durch folgende Grafik bestätigt:

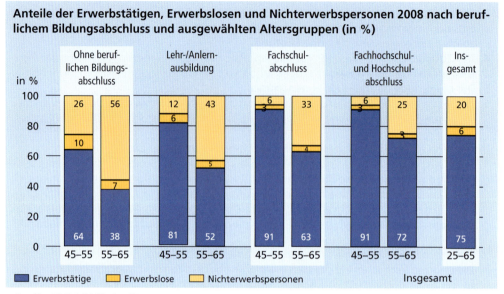

Anteile der Erwerbstätigen, Erwerbslosen und Nichterwerbspersonen 2008 nach beruflichem Bildungsabschluss und ausgewählten Altersgruppen (in %)

Quelle: BMBF, 2010, S. 197

Auswirkungen auf Einstellungen und das Sozialverhalten

Bei der Frage nach der Sozialisationswirkung der Schule muss zwischen beabsichtigter und unbeabsichtigter Wirkung unterschieden werden. Die beabsichtigte Wirkung der Schule ist in den oben genannten Lernzielen enthalten. Die unbeabsichtigte Wirkung der Schule kann viel mehr enthalten, auch negative Wirkungen, die man sogar vermeiden wollte. Wenn z. B. „die Schule krank macht", dann ist diese Wirkung sicher nicht beabsichtigt und in keinem Lehrplan enthalten. Schließlich sind nicht alle schulischen Sozialisationswirkungen typisch für die Schule. Sie könnten auch durch nichtschulische Sekundärgruppen bewirkt werden.

So bewirkt die Schule:

- die emotionale Ablösung vom Elternhaus,

- die Gewöhnung daran, dass Leistungen erbracht werden müssen, die nach bestimmten Kriterien bewertet werden. Zwangsläufig bringt das eine Bewertung der eigenen Person nach diesen Kriterien mit sich,

- den Kontakt mit Gleichaltrigen, das Streben nach Anerkennung und die Lösung von sozialen Konflikten.

Obwohl diese Wirkungen der Schule tatsächlich vorhanden sind, könnte die Ablösung vom Elternhaus z. B. auch in einer Bande stattfinden, die Gewöhnung an Leistung und Leistungskriterien in einer Sportgruppe, der Kontakt mit Gleichaltrigen in jeder Jugendgruppe. Zusammenfassend lassen sich die schulischen Sozialisationswirkungen folgendermaßen zusammenfassen:

	Beabsichtigte Wirkungen	Nicht beabsichtigte Wirkungen
Typisch für die Schule	z. B. Wissensvermittlung	Misserfolgserlebnisse im Bereich intellektueller Leistungen
Nicht typisch für die Schule	z. B. demokratisches Verhalten	Entstehung von Freundschaften

Einige Forschungsergebnisse:

- Ein längerer Schulbesuch und ein höherer Schulabschluss stehen mit einer aktiveren Lebensgestaltung, mit einer stärkeren Wahrnehmung kultureller Angebote sowie mit einem weiteren Interessen- und Informationshorizont in Beziehung (vgl. Weinert, 1974, S. 436).

- „Auch außerberuflich lassen sich positive Wirkungen feststellen, etwa hinsichtlich der Gesundheit oder der Wahrnehmung der Möglichkeiten politischer Teilhabe. Diesen individuellen Chancen entsprechen externe Erträge für Unternehmen, Institutionen und die Gesellschaft. Ergebnisse der neueren ökonomischen Forschung zeigen, dass Bildungsinvestitionen nicht nur positiv auf Wachstum und Innovationsfähigkeit wirken, sondern sich auch sozialpolitisch auszahlen" (BMBF, 2006, S. 33).

- Der manchmal erhobene Vorwurf, die Schule vernachlässige die Ausbildung zur Kreativität, konnte bisher durch empirische Untersuchungen weder bestätigt noch widerlegt werden. Weinert erklärt diese Tatsache dadurch, dass es keine einheitlichen Vorstellungen über den Begriff der Kreativität gibt. Weiterhin wird die Förderung der Kreativität wahrscheinlich sehr stark von den außerschulischen Umwelterfahrungen (vor allem Familien) abhängig sein.

- Eine Beeinflussung von Einstellungen, Meinungen und Überzeugungen durch den Schulbesuch lässt sich vermuten. Es liegen nur wenige empirische Untersuchungen zu diesem Themenbereich vor. In einer amerikanischen Untersuchung wurde nachgewiesen, dass die politischen Einstellungen der Schüler durch die auf dem College herrschenden politischen Wertvorstellungen verändert wurden und diese Veränderungen auch 25 Jahre nach dem Besuch des Colleges noch vorhanden waren.

- Die Beeinflussung der Schüler durch die Gleichaltrigengruppe der Mitschüler wurde nur wenig untersucht. Einige Ergebnisse deuten an, dass die Sozialisationswirkung der Gleichaltrigengruppe in der Schule unter Umständen größer ist als die Wirkung der typischen schulischen Merkmale wie Bildungsinhalte, Lehrerverhalten usw.

- Das Thema „Gewalt an Schulen" wird in jüngster Zeit verstärkt diskutiert. Eine Untersuchung über Gewalt an den Schulen (vgl. Kortmann, 8/2001, S. 18) erbrachte folgende Ergebnisse:
  1. Ein massiver Anstieg des Gewaltverhaltens unter Schülern in den letzten dreißig Jahren kann nicht festgestellt werden.
  2. Die große Mehrheit beteiligt sich nicht an Schlägereien, mutwilligen Zerstörungen und Diebstählen.
  3. Jeder Dritte hat sich mindestens ein Mal im Jahr geprügelt, jeder Fünfte Eigentum zerstört.
  4. Gewalt kommt in erster Linie bei Jungen vor, vor allem im achten Schuljahr, mehr in Sonderschulen als in Gymnasien.
  5. Psychische Grausamkeiten (Hänseln, Schimpfen, Erniedrigen, Bedrohen, Erpressen) kommen häufiger vor als physische Gewalttaten.

Mobbing

Ein Phänomen in der schulischen Sozialisation, das in Forschung und Praxis immer mehr beachtet wird, ist Mobbing, in der internationalen Literatur als Bullying, in deutscher Sprache als „Schikanieren" bezeichnet. Man versteht darunter „intentionales aggressives Verletzen, das wiederholt und über längeren Zeitraum stattfindet, in einer interpersonalen Täter-Opfer-Beziehung durch eine Kräfteungleichheit gekennzeichnet ist, und körperlich (schlagen, treten) und/oder verbal (drohen, lästern, beschimpfen) und/oder indirekt (Gerüchte verbreiten, ignorieren) erfolgt." (Saller, 2006, S. 8)

Laut einer Schätzung sollen 30 % der Schüler tagtäglich Opfer von Gewalt, Hänseleien, Beschimpfungen und dergleichen sein (vgl. Bache, 2007, S. 3).

In den Schulklassen ist fast die ganze Gruppe (87 %) an einem Mobbingprozess beteiligt, indem ein Teil der Gruppe jeweils Täter oder Opfer unterstützt. In einigen Untersuchungen wurden folgende Rollen im Mobbingprozess identifiziert: 24 % Außenstehende, 19 % Verstärker des Täters, 17 % Verteidiger des Opfers, 12 % Opfer, 8 % Täter, 7 % Assistenten des Täters; 13 % haben keine Rolle (vgl. Saller, 2006, S. 12).

Die Reaktionen der „Opfer" können in zwei Richtungen gehen, externalisierend – Aggressionen in vielen Formen nach außen – oder internalisierend – Rückzug, Schulwechsel, psychosomatische Störungen, Depressivität, Suizid.

7.4 Die Massenmedien als Sozialisationsinstanz

Über die Nutzung der Medien wurde und wird – vor allem im Interesse der Werbeindustrie – viel geforscht. Auch die Wirkung der Medien wird untersucht, aber sie ist schwieriger zu fassen und deshalb ist darüber auch weniger bekannt.
Die Nutzung der Massenmedien wird meistens unter dem Blickwinkel der Freizeitbeschäftigung gesehen und erforscht. In der Freizeit können aber sehr viele unterschiedliche Ziele verfolgt werden: Information, Fortbildung, Weiterbildung, Unterhaltung, Zeitvertreib, Training und Übung, Geselligkeit, Kontaktpflege, ehrenamtliche Tätigkeit, Haus- und Gartenarbeit und vieles mehr. Man hat unterschieden zwischen „halber" und „echter" Freizeit. Mit „halber" Freizeit sind solche Tätigkeiten und Aufgaben gemeint, die unbedingt getan werden müssen, aber nicht zur beruflichen Arbeit gehören, wie Reparaturen, Pflege von Geräten usw.

Stellenwert der Benutzung der Massenmedien unter den Freizeitbeschäftigungen

Für die häufigsten Freizeitbeschäftigungen der Jugendlichen sei verwiesen auf die Grafik der 16. Shell Jugendstudie 2010 in Kap. 9.4.3 „Die Welt der Medien" (S. 437). Die Wichtigkeit der Massenmedien bei der Freizeitgestaltung wird deutlich, wenn man die Prozentzahlen für die Nutzung der Massenmedien (Gesamt 244) mit den Prozentzahlen für die übrigen Freizeitgestaltungen (Gesamt 229) vergleicht. Massenmediennutzung wird etwas häufiger als andere Aktivitäten bei der Freizeitgestaltung genannt.

Freizeit der Jugendlichen	
Im Internet surfen	59 %
Musik hören	56 %
Fernsehen	54 %
Bücher lesen	27 %
Computerspiele	21 %
Videos/DVD	20 %
Zeitschriften lesen	7 %
Gesamt Medien	**244**
Sich mit Leuten treffen	59 %
Diskos, Partys, Feten	30 %
Vereinssport	29 %
Freizeitsport	28 %
Aktivitäten mit Familie	20 %
Shoppen	18 %
Rumhängen	14 %
Kreatives	12 %
In die Kneipe gehen	7 %
Engagement in Projekt	7 %
Jugendzentrum	5 %
Gesamt Übriges	**229**

*Eigene Zusammenstellung (vgl.
16. Shell Jugendstudie, 2010, S. 96)*

Freizeit aller Deutschen ab 10 Jahren	
Höre gerne Musik	77,9 %
Mache es mir am liebsten daheim gemütlich	77,5 %
Bin gerne mit Freunden/Bekannten zusammen	74,7 %
Mache/habe gerne Besuche	70,8 %
Lese gerne Bücher	66,8 %
Unternehme viel mit Familie	64,2 %
Höre gerne Radio	64,2 %
Lese gerne Zeitschriften/Zeitungen	58,7 %
Beschäftige mich gerne mit Computern	54,6 %
Gesamt Mediennutzung	**399,7**
Gesamt andere Aktivitäten	**209,7**

Eigene Zusammenstellung (vgl. Statista, Beliebteste Freizeitbeschäftigungen, 2011)

Der Stellenwert der Nutzung der Massenmedien für die Gesamtbevölkerung kann man der obenstehenden Tabelle entnehmen. Die GfK (Gesellschaft für Konsumforschung) befragte 20.000 Personen ab 10 Jahren in den Jahren 2007, 2008, 2009: „Was machen Sie am liebsten in Ihrer Freizeit?" (Vgl. Statista, 2007-2009) Erstaunlicherweise wird hier das Fernsehen nicht eigens genannt, muss aber wohl unter der Rubrik „Mache es mir am liebsten daheim gemütlich" subsumiert werden. Die Reihenfolge unter der Massenmediennutzung ist hier: Musik hören, Fernsehen, Bücher lesen, Radio hören, Zeitung/Zeitschriften lesen, Computerbeschäftigung. Es wird nicht deutlich, ob Musik hören und Radio hören teilweise identisch sind. Zählt man die prozentualen Häufigkeiten für Mediennutzung (Gesamt 399) und für andere Aktivitäten (Gesamt 209) in der Freizeit zusammen, dann zeigt sich eindeutig, dass die meiste Freizeit mit den Medien verbracht wird. Das Fazit ist, dass bei den Jugendlichen Massenmediennutzung und andere Aktivitäten in der Freizeitgestaltung sich in etwa die Waage halten; bei der Gesamtbevölkerung ist eindeutig die Mediennutzung die häufigste Freizeitgestaltung.

Umfang der Mediennutzung

Zeitdauer
Die Zeit, gemessen an Stunden pro Tag, die für die verschiedenen Medien investiert werden, ist seit 1964 kontinuierlich gestiegen, scheint aber sich in den letzten 10 Jahren auf dem Niveau von 8 bis 10 Stunden am Tag einzupendeln, wie folgende Übersicht zeigt (vgl. Engel/Ridder, 2010, S. 12 und 13).

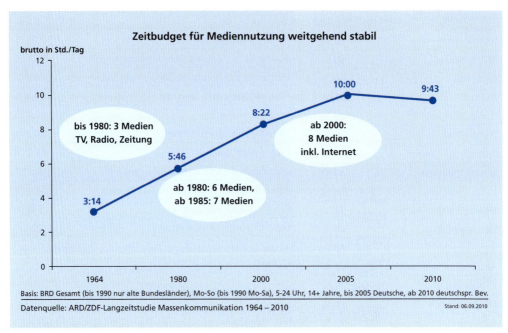

Quelle: Engel/Ridder, 2010, S. 9

Häufigkeit

Auf der Häufigkeitsskala sind Fernsehen und Radio die Gewinner, Zeitschriften und Bücher landen am unteren Ende (vgl. Engel/Ridder, 2010).

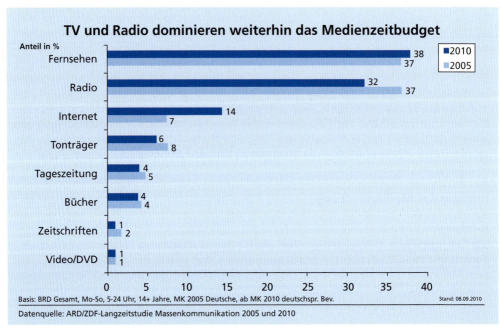

Quelle: Engel/Ridder, 2010, S. 10

Funktion der Medien

Die Motive zur Nutzung der Medien sind einerseits Information, wie sich informieren, Denkanstöße bekommen, Nützliches erfahren, anderseits Entspannung, wie macht Spaß, entspannen, sich ablenken. Wenn man berücksichtigt, dass Fernsehen und Radio am meisten genutzt werden, Tageszeitungen am wenigsten, dann entfallen die häufigsten Motive auf den Entspannungssektor und die wenigsten auf den Informationssektor (vgl. Engel/Ridder, 2010).

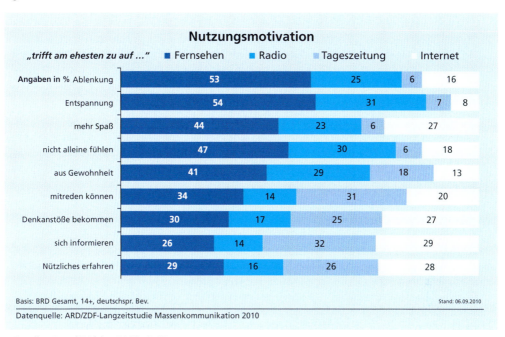

Quelle: Engel/Ridder, 2010, S. 25

Zusammenfassung

Die Mediennutzung mit etwa 8–10 Stunden am Tag ist ein wesentlicher Bestandteil der Menschen, hat damit aber auch seinen Höhepunkt erreicht. Fernsehen und Hörfunk sind nach wie vor die Spitzenreiter. Das Internet ist in Aufmarsch, vor allem bei den Jüngeren. Auf die Frage, welches Medium man am wenigsten verzichten könne, antworteten die 14- bis 29-Jährigen, sie würden das Internet am meisten vermissen.

Das Fernsehen ist nicht nur das am häufigsten genutzte, sondern auch für die Unterhaltung das wichtigste Medium. Hierbei muss man allerdings berücksichtigen, dass das Fernsehen häufig auch bei anderen Aktivitäten wie Essen, Mahlzeit vorbereiten, Besuch empfangen usw. mitläuft.

Der Hörfunk ist das am zweit meisten genutzte Medium. Auch hierbei muss berücksichtigt werden, dass das Radio häufig im Hintergrund mitläuft, auf Baustellen und in der Landwirtschaft zum Beispiel.

Internet ist das Medium mit dem größten Wachstum, vor allem bei jungen Menschen. Zeitdauer und Umfang der Nutzung von (Tages-)Zeitungen nehmen hingegen ab.

Die Zeitdauer der Mediennutzung scheint ihre Grenze erreicht zu haben. Das heißt, mehr als die etwa 10 Stunden pro Tag für die Mediennutzung steht nicht zur Verfügung.

Aus weiteren Forschungen geht hervor:

■ Der Fernsehkonsum nimmt mit dem Alter kontinuierlich zu.

■ Je höher der Bildungsgrad, umso geringer der Fernsehkonsum.

■ Kinder, die Konflikte in ihren Freundschaften oder mit ihren Eltern haben, verbringen mehr Zeit vor dem Fernsehapparat als Kinder ohne Konflikte.

■ Jugendliche mit wenig Kontakten zu Gleichaltrigen und wenig Interessen an bzw. Möglichkeiten zu aktiv durchzuführenden Freizeitbeschäftigungen verbringen mehr Zeit vor dem Fernseher und bezeichnen Fernsehen häufiger als ihre Lieblingsbeschäftigung.

■ Intelligentere Kinder oder Kinder mit vielen Interessen verbringen weniger Zeit vor dem Fernseher als weniger intelligente oder weniger vielseitige Kinder.

■ In einer Untersuchung von Erstklässlern wurde festgestellt, dass in 40 % der Fernsehzeit der Kinder Erwachsenensendungen angesehen wurden, während im sechsten Schuljahr schon 80 % der Zeit Erwachsenensendungen angeschaut wurden. Die Auswahl der Programme wird auch vom Intelligenzgrad des Kindes und vom Bildungsstand und Geschmack der Eltern beeinflusst.

Medienwirkungsforschung

„Mit zum festen Bestandteil des alltäglichen Bewusstseins – auch vieler Pädagogen – zählt die Annahme einer Medienwirkung als einseitigem Beeinflussungsprozess. In diesem Prozess wird das gesellschaftliche Subjekt, vor allem Kinder und Jugendliche, als den Angeboten der Massenmedien mehr oder weniger hilflos ausgesetzt und von diesen manipuliert vorgestellt. Angebliche ‚Belege‘ für diese Annahmen finden sich seit der massenhaften Verbreitung von Medien: Im neunzehnten Jahrhundert nahmen sich einige sensible Jünglinge nach der Lektüre von Goethes ‚Werthers Leiden‘ das Leben; in den Dreißigerjahren reagierten Teile der New Yorker Bevölkerung panisch auf ein im Radio gesendetes Hörspiel, in dem in Bearbeitung eines Romans von H. G. Wells die ‚Invasion vom Mars‘ angekündigt wurde; in den Vierzigerjahren machte die amerikanische Armee psychologische Experimente mit Hörfunk und Film, weil man überzeugt war, dass Goebbels' Propagandamaschinerie eine der Hauptursachen des Erfolgs der Nationalsozialisten war. Die einfache Annahme einer direkten und problematischen Wirkung lässt sich aber so nicht aufrechterhalten."

(Hurrelmann/Ulich, 1991, S. 493)

Untersuchungsmethoden

Die Wirkung des Fernsehens auf die Zuschauer exakt zu untersuchen, stößt auf einige Schwierigkeiten. Neben dem Fernsehen sind viele andere Faktoren wirksam, die man bei einer empirischen Untersuchung meistens nicht ausschalten kann. Drei Methoden gibt es, um die Wirkung von Fernsehsendungen zu untersuchen:

1. Der Vergleich einer Gruppe von Kindern, die Fernsehsendungen ausgesetzt sind, mit einer Gruppe von Kindern, die keinen Fernsehsendungen ausgesetzt sind.
   Diese Methode ist heute kaum noch anwendbar. Es gibt einige frühere Untersuchungen dieser Art. Kinder von früher mit Kindern von heute zu vergleichen, ist nicht zulässig, weil die heutigen Kinder, nicht nur was Fernsehen betrifft, in einer anderen Umwelt leben. Bei den Unterschieden wüsste man nicht, welche Faktoren für die Unterschiede verantwortlich sind.

2. Eine zweite Methode ist, einer Gruppe von Kindern Fernsehsendungen vorzuführen und einer anderen Gruppe keine oder andere Sendungen vorzuführen und beide Gruppen unmittelbar danach auf unterschiedliches Verhalten zu untersuchen. Hierbei werden aber nur die kurzfristigen Wirkungen ganz bestimmter Inhalte untersucht.
3. Eine dritte Methode besteht darin, dass man das Verhalten und Erleben von Viel-Sehern (Viel-Spielern beim Computerspielen) und Wenig-Sehern (-Spielern) miteinander vergleicht.

Als allgemeines Forschungsergebnis über die Wirkung nicht nur des Fernsehens, sondern der Massenmedien überhaupt, nicht nur auf Kinder, sondern auf alle Empfänger der Massenkommunikation, gilt, dass der Mensch durch die Massenmedien in eine Richtung beeinflusst wird, auf die er schon vorher festgelegt war. Schon bestehende Verhaltensweisen, schon bestehende Denkweisen, schon bestehende Wertvorstellungen werden durch die Massenkommunikationsmittel verstärkt. Der Mensch nimmt aus dem Angebot dasjenige auf, was seinen schon bestehenden Interessen und Bedürfnissen entspricht. Der prägende Einfluss ist dort am intensivsten, wo der Mensch noch keine festen Verhaltensweisen, Denkweisen, Einstellungen und Wertvorstellungen ausgebildet hat. Deshalb wird der Einfluss des Fernsehens auf Wertvorstellungen und Verhaltensweisen bei Kindern intensiver sein als bei Jugendlichen und Erwachsenen – insofern die Kinder überhaupt in der Lage sind, bestimmte Inhalte zu erfassen – weil sie noch kein so fest gefügtes Wert- und Verhaltenssystem ausgebildet haben. Andererseits wird der Einfluss des Fernsehens auf Kinder nicht unabhängig sein von den sonstigen sozialen Einflüssen. Das Wertsystem der Kinder wird entsprechend dem Wertesystem der Familie des Kindes beeinflusst. Das Kind wird Bildungsangebote des Fernsehens auf sich wirken lassen, insoweit in seiner Umgebung, vor allem der Familie, Bildungsangebote für wichtig gehalten werden.

Wirkungen im kognitiven Bereich

Die informative Wirkung des Fernsehens scheint bei Kindern wie bei Erwachsenen gering zu sein. Das lässt sich leicht erklären. Das Fernsehen wird von Kindern wie von Erwachsenen an erster Stelle unter dem Aspekt der Unterhaltung gesehen. Ausgesprochene Bildungsprogramme werden nur von wenigen eingeschaltet.

Über den Einfluss von Fernsehkonsum auf die schulischen Leistungen gibt es unterschiedliche Forschungsergebnisse. Das allgemeine Fazit ist, dass ein mäßiger und kontrollierter Gebrauch von Fernsehsendungen kurzfristig die schulischen Lese- und Sprachleistungen positiv beeinflusst. Ein solches differenziertes Urteil zeigt eine internationale Untersuchung über Fernseh- und Computer-Nutzung und Lesefähigkeit bei Kindern: Kinder , die 6–12-mal monatlich TV und Computer gebrauchen, zeigen die besten Leseleistungen, Kinder, die weniger als 6 oder mehr als 12-mal monatlich diese Medien nutzen, zeigen schlechtere Leseleistungen (vgl. Farga, 2007).

Die Wirkung aggressiver Inhalte

- Welche Auswirkung hat die Darstellung von Aggressivität, Kriminalität und Rohheit in Filmen und Dokumentarberichten des Fernsehens auf die Zuschauer: auf Kinder, Jugendliche und Erwachsene?
- Ist die Zunahme der Kinder- und Jugendkriminalität auf den Einfluss des Fernsehens zurückzuführen?

- Werden die Menschen durch die vielen, in den Medien dargestellten Gewaltakte insgesamt immer gewalttätiger?
- Dürfen Vorschulkinder Kriminalfilme ansehen?
- Sind Kindersendungen immer auch für Kinder geeignet?

Diese Fragen wurden und werden heftig diskutiert.

Zu den Wirkungen von aggressiven Inhalten in Fernsehen und Filmen gibt es zwei weitverbreitete Annahmen:
1. Die Beobachtung von aggressiven Inhalten führt dazu, dass der Zuschauer Aggressivität lernt, d. h., er wird aggressiver.
2. Durch die Beobachtung von aggressiven Inhalten wird die aufgestaute Aggressivität des Zuschauers abreagiert. Aggressive Inhalte in Fernsehen und Film haben demnach eine entspannende, bereinigende Wirkung.

Eine Entscheidung darüber, welche der beiden Annahmen stimmt, kann nur durch empirische Untersuchungen gefällt werden. Die bisherigen Untersuchungen auf diesem Gebiet lassen erkennen,

- dass kein direkter kausaler Zusammenhang zwischen Gewalt im Fernsehen und Gewalt beim Zuschauer besteht;
- dass Aggressivität und Gewalt im Fernsehen nicht wirkungslos für den Zuschauer sind;
- dass viele intervenierende Variablen Intensität und Art der Beeinflussung mitbestimmen.

Diese intervenierenden Variablen sind u. a.:
- langfristige und kurzfristige Wirkungen,
- Unterschiede in den Kommunikationsinhalten:
  - Wird die Aggressivität in der Darstellung belohnt oder bestraft?
  - Führt sie zum Erfolg oder zum Misserfolg?
  - Wird sie gerechtfertigt oder abgelehnt?
- Unterschiede im Zuschauer:
  - Ist der Zuschauer für Gewalt oder gegen Gewalt?
  - Hat er die sozialen Normen verinnerlicht oder hält er die sozialen Normen nur aus Angst vor Strafe ein?
- Auswirkungen
  - auf das Verhalten des Zuschauers,
  - auf das Urteilen des Zuschauers,
  - auf die Gefühle des Zuschauers.

Beispiel

An einem konstruierten Beispiel wollen wir die Wirkung dieser verschiedenen verändernden Umstände deutlich machen: Ein zehnjähriger Junge sieht im Fernsehen, wie ein Mann von einem anderen zusammengeschlagen wird.

Die Reaktion des Jungen kann sein:

1. Er denkt: „Das hat er verdient, er hat ihn förmlich gereizt." Eine Norm des Jungen, man solle einen anderen nicht reizen, wird gestärkt.
   Vielleicht spielt sich beim Jungen folgender Prozess ab: In ähnlichen Situationen hatte auch er das Bedürfnis zuzuschlagen, aber aus irgendeinem Grund wurde er davon abgehalten, gehemmt. Die aufgestaute, nicht ausgeführte Aggressivität aus diesen Situationen aus der Vergangenheit wird nun durch Identifikation mit dem Aggressor abgebaut.
2. Der Junge denkt: „Das kann man doch nicht machen, so zuschlagen ist gemein und primitiv. Da gibt es doch wohl andere Wege, einen Streit zu schlichten." Er empfindet eine innere Abneigung gegen die Schlägerei; körperliche Gewalt kann er nicht ausstehen. Durch die Szene wird die ethisch untermauerte gefühlsmäßige Abneigung gegen Gewalt verstärkt.
3. Der Junge nimmt sich vor, beim nächsten Mal auf dem Schulhof, wenn er wieder von anderen gereizt wird, zuzuschlagen. Er sieht, wie der Mann in dem Film nachher von seinen Freunden gelobt wird. Das gibt ihm Mut, es in Zukunft auch so zu tun.
4. Der Junge sieht, wie geschickt der zuschlagende Mann ist. Er nimmt sich vor, es bei der nächsten Schlägerei auch auf diese Weise zu versuchen. Der Junge lernt durch das Beobachten des Modells „geschickter zu sein".
5. Der Junge findet die Szene langweilig. „Immer dasselbe, immer diese Schlägerei, wird denen denn nie etwas Neues einfallen?" Der betreffende Zuschauer ist schon abgestumpft: Gefühlsmäßig, gedanklich, motivational reagiert er nicht mehr auf die Gewaltdarstellung.
6. Der Junge reagiert überhaupt nicht auf die Szene. Er lässt sie an sich vorbeigehen. Aber nach längerer Zeit stellt sich heraus, dass durch das wiederholte Sehen solcher Szenen der betreffende Junge in einer Konfliktsituation plötzlich auch körperlich Gewalt anwendet, obwohl man das gar nicht von ihm erwartet hätte. Hier hat die Darstellung kurzfristig keine Wirkung gezeigt, wohl aber langfristig.

Die bisher vorliegenden Ergebnisse der empirischen Untersuchungen über die Wirkung von aggressiven Inhalten lassen sich zusammenfassen (vgl. Mundzeck, 1973, S. 35 ff.):

■ Aggressivität im Fernsehen regt den Zuschauer mit hoher Wahrscheinlichkeit an, sich selbst aggressiv zu verhalten. Bereits bekannte aggressive Verhaltensweisen können durch neu hinzugelernte ergänzt werden. Wer häufig Gewaltdarstellungen sieht, gewöhnt sich daran und stumpft ab. Der Zuschauer ist dann in erhöhter Gefahr, selbst Gewalt zur Lösung von Konflikten anzuwenden und bei Gewalttätigkeiten gegen andere gleichgültig und ohne Reaktion zuzuschauen.

■ Durch Darstellungen von Brutalität im Fernsehen dehnen sich die Grenzen dessen, was noch als akzeptable Gewaltanwendung angesehen wird, ständig aus, und zwar weiter, als es mit unseren rechtlichen und sozialen Normen vereinbar ist. Da die Anwendung von Gewalt bei der Lösung von Konflikten für viele Menschen die einfachste Methode ist, kann die häufige Vorführung von gewaltsamen Konfliktlösungen Modellcharakter für die zwischenmenschlichen Beziehungen bekommen.

■ Durch die Darstellung von Vertretern von Minderheiten als Gewalttäter und als Gewaltopfer können Vorurteile gegenüber solchen Minderheiten erzeugt und verstärkt werden.

■ Wird der Aggressive als Held dargestellt und führt seine Aggressivität zum Erfolg, dann wird der Zuschauer sich mit ihm identifizieren und das aggressive Verhalten billigen und übernehmen.

■ Wird die aggressive Handlung als ungerechtfertigt dargestellt und hat der Zuschauer selbst ein Wertesystem aufgebaut, das Gewaltanwendung ablehnt, so wird er darin bestärkt werden. Daher werden Kinder und im allgemeinen Menschen, die noch kein inneres Wertsystem aufgebaut haben, eher von Gewaltdarstellungen negativ beeinflusst werden.

■ Werden die negativen Folgen und die Grausamkeit (Schmerz usw.) von Gewaltanwendungen deutlich dargestellt, wird der Zuschauer eher von der Übernahme dieser Konfliktlösung abgehalten werden, als wenn diese Folgen verschwiegen werden.

■ Personen, die zur Gewaltanwendung bereit sind, werden durch das Modell mehr angeregt als Menschen, die eine solche Bereitschaft nicht haben. So werden Kinder und Jugendliche, in deren sozialer Umgebung Gewaltanwendung üblich ist, mehr Gewalttätigkeit vom Fernsehen lernen. Menschen, Kinder und Jugendliche – die oft Versagen erleiden mussten und daher zu Rebellion und Aggression bereit sind, werden durch die aggressiven Inhalte des Fernsehens stärker beeinflusst werden. Jugendliche, die sowieso zu kriminellen Handlungen neigen, werden durch die Kriminalität im Fernsehen in ihrer Neigung verstärkt werden.

■ Realistisch dargestellte Gewalt wirkt intensiver als fiktiv dargestellte Gewalt.

■ Ähnliche Erlebnisse, wie die oben stehenden für Gewalt im Fernsehen, wurden später für Gewalt in Computerspiele ermittelt.

TV-Gewalt und langfristige Folgen
In einer Untersuchung in den USA wurden etwa 1.000 achtjährige Kinder im Hinblick auf ihren Fernsehkonsum und ihre Aggressivität in der Schule untersucht. Mit 18 und 30 Jahren wurde ein großer Teil dieser Gruppe nochmals hinsichtlich ihrer Aggressivität untersucht. Es zeigte sich, dass diejenigen, die häufig Gewalt im Fernsehen sahen, nicht nur in der Schule aggressiver waren, sondern auch im Alter von 18 bis 30 Jahren mehr Aggressivität zeigten. Sie waren in schwere Straftaten verwickelt, reagierten nach Alkoholkonsum aggressiv und straften ihre eigenen Kinder hart. Dabei wird vom Autor betont, dass das Fernsehen nicht die alleinige Ursache der Gewalt ist (Psychologie Heute, 8/1992, S. 16).

In einem Forschungsbericht des BMFSFJ über Medien und Gewalt kommen die Autoren zu dreierlei Schlussfolgerungen.

Methodenkritik
Die erste Schlussfolgerung kann man als Methodenkritik bezeichnen. Die Autoren sagen: „Insgesamt ist festzustellen, dass es sich bei der Wirkung von Mediengewalt um ein Thema handelt, das in den unterschiedlichsten wissenschaftlichen Disziplinen nach wie vor Gegenstand intensiver Forschungsbemühungen ist. Aufgrund der Vielzahl und der Heterogenität daraus resultierender Befunde empfiehlt sich eine regelmäßige Bestandsaufnahme, um den aktuellen Erkenntnisstand der Wissenschaft zu bilanzieren und neue Resultate nutzbar zu machen. Bei der Aus-

wertung der einzelnen Befunde ist eine methodenkritische Herangehensweise erforderlich, da die Ergebnisse vor dem Hintergrund der spezifischen Stärken und Schwächen der eingesetzten Forschungsdesigns zu beurteilen sind, nicht wenige Studien erhebliche methodische Mängel aufweisen und insbesondere die Operationalisierung von Aggression häufig problematisch ist. Von festgestellten aggressiven Kognitionen und Emotionen kann nicht ohne Weiteres auf aggressive Verhaltenstendenzen geschlossen werden, und bei der Erhebung aggressiven Verhaltens ist teilweise nicht gewährleistet, dass den Handlungen der Probanden tatsächlich eine Schädigungsabsicht zugrunde liegt. Hinzu kommt die Schwierigkeit zu bestimmen, ab wann Gewaltverhalten tatsächlich als asozial und pathologisch und damit als besorgniserregend einzustufen ist."
(Kunczik/Zipfel, 2010, S. 13-14)

Erträge der Forschung

Die zweite Schlussfolgerung bezieht sich auf das inhaltliche Resultat der Forschung. Die Autoren sagen:

„Auch wenn nach wie vor zu beklagen ist, dass viele kleinteilige, nicht aufeinander aufbauende und methodisch problematische Untersuchungen durchgeführt werden, lassen sich doch auf Basis der vorliegenden Studien einige gut abgesicherte Aussagen treffen, und es sind Erkenntnisfortschritte erzielt worden. Das Gesamtmuster der Befunde spricht dafür, dass Mediengewalt einen Einfluss auf die Aggression der Rezipienten haben kann, der Effekt allerdings allenfalls als moderat einzuschätzen ist und violente Mediendarstellungen nur einen Faktor in einem komplexen Geflecht von Ursachen für die Entstehung von Gewalt darstellen. Hieraus folgt auch, dass einfache Lösungen, die nur an einer Stelle (wie z. B. dem Konsum violenter Computerspiele) ansetzen, zu kurz greifen. Darüber hinaus ist zu konstatieren, dass diverse, z. T. miteinander interagierende inhaltliche und rezipientenbezogene Faktoren den Zusammenhang zwischen Mediengewalt und Gewaltverhalten moderieren. Aus diesem Grund ist eine differenzierte Betrachtung des Risikopotenzials verschiedener Arten von Mediengewalt und der Gefährdung verschiedener Personengruppen erforderlich. In diesem Zusammenhang ist festzuhalten, dass sich violente Computerspiele entgegen allgemeiner Annahmen bislang nicht als wirkungsstärker erwiesen haben als andere Formen von Mediengewalt und dass es insbesondere problematische soziale Umfelder (v. a. eigene Gewalterfahrung in der Familie) sind, die das Wirkungsrisiko gewalthaltiger Medien erhöhen."
(Kunczik/Zipfel, 2010, S. 13-14)

Zukünftige Forschung

Einige Schlussfolgerungen beziehen sich auf die zukünftige Forschung. Die Autoren sagen u. a.:

„Die Wissenschaft konnte in den letzten Jahren einen Beitrag zur Spezifizierung der Risikofaktoren leisten, angesichts der Vielzahl möglicher Einflussvariablen und deren Zusammenspiel ist zur Präzisierung der Wirkungsbedingungen von Mediengewalt allerdings weitere Forschungsarbeit nötig. Diese sollte auch die Nutzungsmotive von Mediengewalt und individuelle Wahrnehmungsprozesse noch stärker in den Blick nehmen. Entsprechende Arbeiten können auch einen Beitrag zur Entwicklung sinnvoller Präventionsmaßnahmen leisten. Aus den bisherigen Befunden lassen sich bereits einige praxistaugliche Ratschläge für die medienpädagogische Arbeit ableiten - auch hier gibt es allerdings noch viele offene Fragen, zu deren Beantwortung auch eine systematische Evaluation in Schulen eingesetzter Lehreinheiten beitragen kann."
(Kunczik/Zipfel, 2010, S. 14)

Wirkung auf Überzeugungen und Wertvorstellungen

Man kann annehmen, dass die Wirkung auf diesem Gebiet umso intensiver ist, je weniger die Überzeugungen und Wertvorstellungen der Benutzer gefestigt sind. Die Einstellung gegenüber rassischen Minderheiten wurde laut einer Untersuchung beeinflusst durch die Art und Weise, wie Vertreter dieser Minderheit in Fernsehsendungen dargestellt wurden. Diese Wirkung auf die Einstellungen von Kindern gegenüber bestimmten Gruppen von Menschen durch das Fernsehen ist umso intensiver, je weniger Erfahrungen die Kinder vorher mit diesen Gruppen von Personen hatten. Man vermutet, dass stereotype Darstellungen bestimmter Figuren den größten Einfluss haben.

Wirkung des Fernsehens auf den emotionalen Bereich
Während die Wirkung des Fernsehens auf den kognitiven Bereich und auf den Bereich des Sozialverhaltens ziemlich intensiv erforscht wurde, liegen nur wenige empirische Untersuchungen über die Wirkung des Fernsehens auf den emotionalen Bereich vor. Für die emotionale Wirkung des Fernsehens bei Vorschulkindern beruft man sich meistens auf Einzelbeobachtungen. Jedem Elternteil werden Situationen bekannt sein, wo das Vorschulkind durch das Fernsehen in Angst und Schrecken oder in Heiterkeit und Gelöstheit versetzt wurde.
Einzelfälle von schockartigen, traumatischen Erlebnissen bei Kindern durch eine bestimmte Fernsehsendung sind auch beobachtet worden.

Aufgaben

1. Lesen Sie noch einmal die Ausführungen über Primär- und Sekundärgruppen in Kapital 2. Untersuchen Sie anhand der dort genannten Merkmale, inwiefern Kindergarten und Schule Primär- bzw. Sekundärgruppen sind.

2. Nehmen Sie Stellung zu den Aussagen von
   a) G. W. Leibniz,   b) G. Picht,   c) I. Illich (siehe S. 348–349).
   Begründen Sie, inwiefern Sie jeweils mit diesen Aussagen übereinstimmen, nicht übereinstimmen oder unsicher sind.

3. Ordnen Sie folgende Sozialisationswirkungen der Schule in die zusammenfassende Übersicht auf S. 355 ein:
   a) Kontakte mit Gleichaltrigen des anderen Geschlechts
   b) Interesse für fremde Kulturen
   c) Leistungsstreben
   d) Examensangst
   e) Kenntnisse fremder Sprachen
   f) Rücksichtnahme auf andere
   g) Wissbegierde
   h) Wertschätzung der Vergangenheit

4. Versuchen Sie die fünf Merkmale der Institution (siehe S. 350) auf die Institution Kindergarten anzuwenden.

5. Von welchen Faktoren ist es abhängig, ob aggressive Medieninhalte die Aggressivität des Zuschauers steigern?

8 Randgruppen und Minderheiten

In diesem Abschnitt werden bestimmte Teile unserer Gesellschaft besprochen, die gegenüber der Gesamtgesellschaft einige Merkmale aufweisen, durch die sie sich von ihr unterscheiden. Sie werden teilweise als Randgruppen, teilweise als Minderheiten bezeichnet. Daher ist zunächst eine Begriffsklärung erforderlich.

8.1 Begriffserklärung

In der soziologischen Literatur ist der Begriff des „randständigen Menschen" schon lange bekannt. Gemeint ist damit ein Mensch, der zwei Gruppen, Völkern oder Kulturen angehört, deren Normen voneinander verschieden sind. Er ist in keiner der beiden Gruppen völlig integriert, sondern lebt am Rande der Gruppe oder, besser gesagt, lebt zwischen zwei Gruppen oder Kulturen.

In den letzten Jahren spricht man auch häufig von „Randgruppen". Der Begriff bezeichnet Gruppen, die nicht völlig in die bestehende Gesellschaft integriert sind. Mit dem Begriff der Randgruppe ist immer auch eine soziale Benachteiligung oder gar eine Diskriminierung gemeint.

Als Randgruppen in unserer Gesellschaft werden u. a. bezeichnet:

- Strafgefangene, Strafentlassene,
- alte Menschen,
- ausländische Arbeiter,
- Menschen mit körperlichen und psychischen Behinderungen,
- Drogenabhängige,
- Obdachlose.

Die Problematik der Definition der Randgruppe kann an folgenden Beispielen demonstriert werden.

Beispiele
1. In der Bundesrepublik Deutschland lebten 1986 etwa 4,5 Mill. Ausländer. Die Mehrzahl stammte aus südlichen Ländern. Eine kleine Anzahl von ihnen kam ursprünglich aus den westlichen Nachbarländern wie den Niederlanden, Frankreich und Belgien. Wenn man von den Gastarbeitern als Randgruppe sprach, meinte man die Arbeiter aus südlichen Ländern, nicht die aus Frankreich und den Niederlanden.

2. Zur sozialen Oberschicht in der Bundesrepublik Deutschland gehören etwa 2% der Bevölkerung. Zu der untersten Unterschicht gehören etwa 4% der Bevölkerung.
Die Oberschicht wird nie als Randgruppe bezeichnet, wohl aber die unterste Unterschicht.

Aus diesen beiden Beispielen wird schon deutlich, dass Randgruppe nicht mit Minderheit gleichzusetzen ist.

Es gibt Minderheiten, die als Randgruppe bezeichnet werden, es gibt Minderheiten, die nicht als Randgruppe bezeichnet werden. **Nur solche Minderheiten werden als Randgruppen bezeichnet, die nicht völlig in die Gesellschaft integriert sind.**

Manchmal werden auch alle alten Menschen (die über 65-Jährigen) als Randgruppe bezeichnet. Wenn man berücksichtigt, dass diese Gruppe derzeit mehr als 20 % der Bevölkerung umfasst, kann man sie nicht mehr als eine Minderheit bezeichnen. Verwendet man den Begriff „Randgruppe", liegt die Bedeutung auf der Benachteiligung gegenüber dem Rest der Bevölkerung. So verstanden kann es theoretisch möglich sein, dass die Mehrheit einer Gesellschaft eine Randgruppe bildet, wenn nämlich die Mehrheit gegenüber dem Rest benachteiligt ist. So könnte man in einigen Entwicklungsländern von einer Mehrheit der Bevölkerung als Randgruppe sprechen, z.B. in einigen Ländern, wo die herrschende Clique in Reichtum schwelgt und die Mehrheit der Bevölkerung in Armut lebt.

Die Benachteiligung gegenüber dem Rest der Bevölkerung scheint ein wesentliches Merkmal der Randgruppen zu sein. Diese Benachteiligung besteht dann darin, dass diese Gruppen erheblich weniger an den allgemeinen gesellschaftlichen Werten teilhaben können, obwohl sie es wollen.

Wer macht eine Gruppe zur Randgruppe?

Die Definierung erfolgt nicht durch die Randgruppenangehörigen selbst, sie möchten nicht am Rande der Gesellschaft stehen, sie wollen keine Randgruppe sein. Mit ihrem Anderssein ist eine gewisse Ablehnung durch die anderen Gesellschaftsmitglieder verbunden. Diese Ablehnung macht die Gruppe zur Randgruppe.
Somit ist ein wesentliches Merkmal der Randgruppen die Diskriminierung durch den Rest der Gesellschaft.
Fassen wir die verschiedenen Gesichtspunkte zusammen:

- In einer Gesellschaft gibt es Minderheiten, d.h. Kategorien von Personen, die in Verhalten, Normen und Werten von den übrigen Gesellschaftsmitgliedern abweichen.

- In einer Gesellschaft gibt es Kategorien von Menschen, die gegenüber dem Rest der Gesellschaft benachteiligt sind, d.h. weniger an den allgemeinen gesellschaftlichen Werten teilhaben.

- In einer Gesellschaft gibt es Gruppen von Menschen, die von dem Rest der Gesellschaft mehr oder weniger abgelehnt bzw. diskriminiert werden.

Eine Randgruppe ist eine Kategorie von Menschen innerhalb der Gesellschaft, die in Verhalten, Normen und Werten von den allgemeinen gesellschaftlichen Normen und Werten mehr oder weniger abweicht und deshalb vom Rest der Gesellschaft mehr oder weniger negativ beurteilt und behandelt wird.

Schematisch lassen sich diese Zusammenhänge so darstellen:

```
                    ┌──────┐
                    │ Elite│
                    └──────┘
                       ↑
              mit sozialer
              Wertschätzung
                       ↑
                            mit sozialer              mit sozialer
                            Geringschätzung           Geringschätzung
┌──────────────┐                        ┌──────┐                    ┌──────────────┐
│ Minderheiten │ ─────────────────────→ │Rand- │ ←───────────────── │   Mehrheit   │
└──────────────┘                        │gruppe│                    └──────────────┘
                       ↓                 └──────┘
              ohne soziale
              Wertschätzung
                       ↓
                   ┌──────────┐
                   │Minderheit│
                   └──────────┘
```

Unterscheidung zwischen Randgruppe und Dissozialen

Die Abweichung von den allgemeinen gesellschaftlichen Normen und Werten kann gering oder stärker sein. Die Abweichung kann sich auf gesetzliche Normen und auf Gewohnheitsnormen beziehen. Sie kann durch eigenes Versagen bedingt sein, aber auch durch Umstände, die nicht in der eigenen Gewalt liegen, verursacht sein. Außerdem ist es nicht leicht zu sagen, was allgemein anerkannte Normen und Werte sind und wer diese bestimmt.

Die Unterschiede führen in die Mitte der Problematik der Unterscheidung von Randgruppen und Dissozialen[1].

Unter Dissozialität wird meistens verstanden, sich nicht an die sozialen Normen zu halten, sei es, weil man dazu nicht fähig ist, sei es, weil man dazu nicht bereit ist.

Man will mit diesem Wort zum Ausdruck bringen, dass bestimmte Menschen sich nicht den sozialen Normen anpassen, ohne dieses Unangepasstsein zu werten.

Beispiele
- Verbrecherbanden
- randalierende Fußballfans
- gewalttätige Revolutionäre

---

[1] *Weil das Wort „asozial" mit einer negativen Bewertung verbunden ist, verwendet man in der Soziologie lieber das Wort „dissozial".*

Mit dem Begriff der Randgruppe ist nicht unbedingt das Merkmal der Dissozialität verbunden. Menschen, die sich den sozialen Normen anpassen, aber aus irgendwelchen Gründen nicht an den allgemeinen gesellschaftlichen Zielen teilhaben, können in eine Außenseiterposition gedrängt, diskriminiert und damit zur Randgruppe werden.

Stigmatisierung

Sind Menschen einmal als Randgruppe abgestempelt und werden sie vom Rest der Gesellschaft mehr oder weniger isoliert, so fühlen sie sich selbst auch in einer Außenseiterposition und werden sich allmählich auch entsprechend verhalten. Durch das Gettodasein, durch die Abstempelung durch den Rest der Gesellschaft und durch Beeinflussung durch die übrigen – auch die dissozialen – Mitglieder der Randgruppe werden die Menschen häufig auch zu dissozialem Verhalten tendieren. Dieser Vorgang wird als Stigmatisierung bezeichnet (stigma = Stempel).

8.2 Die Bedeutung von sozialen Vorurteilen

Beispiele

1. Alina, ein deutsches Mädchen, sagt zu ihrem spanischen Freund im Kindergarten: „Ich wollte dich zu meinem Geburtstag einladen. Aber meine Mutter hat gesagt, du kannst nicht kommen, weil du ein Ausländer bist."
2. „Attila (3 Jahre, Türke) ist im Kindergarten sehr unruhig, aggressiv, unfähig, sich zu konzentrieren. Er spricht kein Deutsch. Er wird zum schwarzen Schaf. Ein Beispiel fiel mir noch in den letzten Tagen auf: Unser Kleinster, der sehr beliebt ist, lag auf dem Wickeltisch und wurde von den schmutzigen Windeln befreit. Attila stand abseits, ein anderes Kind nahe an der Kommode. Es sagte: ‚Pfui, wie der Attila stinkt. Mit dem möchte ich aber nicht spielen.' Als ich erwiderte, dass dies doch nicht Attila sei, zog es sich schnell zurück und lief zu seinem Spielzeug." (Aus der Arbeit einer Jahrespraktikantin)
3. „Guten Tag, mein Name ist Lenz, ich bin Journalist und rufe an wegen Ihrer Wohnungsanzeige."
   Frauenstimme: „Ja? Sehr angenehm."
   „Nun ist Folgendes: Ich suche das Zimmer nicht für mich, sondern für einen jungen Türken, er ist 20 und sehr tüchtig, in fester Stellung, spricht auch schon etwas Deutsch, nur telefonieren mag er noch nicht."
   Gemütvolle Frauenstimme: „Ach, ein Ausländer?! Tja. Wissen Sie, ich habe selbst nichts gegen Ausländer, absolut nichts, aber die Leute im Haus, verstehen Sie, wir legen Wert auf eine harmonische Hausgemeinschaft, und ein Ausländer! Wissen Sie, ich liebe den Frieden über alles. Verstehen Sie?" – „Ich verstehe." (Leudesdorf/Zilleßer, 1971, S. 17)
4. Anzeige in „Südwest-Presse" (Ulm)

> **Gepflegtes, freist. Bauernhaus**
>
> Mit Stallung, Stadel, auf baumbestandenem großen Wiesengrund, Bau- und Zukaufmöglichkeiten vorhanden. Beste Gelegenheit für Pferdehaltung oder Gastarbeiterunterkunft, Stall- und Bühnenraum ausbaufähig. 6 Zimmer, Küche, Bad, WC, 200 qm Wohnfläche, sofort beziehbar, im Raum Neu-Ulm zu verkaufen. Zuschriften unter P 71 111u(3)

5. Frage in einer Untersuchung:
„Wie sollte man die Lage der Bewohner einer Obdachlosensiedlung verändern?"
Zwei Antworten:
– „Das werde ich schon machen, besorgen Sie mir eine Planierraupe."
– „Wenn wir die Gestapo noch hätten, dann wären wir schon lange das ganze Gesindel los" (Iben, 1971, S. 58).

Das Wort „Vorurteil" stammt ursprünglich aus der Rechtsprechung und bedeutet ein vorläufiges Urteil oder auch ein Urteil aufgrund von vorhergehenden Urteilen. Der Begriff hat sich verallgemeinert und bezieht sich nun auf alle möglichen Urteile, die Menschen übereinander oder über Situationen fällen.

Der amerikanische Sozialpsychologe Allport definiert Vorurteil folgendermaßen:

Das Vorurteil ist eine positive oder negative Einstellung gegenüber einer Person oder einer Gruppe, vorausgehend oder nicht basierend auf einer tatsächlichen Erfahrung.

Das Vorurteil wird als eine Einstellung verstanden. Eine Einstellung hat drei Komponenten: erstens eine kognitive, zweitens eine gefühlsmäßige und drittens eine motivationale. Die kognitive Komponente besteht in dem Urteil oder der Meinung, die man über die Person oder Gruppe hat. Die emotionale Komponente ist das Gefühl der Sympathie oder Antipathie für die Person oder die Gruppe. Die motivationale Komponente ist die Handlungsbereitschaft, d. h. die Tendenz, die Person oder Gruppe zu meiden oder Kontakt zu ihnen zu suchen.

Entstehung von Vorurteilen
In der Sozialpsychologie werden für die Entstehung von Vorurteilen verschiedene Bedingungen angegeben:

■ gruppendynamischer Prozess,

■ Persönlichkeitsstruktur,

■ allgemeine Tendenz zu Orientierung und Sicherheit.

Der gruppendynamische Prozess
Der gruppendynamische Prozess besteht darin, dass die Gruppenmitglieder die Neigung haben, sich von anderen Gruppen abzuheben und ihre eigene Gruppe höher zu bewerten als die Fremdgruppe (siehe Kapitel 2.1.3 „Klassifikation der Gruppen"). Indem man die eigene Gruppe höher bewertet als die Fremdgruppe, steigt auch das Selbstgefühl. Auf diese Weise sind auch die nationalen Stereotypen zu erklären.

Das Urteil, das eine Gruppe oder ein Volk von sich selbst hat, nennt man Autostereotyp; das Urteil, das eine Gruppe oder ein Volk von einer anderen Gruppe oder von einem anderen Volk hat, nennt man Heterostereotyp (auto = selbst; hetero = andere). Das Autostereotyp ist meistens positiv, das Heterostereotyp oft negativ.

Ein Beispiel von Auto- und Hetereostereotyp bieten die Antworten auf die Frage: „Was verbinden Sie persönlich mit Deutschland und den Deutschen?"

	Deutschland	Durchschnitt der Europäer ohne Deutschland
* Angaben der Befragten in Prozent auf folgende offene Frage: „Wenn Sie jetzt bitte nun einmal an Deutschland und die Deutschen denken. Was verbinden Sie persönlich mit Deutschland und den Deutschen, wofür stehen Ihrer Meinung nach Deutschland und die Deutschen?" – Quelle: GfK-Nürnberg e.V., Mai 2006		
Fleißig und pflichtbewusst	23,0	4,3
Ordnung, gut organisiert, pedantisch, genau, akribisch, akkurat	13,1	9,8
Pünktlich	13,1	2,6
Ordnungsliebend, sauber	12,3	3,9
Wirtschaftliche Probleme, Arbeitslosigkeit	11,5	0,4
Bier	1,0	5,0
Hitler, Nazis	0,7	3,1
Krieg allgemein	0,2	8,8

Quelle: BPB, 2006

Es zeigt sich, dass das Bild der Deutschen positiver ist, als das Bild, das die anderen Europäer von den Deutschen haben.

Persönlichkeitsstruktur

In den 1950er-Jahren wurde unter Leitung von Adorno in den USA eine großangelegte **Untersuchung** über die **„autoritäre Persönlichkeit"** durchgeführt. Dabei wurde festgestellt, dass bestimmte Menschen mehr zu Vorurteilen neigen als andere Menschen. Die Vorurteile bestanden vor allem in negativen Einstellungen zum Judentum (Antisemitismus), zu Andersfarbigen und zu religiösen und ethnischen Minderheiten.

Die Menschen, die sehr viele und starke Vorurteile hatten, wurden noch hinsichtlich anderer Merkmale mit der Gruppe von Menschen, die weniger Vorurteile hatten, verglichen. Es zeigte sich, dass die vorurteilsbereiten Menschen insgesamt in Politik und Erziehung mehr autoritäre Meinungen vertraten. Adorno sprach deswegen von der „autoritären Persönlichkeit" als einem Bündel von Eigenschaften, die bei bestimmten Menschen gehäuft vorkommen. Die Erklärung für die Entstehung dieser Persönlichkeitsstruktur sieht Adorno in der Kindheitsentwicklung. Menschen, die autoritär erzogen wurden, neigten mehr zu Vorurteilen als Menschen, die demokratisch erzogen wurden.

In weiteren Untersuchungen im Anschluss an die von Adorno wurde u. a. festgestellt:

- Intelligentere und gebildetere Menschen neigen weniger zu Vorurteilen als weniger intelligente oder Menschen mit geringerer Schulbildung.
- Selbstunsichere Menschen neigen mehr zu Vorurteilen als selbstsichere Menschen.

Die allgemeine Tendenz zu Sicherheit und Orientierung

Es scheint wohl ein angeborens Bedürfnis des Menschen zu sein, seine Welt zu kategorisieren, zu ordnen, damit er sich orientieren, zurechtfinden kann. Das Chaos, die Unordnung und die Orientierungslosigkeit mag wohl niemand.

Wenn nun der Mensch bestimmte Phänomene aus seiner Umwelt in seine bisherigen Erfahrungen nicht einordnen kann, wenn er zu wenig Informationen besitzt, um neue Erscheinungen einzuordnen und zu kategorisieren, dann neigt er dazu, voreilig diese neuen Erscheinungen in sein bisheriges Bezugsschema einzufügen. Es kommt dann zu vorschnellen Urteilen oder zur ungeprüften Übernahme von Pauschalurteilen oder Stereotypen.

Je unsicherer ein Mensch ist, desto stärker ist er auf solche Ordnungshilfen der Vorurteile angewiesen. Unsichere Menschen werden also eher zu Vorurteilen neigen als sichere Menschen. Somit sind Vorurteile häufig ein Zeichen der eigenen Unsicherheit oder der Unfähigkeit, selbst ein Urteil zu bilden.
Weil die kognitive Komponente, die Meinung oder das eigentliche Urteil, nur ein Aspekt des Vorurteils ist, können Vorurteile meistens durch bloße Informationen nicht abgebaut werden. Durch neue Kenntnisse allein werden gefühlsmäßige und motivationale Erlebnisse noch nicht verändert.

Die gruppenbezogene feindselige Einstellung in Europa

Das Institut für interdisziplinäre Konflikt- und Gewaltforschung an der Universität Bielefeld führte 2008–2009 eine Untersuchung über soziale Vorurteile in acht europäischen Ländern durch (Großbritannien, Frankreich, Deutschland, Niederlande, Italien, Portugal, Polen, Ungarn). Man wollte die feindseligen Einstellungen gegenüber folgenden Gruppen untersuchen: Einwanderer, ethnisch-kulturelle Minderheiten, Juden, Muslime, Frauen, Homosexuelle, Obdachlose und Menschen mit Behinderung. Man fand heraus, dass in allen acht Ländern solche soziale Vorurteile existieren. Der Grad der Ausprägung dieser feindseligen Einstellung gegenüber diesen Gruppen von Menschen war in den einzelnen Ländern jedoch unterschiedlich. Die Reihenfolge von der geringsten bis zur größten Feindseligkeit war: die Niederlande, Großbritannien, Frankreich, Deutschland, Italien, Portugal, Polen und Ungarn. Die Autoren entdeckten, dass es ein Bündel von sechs verschiedenen miteinander verknüpften gruppenbezogenen Feindseligkeiten gibt, und zwar gegenüber Einwanderern, Juden, Muslimen, Schwarzen, Frauen und Homosexuellen. Das heißt, dass jemand, der negative Einstellungen gegenüber Einwanderern hat, solche auch gegenüber Juden, Muslimen, Schwarzen, Frauen und Homosexuellen hat. Der gemeinsame Kern bei diesen negativen Einstellungen ist ein Denken in Kategorien von „mehr und weniger Wert". Eine Art Ideologie von Mehr- und Minderwertigkeit also, wobei natürlich die eigene Gruppe als der anderen überlegen eingestuft wird. Die Vorurteile gegenüber Obdachlosen und Menschen mit Behinderung waren zwar vorhanden, aber nicht mit den sechs genannten gruppenbezogenen Vorurteilen verknüpft.

Teufelskreis des Vorurteils

Wenn Lehrende in der Schule der Meinung sind, Kinder aus Obdachlosensiedlungen hätten keine Lust zum Lernen und zum Schulaufgabenmachen, sie seien faul, und diese Meinung auch immer wieder zum Ausdruck bringen, dann kann es sein, dass diese Kinder aufgrund dieses Urteils tatsächlich nicht viel tun, die Lust verlieren und dann eine schlechtere Arbeitshaltung und schlechtere Leistungen zeigen als andere. Die Lehrenden fühlen sich durch dieses Ergebnis in ihrem Urteil bestätigt. Sie verschärfen ihr Urteil und das Verhalten der Kinder wird diesem noch mehr entsprechen.

Diesen Vorgang nennt man „sich selbst erfüllende Prophezeiung" (self-fulfilling prophecy) oder auch den Teufelskreis des Vorurteils.

8.3 Obdachlose

Beispiel

„Herr S. ist Vater von sieben Kindern. Er lebt mit seiner Familie in der Ruhrmetropole Essen. Im kleinen Zechenhaus in einem der Arbeiterviertel Essens war die Welt noch in Ordnung. Dann lockte das bessere Verdienstangebot eines Bauunternehmens, es lockte zudem eine versprochene Wohnung. Die optimistischen Zukunftspläne der Familie zerstoben mit dem Konkurs des neuen Arbeitgebers. Die Zeche ließ ihr Haus räumen. Die Familie zog in eine Notunterkunft mit zwei Zimmern. Die weiteren Stationen: Die Familie verschuldet sich durch den Umzug, S. begann zu trinken und verlor seine Arbeitsstelle. Seitdem lebt die Familie S. immer noch in der Notunterkunft, die um einen Raum erweitert wurde und einen Wasseranschluss erhalten soll. Jede Hoffnung auf eine Wohnung hat sich bisher zerschlagen." (Winkler, 1970, S. 14)

Vorbemerkungen:

Folgende Gründe machen es schwierig, über den derzeitigen Stand des Obdachlosenproblems genaue Zahlen und Fakten vorzulegen:

1. Es gibt in der Bundesrepublik Deutschland keine amtliche Obdachlosenstatistik, nur im Land Nordrhein-Westfalen wird eine solche geführt.
2. Die gesetzlichen Möglichkeiten bei „Verlust der Wohnung" werden von den verschiedenen Kommunen unterschiedlich angewendet.
3. Durch kommunalpolitische und sozialpädagogische Maßnahmen seit den 70er-Jahren wurde die Situation der Obdachlosen erheblich verbessert.
4. Es liegen keine repräsentativen Untersuchungen vor. Die meisten Untersuchungsergebnisse beziehen sich auf einzelne Obdachlosensiedlungen.
5. Seit Anfang der 80er-Jahre steigt die Anzahl derer, die ihre Wohnung verlieren, teils bedingt durch die zunehmende Arbeitslosigkeit. Der heutige Personenkreis, der von Obdachlosigkeit betroffen wird, ist wahrscheinlich teilweise ein anderer als der Personenkreis aus früheren Untersuchungen.

Aus diesen Gründen werden in den folgenden Ausführungen mehr die Hauptprobleme der Obdachlosen als der Umfang dieser Probleme dargelegt. Wenn etwas ausführlicher auf das Sprachverhalten eingegangen wird, dann geschieht dies weniger, um Unterschiede zwischen Obdachlosen und Nichtobdachlosen darzustellen, sondern vielmehr um auf Unterschiede im Sprachverhalten hinzuweisen, die auch in anderen Bevölkerungsgruppen vorkommen können.

8.3.1 Begriffserklärung

Obdachlos sein heißt vom Wort her: ohne Dach über dem Kopf, ohne Wohnung sein. Die Menschen, die wirklich ohne Unterkunft sind, die auf der Straße leben, heißen in der Amtssprache „Nicht-Sesshafte". Sie können in städtischen Nicht-Sesshaften-Heimen untergebracht werden.

Im Armutsbericht der Bundesregierung heißt es:

„Die Begriffe ‚Wohnungsnotfälle', ‚Obdachlosigkeit' und ‚Wohnungslosigkeit' werden für verschiedene Personengruppen und Problemsituationen verwendet. Das in der Gesellschaft vorherrschende Bild ist geprägt durch die offen sichtbare Obdachlosigkeit von Personen, die ohne eigene Wohnung oder sonstige Unterkunft ‚auf der Straße' leben. In der Terminologie des Polizei- und Ordnungsrechts sind ‚Obdachlose' jedoch die Personen, die amtlich registriert und aufgrund ordnungsrechtlicher Verfügung, Einweisung oder sonstiger Maßnahmen der zuständigen Behörden in kommunalen Obdachlosenunterkünften, in Einrichtungen freier Träger oder gewerblichen Unterkünften (z.B. Hotels oder Pensionen) untergebracht sind, die also ein – wenn auch behelfsmäßiges – Obdach haben. Personen, die ohne jedes Obdach im Freien übernachten, werden traditionell als ‚Nichtsesshafte' oder ‚Wohnungslose' bezeichnet."
(BMAS, 2001)

Der Deutsche Städtetag hat den weitergefassten Begriff der Wohnungsnotfälle in die Fachdiskussion eingeführt. Zu den in Wohnungsnot lebenden Menschen und damit zu den sogenannten „Wohnungsnotfällen" zählen nach der Definition des Deutschen Städtetages von 1987 Personen, die
1. unmittelbar von Obdachlosigkeit bedroht sind, d. h.,
   - denen der Verlust ihrer derzeitigen Wohnung unmittelbar bevorsteht und die dabei ohne institutionelle Hilfe nicht in der Lage sind, ihren Wohnraum zu erhalten oder sich ausreichenden Ersatzwohnraum zu beschaffen,
   - denen die Entlassung aus einem Heim, einer Anstalt oder gleichartigen Einrichtung unmittelbar bevorsteht und die ohne institutionelle Hilfe nicht in der Lage sind, sich ausreichenden Ersatzwohnraum zu beschaffen;
2. aktuell von Obdachlosigkeit betroffen sind, d. h.,
   - die ohne Wohnung sind und nicht in einem Heim, einer Anstalt oder Ähnlichem untergebracht sind,
   die aufgrund ihrer Wohnungslosigkeit z. B. gemäß § 14 OBG/NW („… die Behörden können die notwendigen Maßnahmen treffen, um eine im einzelnen Falle bestehende Gefahr für die öffentliche Sicherheit oder Ordnung … abzuwehren") in eine Unterkunft oder in eine Normalwohnung eingewiesen worden sind;
3. aus sonstigen Gründen in unzumutbaren Wohnverhältnissen leben, d. h. beispielsweise
   - die unzumutbaren oder außergewöhnlich beengten Wohnraum bewohnen oder
   - die untragbar hohe Mieten zu zahlen haben,
   - die eskalierte Konflikte im Zusammenleben mit anderen (z. B. Vermieter, Mitbewohnern) haben.

In der amtlichen Statistik gehören die Nicht-Sesshaften nicht zu den Obdachlosen. In der Alltagssprache werden diese beiden Kategorien unter dem einen Begriff „obdachlos" zusammengefasst oder es werden nur diejenigen gemeint, die auf der Straße, unter Brücken, in Parks übernachten und tagsüber in den Städten, an Bahnhöfen um Unterstützung bitten und im Winter von den karitativen Organisationen mit warmem Essen versorgt werden. Dadurch stimmen häufig die amtlichen Angaben über die Zahl der Obdachlosen nicht mit den von karitativen Organisationen genannten Zahlen überein.

Der Standardprozess der Entstehung von Obdachlosigkeit erfolgt in fünf Schritten:

1. Es entsteht ein Mietrückstand von zwei Monaten.
2. Der Vermieter kündigt fristlos.
3. Der Vermieter klagt beim Amtsgericht auf Räumung der Wohnung und Abtragung der Mietschulden.
4. Die Klage hat Erfolg und der Vermieter kann, falls der Mieter nicht freiwillig auszieht, mithilfe des Gerichtsvollziehers die Wohnung räumen lassen.
5. Das zuständige Amt weist in eine Notunterkunft ein, falls der Betroffene keine Ersatzwohnung findet. Statt in Notunterkünfte kann er auch in von der Kommune angemietete Normalwohnungen eingewiesen werden.

In den letzten Jahren sind viele Städte dazu übergegangen, mit den Bewohnern von sogenannten städtischen Schlichtwohnungen Mietverträge abzuschließen. Obwohl die Wohnsituation für den Bewohner dieselbe bleibt und obwohl die finanziellen Verhältnisse dieselben bleiben, gelten solche Bewohner offiziell nicht mehr als Obdachlose. Die Folge solcher Mietverträge ist dann häufig, dass nicht nur die Zahlen in den statistischen Angaben über die Obdachlosen geringer werden, sondern dass auch ein Prozess der Stigmatisierung verhindert wird.

8.3.2 Umfang der Obdachlosigkeit

Über den Umfang der Obdachlosigkeit gibt es unterschiedliche Aussagen: Die einen sagen, die Zahl der Obdachlosen gehe dank der Politik und der Sozialarbeit absolut und relativ zurück, andere befürchten heute vielmehr den Anstieg der Zahl der Obdachlosen. Da es keine einheitliche Statistik und keine einheitliche Definition des Begriffs gibt, sind nur Schätzungen möglich.

In Deutschland ist die Zahl der Wohnungslosen in keiner Bundesstatistik erfasst. Bundesweit gibt es Schätzungen, die von Wohlfahrtsverbänden aufgestellt werden. Diese beziehen auch diejenigen, die in unzumutbaren Wohnverhältnissen leben, mit ein. In NRW wird jedes Jahr die Zahl der Obdachlosen registriert. Hierbei werden allerdings nur diejenigen, die den Behörden bekannt sind, erfasst, nicht jedoch diejenigen, die „anonym" ohne eigene Wohnung sind. Deswegen stimmten die geschätzten Zahlen nicht immer mit den registrierten Zahlen überein.

		1990	1995	1999	2000	2005	2008	2009
Geschätzt BRD	Wohnungslos		920.000	440.000	500.000	298.000	227.000	235.000
	Nicht-Sesshaft		35.000	26.000	24.000		20.000	
Registriert NRW	Wohnungslos	49.920	57.847	29.707	25.619	16.856	12.365	11.788

Eigene Zusammenstellung (vgl. BAGW, Schätzung, 2007, BAGW, Statistikbericht, 2008, Landesbetrieb IT.NRW, Obdachlosigkeit in NRW, 2009)

Anteile von Männern, Frauen, Kindern

Nicht-Sesshafte in 2008: gesamt 20.000, Frauen 2.000, Kinder 6.000, Männer 12.000: Von den „geschätzten" Wohnungslosen in 2008 sind 11 % Kinder, 25 % Frauen, 64 % Männer. Von den 19.500 Wohnungslosen in NRW in 2009 sind 55 % Männer, 23 % Frauen, 22 % Kinder und Jugendliche.

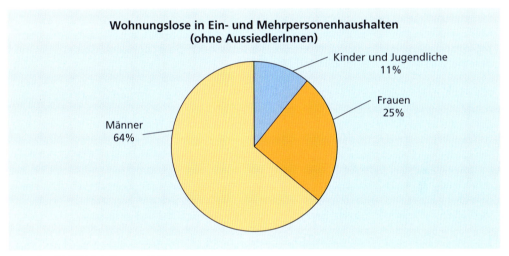

Quelle: BAGW, Schätzung, 2007

Aus diesen Zahlen kann man entnehmen, dass sowohl die geschätzte Wohnungslosigkeit in Gesamtdeutschland als auch die registrierte Wohnungslosigkeit in NRW in den letzten 20 Jahren um etwa 80 % zurückgegangen ist. Weiterhin, dass Wohnungslosigkeit weitgehend eine Männersache ist. Die „geschätzte" Nicht-Sesshaftigkeit scheint sich in den letzten 10 Jahren auf etwa 20.000 für Gesamtdeutschland einzupendeln.

Es ist positiv, dass sich die Dauer der Wohnungslosigkeit der einzelnen Betroffenen insgesamt verkürzt, aber zugleich ist die Zahl derer, die extrem lange wohnungslos sind, d.h. fünf Jahre und länger, seit 1993 nahezu unverändert geblieben. Diese langjährige Wohnungslosigkeit ist männlich, wohingegen die Zahl der Frauen, die nur kurzfristig, d.h. weniger als zwei Monate, wohnungslos sind, seit 1993 deutlich gestiegen ist.

8.3.3 Gründe für die Obdachlosigkeit

Man unterscheidet zwischen äußeren Gründen oder Anlässen, die zur Obdachlosigkeit führen, und tiefer liegenden Gründen oder Ursachen. Bei den letzteren, den tiefer liegenden Ursachen kann man weiter unterscheiden zwischen Ursachen, die mehr in der Gesellschaft begründet sind und Ursachen, die mehr in der Persönlichkeit des Obdachlosen begründet sind.

Anlässe für die Einweisung in Obdachlosenunterkünfte können sein: Mietschulden, mietwidriges Verhalten (Streit, Alkoholsucht, Verwahrlosung, Herumtreiben, Ordnungsstörung), Abriss der Wohnung wegen Baufälligkeit usw. Entscheidende Auslöser des Wohnungsverlustes sind häusliche Konflikte, Scheidung, Trennung, Verlassen der Herkunftsfamilie und bei den Frauen häusliche oder familiäre Gewalt, die aber fast immer zusammengehen mit einer zunehmenden Verarmung der Betroffenen: Mietschulden sind inzwischen der mit Abstand wichtigste formale Grund für den Wohnungsverlust.

Als **gesellschaftliche Gründe** werden genannt: Armut, Arbeitslosigkeit, Wohnungsnot, Defizite im System der sozialen Sicherung.

Mehr in der **Persönlichkeit liegende Gründe** sind: abweichendes, antisoziales Verhalten, psychische Krankheiten, fehlgeleitete Sozialisation. Auch diese Gründe sind wiederum mit den gesellschaftlichen Bedingungen verknüpft.

Für die Aufrechterhaltung des Zustandes der Obdachlosigkeit werden drei Ursachen genannt: Vorurteile, Diskriminierung, Stigmatisierung.

Durch die Einweisung in eine Notunterkunft verleiht eine übergeordnete Instanz dem betreffenden Menschen ein neues Etikett (Stigma): obdachlos. Dadurch entstehen über diesen Menschen (Vor-)Urteile von Seiten seiner Mitmenschen, die noch nie Kontakt mit ihm hatten und aufgrund dieser Zuschreibung von negativen Eigenschaften (wie ordinär, kriminell, aggressiv, asozial, egoistisch, faul, unordentlich u. a.) den Kontakt mit ihm meiden. Der Abgelehnte und Gemiedene fängt allmählich an, sich den erwarteten negativen Verhaltensweisen anzupassen und bleibt somit in seinem Zustand gefangen.

Aus dieser Aufzählung der verschiedenen Gründe für die Obdachlosigkeit wird nicht ersichtlich, welche Gründe auf das Verschulden der betreffenden Personen selbst und welche auf Faktoren, die außerhalb der willentlichen Beeinflussung der betreffenden Personen liegen, zurückzuführen sind. Der Deutsche Städtetag kam zu der Auffassung, dass etwa die Hälfte der Obdachlosen ohne eigenes Verschulden in diese miserable Lage gekommen sei. Die andere Hälfte wird vom Deutschen Städtetag in die Kategorie der sogenannten Asozialen eingeordnet, d. h. solche Personen, die sich in die bestehende Gesellschaft nicht eingliedern wollen oder können. Deswegen rechnet der Städtetag damit, dass die Zahl der Obdachlosen in den Großstädten nie unter 0,5 bis 2,0 % der Gesamtbevölkerung sinken wird.

Das Problem der Schuld

Bei den Gründen für die Obdachlosigkeit muss man unterscheiden zwischen juristischer und moralischer Schuld.

Wenn vom Städtetag oder von behördlichen Stellen davon gesprochen wird, dass etwa die Hälfte der Obdachlosen durch eigenes Verschulden in diese Lage geraten ist, ist meistens die Wohnungskündigung wegen Zahlungsverzugs oder mietwidrigen Verhaltens gemeint. Ob in all diesen Fällen von echter Schuld im Sinne einer moralischen Schuld gesprochen werden kann, ist fragwürdig.

Diese Mietschulden hätten zwar häufig durch rationales Haushalten und Konsumverzicht vermieden werden können, aber wenn Menschen nie die Möglichkeit hatten, Konsumverzicht und planvolles Handeln zu lernen, kann man dann von „eigener Schuld" sprechen? Außerdem muss man bei dieser Schuldfrage bedenken, dass ein Viertel der Bewohner der Obdachlosensiedlungen Kinder und Jugendliche sind.

Wenn man die Zusammenhänge zwischen dem Aufwachsen in einer Obdachlosensiedlung, Schulversagen und geringen Berufschancen bedenkt, dann ist es nicht verwunderlich, dass Kinder von Obdachlosen früher oder später wieder in eine Obdachlosensiedlung gelangen.

Iben meint:

„Obdachlosigkeit hat in unserer Gesellschaft als gesellschaftlich produziertes Elend zu gelten und ist nicht individuellem Verschulden oder Versagen zuzuschreiben."
(Iben, 1971, S. 136)

8.3.4 Wohnungs- und Siedlungsverhältnisse

In der Statistik der Wohnungslosenhilfe 2008 (BAGW) werden die Wohnverhältnisse der Obdachlosen vor und nach der Hilfe wiedergegeben.

Unterbringungssituation vor und nach der Hilfe nach Geschlecht 2008

	Anfang der Hilfe (in %)			Ende der Hilfe (in %)		
	Männer	Frauen	Gesamt	Männer	Frauen	Gesamt
Wohnung	21,1	32,6	23,3	36,4	47,5	38,9
bei Familie, Partner/-in	7,1	14,2	8,5	6,1	10,7	7,1
bei Bekannten	19,6	22,8	20,2	12,3	12,9	12,4
Firmenunterkunft	0,2	0,4	0,2	0,2	0,2	0,2
Frauenhaus	0,0	0,9	0,2	0,0	1,0	0,3
ambulant betreute Wohnform	1,1	1,3	1,1	2,0	3,6	2,4
Hotel, Pension	1,1	1,3	1,1	0,8	1,0	0,9
Notunterkunft, Übernachtungsstelle	9,9	8,5	9,6	6,8	7,3	6,9
Gesundheitssystem	2,9	2,6	2,8	3,0	2,7	3,0
stationäre Einrichtungen	7,0	2,6	6,1	10,7	5,4	9,5
Haft	3,0	0,7	2,5	2,1	0,7	1,8
Ersatzunterkunft	2,6	1,3	2,3	3,2	1,3	2,8
ohne Unterkunft	24,6	10,8	21,9	16,4	5,7	14,0
Gesamt[1]	**14.103**	**3.486**	**17.589**	**6.054**	**1.767**	**7.821**

[1] *Die statistischen Angaben zum Anfang der Hilfen (in den Spalten 2-4) beziehen sich auf eine Gesamtzahl von 17.590 Anhängigkeiten im Jahr 2008, während sich die Angaben zum Ende der Hilfe (in den Spalten 5-7) auf die Gesamtzahl von 7.653 Klienten bezieht, die im Berichtszeitraum ein Hilfeangebot beendet haben.*
Quelle: BAGW, Statistikbericht, 2008, S. 17

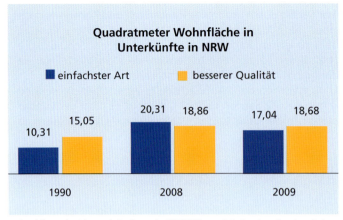

Quadratmeter Wohnfläche in Unterkünfte in NRW

■ einfachster Art　　■ besserer Qualität

1990: 10,31　15,05
2008: 20,31　18,86
2009: 17,04　18,68

Hieraus ergibt sich, dass sich die Wohnsituation nach einem Jahr der Hilfe erheblich verbessert hat. Die Unterbringung in „Wohnung" stieg innerhalb eines Jahres von 23 % auf etwa 40 %. Die Prozentzahl der Nicht-Sesshafte (in der Statistik „ohne Unterkunft") hat sich von 22 % auf 14 % verringert. Die Wohnfläche pro Person der Obdachlose in Unterkünften in NRW hat sich im Laufe der Jahre auch verbessert. Man unterscheidet dabei zwischen Unterkünften einfachster Art (Baracken, Bunker und Säle z.B.) und Unterkünften besserer Qualität (Schlichtwohnungen, Stadtwohnheime und Übergangswohnungen).

Viele Städte haben ein Drei-Stufen-System für die Unterbringung der Obdachlosen entwickelt. Es besteht aus: Notunterkunft, Übergangsheim, Sozialbauwohnung. Die Personen „ohne Dach überm Kopf" werden zunächst in Notunterkünfte eingewiesen. Diese Notunterkünfte sind absichtlich nicht attraktiv gehalten, damit sich die Bewohner Mühe geben, aus dieser Wohnsituation herauszukommen. Für die Notunterkunft muss eine Nutzungsgebühr gezahlt werden. Haben sich die Menschen in der Notunterkunft bewährt, so kommen sie in eine Übergangswohnung. Diese ist etwas größer als die Notunterkunft. Nach Bewährung, d.h. nach regelmäßiger Mietzahlung, werden die Menschen dann in eine Sozialbauwohnung eingewiesen.

Die Bundesarbeitsgemeinschaft Wohnungslosenhilfe fordert:

„Schlichtunterkünfte auflösen und durch Normalwohnraum ersetzen
Nach Wohnungsverlust werden vielerorts Einzelpersonen oder Familien in sog. Obdachlosenunterkünften untergebracht. Aus der als Maßnahme zur Notversorgung geplanten Unterbringung entwickeln sich vielfach langfristige Aufenthalte. Der bauliche Zustand, die mangelhafte Ausstattung und der Zuschnitt dieser Schlichtwohnungen und Notunterkünfte entsprechen i.d.R. nicht den Grundnormen des menschenwürdigen Wohnens. Die unfreiwillige Konzentration sog. Problemhaushalte in stigmatisierenden Wohnverhältnissen mit entmündigendem Rechtsstatus (Nutzungs- statt Mietvertrag) führt zu nachlassender Eigeninitiative und verschärft Prozesse sozialer Ausgrenzung. Wir begrüßen daher die Initiativen von Kommunen, Obdachlosenunterkünfte zu sanieren und in Mietwohnungen umzuwandeln und wohnungslose Haushalte im allgemeinen Sozialwohnungsbestand unterzubringen. Erfahrungen belegen, dass diese Maßnahmen sowohl in sozialer wie auch in finanzieller Hinsicht erfolgreich sind."
(Rosenke, 2006, S. 154)

Obdachlosensiedlungen und soziale Brennpunkte

Der Begriff „soziale Brennpunkte" wird für solche Stadtgebiete – wie Sanierungsgebiete, eintönige Hochhausneubaugebiete – die ähnliche Lebensbedingungen wie die Obdachlosensiedlungen bieten, gebraucht. Ähnliche Begriffe sind „Problemviertel" bzw. Gettos. Diese Wohnviertel sind gekennzeichnet durch eine hohe Zahl von Arbeitslosen, Hartz IV Empfänger, Migrantenfamilien, durch Wohnungskündigungen und Räumungsklagen, durch Wohnungen mit niedrigem Komfort und hohem Modernisierungsbedarf, durch fehlende soziale Infrastruktur. In dem Armutsbericht der Bundesregierung heißt es:

„Parallel zur insgesamt positiven Entwicklung der Wohnraumversorgung sind bei der mancherorts auftretenden sozialräumlichen Konzentration von Arbeitslosigkeit, Armut, Hilfsbedürftigkeit und Verwahrlosung des öffentlichen Raums vor allem in Großstädten Problemviertel entstanden."
(BMAS, 2001)

8.3.5 Einstellung der Öffentlichkeit zur Obdachlosigkeit

Eine schon ältere Untersuchung von Iben (1971, S. 53 ff.) in Marburg zeigte, dass die Bevölkerung eine viel differenziertere Einstellung zum Obdachlosenproblem hat, als bis dahin angenommen wurde.

Bei den Einstellungen zu den Obdachlosen gab es keine Unterschiede zwischen Männern und Frauen, zwischen Jüngeren und Älteren. Allerdings kam ein schichtspezifischer Unterschied zum Ausdruck: Die Tendenz zur Diskriminierung der Obdachlosen nimmt mit steigender sozialer Schicht ab. **Die Arbeiterschicht hat die stärksten Vorurteile gegenüber den Obdachlosen.** Dies wird dadurch erklärt, dass sie sich selbst von dieser Unterschicht abzugrenzen versucht. Am Arbeitsplatz nimmt jedoch die Toleranz gegenüber den Obdachlosen als eventuellen Arbeitskollegen von den Arbeitern zu den Angestellten, den Beamten und den Selbstständigen ab.

Drygala (1986, S. 119) hat die Entwicklung in den 1970er-Jahren analysiert und kommt zu der Schlussfolgerung:

„Innerhalb von wenigen Jahren kommt es zu einer totalen Umstrukturierung in der Einschätzung und Bewertung von Obdachlosigkeit. Bisher als individuelle Selbstverschuldung definiert, wird Obdachlosigkeit nun als gesellschaftlich bedingte Benachteiligung aufgefasst."

In neueren Untersuchungen scheint diese „eigene Schuld"-Hypothese noch oder wieder vorhanden zu sein. Laut Konfliktforscher Heitmeyer von der Universität Bielefeld (vgl. Berberinfo, 2009) haben etwa 1/3 der Bevölkerung Vorurteile gegenüber Obdachlosen. Folgenden Aussagen stimmten zu:

	2005	2007
Die Obdachlosen in den Städten sind unangenehm.	38,9 %	38,8 %
Die meisten Obdachlosen sind arbeitsscheu.	22,8 %	32,9 %
Bettelnde Obdachlose sollten aus den Fußgängerzonen entfernt werden.	35,0 %	34,0 %

Einstellung der Obdachlosen untereinander

Obwohl manchmal die Obdachlosen nach außen hin eine gewisse Geschlossenheit zum Ausdruck bringen, zeigen sie **untereinander wenig Solidarität.** Häufig wird von dem Einzelnen gesagt, dass er mit den anderen in der Siedlung nichts zu tun haben will. Die Bewohner zeigen untereinander ein starkes Konkurrenzstreben. Ehemalige Bewohner von Obdachlosensiedlungen wollen nichts mehr mit den Siedlungsbewohnern zu tun haben. In den Schulklassen zeigen die Obdachlosenkinder auch wenig Solidarität untereinander. Im soziometrischen Test wählen sie vorzugsweise Kinder, die nicht aus Obdachlosensiedlungen stammen und lehnten Siedlungskinder gehäuft ab.

Die Bestrebungen laufen also darauf hinaus, aus der Randposition herauszukommen und Anschluss an die normale Gesellschaft zu suchen.

8.3.6 Die Situation der Kinder

Ein bekanntes Merkmal der Obdachlosenfamilien ist ihr **Kinderreichtum.** Im Allgemeinen ist der Anteil von Kindern und Jugendlichen in Obdachlosengebieten höher als in der sonstigen Bevölkerung.

Eine allgemein bekannte Tatsache ist, dass Kinder von Obdachlosen viel häufiger als andere Kinder die Sonderschule besuchen.

Zusammenhänge: soziales Milieu, Sprachverhalten, soziale Benachteiligung

Die Besprechung des Sprachverhaltens der Kinder aus Obdachlosensiedlungen gehört in den Bereich der Zusammenhänge zwischen Sprachverhalten und sozialem Milieu. Deshalb gehört dieses Thema nicht nur hierhin, sondern auch zu dem Thema „Soziale Schichtzugehörigkeit und Bildung". (Siehe Kap. 5.3.2.2 „Ungleichheit der Bildung", S. 171)

Soziolinguistik

Die Soziolinguistik untersucht die Zusammenhänge zwischen Sprachverhalten und Gruppenzugehörigkeit. Die Gruppen können sehr unterschiedlich sein: Landesteile, Orte, Städte, Stadtviertel, Berufsgruppen, Familiengruppen, soziale Schichten usw. Für die verschiedenen Formen von Sprachverhalten gibt es die unterschiedlichsten Bezeichnungen wie Dialekt, Mundart, Platt, Slang. Am häufigsten und am meisten wurde der Zusammenhang zwischen Sprachverhalten und sozialer Schichtzugehörigkeit untersucht. Anfangs wurde vor allem die Abhängigkeit des Sprachverhaltens von der Gruppenzugehörigkeit untersucht, neuerdings geht die Blickrichtung auch in die umgekehrte Richtung: der Einfluss des Sprachverhaltens auf die Gruppenzugehörigkeit. So ist nicht nur das Sprachverhalten von der sozialen Schicht abhängig, das Sprachverhalten kann auch die soziale Schichtzugehörigkeit in so weit beeinflussen, als dass es die Berufskarriere mitbestimmt.

Emil Bernstein befasste sich in den 1960er Jahren mit der Untersicht- und Mittelschichtsprache. Iben untersuchte in den 1970er Jahren das Sprachverhalten in einer Marburger Obdachlosen-Siedlung und verglich es mit dem Sprachverhalten der Kinder aus Mittelschichtfamilien. Wir geben zunächst einige Beispiele aus der Marburger Untersuchung.

Das Sprachverhalten

Beispiele

Berichte von vier Kindern zum Thema „Einkaufen" (Iben 1971, S. 129 f.):

1. Annika, 5 Jahre. Aus einer Obdachlosenfamilie

   „Wie das war? / Da hab ich Bier geholt. Als ich Bier holen wollte, da bin ich daheim ge-gangen. / Da sollt ich heut noch zwee Flasche Bier hole. Da wollt ich zwee Flasche Bier trage. Da bin ich hingefalle. Die waren nicht kaputt. Anschließend mein Vater war an-schließend besoffe. / Mit meinem Vater bin ich immer einkaufe. / Beim Metzger geh ich mit meinem Vater und beim Sauer. Ich hab schon ein Fahrrad und einen Roller. / Da wollt ich eemol was kaufen gehen. Boing, da lag ich unten, da lag ich auf der Erd. Hin-gefallen. Sonst kann ich nicht mehr weiter."

2. Susanne, 5 Jahre. Aus einer Mittelschichtfamilie

   „Mein Papa geht immer einkaufen. Und dann geht mein Opa auch manchmal zu Hap-pels einkaufen. Und dann geht manchmal die Sabine. / Dann gibt's da noch Äpfel, Apfelsinen, Bananen und Tomaten und Brot und ein Hühnchen. Dann gibt's da noch Kaffee, Kakao, gibt's da noch Gummibären, Bonbons, Schokolade."

3. Franziska, 10 Jahre. Aus einer Obdachlosensiedlung

   „Tabak, Teller, Tassen und Kasten, wo man die Spiele drinnen. Baum, Fenster / Klopa-pier."

4. Andreas, 6 Jahre. Aus einer Mittelschichtfamilie

   „Da waren wir im Großhandel. Da haben wir was für den Geburtstag gekauft. / Das Buch: ‚Der Löwe ist los'. Und an meinem Geburtstag, da haben wir kleine Bundes-wehrautos und einen Panzer und noch so einen Panzer und ein großer, wo oben Kanonen 'reinkommen. / Da geh ich meistens mit meiner Mama. / Da frag ich immer, ob sie mir was kauft, und da kauft sie mir immer was, immer was zum Essen. Sie kauft immer Milch, blaue, und was zum Kochen immer und Nachtisch. Und manchmal Brot und Kuchen. Und sonst nichts!"

Unterschiede in der Sprachentwicklung und im Sprachverhalten zwischen Mittelschicht und Unterschicht

In den verschiedenen Untersuchungen über den Zusammenhang zwischen sozialer Schicht und Sprachentwicklung wurde festgestellt,

- dass Kinder der sozialen Unterschicht in ihrer sprachlichen Entwicklung in der Vor-schulzeit einen Rückstand von etwa acht Monaten im Vergleich zu Kindern aus Mittel-schichtfamilien aufweisen,

- dass die Ursache dafür einerseits im Mangel an sprachlichen Anregungen vonseiten der Umwelt (Eltern), andererseits darin liegt, dass die wenigen Anregungen aufgrund des schlechten Sprachverhaltens des Vorbildes von geringerer Qualität sind, wenn man sie an den Kriterien der Mittelschichtsprache misst.

In verschiedenen Untersuchungen des Zusammenhanges zwischen sozialer Schicht und Sprachstruktur wurden zwei Arten des Sprachgebrauchs festgestellt:

- die „formale" Sprache und

- die „öffentliche" Sprache.

Bernstein, der als erster diese Sprachstrukturen untersucht hat, nennt die Mittelschicht-sprache den „ausgearbeiteten Sprachstil" (elaboriert) oder die formale Sprache. Die Unterschichtsprache nennt er den „eingeengten Sprachstil" (restringiert) oder die öffent-liche Sprache.

Die Merkmale der „formalen" Sprache sind (vgl. Iben, 1971, S. 109–110):
1. logischer Aufbau durch grammatikalisch komplexe Satzkonstruktionen mit Verwen-dung von Konjunktionen und Nebensätzen,
2. häufige Verwendung von Präpositionen,
3. häufige Verwendung unpersönlicher Pronomen (es, man),
4. differenzierte Auswahl der Adjektive und Adverbien,
5. in den Beziehungen innerhalb und zwischen den Sätzen zeigt sich die persönliche Ein-stellung,
6. der umfassende Gebrauch von Unter- und Oberbegriffen ermöglicht die Organisation der Erfahrung.

Die Merkmale der „öffentlichen" Sprache sind:
1. kurze, grammatikalisch einfache, häufig unfertige Sätze, deren Verb meist im Aktiv steht, wenig Nebensätze,
2. immer wiederkehrender Gebrauch einfacher Konjunktionen wie „so", „dann", „und",
3. häufiges Auftreten kurzer Befehle und Fragen,
4. seltene Verwendung unpersönlicher Pronomen,
5. starrer und begrenzter Gebrauch von Adjektiven und Adverbien,
6. häufiger Gebrauch bestimmter Redewendungen,
7. persönliche Einstellung und Absicht lassen sich aus Wortstellung und Satzstruktur nicht entnehmen,
8. geringes Abstraktionsniveau.

Anfänglich vertrat Bernstein die Meinung, Unterschichtkinder sprächen nur die „öffent-liche" Sprache, Mittelschichtkinder könnten sich sowohl in der „öffentlichen" als auch in der „formalen" Sprache ausdrücken.
Spätere Veröffentlichungen zu den Thesen von Bernstein weisen darauf hin, dass der Ge-brauch der beiden Sprachstile mehr situations- als schichtspezifisch ist. Die soziale Situa-tion, in der man sich befindet, bestimmt mehr den Gebrauch des Sprachstils als die sozi-ale Schicht, zu der man gehört.
In einer Untersuchung von Roeder (vgl. Iben, 1971, S. 111–112) wurde 523 Kindern des vierten Schuljahres ein Stummfilm gezeigt, dessen Inhalt die Kinder nach der Vorführung niederschrieben. Anschließend wurde ein sprachfreier Intelligenztest durchgeführt.
Die soziale Schichtzugehörigkeit der Kinder wurde mithilfe eines Fragebogens ermittelt. Zwischen Mittelschichtkindern und Unterschichtkindern zeigten sich folgende Unter-schiede in der Schriftsprache:

Mittelschicht	Unterschicht
– größerer Wortschatz	– geringerer Wortschatz
– häufiger Adjektive	– seltener Adjektive
– zusammengesetzte Substantive	– zusammengesetzte Substantive
– adverbiale Orts- und Zeitbestimmungen	– adverbiale Orts- und Zeitbestimmungen
– Adverbien und Präpositionen	– Adverbien und Präpositionen
– seltener Hilfsverben und Konjunktionen	– häufiger Hilfsverben und Konjunktionen
– häufiger untergeordnete Satzgefüge, Lokal-, Kausal- und Attributivsätze	– seltener untergeordnete Satzgefüge, Lokal-, Kausal- und Attributivsätze
– weniger unvollständige Sätze	– häufiger unvollständige Sätze

Ähnliche Sprachunterschiede wurden ermittelt, wenn man Kinder mit höherer Intelligenz mit Kindern niedrigerer Intelligenz verglich.

Verglich man Kinder ähnlicher Intelligenz aus unterschiedlichen sozialen Schichten, so zeigten die Kinder aus der Mittelschicht nur folgende Vorsprünge im Sprachverhalten:

- größerer Wortschatz,
- mehr Hilfsverben,
- mehr Nebensätze.

Die anderen Unterschiede im Sprachverhalten zwischen den Kindern aus verschiedenen Sozialschichten waren nach Roeder durch vier Jahre gemeinsamen Schulbesuch ausgeglichen.

Daraus kann man im Allgemeinen folgern, dass in der Grundschule die Unterschiede im Sprachverhalten zwischen den verschiedenen Sozialschichten in etwa aufgehoben werden.

Aus anderen Untersuchungen ist Folgendes bekannt: Nach der Grundschulzeit nehmen die sprachlichen Unterschiede zwischen Hauptschülern einerseits und Realschülern und Gymnasiasten andererseits wieder zu. Die Unterschichtkinder wechseln dabei im Verhältnis zu den Mittelschichtkindern häufiger von der Grundschule auf die Hauptschule.

Teufelskreis der sozialen Benachteiligung

Aus diesen Untersuchungsergebnissen kann man folgende Kette von Zusammenhängen zwischen sozialer Schicht der Eltern und der späteren sozialen Schicht der Kinder ableiten:

- Soziale Unterschicht führt zu geringeren sprachlichen Fertigkeiten.
- Geringere sprachliche Fertigkeiten führen zu geringeren Intelligenzleistungen (Sprache und Denken/Intelligenz bedingen sich gegenseitig).
- Geringere Intelligenz und geringere Sprachfähigkeiten führen zu geringeren schulischen Leistungen.
- Geringere schulische Leistungen führen zu geringeren Berufschancen.
- Niedrigere Berufspositionen führen zu geringerem sozialen Status.

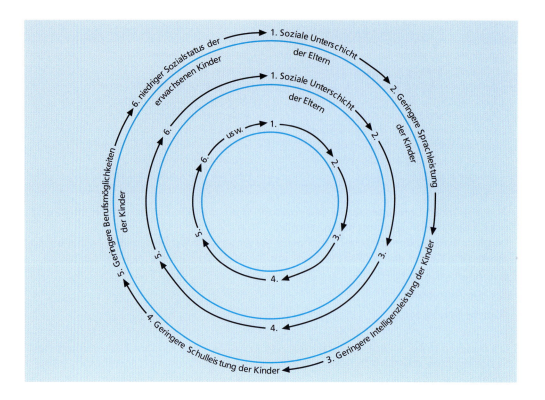

Die folgenden Bezeichnungen erscheinen im Diagramm:

- 1. Soziale Unterschicht der Eltern
- 2. Geringere Sprachleistung der Kinder
- 3. Geringere Intelligenzleistung der Kinder
- 4. Geringere Schulleistung der Kinder
- 5. Geringere Berufsmöglichkeiten der Kinder
- 6. niedriger Sozialstatus der erwachsenen Kinder

8.3.7 Lösungsmöglichkeiten des Obdachlosenproblems

Um das Problem der Obdachlosigkeit so weit wie möglich zu beseitigen, werden von den Fachleuten dreierlei Maßnahmen gefordert:
1. politische Maßnahmen,
2. Maßnahmen der städtischen Wohnpolitik,
3. sozialpädagogische Maßnahmen.

Allgemeine politische Maßnahmen

Die Forderungen nach allgemeinen politischen Maßnahmen zur Beseitigung des Obdachlosenproblems reichen von einer Reformierung des Gesellschaftssystems (wenn das kapitalistische Gesellschaftssystem für die Benachteiligung allein verantwortlich gemacht wird) über gerechtere Einkommensverteilung bis zur Erhöhung der Sozialhilfesätze.

Maßnahmen der städtischen Wohnpolitik

Die Unterbringung der Obdachlosen in geschlossenen Siedlungen wird von vielen Fachleuten als ungeeignet abgelehnt. Stattdessen wird vorgeschlagen, die Obdachlosen über die ganze Stadt verstreut möglichst in der Nähe von Verwandten und Bekannten in billigen Wohnungen unterzubringen, damit keine Abkapselung und soziale Isolierung entsteht und damit die negative Auswirkung des durchschnittlichen Obdachlosenverhaltens auf die sozial angepassten Bewohner aufhört.

Durch Übernahme der Mietrückstände durch die Kommunen konnte Obdachlosigkeit in bestimmten Fällen vermieden werden.

„Konsequente Prävention führt zum Rückgang der Obdachlosenzahlen
Der Rückgang der Obdachlosigkeit in Nordrhein-Westfalen ist insbesondere auf Präventivmaßnahmen der Kommunen und des Landes zurückzuführen. Im Mittelpunkt stehen dabei die Vermeidung von Wohnungslosigkeit und die Sicherung angemessener Wohnungsversorgung. Dies ist vor allem auf die Auflösung von Obdachlosenunterkünften und Unterbringungen von Bewohnerinnen und Bewohnern solcher Einrichtungen in normale Mietwohnungen zurückzuführen. Dies zeigt sich auch an der sinkenden Dauer der Unterbringung. Der Anteil der länger als zwei Jahre untergebrachten obdachlosen Haushalte sank von 1996 (55,0 %) bis zum Jahr 2006 auf 49,4 %."
(Landesamt für Datenverarbeitung und Statistik, 2007)

Sozialpädagogische Maßnahmen

Für die bestehenden Siedlungen werden u. a. folgende sozialpädagogische Maßnahmen gefordert:

- ein frühzeitiges und intensives Vorschulprogramm, möglichst in Ganztags-Kindergärten; eine intensive Elternarbeit ist für das Gelingen der Förderung notwendig,
- Spiel- und Hobbyangebote für Kinder und Jugendliche,
- Schulaufgabenbeaufsichtigung,
- Beeinflussung der Schulen zum Verständnis für die spezielle Problematik der Obdachlosenkinder und zur Unterstützung dieser Kinder durch spezielle Förderungsmaßnahmen,
- Öffentlichkeitsarbeit zum Abbau von Vorurteilen bei der Bevölkerung und den Behörden,
- Beratungseinrichtung für Haushalts-, Erziehungs-, Gesundheits- und Familienplanungsfragen,
- Selbsthilfeorganisationen der Bewohner zur Bewusstmachung ihrer Probleme, zur Überwindung der Apathie und Resignation, zur Eigeninitiative bei der Lösung der Probleme.

Über den Effekt der bisherigen Maßnahmen schreibt Drygala:

„Zu Beginn der 70er-Jahre vollzieht sich ein grundlegender Wandel in der gesellschaftlichen Einstellung gegenüber Obdachlosigkeit, der sich in qualitativ neuen Ansätzen und Maßnahmen zur Aufhebung und Verhinderung neuer Obdachlosigkeit niederschlägt. Für einen großen Teil der Bewohner führt dies zu einer Verbesserung ihrer bisherigen Lebensverhältnisse und zur Anerkennung ihres sozialen und politischen Status als gleichberechtigte Mitbürger.
Für einen Teil der Bewohner verändert sich jedoch nur die Form der Abhängigkeit. Über viel sublimere Kontrollinstanzen als in der Siedlung erhalten nun verschiedene öffentliche Instanzen wie Arbeitsamt, Wohnungsamt und Sozialamt Einblick in und Einfluss auf das Privatleben der ehemaligen Obdachlosen. Damit entstehen neue Formen der gesellschaftlichen Disziplinierungen über soziale Hilfen.
Dennoch verhindert diese Entwicklung nicht die Entstehung neuer Obdachlosigkeit, und der Prozess neuer Rekrutierung von Obdachlosen setzt sich weiterhin durch. Während einzelne Kom-

munen sich intensiv um die vorbeugende Verhinderung von Obdachlosigkeit und die Auflösung von Notunterkünften bemühen, wird in anderen Kommunen nach den traditionellen Mitteln Obdachlosigkeit als Selbstverschuldung durch Einweisung in Notunterkünfte sanktioniert."
(Drygala, 1986, S. 119 ff.)

8.3.8 Nicht-Sesshafte

In dem alltäglichen Stadtbild fallen Nicht-Sesshafte am ehesten auf und an sie denkt man, wenn von Obdachlosen die Rede ist. Es sind Menschen, die aus verschiedenen Gründen, kurz oder langfristig keinen festen Wohnsitz haben, aber auch nicht bei Bekannten oder Verwandten übernachten, sondern auf der Straße oder in den – in vielen Städten vorhandenen – Durchgangsheimen. Die Anzahl der Nicht-Sesshaften ist nur zu schätzen, weil es sich gerade um Menschen handelt, die nicht registriert werden wollen. Die dauerhaft Nicht-Sesshaften werden auf 20- bis 30-Tausend geschätzt. Die BAGW schätzte die Zahl 2008 auf etwa 20.000. Die mehr oder weniger vorübergehend auf der Straße lebenden Jugendlichen werden von „terre des hommes" auf rund 9.000 geschätzt. Viele von ihnen sind alkohol- oder drogenabhängig. Die Gründe für eine solche Entwicklung sind vielfältig. Folgende Liste von Gründen wurde von einigen Jugendlichen, die eine Untersuchung über das „Obdachlosenproblem bei Jugendlichen" machten, zusammengestellt:

- Flucht vor den Eltern,
- Verstoß von den Eltern,
- Scheidung der Eltern (oft verlässt Vater die Familie),
- schlechtes Verhältnis zu den Stiefeltern,
- Eltern alkoholabhängig oder arbeitslos (Armut),
- Misshandlung/Missbrauch,
- mangelnde Zuwendung,
- Angst wegen schlechter Leistungen in der Schule,
- Rausschmiss (Schwangerschaft),
- Heimausriss.

Bei den erwachsenen Nicht-Sesshaften handelt es sich häufig um Alkoholabhängige. Nur ein geringer Teil gehört zu denjenigen, die wirklich nie sesshaft werden wollen, die nur der „Unabhängigkeit" wegen immer draußen sein wollen. Zu den Nicht-Sesshaften, die auf der Straße übernachten, gehören auch eine geringe Zahl von Frauen. Sie berichten häufig darüber, dass sie in den „Durchgangsheimen" belästigt, bestohlen oder gar vergewaltigt wurden und deshalb dort nicht mehr die Nacht verbringen wollen.

Bei den nicht sesshaften Jugendlichen versuchen zunächst Polizei und Jugendämter den abgebrochenen Kontakt zu den Eltern wiederherzustellen, wenn dies nicht gelingt, werden Unterkunftsmöglichkeiten gesucht und vermittelt. Viele Organisationen bieten materielle Hilfen und Beratungsmöglichkeiten an.

8.4 Ausländer

Ein Erfahrungsbericht aus der Praxis:

„Die Erzieherin liest einigen Kindern aus einem Bilderbuch vor. Dimitris schubst und stößt die anderen im Kreise so lange, bis er direkt neben der Erzieherin sitzt. Er möchte ihr etwas erklären – auf serbokroatisch. Sie versteht ihn nicht. Dimitris wird lauter, gestikuliert wild und wird ungeduldig. Dann steht er auf, läuft in die Bauecke und macht dort Angelo den eben gebauten Turm kaputt. Es entwickelt sich ein handgreiflicher Konflikt.

Im Kreis um die Erzieherin sitzt auch Georgia aus Griechenland. Zunächst saß sie neben der Erzieherin, bis Dimitris sie verdrängte. Ohne Widerspruch begab sie sich auf dessen ursprünglichen Platz. Georgia hörte eine Weile zu, versteht jedoch nichts. Schließlich steht sie auf und zieht sich in eine Ecke zurück.

Hier sind Verhaltensweisen beschrieben, die sich täglich im Kindertagesheim wiederholen. Zwei Kinder wollen Zuwendung von der Erzieherin. Dimitris kann sich zunächst durchsetzen, Georgia nicht. Als Dimitris sich der Erzieherin nicht verständlich machen kann, mündet seine Enttäuschung in eine aggressive Handlung ein. Weil Georgia nichts versteht, zieht sie sich resigniert zurück. Der äußere Anlass des Verhaltens beider Kinder ist die Tatsache, dass weder Dimitris noch Georgia Deutsch sprechen. Beide waren bisher in ihren Heimatländern bei den Großeltern. Ihre Eltern, die schon länger in Deutschland arbeiten, haben sie geholt und zu uns in das Kindertagesheim gebracht. Dimitris und Georgia trafen nicht nur deutsche Kinder an, sondern vor allem Kinder aus Jugoslawien, Griechenland, Spanien, Portugal und Italien, die alle die gleichen Schwierigkeiten haben: Sie können sich anfangs überhaupt nicht oder nur schwer verständlich machen."

(Bichsel-Scheller/Bichsel, 1975, S. 147)

Deutsche und Ausländer

Wenn wir hier von Ausländern sprechen, müssen wir zunächst einige Begriffe klären. Zunächst geht es um Deutsche und Ausländer. Deutsche sind solche, die die deutsche Staatsangehörigkeit besitzen, die mit anderen Worten einen deutschen Pass haben; Ausländer sind solche, die in Deutschland wohnen aber nicht die deutsche Staatsangehörigkeit besitzen, also keinen deutschen Pass haben, sondern eine andere Staatsangehörigkeit besitzen oder vielleicht staatenlos sind.

Diese Ausländer können in Deutschland geboren sein oder aus verschiedenen Gründen nach Deutschland gekommen sein: weil sie hier Arbeit suchten oder auch angeworben wurden (früher wurden sie Gastarbeiter genannt), weil sie hier Asyl suchten/suchen, weil sie als Familienangehörigen nachgezogen sind.

Zuwanderer

Alle diejenigen, die aus dem Ausland nach Deutschland gekommen sind, nennt man auch Zuwanderer oder Einwanderer bzw. Immigranten. Dazu gehören auch die im Ausland wohnenden Deutschen, die nach Deutschland gekommen sind, beispielsweise die (Spät-)Aussiedler, Deutschstämmige aus dem Osten Europas.

Personen mit Migrationshintergrund

Zu dieser Gruppe gehören:

- Alle Personen, die nach 1949 auf das Gebiet der Bundesrepublik zugezogen sind, unabhängig von ihrer Nationalität, also auch Deutsche, wie die Spätaussiedler

■ Alle in Deutschland geborenen Ausländer, also diejenigen, die hier geboren sind aber nicht die deutsche Staatsangehörigkeit besitzen, auch diejenigen, die als Ausländer hier geboren wurden und erst später eingebürgert wurden

■ Alle in Deutschland als Deutsche Geborenen mit mindestens einem Elternteil, das zugezogen ist oder in Deutschland als Ausländer geboren wurde

■ Seit 2000 auch Kinder ausländischer Eltern, die die Bedingungen für das Optionsmodell erfüllen, d.h. mit einer ausländischen und deutschen Staatsangehörigkeit in Deutschland geboren wurden

Personen mit und ohne Migrationserfahrung
Eine weitere Unterscheidung ist die zwischen Personen mit und ohne Migrationserfahrung. Personen mit Migrationserfahrung sind solche, die im Ausland geboren sind und nach Deutschland zugezogen sind; Personen ohne Migrationserfahrung sind solche, die in Deutschland geboren sind.

8.4.1 Anzahl der Ausländer in Deutschland

Ausländer in Deutschland 2009		
Einwohner	82.002.400	100 %
Ausländer	7.185.900	8,8 %
Aus EU-Ländern	2.530.700	3,1 %
Aus Nicht-EU-Ländern	4.655.200	5,7 %

Die beiden Tabellen geben den Stand von 2009 wieder. Die erste zeigt die Anzahl der Ausländer, die zweite die Anzahl der Personen mit Migrationshintergrund. Die in Deutschland geborenen Ausländer zählen zwar zu den Personen mit Migrationshintergrund, aber nicht zu den Personen mit Migrationserfahrung.

Personen mit Migrationshintergrund in Deutschland 2009		Anzahl	%
Einwohner		82.002.400	100
Mit Migrationshintergrund		16.000.000	19,6
davon	Ohne deutsche Staatsangehörigkeit	7.158.900	8,8
	Davon aus EU- Ländern	2.530.700	3,1
	Und aus Nicht EU- Ländern	4.655.200	5,7
	Mit deutscher Staatsangehörigkeit	8.841.100	10,8
	Mit Migrationserfahrung	10.500.000	12,8
	Ohne Migrationserfahrung	5.500.000	6,8

Eigene Zusammenstellung (vgl. Stat. Bundesamt, Jahrbuch, 2010, BMFSFJ, Migrationshintergrund, 2010)

Daraus ergibt sich:

■ Etwa 20 % der 82 Millionen Einwohner Deutschlands haben einen Migrationshintergrund.

■ Etwa 9 % der Einwohner Deutschlands sind Ausländer.

■ Etwa 13 % der Einwohner Deutschlands haben Migrationserfahrung.

Internationaler Vergleich der Ausländeranteile

Beim internationalen Vergleich der prozentualen Anteile der ausländischen Bevölkerung
an der Gesamtbevölkerung des jeweiligen Landes verwendet man zwei Kriterien: der im
Ausland geborene Bevölkerungsanteil und/oder der ausländische Bevölkerungsanteil,
egal in welchem Land geboren. Die folgende Grafik gibt der im Ausland geborene Bevölkerungsanteil des jeweiligen Landes an.

**Prozentualer Anteil der im Ausland Geborenen an der Gesamtbevölkerung im Jahr 2007
für die OECD-Länder**

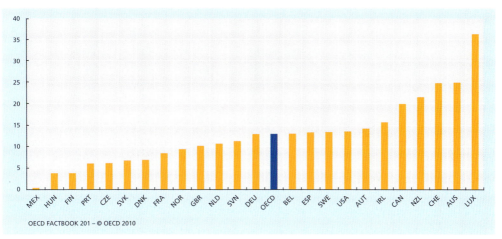

OECD FACTBOOK 201 – © OECD 2010

*Erläuterung einiger Abkürzungen: AUS = Australien; CHE = Schweiz; AUT = Österreich; SVN = Slo-
wenien; SVK = Slowakei*
Quelle: OECD, Bevölkerung und Migration, 2010, S. 23

Hieraus wird ersichtlich:

■ Der Anteil an den im Ausland Geborenen liegt bei den OECD-Ländern im Durchschnitt
bei etwa 13 %.

■ Deutschland liegt mit seinem Anteil auf diesem durchschnittlichen Niveau.

■ Einige traditionelle Einwanderungsländer wie Australien, Neuseeland, Kanada liegen
mit 20 % und mehr weit über diesem Durchschnitt.

■ Von den europäischen Ländern liegen Luxemburg und die Schweiz weit über diesem
Durchschnitt, einige „nordischen" Länder weit unter diesem Durchschnitt.

Anteile der ausländischen Bevölkerung im Zeitvergleich

Der Anteil der Ausländer ist seit den 60er Jahren im letzten Jahrhundert kontinuierlich angestiegen und pendelte sich zwischen 1992 und 2009 auf dem Niveau von 8 bis 9 % der Gesamtbevölkerung ein. Seitdem hält sich der Anteil der Zuwanderer und der Auswanderer in der Bundesrepublik in etwa die Waage. Im Zeitraum von 1960 bis 1980 ist der Anteil der Ausländer stark angestiegen. Das hat seinen Grund in den Gastarbeitern, die seit Ende der 1950er Jahre von der deutschen Wirtschaft mangels eigener Arbeitskräfte aus den südlichen Ländern Europas (Italien, Spanien, Portugal, dem ehemaligen Jugoslawien, Griechenland und der Türkei) angeworben wurden. Seit 1974 besteht ein Anwerbestopp infolge der zunehmenden Arbeitslosigkeit. Nur noch Familienangehörige der Gastarbeiter durften einwandern. Die zur EU gehörenden Länder sind vom Anwerbestopp ausgenommen. Seit 2000 wurde er durch die begrenzte Zulassung von Spezialisten auf dem Gebiet der Informationstechnik ein wenig gelockert.

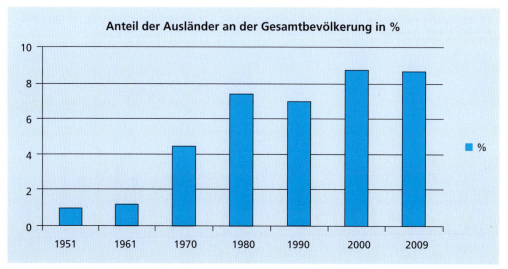

Eigene Zusammenstellung (vgl. Stat. Bundesamtes, Datenreport, 2006, Statistisches Jahrbuch, 2010)

Herkunft der Ausländer in Deutschland

Ende 2009 kamen die in der Bundesrepublik lebenden Ausländer zu etwa 25 % aus der Türkei, zu etwa 36 % aus europäischen Staaten und zu etwa 39 % aus anderen Staaten (vgl. BAMF, 2009, S. 21).

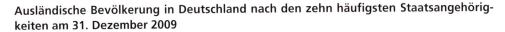

Ausländische Bevölkerung in Deutschland nach den zehn häufigsten Staatsangehörigkeiten am 31. Dezember 2009

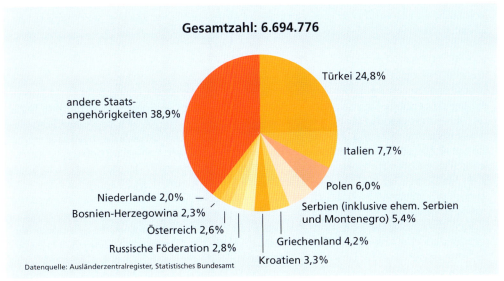

Gesamtzahl: 6.694.776

Türkei 24,8%

andere Staatsangehörigkeiten 38,9%

Italien 7,7%

Polen 6,0%

Niederlande 2,0%
Bosnien-Herzegowina 2,3%

Serbien (inklusive ehem. Serbien und Montenegro) 5,4%

Österreich 2,6%

Russische Föderation 2,8%

Griechenland 4,2%

Kroatien 3,3%

Datenquelle: Ausländerzentralregister, Statistisches Bundesamt

Quelle: BAMF, Migrationsbericht, 2009, S. 205

Deutschland – ein Einwanderungsland?

Im Zusammenhang mit der großen Zahl der Ausländer und den daraus erwachsenden Problemen wird die Frage diskutiert, ob Deutschland ein Einwanderungsland sei. Einige Vergleichszahlen und einige geschichtliche Daten können hilfreich sein, um diese Fragestellung innerhalb eines größeren zeitlichen und geografischen Rahmens zu diskutieren.

Von den 62 Millionen Einwohnern zum Zeitpunkt der Vereinigung der Bundesrepublik Deutschland mit der DDR waren 15 Millionen Vertriebene, Flüchtlinge, Aussiedler, Übersiedler, 4,5 Millionen Gastarbeiter und ihre Nachkommen. 20 Millionen insgesamt waren also in das Gebiet der alten Bundesrepublik zugewandert. Das ist ein Drittel der Bevölkerung.

Im Bericht der unabhängigen Kommission „Zuwanderung" des Bundesministeriums des Inneren (BMI, 2001, Zuwanderung gestalten, S. 12–13) heißt es:

„Die jahrzehntelang vertretene politische und normative Festlegung ‚Deutschland ist kein Einwanderungsland' ist aus heutiger Sicht als Maxime für eine deutsche Zuwanderungs- und Integrationspolitik unhaltbar geworden. Faktisch ist Deutschland seit langem ein Einwanderungsland. Seit 1954 sind rund 31 Millionen Deutsche und Ausländer in die Bundesrepublik gezogen. 22 Millionen Menschen haben das Land im gleichen Zeitraum verlassen, bleibt ein Zugewinn von 9 Millionen. Die Kommission stellt fest, dass Deutschland – übrigens nicht zum ersten Mal in seiner Geschichte – ein Einwanderungsland geworden ist. Damit erkennt sie die historische Tatsache an, dass Wanderungsbewegungen die Entwicklung der deutschen Gesellschaft und ihre heutige Zusammensetzung tief gehend und nachhaltig beeinflusst haben. Sie stellt sich der wirt-

393

schaftlichen, gesellschaftlichen und politischen Notwendigkeit, die künftige Zuwanderung zu akzeptieren und zum Wohle unseres Landes zu bejahen und aktiv zu gestalten.

Unter ‚Zuwanderung' werden im vorliegenden Bericht alle Arten der Migration verstanden, auch diejenigen, die nur vorübergehenden Charakter haben. Von ‚Einwanderung' wird nur dann gesprochen, wenn ausdrücklich die dauerhafte Niederlassung in Deutschland gemeint ist."

Rückkehrer oder Bleiber?

Für die Beantwortung der Frage, ob die Ausländer nur vorübergehend oder dauerhaft in der Bundesrepublik Deutschland verbleiben werden, gibt es einige Anhaltspunkte (Indikatoren), und zwar das Motiv der Zuwanderung (wirtschaftliche Gründe, Ausbildung, Familienzusammenführung, Asylsuche, Spätaussiedler), weiterhin die Aufenthaltsdauer und die auf all diesen Faktoren gründende Rückkehrbereitschaft. Ende 2006 betrug die durchschnittliche Aufenthaltsdauer aller ausländischen Personen in Deutschland 17,3 Jahre. Über ein Drittel der ausländischen Bevölkerung wohnte mehr als 20 Jahre hier. Etwa 70 % oder 4,7 Millionen hielten sich seit mindestens acht Jahren hier auf und hatten so die notwendige Aufenthaltsdauer für eine Einbürgerung erreicht. Aus den weiteren zur Verfügung stehenden Daten konnte man ableiten, dass mehr als die Hälfte der Einwanderer hier dauerhaft bleiben wollte (vgl. Stat. Bundesamt, Datenreport, 2006, S. 571). Einige Jahre später wertete Gostomski (Gostomski, 2006) die Zahlen über Bleibe- und Rückkehrabsicht sorgfältig aus. Es zeigte sich, dass 74 % der Ausländer bleiben wollte; die jüngeren Ausländer äußerten sich etwas mehr als die älteren eine Bleibeabsicht.

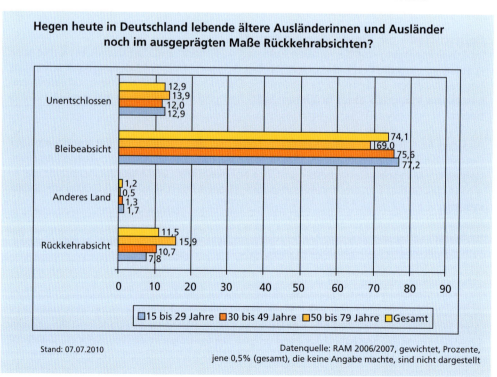

Quelle: Gostomski, Illusion der Rückkehr, 2010, Folie 5

Auch neuere Zahlen belegen, dass die Mehrheit der Ausländer hier bleiben will (Gostomski, 2006, Folie 17). Aber genaue Zahlen über die Anzahl der tatsächlichen Rückkehrer oder Bleiber gibt es nicht. Nur von den in Deutschland verstorbenen Ausländern kann man mit Sicherheit sagen, dass sie zu den Bleibern gehören. Von den noch lebenden Ausländern kann man nicht mit Sicherheit vorhersagen, ob sie bleiben werden. Man kann wohl anhand bestimmter Indikatoren vermuten, dass sie bleiben werden. Die in Einzeluntersuchungen festgestellten Zahlen der Rückkehr- oder Bleibeabsicht stimmen nicht immer oder meistens nicht mit den tatsächlichen Zahlen der Rückkehrer oder Bleiber überein. Häufig bleiben die Ausländer länger in der Bundesrepublik als ihre vorher geäußerte Absicht. Allgemein kann man sagen, dass (Spät-) Aussiedler, jüdische Einwanderer, zugezogene Familienangehörige meistens Bleiber sind, Wirtschafts-Einwanderer sind häufig nur vorübergehend hier, vor allem die sogenannten Saisonarbeiter aus osteuropäischen Ländern. Von 1991 bis 2009 wanderten 17,2 Millionen Menschen aus dem Ausland nach Deutschland ein, im gleichen Zeitraum wanderten aber auch 13,1 Millionen Menschen aus der Bundesrepublik aus, worunter 10,6 Millionen Ausländer. Ob diese 10,6 Millionen Auswanderer auch zu den 17,2 Millionen Einwanderern gehören oder noch andere Personengruppen sind, lässt sich aus diesen Zahlen allein nicht ablesen.

Fortzüge von Ausländern nach Aufenthaltsdauer und ausgewählten Staatsangehörigkeiten im Jahr 2009 in Prozent

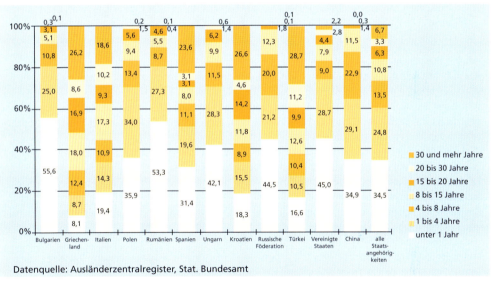

Datenquelle: Ausländerzentralregister, Stat. Bundesamt

Quelle: BAMF, 2009, S. 149

Einige allgemeine Trends kann man aus der Aufenthaltsdauer der in einem bestimmten Jahr zurückgekehrten Ausländer ableiten. Aus der Aufenthaltsdauer der Rückkehrer im Jahr 2009 geht hervor, dass die Rückkehrer mit der längsten Aufenthaltsdauer (30 und mehr Jahren) aus den frühesten Auswanderungsländern, wie Italien, Spanien, Griechenland, kamen, während die Rückkehrer mit der kürzesten Aufenthaltsdauer (weniger als 1 Jahr) aus den späteren Auswanderungsländern wie Rumänien, Bulgarien, Ungarn oder der Russische Föderation kamen. (Siehe obere Grafik aus Migrationsbericht 2009)

Indikatoren (= Anhaltspunkte) für und gegen eine mögliche Rückkehr ins Herkunftsland

- Wer will Deutschland wieder wegen der Rückkehr ins Herkunftsland verlassen?
  - aus den alten EU Ländern stammende Personen
  - „jüngere" Personen
  - (Noch) Erwerbstätige
  - Personen mit wenigen Freundeskreiskontakten zu Deutschen, aber vielen zu Personen aus dem Herkunftsland
  - Personen mit geringer Verbundenheit zu Deutschland, aber hoher zum Herkunftsland
- Was steht mit einer Verminderung der Wahrscheinlichkeit einer Rückkehr in Zusammenhang?
  - jugoslawische Staatsangehörigkeit
  - türkische Staatsangehörigkeit
  - Zuwanderungsgrund: Asyl/Verfolgung/Flucht
  - mittlere Schulbildung
  - deutsche Berufsausbildung, aber keine aus dem Ausland
  - Personen mit vielen Freundeskreiskontakten zu Deutschen, aber nur wenigen zu Menschen aus dem Herkunftsland
  - Personen mit hoher Verbundenheit zu Deutschland, aber geringer zum Herkunftsland

(Gostomski, 2010, Folie 14, 15)

Auch ohne genaue Zahlen kann man von einigen allgemeinen Annahmen ausgehen:

Je länger die Ausländer in Deutschland sind, umso größer ist die Bleibeabsicht. Dies ist eigentlich eine Selbstverständlichkeit: Wenn man eine feste Rückkehrabsicht hat, wird man wahrscheinlich nicht so lange in dem „fremden" Land bleiben.
Die nachgezogenen Familienangehörigen (und das Familienmitglied, das zuerst ausgewandert ist) wollen wahrscheinlich in Deutschland bleiben.
Die in Deutschland geborenen Ausländer (und deren Eltern) wollen wahrscheinlich ebenfalls in Deutschland bleiben.
Studenten, Saisonarbeiter, hochqualifizierte Arbeitnehmer bleiben wahrscheinlich nur vorübergehend in Deutschland.

Hiermit sind wir schon bei dem Problem der Integration angekommen. Darüber später mehr. Zunächst etwas über die Lebenssituation der Ausländer.

8.4.2 Allgemeine Lebenssituation der ausländischen Familien

Im Statistischen Jahrbuch 2010 werden viele Daten über die Personen in Deutschland mit Migrationshintergrund zusammengestellt. Aufgrund der Daten des Mikrozensus 2009 hat das Bundesministerium für Familien, Senioren, Frauen und Jugend die Situation der ausländischen Familien dargestellt (Familien mit Migrationshintergrund). Das Bundesamt für Migration und Flüchtlinge hat in einem eigenen Bericht anhand von vier Kriterien Bildung, Sprache, Erwerbstätigkeit, Freizeitaktivitäten die „Fortschritte der Integration" dargelegt (vgl. Gostomski, 2010). Wir fassen hier die wichtigsten Gesichtspunkte dieser beiden Dokumente schematisch zusammen. Dabei werden einige Tabellen und Grafiken eingestreut. Es werden jeweils die Daten der Deutschen (Familien) und die der Personen (der Familien) mit Migrationshintergrund verglichen.

■ Etwa 20 % der Bevölkerung in Deutschland haben einen Migrationshintergrund.

■ Etwa die Hälfte dieser Personen hat die deutsche Staatsangehörigkeit, die andere Hälfte hat ausschließlich eine ausländische Staatsangehörigkeit.

■ 2,3 Millionen (28,4 %) der 8,2 Millionen Familien in Deutschland haben einen Migrationshintergrund.

Bildung und Einkommen

Gemessen an Einkommen und Bildungsniveau gibt es zwar eine große Bandbreite bei den Familien mit und ohne Migrationshintergrund, aber im Vergleich zu der Gesamtbevölkerung sind die Familien mit Migrationshintergrund im unteren Bereich überdurchschnittlich repräsentiert. Die folgende Grafik zeigt, dass außer beim Abitur in Familien mit Migrationshintergrund die niedrigen Bildungsabschlüsse häufiger vorkommen als in Familien ohne Migrationshintergrund.

Höchster Schulabschluss eines Elternteils in den Familien mit und ohne Migrationshintergrund

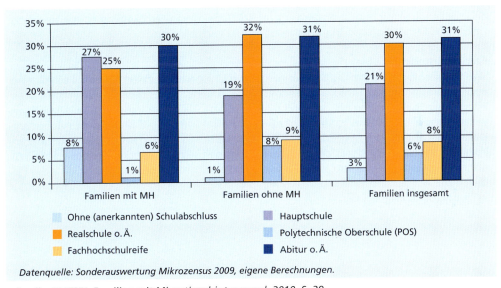

Datenquelle: Sonderauswertung Mikrozensus 2009, eigene Berechnungen.

Quelle: BMFSFJ, Familien mit Migrationshintergrund, 2010, S. 29

Auch hinsichtlich Einkommen liegen die Familien mit Migrationshintergrund häufiger in den unteren Einkommensklassen.

Monatliches Nettoeinkommen von Familien mit und ohne Migrationshintergrund nach Einkommensgruppen

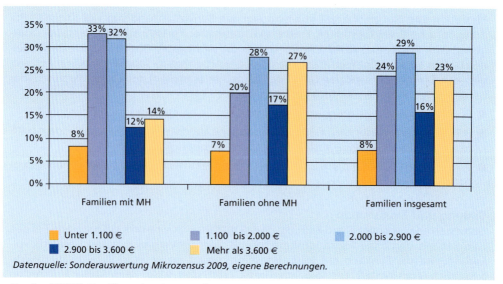

Datenquelle: Sonderauswertung Mikrozensus 2009, eigene Berechnungen.

Quelle: BMFSFJ, Familien mit Migrationshintergrund, 2010, S. 36

Armutsgefährdung

Familien mit Migrationshintergrund sind etwa doppelt so häufig armutsgefährdet wie Familien ohne Migrationshintergrund. Von den 19 Millionen armutsgefährdeten Familien haben 45 % einen Migrationshintergrund, 55 % keinen. In Anbetracht der Tatsache, dass die Familien mit Migrationshintergrund 20 % der gesamten Familien ausmachen, sind sie bei der Armutsgefährdung überproportional vertreten.

Familienmodelle

Was Familientypen betrifft, gibt es keine großen Unterschiede zwischen Familien mit und ohne Migrationshintergrund, ausgenommen bei Alleinerziehenden und unverheirateten Eltern sowie bei Familien mit drei und mehr Kindern. Bei den Alleinerziehenden und unverheirateten Eltern sind Familien ohne Migrationshintergrund doppelt so häufig vertreten wie Familien mit Migrationshintergrund, während bei den Drei- und Mehr-Kinder-Familien Familien mit Migrationshintergrund doppelt so häufig vorkommen wie Familien ohne Migrationshintergrund. Allerdings zeigt die langfristige Entwicklung, dass die Familien mit Migrationshintergrund sich allmählich an die verschiedenen Familienmodelle in Deutschland angleichen.

Kinderzahl

Von den 20.458.000 Kindern in Deutschland sind 14.878.000 ohne und 5.580.000 mit Migrationshintergrund. Bei gleichen Proportionen (80 % Einwohner ohne, 20 % mit Migrationshintergrund) wäre das Verhältnis 16.366.400 bei 4.091.600. Deshalb gibt es unter den Kindern in Deutschland überproportional viele mit Migrationshintergrund. Das stimmt überein mit der Tatsache, dass die durchschnittliche Kinderzahl pro Familie bei Migrationsfamilien mit 1,96 etwas höher als bei den „deutschen" Familien (1,74). Je jünger die Kinder sind, umso mehr leben in Familien mit Migrationshintergrund. Von den 0–3-jährigen Kindern in Deutschland leben 35 % in solchen Familien, von den 17–18 jährigen 27 %. Das erklärt sich dadurch, dass die Geburtenrate bei den „Deutschen" in den letzten Jahren stärker zurückgegangen ist als bei den „Ausländischen" und vielleicht dadurch, dass in den letzten Jahren weniger Kinder/Jugendliche aus den Herkunftsländern zugezogen sind.

Sprachkenntnisse

In der Mehrheit der Familien mit Migrationshintergrund wird auch die deutsche Sprache gesprochen. Nur eine kleine Minderheit spricht ausschließlich eine ausländische Sprache, wie aus folgender Grafik ersichtlich ist. Wie gut die Kenntnisse der deutschen Sprache sind, wird aus dieser Aufstellung noch nicht ersichtlich.

Gesprochene Sprache(n) in den Familien mit Migrationshintergrund

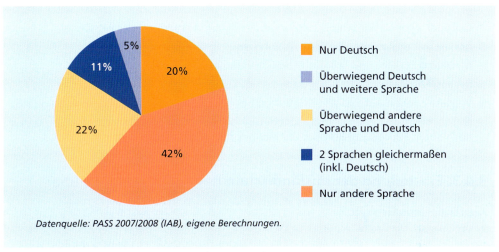

Datenquelle: PASS 2007/2008 (IAB), eigene Berechnungen.

Quelle: BMFSFJ, Familien mit Migrationshintergrund, 2010, S. 26

In dem Forschungsbericht des Bundesamtes für Migration und Flüchtling (vgl. Gostomski, 2010) wird zwischen Fremd- und Selbsteinschätzung der Sprachkenntnisse unterschieden. Die Fremdeinschätzung geschah durch die Interviewer. Türkische Frauen und polnische Männer sind nach ihrer Ansicht am wenigsten der deutschen Sprache mächtig. Bei verschiedenen Nationalitäten gibt es deutliche Unterschiede zwischen Frauen und Männern in der Beherrschung der deutschen Sprache.

	Türken		Jugoslawen		Italiener		Griechen		Polen	
	Mä.	Fr.	Mä.	Fr.	Mä.	Fr.	Mä.	Fr.	Mä.	Fr.
Schlecht bis sehr schlecht	13 %	29,4 %	13 %	13,6 %	13 %	6,4 %	13 %	16,3 %	19,2 %	6,1 %
Gut bis sehr gut	66,1 %	49,1	78,5 %		78,8 %	73,7 %	73,6 %		31,5 %	78,7 %

Eigene Zusammenstellung (vgl. von Gostomski, 2010, S. 105–121)

Bei der Selbsteinschätzung wurden die vier Grundfertigkeiten des Sprachverständnisses erfragt: Hörverständnis, Sprech- und Lesefertigkeit sowie Schreibvermögen. Das Ergebnis wird von den Autoren so zusammengefasst: „Bei den Befragten ist das Hörverständnis am besten ausgeprägt: 72,3 % gaben an, die deutsche Sprache sehr gut oder gut verstehen zu können. Die Sprech- und Lesefähigkeit der deutschen Sprache wird ebenfalls von der Mehrheit als sehr gut bis gut eingeschätzt (rund 60 %). Hinsichtlich des Schreibvermögens berichten noch 47,1 % von sehr guten bis guten Fähigkeiten" (Gostomski, 2010, S. 107). Man muss allerdings mitberücksichtigen, dass aus anderen Untersuchungen bekannt ist, dass viele „Ausländer" ihre Sprachkenntnisse selbst höher oder besser einschätzen als ihre Umgebung.

Der Vergleich der Ausländer mit den Deutschen zeigt eindeutig:

- schlechtere Wohnverhältnisse bei den Ausländern,
- geringeres Einkommen bei den Ausländern, größeres Armutsrisiko bei den Ausländern,
- geringerer Stand der schulischen und beruflichen Ausbildung der Ausländer,
- höhere Arbeitslosigkeit bei den Ausländern,
- geringere Sprach- und Schreibfertigkeiten bei den Ausländern,
- Verbesserungen auf fast allen Gebieten im Zeitvergleich 1996 bis 2004,
- Verbesserungen auf fast allen Gebieten bei der zweiten Generation von Ausländern,
- Unterschiede zwischen den verschiedenen Herkunftsländern: Reihenfolge von unten nach oben: Türkei, Süd-Europa, ehemaliges Jugoslawien, Aussiedler.

8.4.3 Einstellung der ausländischen Bevölkerung gegenüber

Ausländerfeindlichkeit

In der Studie „Die Mitte in der Krise" wurde in Deutschland im Jahr 2010 eine repräsentative Befragung über rechtsextreme Einstellungen durchgeführt. Zur Begründung schreiben die Autoren:

„In der öffentlichen Diskussion über Rechtsextremismus in Deutschland wurden in den letzten Jahren zumeist die rechtsextremen Straftaten oder die Wahlerfolge rechtsextremer Parteien in den Mittelpunkt gestellt. Gerade wenn das rechtsextreme Wahlverhalten zurückgeht oder die dokumentierten Straftaten abnehmen, wächst die Gefahr, die von einer solchen Fokussierung ausgeht. Denn dadurch gerät sehr leicht die Verbreitung rechtsextremer Einstellung aus dem Blick. Zwar besteht zwischen Einstellung und Verhalten ein Zusammenhang, aber beide sind nicht identisch, wie bereits unsere Alltagserfahrung zeigt. So war und ist die Frage dringlich, wie stark verbreitet – neben den sichtbaren rechtsextrem motivierten Handlungen (Straftaten oder Wahlverhalten) – die rechtsextreme Einstellung in der Bevölkerung ist."
(Decker/Weißmann/Kiess/Brähler, 2010, S. 21 f.)

In einem Fragebogen wurde die rechtsextreme Einstellung in sechs Dimensionen erfragt nämlich:

- ◼ Befürwortung einer rechtsgerichteten Diktatur
- ◼ Chauvinismus (Sie besteht in der Ansicht der Überlegenheit der Deutschen gegenüber anderen Staaten.)
- ◼ Ausländerfeindlichkeit
- ◼ Antisemitismus
- ◼ Sozialdarwinismus (Das Prinzip von Darwin vom Überleben des Stärksten wird auf Staaten übertragen.)
- ◼ Verharmlosung des Nationalsozialismus

Zu den einzelnen Dimensionen wurden jeweils drei Aussagen angeboten, zu denen die Befragten ihre Zustimmung oder Ablehnung auf einer fünfstufigen Skala notieren sollten. Folgende Tabelle zeigt die Ergebnisse.

Prozentwerte der Rechtsextremismusfragen

Rechtsextremismus	lehne völlig ab %	lehne über- wiegend ab %	stimme teils zu, teils nicht zu %	stimme über- wiegend zu %	stimme voll und ganz zu %
01 Im nationalen Interesse ist unter bestimmten Umständen eine Diktatur die bessere Staatsform.	53	20,3	18,0	6,8	2,0
02 Ohne Judenvernichtung würde man Hitler heute als großen Staatsmann ansehen.	51	20,5	17,8	8,4	2,3
03 Was Deutschland jetzt braucht, ist eine einzige starke Partei, die die Volksgemeinschaft insgesamt verkörpert.	35,3	20,0	21,0	16,3	7,3
04 Wir sollten einen Führer haben, der Deutschland zum Wohle aller mit starker Hand regiert.	51,9	18,9	15,9	9,5	3,7
05 Wie in der Natur sollte sich in der Gesellschaft immer der Stärkere durchsetzen	42,3	20,9	21,6	12,2	3,0
06 Die Ausländer kommen nur hierher, um unseren Sozialstaat auszunutzen.	17,3	17,0	31,4	20,5	13,8
07 Auch heute noch ist der Einfluss der Juden zu groß.	33,9	24,0	24,9	12,5	4,7
08 Wir sollten endlich wieder Mut zu einem starken Nationalgefühl haben.	16,0	13,9	32,5	25,7	11,9
09 Eigentlich sind die Deutschen anderen Völkern von Natur aus überlegen.	41,4	22,5	22,7	10,0	3,3
10 Wenn Arbeitsplätze knapp werden, sollte man die Ausländer wieder in ihre Heimat schicken..	21,4	18,5	28,4	16,8	14,9
11 Die Verbrechen des Nationalsozialismus sind in der Geschichtsschreibung weit übertrieben worden.	53,2	22,8	16,8	5,3	2,0
12 Was unser Land heute braucht, ist ein hartes und energisches Durchsetzen deutscher Interessen gegenüber dem Ausland.	21,9	16,2	31,3	21,6	9,0

Rechtsextremismus	lehne völlig ab %	lehne überwiegend ab %	stimme teils zu, teils nicht zu %	stimme überwiegend zu %	stimme voll und ganz zu %
13 Die Juden arbeiten mehr als anderen Menschen mit üblen Tricks, um das zu erreichen, was sie wollen.	41,0	22,4	21,8	10,6	4,2
14 Das oberste Ziel der deutschen Politik sollte es sein, Deutschland die Macht und Geltung zu verschaffen, die ihm zusteht.	24,9	18,4	29,9	20,0	6,8
15 Es gibt wertvolles und unwertes Leben.	58,4	14,1	16,8	7,2	3,6
16 Die Bundesrepublik ist durch die vielen Ausländer in einem gefährlichen Maß überfremdet.	21,0	16,0	27,4	21,9	13,7
17 Die Juden haben einfach etwas Besonderes und Eigentümliches an sich und passen nicht so recht zu uns.	40,2	20,9	24,0	10,7	4,2
18 Der Nationalsozialismus hatte auch seine guten Seiten.	45,7	21,5	22,5	7,1	3,2

Quelle: Decker/Weißmann/Kiess/Brähler, 2010, S. 73 f.

Die Ausländerfeindlichkeit wurde aus der Zustimmung bzw. Ablehnung der drei darauf bezogenen Statements ermittelt. Etwa ein Drittel der Bevölkerung zeigt demnach eine ausländerfeindliche Einstellung, allerdings gibt es dabei große Unterschiede zwischen Deutschland West und Ost. In Deutschland Ost ist die Ausländerfeindlichkeit mehr als 10 % höher als in Deutschland West.

Zustimmung zu den Aussagen der Dimension „Ausländerfeindlichkeit" in %

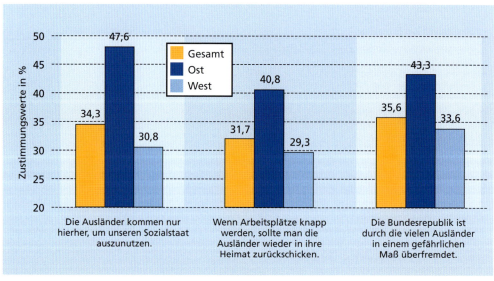

Quelle: Decker/Weißmann/Kiess/Brähler, 2010, S. 78

Der Zeitvergleich zeigt, dass das Ausmaß der Ausländerfeindlichkeit von 2002 bis 2006 in etwa gleich geblieben ist, 2008 erheblich zurückgegangen ist, aber jetzt wieder zugenommen hat.

Ausländerfeindlichkeit – Entwicklung im Zeitverlauf in %

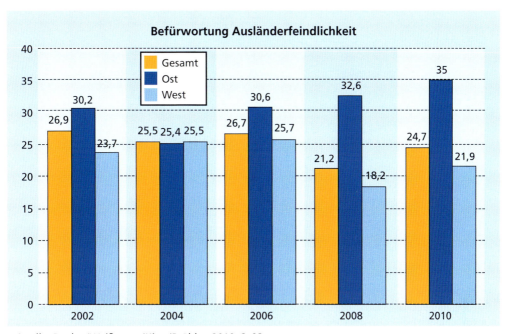

Quelle: Decker/Weißmann/Kiess/Brähler, 2010, S. 92

Zusammenhänge der rechtsextremen Einstellung mit Alter, Bildung, Geschlecht

■ Rechtsextreme Einstellungen nehmen mit dem Alter zu. Ausgenommen ist der Chauvinismus. Jüngere sind stolzer auf Vaterland bzw. die Nationanalität als ältere. Wahrscheinlich hat die Abkehr vom Chauvinismus der älteren mit den Erfahrungen im Nationalsozialismus zu tun.

■ Zwischen Männern und Frauen gibt es kaum Unterscheide in den verschiedenen Dimensionen des Rechtsextremismus.

■ Menschen mit höherem Bildungsniveau, z. B. Abiturienten, neigen weniger zu Extremismus als Menschen mit niedrigerem Bildungsniveau.

Erklärung der Entstehung von rechtsextremen Einstellungen

Zur Erklärung der beiden Dimensionen Chauvinismus und Ausländerfeindlichkeit wird von den Autoren die Theorie von der Selbstaufwertung durch Abwertung der Fremdgruppe herangezogen. (Siehe auch die Ausführungen in Kap. 8.2 „Die Bedeutung von soziale Vorurteilen", S. 370) Die Zunahme der rechtsextremistischen Einstellung von 2008 bis 2010 wird von den Autoren mit der Finanz- und Wirtschaftskrise erklärt.

Internationaler Vergleich

Fremdenfeindliche Aussagen (Zustimmung in Prozent)									
Nr.	**Item**	**D**	**GB**	**F**	**NL**	**I**	**PT**	**PL**	**HU**
1	Es gibt zu viele Zuwanderer in (jew. Land)	50,0	62,2	40,3	46,0	62,5	59,6	27,1	58,7
2	Durch die vielen Zuwanderer hier fühle ich mich manchmal wie ein Fremder im eigenen Land.	37,6	45,8	31,0	37,7	27,0	19,1	19,4	44,6
3	Wenn Arbeitsplätze knapp sind, sollen (jew. Bevölkerung) mehr Recht auf eine Arbeit haben als Zuwanderer.	42,4	50,3	29,5	24,7	55,9	58,2	74,1	71,2
4	Zuwanderer bereichern unsere Kultur.	75,0	71,2	70,8	74,9	61,0	73,7	64,2	57,0
Zusätzliche Items in einer Zufallshälfte der Stichprobe:									
5	Zuwanderer sind eine Belastung für unser Sozialsystem.	40,8	60,2	54,7	20,3	37,7	42,5	45,8	77,2
6	Wir brauchen Zuwanderer, um die Wirtschaft am Laufen zu halten.	60,7	59,5	66,1	64,5	70,7	68,1	42,4	24,2

Quelle: Zick/Küpper/Hövermann, 2011, S. 63

In einer weiteren Studie der Friedrich-Ebert-Stiftung wurde die Fremdenfeindlichkeit in Europa in 2008 untersucht und in 2010 ausgewertet. Dabei wurde allerdings eine etwas unterschiedliche Fragestellung verwendet, sodass die Ergebnisse nicht genau miteinander verglichen werden können.
Die wichtigsten Ergebnisse wurden so zusammengefasst:

„Die gruppenbezogene Menschenfeindlichkeit ist in Europa weitverbreitet. Das Ausmaß ist in den Niederlanden vergleichsweise gering, in Polen und Ungarn hingegen vergleichsweise hoch. Hinsichtlich der Fremdenfeindlichkeit, der Islamfeindlichkeit und des Rassismus existieren nur geringfügige Unterschiede zwischen den Ländern, im Ausmaß an Antisemitismus, Sexismus und Homophobie unterscheiden sich die Länder dagegen deutlich."
(Zick/Küpper/Hövermann, 2011, S. 14)

Fremdenfeindlichkeit und Gewalt
Eine zunehmende Fremdenfeindlichkeit ist seit 1991 nach der deutschen Vereinigung in der Bundesrepublik zu beobachten. Sie wird belegt durch Ausschreitungen und Gewaltakte vor allem gegen Unterkünfte der Asyl-Suchenden. Es gibt anscheinend eine kleine Bevölkerungsgruppe, die Fremden Feindlichkeit und Hass entgegenbringt und Straftaten mit rechtsextremistischem Hintergrund begeht.

Die Auswertung vieler polizeilichen Akten weist folgende Zusammenhänge auf:

- Die Gewalttaten werden überwiegend von jungen Männern unter 20 Jahren begangen, die noch in der schulischen oder beruflichen Ausbildung sind.
- Die Mehrzahl hat ein niedriges schulisches Bildungsniveau.

- Sie stammen mehrheitlich aus Arbeiter- und „kleinbürgerlichen" Familien, nicht jedoch aus zerrütteten Familien.
- Die Straftaten werden meistens in Cliquen begangen, nicht von Einzelnen.
- Nur ein Viertel der Täter hat einen rechtsextremistischen oder neonazistischen Hintergrund.
- Es gibt keine Zusammenhänge zwischen Arbeitslosigkeit und fremdenfeindlicher Gewalt.
- Fremdenfeindliche Gewalt kommt eher vor in Wohngegenden, in denen weniger Ausländer wohnen.

Diese Zusammenhänge weisen darauf hin, dass der fremdenfeindlichen Einstellung und der fremdenfeindlichen Gewalt die typischen Merkmale der sozialen Vorurteile und der autoritären Persönlichkeit zugrunde liegen (siehe Kapitel 8.2 „Die Bedeutung von sozialen Vorurteilen"). Für den Abbau der sozialen Vorurteile und den Wandel von einer autoritären zu einer mehr toleranten Persönlichkeitsstruktur werden einerseits konkrete Kontakte mit der „fremden" Gruppe, andererseits Vermittlung von Einsichten in die Entstehung dieser Mechanismen empfohlen. Das erfordert dann eine gewisse Bildung oder Weiterbildung. Andererseits hilft eine Verringerung der eigenen Benachteiligung bzw. eine Verbesserung der Lebenschancen, weil dadurch der Anlass für die Herausbildung von Vorurteilen und Fremdenfeindlichkeit entfällt.

8.4.4. Situation der Kinder mit Migrationshintergrund

Kinder und Jugendliche mit Migrationshintergrund

Anzahl
Etwa ein Drittel der Kinder unter 18 Jahren in Deutschland hat einen Migrationshintergrund. Genau sind es knapp 4,7 Millionen, etwa 31 %. Davon wiederum sind 73 % mit deutscher Staatsangehörigkeit, nur 14 % haben Migrationserfahrung, d. h. sind nicht in Deutschland geboren. Von den Kindern mit deutscher Staatsangehörigkeit und ohne Migrationserfahrung, d. h. in Deutschland geboren, hat etwas mehr als die Hälfte (54 %) nur einen Elternteil, der zugewandert ist oder eine ausländische Staatsangehörigkeit hat.
Aus diesen trockenen Zahlen wird schon ersichtlich, dass es sich hier um eine sehr unterschiedliche Gruppe von Kindern und Jugendlichen handelt. Hinzu kommt noch, dass der Migrationshintergrund dieser Kinder auch sehr unterschiedlich ist. Es macht einen großen Unterschied, ob der Migrationshintergrund beispielsweise türkisch, vietnamesisch oder französisch ist. Bei globaler Betrachtungsweise verbindet man mit Kindern mit Migrationshintergrund an erster Stelle Sprachschwierigkeiten und einen islamistischen Hintergrund. Es handelt sich jedoch um eine sehr differenzierte Gruppe, die man nicht alle über einen Kamm scheren kann. Zahlen und Statistiken geben diese Differenzierungen nicht wieder.

Verschiedenheit der familialen Erziehung
Zu diesen Kindern gehören solche, deren Eltern als Flüchtlinge unsicher sind über ihren Aufenthalt, solche, die schon lange in Deutschland leben, aber trotzdem Ausländer sind, solche, deren Eltern die deutsche Staatsangehörigkeit bekommen haben, Kinder, deren Eltern mühelos zwischen deutscher und „einheimischer" Sprache hin und her wechseln

können, die zu Hause Deutsch sprechen, solche, deren Eltern zu Hause nur die „heimische"
Sprache sprechen. Dann gibt es große Unterschiede im Bildungsniveau der Eltern und in
ihren Bildungsansprüchen für ihre Kinder. Häufig sind die ostasiatischen Eltern und ihre
Kinder hier viel ehrgeiziger und strebsamer als „Zugewanderte" aus anderen Ländern.

Die außerfamiliale Betreuung/Erziehung der Kinder mit Migrationshintergrund

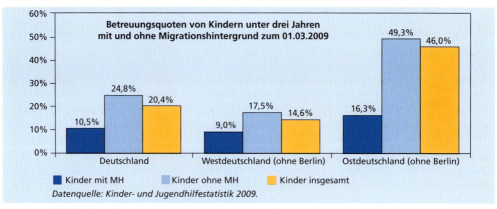

Quelle: BMFSFJ, Familien mit Migrationshintergrund, 2010, S. 83

Von den 0- bis 3-jährigen Kindern sind insgesamt etwa 20 % in Betreuungseinrichtungen.
Die Kinder mit Migrationshintergrund sind zu 10 %, die Kinder ohne Migrationshintergrund zu 25 % in solchen Einrichtungen. Das mag verschiedene Gründe haben. Auf jeden Fall werden die jüngeren Kinder mit Migrationshintergrund viel häufiger nur in der
familialen Umwelt erzogen.
Die 3–6-jährigen Kinder sind insgesamt zu über 90 % in der „öffentlichen" Erziehung (Kindertagesstätten). Die Kinder mit Migrationshintergrund zwar noch etwas weniger als die
Kinder ohne Migrationshintergrund, aber doch über 80 %, ausgenommen die Kinder in
Deutschland Ost. Die ausschließliche familiale Erziehung gilt für die Mehrzahl nicht mehr.

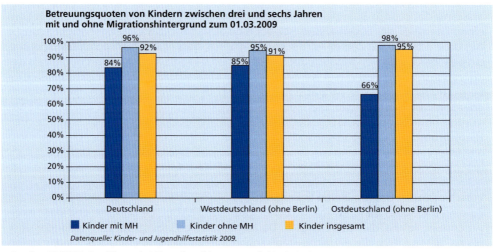

Quelle: BMFSFJ, Familien mit Migrationshintergrund, 2010, S. 85

Allgemeiner Vergleich Kinder und Jugendliche mit und ohne Migrationshintergrund

Hans-Joachim Roth und Henrike Terhart untersuchen in ihrer Studie „Kinder und Jugendliche mit Migrationshintergrund" die Lebenssituation dieser Bevölkerungsgruppe in Bezug auf folgende Sozialisationsinstanzen: Familie, Freizeitgestaltung und Bildungsverhalten. Dabei stellen sie Folgendes fest:

„Es fällt auf, dass der Alltag von Kindern und Jugendlichen mit Migrationshintergrund im Verhältnis zu den Gleichaltrigen der Mehrheitsgesellschaft nicht grundlegend anders verläuft. Alle Kinder und Jugendlichen müssen altersspezifische Entwicklungsaufgaben lösen und bewegen sich in ihren Peergroups in der Regel in globalen Medienräumen mit internationalen Trends. Natürlich kann es durch kulturelle oder auch religiöse Einflüsse zu jeweiligen Unterschieden kommen. Hierbei ist zu bedenken, dass auch Kinder der Mehrheitsgesellschaft unterschiedlichste Voraussetzungen haben.

Diverse Befunde weisen darauf hin, dass für Kinder mit Migrationshintergrund nicht die Auseinandersetzung mit herkunftskulturellen Werten und Konventionen der Familie als vorrangige Entwicklungsaufgabe fungiert, sondern der Umstand, mit einer Migrationsgeschichte in Deutschland aufzuwachsen.

Insbesondere ist zu berücksichtigen, dass die Kinder und Jugendlichen mit Migrationshintergrund in den meisten Fällen zweisprachig aufwachsen, wobei das Ausmaß der Sprachendominanz bzw. -balance ganz unterschiedlich ist.

Im Hinblick auf die zentralen Sozialisationsinstanzen Familie, Freunde, Schule und Medien kann zusammengefasst werden, dass es migrationsspezifische Einflussfaktoren gibt, die häufig Benachteiligungen der Kinder und Jugendlichen mit Migrationshintergrund erkennen lassen. Umso auffälliger ist es, dass gerade diese Heranwachsenden hinsichtlich der allgemeinen Lebenszufriedenheit durchaus hohe Werte vorweisen. Das Leben in Deutschland ist für die meisten attraktiv."

(Roth/Terhart, 2008, S. 8 f.)

8.4.5 Möglichkeiten der Integration

Nachdem durch verschiedene politische Maßnahmen, u. a. durch das Inkrafttreten des Zuwanderungsgesetzes am 01.01.2005 die Zuwanderung insoweit gebremst wurde, dass es kaum noch einen Überschuss (Zuwanderung minus Auswanderung) an Zuwanderung gibt, richtet sich die politische und gesellschaftliche Aufmerksamkeit vor allem auf die Frage und das Problem der Integration.

Für das erzieherische Verhalten gegenüber den ausländischen Kindern ist es wichtig, ob man eine Integration der ausländischen Arbeitnehmer in die eigene Gesellschaft anstrebt oder ob man sie und ihre Kinder als eine Gruppe ansieht, die sich nur zeitweilig in der Bundesrepublik Deutschland aufhält und darum nicht in unsere Gesellschaft integriert zu werden braucht.

In den 60er Jahren wurden die Gastarbeiter als eine Gruppe von Menschen angesehen, die nur vorübergehend zum Arbeiten in die Bundesrepublik Deutschland kamen. Die Haltung der Behörden und der Regierenden war von Distanz geprägt. Der Entschluss, in Deutschland zu bleiben, ließ diese Gruppe von reinen Arbeitskräften zu „Menschen" in den Augen der meisten Deutschen werden. Es stellte sich dann mit aller Dringlichkeit die Frage, ob und wie sie in unsere Gesellschaft integriert werden könnten. Bei der heutigen Diskussion über eine politische Entscheidung, in Zukunft die Zuwanderung gezielt zu steuern und nach dem Bedarf an Arbeitskräften auszurichten, wird von vornherein auch auf die Integration großer Wert gelegt. Zu erwarten ist daher, dass die zukünftigen zuwandernden Ausländer bessere Sprachkenntnisse mitbringen, besser geschult und ausgebildet sind, die mittlere und höhere Positionen im Erwerbsprozess innehaben werden.

Unter Integration versteht das Bundesamt für Migration und Flüchtlinge (2007):

> „Integration ist ein langfristiger Prozess. Sein Ziel ist es, alle Menschen, die dauerhaft und rechtmäßig in Deutschland leben, in die Gesellschaft einzubeziehen. Zuwanderern soll eine umfassende und gleichberechtigte Teilhabe in allen gesellschaftlichen Bereichen ermöglicht werden. Sie stehen dafür in der Pflicht, Deutsch zu lernen sowie die Verfassung und die Gesetze zu kennen, zu respektieren und zu befolgen."

Dies ist eine sehr pragmatische Definition. Die Politik sieht dann auch eine Reihe sehr konkreter Maßnahmen vor, um diese so formulierte Integration zu fördern.

Die tiefer liegende Problematik der Integration von Bevölkerungsgruppen mit unterschiedlicher sozialer, wirtschaftlicher, politischer, kultureller, religiöser Herkunft wird in der Soziologie diskutiert, u. a. mit Begriffen der Anpassung, Akkulturation, Assimaliation, Identität, multikulturelle Gesellschaft. Fragen, die dabei auftauchen sind: Inwiefern kann man sich an die Gesellschaft anpassen, ohne seine eigene Identität zu verlieren? Es ist bekannt, dass bestimmte Gruppierungen von Jugendlichen mit Migrationshintergrund zu Problem-Jugendlichen werden, weil sie sich weder in ihrer Herkunftskultur, noch in der Kultur des Einwanderungslandes zu Hause fühlen. Sie leben in einem „Niemandsland", wissen nicht, wo ihre Identität ist.

Eine andere Frage ist: Gibt es eine multikulturelle Gesellschaft? Eine Gesellschaft wird gerade dadurch Gesellschaft, weil ihre Mitglieder eine gemeinsame Basis, eine gemeinsame Kultur im Sinne eines gemeinsamen Fundus' von Wertvorstellungen haben, sonst wäre sie ein reiner Zweckverband. Ist somit multikulturelle Gesellschaft nicht ein Widerspruch in sich? Akkulturation bedeutet, dass der Einwanderer kulturelle Elemente aus der „fremden" Kultur übernimmt. Ein Beispiel wäre die Übernahme der „fremden" Sprache. Diese erste Stufe ist die Voraussetzung für die Assimilation, die Angleichung an die Kultur des Einwanderungslandes. Diese Stufe wird normalerweise erst erreicht und angestrebt durch die zweite Generation der Einwanderer. Bleibt jedoch die Frage, ob es bei der Integration um eine völlige Übernahme der „fremden" Kultur geht, oder ob sich nicht durch diese Prozesse der Integration die beiden „Kulturen" gegenseitig beeinflussen, sodass beide sich ändern. Es stellt sich somit auch die Frage: Wird die europäische Kultur sich ändern durch den Einfluss der vielen Millionen zugewanderten Muslime, wird der Islam sich ändern durch den Einfluss der europäischen Kultur auf die vielen zugewanderten Muslime? Bei allen diesen Fragen und Gesichtspunkten ist es häufig nicht klar, was unter „Kultur" alles verstanden wird. Auch ist es für die Integrationsproblematik wichtig, wie groß die Unterschiede in der Kultur zwischen den Herkunftsländern und dem Einwanderungsland sind. Die Unterschiede zwischen angelsächsischen Ländern und Deutschland sind im Allgemeinen geringer als die Unterschiede zwischen muslimischen Ländern und Deutschland.

Nach Bartelt (vgl. Leudesdorff/Zilleßen, 1971, S. 17) **verläuft die Integration in drei Phasen:**
1. Anpassung an die neue Gesellschaft,
2. kritische Distanz zur neuen Gesellschaft,
3. Partner der neuen Gesellschaft.

In der ersten Phase der Anpassung muss der Gastarbeiter/Zuwanderer in allen wichtigen Lebensgebieten eine große Anpassungsleistung vollbringen, zunächst in der Arbeitswelt, dann in der Wohnwelt, dann in der weiteren Umwelt.

In der **zweiten Phase** macht sich der ausländische Arbeitnehmer/Zuwanderer bewusst oder unbewusst klar, dass seine völlige Anpassung das Akzeptieren von nachteiligen Lebens-bedingungen, von Chancenungleichheiten und Ungerechtigkeiten sowie das Preisgeben der eigenen Identität mit sich bringt. Diese Gefahr führt den Gastarbeiter/Zuwanderern in die **Phase der kritischen Distanz,** in der er sich auf das Eigene seiner selbst und seiner Gruppe besinnt. In einer sorgfältigen Untersuchung des langzeitlichen Anpassungspro-zesses der Aussiedler zeigt sich, „dass das eigene Selbst im Verlauf der Akkulturation durch Abwertung der ansässigen Deutschen geschützt wird" (Report Psychologie, 5–6/2001, S. 313). In dieser Phase wird ihm von deutscher Seite mangelnde Integrationsbereitschaft vorgeworfen. Es wird behauptet, dass er die Sprache nicht lernen, sich nicht fort- und weiterbilden will, dass er nur wegen des Geldverdienens gekommen sei.

In der **dritten Phase** sind die ausländischen Arbeitnehmer/Zuwanderer in der Lage, „als gleichberechtigte Partner ihre eigenen Interessen zu organisieren und zu vertreten und aus dieser Situation heraus mit anderen Partnern in Kooperation zu treten und so am Ganzen des gesellschaftlichen Lebens teilzunehmen, es mitzugestalten und einen ihnen gemäßen Beitrag zu leisten" (Leudesdorff/Zilleßen, 1971, S. 142). Die Gefahr ist immer ge-geben, dass Einwanderer in der zweiten Phase der Isolation, in Ressentiment und Apa-thie einerseits und Aggression andererseits stecken bleiben.

Es gibt Anzeichen, dass viele Ausländer in der Bundesrepublik die dritte Phase schon teil-weise erreicht haben. Im 8. Jugendbericht (1990, S. IV) wird die Lage ausländischer Ju-gendlicher als „partielle Integration bei gleichzeitiger Unterschichtung" beschrieben. Aus der Geschichte ist bekannt, dass die in die USA ausgewanderten Deutschen zum Teil meh-rere Generationen gebraucht haben, um sich einzugliedern.

Fördernde und hemmende Faktoren bei der Integration der ausländischen Arbeitnehmer

In Untersuchungen über die Eingliederung von ausländischen Arbeitnehmern, sowohl in den westeuropäischen Ländern heute als auch in den Einwanderungsländern im Laufe der letzten Jahrhunderte, wurden folgende Faktoren als bedeutsam für die soziale Ein-gliederung herausgearbeitet:

- Die Befürchtung der Einheimischen, durch Personen geringerer sozialer Stellung und niedrigeren Lebensstandards unterwandert zu werden, löst Widerstand gegen die Ein-gliederung aus.

- Dadurch, dass die ausländischen Arbeitnehmer meistens nicht vorhaben, sich für im-mer in dem neuen Land niederzulassen, ist ihr Anpassungswille nicht sehr intensiv. Da-durch wird die Integration erschwert.

- Bei wirtschaftlichem Wohlergehen des ausländischen Arbeitnehmers nehmen die Mög-lichkeiten einer sozialen Integration zu. Die Anpassung an den wirtschaftlichen Stand der neuen Umgebung ist meist eine Voraussetzung für die soziale und kulturelle An-passung.

- Abweichende Hautfarbe kann ein viel schwerwiegenderer Hinderungsgrund für die Anpassung sein als Unterschiede in Gesellschaftsstruktur und kulturellen Werten.

- Jüngere Leute sind in der Regel anpassungsfähiger und anpassungswilliger als ältere Menschen.

- Die Eheschließung mit Einheimischen erleichtert die soziale Eingliederung erheblich.
- Eine geringe Zahl von Zuwanderern, die auch noch verstreut lebt, fördert die Anpassung. Eine größere Zahl von Zuwanderern, die sich außerdem regional zusammenschließt, hindert die Anpassung (Gettobildung).
- Der Zusammenschluss in „Heimatvereinen" schützt die Zuwanderer vor Vereinzelung.
- Die Wanderung im Familienverband schützt vor Vereinzelung, kann jedoch die Abkapselung begünstigen und die Anpassung erschweren. In der Untersuchung der Integration der Aussiedler heißt es: „Als wichtige Ressource gegenüber den Belastungen der Immigrationssituation wird Familienzusammenhalt identifiziert" (Report Psychologie, 5–6/2001, S. 313).

Indikatoren der Integration

Hier folgt noch eine Zusammenstellung der verschiedenen Anzeichen (Indikatoren) sowohl bei den Einheimischen (Deutschen) als auch bei den Zugewanderten (Ausländern), die eine mögliche Integration der beiden Bevölkerungsgruppen fördern oder hemmen können.

Indikatoren für die Integration vonseiten der Deutschen

Indikatoren für die Integration vonseiten der Einheimischen sind einerseits die Einstellungen (Denken, Meinungen, Wünsche, Urteile) gegenüber den Ausländern, andererseits die Kontakte mit den Ausländern.

In der Allbus-Umfrage 2006 (S. 49–105) wurden die Deutschen ausführlich nach ihren Einstellungen zu Kontakten mit Ausländern befragt. Den Interviewten wurden Aussagen vorgelegt, denen sie auf einer siebenstufigen Skala ablehnen oder zustimmen konnten. Einige Ergebnisse:

- Etwa 40 % der Befragten haben Kontakt zu Ausländern, etwa 60 % haben keinen Kontakt zu Ausländern.
- Was Arbeitsplätze betrifft, gibt es keine ausgesprochenen Mehrheiten in den Meinungen; nur der Aussage, dass Ausländer Arbeitsplätze schaffen, stimmt eine Mehrheit nicht zu ebenso wenig wie der Aussage, dass bei Verknappung der Arbeitsplätze die Ausländer wieder heimgeschickt werden sollten.
- Heirat von Ausländern mit Deutschen und politischer Betätigung von Ausländern wird eher zugestimmt als abgelehnt.
- Zu der Aussage, dass Ausländer häufiger Straftaten begehen, halten sich Zustimmung und Ablehnung in etwa die Waage.
- Am deutlichsten ist der mehrheitliche Wunsch, dass die Ausländer sich in ihrem Lebensstil mehr anpassen sollten.

In einer Längsschnittstudie kommen die Autoren zu dem Schluss, dass sich die Einstellung der Deutschen zu den Ausländern wieder zum Negativen entwickelt.

Fortschritte der Integration

Wie kann man das Ausmaß der Integration feststellen?

Dass Integration der Ausländer das Ziel der Politik sein muss, wird dabei nicht mehr angezweifelt. In der Bundesrepublik und in der Europäischen Union werden anhand verschiedener Indikatoren der Stand der Integration und dessen möglicher Fortschritt im Laufe der Jahre festgestellt. Die wichtigsten Indikatoren sind Teilhabe am Bildungssystem, sowohl am schulischen - wozu an erster Stelle Sprachkenntnisse gehören- als auch am beruflichen, Teilhabe am Arbeitsmarkt, Teilhabe am materiellen Wohlstand, Kontakte zu „Einheimischen", Verbindung mit dem Einwanderungsland und dem Herkunftsland. Noch eine Reihe weiterer Indikatoren werden genannt und erforscht, wie beispielsweise Wohnungsverhältnisse, Bleibeabsicht, Erwerb oder geplanter Erwerb der deutschen Staatsangehörigkeit.

Ergebnisse der Untersuchungen

Es gibt verschiedene Studien über den Stand und Fortschritt der Integration. Eine Studie berücksichtigt alle Personen mit Migrationshintergrund (Beauftragte der Bundesregierung), eine nur die in Deutschland lebenden Ausländer und zwar: Türken, Polen, Italiener, Griechen und ehemalige Jugoslawen (vgl. RAM-Studie). Die wichtigsten Ergebnisse über den Stand der Integration der in Deutschland lebende Ausländer in dieser Untersuchung im Jahr 2006/2007 sind folgende:

- Von der einen auf der nächsten Generation gab es bei allen Nationalitätengruppen einen Fortschritt in der schulischen Bildung: 42 % haben einen höheren, 48 % den gleichen, 10 % einen niedrigeren Bildungsabschluss als ihre Eltern.

- Die Mehrheit der Befragten verfügt über hinreichende Sprachkenntnisse, um sich in Deutschland zurechtzufinden. Beste Sprachkenntnisse: Italienerinnen, mangelnde Sprachkenntnisse: türkische Frauen, polnische Männer, ältere Griechen, ältere türkische Männer.

- Etwa 40 % der Ausländer, ausgenommen die Polen, waren ohne Berufsausbildung.

- Ausländische Männer sind häufiger erwerbstätig als ausländische Frauen: 27 % der Ausländerinnen und 3 % der Ausländer waren noch nie erwerbstätig. Fast die Hälfte der Ausländer hatten Erfahrungen mit Arbeitslosigkeit:

- Nur 25 % haben Wohneigentum, 75 % wohnen zur Miete. Die schlechtesten Wohnverhältnisse haben polnische Männer (Saisonarbeit), die besten Italiener.

- Was das Einkommen betrifft, schneiden die Griechen am besten ab, die Türken am schlechtesten. Monatliches Äquivalenzeinkommen: Türken 813,00 Euro, andere Nationalitäten 970,00 Euro.

- Die überwältigende Mehrheit hat einen Ehepartner aus dem Herkunftsland.

- Die Ausländer sind häufiger in deutschen Verein (25 %) als in „ausländischen" Vereinen (10 %) tätig.

- Dass Kinder bis zur Heirat bei den Eltern leben sollen und dass alte Menschen bei ihren Kindern leben sollen, wird von etwas mehr als der Hälfte der Ausländer befürwortet.

- Fast zwei Drittel der Ausländer haben regelmäßig Kontakt (täglich bis mehrmals wöchentlich) zu Deutschen und ebenso häufig zu Ausländern aus ihrem Herkunftsland.

- Die Mehrheit der Befragten will in Deutschland bleiben; nur eine Minderheit strebt dabei jedoch eine Einbürgerung an.

Ein Vergleich dieser Ergebnisse aus 2007 mit den Ergebnissen aus 2001 zeigt, dass auf vielen Gebieten die Integration zugenommen hat: Zunahme des Wohneigentums, der ausländisch-deutschen Partnerschaften, der Bleibeabsichten, der Einbürgerungsabsichten.

Diese letzte Studie schließt mit der Bemerkung ab, dass andere „Studien zeigen, dass unter den Personen mit Migrationshintergrund die eingebürgerten Personen in den Integrationsbereichen Bildung, Berufsausbildung, Erwerbstätigkeit, berufliche Stellung, Einkommen und Sprachkenntnisse in der Regel eine bessere Integrationsbilanz vorzuweisen haben als Nicht-Deutsche." (Gostomski, 2010, S. 313)

Aufgrund dieser Ergebnisse der Befragungen und aufgrund der verschiedenen Auffassungen über Integration ist es nicht möglich, ein abschließendes Urteil zu fällen über das Gelingen der Integration. Für die Politik und viele Vereinigungen in Deutschland ist die Förderung der Integration ein Anliegen. Die wichtigsten Maßnahmen sind Sprachförderungskurse und Information über die Grundwerte und die Verfassung der Bundesrepublik Deutschland.

Aufgaben

1. Überprüfen Sie Ihre eigenen Einstellungen und zu den Extremismusfragen. S. 401–402.

2. Welchen Migrationshintergrund haben die Kinder/Jugendlichen Ihrer Einrichtung? (zugezogen, hier geboren, eingebürgert, Aussiedler, Elternteil ausländisch, einheimisch Deutsch)

3. Inwieweit sind die ausländischen Kinder und Jugendlichen in Ihrer Einrichtung integriert?

8.5 Arbeitslosigkeit

Die ganze Problematik der Arbeitslosigkeit kann hier nicht behandelt werden. Es werden nur Angaben über die Zahl der Arbeitslosen gemacht und die Probleme der Kinder der Arbeitslosen werden erläutert.

Umfang und Entwicklung der Arbeitslosigkeit

Arbeitslosigkeit im Zeitvergleich von 1996 bis 2011										
Jahr	1996	1999	2001	2005	2006	2007	2008	2009	2010	2011
Absolut (Mio.)	3,9	4,1	3,8	4,8	4,6	3,7	3,3	3,4	3,2	3,3
Quote in %	11,5	11,7	10,3	13,0	10,6	8,8	8,7	8,2	7,7	7,9
Ausländer		19,2	17,4	25,2						

Eigene Zusammenstellung (vgl. BAG, Arbeits- und Ausbildungsmarkt, 2011, u.a.)

Langzeitarbeitslos (mehr als ein Jahr)				
Jahr	1991	1999	2007	2011
% der Arbeitslosen	28	33,3	41,7	30

Eigene Zusammenstellung (vgl. BAG, Arbeits- und Ausbildungsmarkt, 2011, u.a.)

Die Arbeitslosenquote über- oder unterschritt in diesem Zeitabschnitt die magischen Zahlen von 4 Millionen und/oder die Quote von 10%. Seit 2007 haben nicht nur die absoluten Zahlen und die Quoten der Arbeitslosen abgenommen, sondern auch der Anteil der Langzeitarbeitslosen. Die Gründe mögen teilweise an der Konjunktur, teilweise an politischen Maßnahmen liegen.

Auswirkung auf die Persönlichkeit der Betroffenen

Arbeitslosigkeit wird von den Betroffenen häufig nicht (nur) als Folge von strukturellen Problemen auf dem Arbeitsmarkt, sondern auch als eine Folge des persönlichen Versagens erlebt. Diese Sicht kommt in den alten Bundesländern häufiger vor als in den neuen Bundesländern, wo Arbeitslosigkeit eher auf ein Versagen der Politik zurückgeführt wird. Das persönliche Versagenserlebnis ist umso häufiger, je länger die Arbeitslosigkeit andauert und hat destruktive Auswirkungen auf die Persönlichkeit.

In einem Artikel in Psychologie Heute 2008 werden die Zusammenhänge folgendermaßen zusammengefasst:

„Massenarbeitslosigkeit ist seit Jahrzehnten gesellschaftliche Realität. Die negativen Gesundheitsfolgen können als gut untersucht gelten. So treten z. B. bei Arbeitslosen fast alle Erkrankungen häufiger auf, und das Sterblichkeitsrisiko ist bei Personen mit zwei oder mehr Jahren Arbeitslosigkeit 3,8-fach höher. Illustriert durch Beispiele aus der Sächsischen Längsschnittstudie, einer seit 1987 laufenden Untersuchung, werden die körperlichen und psychischen Folgen von Arbeitslosigkeit im Überblick skizziert. Es zeigt sich, dass vor allem die Psyche unter einem Arbeitsplatzverlust leidet. Männer, jüngere Personen und Langzeitarbeitslose sind stärker betroffen. Mittlerweile gibt es wirksame Interventionsstrategien zur Gesundheitsförderung bei Arbeitslosen, die jedoch auch einigen Einschränkungen unterliegen. Beispielsweise nehmen Arbeitslose ihre erhöhten gesundheitlichen Belastungen und Risiken oft überhaupt nur sehr mangelhaft wahr, was spezialisierte und zielgruppenspezifische Interventionen notwendig macht."
(Berth/Balck/Albani/Förster/Stöbel-Richter/Brähler, 2008, S. 21)

Probleme der Kinder von Arbeitslosen

Man schätzt, dass mehr als eine Million Kinder von der Arbeitslosigkeit eines oder beider Elternteile betroffen sind. Bei der Auswirkung der Arbeitslosigkeit der Eltern auf die Kinder muss man unterscheiden zwischen Ursache-Wirkungszusammenhängen und intervenierenden Variabeln, wie aus zwei fast widersprüchlichen Untersuchungsergebnissen hervorgeht.

In einer Untersuchung (vgl. Psychologie Heute, 1985, S. 11–12) über die Probleme der Kinder arbeitsloser Eltern wurde Folgendes festgestellt: Mit zunehmender Dauer der elterlichen Arbeitslosigkeit reagieren die Kinder mit Entmutigung und Resignation. Sie zeigen Angst vor der eigenen Zukunft und eigener Arbeitslosigkeit nach Schulabschluss. Sie sprechen nicht gerne über familiale Probleme. Sie lassen in ihren schulischen Leistungen nach, werden der eigenen Berufswahl gegenüber gleichgültiger. Die Kinder leiden unter der wachsenden Isolation der Familie. Für Freizeitkontakte zu Gleichaltrigen fehlt ihnen das nötige Geld. Bei kleineren Kindern wurden gehäuft regressive Symptome beobachtet: Bettnässen, Schlafstörungen, Nägelkauen oder Autoaggressionen.

Diese Daten wurden aus zweiter Hand, von den Mitarbeitern der Wohlfahrtsverbände gewonnen, nicht durch direkten Kontakt mit den Kindern und deren Eltern. Ob die Arbeitslosigkeit oder andere Faktoren für die Verhaltensauffälligkeiten der Kinder verantwortlich sind, wird nicht deutlich.

In einer anderen Untersuchung, bei der arbeitslose Väter und deren Kinder befragt wurden, zeigte sich: Die Arbeitslosigkeit der Väter wirkt sich nicht nachteilig auf die schulischen Leistungen der Kinder aus; diese bleiben unverändert oder verbessern sich sogar. Die Erklärung dafür lautet, dass die arbeitslosen Väter sich mehr um die Hausaufgabenbetreuung ihrer Kinder kümmern. 43 % der Väter gaben an, dass sie seit ihrer Arbeitslosigkeit mehr Bücher lesen, mehr Sport treiben und mehr gemeinsame Aktivitäten mit ihren Kindern unternehmen. 25 % der Väter sagten, sie würden ihre Kinder jetzt strenger behandeln. Mehr als die Hälfte der Kinder leiden jedoch unter der Arbeitslosigkeit der Väter, die Mädchen mehr als die Jungen. 63 % der Kinder berichteten von Streit über Geldausgaben und Einsparungen. Die Belastungen der Kinder zeigten sich weiter in einer Zunahme von Kopf- und Bauchschmerzen, Depression, Aggressivität und Einschlafproblemen. Diese Reaktionen der Kinder zeigten sich bei länger andauernder Arbeitslosigkeit und wenn die Väter mit Langeweile auf ihren Zustand reagierten.

Aufgaben

1. Sind unten stehende Meinungen falsch, richtig oder sind es Vorurteile?
   a) positiv   b) negativ   c) autostereotyp   d) heterostereotyp

   „Die Rückfalltäter werden im Gefängnis gemacht." – „Die ausländischen Arbeitnehmer wollen nur viel Geld verdienen." – „Die Drogensüchtigen. An jedem Laternenpfosten ein ganzes Dutzend! Man sollte die aufhängen." – „Wer die Jugend hat, hat die Zukunft." – „Die Jugend liebt heutzutage den Luxus. Sie hat schlechtere Manieren, verachtet die Autorität, hat keinen Respekt vor den älteren Leuten und schwatzt, wo sie arbeiten sollte." – „Die Kriminalität unter den ausländischen Arbeitnehmern ist größer als unter der deutschen Bevölkerung der Bundesrepublik."

2. Analysieren Sie: Was haben folgende Begriffe gemeinsam, was ist unterschiedlich? (siehe Kapitel 8.1 „Begriffserklärung")
   a) Unterprivilegierte   b) Randgruppen   c) Diskriminierte
   d) Asoziale   e) sozialer Brennpunkt

3. Wenden Sie die Bogardus-Skala der sozialen Distanz bei sich selbst und bei Bekannten auf verschiedene Nationalitäten, wie Türken, Franzosen, Russland-Deutschen an:

würde ich ...	eine/n Türke/in		eine/n Franzose/Französin		eine/n Russland-Deutsche/n	
	Ja	Nein	Ja	Nein	Ja	Nein
... heiraten						
... in meinem Verein haben wollen						
... in meiner Nachbarschaft haben wollen						
... die deutsche Staatsbürgerschaft zuerkennen wollen						
... als Besucher in Deutschland zulassen wollen						
... aus Deutschland ausschließen wollen						

4. An welcher Stelle muss man ansetzen, um den Teufelskreis der sozialen Benachteiligung zu durchbrechen?

5. Inwiefern treffen die Untersuchungsergebnisse über die Probleme der Kinder von Arbeitslosen Ihrer Meinung nach heute noch zu? Welche Erklärung gibt es für die früheren bzw. heutigen Probleme dieser Kinder?

9 Soziologie der Jugend

9.1 Begriff „Jugend"

Das Wort „Jugend" wird im heutigen Sprachgebrauch in zwei Bedeutungen angewendet:

1. Eine bestimmte Altersphase im Leben des Einzelmenschen wird als Jugendzeit bezeichnet. Diese Bedeutung hat das Wort in Aussprüchen wie: „In meiner Jugend war alles anders." „Viele Menschen sehnen sich zurück nach ihrer Jugend."

Jugendzeit

Hat die Jugend noch vor sich

Befindet sich in seiner Jugend

Hat die Jugend hinter sich

2. Eine zweite Bedeutung hat das Wort „Jugend", indem es die Gesamtheit der jungen Menschen umfasst. Dieser Bedeutung entsprechen folgende Aussprüche:
   „Die Jugend von heute ist nicht schlechter als die Jugend von früher."
   „Es gibt große Unterschiede zwischen der Land- und der Stadtjugend."
   „Der größte Teil der Jugend ist in irgendwelchen Vereinen organisiert."
   In diesem Fall hat das Wort Jugend die gleiche Bedeutung wie das Wort „die Jugendlichen". Wie die Kinder und die Erwachsenen sind die Jugendlichen ein Teil der Gesamtgesellschaft.

Gesamtgesellschaft

Jugendliche
Beide Wortbedeutungen stehen im Zusammenhang: Die Jugendlichen sind die Menschen, die noch in ihrer Jugendzeit sind.
Wenn von der Soziologie der Jugend die Rede ist, sind sowohl die Jugendzeit als auch die Jugendlichen gemeint.

■ In Bezug auf die Jugendzeit interessiert sich die Soziologie dafür, inwiefern dieses Lebensalter von dem Zusammenleben mit anderen Menschen beeinflusst und von ihm abhängig ist.

■ In Bezug auf die Jugendlichen interessiert sich die Soziologie dafür, welche Bedeutung, welche Stellung, welchen Einfluss diese Menschen im Gesamt des menschlichen Zusammenlebens haben.

Unter Jugend im Sinne von Jugendzeit wird also eine bestimmte Altersphase im Leben des Menschen verstanden. **Diese Altersphase wird nach bestimmten Kriterien festgelegt.** Es gibt **vier** Kriterien zur Bestimmung des Jugendalters:
1. gesetzliche Kriterien,
2. biologische Kriterien,
3. psychische Kriterien,
4. soziologische Kriterien.

Das gesetzliche Jugendalter

Das Gesetz legt die Altersgrenzen, in denen der Mensch Rechte und Pflichten zugewiesen bekommt, eindeutig fest. In der Bundesrepublik Deutschland ist das Jugendalter nach diesen gesetzlichen Kriterien das Alter von 14 bis 18 Jahren. Eine genauere Betrachtung der einzelnen Rechte und Pflichten im Laufe des Lebens zeigt, dass das Alter von 14 bis 18 Jahren zwar einschneidende Veränderungen hinsichtlich der Rechte und Pflichten mit sich bringt, aber die Teilhabe an den allgemeinen gesellschaftlichen Rechten und Pflichten sehr viel differenzierter ist und in vielen Abstufungen erfolgt.
Eine Zusammenstellung dieser rechtlichen Entwicklung in der Bundesrepublik Deutschland zeigt folgendes Schaubild:

	voll-endete Geburt	7.	12.	14.	16.	18.	21.
Möglichkeit der Verurteilung nach dem Jugendstrafgesetz							
Strafmündigkeit, Deliktfähigkeit, Volljährigkeit (volle Geschäftsfähigkeit, Testierfähigkeit), Prozessfähigkeit, Ehemündigkeit (Mann und Frau), aktives und passives Wahlrecht							
Schwurfähigkeit, beschränkte Testierfähigkeit							
Religionsmündigkeit, bedingte Strafmündigkeit, Beschwerderecht in Vormundschaftssachen							
beschränkte Religionsmündigkeit							
beschränkte Geschäftsfähigkeit, bedingte Deliktfähigkeit							
Rechtsfähigkeit, Parteifähigkeit							
Rechtsstellung			Lebensjahr vollendet				

Diese Altersgrenzen sind vom Gesetzgeber nicht zufällig gesetzt worden. Er geht davon aus, dass der Mensch in diesen Altersabschnitten selbstständiger, reifer und mündiger wird.

Das biologische Jugendalter

Biologische Kriterien für das Jugendalter sind die Beschleunigung des Körperwachstums und die Reifung der Geschlechtsorgane.

Der Anfang der Wachstumsbeschleunigung liegt bei Mädchen im Durchschnitt bei 11 Jahren, bei Jungen bei 13 Jahren. Das Ende des Körperwachstums liegt für Mädchen im Durchschnitt bei 18 Jahren, für Jungen bei etwa 20 Jahren. Es handelt sich hier um Durchschnittswerte. Sie schließen individuelle Unterschiede nicht aus. Der Höhepunkt des Körperwachstums liegt bei Mädchen bei 11,5–12 Jahren, bei Jungen bei 13,5 bis 14 Jahren.

Die Reifung der Geschlechtsorgane ist in den westlichen Industrieländern in den letzten 100 Jahren um 3–4 Jahre vorverlegt worden. Das durchschnittliche Alter beim Eintritt der ersten Regel liegt bei 12,5 Jahren, das des ersten Samenergusses bei 13,5 Jahren. Die Reifung ist bei Mädchen mit 20 Jahren vollendet, bei Jungen ist sie erst im 3. Lebensjahrzehnt abgeschlossen. Es handelt sich auch hier wiederum um Durchschnittswerte, die individuelle Unterschiede nicht ausschließen.

Das beschleunigte Körperwachstum und die Geschlechtsreifung sind an erster Stelle von innersekretorischen Vorgängen abhängig. Es handelt sich hierbei vor allem um Reifungsprozesse; Umwelteinflüsse werden dabei nicht ganz ausgeschlossen. So wird z. B. die säkulare Akzeleration (die Vorverlegung dieser Reifungsprozesse in den letzten 100 Jahren) auf veränderte Umwelteinflüsse zurückgeführt.

Inwiefern Veränderungen im Gehirn während der Jugendzeit auch Ursache von Veränderungen im Verhalten und Erleben der Jugendlichen sind, ist wissenschaftlich noch ungeklärt.

Zusammenfassend kann man sagen, dass das biologische Jugendalter mit 11 Jahren anfängt und mit 18 bzw. 20 Jahren endet.

Das psychische Jugendalter

Das Jugendalter nach psychischen Kriterien zu bestimmen, heißt, bestimmte Veränderungen im Verhalten und Erleben in einem bestimmten Altersabschnitt als Anfang des Jugendalters und wiederum das Aufhören dieser Veränderungen im Verhalten und Erleben als Ende des Jugendalters anzunehmen.

Es ist kaum möglich, die Altersabschnitte, in denen diese psychischen Veränderungen anfangen bzw. aufhören, genau zu bestimmen. In vielen Entwicklungspsychologien wird das Jugendalter nach diesen psychischen Kriterien in etwa von 12 bis 21 Jahren angesetzt. Die Veränderungen im Verhalten und Erleben, die sich während dieser Zeit abspielen, beziehen sich meist auf die soziale Selbstständigkeit. **Die Kindheit wird als die Phase der sozialen Unselbstständigkeit, das Erwachsenenalter als die Phase der sozialen Selbstständigkeit gesehen. Der Übergang von der Unselbstständigkeit zur Selbstständigkeit ist die Jugendphase.**

Zur sozialen Selbstständigkeit gehört nach Havighurst (vgl. Markefka, 1967, S. 105):

- die Aneignung einer angemessenen männlichen oder weiblichen Geschlechtsrolle,
- das Akzeptieren des eigenen Körpers,
- der Aufbau von für Erwachsene kennzeichnenden Beziehungen zu den Altersgenossen,

- die Entscheidung für einen bestimmten Berufstyp,
- die Erlangung emotionaler Unabhängigkeit von den Eltern,
- die Entwicklung einer Lebensanschauung.

Insgesamt geht es um den Aufbau einer eigenen Identität oder mit anderen Worten um die Selbstwerdung. Allerdings ist dieser Prozess nie ganz abgeschlossen, im Erwachsenenalter geht dieser Prozess weiter.

Das Jugendalter als eigenständige Phase
Die Jugendphase wird als eine eigenständige Phase und nicht nur als eine Vorbereitung auf den Erwachsenenstatus betrachtet. In der Entwicklungspsychologie wird heute häufig die Zeit zwischen 18 und 25 Jahren als eine zusätzliche eigenständige Entwicklungsphase betrachtet: Anschließend an die Jugendphase folgt die Postadoleszenz oder das „auftauchende Erwachsenenalter".

Auf die Frage „Fühlen Sie sich erwachsen?" antworteten von den 18- bis 25-Jährigen 60 %: in mancher Beziehung ja, in mancher Beziehung nein; von den 26- bis 35-Jährigen hatte noch ein Drittel das Gefühl, nicht in jeder Beziehung erwachsen zu sein (vgl. Psychologie Heute, 4/2001, S. 26). Verschiedene Phänomene im Verhalten der Jugendlichen wie Kleidung, äußere Erscheinung, Verhaltensweisen „Jugendkulturen" oder Freizeitstile betonen mehr den Aspekt der Eigenständigkeit der Jugendphase als den Aspekt des Übergangs und der Vorbereitung auf die Erwachsenenphase.

Nach einer Befragung im Jahr 1996 (vgl. Schäfers/Zapf, 2001, S. 372) erleben die 11-Jährigen sich noch als Kind, die 13-Jährigen sich schon als Jugendlicher. Der Übergang wird an folgenden Ereignissen festgemacht: Liebes- und Sexualitätserfahrungen, körperliche Entwicklung sowie Konsum- und Krisenereignisse.

Das soziale Jugendalter
Markefka (1967, S. 111) versucht, das Jugendalter nach sozialen Kriterien vom Kindesalter und Erwachsenenalter abzugrenzen. Die Definition des Jugendalters als „Nicht-mehr-Kind-Sein und Noch-nicht-erwachsen-Sein" wird von ihm als eine rein negative Definition und als unzureichend betrachtet.
Er versucht, diese Altersphase mit positiven Inhalten zu füllen: Sie bestehen darin, dass der Jugendliche immer mehr sozial selbstständig wird. Den ersten Schritt auf dem Wege zur sozialen Selbstständigkeit sieht Markefka in der **Zugehörigkeit zu unabhängigen Gleichaltrigengruppen.**

An anderer Stelle spricht Markefka von „unbeaufsichtigten" Gruppen. Hier findet die erste Lösung vom Elternhaus statt. Der Mensch orientiert sich in seinem Verhalten nicht mehr ausschließlich an den Eltern und den Erwachsenen oder an den von Erwachsenen kontrollierten Gruppen, sondern an Gleichaltrigen. Während der Jugendzeit vollzieht sich eine immer stärkere Lösung von den Eltern und Erwachsenen und eine Orientierung an Gleichaltrigen, bis ein selbstständiges soziales Kontaktverhalten erreicht ist. Als Kriterien für die Erreichung dieser Selbstständigkeit werden von Markefka **die Heirat und/oder die volle Erwerbstätigkeit** genannt.

Altersangaben für den Anfang und das Ende der Jugendzeit nach diesen sozialen Kriterien werden von Markefka nicht gemacht.

Durch die Verlängerung der Bildungs- und Ausbildungszeiten und durch die Möglichkeit, sich für verschiedene familiale Lebensformen (Verbleib in der Herkunftsfamilie, Allein-Leben, nicht-eheliche Gemeinschaft, Ehe) zu entscheiden, gibt es keine einheitlichen Markierungspunkte mehr für den Übergang von der Jugend- in die Erwachsenenphase.

Gegenseitige Abhängigkeit der verschiedenen Kriterien zur Bestimmung des Jugendalters

Die verschiedenen Veränderungen auf biologischem, psychischem, sozialem und rechtlichem Gebiet während des Jugendalters können als eine Kette von gegenseitigen Abhängigkeiten in fünf Schritten dargestellt werden:

Zusammenfassung

Jugend im Sinne von Jugendzeit ist eine bestimmte Altersphase im Leben des Menschen, die mit bestimmten biologischen, psychischen und sozialen Veränderungen verbunden ist und somit den Übergang von der Kindheit zum Erwachsensein bedeutet. Diese Veränderungen sind teilweise durch Reifungsprozesse, teilweise durch gesellschaftliche Rollenerwartungen und teilweise durch die vorhergehenden Erfahrungen bedingt.

Die gesellschaftlichen Rollenerwartungen sind zum Teil gesetzlich fixiert. In unserer Gesellschaft ist das gesetzliche Jugendalter die Altersstufe von 14 bis 18 Jahren.

Folgende Übersicht fasst die Altersphasen nach den verschiedenen Kriterien zusammen.

Das Jugendalter nach verschiedenen Kriterien

Alter	Biologisch	Psychisch	Rechtlich	Sozial
0–12	Kind	Kind	Kind	
12–14	Jugendlicher	Jugendlicher		Zugehörigkeit zu unbeaufsichtigten Gleichaltrigengruppen
14–18			Jugendlicher	
18–21			Erwachsener (Heranwachsender)	Jugendlicher
ab 21 Jahren	Erwachsener	Erwachsener	Erwachsener	Erreichen eines sozialen Dauerstatus (Auszug aus Elternhaus, Erwerbstätigkeit, Gründung einer Lebensgemeinschaft, Ehe)

Gestrichelte Linien (- - -) bedeuten, dass die Altersgrenzen nicht eindeutig festzulegen sind.

419

9.2 Jugend als soziale Kategorie

Zu Anfang dieses Buches (siehe Kapitel 2.1) wurden die sozialen Gebilde in vier Arten klassifiziert. Die Jugend lässt sich nur in die „soziale Kategorie" einordnen.

Es bestehen keine Beziehungen zwischen allen jungen Menschen, sie befinden sich auch nicht in gegenseitiger Nähe. In Wirklichkeit bilden also alle Jugendlichen keine Einheit. Sie bilden lediglich eine gedankliche Einheit. Ähnlich wie „alle Brillenträger" zu einer gedanklichen Einheit zusammengefasst werden können.

Die soziologische Bezeichnung für die Jugend im Sinne von „die Jugendlichen" ist **„eine soziale Kategorie aufgrund einer bestimmten Altersphase".**

Anzahl der Jugendlichen in der Bundesrepublik Deutschland

Je nachdem welches Alter man für die Jugendzeit ansetzt, ist der prozentuale Anteil der Jugendlichen an der Gesamtbevölkerung etwas anders.

Absoluter und prozentualer Anteil der 15- bis 20-Jährigen an der Gesamtbevölkerung

	1871	1950	1980	1985	1998	2004	2009
Absolut in 1.000		3.658	5.151	5.040	4.603	4.890	4.311
Prozentual	9,1	7,2	8,4	8,2	5,7	5,9	5,2

(eigene Berechnung nach verschiedenen Quellen)

Daraus ergibt sich, dass es 1985 etwa 5 Millionen Jugendliche im Alter von 15 bis 20 Jahren gab und dieser Anteil etwa 8 % der Gesamtbevölkerung ausmachte. Nach 1998 (4,6 Mill. für Gesamtdeutschland) betrug der Anteil der Jugendlichen von 15 bis 20 Jahren nur noch knapp 6 % der Gesamtbevölkerung. Im Jahr 2009 gab es 4,3 Millionen Jugendlichen im Alter von 15 bis 20 Jahre. Das entsprach 5,2 % der Bevölkerung. Nach den Vorausberechnungen werden diese Zahlen noch etwas zurückgehen.

9.3 Jugend in primitiven Gesellschaften

Beispiele für Initiationsriten

1. „Initiationsriten für Knaben sind anschaulich für den afrikanischen Stamm der Thonga beschrieben worden: Wenn ein Junge zwischen 10 und 16 Jahre alt ist, wird er von seinen Eltern zu einer Art ‚Beschneidungsschule' geschickt, welche alle vier oder fünf Jahre stattfindet. Hier wird er zusammen mit seinen Altersgenossen vonseiten der erwachsenen Männer erheblichen Schindereien ausgesetzt. Die Initiation beginnt damit, dass jeder Junge zwischen zwei Reihen von Männern hindurch, die ihn mit Keulen schlagen, Spießruten läuft. Am Ende dieser Prozedur zieht man ihm seine Kleider aus und schneidet seine Haare. Als nächstes begegnet ihm ein Mann, der mit Löwenmähne verkleidet ist, man setzt ihn auf einen Stein diesem ‚Löwen-Mann' gegenüber. Dann schlägt ihn jemand von hinten, und sobald er seinen Kopf dreht, um zu sehen, wer ihn geschlagen hat, fasst der ‚Löwen-Mann' seine Vorhaut und schneidet sie in zwei Bewegungen ab. Danach wird er für drei Monate am ‚Platz der Mysterien' abgesondert gehalten, wo er nur von den schon Initiierten gesehen werden kann. Es ist besonders für eine Frau tabu, diese Jungen während ihrer Abgeschiedenheit zu sehen." (Bolte, 1970, S. 97)

2. „Ein gutes Beispiel über die beidseitige zeremonielle Eingrenzung der Jugendphase wird von den nordamerikanischen Hopi-Indianern berichtet. Der Wechsel von Kindheit zur Jugend vollzog sich bei den Hopi anlässlich eines großen Stammesfestes. Die Kinder wurden mit Peitschen geschlagen, sie erhielten einen neuen Namen, wurden in den Ahnenkult eingeweiht und bekamen Pateneltern, welche sie in die Stammesriten einführten. Sie wurden in den folgenden Jahren mehr und mehr mit ökonomischen Aufgaben betraut, erhielten aber noch keine Mitgliedschaft in einer der vier ‚Geheimen Gesellschaften‘, welche insbesondere das kulturelle Leben des Stammes bestimmten. Diese Mitgliedschaft wurde dem männlichen Hopi erst Jahre später, im Alter von 15 bis 20 Jahren verliehen. Mit dieser zweiten Initiation wird dem Jugendlichen zugemutet, plötzlich ein Mann zu werden, mit den Verantwortlichkeiten und Privilegien voller Männlichkeit: – Die Erwachseneninitiation der Mädchen erfolgte mit der Hochzeit, einem aufwändigen, langdauernden und sehr formalisierten Zeremoniell.“ (Bolte, 1970, S. 97)

Kulturanthropologische Untersuchungen bei Indianerstämmen, Südseevölkern, in Afrika und in Neu-Guinea haben erwiesen, dass in primitiven Gesellschaften die Jugendzeit faktisch nur die Zeit der Initiationsriten umfasst. Diese können sich auf einige Tage, Wochen, Monate oder Jahre erstrecken. Bis zum Anfang der Initiationsriten gelten die Menschen als Kinder, während der Initiationsriten gelten sie als Jugendliche, nach Abschluss der Initiation als Erwachsene.

Hier zeigt sich deutlich, **dass das Verhalten und Erleben im Jugendalter nicht an erster Stelle von inneren Reifungsprozessen, sondern vielmehr von der gesellschaftlich bedingten Rollenerwartung abhängig ist.** Von dem Thonga-Jugendlichen in Afrika wird erwartet, dass er sich nach der dreimonatigen Initiationszeit als Mann verhält: Ihm wird die Rolle des erwachsenen Mannes zugeschrieben. Er verhält sich nach diesen drei Monaten auch dementsprechend.

Die Unsicherheit und die Krisen des Jugendalters, die in unserer Gesellschaft durch die undeutlichen Rollen des Jugendlichen bedingt sind, findet man in diesen primitiven Gesellschaften nicht.

Initiationsriten in unserer Gesellschaft

Es wäre ein Trugschluss zu meinen, man könnte die Unsicherheit und die Krisenhaftigkeit des Jugendalters in unserer Gesellschaft aus der Welt schaffen, indem man auch hier Initiationsriten einführen würde.

Wenn man einem Vierzehnjährigen bei einem offiziellen Festakt sagen würde: „Von nun an bist du erwachsen und hast alle Rechte und Pflichten eines erwachsenen Staatsbürgers“, und man würde ihm noch ein amtliches Zeichen auf die Brust heften, sodass jeder sein „Erwachsensein“ sehen könnte, dann würde er dennoch nicht in der Lage sein, den richtigen Ehepartner zu wählen, einen Beruf auszuüben, die für ihn richtige politische Partei zu wählen, sich eine Wohnung zu mieten oder zu bauen, im Falle eines Angriffs sein Vaterland zu verteidigen. Unsere Gesellschaft ist zu kompliziert, als dass die Erwachsenenrolle innerhalb weniger Monate oder Jahre gelernt werden könnte.

Einige Einrichtungen unserer Gesellschaft haben für bestimmte Lebensbereiche einen ähnlichen Charakter wie die Initiationsriten in primitiven Gesellschaften.

- Im kirchlich-religiösen Bereich ist die Konfirmation (in der evangelischen Kirche) und die Firmung (in der katholischen Kirche) als Abschluss einer Vorbereitungszeit und Erreichung des Erwachsenenstatus zu verstehen.

- Für die Töchter der höheren Schichten gibt es manchmal noch den sogenannten Debütantinnenball.
- In den sozialistischen Staaten gab es die „Jugendweihe" als Eintrittszeremonie ins Jugendalter, die heute in den neuen Bundesländern noch weiter besteht.
- Die feierliche Schulentlassung kann auch für manchen das Erreichen des Erwachsenenstatus im schulischen Bildungsbereich bedeuten.

Es bleibt trotz dieser einzelnen feierlichen Markierungen des Jugend- bzw. Erwachsenenstatus festzuhalten, dass Anfang und Ende des Jugendalters in unserer modernen Gesellschaft weder deutlich festgelegt noch äußerlich erkennbar gemacht werden können.

9.4 Jugend im Sozialisationsprozess

Der Vorgang des Reif-, Erwachsen-, Selbstständigwerdens der Jugendlichen wird meistens mit dem Begriff der Sozialisaton beschrieben.

Unter Sozialisation wird verstanden „der Prozess, durch welchen die in der gesellschaftlichen Umwelt herrschenden Werte, Normen und Techniken des Lebens dem Einzelnen vermittelt und verbindlich gemacht werden" (Bolte, 1970, S. 105).

Der Sozialisationsprozess bedeutet nicht ein bloß passives Annehmen oder Übernehmen desjenigen, was an einen herangetragen wird. Diese Annahme selbst ist eine eigene Aktivität, und die Normen und Werte können nur zum Teil oder modifiziert oder nach der subjektiven Interpretation oder gar nicht angenommen werden.

Das Resultat des Sozialisationsprozesses ist dann auch keine vollkommene Anpassung, sondern eine Mischung von Anpassung an das Bestehende und einer Umformung oder Veränderung des Bestehenden.

Schwierigkeiten der Sozialisation

Bei der Sozialisation der Jugendlichen in der heutigen Gesellschaft ergeben sich die folgenden Schwierigkeiten.

Das Sozialisationsziel ist nicht deutlich umschrieben.

In unserer Gesellschaft mit ihren vielen Untergruppierungen gibt es kein einheitliches, für alle verbindliches Sozialisationsziel. Besteht über die Techniken des Lebens – z. B. Lesen und Schreiben, Rechnen, Autofahren, Umgang mit technischen Geräten usw. – noch eine ziemlich einheitliche Meinung, so ist die Auffassung über Normen und Werte schon viel unterschiedlicher. Betrachtet man die verschiedenen politischen, weltanschaulichen und religiösen Gruppierungen in unserer Gesellschaft, dann werden die unterschiedlichen Norm- und Wertauffassungen bald deutlich.

Auch zwischen den verschiedenen sozialen Schichten bestehen Unterschiede in Erziehungszielen und Erziehungsmethoden. Eine Reihe von Autoren haben versucht, einige grundlegende Gemeinsamkeiten der Sozialisations- oder Erziehungsziele in unserer Gesellschaft herauszustellen.

Friedhelm Neidhardt (*1943)

Neidhardt (vgl. Bolte, 1970, S. 106) fasst die Grundziele der Sozialisation, ausgehend vom Grundgesetz der Bundesrepublik Deutschland, in vier Punkten zusammen:

1. Jemand erkennt seine Umwelt, ihre Forderungen, Chancen, Probleme und Bedingungen richtig.
2. Er hat die technischen Fähigkeiten, das „Know-how", gelernt, um die fundamentalen Forderungen und Angebote dieser Umwelt bewältigen zu können.
3. Er weiß sich dieser Umwelt und der Gesellschaft, in der er lebt, grundsätzlich mit so viel Solidarität verbunden, dass er sich ihren unabdingbaren Ordnungen verpflichtet fühlt.
4. Er kontrolliert und richtet sowohl seine eigenen Bedürfnisse als auch die von ihm übernommenen sozialen Rollen so ein, dass er sie als irgendwie sinnvolle, wenngleich möglicherweise nicht widerspruchsfreie Bestandteile seiner selbst, als Elemente seiner Identität erkennen und auch behaupten kann.

Das Sozialisationsziel hat ein relativ hohes Niveau.

Die Anforderungen, die an das Leben in unserer Gesellschaft gestellt werden, sind im Vergleich zu einer vorindustriellen Gesellschaft sehr hoch. Es wird ein großes Wissen verlangt, viele Fertigkeiten müssen erlernt werden. Es wird einerseits Anpassungsvermögen, Verantwortungsbewusstsein und Selbstdisziplin, andererseits kritisches Denken und Selbstständigkeit verlangt.

Vergleicht man nur das Erlernen des Berufs des Landwirts in unserer Gesellschaft mit dem Erlernen des „Berufs" des „Landwirts" in einer primitiven Gesellschaft auf einer Südseeinsel, so wird das unterschiedliche Niveau des Lernzieles schon deutlich. Die wenigen Fertigkeiten und Kenntnisse des „Landwirts" in einer primitiven Gesellschaft können in kurzer Zeit durch Beobachtung gelernt werden; der Beruf des Landwirts in unserer Gesellschaft erfordert eine jahrelange intensive Vorbereitung.

Die Sozialisationsziele unterliegen einem dauernden Wandel.

In unserer schnelllebigen Zeit oder dynamischen Gesellschaft verändern sich die Normen und Werte und die Techniken des Lebens dauernd. Das berufliche Wissen wird ständig vermehrt, sodass die in der Schule erworbenen Kenntnisse für eine jahrelange Berufsausübung nicht ausreichen.

Die Normen und Werte im politischen und erzieherischen Bereich z. B. werden, wenn auch nicht grundlegend geändert, so doch dauernd modifiziert.

Diese Schwierigkeiten der Sozialisation wurden einmal von einem Pädagogen in einem Satz treffend zusammengefasst:

„Eltern von gestern (d. h., die gestern selbst erzogen wurden) müssen Kinder von heute für die Welt von morgen erziehen!"

Die Sozialisation findet in einer Vielzahl von möglicherweise miteinander konkurrierenden Sozialisationsinstanzen statt.

Wenn die verschiedenen Sozialisationsinstanzen wie Familie, Schule, Massenmedien, Berufswelt, Kirche und Politik alle aufeinander bezogen sind und sich gegenseitig ergänzen und unterstützen, ergeben sich keine Schwierigkeiten. Manchmal werden diese verschiedenen Instanzen aber unterschiedliche Werte und Normen vermitteln, sodass eine Integration für den Jugendlichen nur mit Mühe möglich ist. So wird z. B. in der Familie auf den emotionalen Bereich viel Wert gelegt, im Betrieb werden die menschlichen Beziehungen eher sachlich und zweckorientiert gestaltet.

Im Rahmen dieses Buches ist es nicht möglich, alle Sozialisationsinstanzen ausführlich zu besprechen. Deshalb erfolgt eine Beschränkung auf die folgenden:

■ die Familie,

■ die Gleichaltrigengruppe und

■ die Welt der Medien.

Das schließt nicht aus, dass die Betriebs- und Berufswelt für einen großen Teil der Jugendlichen eine wichtige Sozialisationsinstanz darstellt. Der Erzieher im Vorschulbereich hat allerdings weniger mit diesen Auswirkungen auf den Jugendlichen zu tun.[1]

9.4.1 Die Familie als Sozialisationsinstanz

Sozialisationswirkung der Familie

Bei der Frage nach der Sozialisationswirkung der Familie auf die Jugendlichen muss zwischen der familiären Sozialisationswirkung in der Kindheit und in der Jugend unterschieden werden.

Das Kind wird in seiner Persönlichkeit stark von seiner Familie geprägt. Die Forschungen auf diesem Gebiet haben ergeben, dass in der Familie die Grundeinstellungen zu sich selbst, zu anderen und zur Umwelt geprägt werden. Man spricht von der Bildung der „basic personality structure", des „Grundcharakters". Dieser wird beschrieben mit

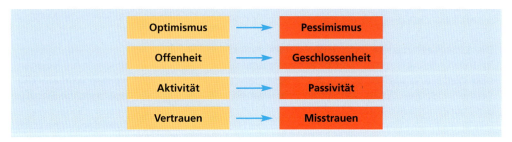

Diese Persönlichkeitsstruktur bestimmt, wie der Jugendliche seine Umwelt erlebt und wie er auf die verschiedenen Einflüsse reagiert.

Weitere Forschungen haben ergeben, dass auch bestimmte Einstellungen, z. B. zur Bildung, Politik und Religion, weitgehend in der Familie vorgeprägt werden. Die sozialen Situationen, in die der Jugendliche gerät, sind von den Eltern weitgehend mitbeeinflusst,

---

[1] *Die Schule als Sozialisationsinstanz wurde teilweise schon im Kapitel 7. Außerfamiliale Sozialisationsinstanzen besprochen.*

so z. B. der Bildungsweg, der Beruf, die Freizeitformen, die Vereinszugehörigkeit, ja zum Teil auch der Freundes- und Bekanntenkreis.

Insgesamt ist der Einfluss der Familie darauf, in welches soziale Umfeld der Jugendliche kommt und wie er auf die verschiedenen Einflüsse reagiert, sehr groß.

Diese Zusammenhänge werden in der unten stehenden Skizze schematisch dargestellt.

Familie als Sozialisationsinstanz für Jugendliche

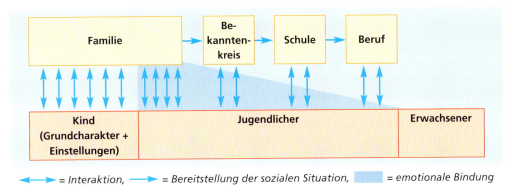

←——→ = Interaktion, ——→ = Bereitstellung der sozialen Situation, ▨ = emotionale Bindung

In der Sozialisationsforschung geht es vor allem um folgende drei Fragestellungen:

1. Ablösung der Jugendlichen von ihrer Familie,
2. Beeinflussung der Jugendlichen durch ihre Familie,
3. Einfluss der Kinder und Jugendlichen auf ihre Eltern.

Diese drei Themenbereiche hängen eng miteinander zusammen, sodass es nicht möglich ist, sie getrennt voneinander zu besprechen.

1. Ablösung der Jugendlichen von der Familie

Hat man früher die Jugendphase als eine Phase der Ablösung von der Familie betrachtet, so sieht man heute diese Phase nicht mehr als Loslösung der Kinder vom Elternhaus, sondern als eine Veränderung der Beziehung zwischen Kindern und Eltern, d. h. als ein Suchen nach einem Gleichgewicht zwischen Selbstständigkeit der Kinder einerseits und Bindung an die Familie andererseits. In der Kind-Eltern-Beziehung finden Veränderungen statt auf der interaktionellen, auf der normativen und auf der emotionalen Ebene. Diese drei Ebenen hängen wiederum sehr eng miteinander zusammen.

Veränderungen auf der interaktionellen Ebene

Die gemeinsam mit den Eltern verbrachte Freizeit nimmt ab, die Häufigkeit und Art der Gesprächskontakte verändern sich, Jugendliche ziehen aus der elterlichen Wohnung aus, die Kontakte werden Besuchskontakte.[1]

Veränderungen auf der normativen Ebene

Aus vielen Beobachtungen und Untersuchungen ist bekannt, dass die Jugendlichen weitgehend die Grundeinstellungen ihrer Eltern in vielen Lebensbereichen übernehmen. Da-

---

[1] Für weitere Einzelheiten sei hier auf das Kapitel „Familie" verwiesen. Veränderungen in den Verwandtschaftsbeziehungen. Vgl. S. 269 ff.

mit ist nicht gemeint, dass sie sich konkret so wie ihre Eltern verhalten, sondern dass sie die Engagements der Eltern übernehmen. Sie werden nicht dieselbe politische Partei wählen, sondern sie werden wohl politisch interessiert sein oder nicht, je nachdem ob die Eltern politisch interessiert waren. Sie werden nicht dieselben religiösen Praktiken ausüben wie die Eltern, aber sie werden wohl der Religion gegenüber deutlich Stellung beziehen oder gleichgültig sein, je nachdem ob die Eltern der Religion gegenüber Stellung bezogen haben oder gleichgültig waren. Es deutet vieles darauf hin, dass die Jugend heute nicht nur diese Grundeinstellungen der Eltern übernimmt, sondern auch die konkrete Verwirklichung.

In der 15. Shell-Jugendstudie (2006, S. 58) wird die Sicht der Jugendlichen auf die Beziehung zu ihren Eltern erfragt. Eine überwältigende Mehrheit der Jugendlichen sieht das Verhältnis zu ihren Eltern als positiv. Folgende Aussage wurde von einer Mehrheit bejaht: „Die eigenen Kinder genau so oder ungefähr so erziehen, wie sie selbst erzogen wurden" (71 %). 2010 bejahten 73 % diese Aussage.

Veränderungen auf der emotionalen Ebene
In derselben Studie berichtet eine Mehrheit der Jugendlichen über ein gutes Verhältnis zu ihren Eltern. 2010 hat sich an diesem guten Verhältnis kaum etwas geändert. 35 % kommen bestens miteinander aus, 56 % kommen klar, 7% verstehen sich oft nicht, 1% hat ein schlechtes Verhältnis.

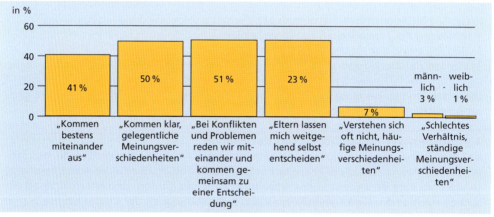

Quelle: Hurrelmann/Albert, 15. Shell Jugendstudie, 2006

Die negative Wirkung einer zu starken Mutterabhängigkeit
Aus der Psychotherapie ist bekannt, dass viele psychische Probleme mit einer nicht gelungenen emotionalen Lösung von der eigenen Mutter zusammenhängen. Das europäische Institut für Psychoanalyse hat den Zusammenhang zwischen mütterlicher Erziehung und beruflichem Erfolg untersucht und dabei festgestellt, dass ständige Präsenz und Kontrolle der Mütter sich auf die berufliche Entwicklung der Söhne negativ auswirke. Im Durchschnitt lösen sich die Briten mit 22 Jahren von dem Urteil der Mutter, die Dänen mit 23, die Deutschen mit 24, die Italiener bleiben am längsten vom Urteil der Mutter abhängig.

2. Beeinflussung der Jugendlichen durch die Familie
Im 12. Kinder- und Jugendbericht wird der Einfluss der Familie auf die Kinder und Jugendlichen so zusammengefasst:

„Die familiale Lebenswelt stellt eine basale Bildungswelt von Kindern und Jugendlichen auch im Schulalter dar, die sowohl deren Lebensführung als auch weitere bildungsrelevante Aneignungsprozesse umfassend beeinflusst. In den alltäglichen familialen Interaktionen und über die Zugänge, die Familie zu anderen Erfahrungswelten eröffnet, erwerben die Heranwachsenden grundlegende Einstellungen und Haltungen sowie Fähigkeiten und Kenntnisse, die nicht nur maßgeblich zu ihrer personalen, sozialen und kognitiven Entwicklung beitragen, sondern sich auch in ihrem Blick auf die Welt, ihrer Art des Herangehens an die Bewältigung von Lebensaufgaben und die Lösung von Problemen sowie in der Wahrnehmung von Optionen und in Handlungsperspektiven niederschlagen. Auch wenn sich Kindern und Jugendlichen im biografischen Verlauf weitere Sozialwelten und Bildungsorte erschließen, erfolgt die Auseinandersetzung mit den hier angebotenen Orientierungs- und Deutungsmustern im Prozess des Aufwachsens in enger Wechselwirkung mit familialen Aneignungsprozessen. Die Chancen für entwicklungsförderliche und bildungsrelevante familiale Aneignungsprozesse von Kindern und Jugendlichen differieren zum einen je nach sozio-emotionaler Qualität der familiären Beziehungen, zum anderen entsprechend den ökonomischen, sozialen und kulturellen Ressourcen der Familie, die deren Lebenslage innerhalb der Gesellschaft definieren und einen bestimmten milieuspezifischen Ausschnitt der Familienpraxis präsentieren.

Enge Zusammenhänge zwischen den Bildungschancen von Kindern und dem Bildungsniveau der Eltern deuten auf die zentrale Bedeutung bildungsnaher familiärer Milieus hin. Bei der Bewertung kindlicher und jugendlicher familiärer Aneignungsprozesse ist zu bedenken, dass sich grundlegende bildungs- und lebensführungsrelevante Kompetenzen in niedrigeren sozialen Schichten und in Migrantenfamilien über Zwecke und Inhalte vermitteln, die weniger den standardisierten mittelschichtorientierten schulischen Anforderungen, wohl aber den Anforderungen an Lebenstüchtigkeit bzw. an die Lebensführung im sozialen Milieu genügen. Die Verknüpfung von alltagsweltlichen und bildungssystemspezifischen Strategien, die gleichermaßen für die individuelle und die gesellschaftliche Integration, Reproduktion und Entwicklung erforderlich sind, erscheint deswegen als die eigentliche Herausforderung beim Abbau von ungleichen Bildungschancen. Dazu könnten außerschulische Bildungsangebote beitragen, die sowohl familiäre als auch schulbildungsrelevante Interaktionsprozesse sowie Lern- und Bildungsprozesse ergänzen und aufeinander beziehen. Dabei geht es weniger um die Kompensation von Schwächen in den familiären und schulischen Leistungen als vielmehr darum, Anschlussfähigkeit herzustellen."
(BMFSFJ, 2005, S. 200 f.)

Einige Konkretisierungen dieser mehr allgemein formulierten Einflüsse, die teilweise selbstverständlich sind, teilweise durch Untersuchungen bestätigt werden konnten:

- Persönliche Anerkennung innerhalb der Familie ist eine Schlüsselrolle für die Entwicklung von Selbstvertrauen, die Fähigkeit, Sozialbeziehungen einzugehen und aufrechtzuerhalten, für Reflexions- und Abstraktionsvermögen, für Konfliktlösungskompetenzen und die realistische Einschätzung von Handlungsmöglichkeiten.
- Kinder und Jugendliche haben weniger Chancen, von familiären Lern- und Bildungsprozessen zu profitieren, wenn sie keinen sozialen und emotionalen Rückhalt in der Familie finden, häufig Konflikte mit den Eltern haben sowie autoritär erzogen oder vernachlässigt werden.
- Gemeinsame innerfamiliale Aktivitäten in Bezug auf Lesen, Computerspiele, Fernsehen, Sportaktivitäten, Kinobesuche, Musizieren und Ausflüge beeinflussen den Umgang der Jugendlichen mit diesen Lebensbereichen.

■ Haushaltsführung, Umgang mit Verkehrsmitteln, Umgang mit den Medien, Umgang mit Geld wird in der Familie gelernt, ergänzt durch die Erfahrungen in der Gleichaltrigengruppe.

■ Hausaufgabenhilfe durch die Eltern hat keinen positiven Effekt auf die Mathematikleistungen der Kinder, ist sogar negativ bei mangelnder Kompetenz der Eltern und bei direktiver Hilfestellung.

■ Mehr als zwei Drittel der 13- bis 15-Jährigen und nahezu drei Viertel der 16- bis 18-Jährigen suchen bei Fragen zu ihren Lebenszielen Rat bei der Mutter, die Eltern stehen an erster Stelle der Instanzen, die die Entscheidung zu Ausbildungsberufen und Studienrichtungen beeinflussen sowie den Weg in Beruf und Studium unterstützen.

■ Bei Übergang von der Kindheit in die Jugendphase überwiegen die Autonomieansprüche der Jugendlichen und die kritische Haltung gegenüber den Eltern und den gesellschaftlich vermittelten Normen. Dies äußert sich beispielsweise in einer deutlich kritischeren Haltung von 13- bis 15-Jährigen als von 10- bis 12- oder 16- bis 18-Jährigen gegenüber dem Erziehungsstil der Eltern sowie in der zunehmenden Abwehr elterlicher Kontrollansprüche, die Freiräume von Mädchen stärker eingrenzen als die von Jungen.

3. Einfluss der Kinder und Jugendlichen auf die Eltern
Auch die Eltern verändern sich durch die Erziehung der Kinder und Jugendlichen.

Erprobungsphase der Kompetenzbilanz N = 180 (100 Prozent)
Quelle: BMFSFJ, 7. Familienbericht, 2006, S. 135

Weitere Einflüsse der Jugendlichen auf ihre Eltern kann man vermuten, auch wenn im Einzelnen darüber keine Untersuchungsergebnisse bekannt sind. So müssen Eltern von Jugendlichen, die in Freundschaften gleichwertige Partner erleben, auch lernen, dass in Diskussionen mehr Wert auf Argumente als auf Machtpositionen gelegt wird.

9.4.2 Die Gleichaltrigengruppe als Sozialisationsinstanz

Bei dieser Gruppe handelt es sich um „horizontale" soziale Netzwerke. Die Geschwistergruppe gehört auch zu diesen horizontalen sozialen Netzwerken. Sie unterscheiden sich von den „vertikalen" sozialen Netzwerken, wie beispielsweise Eltern-Kinder oder von Schüler-Lehrer-Beziehungen. Während im „vertikalen" Feld das Verhältnis zu anderen, die älter oder jünger sind, stets von einem Machtgefälle geprägt ist, erleichtert im horizontalen Feld die Gleichaltrigkeit die Entstehung von Solidarität und Kooperationsfähigkeit. In der Ein-Kind-Familie, wo die Geschwistergruppe fehlt, gibt es nur ein außerfamiliales horizontales soziales Netzwerk.

Die sozialen Kontakte der Jugendlichen zu ihren Altersgenossen untergliedern wir in drei Arten: erstens Freundschaften, zweitens informelle Gruppen und drittens Organisationen und Vereine.

Jugendfreundschaften

Familie und Freundschaften sind für die Jugendlichen keine Konkurrenten. Sie sind gleichwertig oder haben ihre jeweiligen Kompetenzbereiche. In einer Befragung (Reinders, 2007) wurde festgestellt, dass für die 15-Jährigen die Freunde die wichtigsten Ansprechpartner waren, für die Gestaltung der Freizeit und für persönliche Probleme, dass sie Konflikte mit der Familie gleichermaßen mit der Familie selbst als auch mit ihren Freunden besprechen, dass hinsichtlich der Vorbereitung auf den späteren Beruf schließlich die Eltern wichtigster Anlaufpunkt bleiben.

Die Bedeutung der Freundschaft für die Jugendlichen liegt vor allem in gemeinsamen Aktivitäten, gegenseitiger Hilfe, Nähe und Vertrauen. Mädchen- und Jungenfreundschaften unterscheiden sich dadurch, dass die ersteren mehr „face to face"-Freundschaften, die letzteren mehr „side to side"-Freundschaften sind, d. h., die Mädchen konzentrieren sich mehr aufeinander, die Jungen mehr auf eine gemeinsame Aufgabe.

Prozentsatz an Jugendlichen (im Alter von 14–16 Jahren), die ausgewählten Aspekten von Freundschaft zustimmen

Freudvolle Aktivitäten	86 %
Gegenseitige Hilfe	86 %
Über Leben reden	81 %
Geheimnisse erzählen	68 %

Reinders (2007, S. 10 f.) fasst seine Untersuchungsergebnisse so zusammen:

„Es kann festgehalten werden, dass Jugendliche mit Freundschaft vor allem gemeinsame freudvolle Aktivitäten, gegenseitige Hilfe und Vertrauen verbinden. Freundschaften stellen in diesem Alter eine wichtige soziale Ressource dar, die sich in unterschiedlichen Bereichen zeigt. So tragen Freunde zur Bewältigung von Alltagsproblemen bei und sind Orientierung für die Freizeitgestaltung. Sie erleichtern den Zugang zu romantischen Beziehungen und helfen, mit diesen neuen Erfahrungen besser umgehen zu können. Interethnische Freundschaften begünstigen den Abbau von Vorurteilen deutscher Heranwachsender und stärken das Selbstwertgefühl ausländischer Jugendlicher. Mit dem Einmünden in das Erwachsenenalter weicht die Bedeutung der Freundschaften den eingegangenen Partnerbeziehungen, wobei eher Mädchen als Jungen aufgrund der Partnerschaft ihre Freundschaften aufgeben. Insgesamt stellen Gleichaltrige eine wichtige Brücke für die Zeit zwischen Kindheit und Erwachsenenstatus dar, da in Freundschaften wichtige soziale Kompetenzen erworben werden, die sich bis ins Erwachsenenalter auf die Gestalt sozialer Beziehungen auswirken dürften."

(Reinders, 2007, S. 10 f.)

Informelle Gruppen („Peergroup")

In der amerikanischen Literatur wird diese Gruppe „Peergroup" genannt (peer = Gleicher, Ebenbürtiger). Wir nennen sie informelle Gruppen, weil damit betont wird, dass diese Gruppen nicht einen gesetzlichen oder institutionellen Charakter haben, dass sie nicht an irgendeine legitime Organisation gebunden sind, sondern spontan, aus dem eigenen Antrieb der Jugendlichen entstanden sind.

Umfang der Zugehörigkeit zur Gleichaltrigengruppe

In einer Clique	Gesamt	Jungen	Mädchen
12-25-Jährige	71 %	72 %	69 %
12-14-Jährige	63 %		
15-21-Jährige	75 %		
22-25-Jährige	67 %		

Quelle: Hurrelmann/Albert, 15. Shell Jugendstudie, 2006, S. 83 f. (2010 hat sich an diesen Prozentzahlen kaum etwas geändert)

Auch Kinder gehören schon solchen informellen Gruppen an, wie z.B. der Spielgruppe oder der Nachbarschaftsgruppe. Bei Kindern sind die informellen Gruppen jedoch noch nicht unabhängig von den Erwachsenen. Diese Gruppen stehen unter der unmittelbaren oder mittelbaren Aufsicht von Erwachsenen, wie Eltern, Lehrern oder Gruppenleitern. Sobald der junge Mensch zu solchen informellen Gruppen von Gleichaltrigen gehört, die von Erwachsenen unabhängig und unbeaufsichtigt sind, dann markieren sie den Übergang von der Kindheit zur Jugend. Der Jugendliche tritt nach Darstellung in der amerikanischen soziologischen Literatur in eine neue Gesellschaft ein, in die Gesellschaft der „Peers". Solche Gruppen existieren in der Nachbarschaft, auf der Straße und in den Schulen. Ihre Aktivitäten sind unterschiedlich.

Cliquenaktivitäten Jugendlicher, die in festen Gleichaltrigengruppen sind (Ausmaß der Zustimmung in Prozent, gewichtete Daten, nur Jugendliche aus Cliquen)

	Stimmt völlig	Stimmt eher	Stimmt eher nicht	Stimmt gar nicht	gültige N
1. Wir gehen zusammen in Kneipen, Diskotheken, auf Konzerte.	26,9	32,2	20,6	20,2	7098
2. Es gibt andere Gruppen, die sind mit uns richtig verfeindet.	5,7	8,9	22,5	6,9	7070
3. Um die Interessen unserer Clique durchzusetzen, pfeifen wir auch schon mal auf Gesetze und Verbote.	9,5	21,7	32,5	36,2	7036
4. Wir treffen uns einfach und reden miteinander.	41,4	47,9	8,3	2,4	7024
5. Wir prügeln uns mit anderen Gruppen.	2,8	6,4	14,6	76,2	7033
6. Wir machen zusammen Musik, Theater oder eine Zeitung.	4,2	7,5	15,8	72,6	7047
7. Um Spaß zu haben, tun wir auch schon mal was Verbotenes.	11,5	21,0	26,9	40,7	7040
8. Ich bin in der Clique einer der Anführer.	3,4	12,5	27,3	56,8	6894
9. Was die in der Clique sagen ist mir egal, ich tue sowieso was ich will.	6,3	21,4	41,1	31,2	6991
10. Nur in dieser Gruppe fühle ich mich wirklich akzeptiert.	23,1	44,2	21,6	11,0	7022
11. Wir lernen zusammen für die Schule.	5,1	25,6	30,4	38,9	7021
12. Wenn wir zusammen auftreten, haben viele Leute Angst vor uns.	4,4	13,2	24,2	58,2	7000
13. Wir treffen uns regelmäßig einfach so auf der Straße (hängen rum).	19,8	32,0	25,0	23,1	7031

Datenquelle: Kriminologisches Forschungsinstitut Niedersachsen, Schülerbefragung 2000

Die wichtigsten Merkmale der unbeaufsichtigten Gleichaltrigengruppen sind:

■ Die Mitglieder sind meistens auch aus derselben sozialen Schicht: Schüler treffen Schüler, Azubis treffen Azubis, ungelernte Arbeiter treffen ungelernte Arbeiter.

■ Die Organisation solcher Gruppen ist wenig formell. Es gibt meistens eine Art Führer, d.h. jemanden, der den Ton angibt, weiter einige Gruppennormen, manchmal auch Gruppensymbole, etwa in Form von Kleidungsstücken.

■ Diese Gruppen sind in ihrem Mitgliederbestand sehr wechselhaft. Bis zur Heirat ihrer Mitglieder lösen die Gruppen sich ganz auf.

■ Obwohl die Beziehungen emotionaler Art sind und mit einer starken Verpflichtung auf Kameradschaft und Solidarität empfunden werden, haben sie nie die Tiefe von Beziehungen zwischen „Vertrauenspersonen".

■ Die Aktivitäten solcher Gruppen haben einen unverbindlichen Charakter. Sie bestehen aus informellen Spielen verschiedenster Art, Ausflügen, ziellosem Herumalbern, Besuchen von Discos und Fußballspielen, Motorradfahren, Computerspiele spielen usw.

Die Banden

Bei den jugendlichen Banden muss man nicht sofort an Jugendkriminalität denken, obwohl das abweichende Verhalten leicht ins Kriminelle übergehen kann. Auch ist die Abgrenzung von Banden und informellen Gruppen nicht leicht möglich, die Übergänge sind fließend. Die meisten Untersuchungen über das jugendliche Bandenwesen haben im angelsächsischen Sprachraum stattgefunden, vor allem in den USA. Die wichtigsten Ergebnisse der Forschung in den USA sind, dass die Banden ziemlich straff organisiert sind, einen starken Führer und eigene Gruppennormen (z.B. Gruppenjargon, Kleidung, Zusammenhalt) haben; dass sich die Gruppen weiterhin meistens aus männlichen Mitgliedern, vor allem aus der Unterschicht, zusammensetzen, dass die Zugehörigkeit zu den Gruppen häufig mit der Heirat endet.

Aber auch in Europa und in Deutschland werden die Jugendgangs inzwischen wissenschaftlich untersucht. Die ersten Ergebnisse sind:

„Die meisten Mitglieder haben keinen oder nur wenig sozialen und familiären Rückhalt. Um dies zu kompensieren, schließen sich die Jugendlichen zu Gangs zusammen. Bisherige Studien aus den USA und Europa haben gezeigt, dass etwa sechs bis acht Prozent der Jugendlichen Mitglieder einer Gang sind. ‚Klar ist, dass nur ein geringer Teil der Jugendgruppen problematisch wird.' Illegale, kriminelle oder gewalttätige Handlungen würden aber einen Teil der Gruppenidentität ausmachen. So gaben etwa 50 Prozent der befragten Jugendlichen an, schon mit anderen Gangmitgliedern gekämpft zu haben. Weitere 38 Prozent waren bei gewalttätigen Übergriffen auf andere Menschen beteiligt. Darüber hinaus trinken nach eigenen Angaben 64 Prozent der 13- bis 16-jährigen Gangmitglieder oft oder häufig Alkohol, bei anderen Jugendlichen waren dies ‚nur' 40 Prozent. ‚Diesen Jugendlichen fehlt es oft an sozialer Orientierung und sie schließen sich daher einer Gang an. Viele der Gangmitglieder haben wenig elterliche Kontrolle und oftmals fehlt auch der soziale Rückhalt.' Darüber hinaus wiesen die meisten Gangmitglieder einen Migrationshintergrund auf. Neben sozialer Orientierung würden Jugendliche vor allem Schutz, Stabilität, Zugehörigkeit und Akzeptanz innerhalb der Gang suchen. ‚Die amerikanischen Gangs haben stärkere Hierarchien und eine andere, längere Tradition.' Darüber hinaus gebe es noch eine Reihe quantitativer Unterschiede wie beispielsweise den Zugang und Gebrauch von Waffen. ‚In Europa gibt es keine so festen Gruppen. Sie entstehen eher zufällig und sind nicht so stabil.'"
(Danek, 2006)

Die Bedeutung der informellen Gleichaltrigengruppen

Die allgemeine Bedeutung dieser informellen Gleichaltrigengruppen der Jugendlichen besteht darin, dass sie es dem Jugendlichen ermöglichen, sich allmählich aus dem Status der Kindheit zu befreien und in die Rollen des Erwachsenen einzutreten. Was in früheren Gesellschaften durch die Initiationsriten bewirkt wurde, übernehmen heute gleichsam diese Gleichaltrigengruppen.

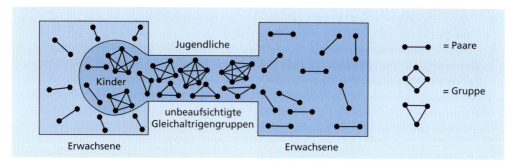

Im Einzelnen kann man die Bedeutung der informellen Gleichaltrigengruppe in folgende Punkte aufgliedern:

- **In der Gleichaltrigengruppe lernt der Jugendliche neue Formen der Autoritätsbeziehungen.** Die Machtunterschiede in der Jugendgruppe sind nicht so groß wie die Machtunterschiede zwischen Eltern und Kindern, Lehrern und Kindern. Je nach den Maßstäben der Gruppe entstehen auch Rangordnungen nach Prestige und Macht. Der Jugendliche ordnet sich in der Gruppe dem anderen unter, nicht weil der andere erwachsen ist, sondern weil er etwas kann. Der Jugendliche passt sich der Gruppe an, weil man sich demokratisch dazu entschlossen hat.

- **Der Jugendliche erfährt in der Gruppe Unterstützung in seiner Oppositionshaltung.** In seiner Neigung, sich dem Einfluss der Eltern zu entziehen, sich anders zu verhalten als es die Eltern wollen, wird der Jugendliche durch die Gleichaltrigen ermutigt. Bei Einkäufen, Anschaffungen, Plänen oder Entfernungen vom Wohnort, die die Eltern teilweise oder ganz missbilligen, unterstützen ihn die Altersgenossen.

- **Die Gleichaltrigen vermitteln dem Jugendlichen Anerkennung und Selbstbewusstsein.** Die körperlichen Veränderungen und die unklaren Rollenerwartungen vonseiten der Gesellschaft bewirken Unsicherheit. Aus dieser Unsicherheit entsteht der Wunsch nach Anerkennung. Innerhalb der Gruppe erfährt der Jugendliche diese Anerkennung und erhält einen mehr oder weniger sicheren Status. Er wird von seinen Altersgenossen ernst genommen und nach seinen eigenen Fähigkeiten und seinem eigenen Können beurteilt. Physische Stärke, Schnelligkeit, Tanzen, Kameradschaft oder Besitz von Fahrzeugen liegen innerhalb seiner Möglichkeiten und verschaffen ihm Anerkennung. Diese Anerkennung und Steigerung des Selbstbewusstseins ist um so stärker, je mehr die Jugendgruppe von der Erwachsenenwelt isoliert ist.

- Die Solidarität oder das soziale Engagement beschränkt sich zunächst auf die eigene Familie. **In der Gleichaltrigengruppe lernt der Jugendliche, sich für andere Gruppen und größere Gesellschaftskreise zu interessieren und einzusetzen.**

- Die Jugendgruppen bilden unter Umständen **eine Möglichkeit zur Entlastung von den Spannungen,** die im Elternhaus, in der Schule und im Betrieb mit ihren Leistungsanforderungen entstehen können.

■ Eher negative Auswirkungen dieser informellen Gruppen sind, dass durch das Flüchtige und Unverbindliche der Beziehungen der Jugendliche nicht genügend Hilfe erfährt, um seine eigene Identität und seinen eigenen Standpunkt zu finden. Weiterhin können diese Gruppen als ein **Rückzug aus dem gesellschaftlichen Bereich** (Politik, Schule, Betrieb, Leistung) erlebt werden.

■ Schließlich findet in einer solchen Gruppe **eine Angleichung der Standpunkte und Werte** statt. Man fühlt sich mehr oder weniger zur Konformität mit den anderen gezwungen. Die Gefahr besteht, dass man sich auch als Erwachsener leicht von anderen beeinflussen lässt.

Formelle Jugendgruppen

Unter formellen Jugendgruppen versteht man die verschiedenen Jugendorganisationen und -vereine. Ihre wichtigsten Merkmale im Unterschied zu den informellen Gleichaltrigengruppen sind:
1. ihre formale Struktur: Beitrag, Mitgliedskartei, Satzung usw.,
2. ihre mittelbare oder unmittelbare Abhängigkeit von Erwachsenen.

Beispiele solcher Organisationen und Vereine:
Pfadfinderschaft, politische Jugendorganisationen, kirchliche Jugendorganisationen, Musikvereine, Sportvereine, Gewerkschaftsjugend usw.

Innerhalb dieser formellen Jugendgruppen können informelle Gruppen entstehen. In einem Sportverein kann eine Untergruppe als Freundeskreis entstehen, der sich auch außerhalb der Vereinsveranstaltungen regelmäßig trifft. Informelle Gruppen können sich einer formellen Gruppe anschließen. Ein Freundeskreis kann geschlossen in einen Musikverein eintreten.

Häufigkeit der Mitgliedschaft in formellen Jugendgruppen
Die vielen Angaben über die Häufigkeit der Teilnahme Jugendlicher in Vereinen sind nicht immer miteinander vergleichbar, weil es einerseits um die formelle Mitgliedschaft geht, andererseits um die aktive Teilname an dem Vereinsangebot, teilweise um das ehrenamtliche Engagement in den Vereinen.

Aktive Mitwirkung von Kindern und Jugendlichen in Vereinen und Jugendorganisationen (2003; in Prozent)

Aktive Mitwirkung im/in ...	12- bis 15-Jährige	
	männlich	weiblich
Sportverein	64,6	50,5
Kirche/kirchlicher Jugendgruppe	20,9	24,8
Heimatverein	10,8	8,4
Politischer Jugendorganisation	1,4	1,5
Sonstiger Jugendgruppe	6,1	8,4
Anderem Verein	11,4	14,4

Datenbasis: Jugendsurvey 2003, Quelle: BMFSFJ, 2005, S. 377

Es zeigt sich, dass die heutige Kindheit weitgehend eine „Termin- und Vereinskindheit" (vgl. BMFSFJ, 2005, S. 148–151, 243) wird. Wie aus einer Längsschnittuntersuchung hervorgeht, nimmt die Zahl der Kinder, die einen Verein oder eine feste Gruppe besuchen, mit dem Alter und mit der Zeit (von 2002 bis 2004) zu.

Im Alter von 5 bis 6 Jahren sind über 50 % der Kinder in irgendeiner Weise in organisierter Form aktiv; im Alter von 9 bis 11 Jahren über 70 %. Im Alter von 12 bis 15 sind 75 % in den alten und 59 % in den neuen Bundesländern Mitglied in mindestens einem Verein. Die jüngeren Altersgruppen sind in Sportvereinen sowie in kirchlichen Vereinen stärker zu finden, die Mädchen beteiligen sich, außer im kirchlichen Bereich, insgesamt weniger in Vereinen als die Jungen. Von den 14- bis 21-Jährigen sind 38 % in irgendeiner Weise freiwillig/ehrenamtlich tätig.

	2002	2006	2010
Verein	40	40	47
Gruppe oder Amt an Schule/Hochschule		23	22
Kirchengemeinde	15	15	16
Projektgruppe	13	11	15
Jugendorganisation		12	12
Rettungsdienst/freiwillige Feuerwehr	7	7	7
Greenpeace etc.	4	4	5
Gewerkschaft	2	2	3
Bürgerinitiative	3	2	3
Partei	2	2	2
Allein/persönliche Aktivität	37	36	37

In den Shell Studien von 2002, 2006, 2010 wurde gefragt, in welchen der vorgelegten Bereiche man gesellschaftlich aktiv war. Es zeigte sich, dass sich im Laufe dieser Jahre kaum etwas geändert hatte. Wir geben hier die relativen Häufigkeiten (in %) der Nennungen wieder.

Sozialisationswirkung der formellen Jugendgruppen
Die Wirkung der Mitgliedschaften in Jugendorganisationen und -vereinen auf die Jugendlichen selbst ist unseres Wissens nicht systematisch untersucht worden. Aus Einzeluntersuchungen und Einzelbeobachtungen und aus den Vorgegebenheiten kann man folgende Wirkungen ableiten:

- Insofern diese formellen Gruppen ein Reservoir für die Entstehung von informellen Gruppen sind und insofern die Aktivitäten der formellen Gruppen denen der informellen Gruppen annähernd gleich sind, können dieselben Sozialisationswirkungen, wie sie für die informellen Gruppen beschrieben wurden, angenommen werden.

- Weil die Mehrzahl der Mitgliedschaften solche in Freizeitvereinen ist, kann man annehmen, **dass die Jugendlichen in diesen Gruppen sinnvolle Freizeitgestaltung lernen,** die in unserer Gesellschaft immer mehr an Bedeutung gewinnt.

- Aus Einzelbeobachtungen und kleineren Untersuchungen ist bekannt, dass Erwachsene, die aktiv am Gemeindeleben im kirchlichen Bereich teilnehmen oder kirchliche Jugendgruppen leiten, häufig selbst in ihrer Jugend aktiv in kirchlichen Jugendgruppen tätig waren. Somit könnte man vermuten, **dass die kirchlichen Jugendgruppen auf die Rolle des Kirchenmitgliedes vorbereiten.**

- Aus Einzelbeobachtungen und kleineren Untersuchungen ist auch bekannt, dass aktive Politiker häufig Mitglieder von politischen Jugendorganisationen gewesen sind. Häufig waren die Eltern von politisch interessierten und engagierten Jugendlichen selbst in ihrer Jugend aktive Mitglieder von politischen Jugendvereinen. Daraus lässt sich die Vermutung ableiten, **dass die politischen Jugendgruppen auf die Rolle des Erwachsenen in der Politik vorbereiten.**

■ Auffallend autoritäre und doktrinäre Jugendsekten wie links- und rechtsradikale Gruppierungen mit ihrem starken Anpassungsdruck scheinen bei einem Teil der Jugend gefragt und beliebt zu sein.

Eingebundenheit in ein soziales Netz und Lebensgefühl

In einer Jugenduntersuchung (Schmidtchen, 1992, S. 90) wurden von den Jugendlichen bis zu zehn soziale Gruppierungen genannt, in denen sie sich gut aufgehoben fühlten. Die sechs am häufigsten genannten Gruppierungen zeigt folgende Tabelle.

Forderungen und Akzeptanz im sozialen Feld

	gut aufgehoben	als Person ernst genommen	gefordert
	%	%	%
im Elternhaus	67	74	47
in der eigenen Familie	78	84	66
im Freundeskreis, Clique	77	83	32
im Verein	63	73	48
in der Ausbildungsstätte	49	60	78
bei Vorgesetzten, Lehrern	39	63	78

Eine weitere Analyse der Daten zeigte, dass ein Drittel (33%) der Jugendlichen sich in 0–2 „sozialen Netzen" befindet, dass ein Drittel (36 %) in 3–4 „sozialen Netzen" integriert ist, dass ein Drittel (31%) in 5 und mehr „soziale Netze" eingebunden ist.
Je mehr der Jugendliche in solche soziale Netze eingebunden ist, umso positiver ist sein Lebensgefühl, umso seltener sind Einsamkeitsgefühle, umso positiver ist sein Urteil über die Gesellschaft, umso größer ist das Vertrauen in die persönliche Zukunft (vgl. Schmidtchen, 1992, S. 95).

„Die subjektive Bedeutung der Freundschaftsbeziehungen wird insbesondere dadurch deutlich, dass für die Mädchen die beste Freundin genauso wichtig ist wie die Mutter und wichtiger als der Vater; ebenso ist für die Jungen der beste Freund in etwa genauso wichtig wie Vater und Mutter. Der Großteil der Jugendlichen (70 Prozent) zwischen 12 und 20 Jahren unternimmt viel in den Gruppen und Cliquen. Dennoch fühlen sich 10 Prozent der Jugendlichen oft einsam. Dabei sind es insbesondere die Mädchen, die sich häufiger einsam fühlen als die Jungen."
(BMFSFJ, 2005, S. 145)

Soziale Netzwerke

In der Shell Jugendstudie Jugend 2006 wurden 24 Jugendliche eingehend interviewt, u. a. über ihre persönlichen Kontakte und deren Wichtigkeit. Die Kontakte wurden unterschieden in „institutionalisierte" Kontakte, wie Familie, Schule, Nachbarschaft, Arbeitsstelle und „freiwillige" Kontakte, wie an der Uni, beim freiwilligen Engagement usw. Die Analyse der Ergebnisse zeigte vier Netzwerktypen:

- Multivernetzte: Freunde noch wichtiger als Familie, freiwilliges Engagement, auf der Uni, in Freizeitaktivitäten
- Hoch-Vernetzte: Freundschaften, freiwilliges Engagement, Familie wichtigstes Netz
- Nahraum-Orientierte: Familie, Schule/Arbeitsstelle, Nachbarschaft, Freundeskreis, Freizeitaktivitäten
- Prekäre (Gefährdete): wenig Kontakte, die meisten Kontakte in der Familie

Die jeweiligen Häufigkeiten zeigt nachstehende Übersicht.

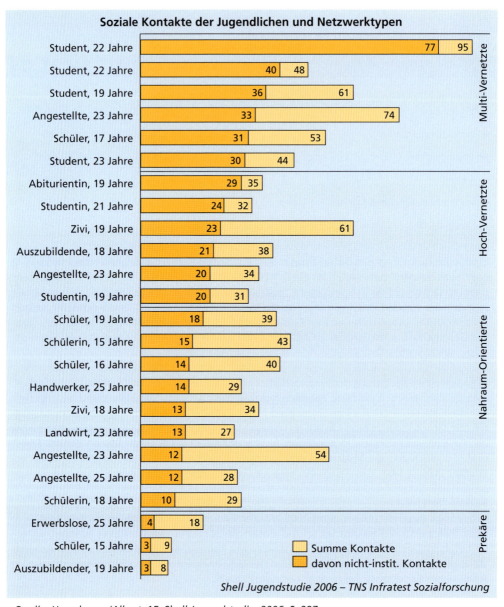

Quelle: Hurrelmann/Albert, 15. Shell Jugendstudie, 2006, S. 297

9.4.3 Die Welt der Medien

Im Allgemeinen sind die Jugendlichen mit den modernen Medien vollständig ausgestattet: Fernseher, Radio, Computer, Videorecorder, DVD- und CD-Player, Handy. Diese Medien werden zunächst gemeinsam mit den anderen Familienmitgliedern innerhalb der Familie benutzt, mit zunehmendem Alter allein innerhalb der Familie, danach auch mit anderen in der Gleichaltrigengruppe. Die Funktionen dieser Medien sind Information, Kommunikation, Unterhaltung. Der Effekt der Medien, Einfluss auf Verhalten und Erleben, kann beabsichtigt sein, kann aber auch unbeabsichtigt erfolgen.

Zahlreiche Untersuchungsergebnisse über Umfang und Effekt der Mediennutzung liegen vor (vgl. auch S. 356.). In vielen Untersuchungen wird die Mediennutzung unter den Freizeitbeschäftigungen eingeordnet, so auch in der Shell-Jugendstudie 2010.

Häufigste Freizeitbeschäftigungen im Laufe einer Woche – bis zu 5 Nennungen möglich
Jugendliche im Alter von 12 bis 25 Jahren (in %)

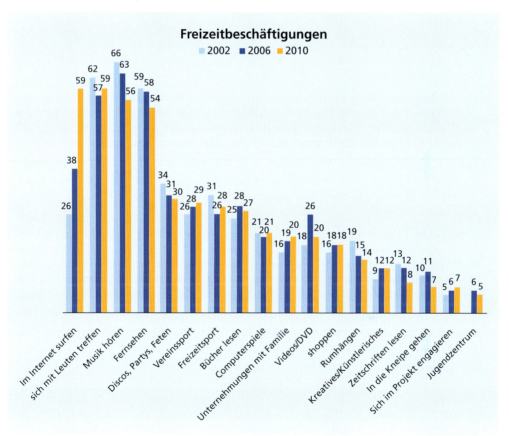

Quelle: Albert/Hurrelmann/Quenzel, 16. Shell Jugendstudie, 2010, S. 96

Internetsurfen hat den Spitzenreiter „Musik hören" von 2002 abgelöst. „Sich mit Leuten treffen" hat den zweiten Platz im Jahr 2009 anstelle von „Fernsehen" im Jahr 2006 eingenommen. Musik hören, das viel genannt wird, dient häufig, vor allem beim Radiohören, als Hintergrundkulisse oder auch als ein Erleben der Teilnahme an der Jugend-Szene-Kultur. Man fühlt sich dadurch gleichsam mit „der Jugendwelt von heute" verbunden, mehr oder weniger abgesetzt von der Welt der Erwachsenen. Abgesehen von dieser Hintergrundkulisse nimmt das Fernsehen mit „im Internet surfen" und „sich mit Leuten treffen" eine Spitzenposition bei den Freizeitbeschäftigungen ein.

Effekt der Mediennutzung durch die Jugendlichen:

- Die Medien bieten, eher beiläufig, eine Orientierung in sozialen Beziehungen, in Konfliktverhalten, in den Vorstellungen von Weiblichkeit und Männlichkeit, im Umgang mit Liebe und Sexualität, in Rat bei persönlichen Problemen.

- Sie vermitteln das Gefühl der Zugehörigkeit zur Gleichaltrigengruppe und zur Jugendkultur.

- Ein Teil der Jugendlichen (die „bildungsnahen") durchschaut eher, dass die Medien eine inszenierte Realität darstellen, ein Teil (die „bildungsfernen") nimmt die Realität der Medien eher als Vorbild.

- Die Medien werden benutzt als Informationsquelle auf dem Gebiet von sozialer Umwelt, Natur, Krieg und Frieden, Freundschaft, Zukunft, Geschichte, Dritte Welt, Ausländerfrage, Politikgeschehen. Dadurch verstehen sich die Jugendlichen mit zunehmendem Alter als Teil dieser Welt, über die die Medien informieren.

- Durch die Mediennutzung in der Gleichaltrigengruppe, durch Computerspiele werden Fertigkeiten gelernt, die über die Mediennutzung hinausgreifen, wie Aufmerksamkeit, Reaktionsschnelligkeit, Stressresistenz, Problemlösungsstrategien, Planungs- und Abstraktionsfähigkeit.

- Jugendlichen aus bessergestellten soziokulturellen Familien (anregungsreich und kulturell interessiert) profitieren mehr von der Mediennutzung als Jugendliche aus soziokulturell weniger anregenden Familien. Einerseits haben Kinder/Jugendliche aus bildungsfernen Familien nicht den gleichen Zugang zu dem breiten Spektrum der Medien und andererseits lernen sie weniger den kompetenten Umgang mit den Medien.

- Eine aktive und reflektierte Teilnahme an der Medienwelt ist dem Lesen und der Teilnahme an reellen außerfamilialen Kontakten und Aktivitäten nicht abträglich. Eine mehr passive Teilnahme an der Medienwelt kann ihre negative Wirkung verstärken.

Aufgaben

Untersuchen Sie anhand der Liste der Freizeitbeschäftigungen, ob die Jugendlichen im Allgemeinen ihre Freizeit mehr allein oder mehr in Gesellschaft verbringen.

9.5 Verhaltensweisen der Jugend in der modernen Gesellschaft

Zwei Jugendstudien

Im September 2010 wurden zwei Jugendstudien veröffentlicht. Die erste Studie wurde von Shell bezahlt (16. Shell Jugendstudie, 2010), die zweite Studie von Ikea (Rheingold Jugendstudie). Die Shell Studie wird etwa alle vier Jahre wiederholt. Die jetzige ist die 16., sodass schon eine Übersicht über die Jugend von den letzten 60 Jahren vorliegt. Die Rheingold Studie wird etwa alle 8 Jahre wiederholt. Beide unterscheiden sich nicht nur durch die Sponsoren, sondern auch durch den Umfang und die Art der Befragung. Die Shell Studie befragte bundesweit mehr als 2.500 Jugendliche im Alter von 12 bis 25 Jahren zu ihrer Lebenssituation, ihren Glaubens- und Wertvorstellungen sowie ihrer Einstellung zur Politik. Sie gilt als repräsentativ für die Jugendlichen in Deutschland. Bei der Rheingold Studie wurden 100 zweistündige psychologische Tiefeninterviews mit Jugendlichen aus Köln, Berlin, München und Hamburg (40 % Auszubildende, 10 % Studenten, 30 % Angestellte, 20 % Arbeiter) durchgeführt. Die Ergebnisse sind teilweise übereinstimmend, teilweise unterschiedlich. So wird in einigen Kommentaren die Jugend nach der Shell Studie als optimistisch, interessiert in Politik, glaubend an die eigene Karriere, charakterisiert. Allerdings wird die Kluft zwischen der Mehrheit der Optimisten und den Pessimisten der sozial Schwachen immer größer. Die Jugend wird in Kommentaren Bezug nehmend auf die Rheingold Studie mit panischer Absturzangst, massivem Anpassungswillen sowie Verachtung für alle, die abgerutscht sind, charakterisiert. Diese Unterschiede sind wahrscheinlich auf die unterschiedliche Auswahl der Befragten und die unterschiedlichen Befragungsmethoden zurückzuführen. Bei der Rheingold Studie wurden nur städtische Jugendliche befragt, sodass keine repräsentative Auswahl vorliegt. Das zweistündige Tiefeninterview bietet hingegen wahrscheinlich mehr Einsicht in die Psyche der Jugendlichen als die Abfrage von Fakten, Meinungen, Verhaltensweisen. Man kann daraus folgenden Schluss ziehen: Die Ergebnisse der Rheingold Studie gelten vielleicht nicht für alle Jugendlichen in Deutschland; die Ergebnisse der Shellstudie erfassen vielleicht nicht das tiefere Erleben der Jugendlichen oder eines Teils der Jugendlichen in Deutschland.

Im Rahmen der Auseinandersetzung mit den Verhaltensweisen von Jugendlichen in der modernen Gesellschaft werden die Bereiche, die in den Entwicklungspsychologien nicht oder weniger zur Sprache kommen, im Mittelpunkt stehen. Der Schwerpunkt liegt dabei auf den Wertvorstellungen der Jugendlichen und auf problematischem Verhalten: Rauschmittelkonsum, abweichendes Verhalten und Jugendkriminalität.

9.5.1 Wertvorstellungen der Jugendlichen

In den Shell Jugendstudien Jugend 2002, 2006 und 2010 wurde einem repräsentativen Teil der Jugendlichen von 12 bis 25 Jahren eine Liste mit Wertvorstellungen vorgelegt, mit der Bitte anzugeben, wie wichtig diese Werte für sie seien:
„Jeder Mensch hat ja bestimmte Vorstellungen, die sein Leben und Verhalten bestimmen. Wenn Sie einmal daran denken, was Sie in Ihrem Leben eigentlich anstreben: Wie wichtig sind dann die folgenden Dinge für Sie persönlich?
Sie können Ihre Meinung anhand der folgenden Vorgabe abstufen – nennen Sie mir einfach die für Sie zutreffende Ziffer:

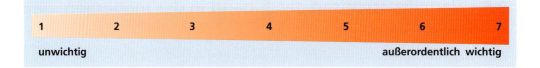

1	2	3	4	5	6	7
unwichtig					außerordentlich wichtig	

Wertorientierungen der Jugendlichen (2002–2010)

Jugendliche im Alter von 12 bis 25 Jahren (Angaben in %)

Die folgende Tabelle und Grafik zeigen die Ergebnisse der Jugendstudien von 2002 und 2010. Es wird dabei jeweils der prozentuale Anteil der Jugendlichen angegeben, die den betreffenden Wert für wichtig halten. Auf der 7-Punkte-Skala (7 = sehr wichtig; 1 = unwichtig) wurden die Scores 5–7 zusammengefasst als „wichtig".

Werte, die Jugendlichen für wichtig halten in %	2002	2010
Gute Freunde haben, die einen anerkennen	95	97
Einen Partner haben, dem man vertrauen kann	92	95
Ein gutes Familien-Leben führen	85	92
Eigenverantwortlich leben und handeln	84	90
Viele Kontakte zu anderen Menschen haben	84	87
Seine Fantasie und Kreativität entwickeln	83	79
Gesetz und Ordnung respektieren	81	81
Von anderen Menschen unabhängig sein	80	84
Nach Sicherheit streben	79	79
Fleißig und ehrgeizig sein	76	83
Sich bei Entscheidungen auch nach Gefühlen richten	75	78
Das Leben in vollen Zügen genießen	72	78
Gesundheitsbewusst leben	71	78
Auch Meinungen tolerieren, denen man nicht zustimmen kann	65	54
Einen hohen Lebensstandard haben	63	69
Sich unter allen Umständen umweltbewusst verhalten	60	59
Eigene Bedürfnisse gegenüber anderen durchsetzen	59	55
Sozial Benachteiligten und Randgruppen helfen	55	58
Macht und Einfluss haben	35	37
An Gott glauben	38	37
Stolz sein auf die deutsche Geschichte	30	30
Sich politisch engagieren	22	24
Am Althergebrachten festhalten	20	21
Das tun, was die anderen auch tun	16	14

Quelle: Albert/Hurrelmann/Quenzel, 16. Shell Jugendstudie, 2010, S. 197, 203

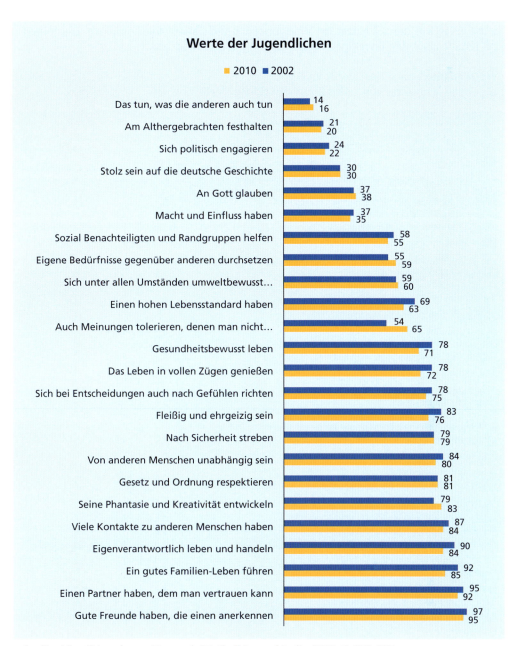

Werte der Jugendlichen

■ 2010 ■ 2002

Wert	2010	2002
Das tun, was die anderen auch tun	14	16
Am Althergebrachten festhalten	21	20
Sich politisch engagieren	24	22
Stolz sein auf die deutsche Geschichte	30	30
An Gott glauben	37	38
Macht und Einfluss haben	37	35
Sozial Benachteiligten und Randgruppen helfen	58	55
Eigene Bedürfnisse gegenüber anderen durchsetzen	55	59
Sich unter allen Umständen umweltbewusst...	59	60
Einen hohen Lebensstandard haben	69	63
Auch Meinungen tolerieren, denen man nicht...	54	65
Gesundheitsbewusst leben	78	71
Das Leben in vollen Zügen genießen	78	72
Sich bei Entscheidungen auch nach Gefühlen richten	78	75
Fleißig und ehrgeizig sein	83	76
Nach Sicherheit streben	79	79
Von anderen Menschen unabhängig sein	84	80
Gesetz und Ordnung respektieren	81	81
Seine Phantasie und Kreativität entwickeln	79	83
Viele Kontakte zu anderen Menschen haben	87	84
Eigenverantwortlich leben und handeln	90	84
Ein gutes Familien-Leben führen	92	85
Einen Partner haben, dem man vertrauen kann	95	92
Gute Freunde haben, die einen anerkennen	97	95

Quelle: Albert/Hurrelmann/Quenzel, 16. Shell Jugendstudie, 2010, S. 197, 203

Ein Vergleich der Ergebnisse von 2002 und 2006 zeigte u. a., dass die Wichtigkeit der Freundschaft und des Familienlebens im Vergleich zu 2002 noch weiter zugenommen hat. Im Großen und Ganzen aber zeigt der Vergleich der Ergebnisse der Jahre 2002 und 2006, dass das Wertesystem der Jugendlichen innerhalb von diesen vier Jahren ziemlich stabil geblieben ist. Durch Zusammenfassung von jeweils zusammengehörenden Einzelwerten entstanden aus den 24 einzelnen Wertvorstellungen sieben Wertkomplexe. Die folgende Tabelle zeigt den jeweiligen Anteil bei Jungen und Mädchen.[1]

Wertkomplexe nach Geschlecht im Trend
Jugendliche im Alter von 12 bis 25 Jahren (Mittelwerte 1 bis 7)

	Jungen, junge Männer		Frauen, junge Frauen	
	2002	2006	2002	2006
Private Harmonie				
Gute Freunde haben, die einen anerkennen und akzeptieren	6,4	6,5	6,4	6,7
einen Partner haben, dem man vertrauen kann	6,2	6,3	6,4	6,6
ein gutes Familienleben führen	5,7	5,9	5,9	6,1
eigenverantwortlich leben und handeln	5,6	5,8	5,8	5,9
viele Kontakte zu anderen Menschen haben	5,6	5,6	5,7	5,8
Individualität				
von anderen Menschen unabhängig sein	5,5	5,6	5,6	5,7
die eigene Fantasie und Kreativität entwickeln	5,5	5,5	5,8	5,7
sich bei seinen Entscheidungen auch von seinen Gefühlen leiten lassen	5,1	5,2	5,5	5,5
Übergreifendes Lebensbewusstsein				
an Gott glauben	3,5	3,5	3,9	3,8
gesundheitsbewusst leben	5,0	5,1	5,4	5,6
sich unter allen Umständen umweltbewusst verhalten	4,7	4,7	5,0	4,9
Sekundärtugenden				
Gesetz und Ordnung respektieren	5,4	5,5	5,6	5,7
nach Sicherheit streben	5,3	5,4	5,6	5,6
fleißig und ehrgeizig sein	5,4	5,5	5,4	5,6
auch Meinungen tolerieren, denen man eigentlich nicht zustimmen kann	4,8	4,8	5,1	5,0
Öffentliches Engagement				
sich politisch engagieren	3,3	3,3	3,2	3,1
sozial Benachteiligten und gesellschaftlichen Randgruppen helfen	4,5	4,4	4,8	4,7
Materialismus und Hedonismus				
Macht und Einfluss haben	4,1	4,1	3,8	3,7
einen hohen Lebensstandard haben	4,9	5,1	4,8	4,8
die eigenen Bedürfnisse gegen andere durchsetzen	4,8	4,7	4,8	4,5
die guten Dinge des Lebens in vollen Zügen genießen	5,3	5,4	5,2	5,2
Tradition und Konformität				
am Althergebrachten festhalten	3,2	3,2	3,2	3,1
das tun, was die anderen auch tun	2,9	2,9	2,9	2,8
stolz sein auf die deutsche Geschichte	3,6	3,7	3,4	3,4
Mittelwerte einer 7er-Skala von 1 = unwichtig bis 7 = außerordentlich wichtig				

Quelle: Hurrelmann/Albert, 15. Shell Jugendstudie, 2006, S. 180

---

[1] *Weil 2010 in etwa die gleichen Werte vertreten wurden, kann man die Ergebnisse auch für die Jugend 2010 annehmen.*

Aus den beiden Darstellungen wird deutlich, dass die Bereiche Freundschaft und Familienleben an erster Stelle stehen, an zweiter Stelle die Individualität, gefolgt von übergreifendem Lebensbewusstsein und den Sekundärtugenden, unten finden sich die Bereiche öffentliches Engagement, Materialismus und Hedonismus sowie Tradition und Konformität.

In einer weiteren Analyse der Untersuchungsergebnisse kommen die Autoren zu vier Wertetypen bei den heutigen Jugendlichen (Stand 2006). Sie werden auf folgende Weise gekennzeichnet:

■ **Idealisten:** Für sie sind Werte, die über das eigene Leben hinausgehen, die sogenannten höheren Werte, wie das Schöne, Wahre, Gute, besonders wichtig und sie engagieren sich dafür. Idealisten trifft man eher in besser gebildeten Schichten und eher bei Mädchen als bei Jungen.

■ **Materialisten:** Sie denken zuerst an das eigene Wohlergehen und den eigenen Vorteil. Sie kommen eher vor bei Jungen und bei ungünstiger sozialer Herkunft.

■ **Die Macher:** Sie haben ein positives Verhältnis zu allen Werten, die motivieren zu einer aktiven und vielseitigen Lebensgestaltung. Das können sowohl materielle als auch ideelle Werte sein.

■ **Die Unauffälligen:** Sie scoren bei allen Wertevorstellungen niedrig, ihnen fehlen die motivierenden Impulse zu ihrer Lebensgestaltung. Sie sind eher passiv und depressiv. Sie befinden sich in einer ungünstigen Lebenssituation.

Es muss betont werden, dass diese vier Wertetypen Abstraktionen sind, die in reiner Form wohl kaum vorkommen. Es sind eher grobe Schubladen, um die Jugendlichen in ihrer Wertevorstellungen zu unterscheiden, als konkrete Beschreibungen des Werte-Erlebens der einzelnen Jugendlichen. Als prozentuale Anteile werden von den Autoren jeweils die Hälfte der Jugendlichen angegeben: Idealisten und Materialisten ergeben zusammen 50 %, Macher und Unauffällige zusammen ebenfalls 50 % der Jugendlichen.

Aus dem Vergleich der Ergebnisse für 2002 und 2010 versuchen die Autoren, mögliche Veränderungen abzuleiten. Sie stellen fest:

■ Persönliche Bindungen werden immer wichtiger. Das ist ersichtlich an den hohen Scores für die Werte Freunde, Partner, Familienleben, viele Kontakte.

■ Leistung und Genuss werden nicht mehr getrennt gesehen, sondern als Werte, die beide gleich angestrebt werden. Die mögliche Erklärung dafür wäre: sich durch Leistung die Möglichkeiten für Genuss verschaffen.

■ Die Toleranz gegenüber Andersdenken scheint etwas abgenommen zu haben. Mögliche Erklärung: die zunehmende Präsenz in der Öffentlichkeit von intoleranten Ideologien.

Aufgabe

Vergleichen Sie die vier Wertetypen mit der Liste von 24 Einzelwerten. Versuchen Sie diese Einzelwerte den vier Wertetypen zuzuordnen.

Rangordnung der Werte im Zeitvergleich und im Ländervergleich

Auf die Frage nach einer Rangordnung der Werte geben die europäischen und die Welt-Wertestudien über die wichtigsten Lebensbereiche eine Antwort. Ein Beispiel dazu ist die europäische Jugendwertestudie (IARD) von 2001 und die Welt-Wertestudie. In diesen Wertestudien werden die Menschen nach der Wichtigkeit einer Reihe vorgegebener Werte gefragt, beispielsweise: Familie, Arbeit, Freizeit, Freunde, Religion, Politik. Sie können ihre Antwort auf einer fünfstufigen Skala von sehr wichtig bis gar nicht wichtig einordnen. (Siehe auch Kap. 5.4.3 „Werte und Wertewandel", S. 205)

Bei der Welt-Werte-Untersuchung im Jahre 1990 bis 1998 ergaben sich für die 18- bis 25-Jährigen in Deutschland folgende Wertepräferenzen: für sehr wichtig hielten (Angaben in %):

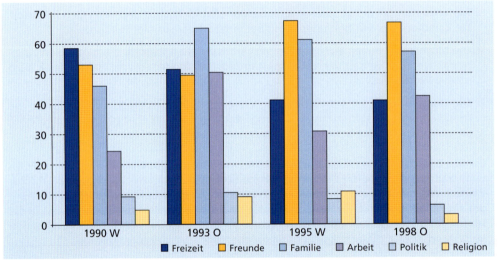

Quelle: IARD, 2001

Hierbei zeigte sich, dass die beiden Bereiche Freunde und Familie für die wichtigsten Werte gehalten wurden. Es sind die Lebensbereiche, in denen man sich angenommen und gut aufgehoben fühlt. Der Bereich Freizeit kommt an dritter Stelle. Die anfänglichen Unterschiede zwischen Deutschland West und Ost verringern sich im Laufe der Jahre. Vergleicht man die verschiedenen Länder der europäischen Union, dann zeigt sich eine große Übereinstimmung in der Wertepräferenz der jungen Leute in den verschiedenen Ländern mit einigen bedeutsamen Differenzen.

Kritische Anmerkungen zu der Untersuchungsmethode und der Interpretation der Ergebnisse:

1. Es handelt sich hier um Lebensbereiche, nicht direkt um Werte. Welche Werte aus den bevorzugten Lebensbereichen verwirklicht werden, muss noch eigens untersucht werden. So ist anzunehmen, dass es bei den bevorzugten Bereichen Freunde und Familie um die Werte Anerkennung und Geborgenheit geht. Warum die Bereiche Politik und Religion für unwichtig gehalten werden, kann damit zusammenhängen, dass die Werte „Engagement für die Allgemeinheit" und „Transzendenz" für weniger erstrebenswert gehalten werden.

2. Bei dieser Methode sind die Lebensbereiche vorgegeben. Es handelt sich also mehr um eine Rangordnung der vorgegebenen Lebensbereiche nach ihrer Wichtigkeit als um die „wichtigsten" Lebensbereiche. Wird auf der vorgegebenen Liste auch die Gesundheit erwähnt, bekommt diese eine bevorzugte Stelle auf der Rangordnung der Wichtigkeit.

3. Wahrscheinlich werden bestimmte Lebensbereiche, die stabil und gesichert sind, für nicht mehr so wichtig gehalten wie diejenigen, deren Erreichung und Erhalt nicht so sicher ist. So wurde in Ostdeutschland, wo unter den Jugendlichen eine hohe Arbeitslosigkeit herrschte, die Arbeit für wichtiger gehalten als in Westdeutschland.

Wertewandel

Immer wieder wird die Frage gestellt, ob die Jugend von heute anders ist als die Jugend von gestern. Immer wieder hat es Versuche gegeben, die je gegenwärtige Jugend mit einem Schlagwort zu charakterisieren. So sprach man in der Nachkriegszeit von der „skeptischen Generation", ab 1968 von der „oppositionellen" Generation, in den Jahren von 1970 bis etwa 1990 von der „Selbstverwirklichungs-Generation", ab Mitte der 1990er-Jahre von der „Anpassungsgeneration".

Es sind jeweils globale Kennzeichnungen, die zwar ein Körnchen Wahrheit enthalten, aber auch die Gefahr eines Schubladendenkens fördern. Wenn man genauer hinschaut, entdeckt man, dass es auch jeweils um eine Reaktion auf die ganze Umwelt, in der die Jugendlichen sich befinden, geht. Diese Umwelt enthält nicht nur die wirtschaftliche Lage, sondern auch die Mentalität, das politische Denken und Handeln, das ethische Denken und vieles mehr. Hat die Jugend oder besser gesagt ein Teil der Jugend, in den 1968er-Jahren versucht, die Gesellschaft zu ändern, so wird von der heutigen Jugend gesagt, dass sie sich in die Gesellschaft zu integrieren versucht. Die 15. und 16. Shell Jugendstudie sprechen von der „pragmatischen Jugend unter Druck". Damit ist gemeint, dass die Jugend einerseits realistisch sieht, welche Werte sie wie verwirklichen kann: Ausbildung, Beruf, Freunde, Familie, Genießen, Wohlstand, Engagement, sich andererseits dabei bewusst ist, dass Fleiß und Anstrengung, Disziplin dafür notwendig sind. Damit steht sie unter dem Druck der Anforderungen der globalen gesellschaftlichen Situation.

Neben diesen schlagwortartigen Veränderungen in der Charakterisierung der Jugendlichen im Zeitvergleich gibt es auch differenziertere Untersuchungen über Veränderungen der Werteprioritäten der Jugendlichen im Zeitvergleich. Die 15. Shell Jugendstudie vergleicht die Wertehierarchie bei den Jugendlichen zwischen 2002 und 2006. Sie stellt fest, dass der Trend von etwa 1995 über 2002 sich in 2006 fortgesetzt hat: wiederum mehr im Vordergrund stehen Anpassungswerte oder Sekundärtugenden, wie Fleiß, Ehrgeiz, Anstrengung, Disziplin, geblieben ist der Wert von Individualität und Unabhängigkeit und Kreativität, Toleranz gegenüber Ausländern hat etwas abgenommen, Transzendenzwerte (über das eigene Wohlergehen hinaus, vor allem wenn es um politisches und religiöses Engagement geht) sind nur für einen Teil der Jugendlichen wichtig geblieben.

Jugend und soziales Engagement

Die Entwicklung von eher kollektiven oder Pflicht-Werten zu mehr individuellen Werten der persönlichen Selbstentwicklung und persönlichen Befriedigung wirft die Frage auf, inwiefern die Jugendlichen noch bereit sind, sich für das Allgemeinwohl, für soziale Belange, für politische Ziele einzusetzen. Eine vorläufige Antwort kann man einigen Befragungen über die Einstellungen sowie Beobachtungen der Verhaltensweisen der Jugendlichen in dieser Hinsicht entnehmen. Das Ausmaß an ehrenamtlicher Tätigkeit ist ein Kriterium für dieses soziale Engagement.

In einer Befragung bei 14- bis 29-Jährigen 1999 nach dem Ausmaß der ehrenamtlichen Tätigkeit in der Freizeit, gaben nur 4 % der Jugendlichen an, regelmäßig ehrenamtlich tätig zu sein und 96 % waren nicht ehrenamtlich tätig. Als Begründung wurden Motive genannt, die man als „nicht passend zu den eigenen Interessen" zusammenfassen kann. Aus weiteren, späteren Untersuchungen mit einer etwas anders gestalteten Fragestellung scheint jedoch hervorzugehen, dass ein viel größerer Teil der Jugendlichen sich sozial engagiert. In der 15. und 16. Shell Jugendstudie behaupteten ein Drittel der Befragten, sich oft sozial zu engagieren. Die Bereiche, die dabei genannt wurden, waren u. a.: Interessen der Jugendlichen, hilfsbedürftige und sozial schwache Menschen, Menschen mit Behinderung, Zuwanderer, Menschen in anderen Ländern, Umwelt und Tierschutz, Hilfen bei Unfällen und Katastrophen, Pflege der Kultur und Traditionen (vgl. Albert/Hurrelmann/Quenzel, 2010, S.153).

In den Shell Studien wurde folgende Frage gestellt: Bist du/Sind Sie in deiner/Ihrer Freizeit für soziale und gesellschaftliche Zwecke oder ganz einfach für andere Menschen aktiv? Dann wurde den Jugendlichen eine Liste mit Aktivitäten vorgelegt. Antwortet ein Jugendlicher bei einer Aktivität, dass er oft aktiv war, dann gehörte er zu den "oft" Aktiven; antwortete er bei allen Aktivitäten nur "gelegentlich", dann gehörte er zu den "gelegentlich" sozial Aktiven; antwortete er bei allen "nie", dann gehörte er zu den "nie" sozial Aktiven. Die folgende Grafik zeigt das Ergebnis aus drei Jahren.

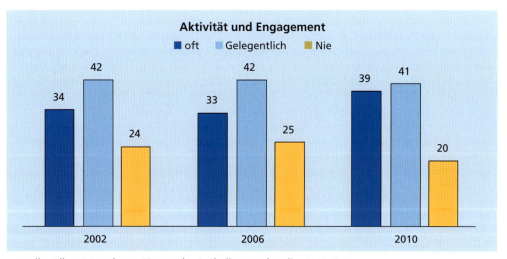

Quelle: Albert/Hurrelmann/Quenzel, 16. Shell Jugendstudie, 2010, S. 152

Andere Untersuchungen kommen zu dem Ergebnis, dass das soziale Engagement der Jugendlichen leicht rückläufig ist. In diesen Untersuchungen wurde nach dem Zeitaufwand für konkrete „freiwillige" Tätigkeiten gefragt. Die Autoren der Shell Studien meinen, dass vielleicht der Zeitaufwand für konkrete Tätigkeiten rückläufig ist, die „Bedeutung" des sozialen Engagements bei den Jugendlichen gleich geblieben oder gar leicht gestiegen ist.

Jugend und Politik

In der Jugendforschung ist die politische Einstellung und das politische Engagement der Jugendlichen immer ein Schwerpunktthema gewesen. So auch in der 16. Shell Jugendstudie Jugend 2010. Wir zeigen hier einige Ergebnisse über das politische Interesse, über die politische Richtung und über das Vertrauen in öffentlichen Institutionen. Das politische Interesse ist in den letzten 20 Jahren von etwas über 50 % auf weniger als 40 % gesunken. Es ist ausgeprägter bei Älteren, bei Jungen und bei höherer Schulbildung und bei höherer sozialen Schicht, was eigentlich zu erwarten war.

Quelle: Albert/Hurrelmann/Quenzel, 16. Shell Jugendstudie, 2010, S. 131

Was die Richtung der politischen Einstellung betrifft, ordnen die Jugendlichen sich auf einer 10-Punkte-Skala von 0 = links bis 10 = rechts mehrheitlich etwas mehr links von der politischen Mitte ein. Das gilt für das Jahr 2010 ebenso wie für die Jahre 2002 und 2006.

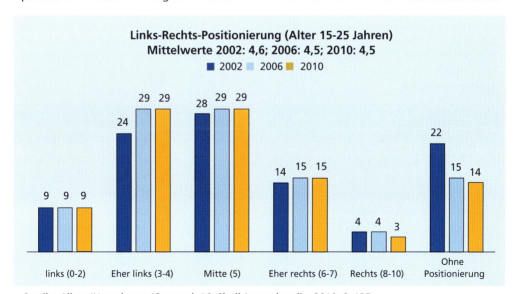

Quelle: Albert/Hurrelmann/Quenzel, 16. Shell Jugendstudie, 2010, S. 135

Das Vertrauen in öffentliche Institutionen ist nicht nur in den letzten vier Jahren, sondern auch in den letzten 15 Jahren, wie aus der europäischen Jugendstudie hervorgeht, in etwa gleich geblieben: Polizei und Justiz genießen das meiste Vertrauen, Parteien, Kirchen das geringste. Das Schlagwort von der „Politikverdrossenheit" scheint auch für die heutige Jugend noch zuzutreffen.

Quelle: Albert/Hurrelmann/Quenzel, 16. Shell Jugendstudie, 2010, S. 140

Jugend und Religion

Die Religionswissenschaft unterscheidet zwischen Konfessionszugehörigkeit und Religiosität. Religiosität bezeichnet die Beziehung zum Transzendenten, zu einem Bereich jenseits der gegebenen Welt[1]. Konfessionsgebundenheit ist die Zugehörigkeit zu einer bestimmten Form der Religiosität. Die Beziehung der Jugendlichen zur Religion werden hier thesenartig anhand der Daten der 15. Shell-Jugendstudie (2006, vgl. S. 203 ff.) zusammengefasst.

12–25 Jahre	Katholisch	Evangelisch	Andere Christen	Islamisch	Andere Religionen	Keine Konfession
%	31	35	3	5	1	25

■ Die Konfessionszugehörigkeit verteilt sich grob wie folgt: etwa ein Drittel katholisch, etwa ein Drittel evangelisch, etwa ein Viertel ohne, etwa 10 % anders.

---

[1] *Mit Transzendenz-Dimension ist der Bereich des Lebens gemeint, der das sinnlich Wahrnehmbare, Erfahrbare und Erschließbare übersteigt und deswegen nur für eine reflektierte oder unreflektierte Glaubensentscheidung zugänglich ist.*

	Westdeutsche	Ostdeutsche	Migranten
Religiosität des Elternhauses			
sehr religiös	5	2	18
ziemlich religiös	23	8	36
weniger religiös	47	18	28
überhaupt nicht religiös	25	72	18
Glaubensüberzeugung			
Es gibt einen persönlichen Gott	31	12	48
Es gibt eine überirdische Macht	22	9	13
Ich weiß nicht, was ich glauben soll	25	14	21
Ich glaube weder an einen persönlichen Gott noch an eine überirdische Macht	21	64	14
keine Angabe	1	1	4
Das beeinflusst mein Leben ...			
Schicksal/Vorbestimmung	48	30	57
Engel/gute Geister	25	12	33
die Sterne und ihre Konstellationen	23	16	28
unerklärliche Phänomene wie Hellseherei/Telepathie	16	12	17
Satan/böse Geister	8	5	17
Ufos/Außerirdische	7	6	7
keines dieser Dinge	39	58	31
Einstellungen zur Kirche			
Ich finde es gut, dass es die Kirche gibt	72	56	76
Die Kirche muss sich ändern, wenn sie eine Zukunft haben will	72	60	54
Von mir aus brauchte es die Kirche nicht mehr zu geben	25	40	17
Die Kirche hat keine Antworten auf die Fragen, die mich wirklich bewegen	65	77	47
Wie oft man betet			
nicht religiös/k. A.	24	66	20
nie	21	18	18
ein oder mehrmals im Jahr	22	7	15
ein oder mehrmals im Monat	15	3	15
mindestens einmal die Woche	18	6	32
Angaben in %, senkrechte Addition zu 100 %			

Quelle: Hurrelmann/Albert, 15. Shell Jugendstudie, 2006, S. 223

- Die heutige Jugend verteilt sich in etwa gleichmäßig auf Gottesnähe (Glauben an einen persönlichen Gott, an eine überirdische Macht) und Gottesferne (Nicht-Glauben oder unsicher).

- In etwa die Hälfte der Jugendlichen glaubt an para-religiöse Phänomene (auch Aberglauben genannt).

- In etwa die Hälfte der Jugendlichen betet nie.

- Über die Beziehung von Werten zu Religion sagen die Autoren der Jugendstudie:

„Nur diejenigen 30% der Jugendlichen, deren Glaube kirchennah ist, vertreten im Vergleich zur gesamten Jugend ein besonders akzentuiertes Wertesystem, indem sie familienorientierter, gesetzestreuer, gesundheitsbewusster und etwas traditioneller als andere Jugendliche eingestellt sind. Glaube an ein höheres Wesen, Glaubensunsicherheit sowie Glaubensferne führen dagegen

zu überwiegend ähnlichen Wertesystemen, die weitgehend dem Mainstream der gesamten Jugend entsprechen. Das Wertesystem der Jugendlichen wird heute weit mehr durch die Familie und die Peergroups der Freundeskreise reproduziert und gestützt als durch eine spezifisch religiöse Quelle. Viele Werte, die Jugendliche heute vertreten, stammen aus einer ursprünglich religiösen Tradition bzw. wurden durch die Religionen besonders gestützt. Die heutige Distanz vieler Jugendlichen zur Religion führt jedoch nicht dazu, dass sie diese Werte aufgeben. Werte sind inzwischen fest in weltliche Zusammenhänge verwoben und werden von daher weiter reproduziert. Traditionen, Normen, Gewohnheiten und Umgangsformen der Familien und Peergroups haben heute für Jugendliche zum großen Teil die Werte stützende Funktion der Religion übernommen, was in eingeschränktem Maße auch für kirchennahe Jugendliche gilt. In dieser Gruppe kommt allerdings eine zusätzliche Werte prägende Funktion der Religion hinzu, sodass diese Jugendlichen das ‚normale' Werteprofil der großen Mehrheit der Jugendlichen überhöhen. Das bedeutet, dass es heute im Zweifelsfall auf die Religion zur Wertereproduktion nicht mehr ankommt, wie insbesondere das Beispiel der neuen Bundesländer zeigt.“
(Hurrelmann/Albert, 2006, S. 238 f.)

Ergänzungen aus der Jugendstudie 2010
In dieser Studie wurde nicht so differenziert nach den verschiedenen Aspekten der Religiosität gefragt wie 2006. Einige zusätzliche Ergebnisse sind:

- Die Wichtigkeit des „An Gott glauben" ist in etwa gleich geblieben. 24 % halten dies für „besonders wichtig". Differenziert nach Religionen: Bei den Katholiken ist dieser Wert noch etwas wichtiger als bei den Protestanten, bei den „anderen Religionen", wozu auch der Islam gehört, nimmt die Wichtigkeit dieses Wertes mit den Jahren zu (2002: 53 %, 2010: 67 %).

- Das Glauben an einen persönlichen Gott nimmt im Laufe der Jahre ab. Bei den Katholiken waren es 2006 noch 40 %, 2010 32 %, bei den Protestanten 2006 noch 30 %, 2010 26 %, bei den anderen Religionen waren es 2006 noch 60 %, 2010 57 %, die an einen persönlichen Gott glaubten. Demgegenüber hat die „religiöse Unsicherheit" etwas zugenommen, außer bei den „anderen Religionen".

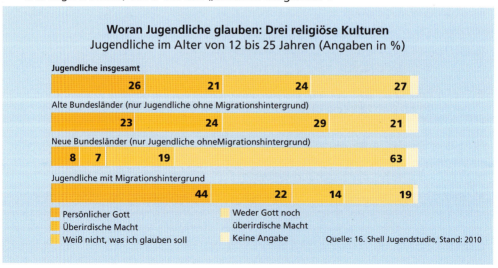

Quelle: Albert/Hurrelmann/Quenzel, Jugend 2010, Flyer 2010, S. 6

9.5.2 Rauschmittelkonsum

Im 13. Kinder- und Jugendbericht der Bundesregierung (BMFSFJ) werden Daten und Kommentare zu dem Rauschmittelkonsum der Jugendlichen wiedergegeben. Wir geben hier einige Statistiken wieder und fassen die wichtigsten Ergebnisse in Statements zusammen.

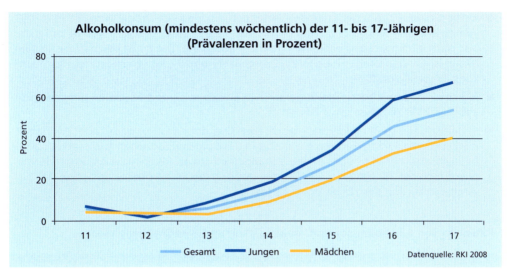

Quelle: BMFSFJ, 13. Kinder- und Jugendbericht, 2009, S. 127

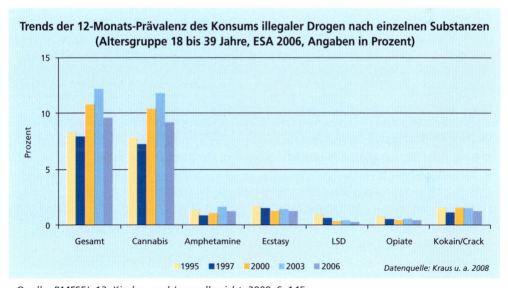

Quelle: BMFSFJ, 13. Kinder- und Jugendbericht, 2009, S. 145

Trends:

■ Im Alter zwischen 11 und 17 Jahren steigt der Tabakkonsum bei Jugendlichen in 2008 von 0 % bei den 11-Jährigen auf etwas über 40 % bei den 17-Jährigen.

■ 2008 stieg der Alkoholkonsum bei Jugendlichen zwischen 11 und 17 Jahren von etwa 5 % bei den 11-Jährigen auf etwas über 50 % bei den 17-Jährigen.

■ Bei den 18 bis 39-Jährigen stieg der Verbrauch von illegalen Drogen von 1995 bis 2003 von etwa 8 bis etwa 12 % an, um dann 2006 wieder unter die 10 %-Marke zu fallen; also nach einem Anstieg wieder ein leichter Rückgang. Die meist bevorzugte illegale Droge ist Cannabis (oder Haschisch). Zwischen 11 und 17 Jahren steigt der Haschisch-konsum von 0 auf 20 %

■ Riskanter Alkoholkonsum bei Jugendlichen zwischen 12 und 17 Jahren pendelte von 2004 bis 2008 zwischen etwa 20 und 25 %.

■ In Deutschland stellt im jungen Erwachsenenalter der Konsum von Alkohol und Tabak die wichtigste Suchtgefährdung dar. Daten des Epidemiologischen Suchtsurveys 2006 belegen, dass Nikotin- und Alkoholabhängigkeit sowie Alkoholmissbrauch in der Altersgruppe der 18- bis unter 29-Jährigen deutlich weiter verbreitet sind als in der Gesamtbevölkerung der 18- bis unter 65-Jährigen.

Prävalenz von Alkoholmissbrauch/-abhängigkeit und Nikotinabhängigkeit

	Alkoholmissbrauch	Alkoholabhängigkeit	Nikotinabhängigkeit
Gesamt	3,8 %	2,4 %	7,3 %
Männer	6,4 %	3,4 %	8,3 %
Frauen	1,2 %	1,4 %	6,2 %
18 bis 20 Jahre	8,8 %	5,5 %	9,3 %
21 bis 24 Jahre	7,4 %	6,1 %	11,3 %
25 bis 29 Jahre	4,2 %	2,5 %	8,4 %

Quelle: BMFSFJ, 13. Kinder- und Jugendbericht, 2009, S. 147

Weitere Merkmale und Tendenzen:

■ Ein Drittel der Jugendlichen raucht regelmäßig, ein Drittel trinkt regelmäßig.

■ Rauchen kommt in unteren Schichten häufiger vor als in höheren Schichten, Alkohol trinken kommt in allen Schichten in etwa gleich viel vor.

■ Jungen trinken mehr als Mädchen.

■ Deutsche Jugendliche haben im europäischen Vergleich eine Spitzenposition inne, sowohl beim Rauchen als auch beim Trinken von Alkohol.

■ Der Tabakkonsum ist in den letzten Jahren leicht rückläufig, der Alkoholkonsum nimmt wieder deutlich zu.

■ Tabak und Alkohol sind häufig der Einstieg in illegale Drogen.

■ Vor allem in Bezug auf den Cannabiskonsum wird ein stetiges Absinken des Einstiegs-alters und eine zunehmende Verbreitung beschrieben.

Ursachen und Anlässe:

■ Zahlreiche Jugendliche nehmen Drogen, z. B. um Spaß in Gesellschaft von anderen zu haben, um stark zu wirken, Grenzen zu testen, aus Neugier, Langeweile, sei es aus Nervenkitzel oder um einfach dazuzugehören. Eine Forschungsgruppe aus den Niederlanden befragte 15- bis 25-Jährige nach den Gründen für ihren Alkoholkonsum. Hier sind die Antworten: Geselligkeit (71 %), Geschmack der Getränke (51 %), man fühlt sich lockerer (12 %), man fühlt sich berauscht (6 %), wollen betrunken werden (2 %), weil jeder es macht (6 %), Probleme vergessen (0 %) (Vgl. Stolle/Sack/Thomasius, 2007, S.A.-2061/B-1819/C-1755)

■ Ursache des Drogenkonsums kann das Vergessen von Problemen oder Abnahme von Schüchternheit oder Unsicherheit und Angst sein, aber auch eine Selbstmedikation bei starker innerer Anspannung und Unruhe. Wenn jemand aus diesen Gründen seinen Drogenmissbrauch fortsetzt, kann dies ausgesprochen riskant sein, weil es zu einem regelmäßigen Konsum kommen wird und damit das Risiko einer Abhängigkeitsentwicklung erheblich ist.

■ Wenn der Drogenkonsum entwicklungspsychologisch bedingt ist, wie Demonstrieren von Autonomie, eigener Lebensstil, Erwerben eines hohen Status in der Peergruppe, dann verliert er seine Funktion mit dem Erreichen des Erwachsenenalters.

9.5.3 Abweichendes Verhalten

Beispiele

1. Aus einer Spielstube

   Frauke und Hendrik, ein Geschwisterpaar, melden ihr Kommen an, indem sie Schottersteine zur Tür hereinwerfen. Nach einiger Zeit kommt Hendrik herein, wirft den Sessel um und tritt mehrmals dagegen. Das Spiel der anderen wird dadurch gestört, und ihr Interesse konzentriert sich auf die beiden. Nachdem Frauke die Bausteine ausgekippt und am Boden durcheinander geworfen hat, setzt sie sich ebenfalls auf den Boden und starrt vor sich hin. Ruft man sie, so reagiert sie nicht. Kurz darauf setzt sie sich mir (der Erzieherin) auf den Schoß und schließt die Augen.

2. Aus einem Hort

   An Verhaltensauffälligkeiten zeigt Till (10 Jahre) Rauf- und Streitlust. Er entwickelt auch aus einem kleinen Anlass eine große Rauferei. Oftmals provoziert er die Kinder zu einer Schlägerei, z. B., wenn sich ein Kind über ihn geärgert hat und Anstalten macht, sich zu wehren, so ruft er: „Schlag doch zu, schlag doch!" Es scheint ihm Spaß zu machen, denn meistens geht er aus einer Rauferei auch als Sieger hervor. Nur mit Tim und Florian geht er etwas vorsichtiger um, da sie doch stärker sind als er. Oftmals bekommt Till auch richtige Wutanfälle. Sie treten meistens dann auf, wenn es um eine Entscheidung geht und nicht nach Tills Willen entschieden wird. Er springt dann wild herum, brüllt und rennt weg. Wenn er sich beruhigt hat, kommt er wieder zurück. Die Wutanfälle treten mehrmals am Tag auf, jedoch unvorhergesehen.
   Till ist noch nicht lange im Hort. Er kommt zum Mittagessen, geht dann nach Hause zum Hausaufgaben machen und kommt gegen 15 Uhr wieder zurück. Seine Eltern sind beide berufstätig und kommen erst am Abend nach Hause. Er ist also sehr viel alleine. Die Mutter kocht, wenn sie nach Hause kommt, und abends gehen die Eltern dann wie-

der weg. Till hat sehr viel Geld zur Verfügung und all das Spielzeug, von dem die meisten Kinder nur träumen. Die Eltern sind der Meinung, dass Till alles hat, was er braucht und dass sie alles richtig machen. Ihr Erziehungsstil ist stark laissez-faire. (Aus einem Praktikumsbericht)

3. „Im Stadtgebiet von Flensburg, besonders in der Hafengegend, mehrten sich Fälle, in denen harmlose Passanten grundlos von männlichen Jugendlichen und Heranwachsenden angegriffen und zusammengeschlagen wurden. Die kriminalpolizeilichen Ermittlungen ergaben, dass sich die jugendlichen Täter zu einer Bande zusammengeschlossen hatten, die Lederjacken mit der Aufschrift ‚Bieger' oder ‚Rocker' trugen und ihre ‚Opfer' mit dem sogenannten Kopfstoßen angriffen.
Ihre Freizeit verbrachten sie größtenteils in Lokalen und versuchten dabei, die Gäste zu provozieren. War es ihnen in den Lokalen zu ‚langweilig', zogen sie in Gruppen durch die Straßen und verwickelten Jugendliche in Schlägereien. Sie traktierten sie mit Faustschlägen und Kopfstößen und verletzten sie meist nicht unerheblich. Insgesamt haben sie etwa 70 Fälle von Schlägereien und Körperverletzungen verübt, wie sie selbst zugaben. …
Mit einer Ausnahme leben alle Beschuldigten in wenig günstigen häuslichen Verhältnissen. Die Eltern bzw. Mütter erlauben ihnen nächtliche Lokalbesuche, um zu Hause nicht gestört zu werden. Fast alle Erziehungsberechtigten hatten durch ihr nachsichtiges Verhalten die Erziehungsgewalt über ihre Söhne verloren.
Von den 28 Beschuldigten hatten 16 keinen Vater bzw. sind die Eltern geschieden. Die Mütter der übrigen 12 sind größtenteils berufstätig.
Während 25 Jugendliche bzw. Heranwachsende als ‚Mitläufer' anzusehen sind, die sich nur an wenigen Schlägereien beteiligten und meist im Hintergrund blieben, um nur im ‚Notfall' einzugreifen, ging die Initiative von drei Haupttätern aus." (Hellmer, 1966, S. 47)

4. Die zunehmende Brutalität [von jugendlichen Fußballfans] hat Gründe: in einer auf Passivität ausgerichteten, reizarmen Konsumgesellschaft soll der Hooligan-Kult das Bedürfnis nach Abenteuer und Selbsterfahrung befriedigen. Die Hooligan-Subkultur droht dabei zu einer Art Avantgarde eines neuen gesellschaftlichen Identitätstyps zu werden, für den kriminelles Verhalten zu einer ansonsten bürgerlichen Alltagsidentität dazugehört. Man versteht unter Hooligans (das Wort hat seinen Ursprung im Namen einer irisch-stämmigen Arbeiterfamilie aus London, deren Mitglieder am Ende des neunzehnten Jahrhunderts für wüste Schlägereien bekannt waren) den sowohl verbal als auch körperlich gewalttätigen Teil der Fan-Szene, der durch seine Aktionen das Bild der Fußballfans in der Öffentlichkeit prägt. Ein jugendlicher Hooligan schätzt seine Situation so ein: ‚Die ganze Woche muss man die Schnauze halten, zu Hause keinen Ton riskieren, im Betrieb darfste nichts sagen, dafür geht am Wochenende so richtig die Sau ab … Fußball ist für uns Krieg, der Verein darf ruhig verlieren, wir schlagen alle.'" (Psychologie Heute, 5/1992, S. 36–37)

5. Sven G. und seine Freundin wollten am vergangenen Wochenende von Frohnau aus in die City fahren. Kaum hatte die junge Frau die Bahn bestiegen, da schlug ihr ein Jugendlicher ohne Vorwarnung und ohne Anlass mehrfach ins Gesicht. Als Sven G. sich schützend vor seine Freundin stellte, fielen etwa ein Dutzend junger Männer über ihn her, schlugen ihn zu Boden und traten danach wie von Sinnen immer wieder auf ihn ein.

„Ich habe zunächst instinktiv mein Gesicht geschützt, dann aber kurzzeitig das Bewusstsein verloren", berichtete das Opfer. Der Schüler erlitt ein Schädeltrauma und schwere Prellungen im Gesicht und am Oberkörper. Noch heute leidet er unter permanenten Kopfschmerzen.

Ein Zeuge in der S-Bahn, der kurz zuvor von den gleichen Tätern ebenfalls attackiert wurde, berichtete, die Täter hätten den Angriff schon bei der Einfahrt in den Bahnhof abgesprochen. Der Mann bekam aus Gesprächen der Jugendlichen untereinander mit, dass sich die Gruppe ‚Wedding65 Kolonie Boys' nennt. (Nibbrig, 2007)

6. Ein Jugendlicher erzählt: „Man läuft hier ein paar Minuten rum, dann hat man keine Lust mehr, dann hat man Langeweile, dann weiß man nicht, was man machen soll, dann schlägt der eine vor: ‚Lasst uns mal jemanden abziehen!'"

‚Abziehen', so nennen die Jugendlichen verharmlosend Raubüberfälle. Viele solcher Straftaten tauchen in den Statistiken der Polizei gar nicht mehr auf. Die Opfer erstatten selten Anzeige – aus Angst vor Rache. Die Polizei bleibt außen vor. Auch, weil sie kaum Zugang ins Migrantenmilieu findet. (Balci/Klar/Wohsmann, 2006)

9.5.3.1 Begriffserklärung

Die Jugend wird häufig unter dem Aspekt des abweichenden Verhaltens und der Subkultur betrachtet. Um dieses Problem richtig in den Griff zu bekommen und die Fragen, die damit zusammenhängen, beantworten zu können, sind vorher einige theoretische Klärungen erforderlich.

Hier zunächst einmal eine Definition von Subkultur:

Subkultur ist ein System von Normen, Werten und Verhaltensweisen eines Teiles eines größeren sozialen Gebildes, das von dem betreffenden System dieses größeren sozialen Gebildes mehr oder weniger abweicht.

Bei einer Subkultur geht es also immer um abweichendes Verhalten. Jedes abweichende Verhalten dagegen ist noch keine Subkultur. Das Verhalten von Frauke und Hendrik im ersten Beispiel oder das Verhalten von Till im zweiten Beispiel ist mehr oder weniger abweichend von dem üblichen, erwarteten und gewünschten Verhalten. Man spricht aber erst von einer Subkultur, wenn das abweichende Verhalten einer Gruppe von Personen gemeinsam ist und aufgrund der Zugehörigkeit zu dieser Gruppe besteht.

Wenn ein Jugendlicher allein einen Passanten zusammenschlägt, ist dieses Verhalten abweichend. Wenn eine Gruppe von Jugendlichen gemeinsam einen Passanten zusammenschlägt, ist dieses Verhalten abweichend und, falls es häufiger vorkommt, Zeichen einer Subkultur. Die Kriminalität einer Gang ist somit als eine Subkultur zu betrachten, wie z. B. im Beispiel von den „Rockern".

Es ist schwierig zu bestimmen, welches Verhalten als das normale, das gesellschaftlich anerkannte gilt.

Man kann vom Strafgesetzbuch ausgehen: Alle Verhaltensweisen, die im Strafgesetzbuch unter Strafe gestellt werden, gelten als abweichend. Dies genügt jedoch nicht. Es gibt viele Verhaltensweisen, die als unerwünscht, als abweichend von der Norm beurteilt werden, obwohl sie nicht unter Strafandrohung des Strafgesetzbuches stehen, z. B. Schuleschwänzen, Alkoholismus, Unzuverlässigkeit usw.

Hat man einmal bestimmt, was gesellschaftlich anerkanntes Verhalten ist, so wird es schwierig sein, festzulegen, in welchem Grad ein Verhalten von diesen gesellschaftlich anerkannten Verhaltensweisen abweichen muss, damit es als abweichendes Verhalten eingestuft werden kann, oder welchen Grad der Abweichung ein Verhalten haben darf, damit es noch als konform (= an die Norm angepasst) bezeichnet werden kann. Das Gleiche gilt für eine Subkultur.

Ist eine von der Norm abweichende Kleidung als abweichendes Verhalten zu betrachten? Ist eine bei allen Jugendlichen vorkommende abweichende Haartracht als eine Subkultur zu betrachten?

Weiterhin hängt es jeweils vom Standpunkt des Beurteilers ab, ob ein abweichendes Verhalten (auch eine Subkultur) als positiv oder negativ bewertet wird.

So wurde die APO (= außerparlamentarische Opposition) der 1960er-Jahre von einem Teil der Bevölkerung der Bundesrepublik Deutschland negativ, von einem anderen Teil positiv beurteilt. Die APO war mit der bestehenden Ordnung in der Bundesrepublik Deutschland unzufrieden und wollte sie auf außerparlamentarischem Wege verändern. Diejenigen, die mit der bestehenden Ordnung zufrieden waren, beurteilten dieses Verhalten als negativ, diejenigen, die mit der bestehenden Ordnung nicht zufrieden waren, beurteilten dieses Verhalten als positiv.

Wenn Opposition als eine Art Modeerscheinung auftritt, wird die Oppositionshaltung von daher schon eine gewisse positive Bewertung erfahren. Das Mitmachen bei dieser Modeerscheinung ist wiederum ein konformes Verhalten, ein Anpassungsverhalten. Es gibt Autoren, die gewisse Verhaltensweisen bei Teilen der Jugendlichen so beurteilen: „Opposition als Anpassung".

Schließlich muss man noch bedenken, dass konformes Verhalten sowohl positiv als auch negativ bewertet werden kann, und zwar in Abhängigkeit von der Motivation dieses konformen Verhaltens. Das Gleiche gilt für das abweichende Verhalten. Verhält man sich konform, weil man das gewünschte Verhalten bejaht, weil man sich Unannehmlichkeiten ersparen will oder weil man keine Alternativen weiß? Weicht man ab, weil man etwas verändern oder erneuern will, weil man bloß opponieren will oder weil man mitmacht und sich von der Gruppe treiben lässt?

Ursachen und Bedingungen des abweichenden Verhaltens

Für die pädagogische Arbeit bei abweichenden Verhaltensweisen ist es wichtig, die Ursachen und Bedingungen dieser Abweichungen zu kennen.

Ganz grob kann man die Ursachen für abweichendes Verhalten in zwei Kategorien einteilen. Diese sind wiederum voneinander abhängig:

1. die Persönlichkeit des Abweichenden,
2. die Sozialisationsträger.

Das abweichende Verhalten kann in einer Unfähigkeit bestehen, sich an die Normen und Werte der Gruppe und der weiteren Umgebung anzupassen. Diese Unfähigkeit kann durch angeborene und erworbene Fehlhaltungen und Störungen bedingt sein. Mit angeborenen Fehlhaltungen oder Störungen ist hier nicht gemeint, dass es eine angeborene Neigung zur Kriminalität gibt, sondern dass bestimmte anlagebedingte Merkmale eine Anpassung erschweren oder erleichtern können.

Mit erworbener Unfähigkeit ist Folgendes gemeint: Durch Mängel in den Sozialisationsträgern (Familie, Schule, Freizeitgruppe usw.) hat ein Mensch nicht gelernt, sich an die Normen und Werte der Gruppe und der weiteren sozialen Umgebung anzupassen. Eine pädagogische Arbeit müsste hier sowohl bei den betreffenden Menschen selbst als auch bei den betreffenden Sozialisationsträgern ansetzen.

Das abweichende Verhalten kann auch in der Weigerung bestehen, sich an die bestehenden Normen und Werte der Gruppe und der weiteren sozialen Umgebung anzupassen. Diese Weigerung kann aus der Überzeugung entstanden sein, dass die bestehenden Normen, Werte und Verhaltensweisen nicht richtig sind und verändert werden müssen. Revolutionäre aus Überzeugung wären hier einzuordnen.
In der Praxis wird es manchmal sehr schwierig, zwischen Abweichung aus Unfähigkeit zur Anpassung und Abweichung aus Weigerung zur Anpassung zu unterscheiden.

Arten der Konformität und Abweichung
Um die vielen Arten der Konformität und der Abweichung in den Griff zu bekommen, kann man das Kategoriensystem von Merton (vgl. Neidhardt, 1970, S. 155 ff.) zu Hilfe nehmen:
Merton unterscheidet zwischen gesellschaftlich anerkannten Werten oder Zielen einerseits und gesellschaftlich anerkannten Normen oder Methoden, diese Werte und Ziele zu erreichen, andererseits.
Je nachdem, ob die Menschen die Werte und/oder die Normen bejahen bzw. ablehnen, kommt Merton zu folgenden sechs Typen von konformem bzw. abweichendem Verhalten.

1. Konformismus (= Anpassung): Die Ziele und die Wege zur Erreichung dieser Ziele werden bejaht.

Beispiel
Materieller Besitz ist ein Ziel, das bejaht wird. Der anerkannte Weg ist eigene Leistung, der ebenfalls bejaht wird.

2. Innovation (= Neuerung): Die Ziele werden bejaht, aber es werden neue oder unerlaubte Mittel gebraucht, um diese Ziele zu erreichen.

Beispiel
Materieller Besitz wird als Ziel anerkannt, als Mittel zur Erreichung wird Diebstahl angewendet. In diesem Bereich ist der größte Teil der Kriminalität einzuordnen.

3. Ritualismus (= unreflektiertes, gewohnheitsmäßiges Verhalten): Die Ziele werden nicht reflektiert, man übernimmt die vorhandenen Verhaltensformen.

Beispiel
Man lernt und arbeitet fleißig, weil alle es tun, ohne zu überlegen, wozu es nützlich ist.

4. Sozialer Rückzug: Man lehnt die Ziele und die Mittel zur Erreichung der Ziele ab, hat jedoch keine Alternativen. Trinker, Vagabundierende, Rauschmittelkonsumenten sind hier einzuordnen.

5. Nonkonformismus (= Nicht-Anpassung): Man lehnt die in der Gesellschaft vorherrschenden Ziele und Normen ab, beruft sich dabei aber auf von der Gesellschaft grundsätzlich anerkannte Werte und Ideale, die jedoch in den praktischen Zielsetzungen und Normen nicht verwirklicht werden.

Beispiel
Entfaltung der eigenen Persönlichkeit wird als Ziel bejaht, sowohl von der Gesellschaft als auch vom Einzelnen, Leistung und materieller Besitz werden in der Praxis der Gesellschaft als höchster Wert anerkannt, vom Nonkonformisten jedoch nicht bejaht.
In diesem Bereich ist ein großer Teil des politischen Verhaltens der Studenten und Schüler der 1970er-Jahre einzuordnen.

6. Revolution (= Umsturz): Die gesellschaftlichen Werte werden nicht anerkannt. Mit „unerlaubten" Mitteln wird versucht, die fundamentalen Werte der Gesellschaft zu verändern.

9.5.3.2 Kinder- und Jugendkriminalität

Im Kategoriensystem von Merton ist die Kriminalität in die Form der Innovation einzuordnen:

- Anerkennung der gesellschaftlichen Ziele, wie Besitz, Konsum und Ansehen,
- Erreichung dieser Ziele mit von der Gesellschaft nicht erlaubten Mitteln: Diebstahl, Körperverletzung usw.

Wir geben hier zunächst eine Übersicht über das Ausmaß der Kriminalität in den verschiedenen Altersgruppen Anfang 2006 und Anfang 2009.

Deutsche Tatverdächtige und deren Tatverdächtigenbelastungszahlen
<u>Bereich</u>: Bundesgebiet insgesamt

Alter	2006				2009		
	Gesamt	TVBZ	Männlich	Weiblich	Gesamt	TVBZ	%
Kinder		1.819 (ab 8)			97.627	1.801 (ab 8)	4,3
Bis unter 6					948		0,0
6 bis unter 8					3.506		0,2
8 bis unter 10	8.540	588	6.801	1.739	9.917	595	0,4
10 bis unter 12	18.721	1.333	14.151	4.570	22.733	1.301	1,0
12 bis unter 14	51.831	3.475	34.644	17.187	60.175	3.513	2,7
Jugendliche	232.736	6.799	167.421	65.315	205.775	6.853	11,3
14 bis unter 16	106.625	6.401	71.499	35.126	95.201	6.569	5,2
16 bis unter 18	126.111	7.176	95.922	30.189	110.574	7.118	6,1
Heranwachsende							
18 bis unter 21	196.710	7.618	155.691	41.019	186.896	7.042	10,5
Erwachsene	1.267.714	2.138	961.770	305.944	1.251.078	2.101	73,9
21 bis unter 23	112.416	6.678	88.860	23.556	110.073	6.271	6,4
23 bis unbter 25	97.180	5.641	76.633	20.547	92.961	5.522	5,6
25 bis unter 30	180.705	4.462	141.547	38.158	188.778	4.448	12,0
30 bis unter 40	295.561	2.929	225.797	69.764	200.942	3.051	17,8
40 bis unter 50	289.780	2.333	216.977	72.803	288.477	2.265	16,3
50 bis unter 60	161.788	1.682	120.478	48.310	169.418	1.625	9,0
60 und älter	130.284	661	91.478	38.806	134.874	676	6,7
Insgesamt (ab 8 J.)	1.776.252	2.551	1.340.478	435.774	1.721.124	2.477	100
Gesamt ohne Kinder	1.697.160	2.599	1.284.882	412.278	1.643.749	2.521	95,7

TVBL: Tatverdächtigenbelastungszahl
Eigene Tabelle (vgl. BKA, Polizeiliche Kriminalstatistik, 2006 und 2009, für das Jahr 2006 fehlen die Angaben für Kinderkriminalität unter 8 Jahren.)

Erläuterungen und Interpretation der Tabelle

■ Es werden jeweils die absoluten Zahlen der Tatverdächtigen angegeben, nicht die der Verurteilten. Tatverdächtig ist jede Person, die infolge einer polizeilichen Ermittlung hinreichend verdächtig ist, eine Straftat begangen zu haben. Bei der Interpretation der Zahlen gilt, dass der Ausgangspunkt immer die polizeilich gemeldeten Tatverdächtigen sind. Bei der Beurteilung der tatsächlichen Kriminalität muss man berücksichtigen, dass es auf diesem Gebiet eine große Dunkelziffer gibt, die man nur abschätzen kann anhand von „anonymen" Befragungen. Außerdem ist die „gemeldete" Zahl abhängig von vielen anderen Faktoren, wie Häufigkeit von polizeilichen Kontrollen, Meldeneigung der Bevölkerung, usw.

■ Als Maß für die relative Häufigkeit der Kriminalität in einer bestimmten Altersstufe gilt die „Tatverdächtigenbelastungszahl" (TVBZ): Sie gibt an, wie viel Tatverdächtigen auf Hunderttausend Einwohner der betreffenden Altersstufe vorkommen. Anhand dieser Zahl kann man die Altersgruppen auf Kriminalitätsgefährdung vergleichen und die Entwicklung dieser Kriminalitätsgefährdung im Laufe der Jahre.

■ Wenn man alle Altersgruppen für das Jahr 2006 im Hinblick auf die TVBZ vergleicht, wird schnell deutlich, dass die Altersstufe von 18–22 Jahren den höchsten Grad von Kriminalität aufweist (TVBZ = 7.618), direkt gefolgt von der Altersstufe 16–18 Jahre (TVBZ = 7.176), am geringsten kriminalitätsgefährdet ist die Altersstufe 8–10 Jahre (TVBZ = 588), unmittelbar gefolgt von den über 60-Jährigen (TVBZ = 661). Für das Jahr 2009 scheint die Kriminalitätsgefährdung insgesamt etwas zurückgegangen zu sein (TVBZ 2006 = 2.551; TVBZ 2009 = 2.477). Die höchste Kriminalitätsgefährdung haben 2009 nicht mehr die 18–21 Jährigen, sondern die 16–18 Jährigen. Bei den Altersvergleichen nach diesem Maßstab wird die Schwere der Delikte (noch) nicht berücksichtigt.

■ Das Verhältnis von Jungen und Mädchen an Tatverdächtigen ist ganz grob gesehen etwa zwei Drittel zu einem Drittel (70 % zu 30 %), wie aus anliegender Tabelle ersichtlich ist.

Verhältnis Jungen-Mädchen-Kriminalität 2009					
	Gesamt	Männlich		Weiblich	
Alter	Anzahl	Anzahl	%	Anzahl	%
Kinder	97.279	69.704	71,7	27.575	28,3
Bis unter 6	948	665	70,1	238	29,9
6 bis unter 8	3.506	2.783	79,4	723	20,6
8 bis unter 10	9.917	7.957	80,2	1.960	19,8
10 bis unter 12	22.733	17.497	77,0	5.236	23,0
12 bis unter 14	60.175	40.802	67,8	19.373	32,2

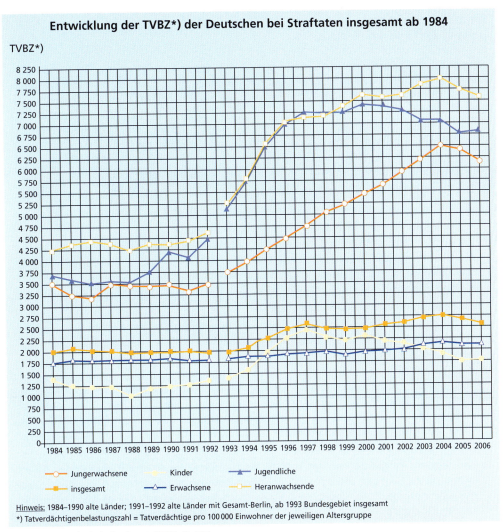

Entwicklung der TVBZ*) der Deutschen bei Straftaten insgesamt ab 1984

Quelle: Bundeskriminalamt, 2006, S. 100

Obenstehende Grafik zeigt die Kriminalitätsentwicklung in 20 Jahren für die verschiedenen Altersstufen. Ergänzend zu dieser Grafik, die bis 2006 geht, kann gesagt werden, dass in den letzten Jahren die Kriminalitätsgefährdung insgesamt, gemessen an den TVBZ, etwas zurückgeht.

Vor der Jugendkriminalität im eigentlichen Sinne soll kurz die Kinderkriminalität dargestellt werden, und zwar aus zweierlei Gründen:
1. weil der Erzieher im Hort häufiger mit Kinderkriminalität zu tun hat. Nach dem Strafgesetzbuch wird erst ab 14 Jahren von Jugendkriminalität gesprochen.
2. weil soziologisch gesehen, Kinder im Alter von 12 oder 13 Jahren schon zur Jugend gezählt werden, obwohl sie nach dem Gesetz noch nicht strafmündig sind.

461

Kinderkriminalität

Umfang der Kinderkriminalität

Kriminalität im strafunmündigen Alter (von 0 bis 13 Jahren) wird häufig Kinderdelinquenz genannt. In den Statistiken erscheint nur der Teil, der angezeigt wurde. Bei der Berechnung des relativen Anteils an der Gesamtkriminalität geht man bei Kinderkriminalität von der Altersgruppe von 8 bis 13 Jahren aus, auch schon mal von der Altersgruppe von 0 bis 13 Jahren. Die Anzahl der delinquenten Kinder in Beziehung zu der Gesamtzahl der Kinder in dieser Altersgruppe gibt das Maß an, um zu vergleichen, ob die Kinderkriminalität geringer oder größer ist als die Jugend- und die Erwachsenenkriminalität.

Aus Statistiken zu diesem Thema kann Folgendes abgeleitet werden:

- Die Kinderkriminalität (Kinder von 0 bis unter 14) umfasst 4,4 % der Gesamtkriminalität.
- 2006 ist die Kinderkriminalität, gemessen an dem Anteil an der Altersgruppe (1,8 % der 8- bis 13-Jährigen), leicht angestiegen.
- Bei den Delikten mit hoher Beteiligung von Kindern und Jugendlichen handelt es sich meist um weniger gravierende wie Ladendiebstahl, Zweiraddiebstahl, Leistungserschleichung („Schwarzfahren") oder Sachbeschädigung.
- Bei diesen Delikten kann die statistische Entwicklung auch vom Anzeigeverhalten der Geschädigten oder Zeugen abhängen.
- Zu beachten ist ferner der häufig episodenhafte Charakter der Kinder- und Jugenddelinquenz. Es darf allerdings auch nicht übersehen werden, dass eine Minderheit jugendlicher Tatverdächtiger noch eine „kriminelle Karriere" vor sich hat.
- Die Gewaltdelikte sind nur ein ganz geringer Prozentsatz der Kinderdelikte, innerhalb dieses geringen Ausmaßes ist eine Steigerung festzustellen von 0,05 % im Jahre 1984 auf 0,19 % im Jahre 2000. Die Angaben über die weitere Einwicklung der Gewaltkriminalität bei Kindern (und Jugendlichen) sind unterschiedlich, zumal hier die Dunkelziffer sehr groß ist. Eine Zunahme der Gewaltbereitschaft und der Anzeigebreitschaft scheint wahrscheinlich.
- Eine weitere Aufgliederung der Statistik nach Altersgruppen ergibt, dass in den Altersstufen bis zu 6 Jahren die Straffälligkeit von Kindern praktisch keine, bis zu 9 Jahren nur eine geringe Rolle spielt. Sie erstreckt sich fast völlig auf die 10- bis 13-jährigen Kinder. Nahezu die Hälfte aller Straftäter im Kindesalter ist älter als 11 Jahre.

Art der Kinderkriminalität

Am häufigsten kommen bei Kindern unter 14 Jahren folgende Delikte vor: Diebstahl ohne erschwerende Umstände wie Diebstähle aus Warenhäusern oder Selbstbedienungsläden. An zweiter Stelle stehen Diebstähle unter erschwerenden Umständen, an dritter Stelle Sachbeschädigung und an vierter Stelle Brandstiftung.

Ursachen der Kinderkriminalität

Kinderkriminalität wird meist als Symptom einer Fehlentwicklung angesehen. Die Einsicht in das Unrecht einer strafbaren Handlung, die bei einer Verurteilung nach dem Strafgesetzbuch vorausgesetzt wird, fehlt noch weitgehend. Die Motive für die Straftat sind vielfach andere als bei Jugendlichen und Erwachsenen.

Vom Bundesminister für Jugend, Familie und Gesundheit wurden die Faktoren, die Kinderkriminalität bedingen, folgendermaßen beschrieben:

- ungünstige wirtschaftliche, soziale oder kulturelle Situation der Familie, z. B. ungenügendes Einkommen, schlechte Wohnverhältnisse, soziale Isolierung,

- besondere Familienstruktur, z. B. Fehlen eines oder beider Elternteile, Krankheit der Eltern, Familien mit großer Kinderzahl, besondere Fälle von Einzelkindfamilien,

- unzulängliche oder mangelhafte Familienverhältnisse, z. B. zerrüttete Ehe, unzureichende Erziehung der Kinder, Trunksucht der Eltern,

- mangelnde Fähigkeit einzelner Familien, sich den Lebens- und Arbeitsbedingungen der modernen Gesellschaft anzupassen,

- fehlende Fähigkeit der Familien, nachteilige äußere Einflüsse zu verarbeiten,

- Einflüsse durch sozialisationsschädliche Umweltstrukturen, wie z. B. durch die Gettosituation in sozialen Brennpunkten, durch fehlende Kommunikationsmöglichkeiten oder mangelndes Verständnis der Umwelt für die Bedürfnisse und Entwicklungsmöglichkeiten der Kinder.

Jugendkriminalität

Beispiele

1. „Fabian, 21 Jahre:
,Ich stamme aus guten Familienverhältnissen. Dennoch behaupte ich, dass meine Eltern (neben allem Guten, was sie gemacht haben) einen großen Fehler begingen: Sie haben mich nach Strich und Faden verwöhnt! Das Wort „Nein" konnte ich nicht ertragen. Und ich habe mich immer durchgesetzt! Das wurde mir schließlich zum Verhängnis. Denn als ich später nicht mehr alles gleich bekommen konnte, was ich in meiner Maßlosigkeit wollte: Mopeds, dauernd neue, modische Kleidung, Auto etc. habe ich mir diese Dinge einfach geklaut. Sie mussten einfach her, gleich wie. Hier im Knast ist es das Gleiche:
Ich schreibe einen Bittrapport. Wenn die Sache dann nicht nach meinem Kopf geht, führe ich mich auf wie ein Wilder. Zum Beispiel, ich will in die evangelische Kirche gehen, obwohl ich katholisch bin. Ich tue das nur, um den Beamten zu zeigen, dass ich meinen Kopf durchsetzen kann. Ich bin nämlich gar nicht fromm. Diese Fehler mach ich nur, weil mich meine Eltern so verwöhnt haben. Als ich 15 war, heiratete meine Mutter nach der Scheidung wieder. Das war meiner Meinung nach der größte Fehler, den sie machen konnte. Sie widmete mir nicht mehr so viel Aufmerksamkeit. Das aber war ich eben nicht gewohnt. Ich glaubte, ein Recht darauf zu haben (so sehe ich das alles heute). Ich vergammelte und wurde schließlich wegen meiner maßlosen Wünsche straffällig.
Nach der Entlassung aus dem Knast lernte ich ein Mädchen kennen, das gut zu mir war. Ich heiratete sie ohne große Umschweife. Es wurde anfänglich eine sehr unglückliche Ehe.
Heute weiß ich, dass es keine richtige Liebe war. Sie war für mich mehr eine Ersatzmutter als eine Partnerin. Ich war für eine Ehe unreif. Meine Frau behandelte ich wie eine Haushälterin, die mich zu bedienen hat. Da hat dann meine Frau einfach gestreikt. Ich war da wirklich saublöd. Bei mir ist es dann, Gott sei Dank, doch noch gut gegangen. Denn, nachdem sie mir richtig den Kopf gewaschen hatte, lernte ich sie erst richtig lieben und tue es heute noch.
Ich werde meine kleine Tochter nach anderen Maßstäben erziehen. Sie soll beizeiten lernen, mit Geld umzugehen. Vor allem den Wert des Geldes soll sie rechtzeitig erle-

ben. Wenn sie ihr Taschengeld mit vollen Händen hinauswirft (so wie ihr Vater einst), werde ich hart bleiben. Sie muss dann warten bis zum nächsten Stichtag.

Das ist in der Erziehung meiner Meinung nach sehr wichtig: Wenn ein Kind merkt, es wird ihm alles nachgegeben, wird es aufsässig und bekommt einen Dickschädel. Es wird auch später denken, alles geht nur nach seinem Dickkopf, es braucht nur lange genug Wirbel zu machen (darin hatte ich eine direkte Meisterschaft entwickelt!).

Dieser Dickschädel bringt auch noch andere Nachteile: Das Kind wird sich nicht in der Welt auskennen. Wenn ein Problem auf es zukommt, wird es davor ausweichen, denn es kennt ja keine Probleme. Die haben ihm seine Eltern immer abgenommen. Sie haben es immer in Watte gepackt. Es wird glauben, auch in Zukunft muss weiterhin alles nach seinem Kopf tanzen. Darum halte ich es für einen großen Fehler, sein Kind zu sehr zu verwöhnen. Ich bin da selbst ein warnendes Beispiel.

Mein Kind soll es auch wissen, wenn ich mit meiner Frau einmal Sorgen habe. Es soll frühzeitig erfahren, dass das Leben nicht nur ein Zuckerschlecken ist, dass seine Eltern keine Melkkuh sind, dass man vieles eben nicht gleich haben kann. Es wird dadurch, glaube ich, früher erwachsen und vernünftiger. Sein Vater soll ihm da nicht als Vorbild dienen.'" (Gareis/Wiesnet, 1974, S. 143–144)

2. „Philip, 18 Jahre:

‚An meine Eltern denke ich nicht gerne. Mein Vater war bei den Amis angestellt. Dort hat er nur herumgesoffen, gespielt und krumme Sachen gemacht. Wenn er dann nach Hause kam, gabs meistens furchtbaren Krach und Hiebe, Gründe fand er immer in seinem Suff. Mein Vater war der Familienboss, der uns alle beherrschte wie Sklaven. Mit zwölf Jahren kam ich dann zum ersten Mal in ein Erziehungsheim, weil ich von zu Hause immer häufiger ausriss. Ich hielt es einfach nicht mehr länger aus.

Im Heim blieb ich ungefähr ein Jahr. Auch da gab's Prügel. Ich ergriff also mit meinem Freund die Flucht.

Bei jeder Gelegenheit, die ich hatte, fing ich nun an zu klauen. Denn, wenn die anderen Besuche, Urlaub und dicke Pakete bekamen, war ich nie dabei. Ich ging immer leer aus. Da stieg in mir immer mehr Hass auf mit der Folge, dass ich auch den anderen aus Rache alles stahl. Wenn es herauskam, musste ich stundenlang Strafstehen in einer Ecke, bis ich nicht mehr konnte.

Danach bin ich drei- bis viermal abgehauen. Als sich meine Erzieher nicht mehr zu helfen wussten, kam ich in ein strengeres Heim. Dort aber ging ich gleich nach meiner Ankunft auf Reisen. Ich machte meinen ersten Einbruch in einer Lagerhalle.

Als mich die Polizei erwischte und ich zu sieben Monaten Knast verurteilt wurde, ließ mich das herzlich kalt, weil ich gar nicht wusste, was Freiheit überhaupt ist. Kaum aus dem Knast entlassen, machte ich meinen nächsten Einbruch. Ich hatte noch den Entlassungsschein vom Knast in der Tasche! Mehrere schwere Dinger folgten.

Mit der Zeit fand ich richtig Gefallen daran, wo einzusteigen und alles auszuräumen. Da konnte ich zeigen, dass ich ein Kerl bin! Auch schloss ich mich einer Rockerclique an. Die dachten und fühlten alle so wie ich. Da habe ich mich irgendwie daheim gefühlt. Wir haben uns gegenseitig immer mehr zu krummen Dingern animiert. Zu meinen Eltern ging ich gar nicht mehr, denn es hatte ja gar keinen Sinn. Seitdem ich nun wieder im Knast bin, habe ich überhaupt keinen Kontakt mehr zu ihnen. Manchmal habe ich hier in meiner Zelle einen solchen Hass und eine ohnmächtige Wut gegen alle, dass ich mir manchmal schwöre, sie alle umzulegen, die mein Leben versaut haben. Wenn ich rauskomme, werde ich es vielleicht mal mit ehrlicher Arbeit versuchen.'" (Gareis/Wiesnet, 1974, S. 173–174)

> **Unter Jugendkriminalität versteht man in der Bundesrepublik Deutschland alle gesetzlich unter Strafandrohung gestellten Handlungen, die von Jugendlichen zwischen dem 14. und 18. Geburtstag begangen werden.**

Auf Straftaten, die von 18- bis 20-Jährigen begangen werden, kann unter Umständen das Jugendgerichtsgesetz angewendet werden, sodass diese Handlungen nach dem gleichen Gesetz wie die Jugendkriminalität behandelt werden.

Handlungen wie Herumtreiben, Alkoholmissbrauch u. Ä. sind nicht strafbar. Im strengen Sinne gehören sie nicht zur Kriminalität. Weil diese Handlungen aber gesellschaftlich unerwünscht sind und dieselben Ursachen wie strafbare Handlungen haben, werden sie häufig in der Literatur zusammen mit der Jugendkriminalität behandelt. Auf sie wird oft der Begriff Verwahrlosung oder auch Delinquenz angewendet.

Umfang der Jugendkriminalität

Wie schwierig es ist, genaue Angaben über den Umfang der Jugendkriminalität zu machen, wird aus folgenden Überlegungen deutlich:

Wenn in einem bestimmten Stadtviertel mehr Polizeistreifen eingesetzt werden, entdecken diese mehr Straftäter und es werden mögliche Täter von Straftaten abgeschreckt. Die Folge ist: Die amtliche Kriminalitätsstatistik für dieses Viertel steigt, die wirkliche Kriminalität geht zurück. Gemeldet werden meistens strafbare Handlungen, keine Straftäter. Werden die strafbaren Handlungen nicht aufgeklärt, so zeigt die Statistik zwar die Anzahl der Straftaten, nicht die Anzahl der Täter, denn ein Täter kann mehrere Straftaten verübt haben. Viele Straftaten werden nicht entdeckt, wieder andere werden zwar entdeckt, aber nicht gemeldet. Das ist die sogenannte Dunkelziffer. Es werden zunehmend Untersuchungen diesbezüglich durchgeführt. Als ein Beispiel sei hier das Ergebnis der Schülerbefragung 2000 wiedergegeben: Es zeigt sich, dass etwa 70 % der Jugendlichen zugeben, schon mal delinquent geworden zu sein. Bei den Tatverdächtigen (diejenigen, die angezeigt werden) sind es zwischen 7 und 8 % der Jugendlichen.

In der Statistik des Bundeskriminalamtes werden die Tatverdächtigen erfasst. Aus der oben wiedergegebenen Übersicht ergibt sich:

- ■ Dass die Kriminalitätsrate am höchsten ist bei den Heranwachsenden (etwa 7,5 % der 18- bis unter 21-Jährigen), am zweithöchsten bei den Jugendlichen (etwa 6,7 % der 14- bis unter 18-Jährigen), am dritthöchsten bei den Jungerwachsenen (etwa 6,2 % der 21- bis unter 25-Jährigen)

- ■ Die Kriminalitätsrate der Jugendlichen ist von 1984 bis 2001 ständig gestiegen, hat dann aber wieder abgenommen.

- ■ Liegt die durchschnittliche Kriminalitätsrate bei 2 bis 2,5 % der Bevölkerung, so liegt sie in den Entwicklungsjahren von 14 bis 25 mit 3,5 % in 1984 bis etwa 7 % in 2004 erheblich über diesem Durchschnitt.

Art und Häufigkeit der Jugendkriminalität

Es gibt keine einheitlichen, vergleichbaren Angaben zu Arten und Häufigkeiten der Jugendkriminalität. Diese Zusammenstellung ist u.a. Daten des BKA 2006, und Daten einer Befragung von Schülern in Stade 2009 entnommen (vgl. Baier/Pfeiffer/Simonson/Rabold, 2009). Letztere Angaben schließen die Dunkelziffer mit ein. Sie geben daher eine ungefähre Übersicht über Art und Häufigkeit der Jugendkriminalität.

Art	2006 absolut	2008 %[1]	2009 %
Ladendiebstahl	54.489	13,3	15[2]
Körperverletzung	53.959	11,7	21,2
Sachbeschädigung	43.934	20,8[3]	10,6
„schwerer" Diebstahl	24.602		2,8[4]
Rauschgiftdelikte	20.456		
Widerstand gegen die Staatsgewalt und Straftaten gegen die öffentliche Ordnung	14.736		
Raubüberfall	4.047	2,5	3,7

[1] Prozentualer Anteil aller Straftaten Jugendlicher
[2] Diebstahl bis 50 Euro
[3] Vandalismus und Graffiti sprühen
[4] Diebstahl über 50 Euro

Art der Jugendkriminalität in % aller Straftaten im Jahr 2006
Eine differenzierte Auswertung aller bekannten Zahlen über die Jugendkriminalität ergibt folgende Schlussfolgerungen:

	Deutsche	Nichtdeutsche
Ladendiebstahl	23,4	22,9
Körperverletzung	23,2	28,5
Sachbeschädigung	18,9	9,4

- Die überwiegende Mehrheit der jugendlichen Delikte sind „Bagatelle" (= leichte) Kriminalität, vorübergehend, ein fast „normaler Entwicklungsschritt". Das Hineinwachsen junger Menschen in die Sozial- und Rechtsordnung ist offenbar konfliktbehaftet. Zu diesem Prozess des Hineinwachsens gehört auch der Konflikt in Form des Verstoßes gegen Strafrechtsnormen. Im Bagatellebereich der Delinquenz scheinen alle Jugendlichen schon einmal auffällig geworden zu sein. Entdeckt, verfolgt und sanktioniert wird jedoch nur ein Bruchteil. Auch ohne strafrechtliche Reaktion hört die ganz große Mehrheit mit dieser jugendtypischen Straftatbegehung auf.

- Diese Art von Kriminalität kommt in allen Bildungsschichten fast gleich häufig vor.

- Es ist allerdings auch zu konstatieren, dass ein kleiner Teil derjenigen jungen Menschen, die strafrechtlich in Erscheinung treten, massiv auffällig wird. Von denen gerät ebenfalls nur ein Teil langfristig in eine kriminelle Karriere. Diese kleine Gruppe weist sowohl im Hinblick auf individuelle Dispositionen als auch bezogen auf soziale Rahmenbedingungen des Aufwachsens zahlreiche Belastungen auf, deren Reduzierung in präventiver Hinsicht eine wichtige Aufgabe wäre. Gerade diese Aufgabe kann jedoch nach dem gegenwärtigen Wissensstand mit den traditionellen Mitteln des Strafrechts nicht angemessen geleistet werden. Nötig sind hier vielmehr auf die jeweilige Risikokonstellationen und Belastungen ausgerichtete präventive und helfende Interventionen, deren wesentliche Voraussetzung stets die Herstellung einer von Annahme und Respekt gekennzeichneten Zukunftsperspektiven eröffnenden Beziehung ist.

- Die Zunahme der Jugendkriminalität in den letzten Jahrzehnten besteht hauptsächlich in der Zunahme der Eigentumsdelikte und in der Zunahme der Gewaltkriminalität, im letzten Jahr die Zunahme von Widerstand gegen die Staatsgewalt.
- Abgenommen haben die Rauschgiftdelikte
- Die Täterraten der männlichen Jugendlichen sind höher als die der weiblichen. Das gilt insbesondere für Delikte mit Gewaltanwendung. Im Bereich der bagatellhaften Eigentumsdelikte sind die Unterschiede geringer.
- Es findet sich ein Zusammenhang zwischen der sozialen Lebenslage Jugendlicher und schwerwiegenden Formen der Delinquenz. Sofern die Familien wirtschaftlich benachteiligt und die Bildungsoptionen der Jugendlichen ungünstig sind, sind ihre Täterraten erhöht.
- Junge Migranten weisen bei der bagatellhaften Eigentumsdelinquenz eher geringere Täterraten auf als ihre deutschen Altersgenossen. Bei schwerwiegenden Eigentumsdelikten unterscheiden sich ihre Täterraten von denen der Deutschen nicht. Erhebliche Unterschiede finden sich hingegen für Gewaltdelikte. Hier sind ausländische Jugendliche deutlich höher belastet.

Jugend und Gewalt
Die Gewaltanwendung unter Kindern und Jugendlichen scheint zuzunehmen. Immer häufiger wird berichtet von Gewalt in der Öffentlichkeit, in den Fußballstadien, in den Schulen und rund um die Unterkünfte von Asylsuchenden. Über Umfang, Art und Ursachen dieser zunehmenden Aggressivität gibt es einige Erkenntnisse und Informationen, aber keine genauen Daten. Der Übergang von Gewaltanwendung zur Kriminalität ist fließend.

In einer Allensbacher Umfrage 2006 wurde Gewalt an den Schulen in ihrer Umgebung von 15 % der Eltern als Problem wahrgenommen, erstaunlicherweise von 17 % der Eltern ohne Schulkinder, von 12 % der Eltern mit Schulkindern. 10 % der Eltern sagten, dass ihre eigenen Kinder Gewalt an ihrer Schule erlebt hatten. In den Shell Jugendstudien gaben 2006 22 %, 2010 23 % der Jugendlichen an, in den letzten 12 Monaten mal in Schlägereien in irgendeiner Situation verwickelt gewesen zu sein.

Zu der Zu- oder Abnahme von Gewaltdelikten der Jugendlichen liegen unterschiedliche Aussagen vor. Bestimmte Medienberichte über brutale Jugendgewalt erwecken den Eindruck, dass die Gewalt bei Jugendlichen immer mehr zunimmt. Man möchte das an Zahlen überprüfen. Aber dann entsteht die Unsicherheit, ob mögliche Veränderungen in den Zahlen im Laufe der Jahre auf die reale Gewaltanwendung oder auf das Bekanntwerden der Gewaltanwendung zurückzuführen sind.

Eine sorgfältige Analyse aller bisher bekannten Untersuchungsergebnisse kommt zu folgenden Statements:
- „Für mehr als drei Viertel aller Jugendlichen gehörte Gewalt in den zwölf Monaten vor der Befragung nicht zu ihrem persönlichen Erfahrungsbereich.
- Zur Entwicklung der Jugendgewalt zeigen die Befunde der Dunkelfeldforschung seit 1998 insgesamt betrachtet eine gleichbleibende bis rückläufige Tendenz.
- Die überwiegend positiven Trends zur Entwicklung der selbstberichteten Jugendgewalt in und außerhalb von Schulen finden ihre Entsprechung im Anstieg präventiv wirkender Faktoren und im Sinken gewaltfördernder Lebensbedingungen der Jugendlichen.

- Die Befunde der Dunkelfeldforschung zum Anzeigeverhalten der Gewaltopfer relativieren die Aussagekraft der polizeilichen Kriminalstatistik in mehrfacher Hinsicht.
- Sowohl aus Opfer- wie aus Tätersicht zeigen die Daten zur selbstberichteten Jugendgewalt, dass Jugendliche mit Migrationshintergrund häufiger Gewalttaten begehen als deutsche Jugendliche.
- Der stärkste Einfluss auf Jugendgewalt geht von der Zahl der delinquenten Freunde aus, mit denen die Jugendlichen in ihrem sozialen Netzwerk verbunden sind.
- Sowohl der Querschnittsvergleich der bundesweiten Schülerbefragung 2007/2008 als auch die Längsschnittanalyse der vom KFN (Kriminalitätsforschungszentrum Niedersachsen) seit 1998 in Großstädten durchgeführten Schülerbefragungen belegen, dass sich die Verbesserung von Bildungschancen präventiv auswirkt.
- Der Konsum von Alkohol und illegalen Drogen, der einen eigenständigen Risikofaktor für gewalttätiges Verhalten darstellt, ist unter Jugendlichen weitverbreitet.
- Ausländerfeindlichkeit, Antisemitismus und Rechtsextremismus prägen das Weltbild einer Minderheit von Jugendlichen; in einigen Gebieten fällt deren Anteil allerdings alarmierend hoch aus."

(Baier/Pfeiffer/Simonson/Rabold, 2009, S. 9-13)

Das Problem Jugend und Gewalt hat verschiedene Aspekte: Gewalt und Aggression als Reaktion auf Frustrationserlebnisse, als Folge eines Gruppen- oder Cliquenzwangs, die politisch-ideologische Komponente in der Form von rechts- oder linksextremistischem und neonazistischem Gedankengut.

Als **tiefer liegende und allgemeinere Ursachen** können weitgehend die gleichen Bedingungen genannt werden, die auch verantwortlich gemacht werden für die Jugendkriminalität. Es sind vor allem:

- Das häusliche Umfeld: Konflikte werden nicht geklärt; Eltern haben zu wenig Zeit und Energie für ihre Kinder; die Kinder erfahren zu wenig Wärme, Anerkennung, Verständnis, Möglichkeiten zur Selbstentfaltung. Sie erleiden selbst Gewalt vonseiten der Eltern oder sie beobachten Gewalt zwischen den Eltern.

- Die schulische Umgebung: Die Jugendlichen erleben in der Schule Leistungsdruck oder auch Gewaltanwendung vonseiten der Mitschüler.

- Die Arbeitswelt: Entfremdete und sinnentleerte Arbeitsverhältnisse, Arbeitslosigkeit der Jugendlichen vor allem in den neuen Bundesländern; Wettbewerb, Kampf, elitäre Abgrenzung bestimmen die Erfahrungswelt der Jugendlichen und erzeugen einen hohen Grad an Versagensangst.

- Die Wohn- und Freizeitwelt: Bewegungsfeindliche, erlebnis- und kontaktarme Wohngebiete und fehlende Freizeitangebote für Jugendliche.

- Die Welt der Medien: Gewaltdarstellungen in den Medien einerseits und erhöhte Beachtung der jugendlichen Gewalttäter durch die Medien andererseits.

- Unsicherheit und fehlende Wertmaßstäbe als Orientierung: Die Jugendlichen erleben in der Gesellschaft eine vom Kosten-Nutzen-Denken bestimmte moralische Haltung; der Zusammenbruch der alten Ordnung in der DDR brachte Unsicherheit im Hinblick auf die eigene Identität sowie Orientierungslosigkeit hervor.

Bedingungen und Ursachen der Jugendkriminalität

Wenn nach den Ursachen der Jugendkriminalität gefragt wird, ist solche Kriminalität gemeint, die ein erhebliches Abweichen von der sozialen Norm bedeutet. Kleine Vergehen oder Bagatelldelikte und einmalige strafbare Handlungen werden hier nicht so stark berücksichtigt.

Erklärung durch mehrere Faktoren

Jugendkriminalität wird heute nicht mehr auf eine einzige Ursache zurückgeführt, wie z. B. „Weil die Mutter das Kind nicht gewollt hat, wurde es später kriminell." „Weil seine Eltern Trinker waren, ist der Junge straffällig geworden." „Weil die Eltern ihn so verwöhnt haben, kam er später mit dem Gesetz in Konflikt." „Das hat der Junge von seinem Vater geerbt, der saß auch schon im Gefängnis."
Häufig ist es auch nicht möglich, einen Ursache-Wirkungszusammenhang aufzuzeigen; es ist also häufig nicht möglich, die direkte Ursache der Kriminalität im Sinne eines kausalen Zusammenhanges zu nennen.
Wenn z. B. festgestellt wird, dass Jugendkriminalität in der sozialen Unterschicht häufiger vorkommt als in den anderen Schichten, dann kann man die Zugehörigkeit zur Unterschicht nicht als die Ursache der Kriminalität bezeichnen, denn in dem Falle müssten alle Unterschichtangehörigen kriminell sein. Wenn die Unerwünschtheit des Kindes während der Schwangerschaft als Ursache der Kriminalität verstanden wird, dann ist das nicht als kausaler Zusammenhang zu verstehen; denn dann müssten alle unerwünschten Kinder kriminell werden. Wir können also nur ein Bündel von Faktoren nennen, die die Kriminalität begünstigen. Welche dieser Faktoren nun entscheidend sind, muss jeweils eigens untersucht werden.

a) Etikettierung

Einige Kriminologen und Soziologen versuchen die Jugendkriminalität dadurch zu erklären, dass sie die Ursachen nicht in der Person des Kriminellen, auch nicht in seiner sozialen Umgebung, sondern in bestimmten Aktionen der Gesellschaft suchen. Der Kriminelle wird von der Gesellschaft zu einem Kriminellen gemacht, Kriminalität wird von der Gesellschaft „produziert". Man muss sich diesen Vorgang etwa so vorstellen:

Beispiel

Zwei Jungen stehlen in einem Warenhaus: der Sohn eines Fabrikanten und der Sohn eines ungelernten Arbeiters aus einer Obdachlosensiedlung. Gegen den Fabrikantensohn wird von der Geschäftsleitung nichts unternommen, gegen den Arbeitersohn wird Anzeige erstattet. Die Polizei befasst sich mit dem Jungen, er wird bestraft. Er ist zum ersten Mal als Krimineller abgestempelt (etikettiert) worden. Daraufhin wird er sich in Zukunft immer mehr entsprechend seiner Etikettierung verhalten.
Diese Theorie besagt, dass erst die Anzeige, die Festnahme, die Bestrafung den betreffenden Menschen zum Kriminellen macht. Weil nicht alle „Täter" entdeckt, angezeigt, festgenommen und bestraft werden, wird von diesen gesellschaftlichen Institutionen nur eine bestimmte Anzahl Täter ausgelesen und zu Kriminellen gemacht.
Wenn diese Theorie auch einen Kern Wahrheit enthält und eine zusätzliche Erklärung für die Entstehung einer kriminellen Laufbahn zu liefern vermag, kann die Jugendkriminalität nicht durch diesen Faktor „Etikettierung" allein erklärt werden.
Verschiedene Untersuchungen haben nämlich gezeigt, dass die offiziell gefassten jugendlichen Straftäter mehr und schwerere Delikte begangen haben als die Nicht-Erfassten (vgl. Lösel, 1976, S. 15).

b) Zugehörigkeit zur sozialen Unterschicht

Viele Untersuchungen belegen, dass die „schwere" und „fortgesetzte" Jugendkriminalität in der sozialen Unterschicht häufiger vorkommt als in den mittleren und oberen Schichten. Am häufigsten kommt die Jugendkriminalität in sogenannten sozialen Brennpunkten oder in Obdachlosensiedlungen vor. Die Erklärung für die Zusammenhänge zwischen sozialer Schicht und Kriminalität wird gefunden, wenn man andere Faktoren oder Merkmale, die meistens zusammen mit der sozialen Unterschicht auftreten, mit heranzieht.

Diese Faktoren sind:

■ Etikettierung: Polizei, Justiz und Gesellschaft werden einen Jugendlichen aus einem sozialen Brennpunkt eher anzeigen, verhaften, verurteilen und als kriminell bezeichnen als einen Jugendlichen aus einer Mittelschichtfamilie.

■ Unterschichtjugendliche, vor allem der untersten Schicht, besitzen oft geringere Möglichkeiten, die gesellschaftlich anerkannten Ziele auf legalem Wege zu erreichen.

■ Wegen der Ablehnung durch die Mittelschicht ist die Tendenz zur Abkapselung und zur Entstehung von Banden und Subkultur in den Unterschichten stärker. Diese Bandenbindung führt ihrerseits wiederum zu abweichendem Verhalten.

■ Die Familienverhältnisse und das Erziehungsverhalten der Unterschichteltern sind eher so, dass sie die Ausbildung eines internalisierten Normensystems erschweren.

■ Die schulische und berufliche Ausbildung in den unteren sozialen Schichten ist durchweg geringer als in anderen Schichten. Schulische und berufliche Misserfolgserlebnisse sind bei diesen Jugendlichen häufiger anzutreffen als bei den Jugendlichen aus den mittleren Schichten.

Dass die Kriminalität unter den ausländischen Jugendlichen prozentual gesehen doppelt so hoch ist wie bei deutschen Jugendlichen kann zum größten Teil folgendermaßen erklärt werden: Diese gesellschaftliche Gruppe weist die typischen Merkmale der sozialen Unterschicht, wie geringere schulische und berufliche Bildung, geringeres Einkommen, gettoartige Wohnbedingungen auf. Bei deutschen Jugendlichen mit ähnlichen sozialen Bedingungen wie bei ausländischen Jugendlichen, ist die Kriminalitätsrate der der ausländischen Jugendlichen gleich.

c) Familienverhältnisse

Verschiedene Aspekte der Familienverhältnisse werden als Kriminalitätsursache genannt:
1. „Unvollständigkeit" der Familie
2. Desintegration der Familie
3. elterliches Erziehungsverhalten

■ Unvollständigkeit der Familie

Unvollständigkeit der Familie kann entstehen durch uneheliche Geburt, durch Tod oder Scheidung. Wie bei der Sozialisationswirkung der unvollständigen Familie schon besprochen, kann die bloße Anwesenheit oder Abwesenheit eines oder beider Elternteile keine hinreichende Erklärung für die Entstehung bzw. Nicht-Entstehung der Kriminalität geben. Zusätzliche Faktoren müssen herangezogen werden, die die eigentliche Erklärung für die Kriminalität bilden.

„Bei Elternverlust erwartet man je nach theoretischem Standpunkt fehlende Möglichkeiten zur Identifikation und Rollenergänzung, abrupte Veränderungen im Erziehungsprozess, verminderte emotionale Zuwendung, Konflikte mit Ersatzpersonen sowie geringere Kontrolle durch die Familie und verstärkten Einfluss anderer Gruppen und Personen.
Bei Scheidung oder Trennung der Eltern kann das Kind zusätzlich konfliktreiche Interaktionen und Aggressionen erleben. … Von solchen Prozessen wird nach Gesichtspunkten des sozialen Lernens und der neurotischen Konfliktverarbeitung angenommen, dass sie die Wahrscheinlichkeit abweichenden Verhaltens erhöhen."
(Lösel, 1976, S. 16)

■ Desintegration der Familie

Mit diesem Aspekt ist der mangelnde Zusammenhalt und die Disharmonie der Familienmitglieder untereinander gemeint.

Aus Vergleichsuntersuchungen zwischen den Familienverhältnissen von kriminellen und nichtkriminellen Jugendlichen in den USA wurde deutlich, dass die Familie der Kriminellen durch geringen Zusammenhalt, häufigere Streitigkeiten und vermehrte Nachlässigkeit der Elternrolle, wie z. B. Beaufsichtigung der Kinder, gekennzeichnet ist.

Die Untersuchung an deutschen jugendlichen Strafgefangenen zeigte, dass die Eltern der Jugendlichen häufiger mit ihrer Ehe unzufrieden waren, seltener gemeinsam etwas unternahmen und häufiger auch körperliche Auseinandersetzungen hatten.

■ Erziehungsverhalten

Das Erziehungsverhalten der Eltern scheint ein wesentlicher Faktor für die Erklärung der Entstehung von Jugendkriminalität zu sein. Eine positive emotionale Beziehung zu einer Bezugsperson, meistens den Eltern, ist eine wesentliche Voraussetzung für die Internalisierung von Normen und Werten (siehe auch Kapitel 2.2 „Gruppennormen"). Bei jugendlichen Straftätern ist diese Gewissensfunktion nur mangelhaft ausgeprägt. Gerade deshalb halten sie die Normen der Gesellschaft nicht ein. Aus Untersuchungen ist wiederum bekannt, dass jugendliche Straftäter seltener liebevolle, sondern häufiger gleichgültige und zurückweisende Eltern haben als kriminalstatistisch unauffällige Vergleichsgruppen.

Weiterhin ist der Erziehungsstil der Eltern von kriminellen Jugendlichen häufiger durch Laxheit, übermäßige Strenge oder durch Inkonsequenz (Wechseln von Strenge und Verwöhnung) gekennzeichnet. Auch bei solchen Erziehungsverhaltensweisen wird der Aufbau eines verinnerlichten Norm- und Wertesystems erschwert.

■ Bandenzugehörigkeit

Gewaltkriminalität kommt häufiger bei Jungen als bei Mädchen vor, häufiger (relativ) bei Ausländern als bei Deutschen, häufiger bei Jugendlichen mit niedriger Schulbildung, häufiger in der Gleichaltrigengruppe (Bande genannt) als bei Einzeltätern. Bei der auf S. 465 genannten Schüler-Untersuchung wurde nach der Zugehörigkeit zu Gleichaltrigengruppen, nach deren Aktivitäten und Bedeutung gefragt. Dabei zeigte sich in Bezug auf die Aktivitäten Folgendes:

„Das gelegentliche Übertreten von Regeln und Normen aus Spaß ist mit 32,5% weitverbreitet. Demgegenüber sind die Verfeindung mit anderen Gruppen (14,6%) und das Prügeln mit anderen Gruppen (9,2%) deutlich seltener anzutreffen. Ebenso trifft es nur auf 17,6% der Jugendlichen zu, dass andere Menschen beim Auftreten ihrer Clique Angst bekommen."

In Bezug auf die Bedeutung zeigte sich: „Wie wichtig die Cliquen für die jungen Menschen sind, dokumentiert sich auch darin, dass etwa ein Fünftel (23,1%) der Aussage völlig zustimmt, dass sie sich nur in ihrer Gruppe wirklich akzeptiert fühlen, weitere 44,2% stimmen dieser Aussage von der Tendenz her zu. Welchen Einfluss die Gleichaltrigengruppen auf den Einzelnen haben, ist auch daran zu erkennen, dass 72,3% die Aussage verneinen, dass sie unabhängig von der Clique tun, was sie wollen."

(BMI, Sicherheitsbericht, 2001, S. 571)

Der Zusammenhang zwischen Gewaltkriminalität und Clique zeigt folgendes Schaubild. Im linken Teil des Schaubildes werden die Gleichaltrigengruppen oder Cliquen aufgrund ihrer Aktivitäten in deviante (= mit abweichendem Verhalten), etwas deviante und nicht deviante Cliquen eingeteilt. Im rechten Teil zeigt sich, dass von den gewalttätigen Jugendlichen etwa 75 % etwas bis stark devianten Cliquen angehören, etwa 10 % nicht devianten Cliquen und etwa 15 % keiner Clique angehören.

Verteilung der Jugendlichen nach Cliquenarten und Anteil der Cliquen an der Gesamtheit aller selbstberichteten Gewaltdelikte (gewichtete Daten)

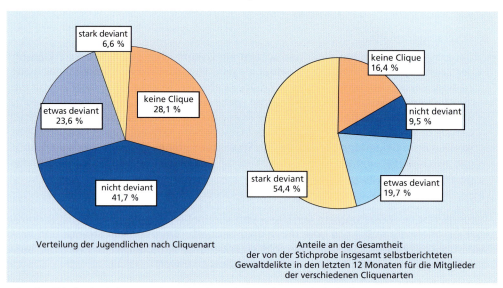

Verteilung der Jugendlichen nach Cliquenart

Anteile an der Gesamtheit
der von der Stichprobe insgesamt selbstberichteten
Gewaltdelikte in den letzten 12 Monaten für die Mitglieder
der verschiedenen Cliquenarten

Quelle: Kriminologisches Forschungsinstitut Niedersachsen, Schülerbefragung 2000

Wie nun die weiteren Zusammenhänge mit den anderen kriminalitätsfördernden Faktoren (Schichtzugehörigkeit, Etikettierung, Familienverhältnisse usw.) sind, muss eigens geklärt werden. Wahrscheinlich werden diese Faktoren sich gegenseitig verstärken: Weil man einer devianten Clique angehört, wird man etikettiert, weil man sich sozial benachteiligt fühlt, schließt man sich einer solchen Clique, die sich ähnlich fühlen, an. Auch die Zugehörigkeit selbst wird das abweichende Verhalten beeinflussen.

Die Persönlichkeit des Jugendlichen

Neben Unterschieden zwischen den verschiedenen Sozialisationsträgern hat man auch Unterschiede in der Persönlichkeitsstruktur zwischen kriminellen und nichtkriminellen Jugendlichen festgestellt.

In einer Untersuchung zeigte sich, dass Kriminelle eher depressiv sind und eine geringere Frustrationstoleranz aufweisen (vgl. Lösel, 1976, S. 18).

Diese Unterschiede in der Persönlichkeitsstruktur sind jedoch nicht ursächlich und automatisch auf anlagebedingte Merkmale zurückzuführen. Auch sie können eine Folge des Sozialisationsprozesses sein.

Zusammenfassung

Verschiedene Ursachen führen dazu, dass ein Teil der Jugendlichen weniger imstande ist, ein internalisiertes Norm- und Wertesystem aufzubauen. In Konfliktsituationen sind sie daher weniger imstande, diese Normen einzuhalten und werden daher eher straffällig.

9.5.4 Vorübergehende und dauerhafte Veränderungen

In Diskussionen über das Verhalten der Jugend wird von Erwachsenen häufig auf diese Weise argumentiert: „Das ist alles nichts Neues. So waren wir in unserer Jugend auch. Das hat es immer schon gegeben, die Jugend ist halt oppositionell, will alles anders und besser. Das wird sich mit den Jahren schon wieder ausgleichen." Sind die abweichenden Verhaltensweisen und Einstellungen der Jugend typisch für jede Jugend und somit nur eine vorübergehende altersbedingte Erscheinung, oder sind diese Abweichungen dauerhaft? Bleiben sie mit anderen Worten auch im Erwachsenenalter der heutigen Jugendlichen erhalten?

Diese Frage kann man nur anhand von Längsschnittuntersuchungen oder anhand von Vergleichen der Jugendlichen aus verschiedenen Jahrzehnten beantworten. Man müsste also die heutigen Jugendlichen nach zehn oder zwanzig Jahren noch einmal untersuchen oder das Verhalten und Erleben der heutigen Jugend mit dem Verhalten und Erleben der Jugendlichen von vor zwanzig Jahren vergleichen. Diese Vergleiche würden jedoch noch nicht ausreichen, um die Frage zu beantworten, ob die Dauerhaftigkeit dieser Veränderungen auf das Jugendalter zurückzuführen ist. Denn die Dauerhaftigkeit der Veränderungen könnte auch auf die allgemeinen Veränderungen in der Gesellschaft und des Zeitgeistes zurückgeführt werden.

Beispiel

Um 1955 wollten die damaligen Jugendlichen den gleichen Erziehungsstil wie ihre Eltern verwirklichen. In den 1970er-Jahren wollten die Jugendlichen einen anderen Erziehungsstil als ihre Eltern anwenden. Viele Jugendliche von heute wollen den gleichen Erziehungsstil wie ihre Eltern.

Diese Veränderungen können dadurch bedingt sein, dass durch die allgemeinen Veränderungen in den Erziehungsstilen sowohl die Jugendlichen der 70er-Jahre im Vergleich zu denen der 50er-Jahre als auch die Eltern von heute im Vergleich zu denen der 70er-Jahre ihre Erziehungsauffassungen geändert haben.

Am leichtesten lassen sich die **Veränderungen in den Lebensbedingungen der Jugendlichen von heute** gegenüber denen der Jugendlichen von früher beschreiben. Darüber sagt der 8. Jugendbericht:

- Der größte Teil der Jugendlichen hat teil am wachsenden Wohlstand und an den verbesserten Lebensbedingungen. Die materielle Lebensgrundlage ist so hoch wie noch nie zuvor.

- In den Familien ist weitgehend ein Wandel zu partnerschaftlichen Erziehungseinstellungen zu verzeichnen.

- Das Bildungsniveau und die Bildungsbeteiligung hat bei der Jugend insgesamt, aber besonders bei der weiblichen Jugend zugenommen.

- Die Verschiedenheit der Lebenssituationen der Jugendlichen hat zugenommen. Man spricht hier von **Pluralisierung.** Zu den herkömmlichen Unterschieden in Einkommen, Bildung, Beruf und Status der Eltern kommen Unterschiede zwischen Nord und Süd, zwischen Großstädten, Mittelstädten und ländlichen Regionen in Bezug auf Wohnraum, Arbeitsplätze oder familiale Lebensformen.

- Die Bildungs- und Ausbildungszeiten haben sich verlängert, bezogen sowohl auf das Alter als auch auf das tägliche Zeitbudget.

- Der Freizeit- und Konsumsektor sowie die Bedeutung der Massenmedien haben sich ausgeweitet.

- Die Jugendlichen orientieren sich zunehmend an der Gruppe der Gleichaltrigen und weniger an der Welt der Erwachsenen.

- „Indem die lebensprägenden Kräfte von Familie, Konfession, sozialem Milieu und Gemeinde geringer werden, wächst der Freiheitsraum und somit die Chance der jungen Menschen, über den eigenen Lebensentwurf selbst zu bestimmen." (BMfJFG, 8. Jugendbericht, 1990, S. IV)

  Das nennt man **„Individualisierung"** der Wertorientierungen und der Lebensführungen.

- Diese Individualisierung bringt auch **Gefährdungen** mit sich.

  „Diese vielfältigen Gestaltungsmöglichkeiten für Jugendliche und jüngere Heranwachsende bedeuten aber auch erhebliche Herausforderungen und Unsicherheiten für sie, da klare Orientierungen, Vorgegebenheiten und Leitbilder auch Sicherheit vermitteln. Diese Sicherheit ist den heutigen Jugendlichen und jungen Erwachsenen nicht mehr in dem Maße gegeben, wie dies noch bei der älteren Generation der Fall gewesen ist. Die Offenheit der Lebenssituationen kann zu einem ganz erheblichen Risiko für Jugendliche werden, wenn sie durch die Komplexität und Vielfalt von Situationen überfordert werden, wenn ihnen keine klaren Maßstäbe mehr vermittelt werden, auf deren Basis sie Entscheidungen treffen können. Darüber hinaus kann solche Offenheit der Gestaltungsmöglichkeit dazu führen, dass Beziehungen zu anderen Personen zunehmend beliebig werden und somit die personale Sicherheit, die für die Entwicklung von Kindern und Jugendlichen eine unverzichtbare Voraussetzung ist, gefährdet wird."
  (BMfJFG, 8. Jugendbericht, 1990, S. IV–V)

Wie die Jugendlichen diesen Freiraum ausfüllen werden, für welchen Lebensstil sie sich entscheiden werden, an welchen Werten sie sich orientieren werden, lässt sich nicht im Voraus sagen. Ob die ermittelten Trends anhalten werden, bleibt offen.

Aufgaben

1. In welchen Gleichaltrigengruppen sind Sie Mitglied?
   Welche dieser Gruppen sind:
   a) informelle Gruppen,
   b) formelle Gruppen?

2. Welche der sechs Typen des abweichenden und konformen Verhaltens nach Merton stellen Sie in den Beispielen zu Jugendkriminalität fest?

3. Welche sind die häufigsten Ursachen der Jugendkriminalität?

4. Jugend ohne Erwachsene – ein Gedankenspiel
   Rein theoretisch könnte man sich Folgendes vorstellen:
   Durch eine Katastrophe würden alle Menschen über 20 Jahre vom Erdboden verschwinden. Es gäbe nur noch Menschen von 0 bis 20 Jahren.
   – Gäbe es dann noch eine Jugend?
   – Was würde man unter Jugend verstehen?
   – Gäbe es noch ein biologisches Jugendalter?
   – Gäbe es noch ein rechtliches Jugendalter?
   – Gäbe es noch ein psychisches Jugendalter?
   – Gäbe es noch ein soziales Jugendalter?

5. Welche Formen von „Gewalt" beobachten Sie bei den Kindergartenkindern? Welche Ursachen vermuten Sie?

Literaturverzeichnis

Albert, Mathias/Hurrelmann, Klaus/Quenzel, Gudrun: 16. Shell Jugendstudie. Jugend 2010, Fischer, Frankfurt, 2010.

Albert, Mathias/Hurrelmann, Klaus/Quenzel, Gudrun: Jugend 2010, Flyer, Hamburg 2010, unter: http://www-static.shell.com/static/deu/downloads/aboutshell/our_commitment/shell_youth_ study/2010/youth_study_2010_flyer.pdf, [10.08.2011].

Alhussein, Mustafa: Die Auswirkungen der familiären Erziehung auf die zukünftige Berufsentscheidung von Jugendlichen – Ein Vergleich zwischen Deutschland und Syrien, Dissertation an der Universität Leipzig, 2010, unter: http://d-nb.info/1001983157/34, [08.08.2011].

Asendorpf, Jens B./Neyer, Franz J.: Welcher Beziehungstyp sind Sie?, in: Psychologie Heute, Heft 10, 2000, S. 31.

Bache, Martine: Mobbing in der Schule, Norderstedt, Verlag für Akademische Texte, 2007.

Baier, Dirk/Pfeiffer, Christian/Simonson, Julia/Rabold, Susann: Jugendliche in Deutschland als Opfer und Täter von Gewalt. Erster Forschungsbericht zum gemeinsamen Forschungsprojekt des Bundesministeriums des Innern und des KFN, hrsg. vom Kriminologisches Forschungsinstitut Niedersachsen e.V., Hannover, 2009, unter: http://www.kfn.de/versions/kfn/assets/fb107.pdf [08.02.11].

Balci, Güner/Klar, Herbert/Wohsmann, Iris: Immer öfter immer brutaler – Bedrohung durch kriminelle Jugendgangs, Frontal21, ZDF, 21.03.2006.

Bastin, Georges: Die soziometrischen Methoden, Bern, Huber, 1967.

Bayerischer Rundfunk: Leben im Kibbuz (2001), unter: http://www.br-online.de/bildung/databrd/israel3.htm/is3in.htm [22.10.2007].

Beauftragte der Bundesregierung für Migration, Flüchtlinge und Integration: 8. Bericht der Beauftragten für Migration, Flüchtlinge und Integration über die Lage der Ausländerinnen und Ausländer in Deutschland, 2010, unter: http://www.bundesregierung.de/Content/DE/__Anlagen/2010/2010-07-07-langfassung-lagebericht-ib,property=publicationFile.pdf [16.03.2011].

Berberinfo: Auch die Statistik bestätigt es: weit verbreitete Vorurteile gegen Obdachlose, 06.10.2009, unter: http://berberinfo.blogsport.de/2009/10/06/auch-die-statistik-bestaetigt-es-weit-verbreitete-vorurteile-gegen-obdachlose/ [01.03.11].

Berliner Morgenpost: In deutschen Familien haben Frauen das Sagen, 25.06.2009, unter: http://www.morgenpost.de/familie/article1119880/In_deutschen_Familien_haben_Frauen_das_Sagen.html [12.02.2011].

Bernsdorf, Wilhelm (Hrsg): Wörterbuch der Soziologie, Bd. 3. Frankfurt a. M., Fischer, 1972.

Bernstein, Saul/Lowy, Louis: Untersuchungen zur sozialen Gruppenarbeit, Freiburg, Lambertus, 1982.

Bertelsmann Stiftung: Umfrage: Eltern von Migrantenkindern schätzen deutsche Schulen, Gütersloh, 25.05.2010, unter: http://www.bertelsmann-stiftung.de/bst/de/media/xcms_bst_dms_31411_31412_2.pdf [18.10.2011].

Berth, Hendrik/Balck, Friedrich/Albani, Cornelia/Förster, Peter/Stöbel-Richter, Yve/Brähler, Elmar: Psychische Gesundheit und Arbeitslosigkeit, in: Psychologie Gesellschaft Politik – 2008. Psychische Gesundheit am Arbeitsplatz in Deutschland, hrsg. vom Berufsverband Deutscher Psychologinnen und Psychologen (BDP), 2008, S.21-26, unter: http://www.bdp-verband.org/aktuell/2008/bericht/BDP-Bericht-2008_Gesundheit-am-Arbeitsplatz.pdf, [17.03.11].

Bertram, Hans: Die Familie in Westdeutschland, Opladen, Leske & Budrich, 1991.

Bertram, Hans/Spieß, Katharina: Elterliches Wohlbefinden, öffentliche Unterstützung und die Zukunft der Kinder – der Ravensburger Elternsurvey, Kurzfassung der ersten Ergebnisse, hrsg. von der Stiftung Ravensburger Verlag, Ravensburg, 2010, unter: http://www.ravensburger.de/content/wcm/mediadata/PDF/Stiftung/Studie%20Elternsurvey%202010.pdf, [09.08.2011]

Bettge, Susanne/Oberwöhrmann, Sylke/Hermann, Sabine/Meinlschmidt, Gerhard: Entwicklung von Kindern allein erziehender Eltern – Ergebnisse der Berliner Einschulungsuntersuchungen, 05.11.2010, unter: http://www.berlin.de/imperia/md/content/sen-statistik-gessoz/vortraege/vortrag022.pdf?start&ts=1304933502&file=vortrag022.pdf [08.08.2011].

Biermann, Benno/Bock-Rosenthal, Erika/Doehlemann, Martin/Grohall, Karl-Heinz/Kühn, Dietrich: Soziologie – Gesellschaftliche Probleme und sozialberufliches Handeln, Neuwied, Luchterhand, 1992.

Bichsel-Scheller, Christa/Bichsel, Gottfried: Ausländische Kinder im Kindergarten, in: Kindergarten heute, Zeitschrift für Erziehung im Vorschulalter, Heft 4, 1975.

Bloom, Paul: Wie die Moral zur Welt kommt, in: Psychologie Heute, Heft 11, 2010.

Bolte, Karl. M./Hradil, Stefan: Soziale Ungleichheit in der Bundesrepublik Deutschland, Opladen, Leske & Budrich, 1984.

Bolte, Karl M.: Deutsche Gesellschaft im Wandel, 2. Auflage, Opladen, Leske, 1970.

Bolte, Karl M./Recker, Helga: Vertikale Mobilität, in: Handbuch der empirischen Sozialforschung, Bd. 6: Soziale Schichtung und Mobilität, hrsg. von René König, Stuttgart, Enke, 1976.

Brinkmann, Gerhard: Die soziale Entwicklung des Kindes, München, Kösel, 1974.

Bronfenbrenner, Urie: Zwei Welten – Kinder in USA und UdSSR, Stuttgart, Deutsche Verlags-Anstalt, 1972.

Bulmahn, Thomas: Subjektives Wohlbefinden, in: Datenreport 2002. Zahlen und Fakten über die Bundesrepublik Deutschland, hrsg. vom Statistischen Bundesamt in Zusammenarbeit mit WZB und ZUMA, Bundeszentrale für politische Bildung, Wiesbaden, 2002, S.431-441, unter: http://www.gesis.org/fileadmin/upload/forschung/publikationen/datenreport/2002/datenreport02n.pdf?download=true [08.08.2011].

Bundesagentur für Arbeit (BAG): Der Arbeits- und Ausbildungsmarkt in Deutschland, Monatsbericht Februar 2011, Nürnberg, unter: http://statistik.arbeitsagentur.de/Statischer-Content/Arbeitsmarktberichte/Monatsbericht-Arbeits-Ausbildungsmarkt-Deutschland/Monatsberichte/Generische-Publikationen/Monatsbericht-201102.pdf, [08.08.2011].

Bundesamt für Migration und Flüchtlinge (BAMF): Migrationsbericht 2009, Nürnberg, unter: http://www.bamf.de/SharedDocs/Anlagen/DE/Publikationen/Migrationsberichte/migrationsbericht-2009.pdf?__blob=publicationFile, [03.03.2011].

BAMF: Artikel Integration, in: Integrations-Lexikon, Nürnberg, 2010, unter: http://www.integration-in-deutschland.de/cln_116/nn_278852/SubSites/Integration/DE/04__Service/Lexikon/__Function/glossar-catalog,lv2=278880,lv3=974684.html, [08.08.2011].

Bundesarbeitsgemeinschaft Wohnungslosenhilfe e. V. (BAGW): Schätzung der Zahl der Wohnungslosen 1995-2006, Bielefeld, 2007, unter: http://www.bag-wohnungslosenhilfe.de/fakten/ Zahlenreihe_1995-2006.pdf, [19.06.2011].

BAGW: Statistikbericht 2008, Bielefeld, unter: http://www.bag-wohnungslosenhilfe.de/agstado/Statistikbericht_2008.pdf [19.06.2011].

Bundeskriminalamt (BKA) (Hrsg.): Zweiter Periodischer Sicherheitsbericht. Wiesbaden, November 2006.

BKA: Polizeiliche Kriminalstatistik 2006, Bundesrepublik Deutschland, 54. Ausgabe, Wiesbaden, 2007, unter: https://www.bka.de/nn_196810/sid_6B58E77980D5C2D77CB16 EC0DE059BA5/SharedDocs/Downloads/DE/Publikationen/PolizeilicheKriminalstatistik/ImkKurzberichte/pks2006ImkKurzbericht.html?__nnn=true, [08.08.2011].

BKA: Polizeiliche Kriminalstatistik 2009, Wiesbaden, unter: http://www.bmi.bund.de/cae/servlet/contentblob/1069004/publicationFile/65239/PKS2009.pdf [02.02.2011].

Bundesministerium für Arbeit und Soziales (BMAS): Lebenslagen in Deutschland – Der 1. Armuts- und Reichtumsbericht der Bundesregierung, Bonn, 2001, unter: http://www.bmas.de/Shared-

Docs/Downloads/DE/PDF-Publikationen/a267-lebenslagen-in-deutschland-armutsbericht1. pdf?__blob=publicationFile, [08.08.2011].

BMAS: Lebenslagen in Deutschland – Der 2. Armuts- und Reichtumsbericht der Bundesregierung, Berlin, April 2005, unter: http://www.bmas.de/SharedDocs/Downloads/DE/PDF-Publikationen/forschungsprojekt-a332-lebenslagen-in-deutschland-alt-821.pdf?__blob=publicationFile [08.08.2011].

BMAS: Lebenslagen in Deutschland – 3. Armuts- und Reichtumsbericht der Bundesregierung, Berlin, Juli 2008, unter: http://www.bmas.de/SharedDocs/Downloads/DE/PDF-Publikationen/forschungsprojekt-a333-dritter-armuts-und-reichtumsbericht.pdf?__blob=publicationFile, [08.08.2011].

Bundesministerium für Bildung und Forschung (BMBF): Pressemitteilung, 2001. ftp://ftp.bmbf.de/K_00_dt.pdf.

BMBF/Schavan, Anette: „Wir brauchen eine verlässliche Wissensbasis", Pressemitteilung 113/2007 vom 25.05.2007, unter: www.bmbf.de/press/2058.php,

BMBF: Bildung in Deutschland – Ein indikatorengestützter Bericht mit einer Analyse zu Bildung und Migration, W. Bertelsmann Verlag, Bielefeld, 2006, hrsg. von Konsortium Bildungsberichterstattung, unter: http://www.bildungsbericht.de/daten/gesamtbericht.pdf, [08.08.2011].

BMBF: Bildung in Deutschland 2010, 3. Bildungsbericht, W. Bertelsmann Verlag, Bielefeld, 2010, hrsg. von Autorengruppe Bildungsberichterstattung, unter: http://www.bildungsbericht.de/daten2010/bb_2010.pdf, [16.06.2011].

Bundesministerium der Finanzen (Hrsg.): Situation der Kinder in Deutschland – Antwort der Bundesregierung, Drucksache 7/3340, Berlin; 10.03.1975.

Bundesministerium für Jugend, Familie, Frauen und Gesundheit (BMfJFG): 2. Familienbericht „Familie und Sozialisation – Leistungen und Leistungsgrenzen der Familie hinsichtlich des Erziehungs- und Bildungsprozesses der jungen Generation", Drucksache7/3502, Bonn, 1975, unter: http://www.service-mehrgenerationenhaeuser.de/storage/download/Zweiter_Familienbericht.pdf [08.08.2011].

BMfJFG: 3. Familienbericht „Die Lage der Familien in der Bundesrepublik", Bonn, 1979, unter: http://www.service-mehrgenerationenhaeuser.de/storage/download/Dritter_Familienbericht.pdf, [08.08.2011].

BMfJFG: 4. Familienbericht „Die Situationen der älteren Menschen in der Familie", Bonn, 1986, unter: http://www.service-mehrgenerationenhaeuser.de/storage/download/Vierter_Familienbericht. pdf, [08.08.2011].

BMfJFG: 8. Jugendbericht, Bonn, 1990, unter: http://www.bmfsfj.de/doku/kjb/data/download/8_Jugendbericht_gesamt.pdf, [08.08.2011].

Bundesministerium für Familie, Senioren, Frauen und Jugend (BMFSFJ): Leistungen und Grenzen von Heimerziehung – Ergebnisse einer Evaluationsstudie stationärer und teilstationärer Erziehungshilfen, Forschungsprojekt Jule: Schriftenreihe des Bundesministeriums für Familie, Senioren, Frauen und Jugend, Band 170, Stuttgart/Berlin/Köln, W. Kohlhammer, 1998, auf: http://www.bmfsfj.de/RedaktionBMFSFJ/Broschuerenstelle/Pdf-Anlagen/band_20170-vorwort, property=pdf,bereich=, rwb=true.pdf, [18.12.2007].

BMFSFJ: Pressemitteilung des BMFSFJ vom 16.07.2001.

BMFSFJ: Die Familie im Spiegel der amtlichen Statistik, Berlin, 2003, unter: http://www.bmfsfj.de/RedaktionBMFSFJ/Broschuerenstelle/Pdf-Anlagen/PRM-24184-Gesamtbericht-Familie-im-Spieg, property=pdf.pdf, [09.08.2011].

BMFSFJ: 12. Kinder- und Jugendbericht. Bericht über die Lebenssituation junger Menschen und die Leistungen der Kinder- und Jugendhilfe in Deutschland, Berlin, 2005, unter: http://www.bmfsfj.de/RedaktionBMFSFJ/Abteilung5/Pdf-Anlagen/zwoelfter-kjb,property=pdf.pdf, [09.08.2011].

BMFSFJ: Monitor Familiendemographie. Väter und Vaterbilder in Deutschland, Ausgabe Nr. 3, Berlin, 2005, unter: http://www.bmfsfj.de/RedaktionBMFSFJ/Abteilung2/Newsletter/Monitor-Familienforschung/2005-03/Medien/monitor-familiendemographie,property=pdf,bereich=,rwb =true.pdf, [09.08.2011].

BMFSFJ: Kindertagesbetreuung für Kinder unter drei Jahren. Bericht der Bundesregierung über den Stand des Ausbaus für ein bedarfsgerechtes Angebot an Kindertagesbetreuung für Kinder unter drei Jahren, Berlin, 2006 a, unter: http://www.bmfsfj.de/bmfsfj/generator/RedaktionBMFSFJ/Abteilung5/Pdf-Anlagen/TAG,property=pdf,bereich=,sprache=de,rwb=true.pdf [18.12.2007].

BMFSFJ: 7. Familienbericht „Familie zwischen Flexibilität und Verlässlichkeit – Perspektiven für eine lebenslaufbezogene Familienpolitik", Drucksache 16/1360, Berlin, 2006 b, unter: http://www.bmfsfj.de/RedaktionBMFSFJ/Abteilung2/Pdf-Anlagen/siebter-familienbericht,property=pdf,bereich=,rwb=true.pdf, [09.08.2001].

BMFSFJ: 13. Kinder- und Jugendbericht, Drucksache 16/12860, Berlin, 2009 a, unter: http://www.bmfsfj.de/RedaktionBMFSFJ/Broschuerenstelle/Pdf-Anlagen/13-kinder-jugendbericht,property=pdf,bereich=bmfsfj,sprache=de,rwb=true.pdf, [09.08.2011].

BMFSFJ: Einstellungen und Lebensbedingungen von Familien 2009. Monitor Familienforschung, Ausgabe 17, Berlin, 2009 b, unter: http://www.bmfsfj.de/RedaktionBMFSFJ/Broschuerenstelle/Pdf-Anlagen/monitor-familienforschung-juli-2009,property=pdf, bereich=bmfsfj,sprache= de,rwb =true.pdf, [09.08.2011].

BMFSFJ: Familienreport 2009, Berlin, 2009 c, unter: http://www.bmfsfj.de/RedaktionBMFSFJ/Broschuerenstelle/Pdf-Anlagen/familienreport,property=pdf,bereich=bmfsfj,sprache=de,rwb= true.pdf, [09.08.2011].

BMFSFJ: 3. Freiwilligensurvey 2009 – Zivilgesellschaft, soziales Kapital und freiwilliges Engagement in Deutschland 1999-2004-2009, Berlin, 2010 a, unter: http://www.bmfsfj.de/RedaktionBMFSFJ/Broschuerenstelle/Pdf-Anlagen/3._20Freiwilligensurvey-Hauptbericht,property=pdf,bereich= bmfsfj,sprache=de,rwb=true.pdf, [24.12.2010], Zusammenfassung des Berichts unter: http://www.bmfsfj.de/RedaktionBMFSFJ/Broschuerenstelle/Pdf-Anlagen/3.Freiwilligensurvey-Zusammenfassung,property=pdf,bereich=bmfsfj,sprache=de,rwb=true.pdf, [09.08.2011].

BMFSFJ: Familienreport 2010, Berlin, 2010 b, unter: http://www.bmfsfj.de/RedaktionBMFSFJ/Broschuerenstelle/Pdf-Anlagen/familienreport-2010,property=pdf,bereich=bmfsfj,sprache=de, rwb=true.pdf, [19.06.2011].

BMFSFJ: Bericht der Bundesregierung 2010 nach § 24 a Abs. 5 SGB VIII über den Stand des Ausbaus für ein bedarfsgerechtes Angebot an Kindertagesbetreuung für Kinder unter drei Jahren für das Berichtsjahr 2009, 1. Zwischenbericht zur Evaluation des Kinderförderungsgesetzte, Berlin, 2010 c, unter: http://www.bmfsfj.de/RedaktionBMFSFJ/Abteilung5/Pdf-Anlagen/kifoeg-bericht,property =pdf,bereich=bmfsfj,sprache=de,rwb=true.pdf, [09.06.2011].

BMFSFJ: Familien mit Migrationshintergrund – Lebenssituation, Erwerbsbeteiligung und Vereinbarkeit von Familie und Beruf, Berlin, 2010 d, unter: http://www.bmfsfj.de/RedaktionBMFSFJ/Broschuerenstelle/Pdf-Anlagen/Familien-mit-Migrationshintergrund,property=pdf, bereich=bmfsfj, sprache=de,rwb=true.pdf, [17.06.2011].

BMFSFJ: Dossier „Familien mit Migrationshintergrund" veröffentlicht, Berlin, 23.11.2010, unter: http://www.bmfsfj.de/BMFSFJ/familie,did=164726.html [02.02.2011].

Bundesministerium des Innern (BMI), Unabhängige Kommission „Zuwanderung" (Hrsg.): Zuwanderung gestalten – Integration fördern, Berlin, 2001, unter: http://www.bmi.bund.de/cae/servlet/contentblob/150408/publicationFile/9074/Zuwanderung_gestalten_-_Integration_ Id_7670_de. pdf, [09.08.2011].

BMI/Bundesministerium der Justiz (Hrsg.): 1. periodischer Sicherheitsbericht der Bundesregierung, Berlin, 2001, unter: http://www.bmi.bund.de/SharedDocs/ Downloads/DE/Veroeffentlichungen/erster_periodischer_sicherheitsbericht_langfassung_de.pdf;jsessionid=19DB1EF6FCDACDFFD55E95 68A6BA551A.1_cid174?__blob=publicationFile, [20.06.2011].

Bundeszentrale für politische Bildung (BPB): Unterrichtsmaterial „Ausgrenzung und Integration" – Was ist typisch deutsch? Bonn, 2006, unter: http://www.bpb.de/popup/popup_graf stat.html?url_guid=971ONI, [09.08.2011].

BPB: Megastädte – Human Development Index (HDI) – Index menschlicher Entwicklung nach ausgewählten Ländern, Bonn, 2005, unter: http://www.bpb.de/themen/26G2CN,0,0 [02.11.2010].

Danek, Victoria: Jugendbanden werden wissenschaftlich erforscht, Artikel vom 13.12.2006, unter: http://www.innovations-report.de/html/berichte/studien/bericht-75866.html, [12.11.2007].

Decker, Oliver/Weißmann, Marliese/Kiess, Johannes/Brähler, Elmar: DIE MITTE IN DER KRISE -Rechtsextreme Einstellungen in Deutschland 2010, hrsg. von der Friedrich-Ebert-Stiftung, unter: http://library.fes.de/pdf-files/do/07504.pdf, [11.03.2011].

Deutsche Shell: 13. Shell Jugendstudie. Jugend 2000, Bd. 2, Opladen, Leske & Budrich, 2000.

Deutsches Jugend Institut (DJI): Online Thema 2009/10: Bedarf an Heimerziehung steigt mit familialen Belastungsfaktoren, München, unter: http://www.medizin-aspekte.de/2009/10/337882_6603.html, [14.02.2011].

Doorn, Jacobus Adrianus Antonius van/Lammers, Cornelius Jacobus: Moderne Soziologie, Utrecht, Her Spectrum, 1959.

DPA/FAS: Arbeitslose, Singles, Frauen – Jeder Sechste von Armut gefährdet, Artikel vom 29.10.2010, unter: http://www.welt.de/aktuell/article10616521/Arbeitslose-Singles-Frauen-Jeder-Sechste-von-Armut-gefaehrdet.html, [16.06.2010].

Drygala, Anke: Obdachlosenhilfe im Sozialstaat, Weinheim/Basel, Beltz, 1986.

Egeler, Roderich: Pressekonferenz „Bevölkerungsentwicklung in Deutschland bis 2060", hrsg. von Stat. Bundesamt, Wiesbaden, 2009, unter: http://www.destatis.de/jetspeed/portal/cms/Sites/destatis/Internet/DE/Presse/pk/2009/Bevoelkerung/Statement__Egeler__PDF,property=file.pdf, [12.01.2011].

Egginger, Kerstin: Mütter entscheiden über schulische Bildung, Beitrag vom 30.01.2008, unter: http://www.schule-und-familie.de/schule/mutter-entscheiden-haufiger-uber-die-schulische-bildung-des-kindes-als-vater.html, [12.02.2011].

Eimeren, Birgit von/Frees, Beate: Fast 50 Millionen Deutsche online – Multimedia für alle?, Ergebnisse der ARD/ZDF-Onlinestudie 2010, in: Media Perspektiven, Heft 7-8, 2010, unter: http://www.media-perspektiven.de/uploads/tx_mppublications/07-08-2010_Eimeren.pdf, [20.02.2011].

Engel, Bernhard/ Ridder, Christa-Maria: Massenkommunikation 2010, Pressekonferenz 09.09.2010, unter: http://www.media-perspektiven.de/fileadmin/downloads/media_perspektiven/PDF-Dateien/ARD_ZDF_Medienkommission_-_Handout.pdf, [20.02.2011].

European Commission: Standard Eurobarometer 73.1, Brüssel, 2010, unter: http://ec.europa.eu/public_opinion/archives/eb/eb73/eb73_en.htm, [09.08.2011]

European Commission: Standard Eurobarometer 73.3, Brüssel, 2010, unter: http://www.gesis.org/dienstleistungen/daten/umfragedaten/eurobarometer-data-service/standard-special-eb/study-overview/eurobarometer-733-za-5233-mar-apr-2010/?tx_eurobaromater_pi1[vol]=2760&tx_eurobaromater_pi1[pos1]=0, [09.08.2011].

European Commission: Eurobarometer 73.4. Country Specific Questionnaire, Brüssel, 2010, unter: info1.gesis.org/dbksearch/download.asp?id=18173, [09.08.2011].

European Commission: Standard Eurobarometer 74, Brüssel, 2010, auf: http://ec.europa.eu/public_opinion/archives/eb/eb74/eb74_en.htm, [04.04.2011].

Eurostat: Armutsgefährdungsquote nach Sozialleistungen nach Geschlecht, 2010, unter: http://epp.eurostat.ec.europa.eu/tgm/table.do?tab=table&init=1&plugin=0&language=de&pcode=tsisc030, [04.06.2011].

Fabianek, Birgit-Sara: Partnerschaft auf Zeit, in: Christ in der Gegenwart, Katholische Wochenzeitschrift, Heft 19, 2001, S. 140.

Faigle, Philip: Besser als das BIP, in: Zeit Online, 23.09.2010, unter: http://www.zeit.de/wirtschaft/2010-09/stanford-bip, [09.08.2011].

Farag, Maria: Kinderen gaan beter lesen van computer en tv, in: Trouw, Amsterdam, 11.05.2007, unter: http://www.trouw.nl/tr/nl/4324/nieuws/archief/article/detail/1654253/2007/05/11/Kinderen-gaan-beter-lezen-van-computer-en-tv.dhtml, [09.08.2011].

Frankfurter Allgemeine Zeitung (FAZ): Armut Millenniumsziele, Artikel vom 29.10.2010.

Friedrich Ebert Stiftung (FES): Pressemitteilung zu „Die Abwertung der Anderen", Berlin, o. D., unter: http://www.fes-gegen-rechtsextremismus.de/pdf_11/FES-Die-Abwertung-Anderen-PM.pdf, [17.06.2011].

Fend, Helmut: Sozialisierung und Erziehung, Weinheim, Beltz, 1969.

Fichter, Josef H.: Grundbegriffe der Soziologie, 2. Auflage, Wien, Springer, 1969.

Friedrichs, Jürgen: Methoden empirischer Sozialforschung, Reinbek b. Hamburg, Rowohlt, 1973.

Gareis, Balthasar/Wiesnet, Eugen: Frühkindheit und Jugendkriminalität – Vorgeburtliche Einflüsse, Frühkindheit und Erziehungsstil,. Berichte junger Strafgefangener, München, Goldmann, 1974.

General Anzeiger: Artikel vom 17.04.2001, Bonn.

Geißler, Rainer: Die Sozialstrukturen Deutschland, Wiesbaden, Verlag für Sozialwissenschaften, 2008.

Gensicke, Thomas/Picot, Sibylle/Geiss, Sabine: Freiwilliges Engagement in Deutschland 1999-2004. Ergebnisse der repräsentativen Trenderhebung zu Ehrenamt, Freiwilligenarbeit und bürgerschaftlichem Engagement, Kurzfassung, durchgeführt im Auftrag des Bundesministeriums für Familie, Senioren, Frauen und Jugend, vorgelegt von TNS Infratest Sozialforschung, München, 2005, unter: http://www.uni-konstanz.de/freitag/fz_bes/downloads/Freiwilligenbericht%20Deutschland%201999-2004.pdf, [09.08.2011].

GESIS: Allbus – Allgemeine Bevölkerungsumfrage der Sozialwissenschaften – Datenhandbuch 2006, Zentralarchiv für empirische Sozialforschung an der Universität zu Köln, ZA Nr. 4500, S. 49-105.

GESIS: European Value Study 2008, Mannheim, unter: http://info1.gesis.org/dbksearch/sdesc2.asp?no=4753&db=e, [12.10.2010].

GESIS: Allbus-Kumulation 1980-2008, Studie Nr. 4570, Mannheim, 2008, unter: http://www.gesis.org/allbus/studienprofile/kumulation-1980-2008/, [12.10.2010].

GfK: Werte im Wandel, Nürnberg, 2010, unter: http://www.gfk-compact.de/index.php?article_id=51&clang=0, [18.06.2011].

Goebel, Jan/Gornig, Martin/Häußermann, Hartmut: Polarisierung der Einkommen: Die Mittelschicht verliert, in: Wochenbericht Nr. 24/2010, hrsg. von DIW Berlin, unter: http://www.diw.de/documents/publikationen/73/diw_01.c.357505.de/10-24-1.pdf, [03.06.2010].

Goode, William J.: Soziologie der Familie, 4. Auflage, München, Juventa, 1971.

Gostomski, Christian Babka von: Die Illusion der Rückkehr – Eine Analyse zu Bleibe-und Rückkehrabsichten sowie zu Bindungen an Deutschland und das Herkunftsland bei älteren Migrantinnen und Migranten, hrsg. vom Bundesamt für Migration und Flüchtlinge, Nürnberg 2010, unter: http://www.sektion-altern.de/shareddocs/presentations/babkavongostomski_06_2010.pdf, [07.03.2011].

Gostomski, Christian Babka von: Fortschritte der Integration – Zur Situation der fünf größten in Deutschland lebenden Ausländergruppen, im Auftrag des Bundesministeriums des Innern, hrsg. vom Bundesamt für Migration und Flüchtlinge, Nürnberg, 2010 auf: http://www.bamf.de/SharedDocs/Anlagen/DE/Publikationen/Forschungsberichte/fb8-fortschritte-der-integration.pdf?__blob=publicationFile, [10.03.2011].

Graumann, Carl F. (Hrsg.): Handbuch der Psychologie, 7. Bd.: Sozialpsychologie, 2. Halbband: Forschungsbereiche, Göttingen, Verlag für Psychologie, 1972.

Grobecker, Dr. Claire/Krack-Roberg, Elle: Bevölkerungsentwicklung 2008, hrsg. vom Statistischen Bundesamt, Wiesbaden, 2010, unter: http://www.destatis.de/jetspeed/portal/cms/Sites/destatis/Internet/DE/Content/Publikationen/Querschnittsveroeffentlichungen/WirtschaftStatistik/Bevoelkerung/Bevoelkentwicklung042010,property=file.pdf, [01.01.2011].

Hagen-Demszky, Alma von der: Familiale Bildungswelten – Theoretische Perspektiven und empirische Explorationen, München, Deutsches Jugend Institut e. V., 2006, unter: http://www.dji.de/bibs/359_7486_Hagen_Demszky_Familiale_Bildungswelten.pdf, [11.06.2007].

Halser, Marlene: Alternativ, sozialistisch, manchmal gläubig, in: Christ in der Gegenwart, Heft 45, 2010.

Hammes, Winfried/Rübenach, Stefan: Haushalte und Lebensformen der Bevölkerung, Ergebnisse des Mikrozensus 2009, hrsg. vom Statistischen Bundesamt, Wiesbaden, 2010, unter: http://www.destatis.de/jetspeed/portal/cms/Sites/destatis/Internet/DE/Content/Publikationen/Querschnittsveroeffentlichungen/WirtschaftStatistik/Bevoelkerung/HaushalteLebensformen102010,property=file.pdf, [02.12.2010].

Hartley, Eugene L./Hartley, Ruth E.: Die Grundlagen der Sozialpsychologie, übersetzt und bearbeitet von Ursula Saar, Berlin, Rembrandt, 1955.

Hartmann, Josef: Was hält Ehen zusammen?, in: Online-Familienhandbuch, hrsg. vom Staatsinstitut für Frühpädagogik unter Leitung von Wassilios E. Fthenakis und Martin R. Textor, München, 2010, unter: https://www.familienhandbuch.de/familienforschung/trennung-und-scheidung/was-halt-ehen-zusammen, [09.08.2011].

Hausman, Ricardo/Tyson, Laura D./Zahidi, Saadia: The Global Gender Gab Report 2010, hrsg. vom World Economic Forum, Genf, 2010, unter: http://www3.weforum.org/docs/WEF_GenderGap_Report_2010.pdf, [10.08.2011].

Hederer, Josef/Tröger, Walter (Hrsg.): Telekolleg für Erzieher, Pädagogik 111, München, TR-Verlagsunion, 1975.

Heise, Gabriele/Stadlmayer, Tina: Neue Heimat – alte Idee? In: Psychologie Heute, Heft 7, 2010 S. 34 ff.

Hellmer, Joachim: Jugendkriminalität in unserer Zeit, Frankfurt a. M., Fischer, 1966.

Herz, Thomas A.: Klassen, Schichten, Mobilität, Stuttgart, Teubner, 1983.

Hillmann, Karl Heinz: Wertwandel, Darmstadt, Wissenschaftliche Buchgesellschaft, 1986.

Hofstätter, Peter R.: Gruppendynamik – Kritik der Massenpsychologie, Reinbek b. Hamburg, Rowohlt, 1957.

Hofstätter, Peter R.: Einführung in die Sozialpsychologie, 4. Auflage, Stuttgart, Kröner, 1966.

Homans, Georg C: Individu en gemeenschap – Menselijk gedrag in groepsveband, Utrecht, Aula-Boeken, 1966.

Höpflinger, Francois: Generationenbeziehungen heute, Bern, April 2003, unter: http://www.generationen.ch/index.php?doc1305, [12.11.2007].

Houten, Maike van: Sociale daling klinkt erger das het is, in: Trouw (Tageszeitung), 08.12.2010.

Hullen, Gert: Konstanz und Wandel des generativen Verhaltens – Längsschnittwertung des Generations and Gender Surveys (GGS), unter: http://www.g-hullen.de/manuskripte/ggs_results2007.pdf, [24.04.2011].

Hundertmarck, Gisela: Soziale Erziehung im Kindergarten, Stuttgart, Klett, 1969.

Hurrelmann, Klaus: Einführung in die Sozialisationstheorie, Weinheim/Basel, Beltz, 1986.

Hurrelmann, Klaus/Ulich, Dieter (Hrsg.): Neues Handbuch der Sozialisationsforschung, Weinheim/Basel, Beltz, 1991.

Hurrelmann, Klaus: Aus der Biographie von Christoph, in: 15. Shell Jugendstudie, Jugend 2006, Frankfurt a. M., Fischer Taschenbuch, 2006, S. 107 ff.

Hurrelmann, Klaus: Aus der Biographie von Nicole, in: 15. Shell Jugendstudie, Jugend 2006, Frankfurt a. M., Fischer Taschenbuch, 2006, S. 349 ff.

Hurrelmann, Klaus/Albert, Mathias: 15. Shell Jugendstudie. Jugend 2006, Frankfurt a. M., Fischer Taschenbuch, 2006.

Hüsken, Katrin/Seitz, Katharina/Tautorat, Petra/Walter, Michael/Wolf, Karin: Kinderbetreuung in der Familie. Abschlussbericht Mai 2008, hrsg. vom DJI, München 2008

IARD: Studie zur Lage der Jugend und zur Jugendpolitik in Europa 2001 – Eine Untersuchung der europäischen Kommission. Generaldirektion für Bildung und Kultur, Contrat n. 1999 – 1734/001-001, Mailand, 2001, unter: http://ec.europa.eu/youth/archive/doc/studies/iard/summaries_de.pdf, [09.08.2011].

Iben, Gerd: Randgruppen der Gesellschaft – Untersuchungen über Sozialstatus und Erziehungsverhalten obdachloser Familien, München, Juventa, 1971.

Illich, Ivan: Entschulung der Gesellschaft, München, Kösel, 1972.

Imhof, Artur E.: Die gewonnenen Jahre – Von der Zunahme unserer Lebensspanne seit 300 Jahren oder von der Notwendigkeit einer neuen Einstellung zu Leben und Sterben, München, Beck, 1981.

Imhof, Fritz: Höhere Risiken für Kinder in „neuen Familien", Stiftung für die Familie, Interlaken, 13.01.2003, unter: http://www.jesus.ch/index.php/D/article/27-Beziehung/5934-Höhere_Risiken_für_Kinder_in_neuen_Familien, [18.06.2007].

Informationsdienst Soziale Indikatoren (ISI): Grafik: Gründe für Hausfrauentätigkeit in Westdeutschland 1998, in: ISI, Heft 22, Juli 1999, hrsg. vom Zentrum für Umfragen, Methoden und Analysen (ZUMA) e. V., S. 14, unter: http://www.gesis.org/fileadmin/upload/forschung/publikationen/zeitschriften/isi/isi-22.pdf?download=true, [09.08.2011].

Institut für Demoskopie (IfD) Allensbach: Spaß muss sein, in: Allensbacher Bericht Nr. 6/2002, Allensbach, unter: http://www.ifd-allensbach.de/pdf/prd_0206.pdf [18.06.2011].

IfD Allensbach: Was sollten Kinder im Elternhaus lernen? IfD-Umfragen 5048, 7087, in: Einstellungen zur Erziehung – Kurzbericht zu einer repräsentativen Bevölkerungsumfrage im Frühjahr 2006, hrsg. vom Bundesministerium für Familie, Senioren, Frauen und Jugend, S.4f., unter: http://www.bmfsfj.de/bmfsfj/generator/RedaktionBMFSFJ/Abteilung2/Pdf-Anlagen/einstellungen-zur-erziehung,property=pdf,bereich=,sprache=de,rwb=true.pdf, [18.12.2007].

IfD Allensbach: Ärzte weiterhin vorn, Allensbacher Bericht Nr. 2/2008, Allensbach, unter: www.ifd-allensbach.de/news/prd_0802.html, [20.06.2011].

ISSP (International Social Survey Program) 1994: Family and Changing Gender Roles II, unter: http://www.ifdo.org/study/issp94s_2620cdb.pdf, [09.08.2011].

Irle, Martin: Texte aus der experimentellen Sozialpsychologie, Neuwied, Luchterhand, 1969.

Kaina, Viktoria: Deutschlands Eliten – Kontinuität und Wandel, in: Aus Politik und Zeitgeschichte, Heft 10, 2004, S. 8-15, hrsg. von der BPB, unter: http://www.uni-potsdam.de/db/ls_regierungssystem_brd/files/vk-2004-deutschlands-eliten.pdf, [18.12.2007].

Kiesl, Hans: Vorlesung „Wirtschafts- und Sozialstatistik" im WS 2007/08, Katholische Universität Eichstätt/Ingolstadt, 2007, unter: http://www.ku-eichstaett.de/Fakultaeten/WWF/Lehrstuehle/STA/Lehre/ws_200x_200x/wirtschafts-_und_sozialstatistik/HF_sections/content/WiSo_Statistik_vierter_Teil%202008.pdf, [18.03.2008].

Klieme, Eckhard/Artelt, Cordula/Hartig, Johannes/Jude, Nina/Köller, Olaf/Prenzel, Manfred/Schneider, Wolfgang/Stanat, Petra (Hrsg.): PISA 2009. Bilanz nach einen Jahrzehnt. Zusammenfassung, Münster. 2010, unter: http://pisa.dipf.de/de/pisa-2009/ergebnisberichte/ PISA_2009_Zusammenfassung.pdf, [10.08.2010].

Knol: Obdachlosendiskriminierung, Artikelliste Klassismus, unter: http://knol.google.com/k/obdach-losendiskriminierung#, [09.08.2011].

Knopf, Dagmar: Konformitätsdruck hemmt die Originalität, in: Psychologie Heute, Heft 9, 2010.

König, René: Soziologie der Familie, in: Soziologie, 6. Auflage, hrsg. v. Arnold Gehlen/Helmut Schelsky, Düsseldorf/Köln, Eugen Diederichs, 1966, S. 121-158.

König, René (Hrsg.): Fischer-Lexikon Soziologie, Frankfurt a. M., Fischer-Taschenbuch-Verlag, 1967.

König, René (Hrsg.): Soziologie, Frankfurt a. M., Fischer, 1985.

Kortmann, Kathryn: Schüler sind schwieriger geworden, in: Psychologie Heute, Heft 8, 2001, S. 18.

Krappmann, Lothar: Soziologische Dimension der Identität, Stuttgart, Klett, 1982.

Kriminologisches Forschungsinstitut Niedersachsen: Schülerbefragung 2000, unter: http://www.kfn.de/Forschungsbereiche_und_Projekte/Schuelerbefragungen/Schuelerbefragung_2000.htm, [09.08.2011].

Kunczik, Michael/Zipfel, Astrid: Medien und Gewalt – Befunde der Forschung 2004-2009, Kurzfassung, Berlin, 2010, unter: http://www.bmfsfj.de/RedaktionBMFSFJ/Broschuerenstelle/Pdf-Anlagen/Medien-und-Gewalt-Befunde-der-Forschung-Kurzfassung,property=pdf,bereich=bmfsfj,sprache=de,rwb=true.pdf, [09.08.2011].

Landesbetrieb Information und Technik Nordrhein-Westfalen (IT.NRW): Obdachlosigkeit in NRW, 2009, unter: http://www.it.nrw.de/statistik/a/daten/eckdaten/r312obdachlos.html, [23.02.2011].

Leudesdorff, René/Zilleßen, Horst (Hrsg.): Gastarbeiter = Mitbürger, Gelnhausen, Burckhardthaus, 1971.

Lösel, Friedrich: Endstation Knast, in: Psychologie Heute, Heft 7, 1976, S. 14.

Luik, Arno: „Zum Manager wird man geboren", Interview mit dem Eliteforscher Michael Hartmann, in: Stern, Heft 41, 2007, unter: http://www.stern.de/wirtschaft/arbeit-karriere/karriere/eliteforscher-hartmann-zum-manager-wird-man-geboren-600040.html, [09.08.2011].

Markefka, Manfred: Jugend – Begriffe und Formen in soziologischer Sicht, Neuwied/Berlin, Luchterhand, 1967.

Max-Planck-Institut: PISA 2000. Die Studie im Überblick. Grundlagen, Methoden und Ergebnisse, Berlin, 2002, unter: http://www.mpib-berlin.mpg.de/Pisa/PISA_im_Ueberblick.pdf, [19.06.2011].

Mead, George H.: Mind, Self and Society,Chicago, University of Chicago Press, 1934.

Ministerium für Arbeit, Integration und Soziales des Landes Nordrhein-Westfalen: Lebenslagen, in: Sozialbericht NRW 2007. Armuts- und Reichtumsbericht, hrsg. vom Ministerium für Arbeit, Gesundheit und Soziales, Düsseldorf, 2007, S. 21-318, unter: http://www.mais.nrw.de/sozber/sozialberichterstattung_nrw/aktuelle_berichte/SB2007_neu.pdf, [18.10.2011].

Müller, H. A.: Ergebnisse eines gruppenpsychologischen Versuchs, in: Auswahl drei – Beiträge zur Gruppenpädagogik, 3. Sammelband aus den Schwalbacher Blättern, Haus Schwalbach, Wiesbaden, 1971.

Mundzeck, Heike: Kinder lernen Fernsehen, Reinbek b. Hamburg, Rowohlt, 1973.

Neidhardt, Friedhelm: Die Familie in Deutschland, in: Struktur und Wandel der Gesellschaft. Reihe B der Beiträge zur Sozialkunde, Bd. 5., 2. Auflage, Opladen, Leske, 1970, S. 9-84.

Nibbrig, Hans H.: Gewalt Berliner Jugendbanden eskaliert, in: Berliner Morgenpost, 05.03.2007, unter: http://www.morgenpost.de/content/2007/03/05/berlin/886815.html [29.07.2007].

OECD (Organisation for Economic Co-operation and Development): Einwanderung steigt in mehreren Ländern der OECD, Pressemitteilung vom 22.01.2001, unter: http://www.oecd.org/dataoecd/40/58/2026574.pdf, [13.11.2007].

OECD: Lernen für die Welt von morgen, Erste Ergebnisse von PISA 2003, unter: http://www.pisa.oecd.org/dataoecd/18/10/34022484.pdf, [13.11.2007].

OECD: Technisches Briefing PISA 2009, Berlin, 2010, unter: http://www.oecd.org/dataoecd/36/0/46614654.pdf, [19.06.2011].

OECD: PISA 2009 – Ergebnisse – Lesen, Berlin, 2010, unter: http://www.oecd.org/document/24/0,3746,de_34968570_39907066_43804440_1_1_1_1,00.html, [19.06.2011].

OECD: Hintergrundinformationen zu Pisa 2009, Berlin, auf: http://www.oecd.org/document/20/0,3343,de_34968570_39907066_39648148_1_1_1_1,00.html, [09.08.2011].

OECD: Bevölkerung und Migration, 2010, unter: http://www.oecd.org/dataoecd/61/48/45346193.pdf, [17.06.2011].

Opaschowski, Horst W.: Der Generationenpakt – Das soziale Netz der Zukunft, Darmstadt, Primus, 2004.

Peukert, Rüdiger: Familienformen im sozialen Wandel, Opladen, Leske & Budrich, 1991.

Piaget, Jean: Das moralische Urteil beim Kinde, Zürich, Rascher, 1954.

Picht, Georg: Die deutsche Bildungskatastrophe, München, Deutscher Taschenbuchverlag, 1965.

Pollak, Reinhard: Kaum Bewegung, viel Ungleichheit. Eine Studie zu sozialem Auf- und Abstieg in Deutschland, Schriften zu Wirtschaft und Soziales, Bd. 5, im Auftrag und herausgegeben von der Heinrich-Böll-Stiftung, Berlin, 2010, unter: http://www.boell.de/downloads/201010_Studie_Soziale_Mobilitaet.pdf, [28.12.2010].

Reinders, Heinz: Freundschaften im Jugendalter, in: Online-Familienhandbuch, hrsg. vom Staatsinstitut für Frühpädagogik unter Leitung von Wassilios E. Fthenakis und Martin R. Textor, München, 2007, unter: www.familienhandbuch.de/cms/Jugendforschung-Freundschaften.pdf, [21.06.2011].

Reinhardt, Susie: Die Zukunft ist Weiblich, in: Psychologie Heute, Heft 7, 2010, S. 29–31.

Rheingold Institut für qualitative Markt- und Medienanalyse GmbH und Co. KG: „Die Absturz-Panik der Generation Biedermeier". rheingold-Jugendstudie 2010, Pressemitteilung vom 09.09.2010, unter: http://www.rheingold-online.de/grafik/veroeffentlichungen/Pressemitteillung%20Jugendstudie_2010-09_rheingold.pdf, [09.08.2011].

Rodman, Hyman.: Eheliche Macht und der Austausch von Ressourcen im kulturellen Kontext, in: Soziologie der Familie, Sonderheft 14/1970 der Kölner Zeitschrift für Soziologie und Sozialpsychologie, hrsg. von René König, S. 124.

Rosenke, Werena: Wohnungspolitik gegen Wohnungslosigkeit und soziale Ausgrenzung am Wohnungsmarkt. Wohnungspolitisches Programm der BAG. Wohnungslosenhilfe e.V. erarbeitet vom Fachausschuss Wohnen der BAG W, verabschiedet vom Gesamtvorstand der BAG W am 27. Oktober 2006. In. wohnungslos, 4/2006, S. 154.

Roth, Hans-Joachim/Terhart, Henrike: Kinder und Jugendliche mit Migrationshintergrund. Ihre Lebenssituation in Deutschland, in: TELEVIZION, Nr. 21/2008, unter: http://www.br-online.de/jugend/izi/deutsch/publikation/televizion/21_2008_1/roth_terhart.pdf, [11.03.2011].

Sachverständigenrat zur Begutachtung der gesamtwirtschaftlichen Entwicklung: Analyse zur Einkommens- und Vermögensverteilung in Deutschland. Auszug aus dem Jahresgutachten 2009/10, Ziffern 482 bis 522, unter: http://www.sachverstaendigenrat-wirtschaft.de/fileadmin/dateiablage/download/ziffer/z482_z522j09.pdf, [04.06.2011].

Saller, Susanne: Bullying an Schulen zur Erziehungshilfe: Quantität und Qualität in Abhängigkeit von bestimmten Kontextfaktoren, Hausarbeit zur Erlangung des akademishcen Grades eines Magister Artium (M.A.), München, 2006, http://www.psy.lmu.de/mobbing/laufende_projekte/magisterarbeiten/mainColumnParagraphs/07/document/Magisterarbeit_Saller.pdf, [18.02.2011].

Schäfers, Bernhard: Gesellschaftlicher Wandel in Deutschland, Stuttgart, Enke, 1990.

Schäfers, Bernhard/Zapf, Wolfgang (Hrsg.): Handwörterbuch zur Gesellschaft Deutschlands, 2. Auflage, Opladen, Leske & Budrich, 2001.

Schenk-Danzinger, Lotte: Entwicklungspsychologie, Wien, Österreichischer Bundesverlag, 1971.

Schmidtchen, Gerhard: Ethik und Protest. Moralbilder und Wertkonflikte junger Menschen. Opladen, Leske & Budrich, 1992.

Secord, Paul Frank/Backmann, Carl W.: Social Psychology, New York/San Francisco/Toronto, Mc Graw-Hill, 1964.

Sellach, Brigitte/Enders-Dragässer, Uta/Libuda-Köster, Astrid: Besonderheiten der Zeitverwendung von Frauen und Männern, hrsg. von Gesellschaft für Sozialwissenschaftliche Frauenforschung e. V. und Institut für Projektevaluation und sozialwissenschaftliche Datenerhebung, Frankfurt 2005, unter: http://www.bmfsfj.de/bmfsfj/generator/RedaktionBMFSFJ/Abteilung4/Pdf-Anlagen/studie-zeitverwendung,property=pdf,bereich=,sprache=de,rwb=true.pdf, [17.06.2011].

Sinus-Institut: Die Sinus-Milieus® in Deutschland 2007, Heidelberg, unter: http://www.sinus-institut.de/uploads/tx_mpdownloadcenter/Milieulandschaft_2007.pdf [10.08.2011].

Sinus-Institut: Deutschland hat sich verändert, Heidelberg, 30.08.2010, unter: http://www.sinus-institut.de/de/sinus-news/year/2010/month/08/backPid/67/news/deutschland-hat-sich-veraendert.html, [22.12.2010].

Sinus-Institut: Die Sinus Milieus® in Deutschland 2010, Heidelberg, 2010a,unter: http://www.sinus-institut.de/uploads/tx_mppress/Modellwechsel_2010_neue_Charts.pdf, [09.08.2011].

Sinus Sociovision: Frauen in Führungspositionen. Barrieren und Brücken, Heidelberg, 2010, hrsg. vom BMFSFJ, unter: http://www.bmfsfj.de/RedaktionBMFSFJ/Broschuerenstelle/Pdf-Anlagen/frauen-in-f_C3_BChrungspositionen-deutsch,property=pdf,bereich=bmfsfj,sprache=de,rwb=true.pdf, [09.08.2011].

Spiegel Online: Jugendstudie: Weniger Gewalt, hohe Ausländerfeindlichkeit, Hamburg, auf: http://www.spiegel.de/fotostrecke/fotostrecke-40723.html [08.02.2011].

Sodhi, Kripal Singh: Urteilsbildung im sozialen Kraftfeld, Göttingen, Verlag für Psychologie,1953.

SOEP (Sozioökonomisches Panel): SOEPmonitor 1984-2009. Zeitreihen zur Entwicklung ausgewählter Indikatoren zu zentralen Lebensbereichen, Berlin, 2010, unter: http://www.diw.de/documents/dokumentenarchiv/17/diw_01.c.362760.de/soepmonitor_person2009.pdf, [09.08.2011].

Spangenberg, Kurt: Chancen der Gruppenpädagogik – Gruppendynamische Modelle für Erziehung und Unterricht, Weinheim/Berlin/Basel, Beltz, 1969.

Statista: Binnenwanderung in Deutschland von 1991 bis 2007, Hamburg, 2011, unter: http://de.statista.com/statistik/daten/studie/154151/umfrage/binnenwanderung-in-deutschland-von-1991-bis-2007/, [30.12.2010].

Statista: Wichtige Erziehungsziele für Eltern, Hamburg, 2011, unter: http://de.statista.com/statistik/daten/studie/39028/umfrage/wichtige-erziehungsziele-fuer-eltern/, [22.12.2010].

Statista: Beliebteste Freizeitbeschäftigungen der Deutschen, Hamburg, 2011, unter: http://de.statista.com/statistik/daten/studie/75235/umfrage/beliebteste-freizeitbeschaeftigungen-der-deutschen-2007-2009/, [Datum: 21.02.2011].

Statista: Wichtigkeit sexueller Treue des Partners, Hamburg, 2011, unter: http://de.statista.com/statistik/daten/studie/2335/umfrage/wichtigkeit-sexueller-treue-des-partners/, [19.06.2011].

Statista: Ledige Männer – Heiratsalter, Hamburg, 2011, unter: http://www.statista.de/statistik/daten/studie/1328/umfrage/heiratsalter-lediger-maenner/, [09.08.2011].

Statista: Ledige Frauen – Heiratsalter, Hamburg, 2011, unter: http://www.statista.de/statistik/daten/studie/1329/umfrage/heiratsalter-lediger-frauen/, [09.08.2011].

Statista: Männer und Frauen mit Kindern – Teilzeitquote, Hamburg, 2011, unter: http://de.statista.com/statistik/daten/studie/38796/umfrage/teilzeitquote-von-maennern-und-frauen-mit-kindern/, [17.06.2011].

Statistische Ämter: http://www.statistik-portal.de/Statistik-Portal/impressum.asp#Copyright [09.02.2011].

Statistisches Bundesamt: Statistisches Jahrbuch der Bundesrepublik Deutschland 1986, Stuttgart, Kohlhammer, 1986.

Statistisches Bundesamt: Zeitverwendung nach Haushaltstyp und Erwerbstätigkeit der Partner 1991/92, in: Zeitbudgeterhebung 1991/92.

Statistisches Bundesamt: Statistisches Jahrbuch der Bundesrepublik Deutschland 1992, Stuttgart, Metzler Poeschel, 1992.

Statistisches Bundesamt: Die Zeitverwendung der Bevölkerung, Wiesbaden, Selbstverlag, 1995.

Statistisches Bundesamt: Mikrozensus 1996, unter: http://www.gesis.org/missy/home/auswahl-datensatz/mikrozensus-1996/, [09.08.2011].

Statistisches Bundesamt: Datenreport 1999 – Zahlen und Fakten über die Bundesrepublik Deutschland, in Zusammenarbeit mit WZB und ZUMA, Bundeszentrale für politische Bildung, Wiesbaden, 2000, unter: http://www.gesis.org/fileadmin/upload/forschung/publikationen/datenreport/1999/datenreport_99.pdf?download=true, [09.08.2011].

Statistisches Bundesamt: Mikrozensus 2000 – Leben und Arbeiten in Deutschland 2000, Wiesbaden, 2001.

Statistisches Bundesamt: Hohe Doppelbelastung von Müttern durch Beruf und Kindererziehung. Pressemitteilung vom 10.5.2001, unter: www.statistik-bund.de/presse/deutsch/pm2001/p1680031.html

Statistisches Bundesamt: Statistisches Jahrbuch 2002, Wiesbaden, 2002.

Statistisches Bundesamt: Wo bleibt die Zeit? Die Zeitverwendung der Bevölkerung in Deutschland 2001/02, hrsg. vom Bundesministerium für Familie, Senioren, Frauen und Jugend, Wiesbaden 2003, unter: http://www.destatis.de/jetspeed/portal/cms/Sites/destatis/Internet/DE/Presse/pm/frueher/wobleibtdiezeit,property=file.pdf, [17.06.2011].

Statistisches Bundesamt: Mikrozensus 2005 – Leben in Deutschland – Haushalte, Familien und Gesundheit, Wiesbaden, 2006 a.

Statistisches Bundesamt: Datenreport 2006 – Zahlen und Fakten über die Bundesrepublik Deutschland, in Zusammenarbeit mit WZB und ZUMA, Bundeszentrale für politische Bildung, Bonn, 2006 b, unter: http://www.destatis.de/jetspeed/portal/cms/Sites/destatis/Internet/DE/Content/Publikationen/Querschnittsveroeffentlichungen/Datenreport/Downloads/Datenreport,property=file.pdf, [09.08.2011].

Statistisches Bundesamt: Statistisches Jahrbuch der Bundesrepublik Deutschland 2006, Bevölkerung Deutschlands bis 2050, 11. koordinierte Bevölkerungsvorausberechnung, Wiesbaden, 2006 c.

Statistisches Bundesamt: Datenreport 2008. Ein Sozialbericht für die Bundesrepublik Deutschland, in Zusammenarbeit mit WZB und ZUMA, Bundeszentrale für politische Bildung, Bonn, 2008, unter: http://www.destatis.de/jetspeed/portal/cms/Sites/destatis/Internet/DE/Content/Publikationen/Querschnittsveroeffentlichungen/Datenreport/Downloads/Datenreport2008,property=file.pdf, [09.08.2011].

Statistisches Bundesamt: 12. koordinierte Bevölkerungsvorausrechnung, Wiesbaden, 2009, unter: http://www.destatis.de/bevoelkerungspyramide/, [18.06.2011].

Statistisches Bundesamt: Einbeziehung des Gesundheits- und Sozialwesens in die Berichterstattung der strukturellen Unternehmensstatistik, in: Wirtschaft und Statistik, Wiesbaden, 10/2010.

Statistisches Bundesamt: Statistisches Jahrbuch 2010, Wiesbaden, 2010 a, unter: http://www.desta-tis.de/jetspeed/portal/cms/Sites/destatis/SharedContent/Oeffentlich/B3/Publikation/Jahrbuch/StatistischesJahrbuch,property=file.pdf, [09.08.2011]

Statistisches Bundesamt: Armut und soziale Ausgrenzung in Europa, Wiesbaden, 2010 b, unter: http://www.eds-destatis.de/de/tdm/downloads/2010_11/armut.pdf, [31.10.2010].

Statistisches Bundesamt: Schaubild zum STATmagazin im Oktober 2010. Paare 2009 nach Bildungs-stand der Partner, Wiesbaden, 2010 c, unter: http://www.destatis.de/jetspeed/portal/cms/Sites/destatis/Internet/DE/Grafiken/Publikationen/STATmagazin/BildungForschungKultur/PaareBildungs-stand,templateId=renderLarge.psml, [10.08.2011].

Statistisches Bundesamt: Privathaushalte: Deutschland, Jahre, Haushaltsgröße, Wiesbaden 2011, un-ter: https://www-genesis.destatis.de/genesis/online;jsessionid=26D53B7A39605375E98BB862 6B3C95A3.tomcat_GO_1_2?operation=abruftabelleBearbeiten&levelindex=2&levelid= 1291299601436&auswahloperation=abruftabelleAuspraegungAuswaehlen&auswahlverzeichnis= ordnungsstruktur&auswahlziel=werteabruf&selectionname=12211-0102&auswahltext=%23Z-01.01.2009&vorschau=Vorschau, [02.12.2010].

Statistisches Bundesamt: Eheschließungen, Ehescheidungen – Deutschland, Wiesbaden, 2011, unter: http://www.destatis.de/jetspeed/portal/cms/Sites/destatis/Internet/DE/Content/Statistiken/Zeitreihen/LangeReihen/Bevoelkerung/Content75/lrbev06a,templateId=renderPrint.psml, [08.06.2011].

Steinbach, Anja: Stieffamilien in Deutschland. Ergebnisse des „Generations and Gender Survey" 2005, begutachteter Beitrag, in: Zeitschrift für Bevölkerungswissenschaft, Nr. 2/2008, hrsg. vom Bundes-institut für Bevölkerungsforschung, S. 153–180 unter: http://www.bib-demografie.de/nn_750522/DE/Publikationen/Zeitschrift/2008/heft2steinbach.html, [17.02.2011].

Stolle, Martin/Sack, Peter-Michael/Thomasius, Rainer: Drogenkonsum im Kindes- und Jugendalter – Früherkennung und Intervention, in: Deutsches Ärzteblatt, Nr. 28-29/2007, unter: http://www.aerzteblatt.de/v4/archiv/artikel.asp?id=56342, [09.07.2007].

Szydlik, Marc: Generationensolidarität, Generationenkonflikt, in: Gute Gesellschaft? Hrsg. v. Jutta Allmendinger, Opladen, Leske & Budrich, 2001, S. 573-596.

Tacke, Walter: Erziehungsziele, in: Umfrage & Analyse, Heft 11/12, 1998, S. 25-34.

Teubner, Markus: Projekt: Stieffamilien in Deutschland. Übersicht, Lebenssituation, Perspektiven, in: DIJ Bulletin, 60/61, hrsg. v. Deutschen Jugendinstitut e. V., 2002, unter: http://www.dji.de/cgi-bin/projekte/output.php?projekt=108&Jump1=LINKS&Jump2=5, [18.06.2007].

Thomae, Hans: Familie und Sozialisation, in: Handbuch der Psychologie, 7. Bd.: Sozialpsychologie, 2. Halbband: Forschungsberichte, Göttingen, Hogrefe, 1969, S. 793.

United Nations Development Programme (UNDP): Human Development Report 2010. 20th Anni-versary Edition. The Real Wealth of Nations: Pathways to Human Development, New York, 2010, S.143, unter: http://hdr.undp.org/en/media/HDR_2010_EN_Complete_reprint.pdf, [10.08.2011].

Ussel, Jos van/Koinonia-Groep: Het Kommuneboek, Utrecht, Bruna, 1970. (Zitate übersetzt von Martien Jilesen)

Vaskovics, Laszlo A./Mühling, Tanja: Wertschätzung der Aufgaben und Leistungen von Familien und Bewertung familienpolitischer Maßnahmen, Bamberg, 2003, hrsg. vom Staatsinstitut für Famili-enforschung an der Universität Bamberg (ifb), unter: http://www.ifb.bayern.de/imperia/md/content/stmas/ifb/materialien/mat_2003_4.pdf, [30.04.2007].

Verein für soziales Leben e. V.: Armutsbericht der Bundesregierung. Der 3. Armutsbericht der Bundes-regierung 2008, unter: http://www.kinder-armut.de/armut/armutsbericht.html, [02.11.2010].

Weber-Kellermann, Ingeborg: Die deutsche Familie, Frankfurt a. M., Suhrkamp, 1974.

Weick, Stefan: Gründe für Hausfrauentätigkeit, in: Informationsdienst Soziale Indikatoren, Heft 7, hrsg. von GESIS/Leibniz-Institut für Sozialwissen, Mannheim, 1999.

Weinert, Franz E.: Schule und Beruf als institutionelle Sozialisationsbedingungen, in: Handbuch der Psychologie, 7. Band: Sozialpsychologie, 1. Halbband: Theorien und Methoden, Göttingen, Hogrefe, 1969, S. 862.

Weinert, Franz E.: Pädagogische Psychologie, 1. und 2. Funkkolleg, Frankfurt a. M., Fischer, 1974.

Wikipedia: Artikel „PISA-Studien", Abschnitt: Ergebnisse der PISA 2009-Studie, unter: http://de.wikipedia.org/wiki/PISA-Studien#Ergebnisse_der_PISA_2009-Studie, [19.06.2011].

Winch, Robert F.: Theoretische Ansätze in der Untersuchung der Familie, in: Soziologe der Familie, Sonderheft 14/1970 der Kölner Zeitschrift für Soziologie und Sozialpsychologie, hrsg. von René König, Köln, 1970, S. 20-31.

Winkler, Herbert: ohne Titel, in: Publik, Heft 1, 1970, S. 14.

Wirth, Heike/Lüttinger, Paul: Die Klassenzugehörigkeit von Ehepaaren 1970 und 1993 – Kontinuität oder Wandel? ZUMA-Arbeitsbericht, Heft 1, Mannheim, 1998.

Wiswede, Günter: Soziologie, Landsberg am Lech, Verlag Moderne Industrie, 1985.

World Economic Forum: Skandinavische Länder führen Gender Gap Index an, Frankreich fällt zurück, die USA machen Plätze gut, in: News Release, 12.10.2010, unter: https://members.weforum.org/pdf/gendergap/NR_German2010.pdf, [10.08.2011].

Zenthöfer, Jochen: über Toni Pierenkemper: Wirtschaftsgeschichte, in: Frankfurter Allgemeine Zeitung, 02.08.2010, Nr. 176, S. 12.

Zick, Andreas/Küpper, Beate/Wolf, Hinna: Europäische Zustände. Ergebnisse einer Studie über gruppenbezogene Menschenfeindlichkeit in Europa, Material für die Pressekonferenz, Amadeu Antonio Stiftung, 2009, unter: http://www.amadeu-antonio-stiftung.de/w/files/pdfs/gfepressrelease.pdf, [10.08.2011].

Zick, Andreas/Küpper, Beate/Hövermann, Andreas: Die Abwertung der Anderen – Eine europäische Zustandsbeschreibung zu Intoleranz, Vorurteilen und Diskriminierung, hrsg. von der Friedrich-Ebert-Stiftung, Berlin, 2011, unter: http://www.fes-gegen-rechtsextremismus.de/pdf_11/FES-Studie%2BDie%2BAbwertung%2Bder%2BAnderen.pdf, [17.06.2011].

Zingg, Walter/Zipp, Gisela: Basale Soziologie – Soziale Ungleichheit, 2. Auflage, Opladen, Westdt. Verlag, 1983.

Zukunftsinstitut GmbH: MEGATREND DOKUMENTATION. Die 10 Megatrends, unter: http://www.zukunftsinstitut.de/verlag/studien/MegaDokuNeu_Kostprobe.pdf, [12.11.2010].

o. A. in: Psychologie Heute, 1985.

o. A. in: Kölner Zeitschrift für Soziologie und Sozialpsychologie, 39. Jg., Heft 2, 1987.

o. A. in: Psychologie Heute, Heft 5, 1992, S. 36 f.

o. A. in: Psychologie Heute, Heft 8, 1992, S. 16.

o. A. in: Psychologie Heute, Heft 5, 2000, S. 9.

o. A.: Kinder und Drogen. Schutzfaktor Eltern? In: Psychologie Heute, Heft 10, 2000, S. 54.

o. A.: Schutzfaktor Eltern, in: Psychologie Heute, Heft 10, 2000 S. 54.

o. A. in: Psychologie Heute, Heft 11, 2000, S. 8-10.

o. A. in: Report Psychologie, Heft 5-6, 2001.

o. A.: Nicht mehr Jugendlicher, auch noch nicht erwachsen, in: Psychologie Heute, Heft 4, 2001

o. A.: Werte im Wandel, in: Psychologie Heute, Heft 6, 2010, S. 15

Bildquellenverzeichnis

© MEV, Augsburg, Umschlagfotos, Layoutbilder, S. 415 (alle)

© René König/Oliver König, Köln (privat), S. 16

© picture-alliance/dpa, S. 36

© ullstein bild – Granger Collection, S. 39, 138

© Bildungsverlag EINS, Troisdorf/Oliver Wetterauer, Stuttgart, S. 86

© picture-alliance/akg-images, S. 133

© SV-Bilderdienst/AP, S. 140

© SV-Bilderdienst: KPA/United Archives/WHA, S. 150

© Ronald F. Inglehart (privat), S. 207

© alaad – Fotolia.com, S. 305 oben

© Yuri Arcurs – Fotolia.com, S. 305 unten (links)

© Markus Langer – Fotolia.com, S. 305 unten (Mitte)

© contrastwerkstatt – Fotolia.com, S. 305 unten (rechts)

© Christian Schlüter, Essen/Bildungsverlag EINS, Köln, S. 345

© argus fotoarchiv/Weber, S. 351

© Friedhelm Neidhardt (privat), S. 423

Sachwortverzeichnis

A

Abgelehnter 110
Ablösung 425
Ablösung, emotionale 354
Ablösungsphase 247, 297
Abweichung 457
Adel 153
Aggregat, soziales 24 f., 33
Aggression 409
Aggressivität 217, 335, 361, 363
Agrargesellschaft 22
Akkulturation 408
Aktiengesellschaft 150
Akzeptanz 435
Alkoholkonsum 451
Alkoholmissbrauch 452
ALLBUS 154
Allbus-Befragung 181
Alleinerziehender 240, 317
Alleinerziehung 318 f.
Alleinlebender 240
Alleinstehender 240
Allensbacher Berufsprestige-
     Skala 180
Altenphase 297
Altersstruktur 259
Anerkennung 432
Anerkennung, gegenseitige
     96 f.
Angestellter 180
Ängstlichkeit 335
Anpassung 51, 409, 457
Antisemitismus 468
Apathie 409
Äquivalenzeinkommen 156
Arbeit 194, 218
Arbeiter 180
Arbeitsbedingung 187
Arbeitslosigkeit 412
Arbeitsrolle 278
Arbeitsstellenmobilität 225
Arbeitsteilung 277, 279, 283
Arbeitswelt 468
Arithmetisches Mittel 156
Armut 162, 164
Armut, kulturelle 163
Armutsbericht 375
Armutsgefährdung 168, 398
Armutsrisikogrenze 163
Assimilation 408
Aufbauphase 247, 297
Auflösungsphase 104
Ausgabenarmut 163
Ausgestoßener 110
Ausländer 389, 390
Ausländeranteil 391
Ausländerfeindlichkeit 400,
     402 f., 468

Ausländische Bevölkerung 393
Ausländischer Arbeiter 367
Außengruppe 32
Außenseiter 62
Außenseiterposition 71
Autoritär 80
Autoritätsstruktur, familial 297
Autoritätswandel 290
Autostereotyp 371

B

Bande 28, 354, 431, 470
Bandenzugehörigkeit 471
Basic personality structure 424
Beamter 180
Befriedigung emotionaler
     Bedürfnisse 306
Begabungsreserve 151
Beliebte 124
Beliebtheit 72 f., 75
Benachteiligung, soziale 382,
     385
Beobachtung 79, 362
Beruf 184
Berufsmobilität 225
Berufsposition 219 f.
Berufsprestige 179
Berufsprestige-Differenzie-
     rung 177
Berufstätigkeit der Frau 297
Berufstätigkeit der Mutter
     321, 344
Beruhigungsphase 103
Beruhigungsstadium 103
Betreuung, außerfamilial 406
Bevölkerungsvoraus-
     berechnung 259
Bevölkerungszahl 259
Bewertung 70, 123
Bewertungsprozess 151
Bewertungsskala 125
Beziehung, autoritäre 331
Beziehung, demokratische 331
Beziehung, soziale 13
Beziehungserfahrung 243
Bezugsgruppe 31
Bildung 171, 173, 184, 215,
     219, 343, 397
Bildung, Ungleichheit der 171
Bildungschancen 172
Bildungsgrad 360
Bildungsmobilität 232
Bilokale Lebensform 276
Binnenwanderung 235
Biologisches Mängelwesen 278
Bleibeabsicht 396, 411
Bleiber 394
Brennpunkt, sozialer 381

C

Chancengleichheit 172, 232
Clique 31, 430, 472
Computer-Nutzung 361

D

Delinquenz 465
Demokratisch 80
Depressiv 203
Determiniertheit 132, 139
Deutscher 389
Dienstleistungsgesellschaft 22
Diskriminierung 378
Dissoziale 369
Distanz 409
Dominanzstadium 103
Dreieck 119
Drei-Generationen-Familie
     240, 257
Droge 425
Drogen, illegale 452
Drogenabhängiger 367
Drogenverhalten 333
Dunkelziffer 465

E

Egalitarismus 331
Ehedauer 249
Ehepaar 241
Ehescheidung 248, 250, 268,
     325
Eheschließung 249, 410
Ehrenamt 220
Eigengruppe 33
Einbürgerung 411
Ein-Eltern-Familie 240, 316
Einflussnahmen 123
Ein-Kind-Familie 272, 322
Einkommen 184, 218, 397, 411
Einkommen, nominales 156
Einkommensarmut 163
Einkommensmobilität 158, 225
Einkommensungleichheit 160,
     161
Einkommensverteilung 157
Einpersonenhaushalt 265
Einstellung 13, 27, 354, 381,
     400, 449
Einstellung, feindselige 373
Einwanderungsland 393
Elite 138, 175
Elite-Forschung 174
Elitestudie 175
Eltern, alleinerziehende 268
Elternarbeit 345
Elternteile, alleinerziehende
     317
Emotional 10 f.

Empathie 138f., 140
Empfänger 11f.
Endogamie 244
Endogamieregeln 246
Endogamieregeln, informelle 244
Engagement, bürgerschaftliches 220
Engagement, öffentliches 442
Engagement, soziales 432, 445
Enkulturation 130
Entscheidung 91, 123, 141
Entscheidungsfreiheit 132
Entscheidungsgewalt 287, 292, 295, 331
Erleben 10, 14
Erlebnisgesellschaft 22, 152
Erschöpft 203
Erwartung 9, 53, 55, 59, 75
Erwerbsposition 219
Erwerbstätigen-Quote 281
Erwerbstätiger 180
Erwerbstätigkeit 279, 280, 418
Erzieher, Erzieherin 341
Erzieherverhalten 137
Erziehung 130, 142, 343
Erziehungsphase 247, 297
Erziehungsstile, klassenspezifische 336
Erziehungsverhalten 311, 470f.
Erziehungsziel 214, 218f.
Etikettierung 469
Eurobarometer 198
EVS 154
Exogamie 244
Exogamieregel 258

F
Familie 194, 218, 238, 241, 424, 463
Familie, Desintegration der 471
Familie, Unvollständigkeit der 470
Familienangehörige, mithelfende 279
Familienarbeit 428
Familienform 299, 312, 323, 338
Familienlösungsereignis 324
Familienmodell 398
Familiensituation 253
Familiensoziologie 241
Familienverhältnis 470
Feindschaft 125
Fernsehen 359
Fernsehkonsum 360
Fleiß 215
Formell 30
Fortpflanzungsfunktion 299, 307

Frauen in Führungspositionen 186
Freier Wille 215
Freiwilligenarbeit 220, 224
Freizeit 194, 218
Freizeitbedingung 187
Freizeitbeschäftigung 356, 437
Freizeitfunktion 302
Freizeitgestaltung 303, 434
Freizeitverhalten 303
Fremdbetreuung 340
Fremdenfeindlichkeit 404
Fremderziehung 340
Fremdgruppe 32f.
Freude 208
Freunde und Bekannte 194
Freundschaft 355
Führer, sozial-emotionale 74
Führer, „zielverwirklichende" 73
Führerrolle 62
Führungselite 177
Führungsstil 80, 92ff.
Führungsstil, demokratisch 93
Funktion 13, 15, 42, 46, 141, 298, 359
Funktion, sexuelle 307
Funktion, wirtschaftliche 307
Funktionalistische Theorie der sozialen Schichtung 151
Funktionsverlust 307

G
Gabelung 91, 118
Gebilde, soziales 24
Geburtenquote 259f.
Geburtenzahl 260
Gehorsam 215
Geistlichkeit 153
Gemeinschaftsunterkunft 275
Generalisierung 134
Generationensolidarität 270
Generationentransfer 271
Genuss 208
Gerechtigkeitsempfinden 182
Geringschätzung 369
Gesamtmobilität 229
Geschiedener 252
Geschlecht 148, 184, 278, 442
Gesellschaft 16ff., 22, 139, 420, 439
Gesellschaft, moderne 22
Gesellschaft, postmoderne 22
Gesetz 41
Gesundheit 187, 203
Gettosituation 463
Gewährenlassen 334
Gewalt 355, 404, 467
Gewaltanwendung 364, 467
Gewaltdelikt 462, 467
Gewissenskonflikt 61

Gewohnheit 41
Gini-Koeffizient 157
Gleichaltrigengruppe 342, 424, 429f., 432
Global Gender Gap Report 184
Glück 208
Großfamilie 255, 257
Großgruppe 28
Grundbedürfnis nach Maslow 207
Grundcharakter 424
Grundorientierung 211
Gruppe 23, 33, 238
Gruppe, informell 31, 430
Gruppe, leistungsorientierte 84
Gruppe, Urteilsbildung in der 89
Gruppenangehöriger 102
Gruppenatmosphäre 76, 82, 102
Gruppenclown 62
Gruppenentwicklung 98
Gruppenfertigungsversuch 95
Gruppenforschung 105
Gruppenfremder 102
Gruppengröße 79, 92
Gruppenintegration 76, 78, 93f.
Gruppenleistung 76, 84, 86f., 90, 92ff.
Gruppennorm 102
Gruppenzusammenhalt 63

H
Haltung 102
Handwerker 153
Hausfrauentätigkeit 282
Haushalt 239
Haushaltsarbeit, unbezahlte 279
Haushaltsfamilie 28, 256
Haushaltsfunktion 279, 302
Hedonismus 442
Heimerziehung 313
Heiratsneigung 268
Herzlichkeit 125
Heterostereotyp 371
Hörfunk 359
Hort 453
Human Development Index (HDI) 164

I
Idealist 443
Identifikation 99, 133
Identität 139f., 408
Imitationslernen 133
Individualisierung 475
individuell 14, 22
Individuum 10, 17f., 139
Industriegesellschaft 22, 150
Initiationsritual 420f.

Innengruppe 32
Innovation 457
Institution 349, 448
Institutionalisiert 54
Integration 407 ff.
Integration, soziale 77
Integration der Gruppe 123
Intelligenz 353
Interaktion 9 f., 12, 21, 26, 28, 334
Interaktion, sozial-emotionale 85
Interaktion, leistungs-bezogene 85
Interaktionismus, symbolischer 137
Interaktionsanalyse 122
Inter-Gruppenkonflikt 78
Internalisierung 134
Inter-Rollenkonflikt 59
Intervenierende Variable 310
Intra-Rollenkonflikt 59
Introvertiertheit 335
Inzesttabu 38, 243, 257
Isolation 409

J
J-Kurve der Konformität 39
Jugend 415, 422, 445, 447 f.
Jugendalter 416 f.
Jugendfreundschaft 429
Jugendgruppe, formelle 433
Jugendkriminalität 458, 463, 465
Jugendlicher 405, 415
Jugendorganisation 433
Jugendsekten 435

K
Kapital 150
Karrieremobilität 233
Kategorie, soziale 9, 24 f., 33, 420
Kaufleute 153
Kernfamilie 38, 257
Kette 91, 118
Kibbuzim 276
Kind 253, 405, 413
Kinderarmut 169
Kinderbetreuerin 341
Kindererziehung 136
Kinderfeindlichkeit 20
Kindergarten 340 f., 343
Kindergartenerziehung 136
Kindergartengruppe 71
Kindergartenplatz 344
Kinderkriminalität 462
Kinderkrippe 340
Kindersendung 362
Kindertagesstätte 340
Kinderzahl 266, 399

Kindschaftsverhältnis 312, 314
Kinsey-Report 40
Kirche 449
Klasse 150
Klassenbewusstsein 150
Klassenkampf 150
Klassenkonflikt, Theorie des 150
Klassenposition 228
Kleinfamilie 256
Kleingruppe 28, 61
Kleingruppenforschung 28
Kognitiv 10 f.
Kognitive Psychologie 140
Kohäsion 77, 115
Kollektiv 24, 26, 28, 33
Kommune 274
Kommunikation 9 ff., 21, 26, 28, 97
Kommunikationsfähigkeit 140
Kommunikationsmöglichkeit 104
Kommunikationsstruktur 91, 94
Kommunikationstheorie 137, 140
Kompromiss 61
Konditionierung 134
Konfession 148
Konfessionszugehörigkeit 245, 448
Konflikt 77, 468
Konflikt, sozialer 150
Konfliktfamilie 333
Konformismus 457
Konformität 442, 457
Konsumentscheidung 292
Konsumforschung 152
Konsumgesellschaft 22, 152
Kontaktfreudigkeit 110 f.
Kontrolle, soziale 45
Kreis 91
Kriminalität 361, 460
Kriminalitätsgefährdung 460
Kriminalitätsrate 465
Kultur 16, 20 f.
Kulturschaffung 129
Kürrolle 57

L
Ladendiebstahl 462
Lage, soziale 155, 211
Laissez-faire 80
LAT-Beziehung 276
Lebensbereich 191
Lebenserwartung 260
Lebensform 261, 263, 265
Lebensgemeinschaft, nicht-eheliche 240, 264
Lebensorientierung 208
Lebensqualität 196, 219 F.
Lebensstil 190, 209

Lebenszufriedenheit 218
Lehrer, Lehrerin 341
Leistung 73 f., 91 f., 151
Leistungs-Gesellschaft 152
Leistungsmotivation 173
Lernen, soziales 133
Lernmotivation 347
Lernpsychologie 137
Lerntheorie 134
Lesefähigkeit 361
Liebe 243
Links-Rechts-Positionierung 447
Lob und Strafe 46

M
Macht 174
Macht, Ungleichheit der 174
Machtverteilung 174
Marktwirtschaft, soziale 150
Massenmedien 356, 361
Materialismus 442
Materialist 207, 443
Matriarchalismus 331
Matrilokal 257
Median 156
Medien 359, 424, 437, 468
Mediennutzung 357, 438
Medienwirkungsforschung 360
Mehrwert 150
Merkmal 217
Migrant 347
Migrantenkinder 347
Migrationserfahrung 390
Migrationshintergrund 172 f., 389, 397 f., 405, 411
Mikrozensus 154
Milieus, soziales 209, 382
Minderheit 364, 367
Misserfolgserlebnis 470
Mitgliedsgruppe 31
Mittelschicht 135, 383
Mittelschichtfamilie 470
Mobbing 356
Mobilität, horizontale 234
Mobilität, regionale 226
Mobilität, soziale 225
Mobilität, strukturelle 226
Mobilität, vertikale 226
Motivation 97
Motivational 10 f.
Mutterabhängigkeit 426

N
Nationalität 187
Natur 20
Neolokal 257
Nettoäquivalenzeinkommen 163
Nettoeinkommen 398
Netz, soziales 435

Netzwerk, soziales 187, 273
Nichtmigrant 347
Nicht-sesshaft 377
Nicht-Sesshafter 375, 388
Nikotinabhängigkeit 452
Nonkonformismus 458
Norm 9, 21, 27, 35f., 41ff., 51, 55, 59
Norm, moralische 41
Norm, soziale 35
Normative Kraft des Faktischen 39, 267
Normverinnerlichung 49
Notunterkunft 378

O
Obdachlosensiedlung 381
Obdachlosenunterkunft 378
Obdachloser 367, 374
Obdachlosigkeit 375f., 378
Oberschicht 368
Oppositionshaltung 432
Ordnungsliebe 215
Orientierung 123
Orientierung, moralische 337

P
Paar 118
Paarbeziehung 104
Partnerfamilie 333
Partnerschaft 239
Partnerwahl 242
Patensystem 258
Patriarchalismus 331
Patrilokal 257
Peergroup 430
Pendler 237
Personifizierung 19
• Persönlichkeit 413, 457, 473
Persönlichkeit, autoritäre 372
Persönlichkeitsstruktur 371f.
Person-Rolle-Konflikt 60
Perspektivenübernahme 138
Perzeption 11f.
Pflegephase 247, 297
Phase 242, 246, 418
Phase der Orientierung 103
Phasen der Gruppenbildung 95
PISA-Aufgaben 352
PISA-Test 172, 352
Pluralisierung 474
Politik 194, 447
Polygamie 258
Positionselite 176
Postmaterialist 207
Prägung 130
Prestige 179
Primärgruppe 29, 30
Primärsektor 226
Problem 202
Produktionsmittel 150

Produktionsverhältnis 150
Pro-Kopf-Einkommen 164
Proletariat 150
Propaganda 174
Prozess, gruppendynamischer 371
Pseudo-Gruppeneffekt 87
Psychoanalyse 134

Q
Quintile 156

R
Randgruppe 367f.
Rangordnung 70
Rauschmittelkonsum 451
Realeinkommen 156
Rechtsextrem 403
Rechtsextremismus 468
Rechtsextremismusfragen 401
Regelsatz 163
Regelstadium 103
Religion 194, 448
Reproduktionsfunktion 299
Resignation 335
Ressentiment 409
Revolution 458
Risiko-Gesellschaft 152
Ritualismus 458
Rivalität 77f.
Rolle 27, 52f., 74, 102f., 434
Rolle der Erzieherin 63, 66
Rolle, durchdringende 56
Rolle, informell 58
Rolle, komplementär 58
Rolle, soziale 53, 55
Rollenabweichung 61
Rollenaufgabe 61
Rollendifferenzierung 277
Rollendistanz 60
Rollenerwartung 58, 140f.
Rollenkonflikt 59, 66, 141
Rollentheorie 141
Rollenträger 54
Rollenübernahme 138
Rückkehr 396
Rückkehrabsicht 396
Rückkehrer 394

S
Sanktion 9, 41f., 44ff., 50f., 253
Sanktion, leichte 47
Sanktion, schwere 48
Sanktionierung 49
Scheidung 249
Scheidungsrate 248
Schicht, soziale 311
Schichteinstufung, subjektive 183
Schichtenmodell 188
Schichtung, soziale 147

Schichtzugehörigkeit 178
Schlichtwohnung 376
Schulabschluss 397
Schuld 378
Schule 346, 349, 468
Sekundärgruppe 29, 30, 340, 344
Sekundärsektor 226
Sekundärtugend 442
Selbstständiger 180
Selbstständigkeit 215
Sender 11f.
Sexualität 300
Sich selbst erfüllende Prophezeiung 374
Sicherheitsbedürfnis 29
Single-Haushalt 275
Sippe 256f.
Situationsansatz 345
SOEP 154
Sorge 202
Sozial 14, 22
Sozialer Rückzug 458
Sozialhilfegesetz 162
Sozialisation 127, 131ff., 140, 142, 309
Sozialisationseffekt 310, 312, 321f., 324
Sozialisationsforschung 135
Sozialisationsfunktion 307f.
Sozialisationsinstanz 238, 340, 343, 346, 356, 423, 429
Sozialisationsprozess 132, 422
Sozialisationstheorie 137, 141
Sozialisationsträger 128, 131, 137, 142, 457
Sozialisationswirkung 130ff., 137, 303, 319, 325, 328, 331, 424
Sozialisationsziel 422
Sozialstruktur 188
Sozialverhalten 354
Sozialversicherungssystem 187
Soziogramm 116
Soziolinguistik 382
Soziomatrix 108, 111
Soziometrie 79, 105
Spaßgesellschaft 22
Spielgemeinschaft 342
Spielgruppe 342
Sprache 21
Sprache, „formale" 383
Sprache, „öffentliche" 383
Spracherlernung 138
Sprachkenntnis 399
Sprachverhalten 374, 382f.
Sputnikschock 171
Stabilisierungsphase 103
Ständegesellschaft 188
Standesgesellschaft 153
Star 110

Status 27, 51, 68, 74, 102
Status, Bestimmung des sozialen 304
Status, Messung des sozialen 70
Status, sozialer 9, 66 ff.
Statusaufbau 188
Statusgewinn 50
Statusinkonsistenz 146
Statuskonsistenz 146
Statussymbol 9, 178
Statusverlust 50
Statusverschiebung 233
Statuszuweisung 188, 3044
Statuszuweisung, direkte 305
Statuszuweisung, indirekte 305
Stern 91
Stiefelternfamilie 253
Stieffamilie 328 ff.
Stiefvater 329
Stigmatisierung 370, 378
Strafe 334
Strafgefangener 367
Straftat 461
Stressig 203
Struktur 13 f., 22, 254
Strukturell-funktionale Theorie 140
Subkultur 455, 470
Suchtgefährdung 452
Sündenbock 62
Symbol 138
Sympathie 73
System 14, 49

T
Tabakkonsum 452
Tagespflege 340
Tagespflege-Einrichtung 340
Tatverdächtigen-belastungszahl 459
Tatverdächtiger 459
Teilsoziogramm 116, 117
Teilzeitquote 281
Tertiärsektor 226
Teufelskreis der sozialen Benachteiligung 385
Teufelskreis des Vorurteils 374
Theorie des Klassenkonflikts 150
Theorie des Modelllernens 341
Tradition 442
Transzendenz 444
Trennung 325
Treue, sexuelle 301
Tricks 60
Tüchtige 124
Tüchtigkeit 73 ff.
TV-Gewalt 364

U
Übergangsheim 380
Überzeugungen 365
Unbeachteter 110
Unbeaufsichtigt 418
Ungleichheit 184
Ungleichheit, soziale 143, 145, 152
Ungleichheitsgefälle 189
Unglücklich 203
Unterordnung 215
Unterschicht 135, 217, 383
Unterschichtjugendlicher 470
Unterschiede, biologisch bedingte 288
Unterschiede, individuelle 143
Unterschiede, kulturelle 289
Unterschiede, schichtspezifische 295
Unterschiede, soziale 143

V
Vaterherrschaft 289
Veränderungen, dauerhafte 473
Verein 433
Vereinskindheit 434
Verhalten 10
Verhalten, abweichendes 453 ff.
Verhalten, demokratisches 355
Verhalten, fürsorgliches 334
Verhalten, soziales 10, 13
Verhaltensmuster 13 f.
Verinnerlichung 49
Vermögen 218
Vermögensungleichheit 161
Vermögensverteilung 155, 160 f.
Verteilung der familialen Autorität 290
Verwahrlosung 465
Verwandtschaft 239
Verwandtschaftsbeziehung 257, 274
Viereck 119
Vorbereitungsphase 297
Vorherrschaft der Mutter 332
Vorherrschaft des Vaters 331
Vorschulerziehung 344
Vorurteil 9, 371, 374, 378, 405, 414

W
Wählerforschung 191
Wahlverhalten 132, 152
Wandel 423

Wandel, sozialer 14
Wanderung 410
Wanderungssaldo 260
Weltbevölkerung 261
Werbeindustrie 191
Wert 21, 27, 205, 433, 441, 444
Werte, materialistische 207
Werte, postmaterialistische 206
Werteeinstellung 219 f.
Wertestudie 193, 197
Werteverlust 213
Wertevorstellung 209
Wertewandel 205, 213, 339, 445
Wertkomplex 442
Wertmaßstab 468
Wertorientierung 218, 440
Wertschätzung 75, 177, 188, 369
Wertvorstellung 365, 439
Wettbewerb 77 f.
Wettkampfphase 82
Wichtigkeit des Lebensbereichs 218
Wiederheiratshäufigkeit 252
Wiederverheiratung 253
Wir-Gefühl 27
Wirtschaftsfunktion 302
Wohlfahrtssurvey 154
Wohnbedingung 187
Wohngemeinschaft 274
Wohnungslosigkeit 375
Wohnungsnotfall 375

Z
Zeitbudget 358
Zeitbudgeterhebung 283
Zeitverwendung 283
Ziele, kollektive 101
Zirkulationsmobilität 227
Zivilgesellschaft 222
Zivilisation 20
Zufriedenheit 197, 199, 282
Zufriedenheitsskala 200
Zukunftserwartung 203
Zusammenhalt 115, 306
Zusammenhang 217
Zuwanderer 389
Zuwanderung 260, 393
Zwangsrolle 57
Zwei-Drittel-Gesellschaft 22
Zwei-Generationen-Haushalt 265
Zwei-Klassen-Gesellschaft 188

Personenverzeichnis

Adorno 372
Allport 39, 371
Aristoteles 290
Bales 73, 85, 88, 122 ff.
Bartelt 408
Bogardus 414
Bronfenbrenner 142
van Doorn und Lammers 45 ff.
Freud 133
Goode 278
Hartley 56, 96 ff.
Illich 349
Inglehart 189, 206 f., 220
König 16, 238
Leibniz 348
Lewin 80, 93, 96
Lippitt 80
Lupri 290
Marx 150 f., 188
Maslow 207
Mayo 96
Mead 137 ff.
Merton 457 f.
Moreno 105 f.
Morris 35
Neidhardt 25 ff., 290, 423
Newstetter 125
Parsons 140 f., 151
Piaget 36
Picht 349
Portmann 278
Roeder 384 f.
Sherif 81
Sodhi 89
White 80
Wiswede 140 f.